해커스변호사

형사법

Criminal Law

변호사시험

핵심기출

선택형

해커스변호사

서문

"기출문제를 풀고 싶은데 시간은 없고 기존 책들은 문제가 너무 많네."

"빈출되는 핵심지문을 중심으로 효과적으로 준비하고 싶네."

"기존 책들 해설은 정확하지 않거나 아무리 읽어도 지문의 쟁점을
정확히 모르겠네."

"어디서 본 듯한 판례나 비교 판례가 있었던 것 같은데 잘 모르겠네."

허정 변호사가 자신 있게 만들었습니다.

2024년 제13회까지의 변호사시험 형사법(형법 · 형사소송법 · 통합사례형 문제 포함) 선택형 기출문제 중 **가장 중요한** 형법 140문제, 형사소송법 99문제, 통합사례형 53문제를 각각 선별하였습니다.

변호사시험을 위한 가장 효율적인 기출문제집**입니다.**

변호사시험 형사법 기출문제 중 핵심적인 문제만을 선별함으로써, 양적인 부담을 최소화하면서도 질적으로는 기출된 내용의 핵심사항을 **효율적으로 정리 · 암기할 수 있도록 구성하였습니다.**

[2025 해커스변호사 변호사시험 핵심기출 형사법 선택형]의 특징

1. 동지판례와 비교판례는 물론 2024. 2. 15.까지 선고된 대법원의 최신판례까지 반영하여 더 이상 법리에 맞지 않는 문제를 삭제하고 관련된 최신판례를 수록하였습니다.
2. 통합사례형 문제에는, 관련판례만을 수록한 기존 문제집들과는 달리 정확한 해설과 구체적인 쟁점을 기재하였습니다.
3. [해커스변호사 로스쿨 신체계 형법강의], [해커스변호사 신체계 H 암기장] 시리즈, [해커스변호사 신체계 최근 3개년 중요판례] 시리즈 등의 교재와 호환 가능합니다.
4. 본서에 관한 의문이나 질문이 있으신 분은 네이버 허정 형사법 카페(http://cafe.naver.com/heojungcriminallaw) 를 이용할 수 있습니다.

목차

형법

PART 01 형법총론

PART 02 형법각론

형사소송법

PART 01 수사와 수사의 종결

해커스변호사
변호사시험 핵심기출 형사법 선택형

형법

PART 01 형법총론

1 죄형법정주의

001 소급금지원칙의 적용에 관한 설명 중 옳은 것을 모두 고른 것은? (다툼이 있는 경우에는 판례에 의함)

[12 변호사]

> 가. 가정폭력범죄의 처벌 등에 관한 특례법이 정한 사회봉사명령은 형벌 그 자체가 아니라 보안처분의
> 성격을 가지고 있으므로 이에 대하여는 형벌불소급의 원칙이 적용되지 아니한다.
> 나. 대법원 양형위원회가 설정한 '양형기준'이 발효하기 전에 공소가 제기된 범죄에 대하여 위 '양형기
> 준'을 참고하여 형을 양정하더라도 피고인에게 불리한 법률을 소급하여 적용한 것으로 볼 수 없다.
> 다. 부(父)가 혼인 외의 출생자를 인지하는 경우에 그 인지의 소급효는 형법상 친족상도례에 관한 규정
> 의 적용에는 미치지 아니한다.
> 라. 과거에 이미 행한 범죄에 대하여 공소시효를 정지시키는 법률이라고 하더라도 그 사유만으로 형벌
> 불소급의 원칙에 언제나 위배되는 것은 아니다.
> 마. 행위 당시의 판례에 의하면 처벌대상이 되지 아니하는 것으로 해석되었던 행위를 판례의 변경에
> 따라 확인된 내용의 형법 조항에 근거하여 처벌하는 것은 형벌불소급의 원칙에 반하지 않는다.

① 가, 나, 다   ② 가, 라, 마   ③ 나, 다, 라

④ 나, 라, 마   ⑤ 다, 라, 마

해설

가. [×] 가정폭력범죄의 처벌 등에 관한 특례법이 정한 보호처분 중의 하나인 사회봉사명령은 가정폭력범죄를 범한
자에 대하여 환경의 조정과 성행의 교정을 목적으로 하는 것으로서 형벌 그 자체가 아니라 보안처분의 성격을
가지는 것이 사실이다. 그러나 한편으로 이는 가정폭력범죄행위에 대하여 형사처벌 대신 부과되는 것으로서, 가
정폭력범죄를 범한 자에게 의무적 노동을 부과하고 여가시간을 박탈하여 실질적으로는 신체적 자유를 제한하게
되므로, 이에 대하여는 원칙적으로 형벌불소급의 원칙에 따라 행위시법을 적용함이 상당하다(대결 2008.7.24.
2008어4).

[동지판례] 2012. 12. 18. 개정된 특정 범죄자에 대한 보호관찰 및 전자장치 부착 등에 관한 법률 제9조 제1항 단서에서
정한 전자장치 부착기간 하한 가중 규정이 같은 법 시행 전에 19세 미만의 사람에 대하여 특정범죄를 저지른
경우 소급적용될 수 없다(대판 2013.7.26. 2013도6220,2013전도124).

[동지판례] 노역장유치는 그 실질이 신체의 자유를 박탈하는 것으로서 징역형과 유사한 형벌적 성격을 가지므로
형벌불소급원칙의 적용대상이 된다(대판 2018.2.13. 2017도17809).

나. [O] [1] 법원조직법 제81조2 이하의 규정에 의하여 마련된 대법원 양형위원회의 양형기준은 법관이 합리적인
양형을 정하는 데 참고할 수 있는 구체적이고 객관적인 기준으로 마련된 것이다(같은법 제81조의6 제1항 참조).
위 양형기준은 법적 구속력을 가지지 아니하고(같은 법 제81조의7 제1항 단서), 단지 위와 같은 취지로 마련되어
그 내용의 타당성에 의하여 일반적인 설득력을 가지는 것으로 예정되어 있으므로 법관의 양형에 있어서 그 존중
이 요구되는 것일 뿐이다.
[2] 대법원 양형위원회가 설정한 '양형기준'이 발효하기 전에 공소가 제기된 범죄에 대하여 위 '양형기준'

을 참고하여 형을 양정한 것은, 피고인에게 불리한 법률을 소급하여 적용한 위법이 있다고 할 수 없다(대판 2009.12.10. 2009도11448).

다. [×] 형법 제344조·제328조 제1항 소정의 친족간의 범행에 관한 규정이 적용되기 위한 친족관계는 원칙적으로 범행 당시에 존재하여야 하는 것이지만, 父가 혼인 외의 출생자를 인지하는 경우에 있어서는 민법 제860조에 의하여 그 자의 출생시에 소급하여 인지의 효력이 생기는 것이며, 이와 같은 인지의 소급효는 친족상도례에 관한 규정의 적용에도 미친다고 보아야 할 것이므로, 인지가 범행 후에 이루어진 경우라고 하더라도 그 소급효에 따라 형성되는 친족관계를 기초로 하여 친족상도례의 규정이 적용된다(대판 1997.1.24. 96도1731).

라. [○] 형벌불소급의 원칙은 "행위의 가벌성" 즉 형사소추가 "언제부터 어떠한 조건하에서" 가능한가의 문제에 관한 것이고, "얼마동안" 가능한가의 문제에 관한 것은 아니므로, 과거에 이미 행한 범죄에 대하여 공소시효를 정지시키는 법률이라 하더라도 그 사유만으로 헌법 제12조 제1항 및 제13조 제1항에 규정한 죄형법정주의의 파생원칙인 형벌불소급의 원칙에 언제나 위배되는 것으로 단정할 수는 없다(헌재 1999.7.22. 97헌바76).

마. [○] 형사처벌의 근거가 되는 것은 법률이지 판례가 아니고, 형법 조항에 관한 판례의 변경은 그 법률조항의 내용을 확인하는 것에 지나지 아니하여 이로써 그 법률조항 자체가 변경된 것이라고 볼 수는 없으므로, 행위 당시의 판례에 의하면 처벌대상이 되지 아니하는 것으로 해석되었던 행위를 판례의 변경에 따라 확인된 내용의 형법 조항에 근거하여 처벌한다고 하여 그것이 헌법상 평등의 원칙과 형벌불소급의 원칙에 반한다고 할 수는 없다(대판(전) 1999.9.17. 97도3349).

정답 ④

---

002 다음 설명 중 옳은 것은? (다툼이 있으면 판례에 의함) [21 변호사]

① 「가정폭력범죄의 처벌 등에 관한 특례법」에서 규정하고 있는 사회봉사명령은 보안처분이므로 이 명령에 형벌불소급의 원칙이 적용되지 않는다.

② 종전보다 가벼운 형으로 형벌법규를 개정하면서 개정된 법시행 전의 범죄에 대해서 종전의 형벌법규를 적용하도록 그 부칙에 규정하는 것은 형벌불소급의 원칙에 반한다.

③ 행위 시에 없던 보호관찰규정이 재판 시에 신설되어 이를 근거로 보호관찰을 명할 경우 형벌불소급의 원칙 또는 죄형법정주의에 위배된다.

④ 1억원 이상의 벌금형을 선고하는 경우 노역장유치기간의 하한을 중하게 정한 개정 「형법」 제70조 제2항을 시행일 이후 최초로 공소제기되는 경우부터 적용하도록 한 개정 「형법」 부칙 제2조 제1항은 형벌불소급의 원칙에 위반된다.

⑤ 「디엔에이신원확인정보의 이용 및 보호에 관한 법률」이 시행 당시 디엔에이감식시료 채취 대상 범죄로 이미 징역이나 금고 이상의 실형을 선고받아 그 형이 확정되어 수용 중인 사람에게도 적용될 수 있도록 한 위 법률 부칙 제2조 제1항은 소급입법금지원칙에 위배된다.

해설

① [×] 가폭법상 사회봉사명령은 가정폭력범죄행위에 대하여 형사처벌 대신 부과되는 것으로서 가정폭력범죄를 범한 자에게 의무적 노동을 부과하고 여가시간을 박탈하여 실질적으로는 신체적 자유를 제한하게 되므로 이에 대하여는 원칙적으로 형벌불소급의 원칙에 따라 행위시법을 적용함이 상당하다(대판 2008.7.24. 2008어4).

② [×] 형법 제1조 제2항 및 제8조에 의하면, 범죄 후 법률의 변경에 의하여 형이 구법보다 가벼운 때에는 원칙적으로 신법에 따라야 하지만, 신법에 경과규정을 두어 이러한 신법의 적용을 배제하는 것도 허용되는 것으로서 형벌법규의 형을 종전보다 가볍게 개정하면서 그 부칙에서 개정된 법의 시행 전의 범죄에 대하여는 종전의 형벌법규를 적용하도록 규정한다 하여 형벌불소급의 원칙이나 신법우선의 원칙에 반한다고 할 수 없다(대판 2013.7.11. 2011도15056).

③ [×] 보호관찰은 형벌이 아니라 보안처분의 성격을 갖는 것으로서 과거의 불법에 대한 책임에 기초하고 있는 제재가 아니라 장래의 위험성으로부터 행위자를 보호하고 사회를 방위하기 위한 합목적적인 조치이므로, 그에 관하여 반드시 행위 이전에 규정되어 있어야 하는 것은 아니며 재판시의 규정에 의하여 보호관찰을 받을 것을 명할 수 있다고 보아야 할 것이고, 이와 같은 해석이 형벌불소급의 원칙 내지 죄형법정주의에 위배되는 것이라고 볼 수 없다(대판 1997.6.13. 97도703).

④ [○] [1] 노역장유치는 그 실질이 신체의 자유를 박탈하는 것으로서 징역형과 유사한 형벌적 성격을 가지므로 형벌불소급원칙의 적용대상이 된다.
[2] 형법 제70조 제2항¹⁾(노역장유치조항)은 1억 원 이상의 벌금형을 선고받는 자에 대하여 유치기간의 하한을 중하게 변경시킨 것이므로, 이 조항 시행 전의 범죄행위에 대해서는 범죄행위 당시에 존재하였던 법률을 적용하여야 한다.
[3] 형법 제70조 제2항을 시행일 이후 최초로 공소 제기되는 경우부터 적용하도록 한 형법 부칙(2014.5.14.) 제2조 제1항은 노역장유치조항의 시행 전에 행해진 범죄행위에 대해서도 공소제기의 시기가 노역장유치조항의 시행 이후이면 이를 적용하도록 하고 있으므로, 이는 범죄행위 당시보다 불이익한 법률을 소급 적용하도록 하는 것으로서 헌법상 형벌불소급원칙에 위반된다(대판 2018.2.13. 2017도17809).

⑤ [×] 디엔에이신원확인정보의 수집·이용이 범죄의 예방효과를 가지는 보안처분으로서의 성격을 일부 지닌다고 하더라도 이는 형벌과는 구별되는 비형벌적 보안처분으로서 소급입법금지원칙이 적용되지 아니하고, 소급적용으로 발생하는 당사자의 손실에 비하여 소급적용으로 인한 공익적 목적이 더 크다고 할 것이므로 디엔에이신원확인정보의 이용 및 보호에 관한 법률(2010.1.25. 법률 제9944호로 제정된 것) 시행 당시 디엔에이감식시료 채취 대상범죄로 이미 징역이나 금고 이상의 실형을 선고받아 그 형이 확정되어 수용 중인 사람들까지 위 법률을 적용한다고 하여 소급입법금지원칙에 위배되는 것은 아니다(헌재 2014.8.28. 2011헌마28).

정답 ④

003 죄형법정주의에 관한 설명 중 옳지 않은 것은? (다툼이 있으면 판례에 의함)   [17 변호사]

① 블로그 등 사적 인터넷 게시공간의 운영자가 게시공간에 게시된 이적표현물인 타인의 글을 삭제할 권한이 있는데도 이를 삭제하지 않고 그대로 둔 경우, 그 운영자의 행위를 「국가보안법」 제7조 제5항의 '소지'로 보는 것은 유추해석금지원칙에 반한다.

② 구 「특정 범죄자에 대한 위치추적 전자장치 부착 등에 관한 법률」 제5조 제1항 제3호에서 부착명령청구 요건으로 정한 '성폭력범죄를 2회 이상 범하여(유죄의 확정판결을 받은 경우를 포함한다)'에 「소년법」에 의한 보호처분을 받은 전력'이 포함된다고 보는 것은 유추해석금지원칙에 반하지 않는다.

③ 「가정폭력범죄의 처벌 등에 관한 특례법」이 정한 사회봉사명령은 형사처벌 대신 부과되는 것으로서 가정폭력범죄를 범한 자에게 의무적 노동을 부과하고 여가시간을 박탈하여 실질적으로 신체적 자유를 제한하게 되므로, 이에 대해서는 형벌불소급원칙이 적용된다.

④ 구 「청소년의 성보호에 관한 법률」 제16조의 반의사불벌죄의 경우 성범죄의 피해자인 청소년에게 의사능력이 있는 이상, 그 청소년의 처벌희망 의사표시의 철회에 법정대리인의 동의가 필요하다고 보는 것은 유추해석금지원칙에 반한다.

⑤ 「도로교통법」 제154조 제2호의 '원동기장치자전거면허를 받지 아니하고'라는 법률문언의 통상적인 의미에는 '운전면허를 받았으나 그 후 운전면허의 효력이 정지된 경우'가 포함된다고 해석할 수 없다.

---

1) 선고하는 벌금이 1억원 이상 5억원 미만인 경우에는 300일 이상, 5억원 이상 50억원 미만인 경우에는 500일 이상, 50억원 이상인 경우에는 1,000일 이상의 유치기간을 정하여야 한다.

① [O] 블로그, 미니 홈페이지, 카페 등의 이름으로 개설된 사적 인터넷 게시공간의 운영자가 게시된 타인의 글을 삭제할 권한이 있음에도 이를 삭제하지 아니하고 그대로 두었다고 하더라도 그 운영자가 그 타인의 글을 국가보안법 제7조 제5항에서 규정하는 바와 같이 '소지'하였다고 볼 수 없다(대판 2012.1.27. 2010도8336).

② [×] 피부착명령청구자가 소년법에 의한 보호처분을 받은 전력이 있다고 하더라도, 이는 유죄의 확정판결을 받은 경우에 해당하지 아니함이 명백하므로 피부착명령청구자가 2회 이상 성폭력범죄를 범하였는지를 판단함에 있어 <u>그 소년보호처분을 받은 전력을 고려할 것이 아니다</u>(대판(전) 2012.3.22. 2011도15057).

③ [O] [1] 가폭법상 사회봉사명령은 가정폭력범죄행위에 대하여 형사처벌 대신 부과되는 것으로서 가정폭력범죄를 범한 자에게 의무적 노동을 부과하고 여가시간을 박탈하여 실질적으로는 신체적 자유를 제한하게 되므로 이에 대하여는 원칙적으로 형벌불소급의 원칙에 따라 행위시법을 적용함이 상당하다.
[2] 법원이 가정폭력행위자에게 사회봉사명령을 부과하면서, 행위시법상 사회봉사명령 부과시간의 상한인 100시간을 초과하여 상한을 200시간으로 올린 신법을 적용한 것은 위법하다(대판 2008.7.24. 2008어4).

④ [O] 반의사불벌죄에 있어 명문의 근거 없이 처벌을 희망하지 않는다는 의사표시에 피해자의 법정대리인의 동의가 필요하다고 보는 것은 유추해석에 의하여 소극적 소송조건의 요건을 제한하고 피고인 또는 피의자에 대한 처벌가능성의 범위를 확대하는 결과가 되어 죄형법정주의 내지 거기에서 파생된 유추해석금지의 원칙에도 반한다(대판(전) 2009.11.19. 2009도6058).

⑤ [O] 도로교통법 제43조는 무면허운전 등을 금지하면서 "누구든지 제80조의 규정에 의하여 지방경찰청장으로부터 운전면허를 받지 아니하거나 운전면허의 효력이 정지된 경우에는 자동차 등을 운전하여서는 아니된다"고 정하여, 운전자의 금지사항으로 운전면허를 받지 아니한 경우와 운전면허의 효력이 정지된 경우를 구별하여 대등하게 나열하고 있다. 그렇다면 '운전면허를 받지 아니하고'라는 법률문언의 통상적인 의미에 '운전면허를 받았으나 그 후 운전면허의 효력이 정지된 경우'가 당연히 포함된다고는 해석할 수 없다(대판 2011.8.25. 2011도7725).

정답 ②

2 형법의 적용범위

004 형법 제1조의 해석에 관한 설명 중 옳은 것을 모두 고른 것은? (다툼이 있으면 판례에 의함) [15 변호사]

> ㉠ 실행행위의 도중에 법률이 변경되어 실행행위가 신·구법에 걸쳐 행하여진 때에는 신법 시행 전에 이미 실행행위가 착수되었으므로 이 행위에는 구법이 적용되어야 한다.
> ㉡ 신법에 경과규정을 두어 재판시법주의의 적용을 배제할 수 있다.
> ㉢ 개정 전후를 통하여 형의 경중에 차이가 없는 경우에는 행위시법을 적용하여야 한다.
> ㉣ 범죄 후 법률의 개정에 의하여 법정형이 가벼워진 경우에는 법률에 특별한 규정이 없는 한 신법의 법정형이 공소시효기간의 기준이 된다.

① ㉠, ㉢
② ㉡, ㉣
③ ㉢, ㉣
④ ㉠, ㉢, ㉣
⑤ ㉡, ㉢, ㉣

㉠ [×] 포괄일죄로 되는 개개의 범죄행위가 법 개정의 전후에 걸쳐서 행하여진 경우에는 신·구법의 법정형에 대한 경중을 비교하여 볼 필요도 없이 범죄 실행 종료시의 법이라고 할 수 있는 '신법'을 적용하여 포괄일죄로 처단하여야 한다(대판 2009.4.9. 2009도321).

㉡ [○] 형법 제조 제2항 및 제8조에 의하면, 범죄 후 법률의 변경에 의하여 그 행위가 범죄를 구성하지 아니하는 경우 신법에 의한다고 규정하고 있으나, 신법에 경과규정을 두어 이러한 재판시법주의의 적용을 배제하는 것도 허용된다(대판 1992.2.28. 91도2935).

㉢ [○] 범죄 후 법률의 변경이 있더라도 형의 변경이 없는 경우에는 형법 제조 제1항에 따라 행위시법을 적용하여야 한다(대판 2010.6.10. 2010도4416).

㉣ [○] 범죄 후 법률의 개정에 의하여 법정형이 가벼워진 경우에는 형법 제조 제2항에 의하여 당해 범죄사실에 적용될 가벼운 법정형(신법의 법정형)이 공소시효기간의 기준이 된다(대판 2008.12.11. 2008도4376).

정답 ⑤

005 형법의 시간적 적용 범위에 관한 설명 중 옳은 것은? (다툼이 있는 경우 판례에 의함) [23 변호사]

① 「형법」 제1조 제1항 "범죄의 성립과 처벌은 행위 시의 법률에 따른다."라고 할 때의 '행위 시'라 함은 범죄행위 종료 시를 의미하므로 구법 시행 시 행위가 종료하였으나 결과는 신법 시행 시에 발생한 경우에는 신법이 적용된다.

② 상습강제추행죄가 시행되기 이전에 범해진 강제추행행위는 습벽에 의한 것이라도 상습강제추행죄로 처벌할 수 없고 강제추행죄로 처벌할 수 있을 뿐이다.

③ 범죄 후 법률의 변경이 있더라도 형이 중하게 변경되는 경우나 형의 변경이 없는 경우에는 행위시법을 적용하여서는 안 된다.

④ 헌법재판소가 형벌법규에 대해 위헌결정을 한 경우, 당해 법조를 적용하여 기소한 피고 사건은 범죄 후의 법령개폐로 형이 폐지되었을 때에 해당하므로 면소의 선고를 하여야 한다.

⑤ 형을 종전보다 가볍게 형벌법규를 개정하면서 그 부칙으로 개정된 법의 시행 전의 범죄에 대하여 종전의 형벌법규를 적용하도록 개정하는 경우 신법우선주의에 반한다.

① [×] 범죄의 성립과 처벌은 행위시의 법률에 의한다고 할 때의 "행위시"라 함은 범죄행위의 종료시를 의미한다(대판 1994.5.10. 94도563).

② [○] 포괄일죄에 관한 기존 처벌법규에 대하여 그 표현이나 형량과 관련한 개정을 하는 경우가 아니라 애초에 죄가 되지 아니하던 행위를 구성요건의 신설로 포괄일죄의 처벌대상으로 삼는 경우에는 신설된 포괄일죄 처벌법규가 시행되기 이전의 행위에 대하여는 신설된 법규를 적용하여 처벌할 수 없다. 이는 신설된 처벌법규가 상습범을 처벌하는 구성요건인 경우에도 마찬가지라고 할 것이므로, 구성요건이 신설된 상습강제추행죄가 시행되기 이전의 범행은 상습강제추행죄로는 처벌할 수 없고 행위시법에 기초하여 강제추행죄로 처벌할 수 있을 뿐이며, 이 경우 그 소추요건도 상습강제추행죄에 관한 것이 아니라 강제추행죄에 관한 것이 구비되어야 한다(대판 2016.1.28. 2015도15669).

③ [×] 범죄 후 법률의 변경이 있더라도 형의 변경이 없는 경우에는 형법 제조 제1항에 따라 행위시법을 적용하여야 한다(대판 2010.6.10. 2010도4416).

④ [×] 위헌결정으로 인하여 형벌에 관한 법률 또는 법률조항이 소급하여 그 효력을 상실한 경우에는 당해 조항을 적용하여 공소가 제기된 피고사건은 범죄로 되지 아니한 때에 해당한다고 할 것이어서 법원은 그 피고사건에 대하여 형사소송법 제325조 전단에 따라 무죄를 선고하여야 한다(대판 2011.9.29. 2009도12515).

⑤ [×] 형법 제1조 제2항 및 제8조에 의하면, 범죄 후 법률의 변경에 의하여 형이 구법보다 가벼운 때에는 원칙적으로 신법에 따라야 하지만, 신법에 경과규정을 두어 이러한 신법의 적용을 배제하는 것도 허용되는 것으로서 형벌법규의 형을 종전보다 가볍게 개정하면서 그 부칙에서 개정된 법의 시행 전의 범죄에 대하여는 종전의 형벌법규를 적용하도록 규정한다 하여 형벌불소급의 원칙이나 신법우선의 원칙에 반한다고 할 수 없다(대판 2013.7.11. 2011도15056).

정답 ②

006 형법의 시간적·장소적 적용범위에 관한 설명 중 옳지 않은 것은? (다툼이 있으면 판례에 의함) [15 변호사]

① 범죄행위시와 재판시 사이에 수차 법률이 개정되어 형이 변경된 경우 그 전부의 법률을 비교하여 가장 형이 가벼운 법률을 적용하여야 한다.

② 형벌에 관한 법률 또는 법률조항은 헌법재판소의 위헌 결정으로 소급하여 그 효력을 상실하지만, 해당 법률 또는 법률의 조항에 대하여 종전에 합헌으로 결정한 사건이 있는 경우에는 그 합헌결정이 있는 날의 다음 날로 소급하여 효력을 상실한다.

③ 대한민국 국민이 아닌 사람이 외국에 거주하다가 그곳을 떠나 반국가단체의 지배하에 있는 지역으로 들어간 경우 외국인의 국외범에 해당하여 국가보안법이 적용되지 않는다.

④ 중국인이 한국으로 입국하기 위하여 중국에 소재한 대한민국 영사관에서 그곳에 비치된 여권발급신청서를 위조한 경우 보호주의에 의하여 형법이 적용된다.

⑤ 도박죄를 처벌하지 않는 미국 라스베가스에 있는 호텔 도박장에서 상습적으로 도박한 대한민국 국민의 경우 속인주의에 의하여 형법이 적용된다.

해설

① [○] 범죄행위시와 재판시 사이에 여러 차례 법령이 개정되어 형의 변경이 있는 경우에는 형법 제1조 제2항에 의하여 그 중 가장 형이 가벼운 법령을 적용하여야 한다(대판 2012.9.13. 2012도7760).

② [○] 헌법재판소법 제47조 제3항

③ [○] 대한민국 국민이 아닌 사람이 외국에 거주하다가 그곳을 떠나 반국가단체의 지배하에 있는 지역으로 들어가는 행위는, 대한민국의 영역에 대한 통치권이 실지로 미치는 지역을 떠나는 행위 또는 대한민국의 국민에 대한 통치권으로부터 벗어나는 행위 어디에도 해당하지 않으므로 국가보안법 제6조 제1항, 제2항의 '탈출' 개념에 포함되지 않는다(대판(전) 2008.4.17. 2004도4899).

④ [×] 중국 북경시에 소재한 대한민국 영사관 내부는 여전히 중국의 영토에 속할 뿐 이를 대한민국의 영토로서 그 영역에 해당한다고 볼 수 없을 뿐 아니라, <u>사문서위조죄가 형법 제6조의 대한민국 또는 대한민국 국민에 대하여 범한 죄에 해당하지 아니함은 명백하므로</u> 피고인에 대한 재판권이 없다(대판 2006.9.22. 2006도5010).

⑤ [○] 형법 제3조는 '본법은 대한민국 영역 외에서 죄를 범한 내국인에게 적용한다'고 규정하고 지문의 대한민국 국민의 경우 속인주의에 의하여 우리 형법이 적용된다. 또한 도박죄를 처벌하지 않는 외국 카지노에서의 도박이라는 사정만으로 그 위법성이 조각된다고 할 수 없다(대판 2004.4.23. 2002도2518).

정답 ④

007 형법의 적용범위에 관한 설명 중 옳은 것은? (다툼이 있으면 판례에 의함) [21 변호사]

① 북한에서 행하여진 범죄에 대해서는 대한민국 형법이 적용되지 않는다.

② 도박죄를 처벌하지 않는 외국 카지노에서 대한민국 국민이 도박을 한 경우 대한민국 형법이 적용되지 않는다.

③ 「형법」 제6조 본문에서 정한 '대한민국 또는 대한민국 국민에 대하여 죄를 범한 때'란 대한민국 또는 대한민국 국민의 법익이 직접적으로 침해되는 결과를 야기하는 죄를 범한 경우를 의미한다.

④ 우리 형법은 외국에서 형의 전부 또는 일부의 집행을 받은 자에 대하여 임의적으로 형의 산입 여부를 정할 수 있도록 하고 있다.

⑤ 중국인이 중국에 소재하고 있는 대한민국 영사관 내에서 여권발급신청서 1장을 위조하여 제출한 경우 대한민국 형법이 적용된다.

해설

① [×] 헌법 제3조는 '대한민국의 영토는 한반도와 그 부속도서로 한다'고 규정하고 있어 북한도 대한민국의 영토에 속한다(대판(전) 1997.11.20. 97도2021). 따라서 북한에서 행하여진 범죄에 대해서도 형법 제2조에 의하여 대한민국 형법이 적용된다.

② [×] 형법 제3조는 속인주의를 규정하고 있고 또한 국가 정책적 견지에서 도박죄의 보호법익보다 좀 더 높은 국가이익을 위하여 예외적으로 내국인의 출입을 허용하는 폐광지역개발지원에관한특별법 등에 따라 카지노에 출입하는 것은 법령에 의한 행위로 위법성이 조각된다고 할 것이나, 도박죄를 처벌하지 않는 외국 카지노에서의 도박이라는 사정만으로 (내국인인 피고인에 대하여) 그 위법성이 조각된다고 할 수 없다(대판 2017.4.13. 2017도953). 도박죄를 처벌하지 않는 외국 카지노에서 대한민국 국민이 도박을 한 경우에도 대한민국 형법이 적용된다.

③ [○] [1] 제6조의 '대한민국 또는 대한민국 국민에 대하여 죄를 범한 때'란 대한민국 또는 대한민국 국민의 법익이 직접적으로 침해되는 결과를 야기하는 죄를 범한 경우를 의미한다.
[2] 캐나다 시민권자인 피고인이 캐나다에서 위조사문서를 행사하였다면, 형법 제234조의 위조사문서행사죄는 형법 제5조 제1호 내지 제7호에 열거된 죄에 해당하지 않고, 위조사문서행사를 형법 제6조의 대한민국 또는 대한민국 국민의 법익을 직접적으로 침해하는 행위라고 볼 수도 없으므로 피고인의 행위에 대하여는 우리나라에 재판권이 없다(대판 2011.8.25. 2011도6507).

④ [×] 죄를 지어 외국에서 형의 전부 또는 일부가 집행된 사람에 대해서는 그 집행된 형의 전부 또는 일부를 선고하는 형에 산입한다(형법 제7조).
▶ 임의적이 아니라 필요적으로 형의 전부 또는 일부를 산입하여야 한다.

⑤ [×] 중국 북경시에 소재한 대한민국 영사관 내부는 여전히 중국의 영토에 속할 뿐 이를 대한민국의 영토로서 그 영역에 해당한다고 볼 수 없을 뿐 아니라, 사문서위조죄가 형법 제6조의 대한민국 또는 대한민국 국민에 대하여 범한 죄에 해당하지 아니함은 명백하므로 피고인에 대한 재판권이 없다(대판 2006.9.22. 2006도5010).

정답 ③

1 행위의 주체

008 법인의 형사책임 또는 양벌규정에 관한 설명 중 옳지 않은 것은? (다툼이 있으면 판례에 의함) [21 변호사]

① 양벌규정의 '법인의 대표자'는 그 명칭 여하를 불문하고 당해 법인을 실질적으로 경영하면서 사실상 대표하고 있는 자를 포함한다.

② '법인의 대표자나 법인 또는 개인의 대리인·사용인 기타의 종업원이 그 법인 또는 개인의 업무에 관하여 제○○조의 규정에 의한 위반행위를 한 때에는 행위자를 벌하는 외에 그 법인 또는 개인에 대하여도 해당 조문의 벌금형을 과한다'는 내용의 양벌규정은 법치국가의 원리 및 죄형법정주의로부터 도출되는 책임주의 원칙에 반한다.

③ 법인 대표자의 법규위반행위에 대한 법인의 책임은 법인 자신의 법규위반행위로 평가될 수 있는 행위에 대한 법인의 직접책임으로서 대표자의 고의에 의한 위반행위에 대하여는 법인 자신의 고의에 의한 책임을, 대표자의 과실에 의한 위반행위에 대하여는 법인 자신의 과실에 의한 책임을 부담한다.

④ 법률의 벌칙규정의 적용대상자가 일정한 '업무주'로 한정되어 있는 경우, 업무주가 아니면서 그 업무를 실제로 집행하는 자가 그 벌칙규정의 위반행위를 하였다면 그 집행하는 자는 그 벌칙규정을 적용대상으로 하고 있는 '양벌규정'에 의해 처벌될 수 있다.

⑤ 회사 대표자의 위반행위에 대하여 징역형의 형량을 작량감경하고 병과하는 벌금형에 대하여 선고유예를 한 이상 양벌 규정에 따라 그 회사를 처단함에 있어서도 같은 조치를 취하여야 한다.

해설

① [○] 증권거래법 제215조에서 '법인의 대표자'는 그 명칭 여하를 불문하고 당해 법인을 실질적으로 경영하면서 사실상 대표하고 있는 자도 포함된다(대판 2013.7.11. 2011도15056).

② [○] 법인이 종업원 등의 위반행위와 관련하여 선임·감독상의 주의의무를 다하여 아무런 잘못이 없는 경우까지도 법인에게 형벌을 부과하도록 한 양벌규정은 책임주의 원칙에 반하여 헌법에 위반된다(헌재 2009.7.30 2008헌가16).

③ [○] 법인은 기관을 통하여 행위하므로 법인이 대표자를 선임한 이상 그의 행위로 인한 법률효과는 법인에게 귀속되어야 하고, 법인 대표자의 범죄행위에 대하여는 법인 자신이 책임을 저야 하는바, <u>법인 대표자의 법규위반행위에 대한 법인의 책임은 법인 자신의 법규위반행위로 평가될 수 있는 행위에 대한 법인의 직접책임으로서, 대표자의 고의에 의한 위반행위에 대하여는 법인 자신의 고의에 의한 책임을, 대표자의 과실에 의한 위반행위에 대하여는 법인 자신의 과실에 의한 책임을 지는 것이다</u>(대판 2010.9.30. 2009도3876).

④ [○] 구 건축법 제54조 내지 제56조의 벌칙규정에서 그 적용대상자를 건축주, 공사감리자, 공사시공자 등 일정한 업무주로 한정한 경우에 있어서, 같은 법 제57조의 양벌규정은 업무주가 아니면서 당해 업무를 실제로 집행하는 자가 있는 때에 위 벌칙규정의 실효성을 확보하기 위하여 그 적용대상자를 당해 업무를 실제로 집행하는 자에게까지 확장함으로써 그러한 자가 당해 업무집행과 관련하여 위 벌칙규정의 위반행위를 한 경우 위 양벌규정에 의하여 처벌할 수 있도록 한 행위자의 처벌규정임과 동시에 그 위반행위의 이익귀속주체인 업무주에 대한 처벌규정이라고 할 것이다(대판(전) 1999.7.15. 95도2870).

⑤ [×] 회사 대표자의 위반행위에 대하여 징역형의 형량을 작량감경하고 병과하는 벌금형에 대하여 선고유예를 한 이상 양벌규정에 따라 그 회사를 처단함에 있어서도 같은 조치를 취하여야 한다는 논지는 독자적인 견해에 지나지 아니하여 받아들일 수 없다(대판 1995.12.12. 95도1893).

정답 ⑤

009 양벌규정 또는 법인의 범죄능력에 대한 설명 중 옳은 것을 모두 고른 것은? (다툼이 있는 경우에는 판례에 의함)

[13 변호사]

> 가. 배임죄에서 타인의 사무를 처리할 의무의 주체가 법인이 되는 경우 그 타인의 사무는 법인을 대표하는 자연인인 대표기관에 의하여 처리될 수밖에 없어 자연인인 대표기관이 배임죄의 주체가 된다.
> 나. 양벌규정에 의해서 법인 또는 개인을 처벌하는 경우 그 처벌은 직접 법률을 위반한 행위자에 대한 처벌에 종속하며, 행위자에 대한 선임감독상의 과실로 인하여 처벌되는 것이므로, 행위자에 대한 처벌이 법인 또는 개인에 대한 처벌의 전제조건이 된다.
> 다. 법인에 대한 양벌규정에 면책규정이 신설된 것은 범죄 후 법률의 변경에 의하여 그 행위가 범죄를 구성하지 않거나 형이 구법보다 경한 경우에 해당한다.
> 라. 행위자에 대하여 부과되는 형량을 작량감경하는 경우 양벌규정에 의하여 법인을 처벌함에 있어서도 이와 동일한 조치를 취하여야 한다.
> 마. 합병으로 인하여 소멸한 법인이 그 종업원 등의 위법행위에 대해 양벌규정에 따라 부담하던 형사책임은 그 성질상 이전을 허용하지 않는 것으로서 합병으로 인하여 존속하는 법인에 승계되지 않는다.

① 가, 다   ② 나, 마   ③ 가, 나, 다
④ 가, 다, 마   ⑤ 나, 다, 라

해설

가. [○] 형법 제355조 제2항의 배임죄에 있어서 타인의 사무를 처리할 의무의 주체는 법인이 되는 경우라도 법인은 다만 사법상의 의무주체가 될 뿐 범죄능력이 없는 것이며 그 타인의 사무는 법인을 대표하는 자연인인 대표기관의 의사결정에 따른 대표행위에 의하여 실현될 수밖에 없어 그 대표기관은 마땅히 법인이 타인에게 부담하고 있는 의무내용대로 사무를 처리할 임무가 있다 할 것이므로 자연인인 대표기관이 바로 타인의 사무를 처리하는 자 즉 배임죄의 주체가 된다(대판(전) 1984.10.10. 82도2595).

나. [×] 양벌규정에 의한 영업주의 처벌은 금지위반행위자인 종업원의 처벌에 종속하는 것이 아니라 독립하여 그 자신의 종업원에 대한 선임감독상의 과실로 인하여 처벌되는 것이므로 종업원의 범죄성립이나 처벌이 영업주 처벌의 전제조건이 될 필요는 없다(대판 2006.2.24. 2005도7673).

다. [○] 양벌규정에 면책규정이 신설되었다면 범죄 후 법률의 변경에 의하여 그 행위가 범죄를 구성하지 않거나 형이 구법보다 경한 경우에 해당한다(대판 2011.3.24. 2009도7230).

라. [×] 회사 대표자의 위반행위에 대하여 징역형의 형량을 작량감경하고 병과하는 벌금형에 대하여 선고유예를 한 이상 양벌규정에 따라 그 회사를 처단함에 있어서도 같은 조치를 취하여야 한다는 논지는 독자적인 견해에 지나지 아니하여 받아들일 수 없다(대판 1995.12.12. 95도1893).

마. [○] 회사합병이 있는 경우 피합병회사의 권리·의무는 사법상의 관계나 공법상의 관계를 불문하고 모두 합병으로 인하여 존속하는 회사에 승계되는 것이 원칙이지만, 그 성질상 이전을 허용하지 않는 것은 승계의 대상에서 제외되어야 할 것인바, 양벌규정에 의한 법인의 처벌은 어디까지나 형벌의 일종으로서 행정적 제재처분이나 민사상 불법행위책임과는 성격을 달리하는 점, 형사소송법 제328조가 '피고인인 법인이 존속하지 아니하게 되었을

때'를 공소기각결정의 사유로 규정하고 있는 것은 형사책임이 승계되지 않음을 전제로 한 것이라고 볼 수 있는 점 등에 비추어 보면, 합병으로 인하여 소멸한 법인이 그 종업원 등의 위법행위에 대해 양벌규정에 따라 부담하던 형사책임은 그 성질상 이전을 허용하지 않는 것으로서 합병으로 인하여 존속하는 법인에 승계되지 않는다(대판 2007.8.23. 2005도4471).

정답 ④

2 구성요건

010 부작위범에 관한 설명 중 옳은 것[○]과 옳지 않은 것[×]을 올바르게 조합한 것은? (다툼이 있으면 판례에 의함)

[21 변호사]

> ㉠ 부진정부작위범에서의 보증인지위와 보증의무를 구별하는 입장에 의하면, 보증의무가 존재하지 아니하는 것으로 착오한 경우는 법률의 착오로 취급된다.
> ㉡ 임대인이 임대차계약을 체결하면서 임차인에게 임대목적물이 경매진행 중인 사실을 알리지 않은 경우 임차인이 등기부를 확인 또는 열람하는 것이 가능하였다면 임대인에게 사기죄가 성립하지 않는다.
> ㉢ 진정부작위범과 부진정부작위범 모두 작위의무가 법적으로 인정되더라도 작위의무를 이행하는 것이 사실상 불가능한 상황이었다면 부작위범이 성립할 수 없다.
> ㉣ 부진정부작위범의 요건으로 행위태양의 동가치성을 요구하는 것은 부진정부작위범의 형사처벌을 확장하는 기능을 한다.
> ㉤ 의사가 수술 후 치료를 계속하지 않으면 환자가 사망할 수 있음을 알면서도 보호자의 강력한 요청으로 치료를 중단하고 퇴원을 허용하여 보호자의 방치로 환자가 사망한 경우, 그 의사에게는 부작위에 의한 살인방조죄가 성립한다.

① ㉠ [○], ㉡ [×], ㉢ [○], ㉣ [×], ㉤ [×]   ② ㉠ [×], ㉡ [○], ㉢ [×], ㉣ [○], ㉤ [×]
③ ㉠ [○], ㉡ [○], ㉢ [×], ㉣ [×], ㉤ [×]   ④ ㉠ [×], ㉡ [○], ㉢ [×], ㉣ [×], ㉤ [○]
⑤ ㉠ [○], ㉡ [×], ㉢ [○], ㉣ [○], ㉤ [○]

해설

㉠ [○] 보증인 지위와 보증인 의무를 구별하는 이원설에 따르면 '보증인 지위'는 구성요건요소이지만, 보증인 의무(작위의무)는 위법성 요소이다. 따라서 보증인 지위에 대한 착오는 구성요건의 착오가 되지만, 보증인 의무에 대한 착오는 위법성의 착오(법률의 착오)가 된다.

㉡ [×] 피해자가 임대차계약 당시 임차할 여관건물에 관하여 법원의 경매개시결정에 따른 경매절차가 이미 진행중인 사실을 알았더라면 그 건물에 관한 임대차계약을 체결하지 않았을 것임이 명백한 이상, 피고인은 신의칙상 피해자에게 이를 고지할 의무가 있다 할 것이고, 피해자 스스로 건물에 관한 등기부를 확인 또는 열람하는 것이 가능하다고 하여 결론을 달리 할 것은 아니다(대판 1998.12.8. 98도3263). 지문의 경우 부작위에 의한 사기죄가 성립한다.

㉢ [○] 특정한 행위를 하지 아니하는 부작위가 형법적으로 부작위로서의 의미를 가지기 위해서는 보호법익의 주체에게 해당 구성요건적 결과발생의 위험이 있는 상황에서 행위자가 구성요건의 실현을 회피하기 위하여 요구되는 행위를 현실적·물리적으로 행할 수 있었음에도 하지 아니하였다고 평가될 수 있어야 한다(대판(전) 2015.11.12. 2015도6809).

ⓔ [×] 부진정부작위범의 요건으로 행위태양의 동가치성을 요구하는 것은 부진정부작위범의 형사처벌을 축소하는 기능을 한다(행위태양의 동가치성이 없으면 부작위범은 성립할 수 없기 때문이다).

ⓜ [×] [1] 행위자가 자신의 신체적 활동이나 물리적·화학적 작용을 통하여 적극적으로 타인의 법익 상황을 악화시킴으로써 결국 그 타인의 법익을 침해하기에 이르렀다면 이는 작위에 의한 범죄로 봄이 원칙이고, 작위에 의하여 악화된 법익 상황을 다시 되돌이키지 아니한 점에 주목하여 이를 부작위범으로 볼 것은 아니다.
[2] 환자의 보호자가 치료위탁계약을 해지하고 환자를 퇴원시켜 달라고 요구하여 이에 응하기 위하여 담당의사가 인공호흡장치를 제거한 결과 환자가 호흡곤란으로 사망하게 된 경우, 당해 의사는 작위에 의한 살인방조의 죄책을 진다(대판 2004.6.24. 2002도995).

정답 ①

011 부작위범에 관한 설명 중 옳은 것은? (다툼이 있는 경우에는 판례에 의함) [12 변호사]

① 신의성실의 원칙이나 사회상규 혹은 조리상 작위의무가 기대되는 경우에는 법적인 작위의무가 인정되지 않는다.

② 법적인 작위의무를 지고 있는 자가 결과발생을 쉽게 방지할 수 있었음에도 불구하고 이를 방관한 채 그 의무를 이행하지 아니한 경우에, 그 부작위가 작위에 의한 법익침해와 동등한 형법적 가치가 있는 것이어서 그 범죄의 실행행위로 평가될 만한 것이라면, 부작위범으로 처벌할 수 있다.

③ 부작위에 의한 방조범은 성립하지 않는다.

④ 행위자가 자신의 신체적 활동이나 물리적·화학적 작용을 통하여 적극적으로 타인의 법익상황을 악화시킴으로써 결국 그 타인의 법익을 침해하기에 이르렀더라도 작위에 의하여 악화된 법익상황을 다시 돌이키지 아니한 이상 부작위범이 성립하는 것이 원칙이다.

⑤ 진정부작위범의 경우 다수의 부작위범에게 부여된 작위의무가 각각 다르더라도 각각의 작위의무에 위반되는 행위를 공동으로 하였다면 부작위범의 공동정범이 성립할 수 있다.

해설

① [×] 형법상 부작위범이 인정되기 위해서 작위의무는 법적인 의무이어야 하므로 단순한 도덕상 또는 종교상의 의무는 포함되지 않으나 작위의무가 법적인 의무인 한 성문법이건 불문법이건 상관이 없고 또 공법이건 사법이건 불문하므로, 법령, 법률행위, 선행행위로 인한 경우는 물론이고 기타 신의성실의 원칙이나 사회상규 혹은 조리상 작위의무가 기대되는 경우에도 법적인 작위의무는 있다(대판 1996.9.6. 95도2551).

② [○] 형법이 금지하고 있는 법익침해의 결과발생을 방지할 법적인 작위의무를 지고 있는 자가 그 의무를 이행함으로써 결과발생을 쉽게 방지할 수 있었음에도 불구하고 그 결과의 발생을 용인하고 이를 방관한 채 그 의무를 이행하지 아니한 경우에, 그 부작위가 작위에 의한 법익침해와 동등한 형법적 가치가 있는 것이어서 그 범죄의 실행행위로 평가될 만한 것이라면, 작위에 의한 실행행위와 동일하게 부작위범으로 처벌할 수 있다고 할 것이다(대판 1992.2.11. 91도2951).

③ [×] 형법상 방조는 작위에 의하여 정범의 실행을 용이하게 하는 경우는 물론, 직무상의 의무가 있는 자가 정범의 범죄행위를 인식하면서도 그것을 방지하여야 할 제반 조치를 취하지 아니하는 부작위로 인하여 정범의 실행행위를 용이하게 하는 경우에도 성립된다(대판 1996.9.6. 95도2551).

④ [×] 어떠한 범죄가 적극적 작위에 의하여 이루어질 수 있음은 물론 결과의 발생을 방지하지 아니하는 소극적 부작위에 의하여도 실현될 수 있는 경우에, 행위자가 자신의 신체적 활동이나 물리적·화학적 작용을 통하여 적극적으로 타인의 법익 상황을 악화시킴으로써 결국 그 타인의 법익을 침해하기에 이르렀다면, 이는 작위에 의한 범죄로 봄이 원칙이고, 작위에 의하여 악화된 법익 상황을 다시 되돌이키지 아니한 점에 주목하여 이를 부작위범으로 볼 것은 아니다(대판 2004.6.24. 2002도995).

⑤ [×] 부작위범 사이의 공동정범은 다수의 부작위범에게 공통된 의무가 부여되어 있고 그 의무를 공통으로 이행할 수 있을 때에만 성립한다(대판 2008.3.27. 2008도89).

정답 ②

012 부작위에 관한 설명 중 옳지 않은 것은? (다툼이 있으면 판례에 의함) [18 변호사]

① 甲은 할부금융회사로부터 금융을 얻어 자동차를 매수한 후 乙에게 그 자동차를 매도하였는데, 계약체결 당시 자동차에 대하여 저당권이 설정되거나 가압류된 사실이 없고 甲과 乙 사이의 계약조건에 할부금채무의 승계에 대한 내용도 없다면, 甲이 할부금채무의 존재를 乙에게 고지하지 않았더라도 사기죄가 성립하지 않는다.

② 신장결핵을 앓고 있는 甲이 乙보험회사가 정한 약관에 신장결핵을 포함한 질병에 대한 고지의무를 규정하고 있음을 알면서도 이를 고지하지 아니한 채 그 사실을 모르는 乙보험회사와 그 질병을 담보하는 보험계약을 체결한 후 신장결핵의 발병을 사유로 하여 보험금을 청구하여 수령한 경우, 甲에게는 사기죄가 성립한다.

③ 경찰서 형사과장인 甲이 압수물을 범죄 혐의의 입증에 사용하도록 하는 등의 적절한 조치를 취하지 아니하고 피압수자에게 돌려준 경우, 甲에게는 작위범인 증거인멸죄만이 성립하고 부작위범인 직무유기죄는 따로 성립하지 아니한다.

④ 임대인 甲이 자신 소유의 여관건물에 대하여 임차인 乙과 임대차계약을 체결하면서 乙에게 당시 임대목적물에 관하여 법원의 경매개시결정에 따른 경매절차가 진행 중인 사실을 알리지 아니하였더라도, 乙이 등기부를 확인 또는 열람하는 것이 가능하였다면 기망행위가 있었다고 볼 수 없어, 甲에게는 사기죄가 성립하지 아니한다.

⑤ 토지 소유자인 甲이 그 소유 토지에 대하여 여객정류장시설을 설치하는 도시계획이 입안되어 있어 장차 위 토지가 수용될 것이라는 점을 알고 있었음에도, 이러한 사정을 모르는 매수인 乙에게 이러한 사실을 고지하지 않고 토지를 매도하고 매매대금을 수령하였다면, 甲에게는 사기죄가 성립한다.

해설

① [○] 피고인들의 전 소유자들이 매매 목적물인 자동차와 관련하여 할부금 채무를 부담하고 있다 하더라도 (자동차 매매계약에 따라 할부금 채무가 당연히 매수인에게 승계되는 것이라고 볼 근거가 없어) 그로 인하여 자동차 매수인들이 장차 자동차의 소유권을 확보하지 못할 위험이 생기는 것은 아니라 할 것이므로, 매수인들이 할부금 채무가 있다는 사정에 대하여 고지를 받았더라면 각 자동차를 매수하지 아니하였을 것임이 경험칙상 명백하다고 할 수 없고, 따라서 피고인들이 그와 같은 할부금 채무가 있다는 점을 고지하지 않았다고 하더라도 그와 같은 부작위가 기망행위에 해당한다고 볼 수 없다(대판 1998.4.14. 98도231).

② [○] 특정 질병을 앓고 있는 사람이 보험회사가 정한 약관에 그 질병에 대한 고지의무를 규정하고 있음을 알면서도 이를 고지하지 아니한 채 그 사실을 모르는 보험회사와 그 질병을 담보하는 보험계약을 체결한 다음 바로 그 질병의 발병을 사유로 하여 보험금을 청구하였다면 특별한 사정이 없는 한 사기죄에 있어서의 기망행위 내지 편취의 범의를 인정할 수 있고, 보험회사가 그 사실을 알지 못한 데에 과실이 있다거나 고지의무위반을 이유로 보험계약을 해제할 수 있다고 하여 사기죄의 성립에 영향이 생기는 것은 아니다(대판 2007.4.12. 2007도967).

③ [○] 경찰서 방범과장이 부하직원으로부터 음비법위반 혐의로 오락실을 단속하여 증거물로 오락기의 변조 기판을 압수하여 보관중임을 보고받았음에도, 압수물을 수사계에 인계하고 검찰에 송치하여 범죄 혐의의 입증에 사용하도록 하는 등의 적절한 조치를 취하지 않고, 오히려 부하직원에게 압수한 변조 기판을 돌려주라고 지시하여 오락실 업주에게 이를 돌려준 경우, 작위범인 증거인멸죄만이 성립하고 부작위범인 직무유기(거부)죄는 따로 성립하지 아니한다(대판(전) 2006.10.19. 2005도3909).

④ [×] 피해자가 임대차계약 당시 임차할 여관건물에 관하여 경매절차가 이미 진행 중인 사실을 알았더라면 임대차계약을 체결하지 않았을 것임이 명백한 이상, 피고인은 신의칙상 피해자에게 이를 고지할 의무가 있다 할 것이므로 피고인이 여관건물에 관하여 법원의 경매절차가 이미 진행중이라는 사실을 묵비하고 임대차 계약을 체결한 경우 사기죄가 성립하고, 이는 피해자 스스로 그 건물에 관한 등기부를 확인 또는 열람하는 것이 가능하다고 하여 결론을 달리 할 것은 아니다(대판 1998.12.8. 98도3263).

⑤ [○] 피고인이 토지에 대하여 도시계획이 입안되어 있어 장차 토지가 정주시(井州市)에 의하여 협의매수되거나 수용될 것이라는 점을 알고 있었으므로 이러한 사정을 모르고 토지를 매수하려는 피해자에게 위와 같은 사정을 고지할 신의칙상 의무가 있고, 따라서 이러한 사정을 고지하지 아니한 피고인의 행위는 부작위에 의한 사기죄를 구성한다(대판 1993.7.13. 93도14).

정답 ④

013 부작위범에 관한 설명 중 옳지 않은 것은? (다툼이 있는 경우 판례에 의함) [23 변호사]

① 일정 기간 내에 잘못된 상태를 바로잡으라는 행정청의 지시를 이행하지 않았다는 것을 구성요건으로 하는 범죄는 진정부작위범으로서 그 의무이행기간의 경과에 의하여 범행이 기수에 이른 것이다.

② 형법상 방조는 작위에 의하여 정범의 실행행위를 용이하게 하는 경우는 물론, 직무상의 의무가 있는 자가 정범의 범죄행위를 인식하면서도 그것을 방지하여야 할 제반조치를 취하지 아니하는 부작위로 인하여 정범의 실행행위를 용이하게 하는 경우에도 성립한다.

③ 사기죄에서 부작위에 의한 기망은 법률상 고지의무 있는 자가 일정한 사실에 관하여 상대방이 착오에 빠져 있음을 알면서도 이를 고지하지 않는 것을 말한다.

④ 부진정 부작위범의 작위의무는 법령, 법률행위, 선행행위로 인한 경우는 물론, 사회상규 혹은 조리상 작위의무가 기대되는 경우에도 인정된다.

⑤ 甲이 A와 토지 지상에 창고를 신축하는 데 필요한 형틀공사 계약을 체결한 후 그 공사를 완료하였는데, A가 공사대금을 주지 않는다는 이유로 위 토지에 쌓아 둔 건축자재를 단순히 치우지 않은 경우, 甲의 이러한 행위는 적극적으로 A의 추가 공사 업무를 방해한 행위와 동등한 형법적 가치를 가지는 것으로 평가할 수 있으므로 甲에게는 부작위에 의한 업무방해죄가 성립한다.

해설

① [○] 일정한 기간 내에 잘못된 상태를 바로잡으라는 행정청의 지시를 이행하지 않았다는 것을 구성요건으로 하는 범죄는 이른바 진정부작위범으로서 그 의무이행기간의 경과에 의하여 범행이 기수에 이른다(대판 1994.4.26. 93도1731).

② [○] 형법상 방조는 작위에 의하여 정범의 실행을 용이하게 하는 경우는 물론, 직무상의 의무가 있는 자가 정범의 범죄행위를 인식하면서도 그것을 방지하여야 할 제반 조치를 취하지 아니하는 부작위로 인하여 정범의 실행행위를 용이하게 하는 경우에도 성립된다(대판 1996.9.6. 95도2551).

③ [○] 사기죄의 요건으로서의 기망은 널리 재산상의 거래관계에 있어 서로 지켜야 할 신의와 성실의 의무를 저버리는 모든 적극적 또는 소극적 행위를 말하는 것이고, 이러한 소극적 행위로서의 부작위에 의한 기망은 법률상 고지의무 있는 자가 일정한 사실에 관하여 상대방이 착오에 빠져 있음을 알면서도 이를 고지하지 아니함을 말하는 것으로서, 일반거래의 경험칙상 상대방이 그 사실을 알았더라면 당해 법률행위를 하지 않았을 것이 명백한 경우에는 신의칙에 비추어 그 사실을 고지할 법률상 의무가 인정되는 것이다(대판 1998.12.8. 98도3263).

④ [○] 부진정부작위범에서 작위의무는 법령, 법률행위, 선행행위로 인한 경우는 물론, 신의성실의 원칙이나 사회상규 혹은 조리상 작위의무가 기대되는 경우에도 인정된다(대판 2015.11.12. 2015도6809).

⑤ [×] [1] 업무방해죄와 같이 작위를 내용으로 하는 범죄를 부작위에 의하여 범하는 부진정 부작위범이 성립하기 위해서는 부작위를 실행행위로서의 작위와 동일시할 수 있어야 한다.

[2] 피고인이 甲과 토지 지상에 창고를 신축하는 데 필요한 형틀공사 계약을 체결한 후 그 공사를 완료하였는데, 甲이 공사대금을 주지 않는다는 이유로 위 토지에 쌓아 둔 건축자재를 치우지 않고 공사현장을 막는 방법으로 위력으로써 甲의 창고 신축 공사 업무를 방해하였다는 내용으로 기소된 사안에서, 피고인이 일부러 건축자재를 甲의 토지 위에 쌓아 두어 공사현장을 막은 것이 아니라 당초 자신의 공사를 위해 쌓아 두었던 건축자재를 공사 완료 후 치우지 않은 것에 불과하므로, 비록 공사대금을 받을 목적으로 건축자재를 치우지 않았더라도, 피고인이 자신의 공사를 위하여 쌓아 두었던 <u>건축자재를 공사 완료 후에 단순히 치우지 않은 행위가 위력으로써 甲의 추가 공사 업무를 방해하는 업무방해죄의 실행행위로서 甲의 업무에 대하여 하는 적극적인 방해행위와 동등한 형법적 가치를 가진다고 볼 수 없다</u>고 한 사례(대판 2017.12.22. 2017도13211).

비교판례 피고인들이 분리수거장 방향으로 담배꽁초를 던져 버리고 현장을 떠난 후 화재가 발생하여 각각 실화죄로 기소된 사안에서, <u>피고인들 각자 본인 및 상대방이 버린 담배꽁초 불씨가 살아 있는지를 확인하고 이를 완전히 제거하는 등 화재를 미리 방지할 주의의무가 있음에도 이를 게을리 한 채 만연히 현장을 떠난 과실이 인정되고 이러한 피고인들 각자의 과실이 경합하여 위 화재를 일으켰다고 보아, 피고인들 각자의 실화죄 책임을 인정한 원심판결을 수긍하는 한편, 원심판단 중 위 화재가 피고인들 중 누구의 행위에 의한 것인지 인정하기에 부족하다는 취지의 부분은 '피고인들 중 누구의 담배꽁초로 인하여 위 화재가 발생하였는지 인정할 증거가 부족하다.'는 의미로 선해할 수 있고,</u> 이는 피고인들의 각 주의의무 위반과 위 화재의 발생 사이에 인과관계가 인정된다는 취지의 부가적 판단이므로, 이와 다른 전제에서 '원인행위가 불명이어서 피고인들은 실화죄의 미수로 불가벌에 해당하거나 적어도 피고인들 중 일방은 실화죄가 인정될 수 없다.'는 취지의 피고인들 주장은 받아들이기 어렵다고 한 사례(대판 2023.3.9. 2022도16120).

정답 ⑤

014 인과관계에 관한 견해 <보기1>과 그 내용 <보기2> 및 이에 대한 비판 <보기3>이 바르게 연결된 것은?

[22 변호사]

<보기1>

가. 행위와 결과 사이에 그 행위가 없었더라면 결과가 발생하지 않았다고 볼 수 있는 모든 조건에 대하여 인과관계가 인정된다는 견해

나. 행위가 시간적으로 뒤따르는 외계의 변화에 연결되고 외계변화가 행위와 합법칙적으로 결합되어 구성요건적 결과로 실현되었을 때에 인과관계가 인정된다는 견해

다. 결과발생을 위해 경험칙상 상당한 조건만이 원인이 되고 이 경우 인과관계가 인정된다는 견해

<보기2>

A. 사실적 측면과 규범적 측면을 모두 고려하여 행위와 결과 사이의 높은 가능성이라는 개연성 관계를 판단한다.

B. 행위와 결과 간의 전개과정이 이미 확립되어 있는 자연과학적 인과법칙에 부합하는가를 심사하여 인과관계를 판단한다.

C. 중요한 원인과 중요하지 않은 원인을 구별하지 않고 모든 조건을 동일한 원인으로 파악한다.

<보기3>

a. 당대의 지식수준에서 알려진 법칙적 관계의 내용이 명확하게 제시되어 있지 않고, 인과관계를 인정하는 범위가 너무 넓어 결과책임을 제한하려는 형법의 목적을 실현하는 데에 문제가 있다.

b. 단독으로 동일한 결과를 발생시킬 수 있는 수개의 조건이 결합하여 결과가 발생한 경우에 행위자의 책임을 인정해야 함에도 인과관계를 부인하게 되는 불합리한 결과가 발생한다.

c. 인과관계와 결과귀속을 혼동한 잘못이 있을 뿐 아니라 인과관계의 판단척도가 모호하여 법적안정성을 해칠 우려가 있다.

---

① 가 - A - b, 나 - B - a, 다 - C - c   ② 가 - B - b, 나 - C - a, 다 - A - c
③ 가 - C - b, 나 - A - a, 다 - B - c   ④ 가 - C - b, 나 - B - a, 다 - A - c
⑤ 가 - C - c, 나 - B - b, 다 - A - a

해설

가. 조건설(C - b)

나. 합법칙적 조건설(B - a)

다. 상당인과관계설(A - c)

정답 ④

015 인과관계에 관한 설명 중 옳지 않은 것은? (다툼이 있으면 판례에 의함) [18 변호사]

① 공동정범 관계에 있는 여러 사람의 행위가 경합하여 하나의 결과가 발생되었으나 그 결과발생의 원인행위가 밝혀지지 아니한 경우에는 각 행위자를 미수범으로 처벌해야 한다.

② 사기죄가 성립하려면 행위자의 기망행위, 피기망자의 착오와 그에 따른 처분행위 그리고 행위자 등의 재물이나 재산상 이익의 취득이 있고, 그 사이에 순차적인 인과관계가 존재하여야 한다.

③ 살인의 실행행위와 피해자의 사망과의 사이에 다른 사실이 개재되어 그 사실이 치사의 직접적인 원인이 되었다고 하더라도 그와 같은 사실이 통상 예견할 수 있는 것에 지나지 않는다면 살인의 실행행위와 피해자의 사망과의 사이에 인과관계가 인정된다.

④ 부작위에 의한 살인에 있어서 작위의무를 이행하였다면 사망의 결과가 발생하지 않았을 것이라는 관계가 인정될 경우, 부작위와 사망의 결과 사이에 인과관계가 인정된다.

⑤ 전문적으로 대출을 취급하면서 차용인에 대한 체계적인 신용조사를 행하는 금융기관이 금원을 대출한 경우에는, 비록 대출 신청 당시 차용인에게 변제기 안에 대출금을 변제할 능력이 없었고, 자체 신용조사 결과에는 관계없이 '변제기 안에 대출금을 변제하겠다'는 취지의 차용인 말만을 그대로 믿고 대출하였다고 하더라도, 차용인의 이러한 기망행위와 금융기관의 대출행위 사이에 인과관계를 인정할 수는 없다.

해설

① [×] 동시 또는 이시의 독립행위가 경합한 경우에 그 결과발생의 원인된 행위가 판명되지 아니한 때에는 각 행위를 미수범으로 처벌한다(형법 제19조). 공동정범 관계에 있는 여러 사람의 행위가 경합하여 하나의 결과가 발생한 경우에는 (이는 형법 제19조에 규정된 독립행위의 경합이 아니므로) 비록 결과발생의 원인행위가 밝혀지지 않은 경우라도 각 행위자를 기수범으로 그 죄의 정범으로 처벌한다(형법 제30조).

② [○] 사기죄가 성립하려면 행위자의 기망행위, 피기망자의 착오와 그에 따른 처분행위 그리고 행위자 등의 재물이나 재산상 이익의 취득이 있고, 그 사이에 순차적인 인과관계가 존재하여야 한다(대판 2017.9.26. 2017도8449).

③ [○] 살인의 실행행위가 피해자의 사망이라는 결과를 발생하게 한 유일한 원인이거나 직접적인 원인이어야만 되는 것은 아니므로 살인의 실행행위와 피해자의 사망과의 사이에 다른 사실이 개재되어 그 사실이 치사의 직접적인 원인이 되었다고 하더라도 그와 같은 사실이 통상 예견할 수 있는 것에 지나지 않는다면 살인의 실행행위와 피해자의 사망과의 사이에 인과관계가 있는 것으로 보아야 한다(대판 1994.3.22. 93도3612).

④ [○] 선박침몰 등과 같은 조난사고로 승객이나 다른 승무원들이 스스로 생명에 대한 위협에 대처할 수 없는 급박한 상황이 발생한 경우에는 선박의 운항을 지배하고 있는 선장이나 갑판 또는 선내에서 구체적인 구조행위를 지배하고 있는 선원들은 적극적인 구호활동을 통해 보호능력이 없는 승객이나 다른 승무원의 사망 결과를 방지하여야 할 작위의무가 있다 할 것이므로, 법익침해의 태양과 정도 등에 따라 요구되는 개별적·구체적인 구호의무를 이행함으로써 사망의 결과를 쉽게 방지할 수 있음에도 그에 이르는 사태의 핵심적 경과를 그대로 방관하여 사망의 결과를 초래하였다면, 그 부작위는 작위에 의한 살인행위와 동등한 형법적 가치를 가진다고 할 것이고, 이와 같이 작위의무를 이행하였다면 그 결과가 발생하지 않았을 것이라는 관계가 인정될 경우에는 그 작위를 하지 않은 부작위와 사망의 결과 사이에 인과관계가 있는 것으로 보아야 한다(대판(전) 2015.11.12. 2015도6809).

⑤ [○] 일반 사인이나 회사가 금원을 대여한 경우와는 달리 전문적으로 대출을 취급하면서 차용인에 대한 체계적인 신용조사를 행하는 금융기관이 금원을 대출한 경우에는, 비록 대출 신청 당시 차용인에게 변제기 안에 대출금을 변제할 능력이 없었고, 금융기관으로서 자체 신용조사 결과에는 관계없이 '변제기 안에 대출금을 변제하겠다'는 취지의 차용인 말만을 그대로 믿고 대출하였다고 하더라도 차용인의 이러한 기망행위와 금융기관의 대출행위 사이에 인과관계를 인정할 수는 없다(대판 2000.6.27. 2000도1155).

정답 ①

016 인과관계에 관한 설명 중 옳지 않은 것은? (다툼이 있는 경우 판례에 의함) [23 변호사]

① 의사가 시술의 위험성에 관하여 설명을 하였더라면 환자가 시술을 거부하였을 것이라는 점이 합리적 의심의 여지가 없이 증명되지 못한 경우에는 의사의 설명의무 위반과 환자의 상해 또는 사망 사이에 상당인과관계를 인정할 수 없다.

② 고의의 결과범에서 실행행위와 결과발생 간에 인과관계가 없는 경우 행위자를 기수범으로 처벌할 수 없다.

③ 「아동·청소년의 성보호에 관한 법률」 제7조 제5항 위반의 위계에 의한 간음죄에서 행위자가 간음의 목적으로 피해자에게 오인, 착각, 부지를 일으키고 피해자의 그러한 심적 상태를 이용하여 간음의 목적을 달성하였다면 위계와 간음행위 사이의 인과관계를 인정할 수 있다.

④ 피해자 법인의 대표가 기망행위자와 동일인이거나 기망행위자와 공모하는 등 기망행위임을 알고 있었던 경우에는 기망행위로 인한 착오가 있다고 볼 수 없고, 재물 교부 등의 처분행위가 있었더라도 기망행위와 인과관계가 있다고 보기 어렵다.

⑤ 살인의 실행행위와 피해자의 사망 사이에 다른 사실이 개재되어 그 사실이 사망의 직접적인 원인이 되었다면, 그 사실이 통상 예견할 수 있는 것이라 하더라도 살인의 실행행위와 피해자의 사망 사이에 인과관계가 없는 것으로 보아야 한다.

해설

① [○] 의사가 설명의무를 위반한 채 의료행위를 하였다가 환자에게 상해 또는 사망의 결과가 발생한 경우 의사에게 업무상 과실로 인한 형사책임을 지우기 위해서는 의사의 설명의무 위반과 환자의 상해 또는 사망 사이에 상당인과관계가 존재하여야 한다(대판 2015.6.24. 2014도11315).

> **판결이유** (의사가 설명의무를 이행 하였더라도 동일한 의료사고가 발생하는 경우) 피해자와 공소외 2(남편)는 피고인이 수술의 위험성에 관하여 설명하였는지 여부에 관계없이 간경변증을 앓고 있는 피해자에게 이 사건 수술이 위험할 수 있다는 점을 이미 충분히 인식하고 있었던 것으로 보인다. 그렇다면 피고인이 피해자나 공소외 2에게 공소사실 기재와 같은 내용으로 수술의 위험성에 관하여 설명하였다고 하더라도 피해자나 공소외 2가 수술을 거부하였을 것이라고 단정하기 어렵다. 따라서 피고인의 설명의무 위반과 피해자의 사망 사이에 상당인과관계가 있다고 단정할 수 없다.

② [○] 인과관계가 인정되지 않으면 기수범이 성립할 수 없게 되어 고의범의 경우 미수범의 가벌성을 검토해야 하나, 과실범의 경우 미수를 처벌하는 규정이 없으므로 가벌성심사는 종료되며 처벌되지 않는다.

③ [○] [1] 행위자가 간음의 목적으로 피해자에게 오인, 착각, 부지를 일으키고 피해자의 그러한 심적 상태를 이용하여 간음의 목적을 달성하였다면 위계와 간음행위 사이의 인과관계를 인정할 수 있고, 따라서 위계에 의한 간음죄가 성립한다. 한편 피해자가 오인, 착각, 부지에 빠지게 되는 대상은 간음행위 자체일 수도 있고, 간음행위에 이르게 된 동기이거나 간음행위와 결부된 금전적·비금전적 대가와 같은 요소일 수도 있다(대판(전) 2020.8.27. 2015도9436).

> **판례해설** 위와 같은 판례변경으로 피고인이 피해자를 여관으로 유인하기 위하여 남자를 소개시켜 주겠다고 거짓말을 하고 피해자가 이에 속아 여관으로 오게 되었고 거기에서 성관계를 하게 되었다 할지라도, 그녀가 여관으로 온 행위와 성교행위 사이에는 불가분의 관련성이 인정되지 아니하는 만큼 이로 인하여 피해자가 간음행위 자체에 대한 착오에 빠졌다거나 이를 알지 못하였다고 할 수는 없다 할 것이어서, 피고인의 위 행위는 형법 제302조 소정의 위계에 의한 심신미약자간음죄에 있어서 위계에 해당하지 아니한다(대판 2002.7.12. 2002도2029)는 기존의 판례 등의 법리와 결론은 유지될 수 없게 되었다.

> **동지판례** 피고인이 랜덤채팅 애플리케이션을 통해 알게 된 피해자(여, 15세)에게 연예기획사에서 일하는 매니저와 사진작가의 1인 2역을 하면서 거짓말을 하여 피해자로 하여금 모델이 되기 위한 연기 연습 및 사진 촬영 연습의 일환으로 성관계를 한다는 착각에 빠지게 한 후, 마치 자신이 위 매니저가 소개한 사진작가인 것처럼 행세하면서 피해자를 간음한 것을 비롯해, 같은 방법으로 10회에 걸쳐 위계로써 아동·청소년인 피해자를 간음하였으며, 이를 기화로 나체 상태의 피해자를 카메라로 촬영하고 간음 영상을 비디오카메라로 녹화한 것을 비롯해, 같은 방법

으로 9회에 걸쳐 나체 상태의 피해자를 촬영함으로써 카메라를 이용하여 성적 욕망 또는 수치심을 유발할 수 있는 피해자의 신체를 피해자의 의사에 반하여 촬영하였다. 피고인에게는 아동·청소년의 성보호에 관한 법률위반(위계등간음)죄 및 성폭력범죄의 처벌 등에 관한 특례법 위반(카메라등이용촬영)죄가 성립한다(대판 2022.4.28. 2021도9041).

④ [○] 사기죄가 성립하려면 행위자의 기망행위, 피기망자의 착오와 그에 따른 처분행위, 그리고 행위자 등의 재물이나 재산상 이익의 취득이 있고, 그 사이에 순차적인 인과관계가 존재하여야 한다.
피해자 법인이나 단체의 대표자 또는 실질적으로 의사결정을 하는 최종결재권자 등이 기망행위자와 동일인이거나 기망행위자와 공모하는 등 기망행위임을 알고 있었던 경우에는 기망행위로 인한 착오가 있다고 볼 수 없고, 재물 교부 등의 처분행위가 있었더라도 기망행위와 인과관계가 있다고 보기 어렵다. 이러한 경우에는 사안에 따라 업무상횡령죄 또는 업무상배임죄 등이 성립하는 것은 별론으로 하고 사기죄가 성립한다고 볼 수 없다(대판 2017.9.26. 2017도8449).

⑤ [×] 살인의 실행행위가 피해자의 사망이라는 결과를 발생하게 한 유일한 원인이거나 직접적인 원인이어야만 되는 것은 아니므로 살인의 실행행위와 피해자의 사망과의 사이에 다른 사실이 개재되어 그 사실이 치사의 직접적인 원인이 되었다고 하더라도, 그와 같은 사실이 통상 예결할 수 있는 것에 지나지 않는다면 살인의 실행행위와 피해자의 사망과의 사이에 인과관계가 있는 것으로 보아야 할 것이다(대판 1994.3.22. 93도3612).

정답 ⑤

017 고의에 관한 설명 중 옳지 않은 것을 모두 고른 것은? (다툼이 있으면 판례에 의함) [17 변호사]

> ⊙ 부진정 부작위범의 고의는 결과발생을 쉽게 방지할 수 있었음을 예견하고도 결과발생을 용인하고 이를 방관하는 미필적 고의만으로는 족하지 않다.
> ○ 부진정 결과적가중범의 경우 중한 결과에 대한 고의가 있어도 결과적가중범이 성립한다.
> © 일반물건방화죄의 경우 '공공의 위험 발생'은 고의의 내용이므로 행위자는 이를 인식할 필요가 있다.
> ② 친족상도례가 적용되기 위하여는 친족관계가 객관적으로 존재하고, 행위자가 이를 인식하여야 한다.
> ◎ 형법 제331조 제2항(흉기휴대절도)의 특수절도죄에서 행위자는 흉기를 휴대하고 있다는 사실을 인식할 필요가 없다.

① ⊙, ○   ② ○, ©   ③ ⊙, ©, ◎
④ ⊙, ②, ◎   ⑤ ©, ②, ◎

해설

⊙ [×] 부진정 부작위범의 고의는 반드시 구성요건적 결과발생에 대한 목적이나 계획적인 범행 의도가 있어야 하는 것은 아니고 법익침해의 결과발생을 방지할 법적 작위의무를 가지고 있는 자가 그 의무를 이행함으로써 그 결과발생을 쉽게 방지할 수 있었음을 예견하고도 결과발생을 용인하고 이를 방관한 채 그 의무를 이행하지 아니한다는 인식을 하면 족하며, 이러한 작위의무자의 예견 또는 인식 등은 확정적인 경우는 물론 불확정적인 경우이더라도 미필적 고의로 인정될 수 있다(대판(전) 2015.11.12. 2015도6809).

○ [○] 통설과 판례의 입장이다(대판 2008.11.27. 2008도7311).

© [○] 구체적 위험범인 일반물건방화죄에 있어 '공공의 위험 발생'은 객관적 구성요건요소로서 고의의 인식대상이 된다. 행위자가 이를 인식해야 범죄가 성립한다.

② [×] 친족관계의 존부와 같은 처벌조건은 객관적 구성요건요소가 아니므로 이는 고의의 인식 대상이 아니고 이에 대한 인식 여부는 친족상도례 적용 여부에 아무런 영향을 미치지 아니한다.

ⓜ [×] 특수절도죄(흉기휴대절도죄)에 있어 '흉기의 휴대'는 객관적 구성요건요소로서 고의의 인식대상이 된다. 행위자가 이를 인식해야 특수절도죄가 성립한다.

정답 ④

018 주관적 범죄성립요건에 관한 설명 중 옳은 것은? (다툼이 있는 경우 판례에 의함) [24 변호사]

① 살의를 가지고 피해자를 구타하여 (ⓐ행위) 피해자가 정신을 잃고 축 늘어지자 죽은 것으로 오인하고 증거를 인멸할 목적으로 피해자를 모래에 파묻었는데 (ⓑ행위) 피해자는 ⓑ행위로 사망한 것이 판명된 경우, 사망의 직접 원인은 ⓑ행위이므로 살인미수죄가 성립한다.

② 행위자의 행위가 긴급피난에 해당하기 위해서는 긴급피난상황에 대한 인식만 있으면 족하며, 위난을 피하고자 하는 의사까지 필요한 것은 아니다.

③ 모해의 목적을 가지고 모해의 목적을 가지지 않은 사람을 교사하여 위증하게 한 경우, 공범종속성에 따라 모해위증교사죄가 아니라 위증교사죄가 성립한다.

④ 증인이 착오에 빠져 자신의 기억에 반한다는 인식 없이 객관적 사실에 반하는 내용의 증언을 한 경우에 위증의 범의를 인정할 수 있다.

⑤ 물품대금 청구소송 중인 거래회사로부터 우연히 착오송금을 받은 행위자가 물품대금에 대한 적법한 상계권을 행사한다는 의사로 착오송금된 금원의 반환을 거부한 경우, 횡령죄 요건인 불법영득의사의 성립을 부정할 수 있다.

해설

① [×] 피해자가 피고인들의 살해의 의도로 행한 구타행위에 의하여 직접 사망한 것이 아니라 죄적을 인멸할 목적으로 행한 매장행위에 의하여 사망하게 되었다 하더라도 전 과정을 개괄적으로 보면 피해자의 살해라는 처음의 예견된 사실이 결국은 실현된 것으로서 피고인들은 살인죄의 죄책을 면할 수 없다(대판 1988.6.28. 88도650).

② [×] 현재의 위난이 존재하는 상태이었다고 가정하더라도 소위 피난의사가 있었다고 인정할 수 없는 이상 긴급피난의 성립을 인정할 수 없다(대판 1980.5.20. 80도306).

③ [×] [1] 피고인이 A를 모해할 목적으로 乙에게 위증을 교사한 이상, 가사 정범인 乙에게 모해의 목적이 없었다고 하더라도, 형법 제33조 단서의 규정에 의하여 피고인을 모해위증교사죄로 처단할 수 있다. [2] 형법 제31조 제1항은 협의의 공범의 일종인 교사범이 그 성립과 처벌에 있어서 정범에 종속한다는 일반적인 원칙을 선언한 것에 불과하고, 신분관계로 인하여 형의 경중이 있는 경우에 신분이 있는 자가 신분이 없는 자를 교사하여 죄를 범하게 한 때에는 형법 제33조 단서가 형법 제31조 제1항에 우선하여 적용됨으로써 신분이 있는 교사범이 신분이 없는 정범보다 중하게 처벌된다(대판 1994.12.23. 93도1002).

④ [×] 위증죄에서 증인의 증언이 기억에 반하는 허위의 진술인지 여부를 가릴 때에는 그 증언의 단편적인 구절에 구애될 것이 아니라 당해 신문절차에서 한 증언 전체를 일체로 파악하여야 하고, 그 결과 증인이 무엇인가 착오에 빠져 기억에 반한다는 인식이 없이 증언하였음이 밝혀진 경우에는 위증의 범의를 인정할 수 없다(대판 1991.5.10. 89도1748). 착오에 빠진 경우 주관적 구성요건으로서 위증의 고의를 인정할 수 없다.

비교판례 무고죄는 타인으로 하여금 형사처분 등을 받게 할 목적으로 신고한 사실이 객관적 진실에 반하는 허위사실인 경우에 성립되는 범죄로서, 신고자가 그 신고내용을 허위라고 믿었다 하더라도 그것이 객관적으로 진실한 사실에 부합할 때에는 허위사실의 신고에 해당하지 않아 무고죄는 성립하지 않는 것이며, 한편 위 신고한 사실의 허위 여부는 그 범죄의 구성요건과 관련하여 신고사실의 핵심 또는 중요내용이 허위인가에 따라 판단하여 무고죄의 성립 여부를 가려야 한다(대판 1991.10.11. 91도1950 ; 동지 대판 2006.2.10. 2003도7487).

⑤ [○] [1] 형법 제355조 제1항에서 정하는 '반환의 거부'란 보관물에 대하여 소유자의 권리를 배제하는 의사표시를 하는 행위를 뜻하므로, '반환의 거부'가 횡령죄를 구성하려면 타인의 재물을 보관하는 자가 단순히 반환을 거부한 사실만으로는 부족하고 반환거부의 이유와 주관적인 의사들을 종합하여 반환거부행위가 횡령행위와 같다고 볼 수 있을 정도이어야 한다. 횡령죄에서 불법영득의 의사는 타인의 재물을 보관하는 자가 그 취지에 반하여 정당한 권원 없이 스스로 소유권자와 같이 이를 처분하는 의사를 말하므로 비록 반환을 거부하였더라도 반환거부에 정당한 이유가 다면 불법영득의 의사가 있다고 할 수 없다.

[2] 주류업체 甲 주식회사의 사내이사인 피고인이 피해자를 상대로 주류대금 청구소송을 제기한 민사 분쟁 중 피해자가 착오로 피고인이 관리하는 甲 회사 명의 계좌로 금원을 송금하여 피고인이 이를 보관하게 되었는데, 피고인은 피해자로부터 위 금원이 착오송금된 것이라는 사정을 문자메시지를 통해 고지받아 위 금원을 반환해야 할 의무가 있었음에도, 피해자와 상계 정산에 관한 합의 없이 피고인이 주장하는 주류대금 채권액을 임의로 상계 정산한 후 반환을 거부하여 횡령죄로 기소된 사안에서, 어떤 예금계좌에 금원이 착오로 잘못 송금되어 입금된 경우 수취인과 송금인 사이에 신의칙상 보관관계가 성립하기는 하나, 특별한 사정이 없는 한 이러한 이유만으로 송금인이 착오로 송금한 금전이 위탁자가 목적과 용도를 정하여 명시적으로 위탁한 금전과 동일하다거나, 송금인이 수취인에게 금원의 수수를 수반하는 사무처리를 위임하였다고 보아 수취인의 송금인에 대한 상계권 행사가 당초 위임한 취지에 반한다고 평가할 수는 없는 점, 관련 민사사건의 진행경과에 비추어 甲 회사가 반환거부 일시경 피해자에 대하여 반환거부 금액에 상응하는 물품대금채권을 보유하고 있었던 것으로 보이는 점, 피고인은 착오송금된 금원 중 甲 회사의 물품대금채권액에 상응한 금액을 제외한 나머지는 송금 다음 날 반환하였고, 나머지에 대해서도 반환을 요청하는 피해자에게 甲 회사의 물품대금채권을 자동채권으로 하여 상계권을 행사한다는 의사를 충분히 밝힌 것으로 보여, 피고인이 불법영득의사를 가지고 반환을 거부한 것이라고 단정하기 어려운 점을 종합하면, 피고인이 피해자의 착오로 甲 회사 명의 계좌로 송금된 금원 중 甲 회사의 피해자에 대한 채권액에 상응하는 부분에 관하여 반환을 거부한 행위는 정당한 상계권의 행사로 볼 여지가 있으므로, 피고인의 반환거부행위가 횡령행위와 같다고 보아 불법영득의사를 인정한 원심판결에 법리오해의 잘못이 있다고 한 사례(대판 2022.12.29. 2021도2088).

정답 ⑤

019 구성요건에 관한 설명 중 옳지 않은 것은? (다툼이 있으면 판례에 의함) [22 변호사]

① 무고죄의 구성요건요소인 '형사처분 또는 징계처분을 받게 할 목적'은 미필적 인식으로 족하고 결과발생을 희망하는 것까지 요하는 것은 아니다.

② 상해의 고의로 행한 구타행위로 상해를 입은 피해자가 정신을 잃고 빈사상태에 빠지자 사망한 것으로 오인하고 자신의 행위를 은폐하고 피해자가 자살한 것처럼 가장하기 위해 피해자를 호텔 베란다 밖으로 떨어뜨려 사망하게 하였다면, 상해죄와 과실치사죄의 경합범이 된다.

③ 주치의 甲은 경력 7년의 책임간호사 乙에게 종전 처방과 같이 환자 A에게 별다른 부작용이 없었던 소염제 · 항생제 등을 대퇴부 정맥에 연결된 튜브를 통하여 투여할 것을 지시하였는데 甲의 예견과는 달리 乙이 간호실습생 丙에게 단독으로 정맥주사를 하게 하였고 丙이 대퇴부 정맥튜브와 뇌실외배액관을 착오하여 뇌실외배액관에 주사액을 주입함으로써 A가 사망한 경우, 甲에게 현장에 입회하여 乙의 주사행위를 감독할 업무상 주의의무가 있다고 볼 수 없다.

④ 甲이 A, B, C 등 3명과 싸우다가 힘이 달리자 갑자기 인근 가게에서 식칼을 가지고 와 상해의 고의로 이들 3명을 상대로 휘두르다가 빗나가 옆에 있던 D에게 상해를 입혔다면 甲에게 D의 상해에 대한 고의가 인정된다.

⑤ 살인의 실행행위가 피해자의 사망이라는 결과를 발생하게 한 유일한 원인이거나 직접적인 원인이어야만 되는 것은 아니므로 통상 예견할 수 있는 다른 사실이 개재되어 그 사실이 사망의 직접적인 원인이 되었다고 하더라도 실행행위와 피해자의 사망 사이에 인과관계는 인정된다.

① [○] <u>무고죄에 있어서 형사처분 또는 징계처분을 받게 할 목적은 허위신고를 함에 있어서 다른 사람이 그로 인하여 형사 또는 징계처분을 받게 될 것이라는 인식이 있으면 족한 것이고, 그 결과발생을 희망하는 것을 요하는 것은 아니다</u>(대판 1991.5.10. 90도2601).

② [×] 피고인의 구타행위로 상해를 입은 피해자가 정신을 잃고 빈사상태에 빠지자 사망한 것으로 오인하고, 자신의 행위를 은폐하고 피해자가 자살한 것처럼 가장하기 위하여 피해자를 베란다 아래의 바닥으로 떨어뜨려 사망케 하였다면 포괄하여 단일의 상해치사죄에 해당한다(대판 1994.11.4. 94도2361).

③ [○] <u>간호사가 '진료의 보조'를 함에 있어서는 모든 행위 하나하나마다 항상 의사가 현장에 입회하여 일일이 지도 · 감독하여야 한다고 할 수는 없고, 경우에 따라서는 의사가 진료의 보조행위 현장에 입회할 필요 없이 일반적인 지도 · 감독을 하는 것으로 족한 경우도 있을 수 있다 할 것인데, 여기에 해당하는 보조행위인지 여부는 구체적인 경우에 있어서 그 행위의 객관적인 특성상 위험이 따르거나 부작용 혹은 후유증이 있을 수 있는지, 당시의 환자 상태가 어떠한지, 간호사의 자질과 숙련도는 어느 정도인지 등의 여러 사정을 참작하여 개별적으로 결정하여야 한다</u>(대판 2003.8.19. 2001도3667). 판례는 지문의 사례에서 甲에게 현장에 입회하여 乙의 주사행위를 감독할 업무상 주의의무가 있다고 볼 수 없다고 판시하였다.

④ [○] 싸우는 과정에서 상대방에게 식칼을 휘두르다가 이를 말리면서 식칼을 뺏으려던 피해자의 귀를 찔러 상해를 입힌 피고인에게 상해의 범의가 인정되며 <u>상해를 입은 사람이 목적한 사람이 아닌 다른 사람이라 하여 과실치상죄에 해당한다고 할 수 없다</u>(대판 1987.10.26. 87도1745). 지문의 경우 甲에게 D의 상해에 대한 고의가 인정된다.

⑤ [○] 살인의 실행행위가 피해자의 사망이라는 결과를 발생하게 한 유일한 원인이거나 직접적인 원인이어야만 되는 것은 아니므로 살인의 실행행위와 피해자의 사망과의 사이에 다른 사실이 개재되어 그 사실이 치사의 직접적인 원인이 되었다고 하더라도, <u>그와 같은 사실이 통상 예견할 수 있는 것에 지나지 않는다면</u> 살인의 실행행위와 피해자의 사망과의 사이에 인과관계가 있는 것으로 보아야 할 것이다(대판 1994.3.22. 93도3612).

정답 ②

020 고의에 관한 설명 중 옳지 않은 것은? (다툼이 있는 경우 판례에 의함) [23 변호사]

① 절도죄에 있어서 재물의 타인성은 고의의 인식대상이다.

② 무고죄의 고의는 신고자가 허위라고 확신한 사실을 신고한 경우뿐만 아니라 진실하다는 확신 없는 사실을 신고하는 경우에도 인정할 수 있다.

③ 업무방해죄에서 업무방해의 고의는 반드시 업무방해의 목적이나 계획적인 업무방해의 의도가 있어야 인정되는 것은 아니고, 자기의 행위로 인하여 타인의 업무가 방해될 것이라는 결과를 발생시킬 만한 가능성 또는 위험이 있음을 인식하거나 예견하면 충분하다.

④ 방조범은 정범의 실행을 방조한다는 이른바 방조의 고의와 정범의 행위가 구성요건에 해당하는 행위인 점에 대한 정범의 고의가 있어야 하고, 방조범에서 요구되는 정범의 고의는 정범에 의하여 실현되는 범죄의 미필적 인식이 아니라 구체적 내용을 인식할 것을 요한다.

⑤ 준강간죄에서 준강간의 고의는 피해자가 심신상실 또는 항거불능의 상태에 있다는 것과 그러한 상태를 이용하여 간음한다는 구성요건적 결과 발생의 가능성을 인식하고 그러한 위험을 용인하는 내심의 의사가 있으면 인정될 수 있다.

① [○] 절도죄에 있어서 재물의 타인성을 오신하여 그 재물이 자기에게 취득(**빌린 것**)할 것이 허용된 동일한 물건으로 오인하고 가져온 경우에는 범죄사실에 대한 인식이 있다고 할 수 없으므로 범의가 조각되어 절도죄가 성립하지 아니한다(대판 1983.9.13. 83도1762). ▶ 고의가 성립하기 위하여 인식하여야 할 대상은 객관적 구성요건요소에 해당하는 사실이다. 따라서 행위객체인 절도죄의 타인의 재물은 고의의 인식대상이다.

② [○] 무고죄에 있어서의 범의는 반드시 확정적 고의임을 요하지 아니하고 <u>미필적 고의로서도 족하다 할 것이므로 무고죄는 신고자가 진실하다는 확신 없는 사실을 신고함으로써 성립하고 그 신고사실이 허위라는 것을 확신함을 필요로 하지 않는다</u>(대판 1988.2.9. 87도2366; 동지 대판 1997.3.28. 96도2417).

③ [○] 업무방해의 고의는 반드시 업무방해의 목적이나 계획적인 업무방해의 의도가 있어야만 하는 것이 아니고, 자신의 행위로 인하여 타인의 업무가 방해될 가능성 또는 위험에 대한 인식이나 예견으로 충분하며, 그 인식이나 예견은 확정적인 것은 물론 불확정적인 것이라도 이른바 미필적 고의로도 인정된다(대판 2018.7.24. 2015도12094).

④ [×] 형법상 방조행위는 정범이 범행을 한다는 정을 알면서 그 실행행위를 용이하게 하는 직접·간접의 행위를 말하므로, <u>방조범은 정범의 실행을 방조한다는 이른바 방조의 고의와 정범의 행위가 구성요건에 해당하는 행위인 점에 대한 정범의 고의가 있어야 하며, 또한 방조범에 있어서 정범의 고의는 정범에 의하여 실현되는 범죄의 구체적 내용을 인식할 것을 요하는 것은 아니고 미필적 인식 또는 예견으로 족하다.</u> 그리고 이와 같은 고의는 내심적 사실이므로 피고인이 이를 부정하는 경우에는 사물의 성질상 고의와 상당한 관련성이 있는 간접사실을 증명하는 방법에 의하여 입증할 수밖에 없다(대판 2005.4.29. 2003도6056; 동지 대판 2010.3.25. 2008도4228).

⑤ [○] 형법은 폭행 또는 협박의 방법이 아닌 심신상실 또는 항거불능의 상태를 이용하여 간음한 행위를 강간죄에 준하여 처벌하고 있으므로, <u>준강간의 고의는 피해자가 심신상실 또는 항거불능의 상태에 있다는 것과 그러한 상태를 이용하여 간음한다는 구성요건적 결과 발생의 가능성을 인식하고 그러한 위험을 용인하는 내심의 의사를 말한다</u>(대판(전) 2019.3.28. 2018도16002).

정답 ④

---

021 착오에 관한 설명 중 옳지 않은 것을 모두 고른 것은? (다툼이 있으면 판례에 의함)　　　　[19 변호사]

> ㉠ 객관적으로는 존재하지도 않는 구성요건적 사실을 행위자가 적극적으로 존재한다고 생각한 '반전된 구성요건적 착오'는 「형법」상 불가벌이다.
>
> ㉡ 甲이 절취한 물건이 자신의 아버지 소유인 줄 오신했다 하더라도 그 오신은 형면제사유에 관한 것으로서 절도죄의 성립이나 처벌에 아무런 영향을 미치지 않는다.
>
> ㉢ 절도죄에 있어서 재물의 타인성을 오신하여 그 재물이 자기에게 취득할 것이 허용된 동일한 물건으로 오인하고 가져온 경우에는 범죄사실에 대한 인식이 있다고 할 수 없으므로 범의가 조각되어 절도죄가 성립하지 아니한다.
>
> ㉣ 甲이 상해의 고의로 A에게 상해를 가함으로써 A가 바닥에 쓰러진 채 정신을 잃고 빈사상태에 빠지자, A가 사망한 것으로 오인하고 자신의 행위를 은폐하고 A가 자살한 것처럼 가장하기 위하여 A를 절벽 아래로 떨어뜨려 A로 하여금 현장에서 사망에 이르게 하였다면, 甲의 상해행위는 A에 대한 살인에 흡수되어 단일의 살인죄만 성립한다.
>
> ㉤ 甲이 A를 살해하기 위해 A를 향하여 총을 쏘았으나 총알이 빗나가 A의 옆에 있던 B에게 맞아 B가 즉사한 경우, 구성요건적 착오에 관한 구체적 부합설에 의하면 甲에게는 B에 대한 살인죄의 죄책이 인정되지 않는다.

① ㉠, ㉢　　　　　　② ㉠, ㉣　　　　　　③ ㉡, ㉢, ㉣
④ ㉡, ㉣, ㉤　　　　⑤ ㉢, ㉣, ㉤

㉠ [×] 불능범 또는 불능미수는 객관적으로는 존재하지도 않는 구성요건적 사실을 행위자가 적극적으로 존재한다고 생각한 '반전된 구성요건적 착오'에 해당하며 위험성이 있으면 불능미수로 처벌할 수 있다(형법 제27조).

㉡ [○] 친족상도례는 객관적 구성요건요소가 아니므로 그에 대한 착오가 있더라도 절도죄 성립이나 처벌에 아무런 영향이 없다.

㉢ [○] 절도죄에 있어서 재물의 타인성을 오신하여 그 재물이 자기에게 취득(빌린 것)할 것이 허용된 동일한 물건으로 오인하고 가져온 경우에는 범죄사실에 대한 인식이 있다고 할 수 없으므로 범의가 조각되어 절도죄가 성립하지 아니한다(대판 1983.9.13. 83도1762).

㉣ [×] 피고인의 구타행위로 상해를 입은 피해자가 정신을 잃고 빈사상태에 빠지자 사망한 것으로 오인하고, 자신의 행위를 은폐하고 피해자가 자살한 것처럼 가장하기 위하여 피해자를 베란다 아래의 바닥으로 떨어뜨려 사망케 하였다면 포괄하여 단일의 상해치사죄에 해당한다(대판 1994.11.4. 94도2361).

㉤ [○] 구체적 사실의 착오 중 방법의 착오 사례이다. 구체적 부합설에 의하면 甲은 A에 대한 살인미수죄와 B에 대한 과실치사죄의 상상적 경합범으로서의 죄책을 진다.

정답 ②

022 甲은 자기 부인을 희롱하는 이웃 남자를 살해할 의사로 머리를 돌로 내리쳐(제1행위) 피해자가 뇌진탕 등으로 인하여 정신을 잃고 축 늘어지자 그가 죽은 것으로 오인하고 증거를 인멸할 목적으로 피해자를 개울가로 끌고 가 땅에 파묻었는데(제2행위) 후에 실제로는 질식으로 인한 사망으로 밝혀졌다. 이에 관한 설명 중 옳지 않은 것은? [16 변호사]

① 위 사례는 연결된 두 개의 행위로 결과가 발생하였으나 甲은 행위의 진행과정을 오인하여 자기가 의도한 결과가 제1행위에 의하여 이미 실현되었다고 믿은 경우로서 인과관계의 착오의 한 유형으로 보는 견해가 있다.

② 위 사례에서 甲이 인과관계의 본질적 부분을 착오한 경우 발생결과의 고의기수범의 성립을 인정하지 않는 견해는 구체적으로 일반의 생활경험상 예상할 수 있는 범위 내의 착오인 경우를 본질적 부분의 착오로 본다.

③ 위 사례의 사실적 측면을 중시하여 제1행위와 제2행위를 두 개의 독립적인 행위로 보는 견해에 의하면, 살인미수죄와 과실치사죄가 성립하는 것으로 본다.

④ 제1행위에 인정된 고의를 제2행위에 대한 고의로도 인정하는 견해에 의하면 甲에게 살인기수 책임이 인정된다.

⑤ 위 사례의 전 과정을 개괄적으로 보면 피해자의 살해라는 처음에 예견된 사실이 결국은 실현된 것으로서 甲은 살인기수의 죄책을 면할 수 없다는 것이 판례의 입장이다.

① [○] 인과관계 착오설의 입장이다.

② [×] 인과관계 착오설의 입장으로 일반의 생활경험상 예상할 수 있는 범위 내의 착오인 경우에는 비본질적 부분의 착오에 해당하고 이는 고의 성립여부에 영향을 미치지 아니한다.

③ [○] 미수와 과실의 경합범설의 입장으로서 옳은 설명이다.

④ [○] 개괄적 고의설의 입장으로서 옳은 설명이다.

⑤ [○] 피해자가 피고인들의 살해의 의도로 행한 구타행위에 의하여 직접 사망한 것이 아니라 죄적을 인멸할 목적으로 행한 매장행위에 의하여 사망하게 되었다 하더라도 전 과정을 개괄적으로 보면 피해자의 살해라는 처음의 예견된 사실이 결국은 실현된 것으로서 피고인들은 살인죄의 죄책을 면할 수 없다(대판 1988.6.28. 88도650).

정답 ②

023 과실범에 관한 설명 중 옳은 것은? (다툼이 있으면 판례에 의함) [17 변호사]

① 의사 甲이 고령의 간경변증 환자 A에게 수술과정에서 출혈 등으로 신부전이 발생하여 생명이 위험할 수 있다는 점에 대하여 설명하지 아니하고 수술하던 도중 출혈 등으로 A가 사망한 경우, A가 당해 수술의 위험성을 충분히 인식하고 있어 甲이 설명의무를 다하였더라도 A가 수술을 거부하지 않았을 것으로 인정된다면 甲의 설명의무위반과 A의 사망 사이에 인과관계가 부정된다.

② 도급인이 수급인에게 공사의 시공이나 개별 작업에 관하여 구체적으로 지시·감독하였더라도, 법령에 의하여 도급인에게 구체적인 관리·감독의무가 부여되어 있지 않다면 도급인에게는 수급인의 업무와 관련하여 사고방지에 필요한 안전조치를 해야 할 주의의무가 없다.

③ 안전배려 내지 안전관리사무에 계속적으로 종사하지 않았더라도 건물의 소유자로서 건물을 비정기적으로 수리하거나 건물의 일부분을 임대한 자는 건물에 화재가 발생하는 것을 미리 막아야 할 업무상 주의의무를 부담한다.

④ 의료사고에서 의사의 과실을 인정하기 위한 요건과 판단기준은 한의사의 그것과 다르다.

⑤ 행정상의 단속을 주안으로 하는 법규의 위반행위는 과실범 처벌규정은 없으나 해석상 과실범도 벌할 뜻이 명확한 경우에도 형법의 원칙에 따라 고의가 있어야 벌할 수 있다.

해설

① [○] 피해자 A의 남편 B는 A가 화상을 입기 전 다른 의사로부터 A가 간경변증을 앓고 있기 때문에 어떠한 수술이라도 받으면 사망할 수 있다는 말을 들었고, 이러한 이유로 A와 B는 피고인 의사 甲의 거듭된 수술 권유에도 불구하고 계속 수술을 받기를 거부하였던 사실을 알 수 있다. A, B는 甲이 수술의 위험성에 관하여 설명하였는지 여부에 관계없이 간경변증을 앓고 있는 A에게 수술이 위험할 수 있다는 점을 이미 충분히 인식하고 있었던 것으로 보이므로 甲이 A나 B에게 수술의 위험성에 관하여 설명하였다고 하더라도 A나 B가 수술을 거부하였을 것이라고 단정하기 어려워 甲의 설명의무 위반과 A의 사망 사이에 상당인과관계가 있다는 사실이 합리적 의심의 여지가 없이 증명되었다고 보기 어렵다(대판 2015.6.24. 2014도11315).

② [×] 도급계약의 경우 원칙적으로 도급인에게는 수급인의 업무와 관련하여 사고방지에 필요한 안전조치를 취할 주의의무가 없으나, 법령에 의하여 도급인에게 수급인의 업무에 관하여 구체적인 관리·감독의무 등이 부여되어 있거나 <u>도급인이 공사의 시공이나 개별 작업에 관하여 구체적으로 지시·감독하였다는 등의 특별한 사정이 있는 경우에는 도급인에게도 수급인의 업무와 관련하여 사고방지에 필요한 안전조치를 취할 주의의무가 있다</u>(대판 2016.3.24. 2015도8621).

③ [×] 안전배려 내지 안전관리 사무에 계속적으로 종사하여 사회생활면에서 하나의 지위로서의 계속성을 가지지 아니한 채 단지 건물의 소유자로서 건물을 비정기적으로 수리하거나 건물의 일부분을 임대하였다는 사정만으로는 <u>업무상과실치상죄에 있어서의 '업무'로 보기 어렵다</u>(대판 2009.5.28. 2009도1040).

④ [×] 의료사고에 있어서 의사의 과실을 인정하기 위해서는 <u>의사가 결과발생을 예견할 수 있었음에도 불구하고 그 결과발생을 예견하지 못하였고 그 결과발생을 회피할 수 있었음에도 불구하고 그 결과발생을 회피하지 못한 과실이 검토되어야 하고,</u> 그 과실의 유무를 판단함에는 같은 업무와 직무에 종사하는 보통인의 주의정도를 표준으로 하여야 하며, 이에는 사고 당시의 일반적인 의학의 수준과 의료환경 및 조건, 의료행위의 특수성 등이 고려되어야 하고, <u>이러한 법리는 한의사의 경우에도 마찬가지이다</u>(대판 2011.4.14. 2010도10104).

⑤ [×] 행정상의 단속을 주안으로 하는 법규라 하더라도 명문규정이 있거나 <u>해석상 과실범도 벌할 뜻이 명확한 경우를 제외하고는 형법의 원칙에 따라 고의가 있어야</u> 벌할 수 있다(대판 2010.2.11. 2009도9807).

정답 ①

024 과실범의 주의의무에 관한 설명 중 옳은 것[ㅇ]과 옳지 않은 것[×]을 올바르게 조합한 것은? (다툼이 있으면 판례에 의함)

[18 변호사]

> ㉠ 의사가 특정 진료방법을 선택하여 진료를 하였다면 해당 진료방법 선택과정에 합리성이 결여되어 있다고 볼 만한 사정이 없는 이상, 진료의 결과만을 근거로 하여 그 진료방법을 선택한 것이 과실에 해당한다고 말할 수 없다.
> ㉡ 소유자가 건물을 임대한 경우, 그 건물의 전기배선이 벽 내부에 매립·설치되어 건물 구조의 일부를 이루고 있다면 그에 관한 관리책임은 통상적으로 건물을 직접 사용하는 임차인이 아닌 소유자에게 있어, 특별한 사정이 없는 한 소유자가 전기배선의 하자로 인한 화재를 예방할 주의의무를 부담한다.
> ㉢ 공사도급계약의 경우 원칙적으로 도급인에게는 수급인의 업무와 관련하여 사고방지에 필요한 안전 조치를 취할 주의의무가 없으므로, 도급인이 수급인의 공사시공 및 개별작업에 구체적인 지시를 하는 등의 관여를 하였더라도, 수급인의 업무와 관련하여 사고방지에 필요한 안전조치를 취할 주의 의무를 부담하지 않는다.
> ㉣ 금은방을 운영하는 자는 전당물을 취득함에 있어 좀 더 세심한 주의를 기울였다면 그 물건이 장물임을 알 수 있는 특별한 사정이 있다면, 신원확인절차를 거치는 이외에 매수물품의 성질과 종류 및 매도자의 신원 등에 더 세심한 주의를 기울여 전당물인 귀금속이 장물인지의 여부를 확인할 주의의 무를 부담한다.
> ㉤ 甲이 함께 술을 마신 乙과 도로 중앙선에 잠시 서 있다가 지나가는 차량의 유무를 확인하지 아니하고, 고개를 숙인 채 서 있는 乙의 팔을 갑자기 끌어당겨 도로를 무단횡단하던 도중에 지나가던 차량에 乙이 충격당하여 사망한 경우, 甲이 만취하여 사리분별능력이 떨어진 상태라면 甲에게 차량의 통행여부 및 횡단가능여부를 확인할 주의의무가 있다고 볼 수 없다.

① ㉠ [ㅇ], ㉡ [×], ㉢ [×], ㉣ [×], ㉤ [ㅇ]　　② ㉠ [×], ㉡ [×], ㉢ [ㅇ], ㉣ [×], ㉤ [ㅇ]
③ ㉠ [ㅇ], ㉡ [ㅇ], ㉢ [×], ㉣ [ㅇ], ㉤ [×]　　④ ㉠ [×], ㉡ [ㅇ], ㉢ [ㅇ], ㉣ [ㅇ], ㉤ [×]
⑤ ㉠ [ㅇ], ㉡ [ㅇ], ㉢ [×], ㉣ [ㅇ], ㉤ [ㅇ]

해설

㉠ [ㅇ] 의사에게는 환자의 상황, 당시의 의료수준, 자신의 지식·경험 등에 따라 적절하다고 판단되는 진료방법을 선택할 폭넓은 재량권이 있으므로, 의사가 특정 진료방법을 선택하여 진료를 하였다면 해당 진료방법 선택과정에 합리성이 결여되어 있다고 볼 만한 사정이 없는 이상 진료의 결과만을 근거로 하여 그 중 어느 진료방법만이 적절하고 다른 진료방법을 선택한 것은 과실에 해당한다고 말할 수 없다(대판 2015.6.24. 2014도11315).

㉡ [ㅇ] 특별한 사정이 없는 한 소유자가 전기배선의 하자로 인한 화재를 예방할 주의의무를 부담하므로, 4층 건물의 2층 내부 벽면에 설치된 분전반을 통해 3층과 4층으로 가설된 전선이 합선으로 단락되어 화재가 나 상해가 발생한 경우 건물 소유자는 ('업무자'라고 할 수 없어 업무상과실치상죄의 죄책이 아니라) 과실치상죄의 죄책을 진다(대판 2009.5.28. 2009도1040).

ⓒ [×] 도급계약의 경우 원칙적으로 도급인에게는 수급인의 업무와 관련하여 사고방지에 필요한 안전조치를 취할 주의의무가 없으나, 법령에 의하여 <u>도급인에게 수급인의 업무에 관하여 구체적인 관리·감독의무 등이 부여되어 있거나 도급인이 공사의 시공이나 개별 작업에 관하여 구체적으로 지시·감독하였다는 등의 특별한 사정이 있는 경우에는</u> 도급인에게도 수급인의 업무와 관련하여 사고방지에 필요한 안전조치를 취할 주의의무가 있다(대판 2016.3.24. 2015도8621).

ⓔ [○] 금은방을 운영하는 자가 귀금속류를 매수함에 있어 매도자의 신원확인절차를 거쳤다고 하여도 장물인지의 여부를 의심할 만한 특별한 사정이 있거나 매수물품의 성질과 종류 및 매도자의 신원 등에 좀 더 세심한 주의를 기울였다면 그 물건이 장물임을 알 수 있었음에도 불구하고 이를 게을리하여 장물인 정을 모르고 매수하여 취득한 경우에는 업무상과실장물취득죄가 성립한다(대판 2003.4.25. 2003도348).

ⓜ [×] 중앙선에 서서 도로횡단을 중단한 乙의 팔을 갑자기 잡아끌고 乙로 하여금 도로를 횡단하게 만든 甲으로서는 무단횡단을 하는 도중에 지나가는 차량에 충격당하여 乙이 사망하는 교통사고가 발생할 가능성이 있으므로, 이러한 경우에는 <u>甲이 乙의 안전을 위하여 차량의 통행 여부 및 횡단 가능 여부를 확인하여야 할 주의의무가 있다</u> 할 것이고, 비록 당시 甲이 술에 취해 있었다 할지라도 심신상실이나 심신미약을 이유로 책임이 조각되거나 감경되는 것은 별론으로 하고, 위와 같은 주의의무가 없어지는 것은 아니라 할 것이며, 또 甲 역시 차량에 충격당하였다 하여 甲이 무단횡단에 앞서서 차량이 진행하여 오는 것을 확인하거나 그 횡단 가능 여부를 판단할 수 있는 기대가능성이 없었다고 할 수도 없으므로 甲으로서는 위와 같은 주의의무를 다하지 않은 이상 교통사고와 그로 인한 乙의 사망에 대하여 <u>과실책임을 면할 수 없다</u>(대판 2002.8.23. 2002도2800).

정답 ③

---

025 결과적 가중범에 관한 설명 중 옳은 것을 모두 고른 것은? (다툼이 있는 경우 판례에 의함) [23 변호사]

ㄱ. 사람이 현존하는 건조물을 방화하는 집단행위의 과정에서 일부 집단원이 고의행위로 상해를 가한 경우에도 다른 집단원에게 그 상해의 결과가 예견가능한 것이었다면, 다른 집단원도 그 결과에 대하여 현존건조물방화치상죄의 책임을 진다.

ㄴ. 결과적 가중범의 공동정범은 기본행위를 공동으로 할 의사가 있으면 성립하고 결과를 공동으로 할 의사는 필요 없다.

ㄷ. 부진정 결과적 가중범에 있어서, 고의로 중한 결과를 발생하게 한 행위가 별도의 구성요건에 해당하고 그 고의범에 대하여 결과적 가중범에 정한 형보다 더 무겁게 처벌하는 규정이 있는 경우에는 그 고의범과 결과적 가중범은 상상적 경합 관계에 있다.

ㄹ. 교사자가 피교사자에 대하여 중상해를 교사하였는데 피교사자가 이를 넘어 살인을 실행한 경우, 교사자에게 피해자의 사망이라는 결과에 대하여 예견가능성이 있는 때에는 상해치사죄의 교사범으로서의 죄책을 지울 수 있다.

ㅁ. 적법하게 직무를 집행하는 공무원에 대하여 위험한 물건을 휴대하여 고의로 상해를 가한 경우에는 특수공무집행방해치상죄가 성립한다.

① ㄱ, ㄴ, ㄷ
② ㄱ, ㄴ, ㄹ, ㅁ
③ ㄱ, ㄷ, ㄹ, ㅁ
④ ㄴ, ㄷ, ㄹ, ㅁ
⑤ ㄱ, ㄴ, ㄷ, ㄹ, ㅁ

ㄱ. [ㅇ] 현존건조물방화치상죄와 같은 부진정결과적 가중범은 예견가능한 결과를 예견하지 못한 경우뿐만 아니라 그 결과를 예견하거나 고의가 있는 경우까지도 포함하는 것이므로 이 사건에서와 같이 사람이 현존하는 건조물을 방화하는 집단행위의 과정에서 일부 집단원이 고의행위로 살상을 가한 경우에도 다른 집단원에게 그 사상의 결과가 예견 가능한 것이었다면 다른 집단원도 그 결과에 대하여 현존건조물방화치사상의 책임을 면할 수 없는 것인바, 피고인을 비롯한 집단원들이 당초 공모시 쇠파이프를 소지한 방어조를 운용하기로 한 점에 비추어 보면 피고인으로서는 이 사건 건물을 방화하는 집단행위의 과정에서 상해의 결과가 발생하는 것도 예견할 수 있었다고 보이므로, 이 점에서도 피고인을 현존건조물방화치상죄로 의율할 수 있다(대판 1996.4.12. 96도215).

ㄴ. [ㅇ] 대판 1997.10.10. 97도1720

ㄷ. [ㅇ], ㅁ. [ㅇ] [1] 기본범죄를 통하여 고의로 중한 결과를 발생하게 한 경우에 가중 처벌하는 부진정결과적 가중범에서, 고의로 중한 결과를 발생하게 한 행위가 별도의 구성요건에 해당하고 그 고의범에 대하여 결과적 가중범에 정한 형보다 더 무겁게 처벌하는 규정이 있는 경우에는 그 고의범과 결과적 가중범이 상상적 경합관계에 있지만, 위와 같이 고의범에 대하여 더 무겁게 처벌하는 규정이 없는 경우에는 결과적 가중범이 고의범에 대하여 특별관계에 있으므로 결과적 가중범만 성립하고 이와 법조경합의 관계에 있는 고의범에 대하여는 별도로 죄를 구성하지 않는다.
[2] 직무를 집행하는 공무원에 대하여 위험한 물건을 휴대하여 고의로 상해를 가한 경우에는 특수공무집행방해치상죄(3년 이상의 유기징역)만 성립할 뿐, 이와는 별도로 폭력행위 등 처벌에 관한 법률 위반(집단 · 흉기 등 상해)죄(3년 이상의 유기징역)를 구성하지 않는다(대판 2008.11.27. 2008도7311).

ㄹ. [ㅇ] 교사자가 피교사자에 대하여 상해 또는 중상해를 교사하였는데 피교사자가 이를 넘어 살인을 실행한 경우 일반적으로 교사자는 상해죄 또는 중상해죄의 교사범이 되지만 이 경우 교사자에게 피해자의 사망이라는 결과에 대하여 과실 내지 예견가능성이 있는 때에는 상해치사죄의 교사범으로서의 죄책을 지울 수 있다(대판 1993.10.8. 93도1873).

정답 ⑤

026 결과적 가중범과 관련된 설명 중에서 옳은 것은? (다툼이 있는 경우에는 판례에 의함) [14 변호사]

① 부진정 결과적가중범은 중한 결과를 야기하는 기본범죄가 고의범인 경우뿐만 아니라 과실범인 경우에도 인정되는 개념이다.

② 피해자를 고의로 살해하기 위해 몽둥이로 내려치자 피해자는 이를 맞고 졸도하였을 뿐인데, 피해자가 죽은 것으로 착각하고 자살로 위장하기 위해 베란다 아래로 떨어뜨려 죽게 한 경우에 일련의 행위를 포괄적으로 파악하여 결과적 가중범의 성립을 인정할 수 있다.

③ 「성폭력범죄의 처벌 등에 관한 특례법」이 규정하고 있는 특수강간치상죄와 관련하여 특수강간이 미수인 상태에서 그 기회에 과실로 상해의 중한 결과가 발생한 경우 결과적 가중범의 미수가 인정될 수 없기 때문에 특수강간미수와 과실치상죄의 상상적 경합으로 처리되어야 한다.

④ 교사자가 피교사자에 대하여 상해를 교사하였는데 피교사자가 이를 넘어 살인을 실행한 경우, 교사자에게 피해자의 사망이라는 결과에 대하여 과실 내지 예견가능성이 있는 때에는 상해치사죄의 교사범으로서의 죄책을 지울 수 있다.

⑤ 결과적 가중범의 공동정범이 성립하기 위해서는 기본범죄를 공모할 것을 요하지는 않으나, 중한 결과를 공동으로 할 의사는 필요하므로 중한 결과를 공동으로 할 의사가 없는 자는 기본범죄의 죄책만 진다.

① [×] 형법상 진정 결과적가중범이든 부진정 결과적 가중범이든 기본범죄는 고의범이어야 한다. 기본범죄가 과실범인 경우 과실범이 성립할 수 있을 뿐이다.

② [×] [1] 피해자가 피고인들의 살해의 의도로 행한 구타행위에 의하여 직접 사망한 것이 아니라 죄적을 인멸할 목적으로 행한 매장행위에 의하여 사망하게 되었다 하더라도 전 과정을 개괄적으로 보면 피해자의 살해라는 처음에 예견된 사실이 결국은 실현된 것으로서 피고인들은 살인죄의 죄책을 면할 수 없다(대판 1988.6.28. 88도650). [2] 내연관계에 있는 甲男과 A女가 호텔에 투숙 중 말다툼을 하다가 甲이 A女의 머리를 벽에 부딪치게 하고 가슴부위를 밟는 등의 상해를 가하여 A女는 바닥에 쓰러진 채 정신을 잃고 빈사상태에 빠지자 甲이 A女가 죽은 줄 알고 자살로 가장하기 위해서 A女를 베란다 아래로 떨어뜨려 A女가 추락의 충격으로 인해 사망하였다면 甲의 행위는 포괄하여 단일의 상해치사죄에 해당한다(대판 1994.11.4. 94도2361).
   ▶ 판례 [1]은 제1행위가 살인행위이고 살인죄가 인정된 경우이고, 판례 [2]는 기본행위가 상해행위인 경우이고 상해치사죄가 인정된 경우이다. 지문의 경우 위 판례 [1]을 변형한 것이며 이를 판례 [2] 사안으로 혼동하여서는 안된다.

③ [×] 위험한 물건인 전자충격기를 사용하여 강간을 시도하다가 미수에 그치고, 피해자에게 약 2주간의 치료를 요하는 안면부 좌상 등의 상해를 입힌 경우, 성폭력범죄의 처벌 및 피해자보호등에 관한 법률에 의한 특수강간치상죄가 성립한다(대판 2008.4.24. 2007도10058).

④ [○] 교사자가 피교사자에 대하여 상해 또는 중상해를 교사하였는데 피교사자가 이를 넘어 살인을 실행한 경우 일반적으로 교사자는 상해죄 또는 중상해죄의 교사범이 되지만 이 경우 교사자에게 피해자의 사망이라는 결과에 대하여 과실 내지 예견가능성이 있는 때에는 상해치사죄의 교사범으로서의 죄책을 질 수 있다(대판 1993.10.8. 93도1873).

⑤ [×] 결과적 가중범인 상해치사죄의 공동정범은 폭행 기타의 신체침해 행위를 공동으로 할 의사가 있으면 성립되고 결과를 공동으로 할 의사는 필요 없으며, 여러 사람이 상해의 범의로 범행 중 한 사람이 중한 상해를 가하여 피해자가 사망에 이르게 된 경우 나머지 사람들은 사망의 결과를 예견할 수 없는 때가 아닌 한 상해치사의 죄책을 면할 수 없다(대판 2000.5.12. 2000도745).

정답 ④

027 다음 설명 중 옳은 것을 모두 고른 것은? (다툼이 있으면 판례에 의함) [21 변호사]

ㄱ 선행 교통사고와 후행 교통사고 중 어느 쪽이 원인이 되어 피해자가 사망에 이르게 되었는지 밝혀지지 않은 경우, 후행 교통사고를 일으킨 사람의 과실과 피해자의 사망 사이에 인과관계가 인정되기 위해서는 후행 교통사고를 일으킨 사람이 주의의무를 게을리하지 않았다면 피해자가 사망에 이르지 않았을 것이라는 사실이 증명되어야 한다.

ㄴ 결과적 가중범의 미수범 규정이 있는 경우 기본범죄가 미수에 그친 때에는 결과적 가중범의 미수범이 성립된다.

ㄷ 결과적 가중범의 공동정범이 성립하기 위해서는 고의의 기본범죄를 공동으로 할 의사와 함께 과실에 의한 중한 결과를 공동으로 할 의사가 필요하다.

ㄹ 절도를 교사하였는데 피교사자가 강간을 실행한 경우, 교사자에게 피교사자의 강간행위에 대한 예견가능성이 있는 때에는 강간죄의 교사범으로서의 죄책을 지울 수 있다.

ㅁ 부진정결과적 가중범은 기본범죄가 고의범인 경우에는 물론이고 과실범인 경우에도 인정되는 개념이다.

① ㄱ   ② ㄱ, ㄴ   ③ ㄱ, ㅁ

④ ㄷ, ㄹ, ㅁ   ⑤ ㄴ, ㄷ, ㄹ, ㅁ

㉠ [O] 선행 교통사고와 후행 교통사고 중 어느 쪽이 원인이 되어 피해자가 사망에 이르게 되었는지 밝혀지지 않은 경우 후행 교통사고를 일으킨 사람의 과실과 피해자의 사망 사이에 인과관계가 인정되기 위하여는 후행 교통사고를 일으킨 사람이 주의의무를 게을리하지 않았다면 피해자가 사망에 이르지 않았을 것이라는 사실이 증명되어야 하고, 그 증명책임은 검사에게 있다(대판 2007.10.26. 2005도8822).

㉡ [×] 판례는 결과적 가중범의 미수범 규정이 있는 경우라도 결과적 가중범의 미수를 인정하지 않는다. 즉 기본범죄가 미수에 그친 경우에도 결과가 발생한 이상 결과적 가중범의 기수범을 인정한다.

> **참고판례** 피고인이 전자충격기를 피해자의 허리에 대고 폭행하여 강간하려다가 미수에 그치고 피해자에게 약 2주간의 치료를 요하는 안면부 좌상 등의 상해를 입게 한 경우, 성폭법 소정의 특수강간치상죄의 기수에 해당한다(대판 2005.5.26. 2005도945).

㉢ [×] 결과적 가중범인 상해치사죄의 공동정범은 폭행 기타의 신체침해행위를 공동으로 할 의사가 있으면 성립되고 결과를 공동으로 할 의사는 필요 없으며, 그 결과의 발생을 예견할 수 있으면 족하다(대판 1993.8.24. 93도1674).

㉣ [×] 교사범이란 정범인 피교사자로 하여금 범죄를 결의하게 하여 그 죄를 범하게 한 때에 성립한다(대판 2013.9.12. 2012도2744). 따라서 지문과 같이 교사한 내용과 실행한 내용이 질적으로 다른 경우 교사범은 성립하지 않는다.

㉤ [×] 부진정결과적 가중범은 고의에 의한 기본범죄에 기하여 중한 결과를 과실뿐만 아니라 고의로 발생시킨 경우에도 성립하는 결과적 가중범을 말한다. 기본범죄가 과실범인 경우에는 과실범이 성립할 수 있을 뿐이다.

정답 ①

---

028 甲은 원한관계에 있는 A를 살해하기로 마음먹고 한밤중에 A의 집으로 가서 A와 A의 딸 B가 잠을 자고 있는 것을 확인한 후 A의 집 주변에 휘발유를 뿌리고 A의 집을 방화하였다. 이로 인해 A는 질식사하였고 B는 잠에서 깨어 현관문을 열고 밖으로 나오려고 하였으나 甲이 밖에서 현관문을 막고 서는 바람에 B도 질식사하였다. 甲의 죄책에 관한 설명 중 옳지 않은 것은? (다툼이 있으면 판례에 의함) [20 변호사]

① 현주건조물방화치사죄는 사망의 결과에 대하여 과실이 있는 경우뿐만 아니라 고의가 있는 경우에도 성립하는 부진정 결과적가중범이다.

② A를 사망하게 한 점에 대해서는 현주건조물방화치사의 죄책을 진다.

③ B를 사망하게 한 점에 대해서는 현주건조물방화죄와 살인죄가 성립하고 두 죄는 실체적경합 관계에 있다.

④ 만약 甲이 A가 혼자 있는 집에 들어가 A를 폭행하여 재물을 강취하고 A를 살해할 목적으로 A의 집을 방화하여 A를 사망에 이르게 하였다면 강도살인죄와 현주건조물방화치사죄가 성립하고 두 죄는 상상적경합 관계에 있다.

⑤ 만약 甲이 A의 집 주변에 휘발유를 뿌린 다음 라이터로 불을 붙였으나 잠을 자고 있던 A가 집 밖으로 뛰어나와 불을 끄는 바람에 A의 집에는 불이 옮겨 붙지 않았지만 그로 인해 A가 화상을 입고 사망하였다면 현주건조물방화치사죄의 미수범으로 처벌된다.

① [○], ② [○] 현주건조물방화치사상죄는 과실이 있는 경우뿐만 아니라 고의가 있는 경우도 포함된다고 볼 것이 므로 현주건조물 내에 있는 사람을 강타하여 실신케 한 후 동건조물에 방화하여 소사케 한 피고인을 현주건조물 에의 방화죄와 살인죄의 상상적 경합으로 의율할 것은 아니다(대판 1983.1.18. 82도2341). 즉, 현주건조물방화치사 죄가 성립한다는 취지이다.

③ [○] 불을 놓은 집에서 빠져 나오려는 피해자들을 막아 소사(燒死)케 한 행위는 1개의 행위가 수개의 죄명에 해당 하는 경우라고 볼 수 없고, 방화행위와 살인행위는 법률상 별개의 범의에 의하여 별개의 법익을 해하는 별개의 행위라고 할 것이니 현주건조물방화죄와 살인죄는 실체적 경합관계에 있다(대판 1983.1.18. 82도2341).

④ [○] 피고인들이 피해자들의 재물을 강취한 후 그들을 살해할 목적으로 현주건조물에 방화하여 사망에 이르게 한 경우, 피고인들의 행위는 강도살인죄와 현주건조물방화치사죄에 모두 해당하고 두 죄는 상상적 경합범관계에 있다(대판 1998.12.8. 98도3416).

⑤ [×] 기본범죄가 미수에 그친 경우일지라도 중한 결과가 발생하였다면 결과적 가중범이 성립한다. 지문의 경우 매개물인 휘발유에 불이 붙은 이상 현주건조물방화죄의 실행의 착수가 인정되고(현주건조물방화죄의 미수) 그(방 화)로 인하여 사망의 결과가 발생하였다면 현주건조물방화치사죄가 성립한다.

한편 위와 같은 적극적인 법리 검토 이전에 현주건조물방화치사죄는 미수범의 처벌규정이 없다는 점에서 ⑤번 지문은 이미 틀린 지문에 해당한다(제174조 참고). 이와 달리 현주건조물일수치사죄는 미수범 처벌규정이 존재한 다는 점도 알아두어야 한다(제182조 참고).

참고판례 매개물을 통한 점화에 의하여 건조물을 소훼함을 내용으로 하는 형태의 방화죄의 경우에, 범인이 그 매개 물에 불을 켜서 붙였거나 또는 범인의 행위로 인하여 매개물에 불이 붙게 됨으로써 연소작용이 계속될 수 있는 상태에 이르렀다면, 그것이 곧바로 진화되는 등의 사정으로 인하여 목적물인 건조물 자체에는 불이 옮겨 붙지 못하였다고 하더라도, 방화죄의 실행의 착수가 있었다고 보아야 할 것이다(대판 2002.3.26. 2001도6641).

정답 ⑤

---

029 다음 설명 중 옳은 것[○]과 옳지 않은 것[×]을 올바르게 조합한 것은? (다툼이 있으면 판례에 의함)

[16 변호사]

> ㉠ 「특정범죄 가중처벌 등에 관한 법률」 제5조의10 제2항은 운전자에 대한 폭행·협박으로 인하여 교통사고의 발생 등과 같은 구체적 위험을 초래하는 중간 매개원인이 유발되고 그 결과로서 불특정 다중에게 상해나 사망의 결과를 발생시킨 경우에만 적용될 수 있을 뿐, 교통사고 등의 발생 없이 직접적으로 운전자에 대한 상해의 결과만을 발생시킨 경우에는 적용되지 아니한다.
> ㉡ 형법은 유사강간죄의 법정형을 강간죄의 법정형보다 낮게 규정하고 있다.
> ㉢ 빚 독촉을 하다가 멱살을 잡고 대드는 피해자 A의 손을 뿌리치고 그를 뒤로 밀어 넘어뜨려 A의 등에 업힌 B(생후 7개월)에게 상해를 입혀 사망에 이르게 하였다면 B에 대한 폭행치사죄가 성립한다.
> ㉣ 「폭력행위 등 처벌에 관한 법률」 제2조 제2항의 '2인 이상이 공동하여 상해 또는 폭행의 죄를 범한 때'라 함은 수인이 동일 장소에서 동일 기회에 범행을 한 경우이면 족하고, 수인 사이에 범죄에 공동 가공하여 이를 공동으로 실현하려는 의사의 결합이 있어야 하는 것은 아니다.

① ㉠ [×], ㉡ [○], ㉢ [○], ㉣ [×]　　　② ㉠ [○], ㉡ [○], ㉢ [×], ㉣ [○]
③ ㉠ [×], ㉡ [×], ㉢ [○], ㉣ [×]　　　④ ㉠ [○], ㉡ [×], ㉢ [○], ㉣ [×]
⑤ ㉠ [×], ㉡ [○], ㉢ [○], ㉣ [○]

⊙ [×] [1] 특가법 제5조의10의 죄는 제1항, 제2항 모두 운행 중인 자동차의 운전자를 대상으로 하는 범행이 교통질서와 시민의 안전 등 공공의 안전에 대한 위험을 초래할 수 있다고 보아 이를 가중처벌하는 이른바 추상적 위험범에 해당하고, 그중 제2항은 제1항의 죄를 범하여 사람을 상해나 사망이라는 중한 결과에 이르게 한 경우 제1항에 정한 형보다 중한 형으로 처벌하는 결과적 가중범 규정으로 해석할 수 있다. 따라서 운행 중인 자동차의 운전자를 폭행하거나 협박하여 운전자나 승객 또는 보행자 등을 상해나 사망에 이르게 하였다면 이로써 특가법 제5조의10 제2항의 구성요건을 충족한다. [2] 피해자가 술에 취한 피고인을 승용차의 뒷좌석에 태운 채 서울 송파구 신천동 7 소재 교통회관 앞 도로에서 신호대기를 위하여 정차 중이었는데, 피고인은 별다른 이유 없이 화를 내며 손으로 피해자의 얼굴을 2회 때리고 목을 졸라 14일간의 치료가 필요한 기타 유리체 장애 등의 상해를 가한 경우, 특가법 제5조의10 제2항의 구성요건을 충족한다(대판 2015.3.26. 2014도13345).

⊙ [○] 강간죄의 법정형은 3년 이상의 유기징역이고, 유사강간죄의 법정형은 2년 이상의 유기징역이다(형법 제297조, 제297조의2).

ⓒ [○] 피고인이 빚 독촉을 하다가 시비 중 멱살을 잡고 대드는 A의 손을 뿌리치고 그를 뒤로 밀어 넘어트려 뒹굴게 하여 등에 업힌 그 딸 B에게 두개골절 등 상해를 입혀 사망하게 한 경우, 어린애를 업은 사람을 넘어뜨린 행위는 그 어린애에 대해서도 역시 폭행이 된다 할 것이므로 폭행치사죄가 성립한다(대판 1972.11.28. 72도2201).

ⓔ [×] 폭처법 제2조 제2항의 '2인 이상이 공동하여 상해 또는 폭행의 죄를 범한 때'라 함은 그 수인 사이에 소위 공범관계가 존재하는 것을 요건으로 하고, 또 수인이 동일 장소에서 동일 기회에 상호 다른 자의 범행을 인식하고 이를 이용하여 범행을 한 경우라야 한다(대판 2013.11.28. 2013도4430).

정답 ①

030 다음 설명 중 옳지 않은 것은? (다툼이 있으면 판례에 의함) [17 변호사]

① 부작위에 의한 현주건조물방화치사죄가 성립하기 위하여는, 부작위자에게 법률상의 소화의무가 인정되는 외에 소화의 가능성 및 용이성이 있어야 한다.

② 자기가 점유하는 타인의 재물을 그 타인을 기망하여 횡령한 경우, 횡령죄만 성립한다.

③ 전자충격기를 사용하여 피해자에게 강간을 시도하다가 미수에 그치고 약 2주간의 치료를 요하는 상해에 이르게 한 경우, 「성폭력범죄의 처벌 등에 관한 특례법」상의 특수강간치상죄가 성립한다.

④ 교통방해치사상죄가 성립하려면 교통방해행위가 피해자의 사상이라는 결과를 발생하게 한 유일하거나 직접적인 원인이 될 필요가 없고, 그 행위와 결과 사이에 피해자나 제3자의 과실 등 다른 사실이 개재된 경우라도 그와 같은 사실이 통상 예견될 수 있는 것이라면 상당인과관계를 인정할 수 있다.

⑤ 피해자의 재물을 강취한 후 그를 살해할 목적으로 현주건조물에 방화하여 사망에 이르게 한 경우, 강도살인죄는 현주건조물방화치사죄에 대하여 특별관계에 있다.

① [○] 피고인이 모텔 방에 투숙하여 담뱃불이 완전히 꺼졌는지 여부를 확인하지 않은 채 휴지를 재떨이에 버리고 잠을 잔 과실로 담뱃불이 휴지와 침대시트에 옮겨 붙게 함으로써 화재가 발생한 경우, 화재가 중대한 과실 있는 선행행위로 발생한 이상 피고인에게 화재를 소화할 법률상 의무는 있다 할 것이나, 화재 발생 사실을 안 상태에서 모텔을 빠져나오면서도 모텔 주인이나 다른 투숙객들에게 이를 알리지 아니하였다는 사정만으로는 화재를 용이하게 소화할 수 있었다고 보기 어려우므로 부작위에 의한 현주건조물방화치사상죄는 성립하지 아니한다(대판 2010.1.14. 2009도12109).

② [○] 사기죄는 타인이 점유하는 재물을 그의 처분행위에 의하여 취득함으로써 성립하는 죄이므로, 자기가 점유하는 타인의 재물에 대하여는 이것을 영득함에 기망행위를 한다 하여도 사기죄는 성립하지 아니하고 횡령죄만을 구성한다(대판 1987.12.22. 87도2168).

③ [○] [1] 성폭법 제9조 제1항[개정법 제8조]에 의하면 특수강간의 죄를 범한 자뿐만 아니라 특수강간이 미수에 그쳤다고 하더라도 그로 인하여 피해자가 상해를 입었으면 특수강간치상죄가 성립하는 것이고, 같은 법 제12조[개정법 제15조]에서 규정한 위 제9조 제1항[개정법 제8조]에 대한 미수범 처벌규정은 특수강간치상죄와 함께 규정된 특수강간상해죄의 미수에 그친 경우, 즉 특수강간의 죄를 범하거나 미수에 그친 자가 피해자에 대하여 상해의 고의를 가지고 피해자에게 상해를 입히려다가 미수에 그친 경우 등에 적용된다. [2] 피고인이 전자충격기를 피해자의 허리에 대고 폭행하여 강간하려다가 미수에 그치고 피해자에게 약 2주간의 치료를 요하는 안면부 좌상 등의 상해를 입게 한 경우, 성폭법 소정의 특수강간치상죄의 기수에 해당한다(대판 2008.4.24. 2007도10058).

④ [○] 교통방해치사상죄는 결과적 가중범이므로, 위 죄가 성립하려면 교통방해 행위와 사상의 결과 사이에 상당인과관계가 있어야 하고 행위시에 결과의 발생을 예견할 수 있어야 한다. 그리고 교통방해 행위가 피해자의 사상이라는 결과를 발생하게 한 유일하거나 직접적인 원인이 된 경우만이 아니라, 그 행위와 결과 사이에 피해자나 제3자의 과실 등 다른 사실이 개재된 때에도 그와 같은 사실이 통상 예견될 수 있는 것이라면 상당인과관계를 인정할 수 있다(대판 2014.7.24. 2014도6206).

⑤ [×] 피고인들이 피해자들의 재물을 강취한 후 그들을 살해할 목적으로 현주건조물에 방화하여 사망에 이르게 한 경우, 피고인들의 행위는 강도살인죄와 현주건조물방화치사죄에 모두 해당하고 두 죄는 상상적 경합범관계에 있다(대판 1998.12.8. 98도3416).

정답 ⑤

031 늦은 밤 어두운 골목길을 걸어 귀가하던 甲은 10여 분간 뒤따라오던 乙 때문에 짜증이 나자 갑자기 뒤돌아서서 상해의 고의로 乙을 주먹과 발로 구타하여 4주간의 치료가 필요한 상해를 가하였다. 乙은 평소 원한관계에 있던 甲을 발견하고는 기습적으로 공격하려고 주머니에 칼을 숨긴 채 기회를 엿보며 뒤따라가고 있었고, 甲이 공격하던 그 순간 칼을 꺼내 甲을 찌르려고 하던 중이었다. 객관적 정당화요소만 충족되면 위법성이 조각된다는 입장이나 주관적 정당화요소까지 충족되어야 위법성이 조각된다는 입장에 의할 때 아래의 보기 중 甲에게 해당할 수 없는 것을 모두 고른 것은?

[15 변호사]

| ㉠ 무죄 | ㉡ 과실치상죄 | ㉢ 상해죄 |
| ㉣ 상해죄의 불능미수 | ㉤ 상해죄의 예비 | |

① ㉠, ㉢   ② ㉠, ㉣   ③ ㉡, ㉢
④ ㉡, ㉤   ⑤ ㉡, ㉣, ㉤

해설

▶ 설문은 객관적 정당화상황(정당방위 상황)은 구비되었으나 주관적 정당화요소(방위의사)가 흠결된 경우이다.

1. 주관적 정당화요소 불요설에 의하면 甲의 행위는 위법성이 조각되어 무죄가 된다.

2. 주관적 정당화요소 필요설에 의하면 甲은 위법성이 조각되지 않고 학설에 따라 상해죄의 불능미수범(다수설)으로 처벌되거나 상해죄의 기수범으로 처벌되게 된다.

3. 따라서 甲의 행위는 ㉡ 과실치상죄 또는 ㉤ 상해죄의 예비는 해당할 수 없다.

정답 ④

032 甲은 층간소음문제로 다툼이 있던 다세대주택 위층에 보복의 목적으로 돌을 던져 유리창을 깨뜨렸다. 그런데 위층에 살던 A는 빚 독촉에 시달려 고민 중 자살하기 위해 창문을 닫은 채 연탄불을 피워 연탄가스에 질식 중이었다. 甲이 유리창을 깨뜨린 결과 A의 목숨은 구조되었다. 이때 甲이 무죄라는 견해에 관한 설명 중 옳은 것을 모두 고른 것은?

[16 변호사]

| ㉠ 범죄성립에 있어서 행위불법만을 고려하는 입장에 상응한다. |
| ㉡ 범죄성립에 있어서 결과불법만을 고려하는 입장에 상응한다. |
| ㉢ 행위불법과 결과불법이 모두 상쇄되어야 위법성이 조각된다는 입장에 상응한다. |
| ㉣ 이 견해에 대해서는 주관적 정당화사정이 있는 경우와 없는 경우를 똑같이 취급한다는 비판이 제기된다. |
| ㉤ 이 견해에 대해서는 미수범 처벌규정이 없는 경우에는 처벌의 흠결이 발생할 수 있다는 비판이 제기된다. |
| ㉥ 이 견해에 대해서는 객관적 정당화사정이 행위자에게 유리하게 작용하지 못한다는 비판이 제기된다. |

① ㉠, ㉣   ② ㉠, ㉥   ③ ㉡, ㉣
④ ㉡, ㉥   ⑤ ㉢, ㉤

▶ 사례는 피해자의 승낙이 추정되는 상황임에도 甲에게는 그러한 객관적 정당화상황에 대한 인식이 결여 되어 있는 경우이다. 즉 甲에게는 주관적 정당화요소가 결여 되어 있다. 주관적 정당화요소가 결여 되어 있음에도 위법성조각을 인정하여 무죄를 인정하는 견해는 불법론에서 결과불법(결과반가치일원론)만을 고려하는 입장이며, 위법성조각사유에 있어 주관적 정당화요소가 필요하지 않다는 불요설과 연결된다.

㉠ [×] 행위반가치 일원론의 입장이며 위법성이 조각되기 위해서는 주관적 정당화요소가 필요하다고 하며 그 흠결 시 기수를 인정한다.

㉡ [○] 결과반가치 일원론의 입장이며 위법성이 조각되기 위해서는 주관적 정당화요소가 불필요하다고 하며 그 흠결시에도 위법성이 조각되어 무죄가 된다.

㉢ [×] 이원적 인적불법론의 입장이며 위법성이 조각되기 위해서는 주관적 정당화요소가 필요하다고 하며 그 흠결 시 위법성조각을 인정하지 아니한다.

㉣ [○] 주관적 정당화요소 불요설에 대한 비판에 해당한다. 불요설에 의하면 주관적 정당화요소가 흠결된 경우에도 위법성조각을 인정하여 무죄가 된다.

㉤ [×] 주관적 정당화요소 필요설 중 불능미수범설에 대한 비판에 해당한다.

㉥ [×] 주관적 정당화요소 필요설 중 기수범설에 대한 비판에 해당한다.

정답 ③

033 위법성조각사유에 관한 설명 중 옳지 않은 것은? (다툼이 있는 경우에는 판례에 의함) [14 변호사]

① 인근 상가의 통행로로 이용되고 있는 토지의 사실상 지배권자가 위 토지에 철주와 철망을 설치하고 포장된 아스팔트를 걷어냄으로써 통행로로 이용하지 못하게 한 경우 자구행위에 해당하지 않는다.

② 甲이 자신의 부(父) 乙에게서 乙 소유의 부동산 매매에 관한 권한 일체를 위임받아 이를 매도하였는데, 그 후 乙이 갑자기 사망하자 소유권 이전에 사용할 목적으로 乙이 甲에게 인감증명서 발급을 위임한다는 취지의 인감증명 위임장을 작성한 경우 乙의 추정적 승낙이 인정되므로 사문서위조죄가 성립하지 않는다.

③ 자신의 남편과 甲이 불륜을 저지른 것으로 의심한 乙이 이를 따지기 위해 乙의 아들 등과 함께 甲의 집 안으로 들어와 서로 합세하여 甲을 구타하자, 그로부터 벗어나기 위해 손을 휘저으며 발버둥치는 과정에서 乙에게 상해를 가한 甲의 행위는 위법성이 조각된다.

④ 가해자의 행위가 피해자의 부당한 공격을 방위하기 위한 것이라기보다는 서로 공격할 의사로 싸우다가 먼저 공격을 받고 이에 대항하여 가해하게 된 경우, 그 가해행위는 방어행위인 동시에 공격행위의 성격을 가지므로 정당방위라고 볼 수 없다.

⑤ 선박의 이동에도 새로운 공유수면점용허가가 있어야 하고 휴지선을 이동하는 데는 예인선이 따로 필요한 관계로 비용이 많이 들어 다른 해상으로 이동을 하지 못하고 있는 사이에 태풍을 만나게 되고, 그와 같은 위급한 상황에서 선박과 선원들의 안전을 위한 조치를 취한 결과 인근 양식장에 피해를 준 경우 긴급피난에 해당한다.

① [○] 인근 상가의 통행로로 이용되고 있는 토지의 사실상 지배권자가 위 토지에 철주와 철망을 설치하고 포장된 아스팔트를 걷어냄으로써 통행로로 이용하지 못하게 한 경우, 이는 일반교통방해죄를 구성하고 자구행위에 해당하지 않는다고 한 사례(대판 2007.12.28. 2007도7717).

② [×] 피고인이 자신의 부(父) 甲에게서 甲 소유 부동산의 매매에 관한 권한 일체를 위임받아 이를 매도하였는데, 그 후 甲이 갑자기 사망하자 부동산 소유권 이전에 사용할 목적으로 甲이 '병안 중'이라는 사유로 자신에게 인감증명서 발급을 위임한다는 취지의 인감증명 위임장을 작성한 후 주민센터 담당직원에게 이를 제출한 경우, 인감증명 위임장은 본래 생존한 사람이 타인에게 인감증명서 발급을 위임한다는 취지의 문서라는 점을 고려하면, 이미 사망한 甲이 '병안 중'이라는 사유로 피고인에게 인감증명서 발급을 위임한다는 취지의 인감증명 위임장이 작성됨으로써 문서에 관한 공공의 신용을 해할 위험성이 발생하였다 할 것이고, 피고인이 명의자 甲이 승낙하였을 것이라고 기대하거나 예측한 것만으로는 사망한 甲의 승낙이 추정된다고 단정할 수 없으므로 사문서위조죄가 성립하지 아니한다고 할 수 없다(대판 2011.9.29. 2011도6223).

③ [○] 자신의 남편과 甲이 불륜을 저지른 것으로 의심한 乙이 이를 따지기 위해 乙의 아들 등과 함께 甲의 집 안으로 들어와 서로 합세하여 甲을 구타하였다고 하여 이러한 공격행위를 적법하다고 할 수 없고, 그로부터 벗어나기 위해 손을 휘저으며 발버둥치는 과정에서 乙에게 상해를 가한 甲의 행위는 사회관념상 상당성 있는 방어행위로서 유형력의 행사에 이르렀다고 할 것이어서 위 행위의 위법성이 조각된다(대판 2010.2.11. 2009도12958).

④ [○] 가해자의 행위가 피해자의 부당한 공격을 방위하기 위한 것이라기보다는 서로 공격할 의사로 싸우다가 먼저 공격을 받고 이에 대항하여 가해하게 된 것이라고 봄이 상당한 경우, 그 가해행위는 방어행위인 동시에 공격행위의 성격을 가지므로 정당방위 또는 과잉방위행위라고 볼 수 없다(대판 2000.3.28. 2000도228).

⑤ [○] 선박의 이동에도 새로운 공유수면점용허가가 있어야 하고 휴지선을 이동하는 데는 예인선이 따로 필요한 관계로 비용이 많이 들어 다른 해상으로 이동을 하지 못하고 있는 사이에 태풍을 만나게 된 위급한 상황에서 선박과 선원들의 안전을 위하여 사회통념상 가장 적절하고 필요불가결하다고 인정되는 조치(피조개 양식장에 피해를 입혔음)를 취하였다면 형법상 긴급피난으로서 위법성이 없어서 범죄가 성립되지 아니한다고 보아야 하고 미리 선박을 이동시켜 놓아야 할 책임을 다하지 아니함으로써 위와 같은 긴급한 위난을 당하였다는 점만으로는 긴급피난을 인정하는데 아무런 방해가 되지 아니한다(대판 1987.1.20. 85도221).

정답 ②

034 위법성에 관한 설명 중 옳지 않은 것을 모두 고른 것은? (다툼이 있으면 판례에 의함) [22 변호사]

┌───┐
│ ㉠ 사채업자 A의 채무변제 독촉을 받고 있던 甲은 아들 B(20세)의 상해보험금을 타서 이를 변제하기로 │
│   하고 B의 진지한 승낙을 받아 B의 새끼손가락을 절단한 경우 甲의 상해행위는 위법성이 조각되지 │
│   않는다. │
│ ㉡ 甲은 乙과 말다툼을 하다가 낫을 들고 반항하는 乙로부터 낫을 빼앗아 乙의 가슴, 배, 목 등을 10여 │
│   차례 찔러 乙로 하여금 자상으로 사망하게 한 경우 甲의 행위는 그 정도를 초과한 것으로서 형법 │
│   제21조 제2항의 과잉방위에 해당한다. │
│ ㉢ 甲이 스스로 야기한 강간범행의 와중에 피해자 A가 甲의 손가락을 깨물며 반항하자 물린 손가락을 │
│   비틀어 잡아 뽑다가 A에게 치아결손의 상해를 입은 경우 甲의 행위는 법에 의하여 용인되는 피난행 │
│   위라 할 수 없다. │
│ ㉣ 甲이 乙로부터 갑자기 뺨을 맞는 등 폭행을 당하여 서로 멱살을 잡고 다투자 주위 사람들이 싸움을 │
│   제지하였으나 甲은 맨손으로 공격하는 乙에게 대항하기 위하여 깨어진 병으로 乙을 찌를 듯이 겨누 │
│   어 협박한 경우 甲의 행위는 사회통념상 그 정도를 초과하여 상당성이 결여된 것으로서 정당방위에 │
│   해당하지 않는다. │
│ ㉤ 甲이 불심검문을 받아 경찰관 A에게 운전면허증을 교부한 후 불심검문에 항의하는 과정에서 우발 │
│   적으로 큰소리로 욕설을 하여 A뿐만 아니라 인근 주민도 그 욕설을 직접 들었던 상황에서 A가 甲을 │
│   모욕죄의 현행범으로 체포하려 하자 甲이 이에 반항하는 과정에서 A에게 상해를 입힌 행위는 정당방 │
│   위에 해당하지 않는다. │
└───┘

① ㉠, ㉡   ② ㉠, ㉢   ③ ㉡, ㉤
④ ㉡, ㉣, ㉤   ⑤ ㉢, ㉣, ㉤

해설

㉠ [○] [1] 형법 제24조의 규정에 의하여 위법성이 조각되는 피해자의 승낙은 개인적 법익을 훼손하는 경우에 법률 상 이를 처분할 수 있는 사람의 승낙을 말할 뿐만 아니라 그 승낙이 윤리적, 도덕적으로 사회상규에 반하는 것이 아니어야 한다.
  [2] 甲이 B와 공모하여 보험사기를 목적으로 B에게 상해를 가한 경우, 피해자의 승낙으로 위법성이 조각되지 아니 한다(대판 2008.12.11. 2008도9606).

㉡ [×] 피고인의 범행행위가 현재의 부당한 침해를 방위하거나 그러한 침해를 예방하기 위한 행위로 상당한 이유 가 있는 경우에 해당한다고 볼 수 없고, 또 피고인의 범행행위는 방위행위가 그 정도를 초과한 때에 해당하거나 정도를 초과한 방위행위가 야간 기타 불안스러운 상태하에서 공포, 경악, 흥분 또는 당황으로 인한 때에 해당 한다고 볼 수 없다(대판 2007.4.26. 2007도1794). 정당방위나 과잉방위 또는 면책적 과잉방위에 해당하지 않아 甲은 살인죄로 처벌된다.

㉢ [○] 스스로 야기한 강간범행의 와중에서 피해자가 피고인의 손가락을 깨물며 반항하자 물린 손가락을 비틀며 잡아 뽑다가 피해자에게 치아결손의 상해를 입은 경우를 가리켜 법에 의하여 용인되는 피난행위라 할 수 없다(대 판 1995.1.12. 94도2781).

㉣ [○] 피고인이 피해자로부터 갑작스럽게 뺨을 맞는 등 폭행을 당하여 서로 멱살을 잡고 다투자 주위 사람들이 싸움을 제지하였으나 피해자에게 대항하기 위하여 깨어진 병으로 피해자를 찌를 듯이 겨누어 협박한 경우, 피고 인의 행위는 자기의 법익에 대한 현재의 부당한 침해를 방어하기 위한 것이라고 볼 수 있으나, 맨손으로 공격하는 상대방에 대하여 위험한 물건인 깨어진 병을 가지고 대항한다는 것은 사회통념상 그 정도를 초과한 방어행위로 서 상당성이 결여된 것이고, 또 주위사람들이 싸움을 제지하였다는 상황에 비추어 야간의 공포나 당황으로 인한 것이었다고 보기도 어렵다(대판 1991.5.28. 91도80).

ⓜ [×] 피고인은 경찰관의 불심검문에 응하여 이미 운전면허증을 교부한 상태이고, 경찰관뿐 아니라 인근 주민도 욕설을 직접 들었으므로 피고인이 도망하거나 증거를 인멸할 염려가 있다고 보기는 어렵고, 피고인의 모욕 범행은 불심검문에 항의하는 과정에서 저지른 일시적, 우발적인 행위로서 사안 자체가 경미할 뿐 아니라, 피해자인 경찰관이 범행현장에서 즉시 범인을 체포할 급박한 사정이 있다고 보기도 어려우므로, 경찰관이 피고인을 체포한 행위는 적법한 공무집행이라고 볼 수 없고, 따라서 피고인이 체포를 면하려고 반항하는 과정에서 상해를 가한 것은 불법체포로 인한 신체에 대한 현재의 부당한 침해에서 벗어나기 위한 행위로서 정당방위에 해당한다(대판 2011.5.26. 2011도3682). 甲의 행위는 정당방위에 해당한다.

정답 ③

035 위법성에 관한 설명 중 옳지 않은 것을 모두 고른 것은? (다툼이 있는 경우 판례에 의함)

ㄱ. 甲과 乙이 교통사고를 가장하여 보험금을 편취할 것을 공모한 후 乙의 승낙을 받은 甲이 乙에게 상해를 가한 경우, 乙의 승낙이 위법한 목적에 이용하기 위한 것이었다고 할지라도 甲의 행위는 상해죄의 위법성이 조각된다.

ㄴ. 사채업자 甲이 채무자 A에게 채무를 변제하지 않으면 A가 숨기고 싶어하는 과거 행적과 사채를 쓴 사실 등을 남편과 시댁에 알리겠다는 등의 문자메시지를 발송한 경우, 甲의 행위는 사회통념상 용인되는 범위를 넘지 않는 것이어서 협박죄가 성립하지 않는다.

ㄷ. A와 B가 차량 통행 문제로 다투던 중에 A가 차를 몰고 대문 안으로 운전해 들어가려 하자 B가 양팔을 벌리고 제지하였음에도 A가 차를 약 3미터 가량 B의 앞쪽으로 급진시키자, 이때 그 차 운전석 옆에 서 있던 B의 아들 甲이 B를 구하려고 차를 정지시키기 위하여 운전석 옆 창문을 통해 A의 머리카락을 잡아당겨 A의 흉부가 차의 창문틀에 부딪혀 약간의 상처를 입게 하였다면, 甲의 행위는 정당방위에 해당한다.

ㄹ. 임대인의 승낙 없이 건물을 전차한 전차인은 비록 불법 침탈 등의 방법에 의하여 건물의 점유를 개시한 것이 아니고 그동안 평온하게 음식점 영업을 하면서 점유를 계속하여 왔더라도 그 전대차로써 임대인에게 대항할 수 없기 때문에, 임대인이 그 건물의 열쇠를 새로 만들어 잠근 행위는 업무방해죄의 위법성을 조각하는 자구행위에 해당한다.

ㅁ. 싸움의 상황에서 상대방의 공격을 피하기 위하여 소극적으로 방어를 하던 도중 그 상대방을 상해 또는 사망에 이르게 한 경우라 하더라도, 이는 사회통념상 허용될 만한 상당성이 있는 정당행위라고 할 수 없다.

① ㄱ, ㄴ, ㄷ ② ㄴ, ㄷ, ㅁ ③ ㄷ, ㄹ, ㅁ
④ ㄱ, ㄴ, ㄹ, ㅁ ⑤ ㄱ, ㄷ, ㄹ, ㅁ

해설

ㄱ. [×] 형법 제24조의 규정에 의하여 <u>위법성이 조각되는 피해자의 승낙은 개인적 법익을 훼손하는 경우에 법률상 이를 처분할 수 있는 사람의 승낙을 말할 뿐만 아니라 그 승낙이 윤리적, 도덕적으로 사회상규에 반하는 것이 아니어야 한다</u>(대판 2008.12.11. 2008도9606).

ㄴ. [×] 사채업자인 피고인이 채무자 甲에게, 채무를 변제하지 않으면 甲이 숨기고 싶어하는 과거 행적과 사채를 쓴 사실 등을 남편과 시댁에 알리겠다는 등의 문자메시지를 발송한 경우, 피고인의 행위는 정당행위에 해당하지 않으므로 협박죄가 성립한다(대판 2011.5.26. 2011도2412).

ㄷ. [○] 차량통행문제를 둘러싸고 피고인의 부(父)와 다툼이 있던 피해자가 그 소유의 차량에 올라타 문 안으로 운전해 들어가려 하자 피고인의 부(父)가 양팔을 벌리고 이를 제지하였으나 위 피해자가 이에 불응하고 그대로 차를 피고인의 부(父) 앞쪽으로 약 3m 가량 전진시키자 위 차의 운전석 부근 옆에 서 있던 피고인이 부(父)가 위 차에 다치겠으므로 이에 당황하여 위 차를 정지시키기 위하여 운전석 옆 창문을 통하여 피해자의 머리털을 잡아당겨 그의 흉부가 위 차의 창문틀에 부딪혀 약간의 상처를 입게 한 행위는 부(父)의 생명, 신체에 대한 현재의 부당한 침해를 방위하기 위한 행위로서 정당방위에 해당한다(대판 1986.10.14. 86도1091).

ㄹ. [×] 건물의 전차인이 임대인의 승낙 없이 전차하였다고 하더라도 전차인이 불법침탈 등의 방법에 의하여 위 건물의 점유를 개시한 것이 아니고 그 동안 평온하게 음식점 등 영업을 하면서 점유를 계속하여 온 이상 전차인의 업무를 업무방해죄에 의하여 보호받지 못하는 권리라고 단정할 수 없다(대판 1986.12.23. 86도1372).

ㅁ. [×] 맞붙어 싸움을 하는 사람 사이에서는 공격행위와 방어행위가 연달아 행하여지고 방어행위가 동시에 공격행위인 양면적 성격을 띠어서 어느 한쪽 당사자의 행위만을 가려내어 방어를 위한 '정당행위'라거나 '정당방위'에 해당한다고 보기 어려운 것이 보통이다. 그러나 겉으로는 서로 싸움을 하는 것처럼 보이더라도 실제로는 한쪽 당사자가 일방적으로 위법한 공격을 가하고 상대방은 이러한 공격으로부터 자신을 보호하고 이를 벗어나기 위한 저항수단으로서 유형력을 행사한 경우에는, 그 행위가 새로운 적극적 공격이라고 평가되지 아니하는 한, 이는 사회관념상 허용될 수 있는 상당성이 있는 것으로서 위법성이 조각된다(대판 2010.2.11. 2009도12958).

정답 ④

036 피해자의 승낙에 관한 설명 중 옳은 것을 모두 고른 것은? (다툼이 있으면 판례에 의함) [21 변호사]

> ㉠ 피해자의 승낙이 객관적으로 존재하는데도 불구하고 행위자가 이를 알지 못하고 행위한 경우에는 위법성조각사유의 전제사실의 착오가 되어 위법성이 조각되지 않는다.
> ㉡ 개인적 법익을 훼손하는 경우에 「형법」 제24조의 피해자의 승낙에 의해 위법성이 조각되려면 그 승낙이 법률상 이를 처분할 수 있는 사람의 승낙이어야 할 뿐 아니라 윤리적, 도덕적으로 사회상규에 반하지 않아야 할 것이라는 요건도 충족되어야 한다.
> ㉢ 의사의 진단상 과오로 인해 당연히 설명받았을 내용을 설명받지 못한 경우라도 피해자로부터 수술승낙을 받은 이상 그 승낙은 수술의 위법성을 조각할 유효한 승낙이라고 볼 수 있다.
> ㉣ 묵시적 승낙이 있는 경우에도 피해자의 승낙에 의해 위법성이 조각될 수 있다.

① ㉠, ㉡   ② ㉠, ㉢   ③ ㉡, ㉢
④ ㉡, ㉣   ⑤ ㉡, ㉢, ㉣

해설

㉠ [×] 피해자의 승낙(위법성조각사유)이 있다는 인식은 주관적 정당화 요소에 해당한다. 따라서 피해자의 승낙이 객관적으로 존재하는데도 불구하고 행위자가 이를 알지 못하고 행위한 경우는 '주관적 정당화요소의 흠결'에 해당한다. 한편 피해자의 승낙이 없었음에도 있는 줄 알고 행위한 경우는 위법성조각사유의 전제사실의 착오에 해당한다.

㉡ [○] 형법 제24조의 규정에 의하여 위법성이 조각되는 피해자의 승낙은 개인적 법익을 훼손하는 경우에 법률상 이를 처분할 수 있는 사람의 승낙을 말할 뿐만 아니라 그 승낙이 윤리적, 도덕적으로 사회상규에 반하는 것이 아니어야 한다(대판 2008.12.11. 2008도9606).

㉢ [×] 진단상의 과오가 없었으면 당연히 설명받았을 자궁외 임신에 관한 내용을 설명받지 못한 피해자로부터 수술승낙을 받았다면 위 승낙은 부정확 또는 불충분한 설명을 근거로 이루어진 것으로서 수술의 위법성을 조각할 유효한 승낙이라고 볼 수 없다(대판 1993.7.27. 92도2345).

ⓔ [ㅇ] 위법성조각사유로서의 피해자의 승낙은 언제든지 자유롭게 철회할 수 있다고 할 것이고, 그 철회의 방법에는 아무런 제한이 없다(대판 2011.5.13. 2010도9962). 따라서 승낙은 명시적 승낙·묵시적 승낙을 불문하므로 묵시적 승낙이 있는 경우에도 피해자의 승낙에 의해 위법성이 조각될 수 있다.

정답 ④

037 위법성조각사유에 관한 설명 중 옳지 않은 것은? (다툼이 있으면 판례에 의함) [19 변호사]

① 피고인이 한의사 자격이나 이에 관한 면허도 없이 영리를 목적으로 환부에 부항침으로 10회 정도 찌르고 다시 부항을 뜨는 방법으로 치료행위를 하면서 부항침과 부항을 이용하여 체내의 혈액을 밖으로 배출되도록 한 것이라면 이러한 피고인의 시술행위는 사회상규에 위배되지 아니하는 행위로 볼 수 없다.

② 아파트 입주자대표회의 회장이 일부 입주민이 가입한 케이블TV방송의 시험방송 송출로 인하여 위성방송의 수신이 불가능하게 되었다는 다수 입주민들의 민원을 접수한 후 케이블TV방송에 시험방송 송출을 중단해 달라는 요청도 해 보지 아니한 채 시험방송이 송출된 지 약 1시간 30여 분 만에 곧바로 케이블TV방송의 방송안테나를 절단하도록 지시한 행위는 긴급피난에 해당하지 않는다.

③ 타인 명의의 사문서를 작성·수정할 당시 명의자의 현실적인 승낙은 없었지만, 그 승낙을 얻는 것이 불가능하였고 그 당시의 모든 객관적 사정을 종합하여 명의자가 행위 당시 그 사실을 알았다면 당연히 승낙했을 것이라고 추정되는 경우 사문서의 위·변조죄가 성립하지 않는다.

④ 「형법」 제20조의 '사회상규에 위배되지 아니하는 행위'라 함은 국가질서의 존중이라는 인식을 바탕으로 한 국민일반의 건전한 도의적 감정에 반하지 아니한 행위로서 초법규적인 기준에 의하여 이를 평가해야 한다.

⑤ 이혼소송 중인 남편 A가 찾아와 아내 甲의 목에 가위를 겨누면서 이혼하면 죽여 버리겠다고 협박하고 변태적 성행위를 강요하는 데에 격분하여 甲이 사전에 침대 밑에 숨겨 놓았던 칼로 A의 복부를 찔러 그 자리에서 사망에 이르게 한 경우, 甲의 행위는 과잉방위에 해당한다.

해설

① [ㅇ] 피고인이 행한 부항 시술행위가 보건위생상 위해가 발행할 우려가 전혀 없다고 볼 수 없는데다가 피고인이 한의사 자격이나 이에 관한 어떠한 면허도 없이 영리를 목적으로 치료행위를 한 것이고, 단순히 수지침 정도의 수준에 그치지 아니하고 부항침과 부항을 이용하여 체내의 혈액을 밖으로 배출되도록 한 것이므로 이러한 피고인의 시술행위는 사회상규에 위배되지 아니하는 행위로서 위법성이 조각되는 경우에 해당한다고 할 수 없다(대판 2004.10.28. 2004도3405).

② [ㅇ] 피고인이 다수 입주민들의 민원에 따라 입주자대표회의 회장의 자격으로 위성방송 수신을 방해하는 경기동부방송의 시험방송 송출을 중단시키기 위하여 경기동부방송의 방송안테나를 절단하도록 지시하였다고 할지라도 피고인의 위와 같은 행위를 긴급피난 내지는 정당행위에 해당한다고 볼 수 없다(대판 2006.4.13. 2005도9396).

③ [ㅇ] 사문서를 작성·수정함에 있어 그 명의자의 명시적이거나 묵시적인 승낙이 있었다면 사문서의 위·변조죄에 해당하지 않고, 한편 행위 당시 명의자의 현실적인 승낙은 없었지만 행위 당시의 모든 객관적 사정을 종합하여 명의자가 행위 당시 그 사실을 알았다면 당연히 승낙했을 것이라고 추정되는 경우 역시 사문서의 위·변조죄가 성립하지 않는다(대판 2011.9.29. 2010도14587).

④ [ㅇ] '사회상규에 반하지 않는 행위'라 함은 국가질서의 존중이라는 인식을 바탕으로 한 국민일반의 건전한 도의적 감정에 반하지 아니한 행위로서 초법규적인 기준에 의하여 이를 평가할 것이다(대판 1983.11.22. 83도2224).

⑤ [×] 이혼소송 중인 남편이 찾아와 가위로 폭행하고 변태적 성행위를 강요하는 데에 격분하여 처가 칼로 남편의 복부를 찔러 사망에 이르게 한 경우 그 행위는 방위행위로서의 한도를 넘어선 것으로 정당방위나 과잉방위에 해당하지 않는다(대판 2001.5.15. 2001도1089).

정답 ⑤

---

4 책임론

038 책임의 근거 또는 본질에 대한 설명 중 옳지 않은 것은? [13 변호사]

① 사회적 책임론에 따르면, 책임의 근거는 행위자의 반사회적 성격에 있으므로 사회생활을 하고 있는 책임무능력자에 대하여도 사회방위를 위해 보안처분을 가하여야 한다. 이러한 의미에서 책임능력은 형벌능력을 의미한다.

② 심리적 책임론에 따르면, 책임의 본질은 결과에 대한 인식과 의사인 고의 또는 결과를 인식하지 못한 과실에 있으며, 범죄 성립의 모든 객관적·외적 요소는 구성요건과 위법성단계에, 주관적·내적 요소는 책임단계에 배치한다.

③ 도의적 책임론은 형사책임의 근거를 행위자의 자유의사에서 찾으며, 가벌성 판단에서 행위보다 행위자에 중점을 두는 주관주의 책임론의 입장이다.

④ 기능적 책임론에 따르면, 책임의 내용은 형벌의 목적, 특히 일반예방의 목적에 따라 결정되어야 하며, 책임은 예방의 필요성을 한계로 하고 예방의 필요성도 책임형벌을 제한함으로써 책임과 예방의 상호제한적 기능을 인정한다.

⑤ 규범적 책임론에 따르면, 책임의 구성요소는 행위자의 감정세계와 구성요건에 해당하는 결과 사이의 심리적 결합이 아니라 행위자의 적법행위가 요구되었음에도 불구하고 위법행위를 하였다는 환경의 평가에 있으므로, 책임은 구성요건에 해당하는 불법행위에 대한 비난가능성이다.

해설

① [○] 사회적 책임론은 책임능력을 형벌능력으로 본다. 한편 도의적 책임론은 책임능력을 범죄능력으로 본다.

② [○] 심리적 책임론에 따르면 범죄 성립의 모든 객관적·외적 요소는 구성요건과 위법성단계에, 주관적·내적 요소는 책임단계에 배치한다.

③ [×] 도의적 책임론은 형사책임의 근거를 행위자의 자유의사에서 찾으며, 가벌성 판단에서 행위자보다 행위에 중점을 두는 객관주의 책임론의 입장이다.

④ [○] 기능적 책임론 중 록신의 벌책성론에 대한 설명이다.

⑤ [○] 규범적 책임론에 따르면 책임은 구성요건에 해당하는 불법행위에 대한 비난가능성이다.

정답 ③

039 책임능력에 관한 설명 중 옳은 것[○]과 옳지 않은 것[×]을 올바르게 조합한 것은? (다툼이 있으면 판례에 의함)

[21 변호사]

㉠ 「형법」 제10조에 규정된 심신장애의 유무 및 정도에 관한 법원의 판단은 전문감정인의 의견에 기속된다.

㉡ 사춘기 이전의 소아들을 상대로 한 성행위를 중심으로 성적 흥분을 강하게 일으키는 공상, 성적 충동, 성적 행동이 반복되어 나타나는 소아기호증과 같은 질환이 있다는 사정은 그 자체만으로 형의 감면사유인 심신장애에 해당한다.

㉢ 음주운전을 할 의사를 가지고 음주만취한 후 운전을 결행하여 교통사고를 일으켰다면 음주 시에 교통사고를 일으킬 위험성을 예견하였는데도 자의로 심신장애를 야기한 경우에 해당하므로 심신장애로 인한 감경 등을 할 수 없다.

㉣ 대마초 흡연 시에 이미 범행을 예견하고 자의로 심신장애를 야기한 경우, 그로 인해 그 범행 시에 의사결정능력이 없거나 미약했다면 심신장애로 인한 감경 등을 할 수 있다.

㉤ 반사회적 인격장애 혹은 기타 성격적 결함에 기하여 자신의 충동을 억제하지 못하여 범죄를 저지르는 경우 특별한 사정이 없는 한 이와 같은 자에 대해서는 자신의 충동을 억제하고 법을 준수하도록 요구할 수 없다.

① ㉠ [×], ㉡ [○], ㉢ [×], ㉣ [○], ㉤ [×] 　② ㉠ [×], ㉡ [×], ㉢ [○], ㉣ [○], ㉤ [×]
③ ㉠ [×], ㉡ [×], ㉢ [×], ㉣ [×], ㉤ [○] 　④ ㉠ [×], ㉡ [×], ㉢ [○], ㉣ [×], ㉤ [×]
⑤ ㉠ [○], ㉡ [○], ㉢ [○], ㉣ [○], ㉤ [×]

> **해설**

㉠ [×] 심신장애의 유무 및 정도의 판단은 법률적 판단으로서 반드시 전문감정인의 의견에 기속되어야 하는 것은 아니고, 여러 사정을 종합하여 법원이 독자적으로 판단할 수 있다(대판 2007.11.29. 2007도8333).

㉡ [×] 소아기호증과 같은 질환이 있다는 사정은 그 자체만으로는 형의 감면사유인 심신장애에 해당하지 아니한다고 봄이 상당하고, 다만 그 증상이 매우 심각하여 원래의 의미의 정신병이 있는 사람과 동등하다고 평가할 수 있거나 다른 심신장애사유와 경합된 경우 등에는 심신장애를 인정할 여지가 있다(대판 2007.2.8. 2006도7900).

㉢ [○] 형법 제10조 제3항은 "위험의 발생을 예견하고 자의로 심신장애를 야기한 자의 행위에는 전 2항의 규정을 적용하지 아니한다"고 규정하고 있는 바, 이 규정은 <u>고의에 의한 원인에 있어서의 자유로운 행위만이 아니라 과실에 의한 원인에 있어서의 자유로운 행위까지도 포함하는 것으로서 위험의 발생을 예견할 수 있었는데도 자의로 심신장애를 야기한 경우도 그 적용대상이 된다</u>고 할 것이어서, <u>피고인이 음주운전을 할 의사를 가지고 음주만취한 후 운전을 결행하여 교통사고를 일으켰다면 피고인은 음주시에 교통사고를 일으킬 위험성을 예견하였는데도 자의로 심신장애를 야기한 경우에 해당하므로 위 법조항에 의하여 심신장애로 인한 감경 등을 할 수 없다</u>(대판 1992.7.28. 92도999).

㉣ [×] 피고인들은 상습적으로 대마초를 흡연하는 자들로서 살인범행 당시에도 대마초를 흡연하여 그로 인하여 심신이 다소 미약한 상태에 있었음은 인정되나, 이는 피고인들이 피해자들을 살해할 의사를 가지고 범행을 공모한 후에 대마초를 흡연하고 범행에 이른 것으로 형법 제10조 제3항에 의하여 심신장애로 인한 감경 등을 할 수 없다(대판 1996.6.11. 96도857).

㉤ [×] 인격장애 혹은 기타 성격적 결함에 기하여 자신의 충동을 억제하지 못하여 범죄를 저지르게 되는 현상은 정상인에게서도 얼마든지 찾아볼 수 있는 일로서, 특별한 사정이 없는 한 이와 같은 성격적 결함을 가진 자에 대하여 자신의 충동을 억제하고 법을 준수하도록 요구하는 것이 기대할 수 없는 행위를 요구하는 것이라고 할 수 없다(대판(전) 2016.2.19. 2015도12980).

정답 ④

040 다음 사례에 관한 설명 중 옳은 것을 모두 고른 것은? (다툼이 있으면 판례에 의함) [15 변호사]

[사례 1] 甲은 유치원생인 여자아이 앞에서 공연음란행위를 하였다.
[사례 2] 甲은 타인의 집에 들어가 여자의 속옷을 절취하였다.

㉠ [사례 1]에서 甲에게 소아기호증과 같은 질환이 있었던 경우, 그 자체만으로는 형의 감면사유인 심신장애에 해당하지 아니하지만, 그 증상이 매우 심각하여 원래 의미의 정신병이 있는 사람과 동등하다고 평가할 수 있는 경우에는 심신장애를 인정할 여지가 있다.

㉡ [사례 2]에서 甲에게 무생물인 옷 등을 성적 각성과 희열의 자극제로 믿고 이를 성적 흥분을 고취시키는 데 쓰는 성주물성애증이라는 정신질환이 있었던 경우, 그러한 사정만으로는 심신장애에 해당한다고 볼 수 없지만, 다른 심신장애사유와 경합된 경우에는 심신장애를 인정할 여지가 있다.

㉢ [사례 1], [사례 2]에서 甲에게 생물학적으로 보아 정신병, 정신박약 등과 같은 심신장애가 있는 경우 또는 심리학적으로 보아 사물에 대한 판별능력과 그에 따른 행위통제능력이 결여되거나 감소된 경우 중에서 어느 하나에 해당하면 형법 제10조(심신장애자) 제1항 내지 제2항이 적용된다.

① ㉠　　　　　　　② ㉠, ㉡　　　　　　　③ ㉠, ㉢
④ ㉡, ㉢　　　　　　⑤ ㉠, ㉡, ㉢

해설

㉠ [ㅇ] 소아기호증과 같은 질환이 있다는 사정은 그 자체만으로는 형의 감면사유인 심신장애에 해당하지 아니한다고 봄이 상당하고, 다만 그 증상이 매우 심각하여 원래의 의미의 정신병이 있는 사람과 동등하다고 평가할 수 있거나 다른 심신장애사유와 경합된 경우 등에는 심신장애를 인정할 여지가 있다(대판 2007.2.8. 2006도7900).

㉡ [ㅇ] 성주물성애증이라는 정신질환이 있다고 하더라도 그러한 사정만으로는 형의 감면사유인 심신장애에 해당한다고 볼 수 없고, 다만 그 증상이 매우 심각하여 원래의 의미의 정신병이 있는 사람과 동등하다고 평가할 수 있거나 다른 심신장애사유와 경합된 경우 등에는 심신장애를 인정할 여지가 있다(대판 2013.1.24. 2012도12689).

㉢ [×] 형법 제10조에 규정된 심신장애는 정신병 또는 비정상적 정신상태와 같은 <u>정신적 장애가 있는</u> 외에 이와 같은 정신적 장애로 말미암아 사물에 대한 변별능력이나 그에 따른 행위통제능력이 결여 또는 감소되었음을 요하므로, 정신적 장애가 있는 자라고 하여도 범행 당시 정상적인 사물변별능력과 행위통제능력이 있었다면 심신장애로 볼 수 없다(대판 2013.1.24. 2012도12689).

정답 ②

041 원인에 있어서 자유로운 행위의 가벌성 근거에 관한 견해 <보기1>과 그 내용 <보기2> 및 이에 대한 비판 <보기3>이 바르게 연결된 것은?

[14 변호사]

<보기1>
가. 가벌성의 근거를 원인설정행위 자체에서 찾는 견해
나. 가벌성의 근거를 원인설정행위와 실행행위의 불가분적 관련에서 찾는 견해
다. 가벌성의 근거를 책임능력 결함상태에서의 실행행위에서 찾는 견해

<보기2>
A. 책임능력 결함상태에서 구성요건 해당행위를 시작한 때에 실행의 착수가 있는 것으로 본다.
B. 일종의 '반무의식상태'에서 실행행위가 이루어지는 한 그 주관적 요소를 인정할 수 있다.
C. 원인에 있어서 자유로운 행위를 자신을 책임능력 없는 도구로 이용하는 간접정범으로 이해한다.

<보기3>
a. 행위와 책임의 동시존재 원칙의 예외를 인정하는 결과가 되어 책임주의에 반할 위험이 있다.
b. 실행의 착수에 구성요건적 행위정형성이 결여되어 죄형법정주의에 반할 위험이 있다.
c. 대부분의 경우에 행위자의 책임능력이 인정되어 법적 안정성을 해하는 결과를 초래한다.

① 가 – A – a, 나 – B – b, 다 – C – c
② 가 – B – b, 나 – A – c, 다 – C – a
③ 가 – B – c, 나 – A – a, 다 – C – b
④ 가 – C – b, 나 – A – a, 다 – B – c
⑤ 가 – C – a, 나 – A – b, 다 – B – c

해설

1. 가벌성의 근거를 원인설정행위 자체에서 찾는 견해(가)는 '일치설'에 해당하며, 일치설은 원인에 있어서 자유로운 행위를 자신을 책임능력 없는 도구로 이용하는 간접정범으로 이해하여(C), 원인설정행위(예 음주행위)를 실행행위로 본다. 일치설은 실행의 착수에 구성요건적 행위정형성이 결여되어 죄형법정주의에 반할 위험이 있다(b)는 비판을 받는다. 따라서 가 – C – b의 연결이 옳다.

2. 가벌성의 근거를 원인설정행위와 실행행위의 불가분적 관련에서 찾는 견해(나)는 '예외설'에 해당하며, 예외설은 책임능력 결함상태에서 구성요건 해당행위를 시작한 때에 실행의 착수가 있는 것으로 본다(A). 예외설은 행위와 책임의 동시존재 원칙의 예외를 인정하는 결과가 되어 책임주의에 반할 위험이 있다(a)는 비판을 받는다. 따라서 나 – A – a의 연결이 옳다.

3. 가벌성의 근거를 책임능력 결함상태에서의 실행행위에서 찾는 견해(다)는 '반무의식상태설'이다. 반무의식상태설은 일종의 '반무의식상태'에서 실행행위가 이루어지는 한 그 주관적 요소를 인정할 수 있다고 본다(B). 반무의식상태설은 '반무의식적 상태에서의 행위'라는 개념을 인정하므로 대부분의 경우에 행위자의 책임능력이 인정되어 법적 안정성을 해하는 결과를 초래한다(c)는 비판을 받는다. 따라서 다 – B – c의 연결이 옳다.

▶ 이상에서 본 바와 같이 가 – C – b, 나 – A – a, 다 – B – c의 연결이 옳다.

정답 ④

042 甲은 하산하다가 야생 멧돼지에게 쫓겨 급히 도망치며 달리던 중 마침 乙의 전원주택을 발견하고 그 집으로 뛰어들어가 몸을 숨겨 위기를 모면하였다. 집주인 乙은 甲을 도둑으로 오인하여, 그를 쫓아내려는 의도로 "도둑이야!"라고 외쳤다. 甲이 자초지종을 설명하려고 다가가자 乙은 자신을 공격하려는 것으로 오인하여 그의 가슴을 힘껏 밀어 넘어뜨렸다. 이 사안에서 乙이 오인한 점에 대하여는 정당한 이유가 인정된다고 볼 때, 甲과 乙의 형사책임에 관한 설명 중 옳은 것은? [12 변호사]

① 엄격책임설에 따르면 乙의 행위는 폭행의 구성요건적 고의 뿐 아니라 위법성의 인식도 부정되지는 않으므로 폭행죄가 인정된다.

② 제한책임설(유추적용설)에 따르면 乙은 폭행의 구성요건적 고의가 배제되어 무죄이다.

③ 법효과 제한적 책임설에 따르면 乙의 행위는 폭행의 구성요건적 고의가 인정되므로 폭행죄의 죄책을 진다.

④ 엄격고의설에 따르면 乙의 행위는 폭행의 고의가 인정되므로 폭행죄의 죄책을 진다.

⑤ 甲의 주거침입행위는 자구행위에 해당하여 무죄이다.

해설

▶ 사안에서 (1) 甲이 乙의 주거에 침입한 것은 긴급피난에 해당하여 위법성이 조각되어 무죄가 된다. (2) 乙이 甲을 폭행한 것은 정당방위상황이 존재하는 것으로 오인하고 방위의사를 가지고 甲을 폭행한 경우로서, 甲의 오인은 오상방위 즉 위법성조각사유의 전제사실의 착오의 일종에 해당한다.

① [×] 엄격책임설에 따르면 乙의 착오는 위법성의 착오에 해당한다. 따라서 乙이 오인한 점에 대하여 정당한 이유가 인정되므로 폭행에 대하여 책임이 조각되어 폭행죄가 인정될 수 없다.

② [○] 제한책임설(유추적용설)에 따르면 乙의 착오에 대하여 구성요건적 착오 규정을 유추적용한다. 따라서 乙은 폭행의 구성요건적 고의가 배제되어 폭행죄가 성립할 수 없으며 무죄이다.

③ [×] 법효과 제한적 책임설에 따르면 乙의 행위는 폭행의 구성요건적 고의가 인정되나 심정반가치로서 책임고의가 인정되지 않는다. 따라서 폭행죄의 죄책을 지지 아니한다.

④ [×] 엄격고의설에 따르면 폭행에 대한 고의책임을 인정하려면 현실적 위법성 인식이 있어야 한다. 그런데 乙은 정당방위의사를 가진 경우로서 현실적 위법성의 인식이 없으므로 폭행에 대한 책임고의가 인정되지 않으므로 폭행죄의 죄책을 지지 아니한다.

⑤ [×] 甲의 주거침입행위는 청구권 보전과 전혀 무관한 행위이므로 자구행위가 성립할 수 없다. 다만 긴급피난에 해당하여 무죄이다.

정답 ②

043 새벽에 귀가 중인 甲에게 노숙자 A가 구걸을 하려고 접근하였다. 그러나 甲은 이전에 소위 '퍽치기' 강도를 당한 경험 때문에, A를 '퍽치기' 강도로 오인하였다. 이때 현장에 온 택시기사 乙이 A가 노숙자이고 구걸을 하려는 것을 알면서도 甲에게 "A가 당신을 공격하려 한다."라고 말하였다. 이에 甲은 그 말을 믿고 A를 폭행하였다. 甲과 乙의 형사책임에 관한 설명 중 옳지 않은 것은?

[21 변호사]

① 소극적 구성요건요소이론에 의하면 甲의 착오는 사실의 착오(구성요건적 착오)에 해당하며 폭행죄의 고의가 부정된다.

② 엄격책임설에 의하면 甲의 착오는 법률의 착오에 해당하여 오인함에 정당한 이유가 없는 경우 폭행죄가 성립한다.

③ 구성요건적 착오규정을 유추적용하는 견해에 의하면 甲의 고의가 부정되어 폭행죄가 성립하지 않는다.

④ 법효과제한적 책임설에 의하면 甲에게 고의불법은 인정되지만 고의책임이 배제되어 폭행죄가 성립하지 않는다.

⑤ 소극적 구성요건요소이론과 법효과제한적 책임설에 따르면 제한적 종속형식에 의할 때 乙은 甲의 행위에 대하여 폭행죄의 교사범이 된다.

해설

▶ 설문은 위법성조각사유 전제사실의 착오의 사례이다.

① [O] 소극적 구성요건표지이론에 의하면 위법성조각사유는 소극적 구성요건이므로 위법성조각사유 전제사실의 착오의 경우 구성요건적 착오에 관한 규정을 직접 적용하여 (불법) 고의가 조각된다고 본다. 설문의 경우 甲에게 폭행죄의 고의가 부정된다.

② [O] 엄격책임설에 의하면 위법성조각사유 전제사실의 착오는 법률의 착오에 해당된다고 보므로 그 오인에 정당한 이유가 없으면 고의범으로 처벌되고, 그 오인에 정당한 이유가 있으면 책임이 조각되어 무죄가 된다. 설문의 경우 甲은 그 오인에 정당한 이유가 없었으므로 폭행죄로 처벌된다.

③ [O] 구성요건적 착오규정을 유추적용하는 견해에 의하면 위법성조각사유 전제사실의 착오는 구성요건적 착오와 유사하므로 구성요건적 착오에 관한 규정을 유추적용하여 (구성요건적) 고의가 조각된다고 본다. 설문의 경우 甲의 고의가 부정되어 폭행죄는 성립하지 않는다.

④ [O] 법효과제한적 책임설에 의하면 위법성조각사유 전제사실의 착오의 경우 행위자에게 (구성요건적) 고의는 인정되지만, 심정반가치가 존재하지 않으므로 고의책임이 배제된다고 본다. 설문의 경우 甲에게 고의불법은 인정되지만 고의책임이 배제되어 폭행죄가 성립하지 않는다.

⑤ [×] 소극적 구성요건요소이론에 의하면 甲은 과실폭행으로 처벌되지 않으므로 乙은 甲의 행위에 대하여 폭행죄의 간접정범이 성립한다. 그러나 법효과제한적 책임설에 의하면 甲에게 고의불법이 인정되므로 제한적 종속형식에 의하면 乙은 甲의 행위에 대하여 폭행죄의 교사범이 성립한다.

정답 ⑤

044 甲은 자신을 계속 뒤따라오다 손을 갑자기 내뻗는 A를 강제추행범으로 오인하고 이를 막고자 공격을 통해 A를 상해하였는데 실제로 A는 甲의 친구로서 장난을 치기 위해 위와 같은 행동을 한 것이었다. 이 사례의 해결방식과 설명에 대한 〈보기1〉과 〈보기2〉가 바르게 연결된 것은?

〈보기1〉

가. 甲이 정당방위상황으로 잘못 판단한 데에 정당한 이유가 있으면 책임을 조각하려는 견해
나. 甲 행위의 구성요건적 고의를 인정하면서 고의범으로서의 법효과만을 제한하려는 견해
다. 사실의 착오 근거규정을 유추적용하려는 견해
라. 구성요건적 고의의 인식 대상이 되는 사실과 위법성조각사유의 전제되는 사실을 구별하지 아니하는 견해

〈보기2〉

Ⓐ '불법'과 '책임'의 두 단계로 범죄체계를 구성한다면 「형법」상 위법성조각사유는 소극적 구성요건 표지이다.
Ⓑ 甲은 행위상황에서 필요한 주의의무를 다 하지 않았을 뿐이고 그에게 책임고의가 존재하는 것은 아니다.
Ⓒ 甲에게는 위법성의 인식이 없었으므로, '자기의 행위가 법령에 의하여 죄가 되지 아니하는 것으로 오인한' 때에 해당한다.
Ⓓ A를 강제추행범으로 오인하여 반격하였다면 이는 고의의 인식대상을 착오한 것과 유사하다.

---

① 가 - Ⓐ, 나 - Ⓑ, 다 - Ⓒ, 라 - Ⓓ
② 가 - Ⓑ, 나 - Ⓒ, 다 - Ⓓ, 라 - Ⓐ
③ 가 - Ⓒ, 나 - Ⓓ, 다 - Ⓐ, 라 - Ⓑ
④ 가 - Ⓒ, 나 - Ⓑ, 다 - Ⓓ, 라 - Ⓐ
⑤ 가 - Ⓓ, 나 - Ⓒ, 다 - Ⓐ, 라 - Ⓑ

해설

▶ 甲이 A에게 상해를 입힌 것은 정당방위상황이 존재하는 것으로 오인하고 방위의사를 가지고 A를 상해한 경우로서, <u>甲의 오인은 오상방위 즉, 위법성조각사유의 전제사실의 착오</u>의 일종에 해당한다.

1. 가.는 엄격책임설에 대한 설명으로 행위자가 구성요건적 사실 그 자체는 인식했으므로 구성요건적 고의는 조각될 수 없고, 착오로 위법성을 인식하지 못한 것이므로 금지착오가 된다는 견해이다. 이 견해에 따르면 착오에 정당한 이유가 없으면 고의범으로 처벌되고, 정당한 이유가 있으면 책임이 조각되어 처벌받지 않게 된다. 사례에서 甲에게 위법성의 인식이 없었는바 착오에 정당한 이유가 있는 경우에 해당한다. 따라서 가-Ⓒ의 연결이 옳다.[2]

2. 나.는 다수설인 법효과제한적 책임설에 대한 설명이다. 이 견해에 따르면 행위자에게 객체를 침해한다는 사실에 대한 인식·인용은 있으므로 구성요건적 고의는 조각되지 아니하나, 착오로 인하여 행위자의 심정반가치를 인정할 수 없으므로 책임고의가 조각되어 그 법적 효과에 있어서만 구성요건적 고의가 조각된 것처럼 과실범의 문제로 취급한다. 사례에서 甲은 행위상황에서 필요한 주의의무를 다 하지 않았을 뿐 심정반가치인 책임고의는 인정되지 않는다. 따라서 나-Ⓑ의 연결이 옳다.

3. 다.는 유추적용설에 대한 설명으로 위법성조각사유의 객관적 전제사실은 구성요건의 객관적 요소와 유사성이 있으며, 행위자에게 구성요건적 불법을 실현하려는 의사가 없어 행위반가치가 부정되기 때문에 구성요건적 착오에 관한 규정을 유추적용하여 고의가 조각된다는 견해이다. 이 견해에 따르면 과실범의 성립여부만 문제된다. 사례에서 甲이 A를 강제추행범으로 오인하여 반격한 것은 고의의 인식대상을 착오한 것과 유사하므로 과실범을 검토하게 된다. 따라서 다-Ⓓ의 연결이 옳다.

---

2) 설문의 경우 착오에 정당한 이유가 있었는지는 출제자가 판단을 요한 영역이 아니다. 이런 경우 설문에서 전제하고 있는 사실 그대로 판단하면 족한 것이지 수험생 스스로 이를 판단하여 결론을 내릴 필요는 없다.

4. 라.는 소극적구성요건표지이론에 대한 설명이다. 이 견해에 따르면 위법성조각사유는 소극적 구성요건표지로서 적극적 구성요건표지인 구성요건해당성과 더불어 불법구성요건을 형성하므로, 구성요건표지에 관한 착오와 같이 구성요건적 착오가 된다. '불법'과 '책임'의 두 단계로 범죄체계를 구성하므로 위법성조각사유의 요건은 소극적 구성요건요소가 된다. 따라서 라 – Ⓐ의 연결이 옳다.

▶ 이상에서 본 바와 같이 가 – Ⓒ, 나 – Ⓑ, 다 – Ⓓ, 라 – Ⓐ의 연결이 옳다.

정답 ④

045 기대가능성에 관한 설명 중 옳지 않은 것은? (다툼이 있는 경우에는 판례에 의함) [12 변호사]

① 적법행위에 대한 기대가능성이 없으면 책임을 물을 수 없다는 것이 규범적 책임론의 입장이다.

② 양심적 병역거부자의 경우 적법행위에 대한 기대가능성이 인정될 수 있다.

③ 자신의 강도상해 범행을 일관되게 부인하였으나 유죄판결이 확정된 자는, 별건으로 기소된 공범의 형사사건에서 자신의 범행사실을 사실대로 진술할 기대가능성이 없기 때문에 위증죄가 성립하지 않는다.

④ 형법 제12조(강요된 행위)는 적법행위의 기대가능성이 없으므로 책임조각이 인정되는 규정이라고 할 수 있다.

⑤ 적법행위의 기대가능성 유무는 행위 당시의 구체적 상황하에 행위자 대신에 사회적 평균인을 두고 이 평균인의 관점에서 판단하여야 한다.

해설

① [O] 규범적 책임론은 불법에 대한 비난가능성이 책임의 본질이라고 보는 입장이다. 비난가능성은 적법행위의 기대가능성을 전제로 하므로 규범적 책임론의 입장에서는 적법행위에 대한 기대가능성이 없으면 책임을 물을 수 없다.

② [O] 양심적 병역거부자에게 그의 양심상의 결정에 반한 행위를 기대할 가능성이 있는지 여부를 판단하기 위해서는, 행위 당시의 구체적 상황하에 행위자 대신에 사회적 평균인을 두고 이 평균인의 관점에서 그 기대가능성 유무를 판단하여야 할 것인바, 양심적 병역거부자의 양심상의 결정이 적법행위로 나아갈 동기의 형성을 강하게 압박할 것이라고 보이기는 하지만 그렇다고 하여 그가 적법행위로 나아가는 것이 실제로 전혀 불가능하다고 할 수는 없다고 할 것인바, 법규범은 개인으로 하여금 자기의 양심의 실현이 헌법에 합치하는 법률에 반하는 매우 드문 경우에는 뒤로 물러나야 한다는 것을 원칙적으로 요구하기 때문이다(대판(전) 2004.7.15. 2004도2965).

③ [X] 자신의 강도상해 범행을 일관되게 부인하였으나 유죄판결이 확정된 피고인이 별건으로 기소된 공범의 형사사건에서 자신의 범행사실을 부인하는 증언을 한 경우, 피고인에게 사실대로 진술할 기대가능성이 있으므로 위증죄가 성립한다(대판 2008.10.23. 2005도10101).

④ [O] 형법 제12조의 강요된 행위는 적법행위의 기대가능성이 없다는 점을 고려하여 책임조각사유로 규정한 것이다.

⑤ [O] 기대가능성은 행위자가 특정한 행위를 하여야 할 시기에 적법행위를 이행할 수 있었으리라고 기대할 만한 가능성을 일컫는 것으로서 그 특정행위를 할 당시 행위자가 처하였던 구체적 상황 아래서 사회평균인을 기준으로 그 적법행위를 기대할 가능성의 유무로써 판단되어야 할 것이다(대판(전) 2004.7.15. 2004도2965).

비교판례 형법 제16조에서 … 정당한 이유가 있는지 여부는 행위자에게 자기 행위의 위법의 가능성에 대해 심사숙고하거나 조회할 수 있는 계기가 있어 자신의 지적능력을 다하여 이를 회피하기 위한 진지한 노력을 다하였더라면 스스로의 행위에 대하여 위법성을 인식할 수 있는 가능성이 있었음에도 이를 다하지 못한 결과 자기 행위의 위법성을 인식하지 못한 것인지 여부에 따라 판단하여야 할 것이고, 이러한 위법성의 인식에 필요한 노력의 정도는 구체적인 행위정황과 행위자 개인의 인식능력 그리고 행위자가 속한 사회집단에 따라 달리 평가되어야 한다(대판 2006.3.24. 2005도3717).

정답 ③

046 책임에 관한 설명 중 옳지 않은 것은? (다툼이 있으면 판례에 의함) [22 변호사]

① 정신적 장애가 있는 자라고 하여도 범행 당시 정상적인 사물변별능력이나 행위통제능력이 있었다면 심신장애자로 볼 수 없다.

② 심신상실을 이유로 처벌받지 아니하거나 심신미약을 이유로 형벌이 감경될 수 있는 자 할지라도 금고 이상의 형에 해당하는 죄를 지은 자에 대해서는 치료감호시설에서 치료를 받을 필요가 있고 재범의 위험성이 있는 경우 치료감호의 대상이 된다.

③ 소년법 제60조 제2항은 '소년의 특성에 비추어 상당하다고 인정되는 때에는 그 형을 감경할 수 있다'고 규정하고 있는데 여기에서의 '소년'에 해당하는지 여부의 판단은 원칙적으로 범죄행위시가 아니라 사실심 판결선고시를 기준으로 한다.

④ 원인에 있어서 자유로운 행위의 가벌성 근거와 관련하여 예외모델은 원인설정행위를 실행행위라고 이해하므로 실행행위의 정형성에 반한다는 비판을 받는다.

⑤ 형법 제12조의 강요된 행위에서 '저항할 수 없는 폭력'이란 심리적 의미에 있어서 육체적으로 어떤 행위를 절대적으로 하지 아니할 수 없게 하는 경우와 윤리적 의미에 있어서 강압된 경우를 말한다.

해설

① [○] 형법 제10조에 규정된 심신장애는 정신병 또는 비정상적 정신상태와 같은 정신적 장애가 있는 외에 이와 같은 정신적 장애로 말미암아 사물에 대한 변별능력이나 그에 따른 행위통제능력이 결여 또는 감소되었음을 요하므로, 정신적 장애가 있는 자라고 하여도 범행 당시 정상적인 사물변별능력과 행위통제능력이 있었다면 심신장애로 볼 수 없다(대판 2013.1.24. 2012도12689).

② [○] 치료감호법 제2조 제1항 제1호

③ [○] 소년법이 적용되는 '소년'이란 심판시에 19세 미만인 사람을 말하므로, 소년법의 적용을 받으려면 심판시에 19세 미만이어야 한다. 따라서 소년법 제60조 제2항(소년에 대한 임의적 감경)의 적용대상인 '소년'인지의 여부도 심판시, 즉 사실심판결 선고시를 기준으로 판단되어야 한다(대판 2009.5.28. 2009도2682).

④ [×] 원인에 있어서 자유로운 행위의 가벌성 근거와 관련하여 원인설정행위를 실행행위라고 이해하므로 실행행위의 정형성에 반한다는 비판을 받는다는 견해는 예외설(예외모델)이 아니라 일치설(구성요건 모델)이다.

⑤ [○] 형법 제12조 소정의 저항할 수 없는 폭력은, 심리적인 의미에 있어서 육체적으로 어떤 행위를 절대적으로 하지 아니할 수 없게 하는 경우와 윤리적 의미에 있어서 강압된 경우를 말하고, 협박이란 자기 또는 친족의 생명·신체에 대한 위해를 달리 막을 방법이 없는 협박을 말하며, 강요라 함은 피강요자의 자유스런 의사결정을 하지 못하게 하면서 특정한 행위를 하게 하는 것을 말한다(대판 1983.12.13. 83도2276).

정답 ④

047 책임에 관한 설명 중 옳지 않은 것은? (다툼이 있으면 판례에 의함) [20 변호사]

① 「형법」 제10조에 규정된 심신장애는 정신병 또는 비정상적 정신상태와 같은 정신적 장애가 있는 외에 정신적 장애로 말미암아 사물에 대한 변별능력과 그에 따른 행위통제능력이 결여되거나 감소되었음을 요하므로, 정신적 장애가 있는 자라고 하여도 범행 당시 정상적인 사물변별능력이나 행위통제능력이 있었다면 심신장애로 볼 수 없다.

② 이미 유죄의 확정판결을 받은 자는 공범의 형사사건에서 그 범행에 대한 증언을 거부할 수 없을 뿐만 아니라 사실대로 증언하여야 하고, 설사 자신의 형사사건에서 그 범행을 부인하였다 하더라도 이를 이유로 사실대로 진술할 것을 기대할 가능성이 없다고 볼 수는 없다.

③ 심신장애의 유무는 사실문제로서 그 판단에 전문감정인의 정신감정결과가 중요한 참고자료가 되기는 하나, 법원이 반드시 그 의견에 구속되는 것은 아니다.

④ 성주물성애증이 있다는 사정만으로는 심신장애에 해당한다고 볼 수 없으나, 그 증상이 매우 심각하여 원래 의미의 정신병이 있는 사람과 동등하다고 평가할 수 있거나 다른 심신장애사유와 경합된 경우 등에는 심신장애를 인정할 여지가 있다.

⑤ 사회통념상 모든 성의와 노력을 다했어도 임금이나 퇴직금의 체불이나 미불을 방지할 수 없었다는 것을 인정할 정도가 되어 사용자에게 더 이상의 적법행위를 기대할 수 없거나 불가피한 사정이었음이 인정되는 경우에는 「근로기준법」이나 「근로자퇴직급여 보장법」에서 정하는 임금 및 퇴직금 등의 기일 내 지급의무 위반죄의 책임이 조각된다.

해설

① [O] 형법 제10조에 규정된 심신장애는 생물학적 요소로서 정신병 또는 비정상적 정신상태와 같은 정신적 장애가 있는 외에 심리학적 요소로서 이와 같은 정신적 장애로 말미암아 사물에 대한 변별능력과 그에 따른 행위통제능력이 결여되거나 감소되었음을 요하므로, 정신적 장애가 있는 자라고 하여도 범행 당시 정상적인 사물변별능력이나 행위통제능력이 있었다면 심신장애로 볼 수 없다(대판 2018.9.13. 2018도7658).

② [O] 이미 유죄의 확정판결을 받은 피고인은 공범의 형사사건에서 그 범행에 대한 증언을 거부할 수 없을 뿐만 아니라 나아가 사실대로 증언하여야 하고, 설사 피고인이 자신의 형사사건에서 시종일관 그 범행을 부인하였다 하더라도 이러한 사정은 위증죄에 관한 양형참작사유로 볼 수 있음은 별론으로 하고 이를 이유로 피고인에게 사실대로 진술할 것을 기대할 가능성이 없다고 볼 수는 없다(대판 2008.10.23. 2005도10101).

③ [×] 심신장애의 유무는 법원이 형벌제도의 목적 등에 비추어 판단하여야 할 법률문제로서 그 판단에 전문감정인의 정신감정결과가 중요한 참고자료가 되기는 하나 법원이 반드시 그 의견에 구속되는 것은 아니고, 그러한 감정결과뿐만 아니라 범행의 경위, 수단, 범행 전후의 피고인의 행동 등 기록에 나타난 여러 자료 등을 종합하여 독자적으로 심신장애의 유무를 판단하여야 한다(대판 2018.9.13. 2018도7658).

④ [O] [1] 특별한 사정이 없는 한 성격적 결함을 가진 사람에 대하여 자신의 충동을 억제하고 법을 준수하도록 요구하는 것이 기대할 수 없는 행위를 요구하는 것이라고는 할 수 없으므로, 무생물인 옷 등을 성적 각성과 희열의 자극제로 믿고 이를 성적 흥분을 고취시키는 데 쓰는 성주물성애증이라는 정신질환이 있다고 하더라도 그러한 사정만으로는 절도 범행에 대한 형의 감면사유인 심신장애에 해당한다고 볼 수 없고 [2] 다만 그 증상이 매우 심각하여 원래의 의미의 정신병이 있는 사람과 동등하다고 평가할 수 있거나 다른 심신장애사유와 경합된 경우 등에는 심신장애를 인정할 여지가 있다(대판 2013.1.24. 2012도12689).

⑤ [O] 기업이 불황이라는 사유만으로 사용자가 근로자에 대한 임금이나 퇴직금을 체불하는 것은 허용되지 아니하지만, 모든 성의와 노력을 다했어도 임금이나 퇴직금의 체불이나 미불을 방지할 수 없었다는 것이 사회통념상 긍정할 정도가 되어 사용자에게 더 이상의 적법행위를 기대할 수 없거나 불가피한 사정이었음이 인정되는 경우에는 그러한 사유는 근로기준법이나 근로자퇴직급여 보장법에서 정하는 임금 및 퇴직금 등의 기일 내 지급의무 위반죄의 책임조각사유로 된다(대판 2015.2.12. 2014도12753).

정답 ③

048 책임에 관한 설명 중 옳지 않은 것은? (다툼이 있는 경우 판례에 의함) [23 변호사]

① 성격적 결함을 가진 자에 대하여 자신의 충동을 억제하고 법을 준수하도록 하는 것이 기대할 수 없는 행위를 요구하는 것이라고 할 수 없으므로, 특단의 사정이 없는 한 충동조절장애와 같은 성격적 결함은 원칙적으로 형의 감면사유인 심신장애에 해당하지 않는다.

② 자신의 차를 운전하여 술집에 가서 음주상태에서 교통사고를 일으킬 수 있다는 위험성을 예견하고도 술을 마신 후 심신미약 상태에서 운전을 하다가 교통사고를 일으킨 경우, 심신미약으로 인한 형의 감경을 할 수 없다.

③ 법률 위반 행위 중간에 일시적으로 판례에 따라 그 행위가 처벌대상이 되지 않는 것으로 해석되었던 적이 있었다고 하더라도 그것만으로 자신의 행위가 처벌되지 않는 것으로 믿은 데 정당한 이유가 있다고 할 수 없다.

④ 직장의 상사가 범법행위를 하는 데 가담한 부하가 그 상사와 직무상 지휘·복종관계에 있는 경우, 그 부하에게는 상사의 범법행위에 가담하지 않을 기대가능성이 없다.

⑤ 자신의 범행을 일관되게 부인하였으나 강도상해로 유죄판결이 확정된 甲이 위 강도상해의 공범으로 기소된 乙의 형사사건에서 자신의 범행사실을 부인하는 증언을 한 경우, 행위 당시의 구체적인 상황하에 행위자 대신에 사회적 평균인을 두고 이 평균인의 관점에서 볼 때 甲에게 사실대로 진술할 기대가능성이 있다.

해설

① [○] 자신의 충동을 억제하지 못하여 범죄를 저지르게 되는 현상은 정상인에게서도 얼마든지 찾아볼 수 있는 일로서, 특단의 사정이 없는 한 위와 같은 성격적 결함을 가진 자에 대하여 자신의 충동을 억제하고 법을 준수하도록 요구하는 것이 기대할 수 없는 행위를 요구하는 것이라고는 할 수 없으므로, 원칙적으로 충동조절장애와 같은 성격적 결함은 형의 감면사유인 심신장애에 해당하지 아니한다고 봄이 상당하지만, 그 이상으로 사물을 변별할 수 있는 능력에 장애를 가져오는 원래의 의미의 정신병이 도벽의 원인이라거나 혹은 도벽의 원인이 충동조절장애와 같은 성격적 결함이라 할지라도 그것이 매우 심각하여 원래의 의미의 정신병을 가진 사람과 동등하다고 평가할 수 있는 경우에는 그로 인한 절도 범행은 심신장애로 인한 범행으로 보아야 한다(대판 1999.4.27. 99도693; 동지 대판 2009.2.26. 2008도9867).

② [○] 형법 제10조 제3항은 "위험의 발생을 예견하고 자의로 심신장애를 야기한 자의 행위에는 전 2항의 규정을 적용하지 아니한다"고 규정하고 있는 바, 이 규정은 고의에 의한 원인에 있어서의 자유로운 행위만이 아니라 과실에 의한 원인에 있어서의 자유로운 행위까지도 포함하는 것으로서 위험의 발생을 예견할 수 있었는데도 자의로 심신장애를 야기한 경우도 그 적용대상이 된다고 할 것이어서, 피고인이 음주운전을 할 의사를 가지고 음주만취한 후 운전을 결행하여 교통사고를 일으켰다면 피고인은 음주시에 교통사고를 일으킬 위험성을 예견하였는데도 자의로 심신장애를 야기한 경우에 해당하므로 위 법조항에 의하여 심신장애로 인한 감경 등을 할 수 없다(대판 1992.7.28. 92도999).

③ [○] 법률 위반 행위 중간에 일시적으로 판례에 따라 그 행위가 처벌대상이 되지 않는 것으로 해석되었던 적이 있었다고 하더라도 그것만으로 자신의 행위가 처벌되지 않는 것으로 믿은 데에 정당한 이유가 있다고 할 수 없다(대판 2021.11.25. 2021도10903).

④ [×] 직장의 상사가 범법행위를 하는데 가담한 부하에게 직무상 지휘·복종관계에 있다 하여 범법행위에 가담하지 않을 기대가능성이 없다고 할 수 없다(대판 1999.7.23. 99도1911).

⑤ [○] 이미 유죄의 확정판결을 받은 경우에는 일사부재리의 원칙에 의해 다시 처벌되지 아니하므로 증언을 거부할 수 없는바,[3] 이는 사실대로의 진술 즉 자신의 범행을 시인하는 진술을 기대할 수 있기 때문이다. 이러한 점 등에 비추어 보면, 이미 유죄의 확정판결을 받은 피고인은 공범의 형사사건에서 그 범행에 대한 증언을 거부할 수 없을 뿐만 아니라 나아가 사실대로 증언하여야 하고, 설사 피고인이 자신의 형사사건에서 시종일관 그 범행을

---

3) **형사소송법 제148조(근친자의 형사책임과 증언거부)** 누구든지 자기나 다음 각호의 1에 해당하는 관계있는 자가 형사소추 또는 공소제기를 당하거나 유죄판결을 받을 사실이 발로될 염려있는 증언을 거부할 수 있다.

부인하였다 하더라도 이러한 사정은 위증죄에 관한 양형참작사유로 볼 수 있음은 별론으로 하고 이를 이유로 피고인에게 사실대로 진술할 것을 기대할 가능성이 없다고 볼 수는 없다(대판 2008.10.23. 2005도10101).

정답 ④

---

5 미수론

049 실행의 착수시기 또는 기수시기에 관한 설명 중 옳지 않은 것은? (다툼이 있는 경우에는 판례에 의함)

[12 변호사]

① 위장결혼의 당사자 및 브로커와 공모한 피고인이 허위로 결혼사진을 찍고 혼인신고에 필요한 서류를 준비하여 위장결혼의 당사자에게 건네준 것만으로는 공전자기록등불실기재죄의 실행에 착수한 것으로 볼 수 없다.

② 부동산의 매도인이 제1차 매수인에게서 중도금을 수령한 후, 다시 제2차 매수인에게서 계약금만을 지급받더라도 배임죄의 실행의 착수는 인정된다.

③ 피고인이 방화의 의사로 뿌린 휘발유가 인화성이 강한 상태로 피고인의 처와 자녀가 있는 주택 주변과 피해자의 몸에 적지 않게 살포되어 있는 사정을 알면서도 라이터를 켜 불꽃을 일으킴으로써 피해자의 몸에 불이 붙은 경우, 비록 외부적 사정으로 불이 방화 목적물인 주택 자체에 옮겨 붙지는 아니하였다 하더라도 현존건조물방화죄의 실행의 착수가 인정된다.

④ 피해자의 해외도피를 방지하기 위하여 피해자를 협박하고 이에 피해자가 겁을 먹고 있는 상태를 이용하여 피해자 소유의 여권을 교부하게 함으로써 피해자가 그의 여권을 강제회수당하였다면 강요죄의 기수가 성립한다.

⑤ 위조사문서행사죄는 상대방이 위조된 문서의 내용을 실제로 인식할 필요 없이 상대방으로 하여금 위조된 문서를 인식할 수 있는 상태에 둠으로써 기수가 된다.

해설

① [○] [1] 공전자기록등불실기재죄에 있어서의 실행의 착수 시기는 공무원에 대하여 허위의 신고를 하는 때라고 보아야 할 것이다.
[2] 위장결혼의 당사자 및 브로커와 공모한 피고인이 허위로 결혼사진을 찍고 혼인신고에 필요한 서류를 준비하여 위장결혼의 당사자에게 건네준 것만으로는 공전자기록등불실기재죄의 실행에 착수한 것으로 볼 수 없다(대판 2009.9.24. 2009도4998).

② [×] 부동산의 이중양도에 있어서 매도인이 제2차 매수인으로부터 계약금만을 지급받고 중도금을 수령한 바 없다면 배임죄의 실행의 착수가 있었다고 볼 수 없다. 따라서 피고인이 제1차 매수인으로부터 계약금 및 중도금 명목의 금원을 교부받은 후 제2차 매수인에게 부동산을 매도하기로 하고 계약금만을 지급받은 뒤 더 이상의 계약이행에 나아가지 않았다면 배임죄의 실행의 착수가 있었다고 볼 수 없다(대판 2003.3.25. 2002도7134).

③ [○] [1] 매개물을 통한 점화에 의하여 건조물을 소훼함을 내용으로 하는 형태의 방화죄의 경우에, 범인이 그 매개물에 불을 켜서 붙였거나 또는 범인의 행위로 인하여 매개물에 불이 붙게 됨으로써 연소작용이 계속될 수 있는 상태에 이르렀다면, 그것이 곧바로 진화되는 등의 사정으로 인하여 목적물인 건조물 자체에는 불이 옮겨 붙지 못하였다고 하더라도, 방화죄의 실행의 착수가 있었다고 보아야 할 것이다.
[2] 피고인이 방화의 의사로 뿌린 휘발유가 인화성이 강한 상태로 주택주변과 피해자의 몸에 적지 않게 살포되어 있는 사정을 알면서도 라이터를 켜 불꽃을 일으킴으로써 피해자의 몸에 불이 붙은 경우, 비록 외부적 사정에 의하여 불이 방화 목적물인 주택 자체에 옮겨 붙지는 아니하였다 하더라도 현존건조물방화죄의 실행의 착수가 있었다고 봄이 상당하다(대판 2002.3.26. 2001도6641).

④ [○] 형법 제324조 소정의 폭력에 의한 권리행사방해죄(강요죄)는 폭행 또는 협박에 의하여 권리행사가 현실적으로 방해되어야 할 것인바, 피해자의 해외도피를 방지하기 위하여 피해자를 협박하고 이에 피해자가 겁을 먹고 있는 상태를 이용하여 동인 소유의 여권을 교부하게 하여 피해자가 그의 여권을 강제 회수당하였다면 피해자가 해외여행을 할 권리는 사실상 침해되었다고 볼 것이므로 권리행사방해죄(강요죄를 의미한다 - 저자 주)의 기수로 보아야 한다(대판 1993.7.27. 93도901).

▶ 폭력에 의한 권리행사방해죄는 과거 형법이 개정되면서 강요죄로 명칭이 변경되었다는 점을 주의하여야 한다.

⑤ [○] 위조사문서의 행사는 상대방으로 하여금 위조된 문서를 인식할 수 있는 상태에 둠으로써 기수가 되고 상대방이 실제로 그 내용을 인식하여야 하는 것은 아니므로, 위조된 문서를 우송한 경우에는 그 문서가 상대방에게 도달한 때에 기수가 되고 상대방이 실제로 그 문서를 보아야 하는 것은 아니다(대판 2005.1.28. 2004도4663).

정답 ②

---

050 甲의 행위가 미수범에 해당하는 것을 모두 고른 것은? (다툼이 있으면 판례에 의함) [22 변호사]

┌───┐
│ ㉠ 甲이 노상에 세워 놓은 자동차 안에 있는 물건을 훔칠 생각으로 면장갑을 끼고 칼을 소지한 채 자동 │
│   차의 유리창을 통하여 그 내부를 손전등으로 비추어 본 경우 │
│ ㉡ 甲이 A의 재물을 절취하려고 준비한 가방에 A의 재물을 담던 중 A에게 발각되자 체포를 면탈할 │
│   목적으로 A를 폭행하고 가방을 그대로 둔 채 도망간 경우 │
│ ㉢ A주식회사의 대표이사인 甲이 대표권을 남용하는 등 그 임무에 위배하여 A회사 명의의 약속어음을 │
│   발행하고 그 정을 모르는 자에게 이를 교부하였으나 아직 어음채무가 실제로 이행되기 전인 경우 │
└───┘

① ㉠   ② ㉡   ③ ㉢

④ ㉠, ㉡   ⑤ ㉡, ㉢

해설

㉠ [×] 자동차 안에 있는 물건을 훔칠 생각으로 자동차의 유리창을 통하여 그 내부를 손전등으로 비추어 본 것에 불과하다면 비록 유리창을 따기 위해 면장갑을 끼고 있었고 칼을 소지하고 있었다 하더라도 절도의 예비행위로 볼 수는 있겠으나 절취행위의 착수에 이른 것이었다고 볼 수 없다(대판 1985.4.23. 85도464).

동지판례 절도죄의 실행의 착수시기는 재물에 대한 타인의 사실상의 지배를 침해하는 데 밀접한 행위가 개시된 때라 할 것인바 피해자 소유 자동차 안에 들어있는 밍크코트를 발견하고 이를 절취할 생각으로 공범이 위 차 옆에서 망을 보는 사이 위 차 오른쪽 앞문을 열려고 앞문 손잡이를 잡아당기다가 피해자에게 발각되었다면 절도의 실행에 착수하였다고 봄이 상당하다(대판 1986.12.23. 86도2256).

㉡ [○] 폭행·협박을 수단으로 하여 재물을 탈취하고자 하였으나 그 목적을 이루지 못한 자가 강도미수죄로 처벌되는 것과 마찬가지로, 절도미수범인이 폭행·협박을 가한 경우에도 강도미수에 준하여 처벌하는 것이 합리적이라 할 것이므로 준강도죄의 기수 여부는 절도행위의 기수 여부를 기준으로 하여 판단하여야 한다(대판(전) 2004.11.18. 2004도5074). 절도미수가 체포를 면탈할 목적으로 피해자를 밀어 넘어뜨린 것이므로 준강도죄가 아니라 준강도미수죄가 성립한다.

㉢ [×] 주식회사의 대표이사가 대표권을 남용하는 등 그 임무에 위배하여 약속어음 발행을 한 경우 상대방이 대표권남용 사실을 알지 못하였다는 등의 사정이 있어 그 의무부담행위가 회사에 대하여 유효한 경우에는 회사의 채무가 발생하고 회사는 그 채무를 이행할 의무를 부담하므로, 이러한 채무의 발생은 그 자체로 현실적인 손해 또는 재산상 실해 발생의 위험이라고 할 것이어서 그 채무가 현실적으로 이행되기 전이라도 배임죄의 기수에 이르렀다고 보아야 한다(대판(전) 2017.7.20. 2014도1104).

정답 ②

051 미수범에 관한 설명 중 옳지 않은 것은? (다툼이 있는 경우 판례에 의함) [23 변호사]

① 甲이 위험한 물건인 전기충격기를 사용하여 A에 대한 강간을 시도하다가 미수에 그쳤다 하더라도 그로 인하여 A에게 약 2주간의 치료를 요하는 안면부 좌상 등 치상의 결과를 초래하였다면, 甲에게는 「성폭력범죄의 처벌 등에 관한 특례법」 위반의 특수강간치상죄의 기수가 성립한다.

② 甲이 소송비용을 편취할 의사로 소송비용의 지급을 구하는 손해배상청구의 소를 제기하였다가 담당 판사로부터 소송비용의 확정은 소송비용액 확정절차를 통하여 하라는 권유를 받고 위 소를 취하하였다면, 甲에게는 소송사기죄의 불능미수범이 성립한다.

③ 甲이 장롱 안에 있는 옷가지에 불을 놓아 사람이 주거로 사용하는 건물을 불태우려 하였으나 불길이 치솟는 것을 보고 겁이 나서 물을 부어 불을 끈 것이라면, 자의에 의한 현주건조물방화죄의 중지미수가 성립하지 않는다.

④ 甲이 A로부터 위탁받아 식재·관리하여 오던 나무들을 A 모르게 제3자에게 매도하는 계약을 체결하고 그 제3자로부터 계약금을 수령한 상태에서 A에게 적발되어 위 계약이 더 이행되지 아니하고 무위로 그쳤다면, 甲에게는 횡령미수죄가 성립한다.

⑤ 甲이 주간에 재물을 절취할 목적으로 A가 운영하는 주점에 이르러 주점의 잠금장치를 뜯고 침입하여 주점 내 진열장에 있던 양주 45병을 바구니 3개에 담고 있던 중, A가 주점으로 들어오는 소리를 듣고서 담고 있던 양주들을 그대로 둔 채 출입문을 열고 나오다가 A에게 붙잡히자 체포를 면탈할 목적으로 A를 폭행하였다면, 甲에게는 준강도미수죄가 성립한다.

해설

① [○] 피고인이 전자충격기를 피해자의 허리에 대고 폭행하여 강간하려다가 미수에 그치고 피해자에게 약 2주간의 치료를 요하는 안면부 좌상 등의 상해를 입게 한 경우, 성폭법 소정의 특수강간치상죄의 기수에 해당한다(대판 2008.4.24. 2007도10058).4)

② [×] [1] 불능범의 판단기준으로서 위험성 판단은 피고인이 행위 당시에 인식한 사정을 놓고 이것이 객관적으로 일반인의 판단으로 보아 결과발생의 가능성이 있느냐를 따져야 한다.
[2] 소송비용을 편취할 의사로 소송비용의 지급을 구하는 손해배상청구의 소를 제기한 경우, 사기죄의 불능범에 해당한다고 한 사례(대판 2005.12.8. 2005도8105).

판결이유 민사소송법상 소송비용의 청구는 소송비용액 확정절차에 의하도록 규정하고 있으므로, 위 절차에 의하지 아니하고 손해배상금 청구의 소 등으로 소송비용의 지급을 구하는 것은 소의 이익이 없는 부적법한 소로서 허용될 수 없다고 할 것이다. 따라서 소송비용을 편취할 의사로 소송비용의 지급을 구하는 손해배상청구의 소를 제기하였다고 하더라도 이는 객관적으로 소송비용의 청구방법에 관한 법률적 지식을 가진 일반인의 판단으로 보아 결과발생의 가능성이 없어 위험성이 인정되지 않는다고 할 것이다.

③ [○] 피고인이 장롱 안에 있는 옷가지에 불을 놓아 건물을 소훼하려 하였으나 불길이 치솟는 것을 보고 겁이 나서 물을 부어 불을 끈 것이라면, 위와 같은 경우 치솟는 불길에 놀라거나 자신의 신체안전에 대한 위해 또는 범행 발각시의 처벌 등에 두려움을 느끼는 것은 일반 사회통념상 범죄를 완수함에 장애가 되는 사정에 해당한다고 보아야 할 것이므로, 이를 자의에 의한 중지미수라고는 볼 수 없다(대판 1997.6.13. 97도957).

④ [○] [1] 횡령죄는 소유권 등 본권이 침해될 위험이 있으면 그 침해의 결과가 발생하지 않더라도 성립하는 위험범인데, 여기서 위험범이라는 것은 횡령죄가 개인적 법익침해를 전제로 하는 재산범죄임을 감안할 때 단순히 사회일반에 대한 막연한 추상적 위험이 발생하는 것만으로는 부족하고 소유자의 본권 침해에 대한 구체적 위험이 발생하는 수준에 이를 것을 요하기 때문에 이러한 단계에 있지 않은 경우에는 횡령죄의 미수범의 책임을 진다.
[2] 피고인이 피해자로부터 위탁받아 식재·관리하여 오던 나무들을 피해자 모르게 제3자에게 매도하는 계약을 체결하고 제3자로부터 계약금을 수령한 상태에서 피해자에게 적발되어 위 계약이 더 이행되지 아니하고 무위로 그친 경우, 피고인의 행위는 횡령기수가 아니라 횡령미수에 해당한다(대판 2012.8.17. 2011도9113).

---

4) 결과적 가중범의 미수 인정 여부가 쟁점이다.

⑤ [○] [1] 피해자에 대한 폭행·협박을 수단으로 하여 재물을 탈취하고자 하였으나 그 목적을 이루지 못한 자가 강도미수죄로 처벌되는 것과 마찬가지로, 절도미수범인이 폭행·협박을 가한 경우에도 강도미수에 준하여 처벌하는 것이 합리적이라 할 것이다.

[2] 준강도죄의 기수 여부는 절도행위의 기수 여부를 기준으로 하여 판단하여야 한다고 봄이 상당하다(대판(전) 2004.11.18. 2004도5074).

정답 ②

052 미수범에 관한 설명 중 옳은 것을 모두 고른 것은? (다툼이 있으면 판례에 의함)

[19 변호사]

㉠ 야간에 다세대주택 2층에 침입해서 물건을 절취하기 위하여 그 다세대주택 외벽 가스배관을 타고 오르다가 순찰 중이던 경찰관에게 발각되어 그냥 뛰어내린 경우 야간주거침입절도죄의 실행의 착수에 이르지 못한 것이다.

㉡ 甲이 A의 사망에 대한 미필적 고의를 가지고 A가 주거로 사용하는 건조물을 소훼하였으나 이를 후회하고 진지한 노력으로 A를 구조함으로써 A가 사망하지 않은 경우에는 현주건조물방화치사죄의 중지미수범으로 처벌된다.

㉢ 주체의 착오로 인해 결과발생이 불가능한 경우에도 불능미수가 성립될 수 있는지에 대해서는 「형법」상 명문의 규정이 없다.

㉣ 행위자가 처음부터 결과발생이 불가능하다는 것을 알면서 실행에 착수하여 결과는 발생하지 않았지만 위험성이 있는 경우에는 불능미수가 성립된다.

① ㉠, ㉢
② ㉠, ㉣
③ ㉡, ㉣
④ ㉢, ㉣
⑤ ㉠, ㉡, ㉢

해설

㉠ [○] 피고인이 다세대주택 2층의 불이 꺼져있는 것을 보고 물건을 절취하기 위하여 가스배관을 타고 올라가다가, 발은 1층 방범창을 딛고 두 손은 1층과 2층 사이에 있는 가스배관을 잡고 있던 상태에서 순찰 중이던 경찰관에게 발각되자 그대로 뛰어내린 경우, 이러한 행위만으로는 주거의 사실상의 평온을 침해할 현실적 위험성이 있는 행위를 개시한 때에 해당한다고 보기 어렵다(대판 2008.3.27. 2008도917).

㉡ [×] 현주건조물방화치사죄는 미수범 처벌규정이 없다. 항목의 경우 현주건조물방화죄와 살인중지미수죄가 성립하는 것으로 보아야 한다.

㉢ [○] 불능미수는 '실행의 수단 또는 대상의 착오로 인하여' 결과의 발생이 불가능하더라도 위험성이 있는 경우에 성립한다(형법 제27조). 주체의 착오로 인하여 결과발생이 불가능한 경우에 대하여는 형법상 명문의 규정이 없어 불가벌이라는 것이 통설의 입장이다.

㉣ [×] 미수범에서 고의는 기수의 고의이어야 하므로 결과의 발생이 처음부터 불가능한 것을 알면서도 실행에 착수한 경우는 미수범으로 처벌할 수 없다는 것이 통설의 입장이다.

정답 ①

053 미수에 관한 설명 중 옳지 않은 것은? (다툼이 있으면 판례에 의함) [20 변호사]

① 중지미수는 범죄의 실행행위에 착수하고 그 범죄가 완수되기 전에 자기의 자유로운 의사에 따라 범죄의 실행행위를 중지하는 것으로서 장애미수와 대칭되는 개념이다.

② 중지미수와 장애미수는 범죄의 미수가 자의에 의한 중지이냐 또는 어떤 장애에 의한 미수이냐에 따라 구분하여야 하고, 특히 자의에 의한 중지 중에서도 사회통념상 장애에 의한 미수로 보이는 경우를 제외하고는 중지미수라고 보는 것이 일반이다.

③ 장애미수 또는 중지미수는 범죄의 실행에 착수할 당시 실행행위를 놓고 판단하였을 때 행위자가 의도한 범죄의 기수가 성립할 가능성이 있었으므로 처음부터 기수가 될 가능성이 객관적으로 배제되는 불능미수와 구별된다.

④ 불능미수는 행위자가 실제로 존재하지 않는 사실을 존재한다고 오인하였다는 측면에서 존재하는 사실을 인식하지 못한 사실의 착오와 다르다.

⑤ 불능범과 구별되는 불능미수의 성립요건인 위험성은 행위 당시에 피고인이 인식한 사정과 일반인이 인식할 수 있었던 사정을 놓고 일반인이 객관적으로 판단하여 결과 발생의 가능성이 있는지 여부를 따져야 한다.

해설

① [○], ② [○] 중지미수라 함은 범죄의 실행행위에 착수하고 그 범죄가 완수되기 전에 자기의 자유로운 의사에 따라 범죄의 실행행위를 중지하는 것으로서 장애미수와 대칭되는 개념이나, 중지미수와 장애미수를 구분하는데 있어서는 범죄의 미수가 자의에 의한 중지이냐 또는 어떤 장애에 의한 미수이냐에 따라 가려야 하고 특히 자의에 의한 중지 중에서도 일반사회통념상 장애에 의한 미수라고 보여지는 경우를 제외한 것을 중지미수라고 풀이함이 일반이다(대판 1985.11.12. 85도2002).

③ [○] 장애미수 또는 중지미수는 범죄의 실행에 착수할 당시 실행행위를 놓고 판단하였을 때 행위자가 의도한 범죄의 기수가 성립할 가능성이 있었으므로 처음부터 기수가 될 가능성이 객관적으로 배제되는 불능미수와 구별된다(대판(전) 2019.3.28. 2018도16002).

④ [○] 불능미수는 행위자가 실제로 존재하지 않는 사실을 존재한다고 오인하였다는 측면에서 존재하는 사실을 인식하지 못한 사실의 착오와 다르다(대판(전) 2019.3.28. 2018도16002).

⑤ [×] 불능범과 구별되는 불능미수의 성립요건인 '위험성'은 피고인이 행위 당시에 인식한 사정을 놓고 일반인이 객관적으로 판단하여 결과 발생의 가능성이 있는지 여부를 따져야 한다(대판(전) 2019.3.28. 2018도16002). 이러한 판례의 입장은 위험성의 판단기준에 관한 학설 중 '추상적 위험설'에 해당한다. 한편 ⑤번 지문은 '구체적 위험설'에 해당하는 내용이다.

정답 ⑤

054 예비와 미수에 관한 설명 중 옳은 것은? (다툼이 있는 경우에는 판례에 의함) [14 변호사]

① 예비죄에 대해서는 공동정범만 인정될 수 있고 방조범은 성립될 수 없다.

② 예비와 미수는 각각 형법각칙에 처벌규정이 있는 경우에만 처벌할 수 있지만, 구체적인 법정형까지 규정될 필요는 없다.

③ 일반적으로 공범이 자신의 행위를 중지한 것만으로는 중지미수가 성립하지 않지만, 다른 공범 또는 정범의 행위를 중단시키기 위하거나 결과 발생을 저지하기 위한 진지한 노력이 있었을 경우에는 비록 결과가 발생하였다고 할지라도 그 공범에게는 예외적으로 중지미수가 성립될 수 있다.

④ 불능미수는 행위자가 결과발생이 불가능하다는 것을 알면서 실행에 착수하여 결과는 발생하지 않았지만 위험성이 있는 경우에 성립한다.

⑤ 피고인이 신고하지 않은 외화 400만 엔이 들어 있는 휴대용 가방을 보안검색대에 올려놓거나 이를 휴대하고 통과하지 않더라도 공항 내에서 탑승을 기다리고 있던 중에 체포된 경우라면 이미 외국환거래법이 규정한 국외반출죄의 실행의 착수는 인정된다.

해설

① [O] 형법 제32조 제1항 소정 타인의 범죄란 정범이 범죄의 실현에 착수한 경우를 말하는 것이므로 종범이 처벌되기 위하여는 정범의 실행의 착수가 있는 경우에만 가능하고 형법 전체의 정신에 비추어 <u>정범이 실행의 착수에 이르지 아니한 예비의 단계에 그친 경우에는</u> 이에 가공하는 행위가 <u>예비의 공동정범이 되는 경우를 제외하고는 종범의 성립을 부정하고 있다</u>고 보는 것이 타당하다(대판 1976.5.25. 75도1549).
  ▶ 예비죄의 공동정범은 성립할 수 있으나, 예비죄의 종범은 성립할 수 없다는 취지의 판례이다.

② [×] 부정선거관련자처벌법 제5조 제4항에 동법 제5조 제1항의 예비 · 음모는 이를 처벌한다고만 규정하고 있을 뿐이고 그 형에 관하여 따로 규정하고 있지 아니한 이상 죄형법정주의의 원칙상 위 예비 · 음모를 처벌할 수 없다(대판 1977.6.28. 77도251).

  판례해설 미수범은 "처벌한다"고만 규정하고 있더라도 형법 총칙상의 미수범 규정(제25조, 26조, 제27조)에 의하여 형을 산정할 수 있으나, 예비 · 음모의 경우에는 형법 총칙상에 별도로 형의 산정기준이 정하여져 있지 아니하므로[5] 형법 각칙 등에는 예비 · 음모에 대한 형을 별도로 규정하고 있다.[6] 따라서 예비 · 음모를 "처벌한다"고만 규정하면 법정형을 산정할 수 없어 명확성의 원칙에 반하여[7] 죄형법정주의에 위반된다는 것이 판례의 취지이다.

③ [×] 행위자가 결과방지를 위한 노력을 하였음에도 불구하고 결과가 발생한 경우에는 범죄가 이미 기수에 이른 것이므로 중지미수가 성립할 수 없다. 공범의 경우에도 다른 공범 또는 정범의 행위를 중단시키기 위하거나 결과 발생을 저지하기 위한 진지한 노력이 있었다 하더라도 결과가 발생한 이상 공범에게 중지미수가 성립될 수 없는 것은 마찬가지이다.

④ [×] 불능미수가 성립하기 위해서는 행위자가 기수의 고의를 가지고 있어야 한다. 따라서 행위자가 결과발생이 불가능하다는 것을 알면서 실행에 착수하였다면 기수의 고의가 인정되지 않으므로 위험성이 인정된다고 하더라도 불능미수가 성립할 수 없다.

⑤ [×] 피고인이 일화 500만¥은 기탁화물로 부치고 일화 400만¥은 휴대용 가방에 넣어 국외로 반출하려고 하는 경우에, 500만¥에 대하여는 기탁화물로 부칠 때 이미 국외로 반출하기 위한 행위에 근접 · 밀착한 행위가 이루어졌다고 보아 실행의 착수가 있었다고 할 것이지만, 휴대용 가방에 넣어 비행기에 탑승하려고 한 나머지 400만¥에 대하여는 그 휴대용 가방을 보안검색대에 올려 놓거나 이를 휴대하고 통과하는 때에 비로소 실행의 착수가 있다고 볼 것이고, 피고인이 휴대용 가방을 가지고 보안검색대에 나아가지 않은 채 공항 내에서 탑승을 기다리고

---

5) 형법 제28조는 "범죄의 음모 또는 예비행위가 실행의 착수에 이르지 아니한 때에는 법률에 특별한 규정이 없는 한 벌하지 아니한다"고만 규정하고 있다.
6) 형법 제255조가 살인의 예비 · 음모에 대하여 10년 이하의 징역에 처한다고 별도로 규정하고 있는 것이 그 예이다.
7) 저자는 위 판례를 명확성의 원칙에 반하여 죄형법정주의에 반하는 것으로 구성하였으나, 형벌의 종류와 범위를 '법률'에 규정하지 않았으므로 법률주의에 반하여 죄형법정주의에 반한다고 해석할 수도 있다.

있던 중에 체포되었다면 일화 400만¥에 대하여는 실행의 착수가 있다고 볼 수 없다(대판 2001.7.27. 2000도4298).

정답 ①

055 예비·음모와 미수에 관한 설명 중 옳은 것을 모두 고른 것은? (다툼이 있는 경우 판례에 의함) [24 변호사]

ㄱ. 甲이 乙의 강도예비죄의 범행에 방조의 형태로 가담한 경우 甲을 강도예비죄의 방조범으로 처벌할 수 없다.

ㄴ. 「형법」상 음모죄의 성립을 위한 범죄실행의 합의가 있다고 하기 위하여는 단순히 범죄결심을 외부에 표시·전달하는 것만으로는 부족하고, 객관적으로 보아 특정한 범죄의 실행을 위한 준비행위라는 것이 명백히 인식되고, 그 합의에 실질적인 위험성이 인정되어야 한다.

ㄷ. 중지미수의 경우에는 법정형의 상한과 하한 모두를 2분의 1로 감경하는 반면, 장애미수의 경우에는 법익침해의 위험 발생 정도에 따라 법정형에 대한 감경을 하지 않거나 법정형의 하한만 2분의 1로 감경할 수 있다.

ㄹ. 실행의 착수가 있기 전인 예비나 음모의 행위를 처벌하는 경우 중지미수범의 관념을 인정할 수 없으므로, 예비단계에서 범행을 중지하더라도 중지미수범의 규정이 적용될 수 없다.

ㅁ. 甲이 피해자가 심신상실 또는 항거불능의 상태에 있다고 인식하고 그러한 상태를 이용하여 간음할 의사로 피해자를 간음하였으나 실행의 착수 당시부터 피해자가 실제로는 심신상실 또는 항거불능의 상태에 있지 않은 경우 甲이 행위 당시에 인식한 사정을 놓고 일반인이 객관적으로 판단하여 보았을 때 준강간의 결과가 발생할 위험성이 있었다면 준강간죄의 불능미수가 성립한다.

① ㄱ, ㄴ, ㄷ   ② ㄱ, ㄴ, ㄹ   ③ ㄴ, ㄷ, ㅁ
④ ㄱ, ㄴ, ㄹ, ㅁ   ⑤ ㄱ, ㄷ, ㄹ, ㅁ

해설

ㄱ. [○] 형법 제32조 제1항 소정 타인의 범죄란 정범이 범죄의 실현에 착수한 경우를 말하는 것이므로 종범이 처벌되기 위하여는 정범의 실행의 착수가 있는 경우에만 가능하고 형법 전체의 정신에 비추어 정범이 실행의 착수에 이르지 아니한 예비의 단계에 그친 경우에는 이에 가공하는 행위가 예비의 공동정범이 되는 경우를 제외하고는 종범의 성립을 부정하고 있다고 보는 것이 타당하다(대판 1976.5.25. 75도1549; 동지 대판 1979.5.22. 79도522).

ㄴ. [○] 형법상 음모죄가 성립하는 경우의 음모란 2인 이상의 자 사이에 성립한 범죄실행의 합의를 말하는 것으로, 범죄실행의 합의가 있다고 하기 위하여는 단순히 범죄결심을 외부에 표시·전달하는 것만으로는 부족하고, 객관적으로 보아 특정한 범죄의 실행을 위한 준비행위라는 것이 명백히 인식되고, 그 합의에 실질적인 위험성이 인정될 때에 비로소 음모죄가 성립한다(대판 1999.11.12. 99도3801).

ㄷ. [×] 필요적 감경의 경우에는 감경사유의 존재가 인정되면 반드시 형법 제55조 제1항에 따른 법률상 감경을 하여야 함에 반해, 임의적 감경의 경우에는 감경사유의 존재가 인정되더라도 법관이 형법 제55조 제1항에 따른 법률상 감경을 할 수도 있고 하지 않을 수도 있다. 나아가 임의적 감경사유의 존재가 인정되고 법관이 그에 따라 징역형에 대해 법률상 감경을 하는 이상 형법 제55조 제1항 제3호에 따라 상한과 하한을 모두 2분의 1로 감경한다(대판 (전) 2021.1.21. 2018도5475). 장애미수는 임의적 감경에 해당하므로(제25조 제2항) 판례에 따르면 장애미수로서 감경을 하는 경우 형의 상한과 하한을 모두 2분의 1로 감경해야 한다.

ㄹ. [○] 중지범은 범죄의 실행에 착수한 후 자의로 그 행위를 중지한 때를 말하는 것이고, 실행의 착수가 있기 전인 예비·음모의 행위를 처벌하는 경우에 있어서는 중지범의 관념은 이를 인정할 수 없는 것이다(대판 1999.4.9. 99도424).

ㅁ. [○] 피고인이 피해자가 심신상실 또는 항거불능의 상태에 있다고 인식하고 그러한 상태를 이용하여 간음할 의사로 피해자를 간음하였으나 피해자가 실제로는 심신상실 또는 항거불능의 상태에 있지 않은 경우에는, 실행의 수단 또는 대상의 착오로 인하여 준강간죄에서 규정하고 있는 구성요건적 결과의 발생이 처음부터 불가능하였고 실제로 그러한 결과가 발생하였다고 할 수 없다. 피고인이 준강간의 실행에 착수하였으나 범죄가 기수에 이르지 못하였으므로 준강간죄의 미수범이 성립한다. 피고인이 행위 당시에 인식한 사정을 놓고 일반인이 객관적으로 판단하여 보았을 때 준강간의 결과가 발생할 위험성이 있었으므로 준강간죄의 불능미수가 성립한다(대판(전) 2019.3.28. 2018도16002).

정답 ④

---

6 공범론

056 간접정범에 관한 설명 중 옳은 것을 모두 고른 것은? (다툼이 있으면 판례에 의함) [22 변호사]

> ㉠ 甲이 A회사의 전문건설업등록증 등의 이미지 파일을 위조하여 공사 수주에 사용하기 위해 발주업체 직원 B에게 이메일로 송부하여 위조 사실을 모르는 B로 하여금 위 이미지 파일을 출력하게 한 경우 간접정범을 통한 위조문서행사 범행의 피이용자인 B는 甲과 동일시할 수 있는 자와 마찬가지이므로 甲에게는 위조문서행사죄의 간접정범이 성립하지 아니한다.
>
> ㉡ 甲이 A에 대한 사기범행을 실현하는 수단으로서 B를 기망하여 B를 A로부터 편취한 재물이나 재산상 이익을 전달하는 도구로서만 이용한 경우에는 편취의 대상인 재물 또는 재산상 이익에 관하여 A에 대한 사기죄가 성립할 뿐 도구로 이용된 B에 대한 사기죄가 별도로 성립하는 것은 아니다.
>
> ㉢ 타인을 비방할 목적으로 허위의 기사 재료를 그 정을 모르는 기자에게 제공하여 신문 등에 보도하게 한 경우 출판물에 의한 명예훼손죄의 간접정범이 성립할 수 있다.
>
> ㉣ 강제추행에 관한 간접정범의 의사를 실현하는 도구로서의 타인에는 피해자도 포함될 수 있으므로 피해자를 도구로 삼아 피해자의 신체를 이용하여 추행행위를 한 경우에도 강제추행죄의 간접정범에 해당할 수 있다.

① ㉠, ㉡   ② ㉢, ㉣   ③ ㉠, ㉡, ㉢

④ ㉡, ㉢, ㉣   ⑤ ㉠, ㉡, ㉢, ㉣

해설

㉠ [×] [1] 간접정범을 통한 위조문서행사범행에 있어 도구로 이용된 자라고 하더라고 문서가 위조된 것임을 알지 못하는 자에게 행사한 경우에는 위조문서행사죄가 성립한다. [2] 피고인 甲이 위조한 A회사의 전문건설업등록증 등의 컴퓨터 이미지 파일을 공사 수주에 사용하기 위하여 B 등에게 이메일로 송부하였고, B 등이 甲으로부터 이메일로 송부받은 컴퓨터 이미지 파일을 프린터로 출력할 당시 그 이미지 파일이 위조된 것을 알지 못한 경우 형법 제229조의 위조·변조공문서행사죄를 구성한다(대판 2012.2.23. 2011도14441).

ⓛ [○] 간접정범을 통한 범행에서 피이용자는 간접정범의 의사를 실현하는 수단으로서의 지위를 가질 뿐이므로, 피해자에 대한 사기범행을 실현하는 수단으로서 타인을 기망하여 그를 피해자로부터 편취한 재물이나 재산상 이익을 전달하는 도구로서만 이용한 경우에는 편취의 대상인 재물 또는 재산상 이익에 관하여 피해자에 대한 사기죄가 성립할 뿐 도구로 이용된 타인에 대한 사기죄가 별도로 성립한다고 할 수 없다(대판 2017.5.31. 2017도 3894).

ⓒ [○] [1] 타인을 비방할 목적으로 허위사실인 기사의 재료를 신문기자에게 제공한 경우에 그 기사를 신문지상에 게재하느냐의 여부는 오로지 당해 신문의 편집인의 권한에 속한다고 할 것이나, 그 기사를 편집인이 신문지상에 게재한 이상 기사의 게재는 기사재료를 제공한 자의 행위에 기인한 것이므로, 그 기사재료를 제공한 자는 형법 제309조 제2항 소정의 출판물에 의한 명예훼손죄의 죄책을 면할 수 없는 것이다.
[2] 甲이 신문사 기자인 乙에게 연예인 A의 실명을 거론하면서 허위사실을 적시함으로써 A를 비방할 목적으로 기사의 자료를 제공하자, 이를 진실한 것으로 오신한 乙이 기사를 작성하여 공표한 경우, 甲에게 출판물에 의한 명예훼손죄가 성립한다(대판 2009.11.12. 2009도8949).

ⓔ [○] 강제추행죄는 사람의 성적 자유 내지 성적 자기결정의 자유를 보호하기 위한 죄로서 정범 자신이 직접 범죄를 실행하여야 성립하는 자수범이라고 볼 수 없으므로, 처벌되지 아니하는 타인을 도구로 삼아 피해자를 강제로 추행하는 간접정범의 형태로도 범할 수 있다. 여기서 강제추행에 관한 간접정범의 의사를 실현하는 도구로서의 타인에는 피해자도 포함될 수 있으므로, 피해자를 도구로 삼아 피해자의 신체를 이용하여 추행행위를 한 경우에도 강제추행죄의 간접정범에 해당할 수 있다(대판 2018.2.8. 2016도17733).

정답 ④

057 공범에 관한 설명 중 옳은 것은? (다툼이 있으면 판례에 의함) [21 변호사]

① 업무상배임죄에서 업무상 임무라는 신분 관계 없는 甲이 신분 있는 乙과 공모하여 업무상배임죄를 범한 경우 甲에게는 단순배임죄가 성립한다.

② 2인 이상의 서로 대향된 행위의 존재를 요구하는 관계인 금품 수수에서 금품공여자에 대한 처벌규정이 없다면, 금품 공여자의 행위에만 관여하여 그 공여행위를 교사 · 방조한 자는 금품 수수자의 범행에 대하여 공범이 되지 않는다.

③ 치과의사 甲이 치과의사면허가 없는 치과기공사 乙에게 치과진료행위를 하도록 교사한 경우 甲은 소극적 신분을 이유로 처벌되지 않는다.

④ 방조범이 성립하기 위하여 방조범과 정범 사이의 의사연락을 요하지는 않지만, 정범이 누구인지와 범행 일시, 장소, 객체 등에 대한 구체적 인식과 이러한 정범의 실행을 방조한다는 인식이 필요하다.

⑤ 甲이 범죄를 교사하였고 피교사자 乙이 실행을 승낙하고도 이후 실행의 착수를 하지 않은 경우 교사자인 甲만 예비 · 음모에 준하여 처벌된다.

해설

① [×] 신분관계가 없는 甲이 그러한 신분관계가 있는 乙과 공모하여 업무상배임죄를 저질렀다면 그러한 신분관계가 없는 자에 대하여는 형법 제33조 단서에 의하여 단순배임죄에 정한 형으로 처단하여야 한다(대판 2012.11.15. 2012도6676). 甲의 경우 업무상배임죄가 성립하지만, 단순배임죄에 정한 형으로 처벌된다.

② [○] 금품 등의 수수와 같이 2인 이상의 서로 대향된 행위의 존재를 필요로 하는 관계에 있어서는 공범이나 방조범에 관한 형법총칙 규정의 적용이 있을 수 없다. 따라서 금품 등을 공여한 자에게 따로 처벌규정이 없는 이상.8)

---

8) 변호사법 제111조 제1항은 공무원이 취급하는 사건 또는 사무에 관하여 청탁 한다는 명목으로 금품을 받은 자에 대하여는 처벌규정을 두고 있으나 금품을 공여한 자에 대하여는 처벌규정을 두고 있지 아니하다.

그 공여행위는 그와 대항적 행위의 존재를 필요로 하는 상대방의 범행에 대하여 공범관계가 성립되지 아니하고, 오로지 금품 등을 공여한 자의 행위에 대하여만 관여하여 그 공여행위를 교사하거나 방조한 행위도 상대방의 범행에 대하여 공범관계가 성립되지 아니한다(대판 2014.1.16. 2013도6969).

③ [×] 치과의사가 환자의 대량유치를 위해 치과기공사들에게 내원환자들에게 진료행위를 하도록 지시하여 동인들이 각 단독으로 발치, 주사, 투약 등의 진료행위를 하였다면 무면허의료행위의 교사범에 해당한다(대판 1986.7.8. 86도749).

④ [×] 정범에 의하여 실행되는 침해행위에 대한 미필적 고의가 있는 것으로 충분하고 정범의 침해행위가 실행되는 일시·장소·객체 등을 구체적으로 인식할 필요가 없으며, 나아가 정범이 누구인지 확정적으로 인식할 필요도 없다(대판 2007.12.14. 2005도872).

⑤ [×] 교사를 받은 자가 범죄의 실행을 승낙하고 실행의 착수에 이르지 아니한 때에는 교사자와 피교사자를 음모 또는 예비에 준하여 처벌한다(형법 제31조 제2항). 지문의 경우 효과 없는 교사에 해당하며 甲, 乙 모두 예비·음모에 준하여 처벌된다.

정답 ②

---

058 정범 및 공범에 관한 설명 중 옳지 않은 것은? (다툼이 있으면 판례에 의함) [19 변호사]

① 「형법」제127조는 공무원 또는 공무원이었던 자가 법령에 의한 직무상 비밀을 누설하는 행위만을 처벌하고 있을 뿐 직무상 비밀을 누설받은 상대방을 처벌하는 규정이 없으므로, 직무상 비밀을 누설받은 자에 대하여는 공범에 관한 형법총칙 규정이 적용될 수 없다.

② 甲이 뇌물공여의사 없이 오로지 공무원 乙을 함정에 빠뜨릴 의사로 직무와 관련되었다는 형식을 빌려 乙에게 금품을 공여한 경우에도 乙이 그 금품을 직무와 관련하여 수수한다는 의사를 가지고 받아들이면 甲에게 뇌물공여죄가 성립하지 않는 경우라도 乙에게 뇌물수수죄가 성립한다.

③ 「폭력행위 등 처벌에 관한 법률」 제2조 제2항에서 '2명 이상이 공동하여' 죄를 범한 때라 함은 수인이 동일한 장소에서 동일한 기회에 상호 다른 사람의 범행을 인식하고 이를 이용하여 범행을 한 경우를 뜻하는 것으로서, 폭행 등의 실행범과의 공모사실은 인정되나 그와 공동하여 범행에 가담하였거나 범행장소에 있었다고 인정되지 아니하는 경우에는 공동하여 죄를 범한 때에 해당하지 아니한다.

④ 합동범은 주관적 요건으로서 공모 외에 객관적 요건으로서 현장에서의 실행행위의 분담을 요하나, 이 실행행위의 분담은 반드시 동시에 동일 장소에서 실행행위를 특정하여 분담하는 것만을 뜻하는 것이 아니라 시간적으로나 장소적으로 서로 협동관계에 있다고 볼 수 있으면 충분하다.

⑤ 간접정범이 성립하기 위해서는 처벌되지 아니하는 타인의 행위를 적극적으로 유발하고 이를 이용하여 자신의 범죄를 실현하여야 하며, 그 과정에서 타인의 의사를 부당하게 억압하여야 한다.

해설

① [○] 형법 제127조는 공무원 또는 공무원이었던 자가 법령에 의한 직무상 비밀을 누설하는 행위만을 처벌하고 있을 뿐 직무상 비밀을 누설받은 상대방을 처벌하는 규정이 없는 점에 비추어, 직무상 비밀을 누설받은 자에 대하여는 공범에 관한 형법총칙 규정이 적용될 수 없다(대판 2011.4.28. 2009도3642).

② [○] 뇌물공여죄와 뇌물수수죄는 필요적 공범관계에 있다고 할 것이나, 필요적 공범이라는 것은 법률상 범죄의 실행이 다수인의 협력을 필요로 하는 것을 가리키는 것으로서 이러한 범죄의 성립에는 행위의 공동을 필요로 하는 것에 불과하고 반드시 협력자 전부가 책임이 있을 필요로 하는 것은 아니므로, 오로지 공무원을 함정에 빠뜨릴 의사로 직무와 관련되었다는 형식을 빌려 그 공무원에게 금품을 공여한 경우에도 공무원이 그 금품을 직무와 관련하여 수수한다는 의사를 가지고 받아들이면 뇌물수수죄가 성립한다(대판 2008.3.13. 2007도10804).

③ [○] 폭처법 제2조 제2항의 '2인 이상이 공동하여 전항 게기의 죄를 범한 때'라고 함은 그 수인간에 소위 공범관계가 존재하는 것을 요건으로 하는 것이고 수인이 동일 장소에서 동일 기회에 상호 다른자의 범행을 인식하고 이를 이용하여 범행을 한 경우임을 요한다고 할 것이므로 폭행의 실행범과의 공모사실은 인정되나 그와 공동하여 범행에 가담하였거나 범행장소에 있었다고 인정되지 아니하는 경우에는 '공동하여' 죄를 범한 때에 해당하지 아니한다(대판 1990.10.30. 90도2022).

④ [○] 형법 제334조 제2항의 특수강도죄에 있어 실행행위의 분담은 반드시 동시에 동일장소에서 실행행위를 특정하여 분담하는 것만을 뜻하는 것이 아니라 시간적으로나 장소적으로 서로 협동관계에 있다고 볼 수 있으면 충분하다(대판 1992.7.28. 92도917).

⑤ [×] 처벌되지 아니하는 타인의 행위를 적극적으로 유발하고 이를 이용하여 자신의 범죄를 실현한 자는 간접정범의 죄책을 지게 되고, 그 과정에서 타인의 의사를 부당하게 억압하여야만 간접정범에 해당하는 것은 아니다(대판 2008.9.11. 2007도7204).

정답 ⑤

059 공범에 관한 설명 중 옳은 것은? (다툼이 있는 경우 판례에 의함) [23 변호사]

① 공무원이 아닌 사람이 공무원과 공동가공의 의사와 이를 기초로 한 기능적 행위지배를 통하여 공무원의 직무에 관하여 뇌물을 수수하는 범죄를 실행하였다 하더라도 공무원이 아닌 사람은 뇌물수수죄의 공동정범이 될 수 없다.

② 모해의 목적을 가진 甲이 모해의 목적이 없는 乙에게 위증을 교사하여 乙이 위증죄를 범한 경우, 공범종속성에 따라 甲에게는 모해위증교사죄가 성립할 수 없다.

③ 공문서 작성권자의 직무를 보조하는 공무원이 그 직위를 이용하여 행사할 목적으로 허위내용의 공문서의 초안을 작성한 후 문서에 기재된 내용의 허위사실을 모르는 작성권자에게 제출하여 결재하도록 하는 방법으로 작성권자로 하여금 허위의 공문서를 작성하게 한 경우, 그 보조공무원에게는 허위공문서작성죄의 간접정범이 성립하지 않는다.

④ 비신분자가 업무상 타인의 사무를 처리하는 자의 배임행위를 교사한 경우, 그 비신분자는 타인의 사무처리자에 해당하지 않으므로 업무상배임죄의 교사범이 성립하지 않는다.

⑤ 벌금 이상의 형에 해당하는 죄를 범한 甲이 자신의 동거가족 乙에게 자신을 도피시켜 달라고 교사한 경우, 乙이 甲과의 신분관계로 인해 범인도피죄로 처벌될 수 없다 하더라도 甲에게는 범인도피죄의 교사범이 성립한다.

해설

① [×] 신분관계가 없는 사람이 신분관계로 인하여 성립될 범죄에 가공한 경우에는 신분관계가 있는 사람과 공범이 성립한다(형법 제33조 본문 참조). 따라서 공무원이 아닌 사람(이하 '비공무원'이라 한다)이 공무원과 공동가공의 의사와 이를 기초로 한 기능적 행위지배를 통하여 공무원의 직무에 관하여 뇌물을 수수하는 범죄를 실행하였다면 공무원이 직접 뇌물을 받은 것과 동일하게 평가할 수 있으므로 공무원과 비공무원에게 형법 제129조 제1항에서 정한 뇌물수수죄의 공동정범이 성립한다(대판(전) 2019.8.29. 2018도2738).

② [×] [1] 형법 제152조는 위증을 한 범인이 형사사건의 피고인 등을 '모해할 목적'을 가지고 있었는가 아니면 그러한 목적이 없었는가 하는 범인의 특수한 상태의 차이에 따라 범인에게 과할 형의 경중을 구별하고 있으므로 이는 바로 형법 제33조 단서 소정의 '신분관계로 인하여 형의 경중이 있는 경우'에 해당한다.
[2] 甲이 A를 모해할 목적으로 乙에게 위증을 교사 한 이상, 가사 정범인 乙에게 모해의 목적이 없었다고 하더라도 형법 제33조 단서의 규정에 의하여 甲을 모해위증교사죄로 처단할 수 있다(대판 1994.12.23. 93도1002).

③ [×] 공문서의 작성권한이 있는 <u>공무원의 직무를 보좌하는 자가 그 직위를 이용하여 행사할 목적으로 허위의 내용이 기재된 문서 초안을 그 정을 모르는 상사에게 제출하여 결재하도록 하는</u> 등의 방법으로 작성권한이 있는 공무원으로 하여금 허위의 공문서를 작성하게 한 경우에는 간접정범이 성립되고 이와 <u>공모한 자 역시 그 간접정범의 공범으로서의 죄책을 면할 수 없는</u> 것이고, 여기서 말하는 공범은 반드시 공무원의 신분이 있는 자로 한정되는 것은 아니라고 할 것이다(대판 1992.1.17. 91도2837).

④ [×] 업무상배임죄는 타인의 사무를 처리하는 지위라는 점에서 보면 신분관계로 인하여 성립될 범죄이고, 업무상 타인의 사무를 처리하는 지위라는 점에서 보면 단순배임죄에 대한 가중규정으로서 신분관계로 인하여 형의 경중이 있는 경우라고 할 것이므로, 그와 같은 신분관계가 없는 자가 그러한 신분관계가 있는 자와 공모하여 업무상배임죄를 저질렀다면 그러한 신분관계가 없는 자에 대하여는 형법 제33조 단서에 의하여 단순배임죄에 정한 형으로 처단하여야 할 것이다(대판 1999.4.27. 99도883).

⑤ [○] 범인이 자신을 위하여 타인으로 하여금 허위의 자백을 하게 하여 범인도피죄를 범하게 하는 행위는 방어권의 남용으로 범인도피교사죄에 해당하는바, 이 경우 그 타인이 형법 제151조 제2항에 의하여 처벌을 받지 아니하는 친족 또는 동거 가족에 해당한다 하여 달리 볼 것은 아니다(대판 2006.12.7. 2005도3707).

정답 ⑤

060 공동정범에 관한 설명 중 옳은 것을 모두 고른 것은? (다툼이 있는 경우에는 판례에 의함) [13 변호사]

> 가. 2인 이상이 범죄에 공동가공하는 공범관계에서 비록 전체의 모의과정이 없더라도 수인 사이에 순차적으로 또는 암묵적으로 상통하여 의사의 결합이 이루어지면 공모관계가 성립한다.
>
> 나. 乙, 丙과 A회사의 사무실 금고에서 현금을 절취할 것을 공모한 甲이 乙과 丙에게 범행도구를 구입하여 제공해 주었을 뿐만 아니라 乙과 丙이 사무실에서 현금을 절취하는 동안 범행장소가 보이지 않는 멀리 떨어진 곳에서 기다렸다가 절취한 현금을 운반한 경우, 甲은 乙, 丙의 합동절도의 공동정범의 죄책을 진다.
>
> 다. 甲이 부녀를 유인하여 성매매를 통해 수익을 얻을 것을 乙과 공모한 후, 乙로 하여금 유인된 A녀(16세)의 성매매 홍보용 나체사진을 찍도록 하고, A가 중도에 약속을 어길 경우 민·형사상 책임을 진다는 각서를 작성하도록 하였지만, 자신이 별건으로 체포되어 구치소에 수감 중인 동안 A가 乙의 관리 아래 성매수의 대가로 받은 돈을 A, 乙 및 甲의 처 등이 나누어 사용한 경우라도 甲에게는 공모관계에서의 이탈이 인정된다.
>
> 라. 포괄일죄의 범행 도중에 공동정범으로 범행에 가담한 자는 비록 그가 그 범행에 가담할 때에 이미 이루어진 종전의 범행을 알았다 하더라도 그 가담 이후의 범행에 대하여만 공동정범의 책임을 진다.
>
> 마. 甲과 乙은 알선 등과 관련하여 금품 등을 특정 금액 이하로만 받기로 약정하고 이를 수수하기로 공모하였지만 乙이 공모내용을 현저히 초과하는 금품을 수수한 경우, 수수한 금품 등의 구체적 금액을 공범자가 알아야 공모공동정범이 성립하는 것은 아니므로 甲에게는 乙이 수수한 금품 전부에 관하여 공모공동정범이 성립한다.

① 가, 나, 다 ② 가, 나, 라 ③ 나, 다, 라

④ 가, 나, 라, 마 ⑤ 나, 다, 라, 마

가. [○] 2인 이상이 범죄에 공동 가공하는 공범관계에서 공모는 법률상 어떤 정형을 요구하는 것이 아니고 2인 이상이 공모하여 어느 범죄에 공동가공하여 그 범죄를 실현하려는 의사의 결합만 있으면 되는 것으로서, 비록 전체의 모의과정이 없었다고 하더라도 수인 사이에 순차적으로 또는 암묵적으로 상통하여 그 의사의 결합이 이루어지면 공모관계가 성립하고, 이러한 공모가 이루어진 이상 실행행위에 직접 관여하지 아니한 자라도 다른 공모자의 행위에 대하여 공동정범으로서의 형사책임을 지는 것이다(대판 2004.5.28. 2004도1465).

나. [○] [1] 3인 이상의 범인이 합동절도의 범행을 공모한 후 적어도 2인 이상의 범인이 범행 현장에서 시간적, 장소적으로 협동관계를 이루어 절도의 실행행위를 분담하여 절도 범행을 한 경우에, 그 공모에는 참여하였으나 현장에서 절도의 실행행위를 직접 분담하지 아니한 다른 범인에 대하여도 그가 현장에서 절도 범행을 실행한 위 2인 이상의 범인의 행위를 자기 의사의 수단으로 하여 합동절도의 범행을 하였다고 평가할 수 있는 정범성의 표지를 갖추고 있는 한 공동정범의 일반 이론에 비추어 그 다른 범인에 대하여 합동절도의 공동정범으로 인정할 수 있다.
[2] 형법 제30조의 공동정범은 공동가공의 의사와 그 공동의사에 기한 기능적 행위지배를 통한 범죄 실행이라는 주관적·객관적 요건을 충족함으로써 성립하는바, 공모자 중 일부가 구성요건 행위 중 일부를 직접 분담하여 실행하지 않은 경우라 할지라도 전체 범죄에서 그가 차지하는 지위, 역할이나 범죄 경과에 대한 지배 내지 장악력 등을 종합해 볼 때, 단순한 공모자에 그치는 것이 아니라 범죄에 대한 본질적 기여를 통한 기능적 행위지배가 존재하는 것으로 인정된다면, 이른바 공모공동정범으로서의 죄책을 면할 수 없다.
[3] 제반 사정에 비추어 피고인은 甲, 乙의 합동절도 범행에 대한 공동정범으로서 죄책을 면할 수 없다(대판 2011.5.13. 2011도2368).

다. [×] 甲이 乙과 공모하여 가출 청소년 A(여, 16세)에게 낙태수술비를 벌도록 해 주겠다고 유인하였고, 乙로 하여금 A의 성매매 홍보용 나체사진을 찍도록 하였으며, A가 중도에 약속을 어길 경우 민·형사상 책임을 진다는 각서를 작성하도록 한 후, 甲이 별건으로 체포되어 구치소에 수감 중인 동안 A가 乙의 관리 아래 12회에 걸쳐 불특정 다수 남성의 성매수 행위의 상대방이 된 대가로 받은 돈을 A, 乙 및 甲의 처 등이 나누어 사용한 사안에서, A의 성매매 기간 동안 甲이 수감되어 있었다 하더라도 위 甲은 乙과 함께 미성년자유인죄, 구 청소년의 성보호에 관한 법률 위반죄의 책임을 진다고 한 원심판단을 수긍한 사례(대판 2010.9.9. 2010도6924).
▶ 甲에게 공모관계에서의 이탈이 인정되지 않는다는 취지의 판례이다.

라. [○] 포괄적 일죄의 일부에 공동정범으로 가담한 자는 비록 그가 그때에 이미 이루어진 종전의 범행을 알았다 하여도 그 가담 이후의 범행에 대해서만 공동정범으로서 책임을 진다(대판 1982.6.8. 82도884).

마. [×] 구 특정범죄 가중처벌 등에 관한 법률(2010.3.31. 법률 제10210호로 개정되기 전의 것) 제3조와 특정경제범죄 가중처벌 등에 관한 법률 제7조 알선수재 및 구 변호사법(2000.1.28. 법률 제6207호로 전부 개정되기 전의 것) 제90조 제2호 법률사건에 관한 화해·청탁 알선 등의 공모공동정범에서, 공범자들 사이에 그 알선 등과 관련하여 금품이나 이익을 수수하기로 명시적 또는 암묵적인 공모관계가 성립하고 그 공모 내용에 따라 공범자 중 1인이 금품이나 이익을 수수하였다면, 사전에 특정 금액 이하로만 받기로 약정하였다든가 수수한 금액이 공모 과정에서 도저히 예상할 수 없는 고액이라는 등과 같은 특별한 사정이 없는 한, 그 수수한 금품이나 이익 전부에 관하여 위 각 죄의 공모공동정범이 성립하는 것이며, 수수할 금품이나 이익의 규모나 정도 등에 대하여 사전에 서로 의사의 연락이 있거나 수수한 금품 등의 구체적 금액을 공범자가 알아야 공모공동정범이 성립하는 것은 아니고, 이와 같은 법리는 특정경제범죄 가중처벌 등에 관한 법률 제5조가 정한 수재의 공모공동정범에서도 마찬가지로 적용된다(대판 2010.10.14. 2010도387).

정답 ②

061 동시범의 특례(「형법」 제263조)에 관한 설명 중 옳지 않은 것을 모두 고른 것은? (다툼이 있으면 판례에 의함)

[20 변호사]

⊙ A가 甲으로부터 폭행을 당하고 얼마 후 함께 A를 폭행하자는 甲의 연락을 받고 달려 온 乙로부터 다시 폭행을 당하고 사망하였으나 사망의 원인행위가 판명되지 않았다면 「형법」 제263조가 적용되어 甲과 乙은 폭행치사죄의 공동정범의 예에 의해 처벌된다.

⊙ A가 행인 甲으로부터 상해를 입은 후 얼마 지나지 않아 다시 다른 행인 乙로부터 상해를 입고 사망하였으나 사망의 원인행위가 판명되지 않았다면, 「형법」 제263조가 적용되어 甲과 乙은 상해치사죄의 공동정범의 예에 의해 처벌된다.

⊙ A가 甲으로부터 폭행을 당하고 얼마 후 乙이 甲과 의사연락 없이 A를 폭행하자 A가 乙의 계속되는 폭행을 피하여 도로를 무단횡단하다 지나가던 차량에 치어 사망하였다면 「형법」 제263조가 적용되어 甲과 乙은 폭행치사죄의 공동정범의 예에 의해 처벌된다.

⊙ A가 甲이 운전하는 차량에 의해 교통사고를 당한 후 얼마 지나지 않아 다시 乙이 운전하는 차량에 의해 교통사고를 당하고 사망하였으나 사망의 원인행위가 판명되지 않았다면, 「형법」 제263조가 적용되어 甲과 乙은 교통사고처리특례법위반(치사)죄의 공동정범의 예에 의해 처벌된다.

---

① ㉠, ㉢　　　　　　　　　② ㉡, ㉣　　　　　　　　　③ ㉠, ㉡, ㉢

④ ㉠, ㉢, ㉣　　　　　　　　⑤ ㉡, ㉢, ㉣

해설

㉠ [×] 공범관계에 있어 공동가공의 의사가 있었다면 이에는 아예 동시범 등의 문제는 제기될 여지가 없다(대판 1985.12.10. 85도1892). 甲, 乙 간에 공동가공의 의사가 있었으므로(甲으로부터 폭행하자는 연락을 받고 乙이 폭행하였으므로) 甲, 乙은 (형법 제263조에 따라 공동정범의 예에 의해 처벌되는 것이 아니라) 형법 제30조에 따라 공동정범으로 처벌된다.

㉡ [○] 시간적 차이가 있는 독립된 상해행위나 폭행행위가 경합하여 '사망'의 결과가 일어나고 그 사망의 원인된 행위가 판명되지 않은 경우에는 공동정범의 예에 의하여 처벌할 것이다(대판 2000.7.28. 2000도2466).

㉢ [×] A는 乙의 폭행을 피하다가 사망하였음이 분명하다. 즉 지문의 경우는 그 원인된 행위가 판명되었으므로 형법 제263조가 적용되지 않는다. 甲은 폭행죄, 乙은 폭행치사죄의 죄책을 진다.

㉣ [×] 시간적 차이가 있는 독립된 상해행위나 폭행행위가 경합하여 '사망'의 결과가 일어나고 그 사망의 원인된 행위가 판명되지 않은 경우에는 공동정범의 예에 의하여 처벌할 것이다(대판 2000.7.28. 2000도2466). 지문의 경우 甲, 乙의 행위는 업무상과실행위이므로 형법 제263조가 적용되지 않는다.

정답 ④

062 공범에 관한 설명 중 옳은 것[○]과 옳지 않은 것[×]을 올바르게 조합한 것은? (다툼이 있으면 판례에 의함)

[20 변호사]

ㄱ 공무원이 부정한 청탁을 받고 제3자에게 뇌물을 제공하게 하고 제3자가 그러한 공무원의 범죄행위를 알면서 방조한 경우, 그에 대한 별도의 처벌규정이 없더라도 제3자에게는 방조범에 관한 형법총칙의 규정이 적용되어 제3자뇌물수수방조죄가 인정될 수 있다.

ㄴ 물건의 소유자가 아닌 사람이 소유자의 권리행사방해범행에 가담한 경우에는 「형법」 제33조 본문에 따라 권리행사방해죄의 공범이 될 수 있으며, 공범으로 기소된 물건의 소유자에게 고의가 없어 범죄가 성립하지 않더라도 권리행사방해범행을 공동으로 하였음이 인정되는 한 공동정범의 죄책을 진다.

ㄷ 공범 중 1인이 그 범행에 관한 수사절차에서 참고인 또는 피의자로 조사받으면서 자기의 범행을 구성하는 사실관계에 관하여 허위로 진술하고 허위 자료를 제출하는 것이 다른 공범을 도피하게 하는 결과가 된다고 하더라도 범인도피죄로 처벌되지 않으나, 공범이 이러한 행위를 교사하였다면 범인도피교사의 죄책을 면할 수 없다.

ㄹ 신분관계가 없는 사람이 신분관계로 인하여 성립될 범죄에 가공한 경우 신분관계가 없는 사람에게 공동가공의 의사와 이에 기초한 기능적 행위지배를 통한 범죄의 실행이라는 주관적·객관적 요건이 충족되면 공동정범으로 처벌된다.

① ㄱ [×], ㄴ [×], ㄷ [×], ㄹ [○]
② ㄱ [○], ㄴ [×], ㄷ [○], ㄹ [×]
③ ㄱ [○], ㄴ [×], ㄷ [×], ㄹ [○]
④ ㄱ [×], ㄴ [○], ㄷ [○], ㄹ [×]
⑤ ㄱ [×], ㄴ [○], ㄷ [×], ㄹ [○]

해설

ㄱ [○] 제3자뇌물수수죄에서 제3자란 행위자와 공동정범 이외의 사람을 말하고, 교사자나 방조자도 포함될 수 있다. 그러므로 공무원 또는 중재인이 부정한 청탁을 받고 제3자에게 뇌물을 제공하게 하고 그 제3자가 그러한 공무원 또는 중재인의 범죄행위를 알면서 방조한 경우에는 그에 대한 별도의 처벌규정이 없더라도 방조범에 관한 형법 총칙의 규정이 적용되어 제3자뇌물수수방조죄가 인정될 수 있다(대판 2017.3.15. 2016도19659).

ㄴ [×] 물건의 소유자가 아닌 사람은 형법 제33조 본문에 따라 소유자의 권리행사방해 범행에 가담한 경우에 한하여 그의 공범이 될 수 있을 뿐이다. 그러나 권리행사방해죄의 공범으로 기소된 물건의 소유자에게 고의가 없는 등으로 범죄가 성립하지 않는다면 공동정범이 성립할 여지가 없다(대판 2017.5.30. 2017도4578).

ㄷ [×] 공범 중 1인이 그 범행에 관한 수사절차에서 참고인 또는 피의자로 조사받으면서 자기의 범행을 구성하는 사실관계에 관하여 허위로 진술하고 허위 자료를 제출하는 것은 자신의 범행에 대한 방어권 행사의 범위를 벗어난 것으로 볼 수 없어 범인도피죄로 처벌할 수 없고, 이때 공범이 이러한 행위를 교사하였더라도 범인도피교사죄는 성립하지 않는다(대판 2018.8.1. 2015도20396).

ㄹ [○] 신분관계가 없는 사람이 신분관계로 인하여 성립될 범죄에 가공한 경우에는 신분관계가 있는 사람과 공범이 성립한다. 이 경우 신분관계가 없는 사람에게 공동가공의 의사와 이에 기초한 기능적 행위지배를 통한 범죄의 실행이라는 주관적·객관적 요건이 충족되면 공동정범으로 처벌한다(대판(전) 2019.8.29. 2018도13792).

정답 ③

063 교사범에 관한 설명으로 옳은 것[ㅇ]과 옳지 않은 것[×]을 올바르게 조합한 것은? (다툼이 있는 경우에는 판례에 의함)

[14 변호사]

ㄱ. 甲이 乙에게 A의 자동차를 강취할 것을 교사하였으나 乙이 A의 자동차를 절취한 경우 甲은 절도죄의 교사범으로 처벌된다.

ㄴ. 甲이 乙에게 A의 주거에 침입할 것을 교사하였는데 乙이 A의 승낙을 얻어 정당하게 주거에 들어간 경우 공범종속성설 중 제한적 종속형식에 의하면 甲은 주거침입죄의 교사범이 성립하지 않는다.

ㄷ. 甲은 乙에게 A를 살해하라고 교사하였는데 乙은 A가 귀가하는 것을 기다리다가 A로 생각되는 사람을 권총으로 살해하였다. 그러나 乙의 총에 사망한 사람은 B였다. 법정적 부합설에 의하면 甲은 살인죄의 교사범으로 처벌된다.

ㄹ. 甲이 남자친구인 乙에게 甲의 부(父)인 A를 살해하도록 교사한 경우 甲에게 형법 제33조 단서가 형법 제31조 제1항에 우선하여 적용되어 甲이 乙보다 중하게 처벌된다.

① ㄱ[×], ㄴ[ㅇ], ㄷ[ㅇ], ㄹ[ㅇ]
② ㄱ[×], ㄴ[ㅇ], ㄷ[×], ㄹ[×]
③ ㄱ[×], ㄴ[×], ㄷ[×], ㄹ[ㅇ]
④ ㄱ[ㅇ], ㄴ[ㅇ], ㄷ[×], ㄹ[×]
⑤ ㄱ[ㅇ], ㄴ[×], ㄷ[ㅇ], ㄹ[ㅇ]

해설

ㄱ. [×] 피교사자가 교사받은 것보다 적게 실행한 경우 교사자는 피교사자가 실행한 범위 내에서 책임을 져야 한다. 따라서 甲은 절도죄의 교사범이 성립한다. 한편 甲이 강도를 교사한 이상 乙이 강도의 실행에 나아가지 않았다고 하더라도 기도된 교사에 해당하여 甲은 강도 예비·음모죄가 성립한다(제31조 제2항, 제3항). 따라서 甲의 행위는 절도죄의 교사범과 강도 예비·음모죄의 상상적 경합에 해당하므로 형법 제40조에 의하여 형이 중한 강도 예비·음모죄로 처벌된다.

ㄴ. [ㅇ] 乙이 A의 승낙을 얻어 정당하게 주거에 들어간 경우이므로 乙의 행위는 양해에 의한 행위로서 구성요건해당성이 조각된다. 따라서 공범종속성설 중 제한적 종속형식에 의하면 정범인 乙의 행위가 구성요건해당성 및 위법성을 구비하지 못한 경우여서 甲은 주거침입죄의 교사범이 성립하지 않는다.

ㄷ. [ㅇ] 정범인 乙이 구체적 사실의 착오 중 객체의 착오를 한 경우이다. 이와 같이 정범이 객체의 착오를 한 경우에 교사자에게 객체의 착오가 된다는 견해와 방법의 착오가 된다는 견해가 나뉘어져 있다. 그러나 법정적 부합설에 의하면 객체의 착오 또는 방법의 착오 어느 것으로 보더라도 발생한 사실에 대하여 고의를 인정하므로 결국 甲은 B에 대한 살인죄의 교사범으로 처벌된다.

ㄹ. [ㅇ] 형법 제31조 제1항은 협의의 공범의 일종인 교사범이 그 성립과 처벌에 있어서 정범에 종속한다는 일반적인 원칙을 선언한 것에 불과하고, 신분관계로 인하여 형의 경중이 있는 경우에 신분이 있는 자가 신분이 없는 자를 교사하여 죄를 범하게 한 때에는 형법 제33조 단서가 형법 제31조 제1항에 우선하여 적용됨으로써 신분이 있는 교사범이 신분이 없는 정범보다 중하게 처벌된다(대판 1994.12.23. 93도1002). 지문의 경우 부진정신분범죄에 신분자가 비신분자에 가담한 경우로서 판례이론에 의할 경우 제33조 단서가 적용된다. 따라서 甲은 존속살해죄가 성립하고 乙에게는 보통살인죄가 성립한다. 판례에 의할 경우 제33조 단서가 제31조 제1항보다 우선하여 적용되므로 비속인 교사자 甲이 비속이 아닌 乙보다 중하게 처벌받게 된다.

정답 ①

064 방조범에 관한 설명으로 옳은 것[○]과 옳지 않은 것[×]을 올바르게 조합한 것은? (다툼이 있는 경우에는 판례에 의함)

[12 변호사]

> 가. 정범이 실행에 착수하기 전에 방조한 경우에는 그 이후 정범이 실행에 착수하였더라도 방조범이 성립할 수 없다.
> 나. 간호조무사의 무면허 진료행위가 있은 후에 이를 의사가 진료부에 기재하는 행위는 범죄종료 후의 사후행위에 불과하므로 무면허 의료행위의 방조에 해당하지 않는다.
> 다. 방조범에 있어서 정범의 고의는 정범에 의하여 실현되는 범죄의 구체적 내용을 인식할 것을 요하는 것은 아니고 미필적 인식 또는 예견으로 족하다.
> 라. 방조범은 정범이 누구인지를 확실히 알아야 한다.

① 가[○], 나[○], 다[×], 라[○]　　　② 가[○], 나[×], 다[○], 라[×]
③ 가[×], 나[○], 다[×], 라[○]　　　④ 가[×], 나[×], 다[○], 라[×]
⑤ 가[×], 나[×], 다[○], 라[○]

해설

가. [×] 종범은 정범의 실행행위 중에 이를 방조하는 경우는 물론이고 실행의 착수 전에 장래의 실행행위를 예상하고 이를 용이하게 하는 행위를 하여 방조한 경우에도 정범이 그 실행행위에 나아갔다면 성립한다(대판 2007.12.14. 2005도872).

나. [×] 진료부는 환자의 계속적인 진료에 참고로 공하여지는 진료상황부이므로 간호보조원의 무면허 진료행위가 있은 후에 이를 의사가 진료부에다 기재하는 행위는 정범의 사실행위 종료 후의 단순한 사후행위에 불과하다고 볼 수 없고 보건범죄단속에 관한 특별조치법상 무면허 의료행위의 방조에 해당한다(대판 1982.4.27. 82도122).

다. [○] 형법상 방조행위는 정범이 범행을 한다는 정을 알면서 그 실행행위를 용이하게 하는 직접·간접의 행위를 말하므로, 방조범은 정범의 실행을 방조한다는 이른바 방조의 고의와 정범의 행위가 구성요건에 해당하는 행위인 점에 대한 정범의 고의가 있어야 하며, 또한 방조범에 있어서 정범의 고의는 정범에 의하여 실현되는 범죄의 구체적 내용을 인식할 것을 요하는 것은 아니고 미필적 인식 또는 예견으로 족하다(대판 2010.3.25. 2008도4228).

라. [×] 형법이 방조행위를 종범으로 처벌하는 까닭은 정범의 실행을 용이하게 하는 점에 있으므로 그 방조행위가 정범의 실행에 대하여 간접적이거나 직접적이거나를 가리지 아니하고 정범이 범행을 한다는 점을 알면서 그 실행행위를 용이하게 한 이상 종범으로 처벌함이 마땅하며 간접적으로 정범을 방조하는 경우 방조자에 있어 정범이 누구에 의하여 실행되어지는가를 확지할 필요가 없다(대판 1977.9.28. 76도4133).

정답 ④

065 공범에 관한 설명 중 옳지 않은 것은? (다툼이 있으면 판례에 의함)

① 신분관계로 인하여 형의 경중이 있는 경우에 신분이 있는 자가 신분이 없는 자를 교사하여 죄를 범하게 한 때에는 형법 제33조 단서가 형법 제31조 제1항에 우선하여 적용된다.

② 업무상 타인의 사무를 처리하는 자가 그러한 신분관계가 없는 자와 공모하여 업무상배임죄를 저질렀다면 그러한 신분관계가 없는 자에 대하여는 형법 제33조 단서에 의하여 단순배임죄가 성립한다.

③ 도박의 습벽이 있는 자가 습벽이 없는 타인의 도박을 방조하면 상습도박방조죄에 해당한다.

④ 형법 제152조 제1항과 제2항은 위증을 한 범인이 형사사건의 피고인 등을 '모해할 목적'을 가지고 있었는가 아니면 그러한 목적이 없었는가 하는 범인의 특수한 상태의 차이에 따라 범인에게 과할 형의 경중을 구별하고 있으므로, 이는 형법 제33조 단서 소정의 '신분관계로 인하여 형의 경중이 있는 경우'에 해당한다.

⑤ 변호사가 변호사 아닌 자에게 고용되어 법률사무소의 개설·운영에 관여하는 행위는 변호사법위반죄의 방조범으로 처벌할 수 없다.

해설

① [○] '타인을 교사하여 죄를 범하게 한 자는 죄를 실행한 자와 동일한 형으로 처벌한다'고 규정한 형법 제31조 제1항은 협의의 공범의 일종인 교사범이 그 성립과 처벌에 있어서 정범에 종속한다는 일반적인 원칙을 선언한 것에 불과하고, 따라서 신분관계로 인하여 형의 경중이 있는 경우에 신분이 있는 자가 신분이 없는 자를 교사하여 죄를 범하게 한 때에는 형법 제33조 단서가 제31조 제1항에 우선하여 적용됨으로써 신분이 있는 교사범이 신분이 없는 정범보다 중하게 처벌된다(대판 1994.12.23. 93도1002).

② [×] 업무상배임죄는 타인의 사무를 처리하는 지위라는 점에서 보면 신분관계로 인하여 성립될 범죄이고, 업무상 타인의 사무를 처리하는 지위라는 점에서 보면 단순배임죄에 대한 가중규정으로서 신분관계로 인하여 형의 경중이 있는 경우라고 할 것이므로, 그와 같은 <u>신분관계가 없는 자가 그러한 신분관계가 있는 자와 공모하여 ⊙ 업무상배임죄를 저질렀다면, 그러한 신분관계가 없는 자에 대하여는 형법 제33조 단서에 의하여 ⓒ 단순배임죄에 정한 형으로 처단하여야 한다</u>(대판 2012.11.15. 2012도6676).

③ [○] 상습도박의 죄나 상습도박방조의 죄에 있어서의 상습성은 행위의 속성이 아니라 행위자의 속성으로서 도박을 반복해서 거듭하는 습벽을 말하는 것인바, 도박의 습벽이 있는 자가 타인의 도박을 방조하면 상습도박방조의 죄에 해당하는 것이며, 도박의 습벽이 있는 자가 도박을 하고 또 도박방조를 하였을 경우 상습도박방조의 죄는 무거운 상습도박의 죄에 포괄시켜 1죄로서 처단하여야 한다(대판 1984.4.24. 84도195).

④ [○] [1] 형법 제152조는 위증을 한 범인이 형사사건의 피고인 등을 '모해할 목적'을 가지고 있었는가 아니면 그러한 목적이 없었는가 하는 범인의 특수한 상태의 차이에 따라 범인에게 과할 형의 경중을 구별하고 있으므로 이는 바로 형법 제33조 단서 소정의 '신분관계로 인하여 형의 경중이 있는 경우'에 해당한다. [2] 甲이 A를 모해할 목적으로 乙에게 위증을 교사 한 이상, 가사 정범인 乙에게 모해의 목적이 없었다고 하더라도 형법 제33조 단서의 규정에 의하여 甲을 모해위증교사죄로 처단할 수 있다(대판 1994.12.23. 93도1002).

⑤ [○] 변호사가 변호사 아닌 자에게 고용되어 법률사무소의 개설·운영에 관여하는 행위는 변호사법위반죄가 성립하는 데 당연히 예상될 뿐만 아니라 범죄의 성립에 없어서는 아니 되는 것인데도 변호사를 처벌하는 규정이 없는 이상, 변호사 아닌 자에게 고용되어 법률사무소의 개설·운영에 관여한 변호사의 행위가 일반적인 형법 총칙상의 공모, 교사 또는 방조에 해당된다고 하더라도 변호사를 변호사 아닌 자의 공범으로서 처벌할 수는 없다(대판 2004.10.28. 2004도3994).

정답 ②

066 불가벌적 사후행위에 관한 설명 중 옳지 않은 것은? (다툼이 있으면 판례에 의함)　　[20 변호사]

① 재산범죄를 저지른 이후에 별도의 재산범죄의 구성요건에 해당하는 사후행위가 있었다면 비록 그 행위가 불가벌적 사후행위로서 처벌의 대상이 되지 않는다 할지라도 그 사후행위로 인하여 취득한 물건은 재산범죄로 인하여 취득한 물건으로서 장물이 될 수 있다.

② 타인의 부동산을 보관 중인 자가 그 부동산에 근저당권설정등기를 마침으로써 횡령행위가 기수에 이른 후 해당 부동산을 매각함으로써 기존의 근저당권과 관계없이 법익침해의 결과를 발생시켰다면, 특별한 사정이 없는 한 불가벌적 사후행위가 아니라 별도의 횡령죄가 성립한다.

③ (판례변경으로 삭제)

④ 평소 본범과 공동하여 수차 상습으로 절도 등 범행을 함으로써 실질적인 범죄집단을 이루고 있었던 甲이 본범으로부터 장물을 취득하였다면, 본범이 범한 당해 절도범행에 있어서 정범자(공동정범이나 합동범)가 되지 아니하더라도 甲의 장물취득행위는 불가벌적 사후행위에 해당한다.

⑤ 자동차를 절취한 후 자동차등록번호판을 떼어내는 자동차관리법위반행위는 절도범행의 불가벌적 사후행위에 해당하지 않는다.

해설

① [○] '장물'이라 함은 재산범죄로 인하여 취득한 물건 그 자체를 말하므로, 재산범죄를 저지른 이후에 별도의 재산범죄의 구성요건에 해당하는 사후행위가 있었다면 비록 그 행위가 불가벌적 사후행위로서 처벌의 대상이 되지 않는다 할지라도 그 사후행위로 인하여 취득한 물건은 재산범죄로 인하여 취득한 물건으로서 장물이 될 수 있다(대판 2004.4.16. 2004도353).

② [○] 타인의 부동산을 보관 중인 자가 그 부동산에 근저당권설정등기를 경료함으로써 일단 횡령행위가 기수에 이르렀다 하더라도 그 후 해당 부동산을 매각함으로써 기존의 근저당권과 관계없이 법익침해의 결과를 발생시켰다면, 이는 근저당권으로 인해 당연히 예상될 수 있는 범위를 넘어 새로운 법익침해의 위험을 추가시키거나 법익침해의 결과를 발생시킨 것이므로 불가벌적 사후행위로 볼 수 없고 별도로 횡령죄를 구성한다(대판(전) 2013.2.21. 2010도10500).

③ [판례변경으로 삭제] – 변경된 전원합의체 판결
<u>채무자가 금전채무를 담보하기 위한 저당권설정계약에 따라 채권자에게 그 소유의 부동산에 관하여 저당권을 설정할 의무를 부담하게 되었다고 하더라도, 이를 들어 채무자가 통상의 계약에서 이루어지는 이익대립관계를 넘어서 채권자와의 신임관계에 기초하여 채권자의 사무를 맡아 처리하는 것으로 볼 수 없다. 채무자가 저당권설정계약에 따라 채권자에 대하여 부담하는 저당권을 설정할 의무는 계약에 따라 부담하게 된 채무자 자신의 의무이다. 채무자가 위와 같은 의무를 이행하는 것은 채무자 자신의 사무에 해당할 뿐이므로, 채무자를 채권자에 대한 관계에서 '타인의 사무를 처리하는 자'라고 할 수 없다. 따라서 채무자가 제3자에게 먼저 담보물에 관한 저당권을 설정하거나 담보물을 양도하는 등으로 담보가치를 감소 또는 상실시켜 채권자의 채권실현에 위험을 초래하더라도 배임죄가 성립한다고 할 수 없다</u>(대판(전) 2020.6.18. 2019도14340).

④ [×] 평소 본범과 공동하여 수차 상습으로 절도 등 범행을 자행함으로써 실질적인 범죄집단을 이루고 있었다 하더라도, 당해 범죄행위의 정범자(공동정범이나 합동범)로 되지 아니한 이상 이를 자기의 범죄라고 할 수 없고 따라서 <u>그 장물의 취득을 불가벌적 사후행위라고 할 수 없다</u>(대판 1986.9.9. 86도1273).

⑤ [○] 자동차를 절취한 후 자동차등록번호판을 떼어내는 행위는 새로운 법익의 침해로 보아야 하므로 위와 같은 번호판을 떼어내는 행위가 절도범행의 불가벌적 사후행위가 되는 것은 아니다(대판 2007.9.6. 2007도4739). 절도죄 이외에 자동차관리법위반죄가 별도로 성립한다.

정답 ④

067 죄수에 관한 설명 중 옳지 않은 것은? (다툼이 있으면 판례에 의함) [20 변호사]

① 공무원이 취급하는 사건에 관하여 청탁 또는 알선을 할 의사와 능력이 없음에도 청탁 또는 알선을 한다고 기망하고 금품을 교부받은 경우에는 사기죄와 변호사법위반죄가 성립하고 두 죄는 실체적경합 관계에 있다.

② 본인에 대한 배임행위가 본인 이외의 제3자에 대한 사기죄를 구성한다 하더라도 그로 인하여 본인에게 손해가 생긴 때에는 사기죄와 함께 배임죄가 성립하고 두 죄는 실체적경합 관계에 있다.

③ 강도가 한 개의 강도범행을 하는 기회에 수명의 피해자에게 각 폭행을 가하여 각 상해를 입힌 경우에는 각 피해자별로 수개의 강도상해죄가 성립하며 이들은 실체적경합 관계에 있다.

④ 상습성이 있는 자가 같은 종류의 죄를 반복하여 저질렀다 하더라도 상습범을 별도의 범죄유형으로 처벌하는 규정이 없는 한 각 죄는 원칙적으로 실체적경합범으로 처단된다.

⑤ 공무원이 직무관련자에게 제3자와 계약을 체결하도록 요구하여 계약 체결을 하게 한 행위가 제3자뇌물수수죄와 직권남용권리행사방해죄의 구성요건에 모두 해당하는 경우에는 제3자뇌물수수죄와 직권남용권리행사방해죄가 각각 성립하고 두 죄는 상상적경합 관계에 있다.

해설

① [×] 공무원이 취급하는 사건에 관하여 청탁 또는 알선을 할 의사와 능력이 없음에도 청탁 또는 알선을 한다고 기망하고 금품을 교부받은 경우, 사기죄와 변호사법위반죄가 상상적 경합의 관계에 있다(대판 2007.5.10. 2007도2372).

> **참조조문**
>
> **변호사법 제111조** ① 공무원이 취급하는 사건 또는 사무에 관하여 청탁 또는 알선을 한다는 명목으로 금품·향응. 그 밖의 이익을 받거나 받을 것을 약속한 자 또는 제3자에게 이를 공여하게 하거나 공여하게 할 것을 약속한 자는 5년 이하의 징역 또는 1천만원 이하의 벌금에 처한다. 이 경우 벌금과 징역은 병과할 수 있다.

② [○] [1] 본인에 대한 배임행위가 본인 이외의 제3자에 대한 사기죄를 구성한다 하더라도 그로 인하여 본인에게 손해가 생긴 때에는 사기죄와 함께 배임죄가 성립한다.
[2] 피고인이 전세임대차계약을 체결할 권한이 없음에도 임차인들을 속이고 전세임대차계약을 체결하여 임차인들로부터 전세보증금 명목으로 돈을 교부받은 행위는 사기죄에 해당하고, 전세임대차계약이 아닌 월세임대차계약을 체결하여야 할 업무상 임무를 위반하여 전세임대차계약을 체결하여 건물주로 하여금 전세보증금반환채무를 부담하게 한 행위는 사기죄와 별도로 업무상배임죄에 해당한다. 나아가 각 죄는 서로 구성요건 및 그 행위의 태양과 보호법익을 달리하고 있어 상상적 경합범의 관계가 아니라 실체적 경합범의 관계에 있다(대판 2010.11.11. 2010도10690).

③ [○] 강도가 한 개의 강도범행을 하는 기회에 수명의 피해자에게 폭행을 가하여 각 상해를 입힌 경우에는 피해자별로 수개의 강도상해죄가 성립하며 이들은 실체적 경합범의 관계에 있다(대판 1987.5.26. 87도527).

④ [○] 상습범이라 함은 어느 기본적 구성요건에 해당하는 행위를 한 자가 그 범죄행위를 반복하여 저지르는 습벽, 즉 상습성이라는 행위자적 속성을 갖추었다고 인정되는 경우에 이를 가중처벌 사유로 삼고 있는 범죄유형을 가리키는 것이므로, 상습성이 있는 자가 같은 종류의 죄를 반복하여 저질렀다 하더라도 상습범을 별도의 범죄유형으로 처벌하는 규정이 없는 한 그 각 죄는 원칙적으로 별개의 범죄로서 경합범으로 처단할 것이다(대판 2012.5.10. 2011도12131).

⑤ [○] 공무원이 직무관련자에게 제3자와 계약을 체결하도록 요구하여 그 계약 체결을 하게 한 행위가 제3자뇌물수수죄의 구성요건과 직권남용죄의 구성요건에 모두 해당하는 경우에는 제3자뇌물수수죄와 직권남용죄가 각각 성립하고, 두 죄는 상상적 경합관계에 있게 된다(대판 2017.3.15. 2016도19659).

정답 ①

068 다음 설명 중 옳은 것을 모두 고른 것은? (다툼이 있으면 판례에 의함) [22 변호사]

> ㉠ 특수강간이 미수에 그쳤다 하더라도 그로 인하여 피해자가 상해를 입었다면 「성폭력범죄의 처벌 등에 관한 특례법」에 의한 특수강간치상죄의 기수가 성립한다.
> ㉡ 강도가 재물강취의 뜻을 재물의 부재로 이루지 못한 채 미수에 그쳤으나 그 자리에서 항거불능의 상태에 빠진 피해자를 간음할 것을 결의하고 실행에 착수했으나 역시 미수에 그쳤더라도 반항을 억압하기 위한 폭행으로 피해자에게 상해를 입힌 경우에는 강도강간미수죄와 강도치상죄의 실체적 경합범이 성립한다.
> ㉢ 재물을 강취한 후 피해자를 살해할 목적으로 현주건조물에 방화하여 사망에 이르게 한 경우 강도살인죄와 현주건조물방화치사죄에 해당하고 그 두 죄는 상상적 경합관계에 있다.
> ㉣ 수뢰후부정처사죄는 반드시 뇌물수수 등의 행위가 완료된 이후에 부정한 행위가 이루어져야 함을 의미하는 것은 아니고, 결합범 또는 결과적가중범 등에서의 기본행위와 마찬가지로 뇌물수수 등의 행위를 하는 중에 부정한 행위를 한 경우도 포함한다.

① ㉠, ㉡   ② ㉡, ㉢   ③ ㉢, ㉣
④ ㉠, ㉢, ㉣   ⑤ ㉡, ㉢, ㉣

해설

㉠ [○] 피고인이 전자충격기를 피해자의 허리에 대고 폭행하여 강간하려다가 미수에 그치고 피해자에게 약 2주간의 치료를 요하는 안면부 좌상 등의 상해를 입게 한 경우, 성폭법 소정의 특수강간치상죄의 기수에 해당한다(대판 2008.4.24. 2007도10058).

㉡ [×] 강도가 재물강취의 뜻을 재물의 부재로 이루지 못한 채 미수에 그쳤으나 그 자리에서 항거불능의 상태에 빠진 피해자를 간음할 것을 결의하고 실행에 착수했으나 역시 미수에 그쳤더라도 반항을 억압하기 위한 폭행으로 피해자에게 상해를 입힌 경우에는 강도강간미수죄와 강도치상죄가 성립되고 이는 상상적 경합관계가 성립된다(대판 1988.6.28. 88도820).

㉢ [○] 피해자의 재물을 강취한 후 그를 살해할 목적으로 현주건조물에 방화하여 사망에 이르게 한 경우 피고인의 위 행위는 <u>강도살인죄와 현주건조물방화치사죄에 모두 해당하고 그 두 죄는 상상적 경합범관계에 있다</u>고 할 것이다(대판 1998.12.8. 98도3416).

㉣ [○] 수뢰후부정처사죄를 정한 형법 제131조 제1항은 공무원 또는 중재인이 형법 제129조(수뢰, 사전수뢰) 및 제130조(제3자뇌물제공)의 죄를 범하여 부정한 행위를 하는 것을 구성요건으로 하고 있다. 여기에서 '<u>형법 제129조 및 제130조의 죄를 범하여'란 반드시 뇌물수수 등의 행위가 완료된 이후에 부정한 행위가 이루어져야 함을 의미하는 것은 아니고, 결합범 또는 결과적 가중범 등에서의 기본행위와 마찬가지로 뇌물수수 등의 행위를 하는 중에 부정한 행위를 한 경우도 포함하는 것으로 보아야 한다</u>(대판 2021.2.4. 2020도12103).

정답 ④

069 인터넷 파일공유 사이트를 운영하는 甲은 사이트를 통해 저작재산권 대상인 디지털 콘텐츠가 불법 유통되고 있음을 알면서도 저작재산권의 침해를 방지할 조치를 취하지 않고 회원들로 하여금 불법 디지털 콘텐츠를 업로드하게 한 후 이를 다운로드하게 하면서 일부 이익을 취득하였다. 甲의 죄책과 관련된 죄수 설명 중 옳지 않은 것을 모두 고른 것은? (다툼이 있는 경우에는 판례에 의함) [14 변호사]

> ㄱ. 저작재산권 침해행위는 각각의 저작물에 대한 침해행위가 있더라도 저작권자가 같다면 별개의 죄를 구성하지 않는다.
> ㄴ. 동일 죄명에 해당하는 수개의 행위 또는 연속된 행위는 범의가 단일하지 않아도 포괄일죄로 처단된다.
> ㄷ. 상습범을 별도로 처벌하는 규정이 없다면 수회에 걸쳐 죄를 범한 것이 상습성의 발현에 따른 것이라도 원칙적으로 경합범으로 보아야 한다.
> ㄹ. 상습성을 이유로 포괄일죄가 되는 범행의 중간에 동종의 상습범에 대한 확정판결이 있을 때에도 포괄일죄는 확정판결 전후의 죄로 분리되지 않는다.

① ㄱ   ② ㄴ, ㄷ   ③ ㄷ, ㄹ
④ ㄱ, ㄴ, ㄹ   ⑤ ㄱ, ㄴ, ㄷ, ㄹ

해설

ㄱ. [×]. ㄴ. [×]. ㄷ. [○] [1] 상습범이란 어느 기본적 구성요건에 해당하는 행위를 한 자가 범죄행위를 반복하여 저지르는 습벽, 즉 상습성이라는 행위자적 속성을 갖추었다고 인정되는 경우에 이를 가중처벌 사유로 삼고 있는 범죄유형을 가리키므로, 상습성이 있는 자가 같은 종류의 죄를 반복하여 저질렀다 하더라도 상습범을 별도의 범죄유형으로 처벌하는 규정이 없는 한 각 죄는 원칙적으로 별개의 범죄로서 경합범으로 처단할 것이다.

[2] 저작권법은 제140조 본문에서 저작재산권 침해로 인한 제136조 제1항의 죄를 친고죄로 규정하면서, 제140조 단서 제1호에서 영리를 위하여 상습적으로 위와 같은 범행을 한 경우에는 고소가 없어도 공소를 제기할 수 있다고 규정하고 있으나, 상습으로 제136조 제1항의 죄를 저지른 경우를 가중처벌한다는 규정은 따로 두고 있지 않다. 따라서 수회에 걸쳐 저작권법 제136조 제1항의 죄를 범한 것이 상습성의 발현에 따른 것이라고 하더라도, 이는 원칙적으로 경합범으로 보아야 하는 것이지 하나의 죄로 처단되는 상습범으로 볼 것은 아니다. 그것이 법규정의 표현에 부합하고, 상습범을 포괄일죄로 처단하는 것은 그것을 가중처벌하는 규정이 있기 때문이라는 법리적 구조에도 맞다.

[3] 저작재산권 침해행위는 저작권자가 같더라도 저작물별로 침해되는 법익이 다르므로, 각각의 저작물에 대한 침해행위는 원칙적으로 각 별개의 죄를 구성한다. 다만 단일하고도 계속된 범의 아래 동일한 저작물에 대한 침해행위가 일정기간 반복하여 행하여진 경우에는 포괄하여 하나의 범죄가 성립한다고 볼 수 있다(대판 2012.05.10. 2011도12131).

ㄹ. [×] 상습범의 중간에 동종의 상습범의 확정판결이 있는 경우, 확정판결 전후의 범행은 두 개의 죄로 분단된다(대판 2000.3.10. 99도2744).

정답 ④

070 죄수관계에 관한 설명 중 옳은 것을 모두 고른 것은? (다툼이 있는 경우에는 판례에 의함) [12 변호사]

> 가. 위조통화를 행사하여 상대방으로부터 재물을 편취한 경우, 위조통화행사죄와 사기죄는 실체적 경합 관계에 있다.
>
> 나. 차의 운전자가 음주의 영향으로 정상적인 운전이 곤란한 상태에서의 운전 중 교통사고로 사람에게 상해를 입게 하여 특정범죄 가중처벌 등에 관한 법률 위반(위험운전치사상)죄와 도로교통법위반(음주운전)죄가 성립한 경우, 양 죄는 실체적 경합관계에 있다.
>
> 다. 타인의 사무를 처리하는 자가 본인을 기망하여 재물을 교부받은 경우, 사기죄만 성립한다.
>
> 라. 국립병원 의사가 허위의 진단서를 작성한 경우, 허위진단서작성죄와 허위공문서작성죄의 상상적 경합에 해당한다.
>
> 마. 공무원이 직무집행을 빙자하여 타인의 재물을 갈취한 경우, 공갈죄만 성립한다.

① 가, 나, 마   ② 가, 다, 마   ③ 나, 다, 라
④ 나, 라, 마   ⑤ 다, 라, 마

해설

가. [○] 통화위조죄에 관한 규정은 공공의 거래상의 신용 및 안전을 보호하는 공공적인 법익을 보호함을 목적으로 하고 있고, 사기죄는 개인의 재산법익에 대한 죄이어서 양 죄는 그 보호법익을 달리하고 있으므로 위조통화를 행사하여 재물을 불법영득한 때에는 위조통화행사죄와 사기죄의 양 죄가 성립된다(대판 1979.7.10. 79도840).

나. [○] 음주로 인한 특정범죄 가중처벌 등에 관한 법률 위반(위험운전치사상)죄와 도로교통법 위반(음주운전)죄는 입법 취지와 보호법익 및 적용영역을 달리하는 별개의 범죄이므로, 양 죄가 모두 성립하는 경우 두 죄는 실체적 경합관계에 있다(대판 2008.11.13. 2008도7143).

> **비교판례** 음주로 인한 특정범죄 가중처벌 등에 관한 법률 위반(위험운전치사상)죄는 … 형법 제268조에서 규정하고 있는 업무상과실치사상죄의 특례를 규정하여 가중처벌함으로써 피해자의 생명·신체의 안전이라는 개인적 법익을 보호하기 위한 것이다. 따라서 그 죄가 성립하는 때에는 차의 운전자가 형법 제268조의 죄(업무상과실치사상죄)를 범한 것을 내용으로 하는 교통사고처리특례법 위반죄는 그 죄에 흡수되어 별죄를 구성하지 아니한다(대판 2008.12.11. 2008도9182).

> **비교판례** 음주 또는 약물의 영향으로 정상적인 운전이 곤란한 상태에서 자동차를 운전하여 사람을 상해에 이르게 함과 동시에 다른 사람의 재물을 손괴한 때에는 특정범죄 가중처벌 등에 관한 법률 위반(위험운전치사상)죄 외에 업무상과실재물손괴로 인한 도로교통법위반죄가 성립하고, 위 두 죄는 1개의 운전행위로 인한 것으로서 상상적 경합관계에 있다(대판 2009.12.24. 2007도6243).

다. [×] 1개의 행위에 관하여 사기죄와 업무상배임죄의 각 구성요건이 모두 구비된 때에는 양 죄를 법조경합 관계로 볼 것이 아니라 상상적 경합관계로 봄이 상당하다 할 것이고, 나아가 업무상배임죄가 아닌 단순배임죄라고 하여 양 죄의 관계를 달리 보아야 할 이유도 없다(대판(전) 2002.7.18. 2002도669).

라. [×] 형법이 제225조 내지 제230조에서 공문서에 관한 범죄를 규정하고, 이어 제231조 내지 제236조에서 사문서에 관한 범죄를 규정하고 있는 점 등에 비추어 볼 때 형법 제233조 소정의 허위진단서작성죄의 대상은 공무원이 아닌 의사가 사문서로서 진단서를 작성한 경우에 한정되고, 공무원인 의사가 공무소의 명의로 허위진단서를 작성한 경우에는 허위공문서작성죄만이 성립하고, 허위진단서작성죄는 별도로 성립하지 않는다(대판 2004.4.9. 2003도7762).

마. [○] 공무원이 직무집행의 의사 없이 또는 직무처리와 대가적 관계없이 타인을 공갈하여 재물을 교부하게 한 경우에는 공갈죄만이 성립하고, 이러한 경우 재물의 교부자가 공무원의 해악의 고지로 인하여 외포의 결과 금품을 제공한 것이라면 그는 공갈죄의 피해자가 될 것이고 뇌물공여죄는 성립될 수 없다고 하여야 할 것이다(대판 1994.12.22. 94도2528).

정답 ①

071 형법 제37조 후단 경합범에 관한 설명 중 옳지 않은 것은? (다툼이 있으면 판례에 의함) [22 변호사]

① 후단 경합범이란 금고 이상의 형에 처한 판결이 확정된 죄와 그 판결확정 전에 범한 죄를 가리키는데, 여기서 말하는 판결에는 집행유예 판결도 포함된다.

② 확정판결이 있는 죄에 대하여 일반사면이 있는 경우는 형의 선고효력이 상실되지만 그 죄에 대한 확정판결이 있었던 사실 자체는 인정되므로 그 확정판결 이전에 범한 죄와의 관계에서 후단 경합범이 성립한다.

③ 포괄일죄로 되는 개개의 범죄행위가 다른 종류의 죄의 확정판결 전후에 걸쳐서 행하여진 경우에는 그 죄는 2죄로 분리되지 않고 확정판결 후인 최종의 범죄행위시에 완성되므로 후단 경합범에 해당하지 않는다.

④ 판결을 받지 아니한 수개의 죄가 판결확정을 전후하여 저질러진 경우 판결확정 전에 범한 죄를 이미 판결이 확정된 죄와 동시에 판결할 수 없었던 경우라면 판결확정을 전후한 각각의 범죄는 형법 제37조 후단 경합범이 아니라 전단 경합범에 해당하여 하나의 형을 선고하여야 한다.

⑤ 후단 경합범에 대하여 형법 제39조 제1항에 의하여 형을 감경할 때에도 법률상 감경에 관한 형법 제55조 제1항이 적용되어 유기징역을 감경할 때에는 그 형기의 2분의 1 미만으로는 감경할 수 없다.

해설

① [○] 형법 제37조 후단의 경합범에 있어서 판결이 확정된 죄라 함은 수개의 독립한 죄 중의 어느 죄에 대하여 확정판결이 있었던 경우를 의미하며 여기에서의 확정판결에는 집행유예의 판결과 선고유예의 판결도 포함되고 집행유예의 선고나 형의 선고유예를 받은 후 그 유예기간이 경과하여 형의 선고가 실효되었거나 면소된 것으로 간주되었다 하더라도 마찬가지이다(대판 1992.11.24. 92도1417).

② [○] 형법 제37조 후단의 경합범에 있어서 "판결이 확정된 죄"라 함은 수개의 독립된 죄 중의 어느 죄에 대하여 확정판결이 있었던 사실 그 자체를 의미하고 일반사면으로 형의 선고의 효력이 상실된 여부는 묻지 않는다고 해석할 것이므로, 사면됨으로써 형의 선고의 효력이 상실되었다고 하더라도 확정판결을 받은 죄의 존재가 이에 의하여 소멸되지 않는 이상 형법 제37조 후단의 판결이 확정된 죄에 해당한다(대판 1996.3.8. 95도2114).

③ [○] 포괄일죄로 되는 개개의 범죄행위가 다른 종류의 죄의 확정판결의 전후에 걸쳐서 행하여진 경우에는 그 죄는 2죄로 분리되지 않고 확정판결 후인 최종의 범죄행위시에 완성되는 것이다(대판 2001.8.21. 2001도3312).

④ [×] 아직 판결을 받지 아니한 수개의 죄가 판결 확정을 전후하여 저질러진 경우 판결 확정 전에 범한 죄를 이미 판결이 확정된 죄와 동시에 판결할 수 없었던 경우라고 하여 마치 확정된 판결이 존재하지 않는 것처럼 그 수개의 죄 사이에 형법 제37조 전단의 경합범 관계가 인정되어 형법 제38조가 적용된다고 볼 수도 없으므로, 판결 확정을 전후한 각각의 범죄에 대하여 별도로 형을 정하여 선고할 수밖에 없다(대판 2014.3.27. 2014도469).

⑤ [○] 형법 제37조 후단 경합범(이하 '후단 경합범'이라 한다)에 대하여 형법 제39조 제1항에 의하여 형을 감경할 때에도 법률상 감경에 관한 형법 제55조 제1항이 적용되어 유기징역을 감경할 때에는 그 형기의 2분의 1 미만으로는 감경할 수 없다(대판(전) 2019.4.18. 2017도14609).

정답 ④

072 아래 〈범죄경력〉 중 1개가 있는 甲이 2023. 11. 10. 아래 〈범죄사실〉 중 어느 1개 또는 수개의 죄로 공소제기되어 그 〈범죄사실〉이 인정될 경우, 다음 설명 중 옳지 않은 것은? (다툼이 있는 경우 판례에 의함)[24 변호사]

〈범죄경력〉

Ⓐ 2023. 4. 10. 서울중앙지방법원에서 상습절도죄로 벌금 500만 원을 선고받아 2023. 4. 18. 그 판결이 확정되었다.

Ⓑ 2023. 5. 10. 서울중앙지방법원에서 절도죄로 징역 6월을 선고받아 2023. 5. 18. 그 판결이 확정되었다.

〈범죄사실〉

㉠ 상습으로 2023. 2. 10.경 X 편의점에서 피해자 M 소유의 휴대전화 1대를 가지고 가 이를 절취하였다[상습절도].

㉡ 2023. 3. 8.경 Y 커피숍에서 피해자 N에게 "수일 내 유명 가상자산 거래소에 상장되는 가상자산이 있는데, 나에게 돈을 투자하면 수백 배 이상의 수익을 얻을 수 있다"라고 거짓말하여 2023. 3. 10.경 1,000만 원을 피해자 N으로부터 교부받아 이를 편취하였다[사기].

㉢ 2023. 6. 10.경 Z 유흥주점에서 피해자 O의 뺨을 수회 때리고 발로 다리를 걷어차 피해자를 폭행하였다[폭행].

---

① Ⓐ범죄경력이 있는 甲이 ㉠죄로 기소된 경우, ㉠범죄사실과 Ⓐ범죄사실과의 사이에 동일한 습벽에 의하여 범행을 저질렀다는 점이 인정된다면, 「형사소송법」 제326조 제1호의 면소판결이 선고되어야 한다.

② Ⓑ범죄경력이 있는 甲이 ㉠죄로 기소된 경우, ㉠범죄사실과 Ⓑ범죄사실과의 사이에 동일한 습벽에 의하여 범행을 저질렀다는 점이 인정되더라도, 「형사소송법」 제326조 제1호의 면소판결을 선고할 수 없다.

③ Ⓐ범죄경력이 있는 甲이 ㉡죄로 기소된 경우, 판결이 확정된 Ⓐ죄와 사이에 「형법」 제37조 후단의 경합범 관계에 있다.

④ Ⓑ범죄경력이 있는 甲이 ㉡, ㉢죄로 기소된 경우, ㉡죄는 판결이 확정된 Ⓑ죄와 사이에 「형법」 제37조 후단의 경합범 관계에 있으므로, 법원은 ㉡, ㉢죄에 대해 동시에 판결을 선고할 때 ㉡죄에 관하여 1개, ㉢죄에 관하여 1개의 형을 각각 선고하여야 한다.

⑤ Ⓑ범죄경력이 있는 甲이 ㉡, ㉢죄로 기소된 경우, ㉡죄에 관하여 「형법」 제39조 제1항에 의하여 형을 감경할 때에도 법률상 감경에 관한 「형법」 제55조 제1항이 적용되어 유기징역을 감경할 때에는 그 형기의 2분의 1 미만으로는 감경할 수 없다.

해설

① [○], ② [○] 상습범으로서 포괄적 일죄의 관계에 있는 여러 개의 범죄사실 중 일부에 대하여 유죄판결이 확정된 경우에, 그 확정판결의 사실심판결 선고 전에 저질러진 나머지 범죄에 대하여 새로이 공소가 제기되었다면 이에 대하여는 판결로써 면소의 선고를 하여야 하는 것인바, 다만 이러한 법리가 적용되기 위해서는 전의 확정판결에서 당해 피고인이 상습범으로 기소되어 처단되었을 것을 필요로 하는 것이고, 상습범 아닌 기본 구성요건의 범죄로 처단되는 데 그친 경우에는 앞서의 확정판결을 상습범의 일부에 대한 확정판결이라고 보아 그 기판력이 그 사실심판결 선고 전의 나머지 범죄에 미친다고 보아서는 아니된다(대판(전) 2004.9.16. 2001도3206). Ⓐ범죄경력은 상습절도죄로 기소되어 확정되었으므로 ㉠죄로 기소된 경우 면소판결이 선고되어야 하나, Ⓑ범죄경력의 경우 단순 절도죄로 기소되어 판결이 확정되었으므로 ㉠죄로 기소된 경우 유무죄의 실체재판을 하여야 하고 면소판결을 선고할 수 없다.

③ [×] 사후적 경합범은 금고 이상의 형에 처한 판결이 확정된 죄와 그 판결확정 전에 범한 죄로서 동시심판이 가능했던 경우이다(제37조 후단). 따라서 확정판결은 금고 이상의 형에 처하는 것임을 요하므로 지문의 ⓐ범죄경력과 같이 벌금형을 선고받고 확정된 경우에는 사후적 경합범에 해당하지 않는다.

④ [○] 사후적 경합범은 금고 이상의 형에 처한 판결이 확정된 죄와 그 판결확정 전에 범한 죄이어야 하므로 판결확정 전후의 죄는 경합범이 아니다. ⑧범죄경력의 경우 확정일은 2023. 5. 18.이므로 ⓒ죄는 ⑧죄와 사이에 「형법」 제37조 후단의 경합범 관계에 있으나, ⓒ죄는 ⑧죄의 확정 이후에 저지른 범죄이므로 ⑧죄와 제37조 후단 경합범의 관계에 있지 않다. 따라서 법원은 ⓒ, ⓒ죄에 대한 판결선고 시(설사 동종의 형일지라도) ⓒ죄에 관하여 1개, ⓒ죄에 관하여 1개의 형을 각각 선고하여야 한다.

관련판례 포괄일죄로 되는 개개의 범죄행위가 다른 종류의 죄의 확정판결의 전후에 걸쳐서 행하여진 경우에는 그 죄는 2죄로 분리되지 않고 확정판결 후인 최종의 범죄행위시에 완성되는 것이다(대판 2001.8.21. 2001도3312).

⑤ [○] 형법 제37조 후단 경합범(이하 '후단 경합범'이라 한다)에 대하여 형법 제39조 제1항에 의하여 형을 감경할 때에도 법률상 감경에 관한 형법 제55조 제1항이 적용되어 유기징역을 감경할 때에는 그 형기의 2분의 1 미만으로는 감경할 수 없다(대판(전) 2019.4.18. 2017도14609).

정답 ③

073 몰수와 추징에 관한 설명 중 옳지 않은 것은? (다툼이 있으면 판례에 의함) [19 변호사]

① 배임수 · 증재죄에서 수재자가 증재자로부터 받은 재물을 그대로 가지고 있다가 증재자에게 반환하였다면 증재자로부터 이를 몰수하거나 그 가액을 추징하여야 한다.

② 공무원이 뇌물을 받음에 있어서 그 취득을 위하여 상대방에게 뇌물의 가액에 상당하는 금원의 일부를 비용의 명목으로 출연한 경우, 그 공무원으로부터 뇌물죄로 얻은 이익을 몰수 · 추징함에 있어서는 그 뇌물의 가액에서 위와 같은 지출을 공제한 나머지 가액에 상당한 이익만을 몰수 · 추징해야 하는 것이지 그 받은 뇌물 자체를 몰수해야 하는 것은 아니다.

③ 공무원인 범인이 금품을 무상대여 받음으로써 위법한 재산상 이익을 취득한 경우, 그가 받은 부정한 이익은 그로 인한 금융이익 상당액이라 할 것이므로 추징의 대상이 되는 것은 무상으로 대여받은 금품 그 자체가 아니라 위 금융이익 상당액이라고 보아야 한다.

④ 특정범죄가중처벌등에관한법률위반(알선수재)죄로 유죄가 선고된 사안에서, 범인이 공무원의 직무에 속한 사항의 알선에 관하여 금품을 받음에 있어 타인의 동의하에 그 타인 명의의 예금계좌로 입금받는 방식을 취하였다고 하더라도 이는 범인이 받은 금품을 관리하는 방법의 하나에 지나지 아니하므로, 그 가액 역시 범인으로부터 추징해야 한다.

⑤ 법원은 피고인의 소유물은 물론 공범자의 소유물도 그 공범자의 소추 여부를 불문하고 몰수할 수 있고, 이 경우 공범자에는 공동정범, 교사범, 방조범에 해당하는 자뿐만 아니라 필요적 공범관계에 있는 자도 포함된다.

해설

① [○] 배임수 · 증재죄에서 몰수의 대상으로 규정한 '범인이 취득한 재물'은 배임수재죄의 범인이 취득한 목적물이자 배임증재의 범인이 공여한 목적물을 가리키는 것이지 배임수재죄의 목적물만을 한정하여 가리키는 것이 아니므로, 수재자가 증재자로부터 받은 재물을 그대로 가지고 있다가 증재자에게 반환하였다면 증재자로부터 이를 몰수하거나 그 가액을 추징하여야 한다(대판 2017.4.7. 2016도18104).

② [×] 공무원이 뇌물을 받음에 있어서 그 취득을 위하여 상대방에게 뇌물의 가액에 상당하는 금원의 일부를 비용의 명목으로 출연하거나 그 밖에 경제적 이익을 제공하였다 하더라도, 이는 뇌물을 받는 데 지출한 부수적 비용에 불과하므로 공무원으로부터 뇌물죄로 얻은 이익을 몰수 · 추징함에 있어서는 <u>그 받은 뇌물 자체를 몰수하여야 하고, 그 뇌물의 가액에서 위와 같은 지출을 공제한 나머지 가액에 상당한 이익만을 몰수 · 추징할 것은 아니다</u>(대판 1999.10.8. 99도1638).

③ [○] 금품의 무상대여를 통하여 위법한 재산상 이익을 취득한 경우 범인이 받은 부정한 이익은 그로 인한 금융이익 상당액이라 할 것이므로 추징의 대상이 되는 것은 무상으로 대여받은 금품 그 자체가 아니라 금융이익 상당액이다(대판 2014.5.16. 2014도1547).

④ [○] 공무원의 직무에 속한 사항의 알선에 관하여 금품을 받음에 있어 타인의 동의하에 그 타인 명의의 예금계좌로 입금받는 방식을 취하였다고 하더라도 이는 범인이 받은 금품을 관리하는 방법의 하나에 지나지 아니하므로, 그 가액 역시 범인으로부터 추징하지 않으면 안 된다(대판 2006.10.27. 2006도4659).

⑤ [○] 형법 제48조 제1항의 '범인'에는 공범자도 포함되므로 피고인의 소유물은 물론 공범자의 소유물도 그 공범자의 소추 여부를 불문하고 몰수할 수 있는 것이고, 여기에서의 공범자에는 공동정범, 교사범, 방조범에 해당하는 자는 물론 필요적 공범관계에 있는 자도 포함된다(대판 2006.11.23. 2006도5586).

정답 ②

074

다음 사례에 관한 설명 중 옳지 않은 것은? (다툼이 있으면 판례에 의함)

[18 변호사]

> 甲은 ㉠ 2004.9.27. 폭력행위등처벌에관한법률위반(공동상해)죄로 징역 2년을 선고받고, ㉡ 2008.5.19. 도로교통법위반(음주운전)죄로 징역 4월에 집행유예 2년을 선고받고, ㉢ 2012.6.5. 폭력행위등처벌에관한법률위반(공동상해)죄로 징역 2년에 집행유예 4년을 선고받아 같은 날 확정되었다. 그리고 甲은 ㉣ 2015.6.1. 폭력행위등처벌에관한법률위반(공동상해)죄로 징역 2년을 선고받아 그 판결이 2016.1.31. 확정되었고, ㉤ 2017.3.3. 다시 폭력행위등처벌에관한법률위반(공동상해)죄로 공소제기되었는데, 공소제기 시점에서 ㉠의 형은 「형의 실효 등에 관한 법률」에 의하여 실효된 상태이다.

① 만약 ㉠의 판결이 확정된 때부터 그 집행을 종료하거나 면제된 후 3년까지의 기간에 ㉡의 죄를 범하였다면, ㉡의 죄에 대하여는 징역형의 집행유예를 선고할 수 없다.

② ㉡의 판결이 확정되고 그 집행유예 기간 중, ㉠의 판결이 확정된 때부터 그 집행을 종료하거나 면제된 후 3년까지의 기간에 ㉡의 죄를 범한 사실이 발각되면 ㉡의 집행유예 선고를 취소한다.

③ ㉢의 집행유예 기간 중 ㉣의 죄가 범하여진 경우, ㉣의 죄로 징역형의 실형을 선고받아 그 판결이 확정되었으므로 ㉢의 집행유예의 선고는 효력을 잃는다.

④ 만약 ㉡의 집행유예 선고가 실효 또는 취소되지 않고 유예기간을 경과하였다면, ㉡의 전과는 「폭력행위 등 처벌에 관한 법률」 제2조 제3항에서 말하는 '징역형을 받은 경우'에 해당하지 않는다.

⑤ ㉠과 ㉣의 전과는 「폭력행위 등 처벌에 관한 법률」 제2조 제3항에서 말하는 '징역형을 받은 경우'에 해당하고, 그 횟수가 2회 이상이므로 甲은 ㉤의 죄가 유죄로 인정되는 경우 「폭력행위 등 처벌에 관한 법률」 제2조 제3항을 적용하여 처벌되어야 한다.

해설

① [O] 금고 이상의 형을 선고한 판결이 확정된 때부터 그 집행을 종료하거나 면제된 후 3년까지의 기간에 범한 죄에 대하여 형을 선고하는 경우에는 집행유예를 할 수 없다(형법 제62조 제1항).

② [O] 집행유예의 선고를 받은 후 집행유예 결격 사유가 발각된 때에는(금고 이상의 형을 선고한 판결이 확정된 때부터 그 집행을 종료하거나 면제된 후 3년까지의 기간에 범한 죄라는 것이 발각된 때에는) 집행유예의 선고를 취소한다(형법 제64조 제1항).

③ [O] 집행유예의 선고를 받은 자가 유예기간 중 고의로 범한 죄로 금고 이상의 실형을 선고받아 그 판결이 확정된 때에는 집행유예의 선고는 효력을 잃는다(형법 제63조).

④ [O] 형법 제65조에 따라 형의 선고가 효력을 잃는 경우 그 전과는 폭처법 제2조 제3항에서 말하는 '징역형을 받은 경우'라고 할 수 없다(대판 2016.6.23. 2016도5032).

⑤ [×] 형의 실효 등에 관한 법률에 따라 형이 실효된 경우에는 형의 선고에 의한 법적 효과가 장래를 향하여 소멸하므로 형이 실효된 후에는 그 전과를 폭처법 제2조 제3항에서 말하는 '징역형을 받은 경우'라고 할 수 없다(대판 2016.6.23. 2016도5032). ㉠의 형은 형의 실효 등에 관한 법률에 의하여 실효된 상태이고, ㉢의 형 또한 형법 제65조에 따라 그 선고가 효력을 잃은 상태이므로, 甲은 ㉣의 전과만 있는 사람으로 (폭처법 제2조 제3항에 규정된 2회 이상 징역형을 받은 사람이 아니므로) 비록 ㉤의 죄가 유죄로 인정되는 경우라도 폭처법 제2조 제3항을 적용하여 처벌할 수 없다.

정답 ⑤

075

2018.9.1. 혈중알코올농도 0.123% 상태에서 자동차를 운전하였다는 공소사실로 2019.2.1. 불구속 기소된 甲이 변호사 乙을 찾아와 2019.4.3. 상담을 하면서 나눈 다음의 대화 내용 중 옳은 것[ㅇ]과 옳지 않은 것[×]을 올바르게 조합한 것은? (다툼이 있으면 판례에 의함)

[20 변호사]

> 甲: 선고기일이 2019.4.17.인데 얼마 남지 않았네요. 어떠한 처벌을 받게 될지 걱정입니다.
>
> 乙: 전과가 있나요?
>
> 甲: 2017.5.3. 도로교통법위반(음주운전)죄로 징역 6월, 집행유예 2년의 판결을 선고받아 2017.5.10. 그 판결이 확정된 전과가 하나 있습니다. 제가 이번에 다시 집행유예를 선고받을 수는 없나요?
>
> 乙: (㉠)「형법」제62조 제1항 단서에서 규정한 '금고 이상의 형을 선고한 판결이 확정된 때'에는 실형 뿐만 아니라 형의 집행유예를 선고한 판결이 확정된 경우도 포함되므로 원칙적으로 집행유예를 선고받을 수는 없습니다.
>
> 甲: 2019.5.10.이 지나서 선고를 받게 되면 집행유예를 받을 수 있나요?
>
> 乙: (㉡) 예. 집행유예 기간 중에 범한 범죄라고 할지라도 집행유예가 실효되거나 취소됨이 없이 그 유예기간이 경과한 경우에는 다시 집행유예의 선고가 가능하므로 집행유예를 선고받을 수도 있습니다.
>
> 甲: 이번에 징역의 실형을 선고받고 2019.5.10. 이전에 그 판결이 확정되면 제가 2017년에 받은 집행유예 판결은 어떻게 되나요?
>
> 乙: (㉢) 집행유예 기간 중 고의로 범한 죄로 금고 이상의 실형을 선고받아 그 판결이 확정되면 집행유예가 실효되므로 원칙적으로 징역 6월을 더 복역해야 합니다.
>
> 甲: 2019.5.10.이 지나서 판결을 선고받아도 그런가요?
>
> 乙: (㉣) 아닙니다. 집행유예의 선고를 받고 그 선고가 실효되거나 취소됨이 없이 유예기간을 경과하면 형의 선고는 효력을 잃게 되므로 2017년에 받았던 집행유예는 실효되지 않습니다.

① ㉠ [ㅇ], ㉡ [ㅇ], ㉢ [ㅇ], ㉣ [ㅇ] 　　② ㉠ [ㅇ], ㉡ [ㅇ], ㉢ [ㅇ], ㉣ [×]

③ ㉠ [ㅇ], ㉡ [ㅇ], ㉢ [×], ㉣ [×] 　　④ ㉠ [×], ㉡ [×], ㉢ [ㅇ], ㉣ [ㅇ]

⑤ ㉠ [×], ㉡ [×], ㉢ [×], ㉣ [×]

해설

▶ 甲은 도로교통법위반(음주운전)죄로 징역 6월(집행유예 2년)을 선고받고 이 판결이 2017.5.10. 확정되었으므로 이때부터 2년인 2019.5.9.까지가 집행유예 기간이 된다(형법 제84조 제1항, 제85조에 의하여 형기는 판결이 확정된 날로부터 기산하고, 형의 집행과 시효기간의 초일은 시간을 계산함이 없이 1일로 산정한다). 따라서 甲의 2018.9.1.자 도로교통법위반(음주운전)죄는 집행유예 기간 중에 고의로 범한 죄에 해당한다.

㉠ [ㅇ] 형법 제62조 제1항 단서에서 규정한 '금고 이상의 형을 선고한 판결이 확정된 때'는 실형뿐 아니라 형의 집행유예를 선고한 판결이 확정된 경우도 포함된다고 해석되나…

㉡ [ㅇ] 집행유예기간 중에 범한 죄에 대하여 형을 선고할 때에 (㉠) 집행유예의 결격사유를 정하는 형법 제62조 제1항 단서 소정의 요건에 해당하는 경우란 이미 집행유예가 실효 또는 취소된 경우와 그 선고 시점에 미처 유예기간이 경과하지 아니하여 형 선고의 효력이 실효되지 아니한 채로 남아 있는 경우로 국한되고 (㉢) 집행유예가 실효 또는 취소됨이 없이 유예기간을 경과한 때에는 위 단서 소정의 요건에 해당하지 않는다고 할 것이므로 집행유예기간 중에 범한 범죄라고 할지라도 집행유예가 실효 또는 취소됨이 없이 그 유예기간이 경과한 경우에는 이에 대해 다시 집행유예의 선고가 가능하다(대판 2007.7.27. 2007도768). 법원이 집행유예기간 중인 2019.5.9.까지 판결을 선고한다면 다시 집행유예를 선고할 수 없으나, 집행유예기간이 경과한 2019.5.10. 지나서 판결을 선고한다면 다시 집행유예를 선고할 수 있다.

ⓒ [○] 집행유예의 선고를 받은 자가 유예기간 중 <u>고의로 범한 죄로 금고 이상의 실형을 선고받아 그 판결이 확정된</u> <u>때에는 집행유예의 선고는 효력을 잃는다</u>(형법 제63조). 2019.5.9.까지 금고 이상의 실형이 확정된다면 종전 집행 유예가 실효되므로 甲은 징역 6월을 더 복역해야 한다.

ⓓ [○] 집행유예의 선고를 받은 후 그 선고의 실효 또는 취소됨이 없이 <u>유예기간을 경과한 때에는 형의 선고는</u> <u>효력을 잃는다</u>(형법 제65조). 집행유예기간의 종기인 2019.5.9.을 경과한 때에는 형의 선고는 효력을 잃는다. 따라 서 2019.5.10.이 지나서 음주운전에 대하여 실형의 판결을 선고받더라도 이미 효력을 상실한 2017년에 받았던 집행 유예는 실효되지 않는다.

정답 ①

076 집행유예·선고유예에 관한 설명 중 옳지 않은 것을 모두 고른 것은? (다툼이 있는 경우에는 판례에 의함)

> ㄱ. 형법 제37조 후단의 경합범 관계에 있는 죄에 대하여 하나의 판결로 두 개의 자유형을 선고하는
>   경우에 하나의 자유형에 대하여는 실형을, 다른 하나의 자유형에 대하여는 집행유예를 선고하는 것
>   은 허용되지 않는다.
> ㄴ. 집행유예의 선고를 받은 후에 그 선고가 실효 또는 취소됨이 없이 유예기간이 경과하더라도 형의
>   선고가 있었다는 사실 자체가 없어지는 것은 아니다.
> ㄷ. '개전의 정상이 현저한 때'라고 함은 피고인이 죄를 깊이 뉘우치는 경우를 뜻하는 것이므로 피고인이
>   범죄사실을 자백하지 않고 부인할 경우에는 언제나 선고유예를 할 수 없다.
> ㄹ. 집행유예를 선고하면서 사회봉사명령으로서 일정액의 금전출연을 주된 내용으로 하는 사회공헌계
>   획의 성실한 이행을 명하는 것은 허용될 수 없다.
> ㅁ. 형법 제39조 제1항에 의하여 형법 제37조 후단 경합범 중 판결을 받지 아니한 죄에 대하여 형을
>   선고하는 경우에, 형법 제37조 후단에 규정된 '금고 이상의 형에 처한 판결이 확정된 죄'의 형은
>   선고유예의 결격사유인 '자격정지 이상의 형을 받은 전과'에 포함되지 않는다.

① ㄱ, ㄷ   ② ㄷ, ㅁ   ③ ㄱ, ㄷ, ㄹ
④ ㄱ, ㄷ, ㅁ   ⑤ ㄴ, ㄹ, ㅁ

해설

ㄱ. [×] 형법 제37조 후단의 경합범 관계에 있는 두 개의 범죄에 대하여 하나의 판결로 두 개의 자유형을 선고하는 경우 그 두 개의 자유형은 각각 별개의 형이므로 형법 제62조 제1항에 정한 집행유예의 요건에 해당하면 그 각 자유형에 대하여 각각 집행유예를 선고할 수 있는 것이고, 또 그 두 개의 징역형 중 하나의 징역형에 대하여는 실형을 선고하면서 다른 징역형에 대하여 집행유예를 선고하는 것도 우리 형법상 이러한 조치를 금하는 명문의 규정이 없는 이상 허용되는 것으로 보아야 한다(대판 2001.10.12. 2001도3579).

ㄴ. [○] 형법 제65조 소정의 "형의 선고는 효력을 잃는다"는 취지는 형의 선고의 법률적 효과가 없어진다는 것일 뿐 형의 선고가 있었다는 기왕의 사실 자체까지 없어진다는 뜻이 아니다(대결 1983.4.2. 83모8).

ㄷ. [×] 선고유예의 요건 중 '개전의 정상이 현저한 때'라고 함은 반성의 정도를 포함하여 널리 형법 제51조가 규정하 는 양형의 조건을 종합적으로 참작하여 볼 때 형을 선고하지 않더라도 피고인이 다시 범행을 저지르지 않으리라 는 사정이 현저하게 기대되는 경우를 가리킨다고 해석할 것이고, 이와 달리 여기서의 '개전의 정상이 현저한 때' 가 반드시 피고인이 죄를 깊이 뉘우치는 경우만을 뜻하는 것으로 제한하여 해석하거나 피고인이 범죄사실을 자 백하지 않고 부인할 경우에는 언제나 선고유예를 할 수 없다고 해석할 것은 아니다(대판(전) 2003.2.20. 2001도 6138).

ㄹ. [○] 사회봉사는 형의 집행을 유예하면서 부가적으로 명하는 것이고 집행유예 되는 형은 자유형에 한정되고 있는 점 등에 비추어 법원이 형의 집행을 유예하는 경우 명할 수 있는 사회봉사는 자유형의 집행을 대체하기 위한 것으로서 500시간 내에서 시간 단위로 부과될 수 있는 일 또는 근로활동을 의미하는 것으로 해석되므로, 법원이 형법 제62조의2의 규정에 의한 사회봉사명령으로 피고인에게 일정한 금원을 출연하거나 이와 동일시 할 수 있는 행위를 명하는 것은 허용될 수 없다(대판 2008.4.11. 2007도8373).

ㅁ. [×] 형법 제39조 제1항에 의하여 형법 제37조 후단 경합범 중 판결을 받지 아니한 죄에 대하여 형을 선고하는 경우에 있어서 형법 제37조 후단에 규정된 금고 이상의 형에 처한 판결이 확정된 죄의 형도 형법 제59조 제1항 단서에서 정한 '자격정지 이상의 형을 받은 전과'에 포함된다고 봄이 상당하다(대판 2010.7.8. 2010도931).

정답 ④

077 형벌에 관한 설명 중 옳은 것[○]과 옳지 않은 것[×]을 올바르게 조합한 것은? (다툼이 있으면 판례에 의함)

[22 변호사]

> ㉠ 경합범의 처벌에 관한 형법 제38조 제1항 제3호에 의하여 징역형과 벌금형을 병과하는 경우에 징역형에만 작량감경을 하고 벌금형에는 작량감경을 하지 않는 것은 위법하다.
> ㉡ 2020.7.1. 무고죄로 징역 1년에 집행유예 2년을 선고받고 그 판결이 같은 달 9. 확정된 甲이 2021.6.1. 상습도박죄를 범하여 같은 해 11.1. 유죄판결을 선고받는 경우 법원은 甲에게 상습도박죄에 대한 집행유예는 선고할 수 없다.
> ㉢ 몰수에 관한 형법 제48조 제1항의 '범인'에는 공범자도 포함되므로 피고인의 소유물은 물론 공범자의 소유물도 그 공범자의 소추 여부를 불문하고 몰수할 수 있다.
> ㉣ 사기도박에 참여하도록 유인하기 위하여 고액의 수표를 제시해 보인 경우라도 그 수표가 직접적으로 도박자금으로 사용되지 않았다면 몰수할 수 없다.
> ㉤ 강도상해의 범행에 대하여 자수한 사안에서 법원이 자수감경을 하지 않았거나 자수감경 주장에 대한 판단을 하지 않았다고 해도 위법하다고 할 수 없다.

① ㉠ [○], ㉡ [○], ㉢ [×], ㉣ [×], ㉤ [○]   ② ㉠ [×], ㉡ [×], ㉢ [○], ㉣ [○], ㉤ [×]
③ ㉠ [○], ㉡ [○], ㉢ [×], ㉣ [×], ㉤ [×]   ④ ㉠ [×], ㉡ [○], ㉢ [○], ㉣ [×], ㉤ [○]
⑤ ㉠ [×], ㉡ [×], ㉢ [○], ㉣ [○], ㉤ [○]

해설

㉠ [×] 형법 제38조 제1항 제3호에 의하여 징역형과 벌금형을 병과하는 경우에는 각 형에 대한 범죄의 정상에 차이가 있을 수 있으므로 징역형에만 작량감경을 하고 벌금형에는 작량감경을 하지 아니하였다고 하여 이를 위법하다고 할 수 없다(대판 2006.3.23. 2006도1076).

㉡ [○] 집행유예기간 중에 범한 죄에 대하여 형을 선고할 때에 [1] 집행유예의 결격사유를 정하는 형법 제62조 제1항 단서 소정의 요건에 해당하는 경우란 이미 집행유예가 실효 또는 취소된 경우와 그 선고 시점에 미처 유예기간이 경과하지 아니하여 형 선고의 효력이 실효되지 아니한 채로 남아 있는 경우로 국한되고, [2] 집행유예가 실효 또는 취소됨이 없이 유예기간을 경과한 때에는 위 단서 소정의 요건에 해당하지 않는다고 할 것이므로 집행유예기간 중에 범한 범죄라고 할지라도 집행유예가 실효 또는 취소됨이 없이 그 유예기간이 경과한 경우에는 이에 대해 다시 집행유예의 선고가 가능하다(대판 2007.7.27. 2007도768). 판결선고시인 2021.11.1. 현재 무고죄에 대한 집행유예기간이 아직 경과하지 않았으므로 상습도박죄에 대하여 집행유예를 선고할 수 없다.

ⓒ [○] 형법 제48조 제1항의 '범인'에는 공범자도 포함되므로 피고인의 소유물은 물론 공범자의 소유물도 그 공범자의 소추 여부를 불문하고 몰수할 수 있고, 여기에서의 공범자에는 공동정범, 교사범, 방조범에 해당하는 자는 물론 필요적 공범관계에 있는 자도 포함된다(대판 2006.11.23. 2006도5586).

ⓔ [×] 피해자로 하여금 사기도박에 참여하도록 유인하기 위하여 고액의 수표를 제시해 보인 경우, 수표가 직접적으로 도박자금으로 사용되지 아니하였다 할지라도 수표가 피해자로 하여금 사기도박에 참여하도록 만들기 위한 수단으로 사용된 이상 범죄행위에 제공된 물건으로 이를 몰수할 수 있고, 그렇다고 하여 피고인에게 극히 가혹한 결과가 된다고 볼 수는 없다(대판 2002.9.24. 2002도3589).

ⓜ [○] 피고인이 자수하였다 하더라도 자수한 자에 대하여는 법원이 임의로 형을 감경할 수 있음에 불과한 것으로서 원심이 자수감경을 하지 아니하였다거나 자수감경 주장에 대하여 판단을 하지 아니하였다 하여 위법하다고 할 수 없다(대판 2013.11.28. 2013도9003).

정답 ④

078 형벌에 관한 설명 중 옳은 것[○]과 옳지 않은 것[×]을 올바르게 조합한 것은? (다툼이 있는 경우 판례에 의함)

[23 변호사]

> ㄱ. 「폭력행위 등 처벌에 관한 법률」 제2조 제3항은 2회 이상 징역형을 받은 사람에 대해서 누범으로 가중 처벌하도록 하고 있는데, 집행유예의 선고를 받은 후 그 선고가 실효 또는 취소됨이 없이 유예기간을 경과하여 형의 선고가 효력을 잃은 경우는 위 조항의 '징역형을 받은 경우'에 해당하지 않는다.
>
> ㄴ. 형의 집행을 유예하는 경우에는 보호관찰과 사회봉사 또는 수강을 동시에 명할 수는 없다.
>
> ㄷ. 범죄행위에 이용한 웹사이트 매각을 통해 피고인이 취득한 대가는 「형법」 제48조 제2항의 추징 대상이 된다.
>
> ㄹ. 휴대전화로 촬영한 동영상은 일정한 저장매체에 전자방식이나 자기방식에 의하여 저장된 기록으로서 저장매체를 매개로 존재하는 물건이므로 몰수의 사유가 있는 때에는 그 전자기록을 몰수할 수 있다.
>
> ㅁ. 유기징역형에 대한 법률상 감경을 하면서 「형법」 제55조 제1항 제3호에서 정한 것과 같이 장기와 단기를 모두 2분의 1로 감경하는 것이 아닌 장기 또는 단기 중 어느 하나만을 2분의 1로 감경하는 방식이나 2분의 1보다 넓은 범위의 감경을 하는 방식 등은 죄형법정주의 원칙상 허용될 수 없다.

① ㄱ[○], ㄴ[×], ㄷ[○], ㄹ[○], ㅁ[×]
② ㄱ[○], ㄴ[○], ㄷ[○], ㄹ[×], ㅁ[○]
③ ㄱ[○], ㄴ[×], ㄷ[×], ㄹ[○], ㅁ[○]
④ ㄱ[×], ㄴ[○], ㄷ[×], ㄹ[×], ㅁ[○]
⑤ ㄱ[○], ㄴ[×], ㄷ[○], ㄹ[×], ㅁ[○]

해설

ㄱ. [○] 폭력행위 등 처벌에 관한 법률(이하 '폭력행위처벌법'이라 한다) 제2조 제3항은 "이 법(형법 각 해당 조항 및 각 해당 조항의 상습범, 특수범, 상습특수범, 각 해당 조항의 상습범의 미수범, 특수범의 미수범, 상습특수범의 미수범을 포함한다)을 위반하여 2회 이상 징역형을 받은 사람이 다시 제2항 각 호에 규정된 죄를 범하여 누범으로 처벌할 경우에는 다음 각 호의 구분에 따라 가중처벌한다."라고 규정하고 있다. 그런데 형의 실효 등에 관한 법률에 따라 형이 실효된 경우에는 형의 선고에 의한 법적 효과가 장래를 향하여 소멸하므로 형이 실효된 후에는 그 전과를 폭력행위처벌법 제2조 제3항에서 말하는 '징역형을 받은 경우'라고 할 수 없다(대판 2016.6.23. 2016도5032).

ㄴ. [×] 형법 제62조의2 제1항은 "형의 집행을 유예하는 경우에는 보호관찰을 받을 것을 명하거나 사회봉사 또는 수강을 명할 수 있다."고 규정하고 있는바, 그 문리에 따르면, 보호관찰과 사회봉사는 각각 독립하여 명할 수 있다는 것이지, 반드시 그 양자를 동시에 명할 수 없다는 취지로 해석되지는 아니할 뿐더러, 소년법 제32조 제3항, 성폭력범죄의처벌및피해자보호등에관한법률 제16조 제2항, 가정폭력범죄의처벌등에관한특례법 제40조 제1항 등에는 보호관찰과 사회봉사를 동시에 명할 수 있다고 명시적으로 규정하고 있는바, 일반 형법에 의하여 보호관찰과 사회봉사를 명하는 경우와 비교하여 특별히 달리 취급할 만한 이유가 없으며, 제도의 취지에 비추어 보더라도, 범죄자에 대한 사회복귀를 촉진하고 효율적인 범죄예방을 위하여 양자를 병과할 필요성이 있는 점 등을 종합하여 볼 때, 형법 제62조에 의하여 집행유예를 선고할 경우에는 같은 법 제62조의2 제1항에 규정된 보호관찰과 사회봉사 또는 수강을 동시에 명할 수 있다고 해석함이 상당하다(대판 1998.4.24. 98도98).

ㄷ. [×] 피고인이 甲, 乙과 공모하여 정보통신망을 통하여 음란한 화상 또는 영상을 배포하고, 도박 사이트를 홍보하였다는 공소사실로 기소되었는데, 원심이 공소사실을 유죄로 인정하면서 피고인이 범죄행위에 이용한 웹사이트 매각을 통해 취득한 대가를 형법 제48조에 따라 추징한 사안에서, 위 웹사이트는 범죄행위에 제공된 무형의 재산에 해당할 뿐 형법 제48조 제1항 제2호에서 정한 '범죄행위로 인하여 생하였거나 이로 인하여 취득한 물건'에 해당하지 않으므로, 피고인이 위 웹사이트 매각을 통해 취득한 대가는 형법 제48조 제1항 제2호, 제2항이 규정한 추징의 대상에 해당하지 않는다는 이유로, 이와 달리 보아 위 웹사이트 매각대금을 추징한 원심판결에 형법 제48조에서 정한 몰수·추징에 관한 법리오해의 잘못이 있다고 한 사례(대판 2021.10.14. 2021도7168).

ㄹ. [○] 대판 2017.10.23. 2017도5905.

ㅁ. [○] 형법 제55조 제1항은 형벌의 종류에 따라 법률상 감경의 방법을 규정하고 있는데, 형법 제55조 제1항 제3호는 "유기징역 또는 유기금고를 감경할 때에는 그 형기의 2분의 1로 한다."라고 규정하고 있다. 이와 같이 유기징역형을 감경할 경우에는 '단기'나 '장기'의 어느 하나만 2분의 1로 감경하는 것이 아니라 '형기' 즉 법정형의 장기와 단기를 모두 2분의 1로 감경함을 의미한다는 것은 법문상 명확하다. 처단형은 선고형의 최종적인 기준이 되므로 그 범위는 법률에 따라서 엄격하게 정하여야 하고, 별도의 명시적인 규정이 없는 이상 형법 제56조에서 열거하고 있는 가중·감경할 사유에 해당하지 않는 다른 성질의 감경사유를 인정할 수는 없다. 따라서 유기징역형에 대한 법률상 감경을 하면서 형법 제55조 제1항 제3호에서 정한 것과 같이 장기와 단기를 모두 2분의 1로 감경하는 것이 아닌 장기 또는 단기 중 어느 하나만을 2분의 1로 감경하는 방식이나 2분의 1보다 넓은 범위의 감경을 하는 방식 등은 죄형법정주의 원칙상 허용될 수 없다(대판(전) 2021.1.21. 2018도5475).

정답 ③

PART 02 형법각론

079 다음 설명 중 옳은 것[○]과 옳지 않은 것[×]을 올바르게 조합한 것은? (다툼이 있으면 판례에 의함) 9)

[18 변호사]

> ㉠ 살인예비죄가 성립하기 위해서는 살인죄의 실현을 위한 준비행위가 있어야 하는데, 여기서 준비행위는 반드시 객관적으로 보아 살인죄의 실현에 실질적으로 기여할 수 있는 외적 행위임을 요하지 아니하고 단순히 범행의 의사 또는 계획만으로 족하다.
> ㉡ 대한민국 국민이 외국에서 살인죄를 범하였다가 외국법원에서 무죄 취지의 재판을 받고 석방된 후 국내에서 다시 기소되었다고 하더라도 이는 일사부재리의 원칙에 반하는 것이 아니며, 외국에서 미결 상태로 구금된 기간에 대하여도 '외국에서 집행된 형의 산입'에 관한 「형법」 제7조가 적용되어야 한다.
> ㉢ 피해자의 재물을 강취한 직후 피해자를 살해할 목적으로 현주건조물에 방화하여 사망에 이르게 한 경우에는 강도살인죄와 현주건조물방화치사죄가 모두 성립하고 두 죄는 상상적 경합의 관계에 있다.
> ㉣ 사람의 시기(始期)는 규칙적인 진통을 동반하면서 분만이 개시된 때를 말하고, 제왕절개 수술의 경우에는 '의학적으로 제왕절개 수술이 가능하였고 규범적으로 수술이 필요하였던 때'를 분만이 개시된 때로 보아야 한다.

① ㉠ [○], ㉡ [×], ㉢ [×], ㉣ [○]   ② ㉠ [○], ㉡ [○], ㉢ [○], ㉣ [×]
③ ㉠ [×], ㉡ [×], ㉢ [×], ㉣ [×]   ④ ㉠ [×], ㉡ [○], ㉢ [○], ㉣ [○]
⑤ ㉠ [×], ㉡ [×], ㉢ [○], ㉣ [×]

해설

㉠ [×] 살인예비죄가 성립하기 위하여는 살인죄를 범할 목적 외에도 살인의 준비에 관한 고의가 있어야 하며, 나아가 실행의 착수까지에는 이르지 아니하는 살인의 실현을 위한 준비행위가 있어야 한다. 여기서의 준비행위는 물적인 것에 한정되지 아니하며 특별한 정형이 있는 것도 아니지만, 단순히 범행의 의사 또는 계획만으로는 그것이 있다고 할 수 없고 객관적으로 보아서 살인죄의 실현에 실질적으로 기여할 수 있는 외적 행위를 필요로 한다 (대판 2009.10.29. 2009도7150).

㉡ [×] 형사사건으로 외국 법원에 기소되었다가 무죄판결을 받은 사람은, 설령 그가 무죄판결을 받기까지 상당기간 미결구금되었더라도 이를 유죄판결에 의하여 형이 실제로 집행된 것으로 볼 수는 없으므로, '외국에서 형의 전부 또는 일부가 집행된 사람'에 해당한다고 볼 수 없고, 그 미결구금 기간은 형법 제7조에 의한 산입의 대상이 될 수 없다. 또한 외국에서 형이 집행된 것이 아니라 단지 미결구금되었다가 무죄판결을 받은 사람의 미결구금일수를 형법 제7조의 유추적용에 의하여 그가 국내에서 같은 행위로 인하여 선고받는 형에 산입하여야 한다는 것은 허용되기 어렵다(대판(전) 2017.8.24. 2017도5977).

㉢ [○] 피고인들이 피해자들의 재물을 강취한 후 그들을 살해할 목적으로 현주건조물에 방화하여 사망에 이르게 한 경우, 피고인들의 행위는 강도살인죄와 현주건조물방화치사죄에 모두 해당하고 두 죄는 상상적 경합범관계에 있다(대판 1998.12.8. 98도3416).

---

9) 기존에 있던 ㉣지문은 형법 제270조 중 의사낙태죄 부분이 부녀의 자기낙태죄와 마찬가지로 헌법불합치결정과 개선 입법시한 도과로 무효인 상태이므로 더 이상 유효한 판례가 아니므로 삭제하였다.

ㄹ. [×] 제왕절개 수술의 경우 '<u>의학적으로 제왕절개 수술이 가능하였고 규범적으로 수술이 필요하였던 시기(時期)</u>'는 판단하는 사람 및 상황에 따라 다를 수 있어 분만개시 시점 즉, 사람의 시기(始期)도 불명확하게 되므로 <u>이 시점을 분만의 시기(始期)로 볼 수는 없다</u>(대판 2007.6.29. 2005도3832).

정답 ⑤

080 자유에 관한 죄에 대한 설명 중 옳은 것을 모두 고른 것은? (다툼이 있는 경우에는 판례에 의함) [14 변호사]

> ㄱ. 골프시설의 운영자가 골프회원에게 불리하게 내용이 변경된 회칙에 대하여 동의한다는 내용의 등록신청서를 제출하지 않으면 회원으로 대우하지 않겠다고 통지하는 것은 강요죄의 협박에 해당한다.
> ㄴ. 미성년자가 혼자 머무는 주거에 침입하여 그를 감금한 후 협박에 의하여 부모의 출입을 봉쇄한 경우 미성년자의 장소적 이전이 없었으므로 미성년자약취죄가 성립하지 않는다.
> ㄷ. 재물을 강취하기 위하여 피해자를 강제로 승용차에 태우고 가다가 주먹으로 때려 반항을 억압한 다음 현금 35만 원 등이 들어 있는 가방을 빼앗은 후 약 15km를 계속하여 진행하여 가다가 교통사고를 일으켜 발각된 경우 감금죄와 강도죄는 실체적 경합 관계이다.
> ㄹ. A 주식회사 대표이사에게 자신의 횡령행위를 문제 삼으면 A 주식회사의 내부비리 등을 금융감독원 등 관계기관에 고발하겠다고 발언하는 경우 대표이사뿐만 아니라 법인에 대하여도 협박죄가 성립한다.
> ㅁ. 미성년자의 어머니가 교통사고로 사망하여 아버지가 미성년자의 양육을 외조부에게 맡겼으나 교통사고 배상금 등으로 분쟁이 발생하자, 학교에서 귀가하는 미성년자를 아버지가 본인의 의사에 반하여 강제로 차에 태우고 데려간 경우 미성년자약취죄가 성립한다.

① ㄴ, ㄹ　　　　　　　② ㄱ, ㄷ, ㅁ　　　　　　③ ㄴ, ㄷ, ㄹ
④ ㄱ, ㄴ, ㄷ, ㅁ　　　　⑤ ㄱ, ㄷ, ㄹ, ㅁ

해설

ㄱ. [○] 골프시설의 운영자가 골프회원에게 불리하게 변경된 내용의 회칙에 대하여 동의한다는 내용의 등록신청서를 제출하지 아니하면 회원으로 대우하지 아니하겠다고 통지한 것은 강요죄의 협박에 해당한다(대판 2003.9.26. 2003도763).

ㄴ. [×] 형법 제287조에 규정된 약취행위는 폭행 또는 협박을 수단으로 하여 미성년자를 그 의사에 반하여 자유로운 생활관계 또는 보호관계로부터 이탈시켜 범인이나 제3자의 사실상 지배하에 옮기는 행위를 말하는 것이다. 물론, 여기에는 미성년자를 장소적으로 이전시키는 경우뿐만 아니라 장소적 이전 없이 기존의 자유로운 생활관계 또는 부모와의 보호관계로부터 이탈시켜 범인이나 제3자의 사실상 지배하에 두는 경우도 포함된다고 보아야 한다(대판 2008.1.17. 2007도8485).

ㄷ. [○] 감금행위가 단순히 강도상해 범행의 수단이 되는 데 그치지 아니하고 강도상해의 범행이 끝난 뒤에도 계속된 경우에는 1개의 행위가 감금죄와 강도상해죄에 해당하는 경우라고 볼 수 없고, 이 경우 감금죄와 강도상해죄는 형법 제37조의 경합범 관계에 있다(대판 2003.1.10. 2002도4380).

[동지판례] 피고인이 피해자가 자동차에서 내릴 수 없는 상태를 이용하여 강간하려고 결의하고, <u>주행 중인 자동차에서 탈출 불가능하게 하여 외포케 하고 50km를 운행하여</u>, 여관 앞까지 강제로 연행하여 강간하려다 미수에 그친 경우 <u>위 협박은 감금죄의 실행의 착수임과 동시에 강간미수죄의 실행의 착수라고 할 것이고, 감금과 강간미수의 두 행위가 시간적·장소적으로 중복될 뿐 아니라 감금행위 그 자체가 강간의 수단인 협박행위를 이루고 있는 경우로서 이 사건 감금과 강간미수죄는 일개의 행위에 의하여 실현된 경우로서 형법 제40조의 상상적 경합</u>이라고 해석함이 상당할 것이다(대판 1983.4.26. 83도323).

ㄹ. [×] [1] 협박죄에서 협박이란 일반적으로 보아 사람으로 하여금 공포심을 일으킬 정도의 해악을 고지하는 것을 의미하며, 그 고지되는 해악의 내용, 즉 침해하겠다는 법익의 종류나 법익의 향유 주체 등에는 아무런 제한이 없다. 따라서 <u>피해자 본인이나 그 친족뿐만 아니라 그 밖의 '제3자'에 대한 법익 침해를 내용으로 하는 해악을 고지하는 것이라고 하더라도 피해자 본인과 제3자가 밀접한 관계에 있어 그 해악의 내용이 피해자 본인에게 공포심을 일으킬 만한 정도의 것이라면 협박죄가 성립할 수 있다. 이 때 '제3자'에는 자연인뿐만 아니라 법인도 포함된다</u> 할 것이다.

[2] 협박죄는 사람의 의사결정의 자유를 보호법익으로 하는 범죄로서 형법규정의 체계상 개인적 법익, 특히 사람의 자유에 대한 죄 중 하나로 구성되어 있는바, 위와 같은 협박죄의 보호법익, 형법규정상 체계, <u>협박의 행위 개념 등에 비추어 볼 때, 협박죄는 자연인만을 그 대상으로 예정하고 있을 뿐 법인은 협박죄의 객체가 될 수 없다.</u>

[3] 채권추심 회사의 지사장이 회사로부터 자신의 횡령행위에 대한 민·형사상 책임을 추궁당할 지경에 이르자 이를 모면하기 위하여 회사 본사에 '회사의 내부비리 등을 금융감독원 등 관계 기관에 고발하겠다'는 취지의 서면을 보내는 한편, 위 회사 경영지원본부장이자 상무이사에게 전화를 걸어 자신의 횡령행위를 문제삼지 말라고 요구하면서 위 서면의 내용과 같은 취지로 발언한 사안에서, 위 상무이사에 대한 협박죄를 인정한 원심의 판단을 수긍한 사례(대판 2010.7.15. 2010도1017).

▶ <u>법인은 협박죄의 객체가 될 수 없으므로 법인에 대한 협박죄는 성립할 수 없다. 한편 '제3자'인 '법인'에 대한 법익 침해를 내용으로 하는 해악을 고지하였더라도 대표이사는 법인과 밀접한 관계에 있으므로 그 해악의 내용이 대표이사 본인에게 공포심을 일으킬 만한 정도의 것이어서 협박죄가 성립할 수 있다.</u>

ㅁ. [○] [1] 미성년자를 보호·감독하는 자라 하더라도 다른 보호·감독자의 감호권을 침해하거나 자신의 감호권을 남용하여 미성년자 본인의 이익을 침해하는 경우에는 미성년자 약취·유인죄의 주체가 될 수 있다.

[2] 외조부가 맡아서 양육해 오던 미성년인 자(子)를 자의 의사에 반하여 사실상 자신의 지배하에 옮긴 친권자에 대하여 미성년자 약취·유인죄를 인정한 사례(대판 2008.1.31. 2007도8011).

정답 ②

081 감금의 죄에 관한 설명 중 옳은 것을 모두 고른 것은? (다툼이 있으면 판례에 의함) [17 변호사]

> ㉠ 정신병자도 감금죄의 객체가 될 수 있다.
> ㉡ 감금행위가 단순히 강도상해 범행의 수단이 되는 데 그치지 아니하고 강도상해의 범행이 끝난 뒤에도 계속된 경우에는 감금죄와 강도상해죄가 성립하고, 두 죄는 실체적 경합범 관계에 있다.
> ㉢ 감금행위가 강간죄나 강도죄의 수단이 된 경우에도 감금죄는 강간죄나 강도죄에 흡수되지 아니하고 별도로 성립한다.
> ㉣ 경찰서 내 대기실로서 일반인과 면회인 및 경찰관이 수시로 출입하는 곳이고 여닫이문만 열면 나갈 수 있도록 된 구조라 하여도 경찰서 밖으로 나가지 못하도록 그 신체의 자유를 제한하는 유·무형의 억압이 있었다면 이는 감금에 해당한다.
> ㉤ 감금을 하기 위한 수단으로 행사된 단순한 협박행위는 감금죄에 흡수되어 따로 협박죄를 구성하지 않는다.

① ㉠, ㉡   ② ㉠, ㉡, ㉢, ㉣   ③ ㉠, ㉢, ㉣, ㉤
④ ㉡, ㉢, ㉣, ㉤   ⑤ ㉠, ㉡, ㉢, ㉣, ㉤

해설

㉠ [○] 정신병자도 감금죄의 객체가 될 수 있다(대판 2002.10.11. 2002도4315).

ⓛ [○] 감금행위가 단순히 강도상해 범행의 수단이 되는 데 그치지 아니하고 강도상해의 범행이 끝난 뒤에도 계속된 경우에는 감금죄와 강도상해죄가 성립하고, 두 죄는 실체적 경합범 관계에 있다(대판 2003.1.10. 2002도4380).

ⓒ [○] 감금행위가 강간죄나 강도죄의 수단이 된 경우에도 감금죄는 강간죄나 강도죄에 흡수되지 아니하고 별도로 성립한다(대판 1997.1.21. 96도2715).

ⓔ [○] 감금죄에 있어서의 감금행위는 사람으로 하여금 일정한 장소 밖으로 나가지 못하도록 하여 신체의 자유를 제한하는 행위를 가리키는 것이고, 그 방법은 반드시 물리적·유형적 장애를 사용하는 경우뿐만 아니라 심리적·무형적 장애에 의하는 경우도 포함되는 것이므로, 설사 그 장소가 경찰서 내 대기실로서 일반인과 면회인 및 경찰관이 수시로 출입하는 곳이고 여닫이문만 열면 나갈 수 있도록 된 구조라 하여도 경찰서 밖으로 나가지 못하도록 그 신체의 자유를 제한하는 유형·무형의 억압이 있었다면 이는 감금에 해당한다(대판 1997.6.13. 97도877).

ⓜ [○] 감금을 하기 위한 수단으로 행사된 단순한 협박행위는 감금죄에 흡수되어 따로 협박죄를 구성하지 않는다(대판 1982.6.22. 82도705).

정답 ⑤

082 성범죄에 관한 설명 중 옳지 않은 것은? (다툼이 있는 경우에는 판례에 의함) [13 변호사]

① 특수강간범이 강간행위 계속 중에 특수강도의 행위를 한 후 강간행위를 종료한 경우 성폭력범죄의 처벌 등에 관한 특례법상의 특수강도강간죄가 성립한다.

② 甲, 乙, 丙이 사전의 모의에 따라 강간할 목적으로 심야에 인가에서 멀리 떨어져 있어 쉽게 도망할 수 없는 야산으로 피해자 A, B, C를 유인한 다음 곧바로 암묵적인 합의에 따라 각자 마음에 드는 피해자 1명씩만을 데리고 불과 100m 이내의 거리에 있는 곳으로 흩어져 동시 또는 순차적으로 피해자들을 각각 강간하였다면, 甲에게는 A, B, C 모두에 대한 성폭력범죄의 처벌 등에 관한 특례법상의 특수강간죄가 성립한다.

③ (판례변경으로 삭제)

④ 강간범이 강간행위 후에 강도의 범의를 일으켜 그 부녀의 재물을 강취하는 경우에는 강도강간죄가 아니라 강간죄와 강도죄의 경합범이 성립한다.

⑤ 성폭력범죄의 처벌 등에 관한 특례법상의 공중밀집장소에서의 추행죄에서 규정하고 있는 공중밀집장소란 공중의 이용에 상시적으로 제공·개방된 상태에 놓여 있는 곳 일반을 의미하므로, 공중밀집장소의 일반적 특성을 이용한 행위라고 보기 어려운 특별한 사정이 있는 경우에 해당하지 않는 한 추행행위 당시의 현실적인 밀집도 내지 혼잡도에 따라 그 규정의 적용 여부를 달리한다고 볼 수 없다.

해설

① [○] 다른 특별한 사정이 없는 한 특수강간범이 강간행위 종료 전에 특수강도의 행위를 한 이후에 그 자리에서 강간행위를 계속하는 때에도 특수강도가 부녀를 강간한 때에 해당하여 구 성폭력범죄의 처벌 및 피해자보호 등에 관한 법률 제5조 제2항에 정한 특수강도강간죄로 의율할 수 있다(대판 2010.12.9. 2010도9630).

② [○] 피고인 등이 비록 특정한 1명씩의 피해자만 강간하거나 강간하려고 하였다 하더라도, 사전의 모의에 따라 강간할 목적으로 심야에 인가에서 멀리 떨어져 있어 쉽게 도망할 수 없는 야산으로 피해자들을 유인한 다음 곧바로 암묵적인 합의에 따라 각자 마음에 드는 피해자들을 데리고 불과 100m 이내의 거리에 있는 곳으로 흩어져 동시 또는 순차적으로 피해자들을 각각 강간하였다면, 그 각 강간의 실행행위도 시간적으로나 장소적으로 협동관계에 있었다고 보아야 할 것이므로, 피해자 3명 모두에 대한 특수강간죄 등이 성립된다고 한 사례(대판 2004.8.20. 2004도2870).

③ [판례변경으로 삭제] – 변경된 전원합의체 판결

[1] **다수의견** (가) 형법 및 성폭력범죄의 처벌 등에 관한 특례법(이하 '성폭력처벌법'이라 한다)은 강제추행죄의 구성요건으로 '폭행 또는 협박'을 규정하고 있는데, 대법원은 강제추행죄의 '폭행 또는 협박'의 의미에 관하여 이를 두 가지 유형으로 나누어, 폭행행위 자체가 곧바로 추행에 해당하는 경우(이른바 기습추행형)에는 상대방의 의사를 억압할 정도의 것임을 요하지 않고 상대방의 의사에 반하는 유형력의 행사가 있는 이상 그 힘의 대소강약을 불문한다고 판시하는 한편, 폭행 또는 협박이 추행보다 시간적으로 앞서 그 수단으로 행해진 경우(이른바 폭행·협박 선행형)에는 상대방의 항거를 곤란하게 하는 정도의 폭행 또는 협박이 요구된다고 판시하여 왔다(이하 폭행·협박 선행형 관련 판례 법리를 '종래의 판례 법리'라 한다).

(나) 강제추행죄의 범죄구성요건과 보호법익, 종래의 판례 법리의 문제점, 성폭력범죄에 대한 사회적 인식, 판례 법리와 재판 실무의 변화에 따라 해석 기준을 명확히 할 필요성 등에 비추어 강제추행죄의 '폭행 또는 협박'의 의미는 다시 정의될 필요가 있다. 강제추행죄의 '폭행 또는 협박'은 상대방의 항거를 곤란하게 할 정도로 강력할 것이 요구되지 아니하고, 상대방의 신체에 대하여 불법한 유형력을 행사(폭행)하거나 일반적으로 보아 상대방으로 하여금 공포심을 일으킬 수 있는 정도의 해악을 고지(협박)하는 것이라고 보아야 한다. 구체적인 이유는 다음과 같다.

① 강제추행죄에서 추행의 수단이 되는 '폭행 또는 협박'에 대해 피해자의 항거가 곤란할 정도일 것을 요구하는 종래의 판례 법리는 강제추행죄의 범죄구성요건이나 자유롭고 평등한 개인의 성적 자기결정권이라는 보호법익과 부합하지 아니한다. 형법 제298조 및 성폭력처벌법 제5조 제2항 등 강제추행죄에 관한 현행 규정은 '**폭행 또는 협박으로 사람에 대하여 추행을 한 자**' 또는 '**폭행 또는 협박으로 사람을 강제추행한 경우**' 이를 처벌한다고 정하고 있을 뿐, 폭행·협박의 정도를 명시적으로 한정하고 있지 아니하다. '강제추행'에서 '강제(强制)'의 사전적 의미는 '권력이나 위력으로 남의 자유의사를 억눌러 원하지 않는 일을 억지로 시키는 것'으로서, 반드시 상대방의 항거가 곤란할 것을 전제로 한다고 볼 수 없고, 폭행·협박을 수단으로 또는 폭행·협박의 방법으로 동의하지 않는 상대방에 대하여 추행을 하는 경우 그러한 강제성은 구현된다고 보아야 한다.

(다) 요컨대, 강제추행죄는 상대방의 신체에 대해 불법한 유형력을 행사하거나 상대방으로 하여금 공포심을 일으킬 수 있는 정도의 해악을 고지하여 상대방을 추행한 경우에 성립한다. 어떠한 행위가 강제추행죄의 '폭행 또는 협박'에 해당하는지 여부는 행위의 목적과 의도, 구체적인 행위태양과 내용, 행위의 경위와 행위 당시의 정황, 행위자와 상대방과의 관계, 그 행위가 상대방에게 주는 고통의 유무와 정도 등을 종합하여 판단하여야 한다. 이와 달리 강제추행죄의 폭행 또는 협박이 상대방의 항거를 곤란하게 할 정도일 것을 요한다고 본 대법원 2012. 7. 26. 선고 2011도8805 판결을 비롯하여 같은 취지의 종전 대법원판결은 이 판결의 견해에 배치되는 범위 내에서 모두 변경하기로 한다(대판(전) 2023.9.21. 2018도13877).

④ [○] 강간범이 강간행위 후에 강도의 범의를 일으켜 그 부녀의 재물을 강취하는 경우에는 형법상 강도강간죄가 아니라 강간죄와 강도죄의 경합범이 성립될 수 있을 뿐이다(대판 2002.2.8. 2001도6425).

⑤ [○] [1] 공중밀집장소에서의 추행죄를 규정한 성폭력범죄의 처벌 및 피해자보호 등에 관한 법률 제13조의 '공중이 밀집하는 장소'에는 현실적으로 사람들이 빽빽이 들어서 있어 서로간의 신체적 접촉이 이루어지고 있는 곳만을 의미하는 것이 아니라 이 사건 찜질방 등과 같이 공중의 이용에 상시적으로 제공·개방된 상태에 놓여 있는 곳 일반을 의미한다.

[2] 찜질방 수면실에서 옆에 누워 있던 피해자의 가슴 등을 손으로 만진 행위가 성폭력범죄의 처벌 및 피해자보호 등에 관한 법률 제13조에서 정한 공중밀집장소에서의 추행행위에 해당한다고 한 사례(대판 2009.10.29. 2009도7973).

정답 없음

083 다음 설명 중 옳지 않은 것은? (다툼이 있으면 판례에 의함)

[18 변호사]

① 아동·청소년의 성을 사는 행위를 알선하는 행위를 업으로 하는 사람이 알선의 대상이 아동·청소년임을 인식하면서 알선행위를 하였더라도, 알선행위로 아동·청소년의 성을 사는 행위를 한 사람이 행위의 상대방이 아동·청소년임을 인식하지 못하였다면 아동·청소년의성보호에관한법률위반(알선영업행위등)죄가 성립하지 않는다.

② 감금행위가 단순히 강도상해 범행의 수단이 되는 데 그치지 아니하고 강도상해의 범행이 끝난 뒤에도 계속된 경우에는 감금죄와 강도상해죄의 경합범으로 처벌된다.

③ 미성년자가 혼자 머무는 주거에 침입하여 그를 감금한 뒤 폭행 또는 협박에 의하여 부모의 출입을 봉쇄하고 독자적인 생활관계를 형성하기에 이르렀다면 비록 장소적 이전이 없었다 할지라도 미성년자약취죄가 성립한다.

④ 강간범이 강간행위 후에 강도의 범의를 일으켜 피해자의 재물을 강취한 경우에는 강도강간죄가 아니라 강간죄와 강도죄의 경합범으로 처벌될 수 있을 뿐이나, 강간행위를 종료하기 전에 강도행위를 하고 그 자리에서 강간행위를 계속한 때에는 강도강간죄로 처벌된다.

⑤ 강간범이 범행현장에서 범행에 사용하려는 의도 아래 흉기 등 위험한 물건을 지닌 이상 그 사실을 피해자가 인식하거나 실제로 범행에 사용하지 않은 경우도 「성폭력범죄의 처벌 등에 관한 특례법」 제4조 제1항 소정의 '흉기나 그 밖의 위험한 물건을 지닌 채 강간죄를 범한 자'에 해당한다.

해설

① [×] [1] 아동·청소년의 성을 사는 행위를 알선하는 행위를 업으로 하는 사람이 알선의 대상이 아동·청소년임을 인식하면서 알선행위를 하였다면, 아동·청소년의 성을 사는 행위를 한 사람이 상대방이 아동·청소년임을 인식하고 있었는지 여부는 알선행위를 한 사람의 책임에 영향을 미칠 이유가 없다. [2] 아동·청소년의 성을 사는 행위를 알선하는 행위를 업으로 하여 청소년성보호법 제15조 제1항 제2호의 위반죄가 성립하기 위해서는 알선행위를 업으로 하는 사람이 아동·청소년을 알선의 대상으로 삼아 그 성을 사는 행위를 알선한다는 것을 인식하여야 하지만, 이에 더하여 알선행위로 아동·청소년의 성을 사는 행위를 한 사람이 상대방이 아동·청소년임을 인식하여야 한다고 볼 수는 없다(대판 2016.2.18. 2015도15664).

② [O] 미성년자를 유인한 자가 계속하여 미성년자를 불법하게 감금하였을 때에는 미성년자유인죄 이외에 감금죄가 별도로 성립한다(대판 2003.1.10. 2002도4380).

③ [O] 형법 제287조(미성년자약취유인죄)에 규정된 약취행위는 폭행 또는 협박을 수단으로 하여 미성년자를 그 의사에 반하여 자유로운 생활관계 또는 보호관계로부터 이탈시켜 범인이나 제3자의 사실상 지배하에 옮기는 행위를 말하는 것이다. 물론, 여기에는 미성년자를 장소적으로 이전시키는 경우뿐만 아니라 장소적 이전 없이 기존의 자유로운 생활관계 또는 부모와의 보호관계로부터 이탈시켜 범인이나 제3자의 사실상 지배하에 두는 경우도 포함된다(대판 2008.1.17. 2007도8485).

④ [O] 강간범이 강간행위 후에 강도의 범의를 일으켜 그 부녀의 재물을 강취하는 경우에는 강도강간죄가 아니라 강간죄와 강도죄의 경합범이 성립될 수 있을 뿐이지만, 강간행위의 종료 전 즉 그 실행행위의 계속 중에 강도의 행위를 할 경우에는 이때에 바로 강도의 신분을 취득하는 것이므로 이후에 그 자리에서 강간행위를 계속하는 때에는 강도가 부녀를 강간한 때에 해당하여 강도강간죄를 구성한다(대판 2010.12.9. 2010도9630).

⑤ [O] 성폭법 제6조 제1항[개정법 제4조 제1항] 소정의 '흉기 기타 위험한 물건을 휴대하여 강간죄를 범한 자'란 범행 현장에서 그 범행에 사용하려는 의도 아래 흉기를 소지하거나 몸에 지니는 경우를 가리키는 것이고, 그 범행과는 전혀 무관하게 우연히 이를 소지하게 된 경우까지를 포함하는 것은 아니라 할 것이나, 범행 현장에서 범행에 사용하려는 의도 아래 흉기 등 위험한 물건을 소지하거나 몸에 지닌 이상 그 사실을 피해자가 인식하거나 실제로 범행에 사용하였을 것까지 요구되는 것은 아니다(대판 2004.6.11. 2004도2018).

정답 ①

「성폭력범죄의 처벌 등에 관한 특례법」제14조(카메라 등을 이용한 촬영)에 관한 설명 중 옳지 않은 것은? (제시된 법령을 참고하고 다툼이 있으면 판례에 의함)   [21 변호사]

성폭력범죄의 처벌 등에 관한 특례법[법률 제11556호, 2012.12.18. 전부개정] (이하 '구 성폭법'이라 함)	성폭력범죄의 처벌 등에 관한 특례법[법률 제17264호, 2020.5.19. 일부개정] (이하 '현행 성폭법'이라 함)
제14조 (카메라 등을 이용한 촬영) ① 카메라나 그 밖에 이와 유사한 기능을 갖춘 기계장치를 이용하여 성적 욕망 또는 수치심을 유발할 수 있는 다른 사람의 신체를 그 의사에 반하여 촬영하거나 그 촬영물을 반포·판매·임대·제공 또는 공공연하게 전시·상영한 자는 5년 이하의 징역 또는 1천만원 이하의 벌금에 처한다. ② 제1항의 촬영이 촬영 당시에는 촬영대상자의 의사에 반하지 아니하는 경우에도 사후에 그 의사에 반하여 촬영물을 반포·판매·임대·제공 또는 공공연하게 전시·상영한 자는 3년 이하의 징역 또는 500만원 이하의 벌금에 처한다.	제14조 (카메라 등을 이용한 촬영) ① 카메라나 그 밖에 이와 유사한 기능을 갖춘 기계장치를 이용하여 성적 욕망 또는 수치심을 유발할 수 있는 사람의 신체를 촬영대상자의 의사에 반하여 촬영한 자는 7년 이하의 징역 또는 5천만원 이하의 벌금에 처한다. ② 제1항에 따른 촬영물 또는 복제물(복제물의 복제물을 포함한다)을 반포·판매·임대·제공 또는 공공연하게 전시·상영(이하 "반포등"이라 한다)한 자 또는 제1항의 촬영이 촬영 당시에는 촬영대상자의 의사에 반하지 아니한 경우(자신의 신체를 직접 촬영한 경우를 포함한다)에도 사후에 그 촬영물 또는 복제물을 촬영대상자의 의사에 반하여 반포등을 한 자는 7년 이하의 징역 또는 5천만원 이하의 벌금에 처한다.

① 甲이 A와 화상채팅 중 A가 스스로 촬영하여 전송한 A의 나체 사진을 저장한 경우, 甲의 행위가 A의 의사에 반하더라도 구 성폭법 제14조 제1항으로 처벌할 수 없다.

② 甲이 A의 동의를 얻어 A의 나체를 촬영한 후 그 영상물을 A의 의사에 반하여 반포한 행위는 구 성폭법뿐만 아니라 현행 성폭법하에서도 제14조 제2항의 처벌대상이 된다.

③ 甲이 A의 동의를 얻어 A의 나체를 촬영한 영상을 컴퓨터로 재생하면서 재생 중인 화면을 휴대전화로 다시 촬영한 다음 이를 A의 의사에 반하여 반포한 행위는 구 성폭법 제14조 제2항으로 처벌할 수 없다.

④ 甲이 A의 동의를 얻어 A의 나체를 촬영한 후 A가 다른 남성 B와 사귀자 헤어지게 할 목적으로 A에게 위 나체 영상을 전송한 경우 구 성폭법 제14조 제2항의 '제공'으로 처벌할 수 있다.

⑤ 甲이 A의 의사에 반하여 A의 나체를 촬영한 영상을 乙이 A의 의사에 반하여 반포한 경우 甲은 현행 성폭법 제14조 제1항으로, 乙은 동조 제2항으로 처벌할 수 있다.

해설

① [○] 피고인이 인터넷 채팅용 화상카메라를 이용하여 화상채팅을 하던 도중 상대방이 스스로 나체를 찍어 전송한 영상을 피고인의 컴퓨터에 저장한 행위는, 피고인이 피해자가 자신을 카메라에 비춤으로써 스스로 구성한 영상을 소극적으로 수신하였을 뿐이어서 구 성폭법 제14조 제1항에서 정한 촬영행위에 해당하지 않는다(대판 2005.10.13. 2005도5396).

② [○] 구 성폭법 제14조 제2항, 현행 성폭법 제14조 제2항에 따르면 옳은 내용이다.

③ [○] 다른 사람의 신체 그 자체를 직접 촬영한 촬영물만이 위 제2항에서 규정하고 있는 촬영물에 해당하고, 다른 사람의 신체 이미지가 담긴 영상을 촬영한 촬영물은 이에 해당하지 아니한다. 따라서 피고인이 피해자와의 합의하에 촬영한 성관계 동영상 파일을 컴퓨터로 재생하여 모니터에 나타난 영상을 휴대전화 카메라로 촬영한 후 그 사진을 피해자의 처의 휴대전화로 발송한 경우, 그 촬영물은 구 성폭법 제14조 제2항에 규정된 '다른 사람의 신체를 촬영한 촬영물'이 아니므로 구 성폭법 제14조 제2항의 죄는 성립하지 아니한다(대판 2018.8.30. 2017도3443).

판례해설 유흥주점의 여자 종업원인 피고인 甲(女)이 손님인 유부남 A(男)와 내연관계로 지내다가 헤어지게 되자 자신과 A가 성관계를 하는 것을 합의하에 촬영한 동영상 파일을 컴퓨터로 재생한 후, 그 중 자신이 A의 성기를 빠는 장면 등을 찍은 사진 3장을 다른 사람의 휴대전화를 이용하여 A의 아내인 B(女)의 휴대전화로 보낸 사건이다. 성관계 파일이 재생되는 '모니터 화면을 촬영한 것이므로' 성폭법 제14조 제1항이나 제2항에 규정된 '촬영물'에 해당하지 않는다는 취지의 판례이다. 이후 위와 같은 처벌의 흠결을 방지하기 위하여 성폭법 제14조가 2018.12.18. 개정되어 제14조 제2항에 '복제물(복제물의 복제물을 포함한다)'을 추가한 것이다. 현행법에 따르면 甲의 행위는 성폭법 제14조 제2항에 의하여 처벌된다.

④ [×] 성폭법 제14조 제1항에서 촬영물의 '제공'은 반포에 이르지 아니하는 무상 교부행위로서 반포할 의사 없이 '특정한 1인 또는 소수의 사람'에게 무상으로 교부하는 것을 의미하는데, 촬영의 대상이 된 피해자 본인은 '제공'의 상대방인 '특정한 1인 또는 소수의 사람'에 포함되지 않는다고 봄이 타당하므로 피해자 본인에게 촬영물을 교부하는 행위는 다른 특별한 사정이 없는 한 구 성폭법 제14조 제1항의 '제공'에 해당한다고 할 수 없다(대판 2018.8.1. 2018도1481). 따라서 甲을 구 성폭법 제14조 제2항의 '제공'으로 처벌할 수 없다.

⑤ [○] 카메라등이용촬영죄에 관한 성폭법 제14조 제1항 후단은 '촬영하거나 그 촬영물을 반포·판매·임대 또는 공연히 전시·상영한 자'라고 함으로써 촬영행위 또는 반포 등 유통행위를 선택적으로 규정하고 있을 뿐 아니라, 촬영물을 반포·판매·임대 또는 공연히 전시·상영한 자는 반드시 그 촬영물을 촬영한 자와 동일인이어야 하는 것은 아니고, 행위의 대상이 되는 촬영물은 누가 촬영한 것인지를 묻지 아니한다고 할 것이므로 자신이 직접 촬영하지 않았다고 하더라도 타인의 신체를 그 의사에 반하여 촬영한 촬영물을 반포·판매·임대 또는 공연히 전시·상영한 경우에는 성폭법 제14조 제1항 위반죄가 성립한다(대판 2016.10.13. 2016도6172).

정답 ④

085 명예훼손죄에 관한 설명 중 옳은 것을 모두 고른 것은? (다툼이 있으면 판례에 의함) [21 변호사]

> ㉠ 「형법」 제310조 위법성조각사유의 충족 여부는 검사에게 거증책임이 있다.
> ㉡ 정보통신망을 이용하여 명예훼손성 글을 게재하는 경우에는 게재글이 삭제되지 않는 이상 피해가 지속되므로 삭제 시가 범행종료 시이고 공소시효는 그때부터 기산된다.
> ㉢ 사실적시명예훼손죄(「형법」 제307조 제1항)의 '사실'은 가치 판단이나 평가를 내용으로 하는 '의견'에 대치되는 개념이 아니라 허위사실적시명예훼손죄(「형법」 제307조 제2항)의 '허위의 사실'과 반대되는 '진실한 사실'을 말하는 것이다.
> ㉣ 정보통신망을 통하여 타인의 명예를 훼손하는 글을 게시하였으나 적시된 사실이 진실이고 공공의 이익에 관한 것이어서 비방의 목적이 인정되지 않는 경우에는 「형법」 제310조가 적용된다.
> ㉤ 집단표시에 의한 명예훼손의 내용이 개별구성원에 이르러서는 비난의 정도가 희석되어 구성원 개개인의 사회적 평가에 영향을 미칠 정도에 이르지 아니한 때에는 구성원 개개인에 대한 명예훼손죄가 성립하지 않는다.

① ㉠, ㉡   ② ㉢, ㉣   ③ ㉣, ㉤
④ ㉡, ㉢, ㉣   ⑤ ㉢, ㉣, ㉤

해설

㉠ [×] 공연히 사실을 적시하여 사람의 명예를 훼손한 행위가 형법 제310조의 규정에 따라서 위법성이 조각되어 처벌대상이 되지 않기 위하여는 그것이 진실한 사실로서 오로지 공공의 이익에 관한 때에 해당된다는 점을 행위자가 증명하여야 하는 것이고, 법원이 적법하게 증거를 채택하여 조사한 다음 형법 제310조 소정의 위법성조각사유의 요건이 입증되지 않는다면 그 불이익은 피고인이 부담하는 것이다(대판 2004.5.28. 2004도1497). 형법 제310조 위법성조각사유의 충족 여부는 피고인에게 거증책임이 있다.

ⓒ [×] 서적·신문 등 기존의 매체에 명예훼손적 내용의 글을 게시하는 경우에 그 게시행위로써 명예훼손의 범행은 종료하는 것이며 그 서적이나 신문을 회수하지 않는 동안 범행이 계속된다고 보지는 않는다는 점을 고려해 보면, 정보통신망을 이용한 명예훼손의 경우에 게시행위 후에도 독자의 접근가능성이 기존의 매체에 비하여 좀 더 높다고 볼 여지가 있다 하더라도 그러한 정도의 차이만으로 정보통신망을 이용한 명예훼손의 경우에 범죄의 종료시기가 달라진다고 볼 수는 없다(대판 2007.10.25. 2006도346). 정보통신망을 이용하여 명예훼손성 글을 게재하는 경우에는 삭제 시가 아니라 게시 시에 범행이 종료하고 그때부터 공소시효가 진행한다.

ⓒ [×] 형법 제307조 제1항의 '사실'은 제2항의 '허위의 사실'과 반대되는 '진실한 사실'을 말하는 것이 아니라 가치판단이나 평가를 내용으로 하는 '의견'에 대치되는 개념이라고 보아야 한다. 따라서 제307조 제1항의 명예훼손죄는 적시된 사실이 진실한 사실인 경우이든 허위의 사실인 경우이든 모두 성립될 수 있고, 특히 적시된 사실이 허위의 사실이라고 하더라도 행위자에게 허위성에 대한 인식이 없는 경우에는 제307조 제2항의 명예훼손죄가 아니라 제307조 제1항의 명예훼손죄가 성립될 수 있다(대판 2017.4.26. 2016도18024).

ⓔ [○] 정보통신망을 통하여 타인의 명예를 훼손하는 글을 게시하였으나 적시된 사실이 진실이고 공공의 이익에 관한 것이어서 비방의 목적이 인정되지 않는 경우에는 「형법」 제310조가 적용된다.

  참고판례 출판물에 의하여 적시한 사실이 공공의 이익에 관한 것인 경우에는 특별한 사정이 없는 한 비방 목적은 부인된다고 봄이 상당하므로 이와 같은 경우에는 형법 제307조 제1항 소정의 명예훼손죄의 성립 여부가 문제될 수 있고 이에 대하여는 다시 형법 제310조에 의한 위법성 조각 여부가 문제로 될 수 있다(대판 2003.12.26. 2003도6036).

ⓜ [○] 명예훼손죄는 어떤 특정한 사람 또는 인격을 보유하는 단체에 대하여 명예를 훼손함으로써 성립하는 것이므로 피해자가 특정되어야 한다. 집합적 명사를 쓴 경우에도 어떤 범위에 속하는 특정인을 가리키는 것이 명백하면, 이를 각자의 명예를 훼손하는 행위라고 볼 수 있다. 그러나 명예훼손의 내용이 집단에 속한 특정인에 대한 것이라고 해석되기 힘들고 집단표시에 의한 비난이 개별구성원에 이르러서는 비난의 정도가 희석되어 구성원 개개인의 사회적 평가에 영향을 미칠 정도에 이르지 않는 것으로 평가되는 경우에는 구성원 개개인에 대한 명예훼손이 성립하지 않는다(대판 2018.11.29. 2016도14678).

정답 ③

086 명예훼손죄에 관한 설명 중 옳은 것[○]과 옳지 않은 것[×]을 올바르게 조합한 것은? (다툼이 있는 경우 판례에 의함)
[23 변호사]

ㄱ. 기자를 통해 사실을 적시하는 경우 기자가 취재를 한 상태에서 아직 기사화하여 보도하지 아니한 때에는 전파가능성이 없어 명예훼손죄의 요건인 공연성이 인정되지 않는다.

ㄴ. 개인블로그의 비공개 대화방에서 1:1로 대화하였다면 명예훼손죄의 요건인 공연성이 인정되지 않는다.

ㄷ. 명예훼손죄는 구체적 위험범이므로 불특정 또는 다수인이 적시된 사실을 실제 인식한 경우에 명예가 훼손된 것이다.

ㄹ. 정보통신망을 통하여 타인의 명예를 훼손하는 글을 게시하였으나 적시된 사실이 진실이고 공공의 이익에 관한 것이어서 비방의 목적이 인정되지 않는 경우에는 「형법」 제310조(위법성의 조각)가 적용된다.

ㅁ. 행위자의 주요한 동기 내지 목적이 공공의 이익을 위한 것이라도 부수적으로 다른 사익적 목적이나 동기가 내포되어 있는 때에는 「형법」 제310조(위법성의 조각)의 적용이 배제된다.

① ㄱ[○], ㄴ[○], ㄷ[○], ㄹ[×], ㅁ[○]　　② ㄱ[○], ㄴ[×], ㄷ[○], ㄹ[×], ㅁ[×]
③ ㄱ[○], ㄴ[×], ㄷ[×], ㄹ[○], ㅁ[×]　　④ ㄱ[×], ㄴ[×], ㄷ[×], ㄹ[○], ㅁ[×]
⑤ ㄱ[×], ㄴ[○], ㄷ[×], ㄹ[○], ㅁ[○]

ㄱ. [○] 통상 기자가 아닌 보통 사람에게 사실을 적시할 경우에는 그 자체로서 적시된 사실이 외부에 공표되는 것이므로 그 때부터 곧 전파가능성을 따져 공연성 여부를 판단하여야 할 것이지만, 그와는 달리 기자를 통해 사실을 적시하는 경우에는 기사화되어 보도되어야만 적시된 사실이 외부에 공표된다고 보아야 할 것이므로 <u>기자가 취재를 한 상태에서 아직 기사화하여 보도하지 아니한 경우에는 전파가능성이 없으므로 공연성이 없다고 보아야 한다</u>(대판 2000.5.16. 99도5622).

ㄴ. [×] <u>개인 블로그의 비공개 대화방에서 상대방으로부터 비밀을 지키겠다는 말을 듣고 일대일로 대화하였다고 하더라도,</u> 그 사정만으로 대화 상대방이 대화내용을 불특정 또는 다수에게 전파할 가능성이 없다고 할 수 없으므로, 명예훼손죄의 요건인 공연성을 인정할 여지가 있다(대판 2008.2.14. 2007도8155).

ㄷ. [×] 명예훼손죄는 추상적 위험범으로서 특정인의 사회적 평가를 침해할 위험이 발생한 것으로 족하고 침해의 결과를 요구하지 않으므로, <u>다수의 사람에게 사실을 적시한 경우뿐만 아니라 소수의 사람에게 발언하였다고 하더라도 그로 인해 불특정 또는 다수인이 인식할 수 있는 상태를 초래한 경우에도 공연히 발언한 것으로 해석할 수 있다는 점,</u> 정보통신망을 이용한 명예훼손은 '행위 상대방' 범위와 경계가 불분명해지고, 명예훼손 내용을 소수에게만 보냈음에도 행위 자체로 불특정 또는 다수인이 인식할 수 있는 상태를 형성하는 경우가 다수 발생하게 된다는 점에서 전파가능성 법리는 정보통신망 등 다양한 유형의 명예훼손 처벌규정에서의 공연성 개념에 부합한다고 볼 수 있다는 점에서 현재에도 여전히 법리적으로나 현실적인 측면에 비추어 타당하므로 유지되어야 한다(대판(전) 2020.11.19. 2020도5813).

ㄹ. [○] 형법 제309조 제1항 소정의 출판물에 의한 명예훼손죄에서 '비방할 목적'이란 가해의 의사 내지 목적을 요하는 것으로서 공공의 이익을 위한 것과는 행위자의 주관적 의도의 방향에 있어 서로 상반되는 관계에 있다고 할 것이므로, <u>적시한 사실이 공공의 이익에 관한 것인 경우에는 특별한 사정이 없는 한 비방할 목적은 부인된다고 봄이 상당하다</u>(대판 2005.4.29. 2003도2137).[10]

ㅁ. [×] 형법 제310조의 '오로지 공공의 이익에 관한 때'라 함은 적시된 사실이 객관적으로 볼 때 공공의 이익에 관한 것으로서 행위자도 공공의 이익을 위하여 그 사실을 적시한 것이어야 하고, <u>행위자의 주요한 목적이나 동기가 공공의 이익을 위한 것이라면 부수적으로 다른 사익적 목적이나 동기가 내포되어 있더라도 형법 제310조의 적용을 배제할 수 없다</u>(대판 1996.10.25. 95도1473).

정답 ③

---

10) 출판물에 의한 명예훼손죄의 이와 같은 법리는 정통망법위반(명예훼손)죄에도 그대로 적용될 수 있다.

087 명예에 관한 죄에 관한 설명 중 옳지 않은 것을 모두 고른 것은? (다툼이 있으면 판례에 의함) [16 변호사]

> ㉠ 개인 블로그의 비공개 대화방에서 상대방으로부터 비밀을 지키겠다는 말을 듣고 1:1로 대화하면서 타인의 명예를 훼손하는 발언을 한 경우 상대방이 대화내용을 불특정 또는 다수인에게 전파할 가능성이 있다고 할 수 없다.
>
> ㉡ 공연히 사실을 적시하여 사람의 명예를 훼손한 행위가 형법 제310조에 따라 위법성이 조각되려면 그것이 진실한 사실로서 오로지 공공의 이익에 관한 때에 해당된다는 점을 행위자가 증명하여야 하고, 그 증명을 함에 있어서 전문증거의 증거능력을 제한하는 형사소송법 제310조의2가 적용된다.
>
> ㉢ '여성 아나운서'와 같이 집단 표시에 의한 구성원 개개인에 대한 명예훼손죄는 성립되지 않는 것이 원칙이고 모욕죄의 경우도 마찬가지이다.
>
> ㉣ 甲이 경찰관 A를 상대로 진정한 직무유기 사건이 혐의가 인정되지 않아 내사종결 처리되었음에도, 甲이 도청에 찾아가 다수인이 듣고 있는 가운데 "내일부로 검찰청에서 A에 대한 구속영장이 떨어진다."라고 소리친 경우, 이는 실현가능성이 없는 장래의 일을 적시한 것에 불과하여 설령 그것이 과거 또는 현재의 사실을 기초로 하더라도 명예훼손죄는 성립되지 않는다.

① ㉠   ② ㉠, ㉣   ③ ㉡, ㉢
④ ㉠, ㉡, ㉣   ⑤ ㉡, ㉢, ㉣

해설

㉠ [×] 피고인이 개인 블로그의 비공개 대화방에서 상대방으로부터 비밀을 지키겠다는 말을 듣고 일대일로 대화하였다고 하더라도 그 사정만으로 대화 상대방이 대화내용을 불특정 또는 다수에게 전파할 가능성이 없다고 할 수 없으므로 명예훼손죄의 요건인 공연성을 인정할 여지가 있다(대판 2008.2.14. 2007도8155).

㉡ [×] 공연히 사실을 적시하여 사람의 명예를 훼손한 행위가 형법 제310조의 규정에 따라서 위법성이 조각되어 처벌대상이 되지 않기 위하여는, 그것이 진실한 사실로서 오로지 공공의 이익에 관한 때에 해당된다는 점을 행위자가 증명하여야 하는 것이나, 그 증명은 유죄의 인정에 있어 요구되는 것과 같이 법관으로 하여금 의심할 여지가 없을 정도의 확신을 가지게 하는 증명력을 가진 엄격한 증거에 의하여야 하는 것은 아니므로, 이때에는 전문증거에 대한 증거능력의 제한을 규정한 형사소송법 제310조의2는 적용될 여지가 없다(대판 1996.10.25. 95도1473).

㉢ [○] [1] 모욕죄는 특정한 사람 또는 인격을 보유하는 단체에 대하여 사회적 평가를 저하시킬 만한 경멸적 감정을 표현함으로써 성립하는 것이므로 그 피해자는 특정되어야 한다.
[2] 국회의원인 피고인이 학생들과 저녁회식을 하는 자리에서, 장래의 희망이 아나운서라고 한 여학생들에게 (아나운서 지위를 유지하거나 승진하기 위하여) "다 줄 생각을 해야 하는데, 그래도 아나운서 할 수 있겠느냐. 성신여대 이상은 자존심 때문에 그렇게 못하더라"라는 등의 말을 한 경우, 피고인의 발언은 여성 아나운서 일반을 대상으로 한 것으로서 그 개별구성원인 피해자들에 이르러서는 비난의 정도가 희석되어 피해자 개개인의 사회적 평가에 영향을 미칠 정도에까지는 이르지 아니하므로 모욕죄에 해당한다고 보기는 어렵다(대판 2014.3.27. 2011도15631).

㉣ [×] 명예훼손죄에서 적시의 대상이 되는 사실이란 현실적으로 발생하고 증명할 수 있는 과거 또는 현재의 사실을 말하며, 장래의 일을 적시하더라도 그것이 과거 또는 현재의 사실을 기초로 하거나 이에 대한 주장을 포함하는 경우에는 명예훼손죄가 성립한다(대판 2003.5.13. 2002도7420).

정답 ④

088 업무방해죄에 관한 설명 중 옳지 않은 것은? (다툼이 있는 경우에는 판례에 의함)

① 업무방해죄의 성립에는 업무방해의 결과가 실제로 발생함을 요하지 않고, 업무방해의 결과를 초래할 위험이 발생하는 것이면 족하다.

② 시장번영회의 회장으로서 시장번영회에서 제정하여 시행 중인 관리규정을 위반하여 칸막이를 천장까지 설치한 일부 점포주들에 대하여 회원들의 동의를 얻어 시행되고 있는 관리규정에 따라 단전조치를 한 경우 업무방해죄로 처벌할 수 없다.

③ 근로자들이 집단적으로 근로의 제공을 거부하여 사용자의 정상적인 업무 운영을 저해하고 손해를 발생하게 한 행위는 당연히 업무방해죄의 위력에 해당되고 노동관계 법령에 따른 정당한 쟁의행위로서 위법성이 조각되는 경우가 아닌 한 업무방해죄로 처벌된다.

④ 폭력조직 간부가 조직원들과 공모하여 타인이 운영하는 성매매업소 앞에 속칭 '병풍'을 치거나 차량을 주차해 놓는 등 위력으로써 성매매업을 방해한 경우 업무방해죄로 처벌할 수 없다.

⑤ 수산업협동조합의 신규직원 채용에 응시한 A와 B가 필기시험에서 합격선에 못 미치는 점수를 받게 되자, 채점업무 담당자들이 조합장인 피고인의 지시에 따라 점수조작행위를 통하여 이들을 필기시험에 합격시킴으로써 필기시험 합격자를 대상으로 하는 면접시험에 응시할 수 있도록 한 사안에서, 위 점수조작행위에 공모 또는 양해하였다고 볼 수 없는 일부 면접위원들이 조합의 신규직원 채용업무로서 수행한 면접업무는 위 점수조작행위에 의하여 방해되었다고 보아야 한다.

해설

① [○] 업무방해죄의 성립에 있어서 업무방해의 결과가 실제로 발생함을 요하는 것은 아니고 업무방해의 결과를 초래할 위험이 발생하면 족하다(대판 2010.3.25. 2008도4228).

② [○] 시장번영회의 회장으로서 시장번영회에서 제정하여 시행중인 관리규정을 위반하여 칸막이를 천장에까지 설치한 일부 점포주들에 대하여 단전조치를 한 피고인의 행위는 법익권형성, 긴급성, 보충성을 갖춘 행위로서 사회통념상 허용될 만한 정도의 상당성이 있는 것이므로 형법 제20조 소정의 정당행위에 해당한다(대판 1994.4.15. 93도2899).

③ [×] [1] 근로자는 원칙적으로 헌법상 보장된 기본권으로서 근로조건 향상을 위한 자주적인 단결권·단체교섭권 및 단체행동권을 가지므로(헌법 제33조 제1항), 쟁의행위로서 파업이 언제나 업무방해죄에 해당하는 것으로 볼 것은 아니고, 전후 사정과 경위 등에 비추어 사용자가 예측할 수 없는 시기에 전격적으로 이루어져 사용자의 사업운영에 심대한 혼란 내지 막대한 손해를 초래하는 등으로 사용자의 사업계속에 관한 자유의사가 제압·혼란될 수 있다고 평가할 수 있는 경우에 비로소 집단적 노무제공의 거부가 위력에 해당하여 업무방해죄가 성립한다고 보는 것이 타당하다.

[2] 이와 달리, 근로자들이 집단적으로 근로의 제공을 거부하여 사용자의 정상적인 업무운영을 저해하고 손해를 발생하게 한 행위가 당연히 위력에 해당하는 것을 전제로 노동관계 법령에 따른 정당한 쟁의행위로서 위법성이 조각되는 경우가 아닌 한 업무방해죄를 구성한다는 취지로 판시한 대법원 판결 등은 이 판결의 견해에 배치되는 범위 내에서 변경한다(대판(전) 2011.3.17. 2007도482).

▶ 지문의 내용은 전원합의체 판결에 의하여 폐기된 내용의 판례에 해당한다.

④ [○] 성매매알선 등 행위는 법에 의하여 원천적으로 금지된 행위로서 형사처벌의 대상이 되는 중대한 범죄행위일 뿐 아니라 정의관념상 용인될 수 없는 정도로 반사회성을 띠는 경우에 해당하므로, 업무방해죄의 보호대상이 되는 업무라고 볼 수 없다(대판 2011.10.13. 2011도7081).

⑤ [○] 수산업협동조합의 신규직원 채용에 응시한 A와 B가 필기시험에서 합격선에 못 미치는 점수를 받게 되자, 채점업무 담당자들이 조합장인 피고인의 지시에 따라 점수조작행위를 통하여 이들을 필기시험에 합격시킴으로써 필기시험 합격자를 대상으로 하는 면접시험에 응시할 수 있도록 한 경우, 위 점수조작행위에 공모 또는 양해하였다고 볼 수 없는 일부 면접위원들이 조합의 신규직원 채용업무로서 수행한 면접업무는 위 점수조작행위에 의하여 방해되었다고 보아야 하므로 위계에 의한 업무방해죄가 성립한다(대판 2010.3.25. 2009도8506).

정답 ③

다음 설명 중 옳은 것을 모두 고른 것은? (다툼이 있으면 판례에 의함) [22 변호사]

> ㉠ 피해자 본인이나 그 친족뿐만 아니라 그 밖의 제3자에 대한 법익 침해를 내용으로 하는 해악을 고지하는 것이라고 하더라도 피해자 본인과 제3자가 밀접한 관계에 있어 그 해악의 내용이 피해자 본인에게 공포심을 일으킬 만한 정도의 것이라면 협박죄가 성립할 수 있고, 이 때 제3자에는 자연인뿐만 아니라 법인도 포함된다.
>
> ㉡ 4층 건물의 소유자가 그 중 2층을 임대하여 임차인이 학원을 운영하던 중 건물 내부 벽면에 설치된 분전반을 통해 3층과 4층으로 가설된 전선이 합선으로 단락되어 화재가 나 학생들에게 상해가 발생한 경우, 건물의 소유자로서 건물을 비정기적으로 수리하거나 건물의 일부분을 임대하였다는 사정만으로는 업무상과실치상죄의 '업무'로 보기 어렵다.
>
> ㉢ 주택재건축조합 조합장이 자신에 대한 감사활동을 방해하기 위하여 조합사무실에 있던 다른 직원의 컴퓨터에 비밀번호를 설정하고 조합 업무 담당자의 컴퓨터 하드디스크를 분리·보관하여 조합 업무를 방해한 경우 형법 제314조 제1항의 업무방해죄에 해당한다.
>
> ㉣ 강요죄에서 '의무 없는 일'이란 법령, 계약 등에 기하여 발생하는 법률상 의무 없는 일을 말하므로 폭행 또는 협박으로 법률상 의무 있는 일을 하게 한 경우에는 폭행 또는 협박죄만 성립할 뿐 강요죄는 성립하지 아니한다.

① ㉠, ㉢   ② ㉡, ㉣   ③ ㉠, ㉡, ㉣
④ ㉡, ㉢, ㉣   ⑤ ㉠, ㉡, ㉢, ㉣

해설

㉠ [○] 피해자 본인이나 그 친족뿐만 아니라 그 밖의 '제3자'에 대한 법익 침해를 내용으로 하는 해악을 고지하는 것이라고 하더라도 피해자 본인과 제3자가 밀접한 관계에 있어 그 해악의 내용이 피해자 본인에게 공포심을 일으킬 만한 정도의 것이라면 협박죄가 성립할 수 있다. 이 때 '제3자'에는 자연인뿐만 아니라 법인도 포함된다 할 것이다(대판 2010.7.15. 2010도1017).

㉡ [○] [1] 업무상과실치상죄에 있어서의 '업무'에는 수행하는 직무 자체가 위험성을 갖기 때문에 안전배려를 의무의 내용으로 하는 경우는 물론 사람의 생명·신체의 위험을 방지하는 것을 의무내용으로 하는 업무도 포함된다. 그러나 안전배려 내지 안전관리 사무에 계속적으로 종사하여 위와 같은 지위로서의 계속성을 가지지 아니한 채 단지 건물의 소유자로서 건물을 비정기적으로 수리하거나 건물의 일부분을 임대하였다는 사정만으로는 업무상과실치상죄에 있어서의 '업무'로 보기 어렵다.
[2] 4층 건물의 2층 내부 벽면에 설치된 분전반을 통해 3층과 4층으로 가설된 전선이 합선으로 단락되어 화재가 나 상해가 발생한 사안에서, 4층 건물의 소유자로서 위 건물 2층을 임대하였다는 사정만으로 업무상과실치상죄에 있어서의 '업무'에 관한 증명이 있다고 본 원심판결을 심리미진 등을 이유로 파기한 사례(대판 2009.5.28. 2009도1040).

㉢ [×] 주택재건축조합 조합장인 피고인이 조합의 감사 A가 자신을 탄핵하는 것을 저지하기 위하여 조합사무실에 있던 컴퓨터 중 경리 여직원 B가 사용하던 컴퓨터에 자신만이 아는 비밀번호를 설정하고, 조합업무 담당자 C가 사용하던 컴퓨터의 하드디스크를 분리하여 사무실 금고에 보관하게 하여 감사 A가 탄핵자료를 수집하지 못하게 한 경우 함부로 컴퓨터에 비밀번호를 설정한 행위는 '허위의 정보 또는 부정한 명령의 입력'에 해당하고 컴퓨터의 하드디스크를 분리·보관한 행위는 '손괴'에 해당하므로 형법 제314조 제2항의 컴퓨터등장애업무방해죄가 성립한다(대판 2012.5.24. 2011도7943).

㉣ [○] 강요죄에서 '의무 없는 일'이란 법령, 계약 등에 기하여 발생하는 법률상 의무 없는 일을 말하므로 폭행 또는 협박으로 법률상 의무 있는 일을 하게 한 경우에는 폭행 또는 협박죄만 성립할 뿐 강요죄는 성립하지 아니한다(대판 2008.5.15. 2008도1097).

정답 ③

090 업무방해죄에 관한 설명 중 옳은 것을 모두 고른 것은? (다툼이 있으면 판례에 의함) [20 변호사]

⊙ 업무방해죄는 업무방해의 결과를 초래할 위험이 발생하면 충분하므로 시험출제위원이 문제를 선정하여 시험실시자에게 제출하기 전에 이를 유출하였다면, 그 후 그 문제가 시험실시자에게 제출되지 아니하였더라도 업무방해죄가 성립한다.

ⓒ 피해자에 대한 폭행행위가 동일한 피해자에 대한 업무방해죄의 수단이 된 경우에는 업무방해죄와는 별도로 폭행죄가 성립하며 두 죄는 상상적경합 관계에 있다.

ⓒ 초등학생들이 학교에 등교하여 교실에서 수업을 듣는 것은 업무방해죄의 보호대상이 되는 업무에 해당하지 않으므로, 초등학교 교실 안에서 교사들에게 욕설을 하거나 학생들에게 욕설을 하여 수업을 할 수 없게 하였다고 하더라도 학생들의 업무를 방해하였다고 볼 수 없다.

ⓒ 신규직원 채용권한을 가지고 있는 지방공사 사장이 신규직원 채용시험 업무담당자에게 지시하여 상호 공모 내지 양해하에 시험성적조작 등의 부정한 행위를 하였다면 위계에 의한 업무방해죄가 성립한다.

ⓜ 지방경찰청 민원실에서 민원인이 진정사건의 처리와 관련하여 지방경찰청장과의 면담을 요구하면서 이를 제지하는 경찰관들에게 큰 소리로 욕설을 하고 행패를 부려 경찰관들의 수사 관련 업무를 방해하였더라도 위력에 의한 업무방해죄는 성립하지 아니한다.

① ⊙, ⓒ   ② ⓒ, ⓒ   ③ ⊙, ⓒ, ⓒ

④ ⊙, ⓒ, ⓜ   ⑤ ⓒ, ⓒ, ⓜ

해설

⊙ [×] 시험의 출제위원이 문제를 선정하여 시험실시자에게 제출하기 전에 이를 유출하였다고 하더라도 이러한 행위 자체는 위계를 사용하여 시험실시자의 업무를 방해하는 행위가 아니라 그 준비단계에 불과한 것이고, 그 후 그와 같이 유출된 문제가 시험실시자에게 제출되지도 아니하였다면 그러한 문제유출로 인하여 시험실시 업무가 방해될 추상적인 위험조차도 있다고 할 수 없으므로 <u>업무방해죄가 성립한다고 할 수 없다</u>(대판 1999.12.10. 99도3487).

ⓒ [○] 업무방해죄와 폭행죄는 구성요건과 보호법익을 달리하고 있고, 업무방해죄의 성립에 일반적·전형적으로 사람에 대한 폭행행위를 수반하는 것은 아니며, 폭행행위가 업무방해에 비하여 별도로 고려되지 않을 만큼 경미한 것이라고 할 수도 없으므로, 설령 피해자에 대한 폭행행위가 동일한 피해자에 대한 업무방해죄의 수단이 되었다고 하더라도 그러한 폭행행위가 이른바 '불가벌적 수반행위'에 해당하여 업무방해죄에 대하여 흡수관계에 있다고 볼 수는 없다(대판 2012.10.11. 2012도1895). 양 범죄는 상상적 경합범의 관계에 있다.

ⓒ [○] 초등학생들이 학교에 등교하여 교실에서 수업을 듣는 것은 무상으로 초등교육을 받을 권리 및 국가의 의무교육 실시의무와 부모들의 취학의무 등에 기하여 학생들 본인의 권리를 행사하는 것이거나 국가 내지 부모들의 의무를 이행하는 것에 불과할 뿐 그것이 '직업 기타 사회생활상의 지위에 기하여 계속적으로 종사하는 사무 또는 사업'에 해당한다고 할 수 없으므로 피고인이 교실에서 욕설 등의 행위를 하였다고 하더라도 학생들의 권리행사나 국가 내지 부모들의 의무이행을 방해한 것에 해당하는지 여부는 별론으로 하고 학생들의 업무를 방해하였다고 볼 수는 없다(대판 2013.6.14. 2013도3829).

ⓒ [×] 신규직원 채용권한을 갖고 있는 피고인 및 시험업무 담당자들이 모두 공모 내지 양해하에 부정한 행위를 하였다면 법인인 공사에게 신규직원 채용업무와 관련하여 오인·착각 또는 부지를 일으키게 하였다고 볼 수는 없다. 그렇다면 피고인의 시험업무 담당자들에 대한 부정한 지시나 이에 따른 업무 담당자들의 부정행위로 말미암아 <u>공사의 신규직원 채용업무와 관련하여 오인·착각 또는 부지를 일으킨 상대방이 있다고 할 수 없으므로</u> 피고인 등의 부정행위가 곧 <u>위계에 의한 업무방해죄에 있어서의 '위계'에 해당한다고 할 수 없다</u>(대판 2007.12.27. 2005도6404).

ⓜ [O] [1] 형법이 업무방해죄와는 별도로 공무집행방해죄를 규정하고 있는 것은 사적업무와 공무를 구별하여 공무에 관해서는 공무원에 대한 폭행·협박 또는 위계의 방법으로 그 집행을 방해하는 경우에 한하여 처벌하겠다는 취지라고 보아야 한다. 따라서 공무원이 직무상 수행하는 공무를 방해하는 행위에 대해서는 업무방해로 의율할 수는 없다고 해석함이 상당하다.

[2] 피고인들이 충남지방경찰청 1층 민원실에서 자신들이 진정한 사건의 처리와 관련하여 지방경찰청장의 면담 등을 요구하면서 이를 제지하는 경찰관들에게 큰소리로 욕설을 하고 행패를 부려 위력으로 경찰관들의 수사관련 업무를 방해하였더라도, 공무를 방해하는 행위에 대해서는 업무방해로 의율할 수 없다(대판(전) 2009.11.19. 2009도4166).

정답 ⑤

091 업무방해죄에 관한 설명 중 옳은 것을 모두 고른 것은? (다툼이 있는 경우 판례에 의함) [23 변호사]

> ㄱ. 초등학생들이 학교에 등교하여 교실에서 수업을 듣는 것은 업무방해죄의 보호대상인 '직업 기타 사회생활상의 지위에 기하여 계속적으로 종사하는 사무 또는 사업'에 해당한다고 할 수 없다.
>
> ㄴ. 주택재건축조합 조합장이 자신에 대한 감사활동을 방해하기 위하여 조합 사무실에 있던 컴퓨터에 비밀번호를 설정하고 하드디스크를 분리·보관하는 방법으로 그 조합의 정보처리 업무를 방해한 경우, 「형법」 제314조 제2항의 컴퓨터등장애업무방해죄가 성립한다.
>
> ㄷ. 지방공사 사장이 신규직원 채용권한을 행사하는 것은 공사의 기관으로서 공사의 업무를 집행하는 것이므로, 이러한 신규직원 채용업무는 위 권한의 귀속주체인 사장 본인에 대한 관계에서도 업무방해죄의 객체인 타인의 업무에 해당한다.
>
> ㄹ. 종중 회장으로서의 사회적인 지위에서 계속적으로 행하여 온 종중 업무수행의 일환으로 행하여진 것이라도, 그것이 종중 정기총회에서 의사진행업무와 같은 1회성 업무인 경우에는 업무방해죄에 의하여 보호되는 업무에 해당하지 않는다.
>
> ㅁ. 법원의 직무집행정지 가처분결정에 의하여 직무집행이 정지된 자가 법원의 결정에 반하여 직무를 수행함으로써 업무를 계속 행하는 경우, 그 업무가 반사회성을 띠는 경우라고까지는 할 수 없으므로 업무방해죄에 의하여 보호되는 업무에 해당한다.

① ㄱ, ㄴ, ㄷ   ② ㄱ, ㄹ, ㅁ   ③ ㄴ, ㄷ, ㄹ
④ ㄴ, ㄹ, ㅁ   ⑤ ㄷ, ㄹ, ㅁ

해설

ㄱ. [O] 형법상 업무방해죄의 보호대상이 되는 '업무'라 함은 직업 기타 사회생활상의 지위에 기하여 계속적으로 종사하는 사무 또는 사업을 말하는 것인데, 초등학생들이 학교에 등교하여 교실에서 수업을 듣는 것은 헌법 제31조가 정하고 있는 무상으로 초등교육을 받을 권리 및 초·중등교육법 제12, 13조가 정하고 있는 국가의 의무교육 실시의무와 부모들의 취학의무 등에 기하여 학생들 본인의 권리를 행사하는 것이거나 국가 내지 부모들의 의무를 이행하는 것에 불과할 뿐 그것이 '직업 기타 사회생활상의 지위에 기하여 계속적으로 종사하는 사무 또는 사업'에 해당한다고 할 수 없다(대판 2013.6.14. 2013도3829).

ㄴ. [O] [1] 컴퓨터와 하드디스크는 형법 제314조 제2항에 규정된 '컴퓨터 등 정보처리장치'에 해당하고, 업무수행을 위해서가 아니라 담당직원의 정상적인 업무수행을 방해할 의도에서 그 담당 직원의 의사와는 상관없이 함부로 컴퓨터에 비밀번호를 설정한 행위는 같은 항의 '허위의 정보 또는 부정한 명령의 입력'에 해당하며 컴퓨터의 하드디스크를 분리·보관한 행위는 같은 항의 '손괴'에 해당하므로, 피고인이 컴퓨터에 비밀번호를 설정하고 하드디스크를 분리·보관함으로써 조합의 정보처리에 관한 업무를 방해한 행위는 형법 제314조 제2항의 컴퓨터 등 장애업무방해죄에 해당한다고 할 것이다.

[2] 주택재건축조합 조합장인 피고인이 자신에 대한 감사활동을 방해하기 위하여 조합 사무실에 있던 컴퓨터에 비밀번호를 설정하고 하드디스크를 분리 · 보관함으로써 조합 업무를 방해하였다는 내용으로 기소된 사안에서, 위와 같은 방법으로 조합의 정보처리에 관한 업무를 방해한 행위는 형법 제314조 제2항의 컴퓨터 등 장애 업무방해죄에 해당한다고 한 사례(대판 2012.5.24. 2011도7943).

ㄷ. [○] [1] 업무방해죄에 있어서 행위의 객체는 타인의 업무이고, 여기서 타인이라 함은 범인 이외의 자연인과 법인 및 법인격 없는 단체를 가리킨다.
[2] 지방공사 사장이 신규직원 채용권한을 행사하는 것은 공사의 기관으로서 공사의 업무를 집행하는 것이므로, 위 권한의 귀속주체인 사장 본인에 대한 관계에서도 업무방해죄의 객체인 타인의 업무에 해당한다.
[3] 신규직원 채용권한을 가지고 있는 지방공사 사장이 시험업무 담당자들에게 지시하여 상호 공모 내지 양해하에 시험성적조작 등의 부정한 행위를 한 경우, 시험업무 담당자 및 법인인 공사에게 신규직원 채용업무와 관련하여 오인 · 착각 또는 부지를 일으키게 한 것이 아니므로, '위계'에 의한 업무방해죄에 해당하지 않는다(대판 2007.12.27. 2005도6404).

판결이유 공사의 신규직원 채용시험업무 담당자들이 필기시험성적을 조작한 것과 응시자격 요건을 변경한 것은 피고인의 부정한 지시에 따른 결과일 뿐이지 피고인의 행위에 의해 위 시험업무 담당자들이 오인 · 착각 또는 부지를 일으킨 결과가 아니고, 이와 같이 신규직원 채용권한을 갖고 있는 피고인 및 위 시험업무 담당자들이 모두 공모 내지 양해하에 위와 같은 부정한 행위를 하였다면 법인인 이 사건 공사에게 위 신규직원 채용업무와 관련하여 오인 · 착각 또는 부지를 일으키게 하였다고 볼 수는 없다. 그렇다면 이 사건에서는 피고인의 위 시험업무 담당자들에 대한 부정한 지시나 이에 따른 업무 담당자들의 부정행위로 말미암아 공사의 신규직원 채용업무와 관련하여 오인 · 착각 또는 부지를 일으킨 상대방이 있다고 할 수 없으므로, 피고인 등의 위 부정행위가 곧 위계에 의한 업무방해죄에 있어서의 '위계'에 해당한다고 할 수 없다.

비교판례 수산업협동조합의 신규직원 채용에 응시한 A와 B가 필기시험에서 합격선에 못 미치는 점수를 받게 되자, 채점업무 담당자들이 조합장인 피고인의 지시에 따라 점수조작행위를 통하여 이들을 필기시험에 합격시킴으로써 필기시험 합격자를 대상으로 하는 면접시험에 응시할 수 있도록 한 경우, 위 점수조작행위에 공모 또는 양해하였다고 볼 수 없는 일부 면접위원들이 조합의 신규직원 채용업무로서 수행한 면접업무는 위 점수조작행위에 의하여 방해되었다고 보아야 한다(대판 2010.3.25. 2009도8506).

ㄹ. [×] 종중 정기총회를 주재하는 종중 회장의 의사진행업무 자체는 1회성을 갖는 것이라고 하더라도 그것이 종중 회장으로서의 사회적인 지위에서 계속적으로 행하여 온 종중 업무수행의 일환으로 행하여진 것이라면 그와 같은 의사진행업무도 형법 제314조 소정의 업무방해죄에 의하여 보호되는 업무에 해당된다(대판 1995.10.12. 95도1589).

ㅁ. [×] 법원의 직무집행정지 가처분결정에 의하여 그 직무집행이 정지된 자가 법원의 결정에 반하여 직무를 수행함으로써 업무를 계속 행하는 경우 그 업무는 국법질서와 재판의 존엄성을 무시하는 것으로서 사실상 평온하게 이루어지는 사회적 활동의 기반이 되는 것이라 할 수 없고, 비록 그 업무가 반사회성을 띠는 경우라고까지는 할 수 없다고 하더라도 법적 보호라는 측면에서는 그와 동등한 평가를 받을 수밖에 없으므로, 그 업무자체는 법의 보호를 받을 가치를 상실하였다고 하지 않을 수 없어 업무방해죄에서 말하는 업무에 해당하지 않는다(대판 2002.8.23. 2001도5592).

정답 ①

092 주거침입의 죄에 관한 설명 중 옳지 않은 것은? (다툼이 있으면 판례에 의함) [22 변호사]

① 주거침입죄는 사실상의 주거의 평온을 보호법익으로 하는 것이므로 그 거주자 또는 관리자가 건조물 등에 거주 또는 관리할 권한을 가지고 있는가 여부는 범죄의 성립을 좌우하는 것이 아니다.

② 다가구용 단독주택이나 아파트 등 공동주택 안에서 공용으로 사용하는 계단과 복도는 특별한 사정이 없는 한 주거침입죄의 객체인 '사람의 주거'에 해당한다.

③ 「특정범죄 가중처벌 등에 관한 법률」 제5조의4 제6항에 규정된 상습절도 등 죄를 범한 범인이 그 범행의 수단으로 주거침입을 한 경우에 주거침입행위는 상습절도 등 죄에 흡수되어 위 조문에 규정된 상습절도 등 죄의 1죄만이 성립하고 별개로 주거침입죄를 구성하지 않는다.

④ 주거침입죄의 객체는 건조물 그 자체뿐만 아니라 그에 부속하는 위요지를 포함하나 건조물의 이용에 기여하는 인접의 부속 토지가 인적 또는 물적 설비 등에 의한 구획 내지 통제가 없어 통상의 보행으로 그 경계를 쉽사리 넘을 수 있는 정도라면 특별한 사정이 없는 한 위요지에 해당하지 않는다.

⑤ 정당한 퇴거요구를 받고 열쇠를 반환한 다음 건물에서 퇴거하였더라도 건물에 가재도구 등을 남겨 두었다면 퇴거불응죄에 해당한다.

해설

① [○] 주거침입죄는 사실상의 주거의 평온을 보호법익으로 하는 것이므로 그 거주자 또는 관리자가 건조물 등에 거주 또는 관리할 권한을 가지고 있는가 여부는 범죄의 성립을 좌우하는 것이 아니고, 그 거주자나 관리자와의 관계 등으로 평소 그 건조물에 출입이 허용된 사람이라 하더라도 주거에 들어간 행위가 거주자나 관리자의 명시적 또는 추정적 의사에 반함에도 불구하고 감행된 것이라면 주거침입죄는 성립하며, 출입문을 통한 정상적인 출입이 아닌 경우 특별한 사정이 없는 한 그 침입 방법 자체에 의하여 위와 같은 의사에 반하는 것으로 보아야 한다(대판 2007.8.23. 2007도2595).

② [○] 다가구용 단독주택이나 다세대주택·연립주택·아파트 등 공동주택의 내부에 있는 엘리베이터, 공용계단과 복도는 특별한 사정이 없는 한 주거침입죄의 객체인 '사람의 주거'에 해당하고, 위 장소에 거주자의 명시적·묵시적 의사에 반하여 침입하는 행위는 주거침입죄를 구성한다(대판 2009.9.10. 2009도4335).

③ [○] 특정범죄 가중처벌 등에 관한 법률 제5조의4 제6항[11)에 규정된 상습절도 등 죄를 범한 범인이 그 범행의 수단으로 주거침입을 한 경우에 주거침입행위는 상습절도 등 죄에 흡수되어 위 조문에 규정된 상습절도 등 죄의 1죄만이 성립하고 별개로 주거침입죄를 구성하지 않는다(대판 2017.7.11. 2017도4044).

④ [○] 위요지라고 함은 건조물에 인접한 그 주변의 토지로서 외부와의 경계에 담 등이 설치되어 그 토지가 건조물의 이용에 제공되고 또 외부인이 함부로 출입할 수 없다는 점이 객관적으로 명확하게 드러나야 한다. 따라서 건조물의 이용에 기여하는 인접의 부속 토지라고 하더라도 인적 또는 물적 설비 등에 의한 구획 내지 통제가 없어 통상의 보행으로 그 경계를 쉽사리 넘을 수 있는 정도라고 한다면 일반적으로 외부인의 출입이 제한된다는 사정이 객관적으로 명확하게 드러났다고 보기 어려우므로, 이는 다른 특별한 사정이 없는 한 주거침입죄의 객체에 속하지 아니한다고 봄이 상당하다(대판 2010.4.29. 2009도14643).

⑤ [×] 주거침입죄에서의 침입이 신체적 침해로서 행위자의 신체가 주거에 들어가야 함을 의미하는 것과 마찬가지로 퇴거불응죄의 퇴거 역시 행위자의 신체가 주거에서 나감을 의미한다. 정당한 퇴거요구를 받고 건물에서 나가면서 가재도구 등을 남겨둔 경우 퇴거불응죄를 구성하지 않는다(대판 2007.11.15. 2007도6990).

정답 ⑤

---

11) 상습적으로 「형법」 제329조부터 제331조까지의 죄나 그 미수죄로 두 번 이상 실형을 선고받고 그 집행이 끝나거나 면제된 후 3년 이내에 다시 상습적으로 「형법」 제329조부터 제331조까지의 죄나 그 미수죄를 범한 경우에는 3년 이상 25년 이하의 징역에 처한다.

093 주거(건조물)침입죄에 관한 설명 중 옳은 것은? (다툼이 있는 경우 판례에 의함) [24 변호사]

① 침입 대상인 아파트에 사람이 있는지를 확인하기 위해 그 집의 초인종을 누른 행위만으로도 주거침입죄의 실행에 착수한 것으로 보아야 한다.

② 건조물의 이용에 기여하는 인접의 부속 토지에 해당한다면 그 토지가 인적 또는 물적 설비 등에 의하여 구획 또는 통제되지 않아 통상의 보행으로 그 경계를 쉽사리 넘을 수 있는 정도라고 하더라도 건조물침입죄의 객체에 해당한다.

③ 甲이 수개월 전 헤어진 연인인 A를 폭행하기 위하여 A가 사는 오피스텔 공동현관의 출입문에 교제 당시 알게 된 비밀번호를 눌러 들어간 후 엘리베이터를 타고 A의 집 현관문 앞으로 이동해 침입하려다 실패하여 도주한 경우, 알고 있던 공동현관 비밀번호를 입력하여 출입한 이상 공용부분에 대한 주거침입을 인정할 여지는 없다.

④ 수일 전에 피해자를 강간하였던 甲이 대문을 몰래 열고 들어와 담장과 피해자가 거주하던 방 사이의 좁은 통로에서 창문을 통하여 방안을 엿보던 상황이라면 피해자의 주거에 대한 사실상 평온 상태가 침해된 것으로 주거침입죄에 해당한다.

⑤ 甲이 처(妻) A와의 불화로 인해 A와 같이 살던 아파트에서 나온 후 위 아파트에 임의로 출입한 경우 甲이 공동생활관계에서 이탈하거나 위 아파트 주거 등에 대한 사실상의 지배·관리를 상실하였다는 등의 특별한 사정이 있는 경우라 하더라도 주거침입죄가 성립할 여지는 없다.

해설

① [×] <u>침입대상인 아파트에 사람이 있는지를 확인하기 위해 그 집의 초인종을 누른 행위만으로는 침입의 현실적 위험성을 포함하는 행위를 시작하였다거나, 주거의 사실상의 평온을 침해할 객관적인 위험성을 포함하는 행위를 한 것으로 볼 수 없다 할 것이다</u>(대판 2008.4.10. 2008도146).

② [×] <u>위요지라고 함은 건조물에 인접한 그 주변의 토지로서 외부와의 경계에 담 등이 설치되어 그 토지가 건조물의 이용에 제공되고 또 외부인이 함부로 출입할 수 없다는 점이 객관적으로 명확하게 드러나야 한다. 따라서 건조물의 이용에 기여하는 인접의 부속 토지라고 하더라도 인적 또는 물적 설비 등에 의한 구획 내지 통제가 없어 통상의 보행으로 그 경계를 쉽사리 넘을 수 있는 정도라고 한다면 일반적으로 외부인의 출입이 제한된다는 사정이 객관적으로 명확하게 드러났다고 보기 어려우므로, 이는 다른 특별한 사정이 없는 한 주거침입죄의 객체에 속하지 아니한다고 봄이 상당하다</u>(대판 2010.4.29. 2009도14643).

③ [×] [1] <u>다가구용 단독주택이나 다세대주택·연립주택·아파트와 같은 공동주택 내부의 엘리베이터, 공용 계단, 복도 등 공용 부분도 그 거주자들의 사실상 주거의 평온을 보호할 필요성이 있어 주거침입죄의 객체인 '사람의 주거'에 해당한다.</u> 거주자가 아닌 외부인이 공동주택의 공용 부분에 출입한 것이 공동주택 거주자들에 대한 주거침입에 해당하는지 여부를 판단함에 있어서도 그 공용 부분이 일반 공중에 출입이 허용된 공간이 아니고 주거로 사용되는 각 가구 또는 세대의 전용 부분에 필수적으로 부속하는 부분으로서 거주자들 또는 관리자에 의하여 외부인의 출입에 대한 통제·관리가 예정되어 있어 거주자들의 사실상 주거의 평온을 보호할 필요성이 있는 부분인지, 공동수택의 거주사들이나 관리자가 평소 외부인이 그곳에 출입하는 깃을 통제·관리하였는지 등의 사정과 외부인의 출입 목적 및 경위, 출입의 태양과 출입한 시간 등을 종합적으로 고려하여 '주거의 사실상의 평온상태를 침해하였는지'의 관점에서 객관적·외형적으로 판단하여야 한다. 따라서 아파트 등 공동주택의 공동현관에 출입하는 경우에도, 그것이 주거로 사용하는 각 세대의 전용 부분에 필수적으로 부속하는 부분으로 <u>거주자와 관리자에게만 부여된 비밀번호를 출입문에 입력하여야만 출입할 수 있거나</u>, 외부인의 출입을 통제·관리하기 위한 취지의 표시나 경비원이 존재하는 등 외형적으로 <u>외부인의 무단출입을 통제·관리하고 있는 사정이 존재하고, 외부인이 이를 인식하고서도 그 출입에 관한 거주자나 관리자의 승낙이 없음은 물론, 거주자와의 관계 기타 출입의 필요 등에 비추어 보더라도 정당한 이유 없이 비밀번호를 임의로 입력하거나 조작하는 등의 방법으로 거주자나 관리자 모르게 공동현관에 출입한 경우와 같이</u>, 그 출입 목적 및 경위, 출입의 태양과 출입한 시간 등을 종합적으로 고려할 때 공동주택 거주자의 사실상 주거의 평온상태를 해치는 행위태양으로 볼 수 있는 경우라면 <u>공동주택 거주자들에 대한 주거침입에 해당할 것이다</u>(대판 2022.1.27. 2021도15507).

통지판례 입주자대표회의가 입주자 등이 아닌 자(이하 '외부인'이라 한다)의 단지 안 주차장에 대한 출입을 금지하는 결정을 하고 그 사실을 외부인에게 통보하였음에도 외부인이 입주자대표회의의 결정에 반하여 그 주차장에 들어갔다면, 출입 당시 관리자로부터 구체적인 제지를 받지 않았다고 하더라도 그 주차장의 관리권자인 입주자대표회의의 의사에 반하여 들어간 것이므로 건조물침입죄가 성립한다.

설령 외부인이 일부 입주자 등의 승낙을 받고 단지 안의 주차장에 들어갔다고 하더라도 개별 입주자 등은 그 주차장에 대한 본질적인 권리가 침해되지 않는 한 입주자대표회의의 단지 안의 주차장 관리에 관한 결정에 따를 의무가 있으므로 건조물침입죄의 성립에 영향이 없다. 외부인의 단지 안 주차장 출입을 금지하는 입주자대표회의의 결정이 개별 입주자 등의 본질적인 권리를 침해하는지 여부는 주차장의 유지 및 운영에 관한 입주자대표회의에서 제정·개정한 제 규정의 내용, 주차장의 본래 사용용도와 목적, 입주자 등 사이의 관계, 입주자 등과 외부인 사이의 관계, 외부인의 출입 목적과 출입 방법 등을 종합적으로 고려하여 판단하여야 한다(대판 2021.1.14. 2017도21323).

※ [주거침입 관련 최신판례] ※

장소		사건	침입여부
공동거주		① 상간녀 판례(전합)	×
		② 별거 중 남편 사건(전합)	×
		③ 스마트키 사건	×
공동주택		④ 헤어진 남친 아파트 공동현관문 비밀번호 사건	○
		⑤ 아파트 입주자대표회의 지하주차장 용역계약 사건	○
공중개방	상시허용	⑥ 음식점 녹화물 설치사건(초원복집 판례변경)(전합)	×
		⑦ 시청 1층 로비사건	×
		⑧ 대형마트 2층 매장사건	×
	승낙허용	⑨ 교도소·구치소 녹화장비 사건	×
공동주택+ 공중개방		⑩ 추행목적 아파트 1층 및 상가 1층 출입사건	아파트 1층 ○
			상가 1층 ×

④ [○] [1] 주거침입죄에 있어서 주거라 함은 단순히 가옥 자체만을 말하는 것이 아니라 그 위요지를 포함한다. [2] 이미 수일 전에 2차례에 걸쳐 피해자를 강간하였던 피고인이 대문을 몰래 열고 들어와 담장과 피해자가 거주하던 방 사이의 좁은 통로에서 창문을 통하여 방안을 엿본 경우 주거침입죄에 해당한다(대판 2001.4.24. 2001도1092).

⑤ [×] 형법은 제319조 제1항에 '사람의 주거, 관리하는 건조물, 선박이나 항공기 또는 점유하는 방실에 침입한 자'를 주거침입죄로 처벌한다고 규정하고 있는바, 주거침입죄는 주거에 거주하는 거주자, 건조물이나 선박, 항공기의 관리자, 방실의 점유자 이외의 사람이 위 주거, 건조물, 선박이나 항공기, 방실(이하 '주거 등'이라 한다)에 침입한 경우에 성립한다. 따라서 주거침입죄의 객체는 행위자 이외의 사람, 즉 '타인'이 거주하는 주거 등이라고 할 것이므로 행위자 자신이 단독으로 또는 다른 사람과 공동으로 거주하거나 관리 또는 점유하는 주거 등에 임의로 출입하더라도 주거침입죄를 구성하지 않는다. 다만 다른 사람과 공동으로 주거에 거주하거나 건조물을 관리하던 사람이 공동생활관계에서 이탈하거나 주거 등에 대한 사실상의 지배·관리를 상실한 경우 등 특별한 사정이 있는 경우에 주거침입죄가 성립할 수 있을 뿐이다(대판(전) 2021.9.9. 2020도6085).

통지판례 피고인이 甲의 부재중에 甲의 처 乙과 혼외 성관계를 가질 목적으로 乙이 열어 준 현관 출입문을 통하여 甲과 乙이 공동으로 거주하는 아파트에 3회에 걸쳐 들어간 사안에서, 피고인이 乙로부터 현실적인 승낙을 받아 통상적인 출입방법에 따라 주거에 들어갔으므로 주거의 사실상 평온상태를 해치는 행위태양으로 주거에 들어간 것이 아니어서 주거에 침입한 것으로 볼 수 없고, 설령 피고인의 주거 출입이 부재중인 甲의 의사에 반하는 것으로 추정되더라도 그것이 사실상 주거의 평온을 보호법익으로 하는 주거침입죄의 성립 여부에 영향을 미치지 않는다는 이유로, 같은 취지에서 피고인에게 무죄를 선고한 원심의 판단이 정당하다고 한 사례(대판(전) 2021.9.9. 2020도12630).

정답 ④

094 개인적 법익에 대한 죄에 관한 설명 중 옳지 않은 것은? (다툼이 있는 경우 판례에 의함) [23 변호사]

① 주식회사의 대표이사 甲이 대표이사의 지위에 기하여 그 직무집행행위로서 타인이 적법하게 점유하는 위 회사의 물건을 취거하였다 하더라도, 그 물건은 甲의 소유가 아니므로 甲에게 권리행사방해죄가 성립하지 않는다.

② 甲이 자신의 차를 가로막는 A를 부딪친 것은 아니라고 하더라도, A를 부딪칠 듯이 차를 조금씩 전진시키는 것을 반복하는 행위는 특수폭행죄를 구성한다.

③ 강간치상의 범행을 저지른 甲이 그 범행으로 인하여 실신상태에 있는 피해자를 구호하지 아니하고 방치하였다 하더라도, 유기죄는 성립하지 아니하고 포괄적으로 단일의 강간치상죄만 성립한다.

④ 「형법」은 유사강간죄의 예비 · 음모행위를 처벌하는 규정을 두고 있다.

⑤ 인신매매죄에 대해서는 세계주의가 적용된다.

해설

① [×] 피고인이 회사 대표이사의 지위에 처하여 그 직무집행행위로서 지입차주 등이 점유하는 버스를 취거한 경우에는, 피고인의 행위는 위 회사의 대표기관으로서의 행위라고 평가되므로 위 회사의 물건도 권리행사방해죄에 있어서 자기의 물건이라고 보아야 한다(대판 1992.1.21. 91도1170).

② [○] 폭행죄에서 말하는 폭행이란 사람의 신체에 대하여 육체적 · 정신적으로 고통을 주는 유형력을 행사함을 뜻하는 것으로서 반드시 피해자의 신체에 접촉함을 필요로 하는 것은 아니다. 따라서 자신의 차를 가로막는 피해자를 부딪친 것은 아니라고 하더라도, 피해자를 부딪칠 듯이 차를 조금씩 전진시키는 것을 반복하는 행위 역시 피해자에 대해 위법한 유형력을 행사한 것이라고 보아야 한다(대판 2016.10.27. 2016도9302).

③ [○] 강간치상의 범행을 저지른 자가 그 범행으로 인하여 실신상태에 있는 피해자를 구호하지 아니하고 방치하였다고 하더라도 그 행위는 포괄적으로 단일의 강간치상죄만을 구성한다(대판 1980.6.24. 80도726).

④ [○]

> 제305조의3(예비, 음모) 제297조(강간), 제297조의2(유사강간), 제299조(준강간죄에 한정한다), 제301조(강간 등 상해죄에 한정한다) 및 제305조의 죄(미성년자에 대한 간음, 추행)를 범할 목적으로 예비 또는 음모한 사람은 3년 이하의 징역에 처한다. [본조신설 2020.5.19.]

⑤ [○]

> 제296조의2(세계주의) 제287조부터 제292조까지 및 제294조(약취, 유인 및 인신매매죄 등)는 대한민국 영역 밖에서 죄를 범한 외국인에게도 적용한다.

정답 ①

친족상도례에 관한 설명 중 옳지 않은 것은? (다툼이 있으면 판례에 의함)

① 「특정경제범죄 가중처벌 등에 관한 법률」에는 친족상도례에 관한 규정을 적용한다는 명시적인 규정이 없으므로 특정경제범죄 가중처벌 등에 관한 법률위반(사기)죄에는 친족상도례에 관한 규정이 적용되지 않는다.

② 절도범인이 피해물건의 소유자나 점유자의 어느 일방과의 사이에서만 친족관계가 있는 경우에는 친족상도례에 관한 규정이 적용되지 않는다.

③ 법원을 기망하여 제3자로부터 재물을 편취한 경우 피해자는 법원이 아니라 재물을 편취당한 제3자이므로 제3자와 사기죄를 범한 자가 직계혈족의 관계에 있을 때에는 그 범인에 대하여 형을 면제하여야 한다.

④ A와 B를 기망하여 이들의 합유로 되어 있는 부동산에 대한 매매계약을 체결하고 소유권을 이전받은 다음 잔금을 지급하지 않은 경우, A와는 형이 면제되는 친족관계가 있으나 B와는 아무런 친족관계가 없다면 친족상도례에 관한 규정이 적용되지 않는다.

⑤ 사돈지간은 「민법」상 친족이 아니므로 백화점 내 점포에 입점시켜 주겠다고 거짓말을 하여 사돈지간인 피해자로부터 입점비 명목으로 돈을 편취하였다면 친족상도례에 관한 규정이 적용되지 않는다.

해설

① [×] 형법상 사기죄의 성질은 특경법 제3조 제1항에 의해 가중처벌되는 경우에도 그대로 유지되어 친족상도례에 관한 형법 제354조, 제328조가 그대로 적용된다(대판 2010.2.11. 2009도12627).

② [○] 형법 제344조에 의하여 준용되는 형법 제328조 제1항에 정한 친족간의 범행에 관한 규정은 범인과 피해물건의 소유자 및 점유자 쌍방간에 같은 규정에 정한 친족관계가 있는 경우에만 적용되는 것이며, 단지 절도범인과 피해물건의 소유자간에만 친족관계가 있거나 절도범인과 피해물건의 점유자간에만 친족관계가 있는 경우에는 그 적용이 없다(대판 2014.9.25. 2014도8984).

③ [○] 법원을 기망하여 제3자로부터 재물을 편취한 경우에 피기망자인 법원은 피해자가 될 수 없고 재물을 편취당한 제3자가 피해자라고 할 것이므로 피해자인 제3자와 사기죄를 범한 자가 직계혈족의 관계에 있을 때에는 그 범인에 대하여는 형법 제354조에 의하여 준용되는 형법 제328조 제1항에 의하여 형을 면제하여야 한다(대판 2014.9.26. 2014도8076).

④ [○] 피고인 등이 공모하여 피해자 A, B 등을 기망하여 부동산매매계약을 체결하고 소유권을 이전받은 다음 잔금을 지급하지 않아 같은 금액 상당의 재산상 이익을 편취하였다는 내용으로 기소된 경우, A와 친족관계에 있으나 부동산이 A, B의 합유로 등기되어 있다면 피고인에게 형법상 친족상도례 규정이 적용되지 않는다(대판 2015.6.11. 2015도3160).

⑤ [○] [1] 민법 제767조는 '배우자, 혈족 및 인척을 친족으로 한다'고 규정하고 있고, 민법 제769조는 혈족의 배우자, 배우자의 혈족, 배우자의 혈족의 배우자만을 인척으로 규정하고 있을 뿐, 구 민법 제769조에서 인척으로 규정하였던 '혈족의 배우자의 혈족'을 인척에 포함시키지 않고 있다.
[2] 피고인의 딸과 피해자의 아들이 혼인관계에 있어 피고인과 피해자가 사돈지간이라고 하더라도 이를 민법상 친족으로 볼 수 없다(대판 2011.4.28. 2011도2170).

정답 ①

096 친족상도례에 관한 설명 중 옳지 않은 것은? (다툼이 있으면 판례에 의함) [20 변호사]

① 친족상도례는 공갈의 죄 및 장물에 관한 죄에 적용될 수 있지만 강도의 죄 및 손괴의 죄에는 적용되지 않는다.

② 범인이 자신과 사돈지간인 피해자를 속여 재물을 편취한 경우, 사기죄의 범인에 대해 친족상도례를 적용할 수 없다.

③ 사기죄의 범인이 금원을 편취하기 위한 수단으로 피해자와 혼인신고를 한 것이어서 그 혼인이 무효인 경우, 범행 당시 피해자가 범인의 배우자였던 사실은 인정되므로 친족상도례를 적용할 수 있다.

④ 횡령죄와 관련하여 친족상도례는 범인과 피해물건의 소유자 및 위탁자 쌍방 간에 「형법」 제328조 소정의 친족관계가 있는 경우에만 적용되고, 범인과 피해물건의 소유자 간에만 친족관계가 있거나 범인과 위탁자 간에만 친족관계가 있는 경우에는 적용될 수 없다.

⑤ 甲이 乙에게 절도를 교사하고 이에 따라 乙이 자신과 동거하지 않는 삼촌 丙의 신용카드를 절취한 경우, 丙의 고소가 없더라도 甲을 절도교사죄로 처벌할 수 있다.

해설

① [○] 형법 제328조, 제354조, 제365조 친족상도례 규정은 절도죄(제344조), 사기죄(제354조), 공갈죄(제354조), 횡령죄(제361조), 배임죄(제361조), 장물죄(제365조)에 준용된다. 그러나 강도죄와 손괴죄 및 강제집행면탈죄, 점유강취죄, 준점유강취죄 등에 대하여는 준용규정이 없다.

② [○] [1] 민법 제767조는 '배우자, 혈족 및 인척을 친족으로 한다'고 규정하고 있고, 민법 제769조는 혈족의 배우자, 배우자의 혈족, 배우자의 혈족의 배우자만을 인척으로 규정하고 있을 뿐, 구 민법 제769조에서 인척으로 규정하였던 '혈족의 배우자의 혈족'을 인척에 포함시키지 않고 있다.
[2] 피고인의 딸과 피해자의 아들이 혼인관계에 있어 피고인과 피해자가 사돈지간이라고 하더라도 이를 민법상 친족으로 볼 수 없다(대판 2011.4.28. 2011도2170).

③ [×] [1] 사기죄를 범하는 자가 금원을 편취하기 위한 수단으로 피해자와 혼인신고를 한 것이어서 <u>그 혼인이 무효인 경우라면, 그러한 피해자에 대한 사기죄에서는 친족상도례를 적용할 수 없다.</u>
[2] 피고인이 피해자와 혼인신고를 하고 금원을 편취한 후 잠적할 때까지 함께 동거하지도 않았고 거주할 집이나 가재도구 등을 알아보거나 마련한 바도 없었다면, 비록 혼인신고가 되어 있었다고 하더라도 그들 사이의 혼인은 '당사자 사이에 혼인의 합의가 없는 때'에 해당하여 무효이므로 피고인의 사기 범행에 대하여는 친족상도례를 적용할 수 없다(대판 2015.12.10. 2014도11533).

④ [○] 친족상도례에 관한 형법 제361조, 제328조 제2항은 범인과 피해물건의 소유자 및 위탁자 쌍방 사이에 친족관계가 있는 경우에만 적용되는 것이고, 단지 횡령범인과 피해물건의 소유자간에만 친족관계가 있거나 횡령범인과 피해물건의 위탁자간에만 친족관계가 있는 경우에는 그 적용이 없다(대판 2008.7.24. 2008도3438).

⑤ [○] 乙과 丙은 제328조 제2항의 친족 관계에 있으므로 乙의 절도죄는 친고죄에 해당한다. 그러나 신분관계가 없는 공범에 대하여는 친족상도례를 적용하지 아니한다(형법 제328조 제3항). 따라서 丙의 고소가 없더라도 甲을 절도교사죄로 처벌할 수 있다.

정답 ③

097 절도죄에 관한 설명 중 옳지 않은 것은? (다툼이 있는 경우에는 판례에 의함)

① 甲이 A 소유 토지에 임대차계약 등을 체결하지 않는 등 권한 없이 식재한 감나무에서 감을 수확한 경우 그 감나무는 甲의 소유라고 볼 수 있으므로 甲은 절도죄로 처벌되지 않는다.

② A가 육지에서 멀리 떨어진 섬에서 광산을 개발하기 위하여 발전기, 경운기 엔진을 섬으로 반입하였다가 광업권 설정이 취소됨으로써 광산 개발이 불가능하게 되자 그 물건들을 창고 안에 두고 철수한 뒤 10년 동안 나타나지 않고 사망한 후, 그 섬에서 거주하는 甲이 그 물건들을 자신의 집 근처로 옮겨 놓은 경우, A의 상속인에게 그 물건에 대한 점유가 인정되지 않으므로 甲은 절도죄로 처벌되지 않는다.

③ 甲이 A의 자취방에서 재물강취의사 없이 A를 살해한 후 4시간 30분 동안 그 곁에 있다가 예금통장과 인장이 들어 있는 A의 잠바를 걸치고 나온 경우, A의 점유가 인정되므로 甲은 절도죄로 처벌된다.

④ 금은방에서 순금목걸이를 구입할 것처럼 기망하여 건네받은 다음 화장실에 다녀오겠다고 거짓말하고 도주한 甲은 절도죄로 처벌된다.

⑤ 내리막길에 주차된 자동차를 절취할 목적으로 조수석 문을 열고 시동을 걸려고 차 안의 기기를 만지다가 핸드브레이크를 풀게 되어 시동이 걸리지 않은 상태에서 약 10미터 전진하다가 가로수를 들이받게 한 甲은 절도죄의 기수로 처벌되지 않는다.

해설

① [×] 타인의 토지상에 권원 없이 식재한 수목의 소유권은 토지소유자에게 귀속하고 권원에 의하여 식재한 경우에는 그 소유권이 식재한 자에게 있으므로, 권원 없이 식재한 감나무에서 감을 수확한 것은 절도죄에 해당한다(대판 1998.4.24. 97도3425).

② [O] 그 물건들의 반입 경위, 그 소유자가 섬을 떠나게 된 경위, 그 물건들을 옮긴 시점과 그간의 관리상황 등에 비추어 볼 때 피고인이 그 물건들을 옮겨 갈 당시 원소유자나 그 상속인이 그 물건들을 점유할 의사로 사실상 지배하고 있었다고는 볼 수 없으므로, 그 물건들을 절도죄의 객체인 타인이 점유하는 물건으로 볼 수 없다(대판 1994.10.11. 94도1481).

③ [O] 피해자를 살해한 방에서 사망한 피해자 곁에 4시간 30분 쯤 있다가 그곳 피해자의 자취방 벽에 걸려 있던 피해자가 소지하는 물건들을 영득의 의사로 가지고 나온 경우 피해자가 생전에 가진 점유는 사망 후에도 여전히 계속되는 것으로 보아야 한다(대판 1993.9.28. 93도2143).

④ [O] 피고인이 피해자 경영의 금방에서 마치 귀금속을 구입할 것처럼 가장하여 피해자로부터 순금목걸이 등을 건네받은 다음 화장실에 갔다 오겠다는 핑계를 대고 도주한 것이라면 위 순금목걸이 등은 도주하기 전까지는 아직 피해자의 점유하에 있었다고 할 것이므로 이를 절도죄로 의율 처단한 것은 정당하다(대판 1994.8.12. 94도1487).

비교판례 피해자 甲은 드라이버를 구매하기 위해 특정 매장에 방문하였다가 지갑을 떨어뜨렸는데, 10분쯤 후 피고인이 같은 매장에서 우산을 구매하고 계산을 마친 뒤, 지갑을 발견하여 습득한 매장 주인 乙로부터 "이 지갑이 선생님 지갑이 맞느냐?"라는 질문을 받자 "내 것이 맞다."라고 대답한 후 이를 교부받아 가지고 간 사안에서, 乙은 지갑을 습득하여 진정한 소유자에게 돌려주어야 하는 지위에 있으므로 甲을 위하여 이를 처분할 수 있는 권능을 갖거나 그 지위에 있었으며, 이러한 처분 권능과 지위에 기초하여 지갑의 소유자라고 주장하는 피고인에게 지갑을 교부하였고 이를 통해 피고인이 지갑을 취득하여 자유로운 처분이 가능한 상태가 되었으므로, 乙의 행위는 사기죄에서 말하는 처분행위에 해당하고 피고인의 행위를 절취행위로 평가할 수 없다는 이유로, 피고인에 대한 주위적 공소사실인 절도 부분을 이유에서 무죄로 판단하면서 예비적 공소사실인 사기 부분을 유죄로 인정한 원심의 판단이 정당하다고 한 사례(대판 2022.12.29. 2022도12494).

⑤ [O] 자동차를 절취할 생각으로 자동차의 조수석 문을 열고 들어가 시동을 걸려고 시도하는 등 차 안의 기기를 이것저것 만지다가 핸드브레이크를 풀게 되었는데 그 장소가 내리막길인 관계로 시동이 걸리지 않은 상태에서 약 10m 전진하다가 가로수를 들이받는 바람에 멈추게 되었다면 절도의 기수에 해당한다고 할 수 없다(대판 1994.9.9. 94도1522).

[비교판례] 절도범인이 혼자 입목을 땅에서 완전히 캐낸 후에 비로소 제3자가 가담하여 함께 입목을 운반한 사안에서, 특수절도죄의 성립을 부정한 사례(대판 2008.10.23. 2008도6080).

정답 ①

098 甲은 밤 10시경 절취의 목적으로 피해자 A가 집에 없는 틈을 타 드라이버로 A의 집 현관문을 부수고 들어가 A의 귀금속을 가지고 나왔다. 다음 설명 중 옳은 것은? (다툼이 있으면 판례에 의함)　[20 변호사]

① 甲에게는 「형법」 제331조 제1항의 특수절도(야간손괴침입절도)죄가 성립한다.

② 만약 위 사례에서 甲이 현관문을 부순 시점에 집으로 돌아오는 A에게 들켜 도망간 경우, 아직 A의 집 안으로 들어가지 않았으므로 실행의 착수가 인정되지 않아 절도범행은 처벌할 수 없다.

③ 만약 乙이 甲에게 절도를 교사하고 甲이 범행 후 훔친 귀금속을 맡아 달라고 부탁하자 乙이 이를 수락하고 귀금속을 교부받아 갖고 있다가 임의로 처분하였다면, 乙에게는 절도교사죄 이외에 장물보관죄 및 횡령죄가 성립한다.

④ 만약 甲이 A의 현금카드를 사용하여 돈을 인출할 목적으로 현금카드를 가지고 나와 현금자동지급기에서 돈을 인출한 후 현금카드를 제자리에 가져다 놓은 경우, 현금카드에 대한 절도죄와 인출한 현금에 대한 절도죄가 성립한다.

⑤ 만약 甲이 A로부터 명의수탁을 받아 자신의 명의로 등록되어 있는 자동차를 A 몰래 가져간 경우, 자동차의 소유권은 등록명의를 기준으로 하므로 절도죄는 성립하지 않는다.

해설

① [○] 야간에 문호 또는 장벽 기타 건조물의 일부를 손괴하고 주거 등의 장소에 침입하여 타인의 재물을 절취한 자에게는 특수절도죄가 성립한다(형법 제331조 제1항).

② [×] 피고인이 야간에 절도의 목적으로 출입문에 장치된 자물통 고리를 절단하고 출입문 유리 1매를 손괴한 뒤 집안으로 침입하려다가 발각된 것이라면 형법 제331조 제1항의 특수절도죄의 실행에 착수한 것에 해당한다(대판 1986.9.9. 86도1273). 야간손괴침입절도의 특수절도는 손괴시에 실행의 착수가 인정된다.

③ [×] 횡령교사를 한 후 그 횡령한 물건을 취득한 때에는 횡령교사죄와 장물취득죄의 경합범이 성립한다(대판 1969.6.24. 69도692). 본 판례이론에 따르면 乙에게는 절도교사죄와 장물보관죄가 성립한다.
절도범인으로부터 장물보관 의뢰를 받은 자가 그 정을 알면서 이를 인도받아 보관하고 있다가 임의 처분하였다 하여도 장물보관죄가 성립하는 때에는 이미 그 소유자의 소유물 추구권을 침해하였으므로 그 후의 횡령행위는 불가벌적 사후행위에 불과하여 별도로 횡령죄가 성립하지 않는다(대판 1976.11.23. 76도3067). 지문의 경우 乙에게는 절도교사죄와 장물보관죄만 성립할 뿐, 별도의 횡령죄는 성립하지 아니한다.

④ [×] 피고인이 피해자로부터 지갑을 잠시 건네받아 멋대로 피해자 소유의 현금카드를 꺼내어 현금자동지급기에서 70만원의 현금을 인출한 후 현금카드를 곧바로 피해자에게 반환하였다면, 피고인이 현금카드를 불법영득할 의사가 있었다고 볼 수 없다(대판 1998.11.10. 98도2642). 지문의 경우 인출한 현금에 대한 절도죄만 성립할 뿐, 현금카드에 대한 절도죄는 성립하지 아니한다.

[비교판례] 예금통장은 예금채권을 표창하는 유가증권이 아니고 그 자체에 예금액 상당의 경제적 가치가 화체되어 있는 것도 아니지만, 이를 소지함으로써 예금채권의 행사자격을 증명할 수 있는 자격증권으로서 예금계약사실 뿐 아니라 예금액에 대한 증명기능이 있고 이러한 증명기능은 예금통장 자체가 가지는 경제적 가치라고 보아야 하므로, 예금통장을 사용하여 예금을 인출하게 되면 그 인출된 예금액에 대하여는 예금통장 자체의 예금액 증명기능이 상실되고 이에 따라 그 상실된 기능에 상응한 경제적 가치도 소모된다. 그렇다면 타인의 예금통장을 무단 사용하여 예금을 인출한 후 바로 예금통장을 반환하였다 하더라도 그 사용으로 인한 위와 같은 경제적 가치의

소모가 무시할 수 있을 정도로 경미한 경우가 아닌 이상, 예금통장 자체가 가지는 예금액 증명기능의 경제적 가치에 대한 불법영득의 의사를 인정할 수 있으므로 절도죄가 성립한다(대판 2010.5.27. 2009도9008).

⑤ [×] 자동차에 대한 소유권의 득실변경은 등록을 함으로써 그 효력이 생기고 등록이 없는 한 대외적 관계에서는 물론 당사자의 대내적 관계에서도 소유권을 취득할 수 없는 것이 원칙이지만, 당사자 사이에 소유권을 등록명의 자 아닌 자가 보유하기로 약정하였다는 등의 특별한 사정이 있는 경우에는 그 내부관계에 있어서는 등록명의자 아닌 자가 소유권을 보유하게 된다(대판 2013.2.28. 2012도15303). 지문의 경우 자동차의 소유권자는 A이므로 甲에게는 절도죄가 성립한다.

정답 ①

099 甲과 乙은 2009. 4. 22. 13:00경 A가 거주하는 00아파트 C동 202호에 이르러 그 곳에 들어가 금품을 절취하기 위하여 육각렌치로 출입문 시정장치를 손괴하던 중 A에게 발각되어 도주하다가 경찰에게 체포되었다. 특수절도죄의 성립여부에 관한 설명 중 옳지 않은 것을 모두 고른 것은? (다툼이 있는 경우에는 판례에 의함)

[13 변호사]

> 가. 甲과 乙에게 특수절도죄의 미수범이 성립한다.
> 나. 만약 甲과 乙이 출입문 시정장치를 손괴하고 방 안까지 들어가자마자 A에게 발각되어 도주한 경우라면 특수절도죄의 미수범이 성립한다.
> 다. 만약 甲과 乙이 방 안까지 들어갔다가 절취할 금품을 찾지 못하여 거실로 돌아 나오다 A에게 발각되어 도주한 경우라면 특수절도죄의 미수범이 성립한다.
> 라. 만약 甲이 1층에서 망을 보고 乙이 같은 날 23:30경 위 202호의 불이 꺼져 있는 것을 보고 금품을 절취하기 위하여 도시가스 배관을 타고 올라가다가 발은 1층 방범창을 딛고 두 손은 1층과 2층 사이에 있는 도시가스 배관을 잡고 있던 상태에서 A에게 발각되어 도주한 경우라면 특수절도죄의 미수범이 성립한다.
> 마. 만약 甲과 乙이 절도의 범의로 같은 날 22:00경 乙이 아파트 현관에서 망을 보고 甲이 202호 출입문 시정장치를 육각렌치로 손괴한 후 안으로 들어가려는 순간, 귀가하던 A에게 발각되어 도주한 경우라면 특수절도죄의 미수범이 성립한다.

① 가, 나   ② 가, 마   ③ 가, 나, 라
④ 다, 라, 마   ⑤ 가, 나, 라, 마

해설

▶ 아래의 〈가〉의 판례의 취지에 따르면 2인 이상의 합동에 의한 특수절도의 경우 ㉠ 주간에 이루어진 경우에는 절취할 재물을 물색하기 시작한 때에 실행의 착수가 인정되며, ㉡ 야간에 주거에 침입하여 이루어지는 경우는 주거침입시에 실행의 착수가 인정된다.

가. [×] [1] 형법 제331조 제2항(흉기휴대, 2인 이상 합동)의 특수절도에 있어서 주거침입은 그 구성요건이 아니므로, 절도범인이 그 범행수단으로 주거침입을 한 경우에 그 주거침입행위는 절도죄에 흡수되지 아니하고 별개로 주거침입죄를 구성하여 절도죄와는 실체적 경합의 관계에 있게 되고, 2인 이상이 합동하여 야간이 아닌 주간에 절도의 목적으로 타인의 주거에 침입하였다 하여도 아직 절취할 물건의 물색행위를 시작하기 전이라면 특수절도죄의 실행에는 착수한 것으로 볼 수 없는 것이어서 그 미수죄가 성립하지 않는다.
[2] 주간에 아파트 출입문 시정장치를 손괴하다가 발각되어 도주한 피고인들이 특수절도미수죄로 기소된 사안에서, '실행의 착수'가 없었다는 이유로 형법 제331조 제2항의 특수절도죄의 점에 대해 무죄를 선고한 원심 판단을 수긍한 사례(대판 2009.12.24. 2009도9667).

나. [×] 야간이 아닌 주간에 절도의 목적으로 타인의 주거(방 안)에 침입하였다고 하여도 아직 절취할 물건의 물색행위를 시작하기 전이라면 주거침입죄만 성립할 뿐 절도죄의 실행에 착수한 것으로 볼 수 없는 것이어서 절도미수죄는 성립하지 않는다(대판 1992.9.8. 92도1650).

다. [O] 주간에 절도의 목적으로 방 안까지 들어갔다가 절취할 재물을 찾지 못하여 거실로 돌아나온 경우, 절도죄의 실행의 착수가 인정된다고 한 사례(대판 2003.6.24. 2003도1985).

라. [×] [1] 주거침입죄의 실행의 착수는 주거자, 관리자, 점유자 등의 의사에 반하여 주거나 관리하는 건조물 등에 들어가는 행위 즉 구성요건의 일부를 실현하는 행위까지 요구하는 것은 아니지만, 주거침입의 범의로 예컨대, 주거로 들어가는 문의 시정장치를 부수거나 문을 여는 등 침입을 위한 구체적 행위를 시작함으로써 범죄구성요건의 실현에 이르는 현실적 위험성을 포함하는 행위를 개시할 것을 요한다.
[2] 야간에 다세대주택에 침입하여 물건을 절취하기 위하여 가스배관을 타고 오르다가 순찰 중이던 경찰관에게 발각되어 그냥 뛰어내렸다면, 야간주거침입절도죄의 실행의 착수에 이르지 못했다고 한 사례(대판 2008.3.27. 2008도917).

마. [O] 야간에 절도의 목적으로 출입문에 장치된 자물통 고리를 절단하고 출입문을 손괴한 뒤 집안으로 침입하려다가 발각된 것이라면 이는 특수절도죄의 실행에 착수한 것이다(대판 1986.9.9. 86도1273).

정답 ③

100 재산죄에 관한 설명 중 옳은 것을 모두 고른 것은? (다툼이 있으면 판례에 의함) [16 변호사]

> ㉠ 甲은 리스한 승용차를 사채업자 A에게 담보로 제공하였고, 사채업자 A는 甲이 차용금을 변제하지 못하자 승용차를 B에게 매도하였는데, 이후 甲은 위 승용차를 발견하고 이를 본래 소유자였던 리스회사에 반납하기 위하여 취거한 경우 甲에게 절도죄가 성립한다.
> ㉡ 甲이 보관·관리하고 있던 회사의 비자금이 인출·사용되었음에도 甲이 주장하는 사용처에 비자금이 사용되었다는 점을 인정할 수 있는 자료가 부족하고 오히려 甲이 비자금을 개인적인 용도에 사용하였다는 점에 대한 신빙성 있는 자료가 많은 경우에는 甲이 비자금을 불법영득의 의사로써 횡령한 것이라고 추단할 수 있다.
> ㉢ 甲은 A의 영업점 내에 있는 A 소유의 휴대전화를 허락없이 가지고 나와 이를 이용하여 통화를 하고 문자 메시지를 주고받은 다음 약 1~2시간 후 A에게 아무런 말도 하지 않고 위 영업점 정문 옆 화분에 놓아두고 간 경우 甲에게 휴대전화에 대한 불법영득의사가 인정되지 않는다.
> ㉣ 주식회사 감사인 甲이 회사 경영진과의 불화로 한 달 가까이 결근하다가 회사 감사실에 침입하여 자신이 사용하던 컴퓨터에서 하드디스크를 떼어간 후 4개월 가까이 지난 시점에 반환한 경우 일시 보관하였다고 평가하기 어려워 甲에게 절도죄가 성립한다.

① ㉠, ㉡   ② ㉠, ㉣   ③ ㉡, ㉢
④ ㉢, ㉣   ⑤ ㉠, ㉡, ㉣

해설

㉠ [O] 피고인 甲은 애인 乙 명의로 승용차를 리스하여 운행하던 중 사채업자 A로부터 1,300만원을 빌리면서 승용차를 인도하였고, 甲이 차용금을 변제하지 못하자 A가 승용차를 매도하여 B가 승용차를 매수하여 점유하게 되었는 바, 甲이 승용차를 회수하기 위해서 B와 만나기로 약속을 한 다음 약속장소에 주차되어 있던 승용차를 임의로 가져가 乙을 통하여 캐피탈에 반납한 경우, 甲의 행위는 '절취'에 해당함은 분명하고 또한 甲이 승용차를 임의로 가져간 것이 소유자인 현대캐피탈의 의사에 반하는 것이라고는 보기 어렵고 실제로 현대캐피탈에 반납된 사정을 감안한다고 하더라도 甲에게 불법영득의 의사가 없다고 할 수도 없다(대판 2014.2.21. 2013도14139).

ⓛ [○] 피고인들이 보관·관리하고 있던 회사의 비자금이 인출·사용되었음에도 피고인들이 그 행방이나 사용처를 제대로 설명하지 못하거나, 피고인들이 주장하는 사용처에 사용된 자금이 그 비자금과는 다른 자금으로 충당된 것으로 드러나는 등 피고인들이 주장하는 사용처에 비자금이 사용되었다는 점을 인정할 수 있는 자료가 부족하고 오히려 피고인들이 비자금을 개인적인 용도에 사용하였다는 점에 대한 신빙성 있는 자료가 많은 경우 등에는 피고인들이 그 돈을 불법영득의 의사로써 횡령한 것이라고 추단할 수 있다(대판 2012.8.23. 2011도14045).

ⓒ [×] 피고인 甲이 A의 영업점 내에 있는 A 소유의 휴대전화를 허락 없이 가지고 나와 이를 이용하여 통화를 하고 문자메시지를 주고받은 다음 약 1~2시간 후 A에게 아무런 말을 하지 않고 영업점 정문 옆 화분에 놓아두고 간 경우, 피고인 甲은 휴대전화를 자신의 소유물과 같이 그 경제적 용법에 따라 이용하다가 본래의 장소와 다른 곳에 유기한 것에 다름 아니므로 불법영득의 의사가 있었다고 할 것이다(대판 2012.7.12. 2012도1132).

ⓓ [○] 회사 감사인 피고인이 회사 경영진과의 불화로 한 달 가까이 결근하다가 회사 감사실에 침입하여 자신이 사용하던 컴퓨터에서 하드디스크를 떼어간 후 4개월 가까이 지난 시점에 반환한 경우, 피고인이 하드디스크를 일시 보관 후 반환하였다고 평가하기 어려워 불법영득의사를 인정할 수 있다(대판 2011.8.18. 2010도9570).

정답 ⑤

101 준강도에 관한 설명 중 옳지 않은 것은? (다툼이 있으면 판례에 의함) [15 변호사]

① 피고인이 술값의 지급을 면하기 위하여 술집주인인 피해자를 부근에 있는 아파트 뒤편 골목으로 유인한 후 폭행하여 반항하지 못하게 하고 그대로 도주함으로써 술값의 지급을 면한 경우 준강도죄가 성립한다.

② 준강도의 주체는 절도범인으로 절도의 실행에 착수한 이상 미수, 기수 여부를 불문한다.

③ 절도범인이 체포를 면탈할 목적으로 체포하려는 여러 사람에게 같은 기회에 폭행을 가하여 그 중 1인에게만 상해를 가하였다면 포괄하여 하나의 강도상해죄만 성립한다.

④ 강도예비·음모죄가 성립하기 위해서는 예비·음모 행위자에게 미필적으로라도 '강도'를 할 목적이 있어야 하고, 그에 이르지 않고 단순히 '준강도'를 할 목적이 있음에 그치는 경우 강도예비·음모죄로 처벌할 수 없다.

⑤ 준강도죄의 기수 여부는 절도행위의 기수 여부를 기준으로 판단하여야 하지만 절도미수범이 체포를 면탈할 목적으로 상해를 가한 경우 강도상해의 기수범으로 처벌된다.

해설

① [×] [1] 준강도죄의 주체는 절도범인이고 절도죄의 객체는 재물이다.
[2] 피고인이 피해자에게 지급해야 할 술값의 지급을 면하기 위하여 피해자를 폭행한 경우, 그 자체로 절도의 실행에 착수하였다는 내용이 포함되어 있지 않아 준강도죄는 성립하지 아니한다(대판 2014.5.16. 2014도2521).

② [○] 준강도의 주체는 절도 즉 절도범인으로 절도의 실행에 착수한 이상 미수이거나 기수이거나 불문한다 (대판 2003.10.24. 2003도4417).

③ [○] 절도범이 체포를 면탈할 목적으로 체포하려는 여러 명의 피해자에게 같은 기회에 폭행을 가하여 그 중 1인에게만 상해를 가하였다면 포괄하여 하나의 강도상해죄만 성립한다(대판 2001.8.21. 2001도3447).

④ [○] 강도예비·음모죄가 성립하기 위해서는 예비·음모 행위자에게 미필적으로라도 '강도'를 할 목적이 있음이 인정되어야 하고 그에 이르지 않고 단순히 '준강도'할 목적이 있음에 그치는 경우에는 강도예비·음모죄로 처벌할 수 없다(대판 2006.9.14. 2004도6432).

⑤ [○] 형법 제335조(준강도)의 조문 가운데 '절도'란 절도기수범과 절도미수범을 모두 포함하는 것이고, 준강도가 사람을 상해했을 때에는 형법 제337조의 강도상해죄가 성립된다(대판 1990.2.27. 89도2532).

정답 ①

102 甲은 18:50경 열려 있는 A의 집 현관문을 통해 집 안으로 들어가 20분 정도 물건을 찾아다니다가, 19:10경 안방 서랍 안에 있는 A의 다이아몬드반지를 발견하고, 바지 주머니에 넣은 후 다시 현관문을 통해 밖으로 나올 때, 마침 귀가하던 A 및 A의 처 B와 마주쳤다. A와 B는 즉시 甲이 도둑임을 알아채고 함께 甲을 막아섰다. 이에 甲은 체포를 면탈하려고 주먹으로 A의 얼굴을 때리고 곧바로 B의 배를 발로 차, A와 B를 쓰러뜨린 후 도주하였다. 그 날 일몰시각은 19:05으로 확인되었다. 이에 관한 설명 중 옳은 것은? (다툼이 있으면 판례에 의함)

[19 변호사]

① 甲이 A의 집에 들어가 다이아몬드반지를 훔친 행위는 야간주거침입절도죄에 해당한다.

② 甲의 행위는 A, B에 대한 각각의 준특수강도죄에 해당하고 양 죄는 실체적 경합범 관계이다.

③ 만약 甲이 집안에서 훔칠 물건을 찾고 있던 도중에 귀가한 A, B에게 발각되자, 체포를 면탈할 목적으로 그들을 폭행한 후 빈손으로 도주하였다면, 주거침입죄 및 준강도미수죄가 성립하고 양 죄는 실체적 경합범 관계이다.

④ 만약 甲이 다이아몬드반지를 훔쳐 나오면서 A와 B를 마주치지는 않았지만, 신고를 받고 출동한 경찰관 P가 현관문 앞에서 甲을 현행범으로 체포하려 하자 甲이 이를 면탈하기 위해 주먹으로 P의 얼굴을 때려 넘어뜨리고 도주하였다면, 주거침입죄와 준강도죄 및 공무집행방해죄가 성립하고 그중 준강도죄와 공무집행방해죄는 실체적 경합범 관계이다.

⑤ 만약 甲이 A, B의 아들이라면 친족상도례가 적용되므로, 준강도죄나 준특수강도죄로는 처벌받지 아니한다.

해설

① [×] [1] 야간주거침입절도죄에 대하여 정하는 형법 제330조에서 '야간에'라고 함은 일몰 후부터 다음날 일출 전까지를 말한다(대판 2015.8.27. 2015도5381).
[2] 형법은 야간에 이루어지는 주거침입행위의 위험성에 주목하여 그러한 행위를 수반한 절도를 야간주거침입절도죄로 중하게 처벌하고 있는 것으로 보아야 하고, 따라서 주거침입이 주간에 이루어진 경우에는 야간주거침입절도죄가 성립하지 않는다고 해석하는 것이 타당하다(대판 2011.4.14. 2011도300). 甲이 일몰 전, 즉 주간에 A의 집에 침입하였으므로 야간주거침입절도죄가 아니라 주거침입죄와 절도죄의 실체적 경합범이 성립한다.

② [×] 절도가 체포를 면탈할 목적으로 추격하여 온 수인에 대하여 같은 기회에 동시 또는 이시에 폭행 또는 협박을 하였다 하더라도 준강도의 포괄일죄가 성립한다(대판 1966.12.6. 66도1392). 甲이 A, B를 폭행할 당시 흉기를 휴대한 사실이 없으므로 포괄하여 준강도의 일죄만 성립한다.

③ [○] [1] 피해자에 대한 폭행·협박을 수단으로 하여 재물을 탈취하고자 하였으나 그 목적을 이루지 못한 자가 강도미수죄로 처벌되는 것과 마찬가지로, 절도미수범인이 폭행·협박을 가한 경우에도 강도미수에 준하여 처벌하는 것이 합리적이라 할 것이다.
[2] 준강도죄의 기수 여부는 절도행위의 기수 여부를 기준으로 하여 판단하여야 한다고 봄이 상당하다(대판 (전) 2004.11.18. 2004도5074). 만약 甲이 집안에서 훔칠 물건을 찾고 있던 도중에 귀가한 A, B에게 발각되자 체포를 면탈할 목적으로 그들을 폭행한 후 빈손으로 도주하였다면, 주거침입죄 및 준강도미수죄가 성립하고 양 죄는 실체적 경합범의 관계에 있다.

④ [×] 절도범인이 체포를 면탈할 목적으로 경찰관에게 폭행·협박을 가한 때에는 준강도죄와 공무집행방해죄를 구성하고 양죄는 상상적 경합관계에 있다(대판 1992.7.28. 92도917).

⑤ [×] 강도죄는 친족상도례가 적용되지 않기 때문에 甲은 준강도죄로 처벌받는다.

정답 ③

103 다음 사례와 관련된 설명 중 옳은 것은? (다툼이 있는 경우 판례에 의함)

> 甲이 절도의 고의로 이웃집에 담을 넘어 들어갔다가 훔칠 물건을 찾을 새도 없이 때마침 귀가한 A에게 곧바로 발각되었다. A가 甲을 향해 "너, 누구야?"라고 소리치며 붙잡으려 하자, 甲이 도망치기 위해 A를 폭행하였다.

① 위 사례가 주간에 발생했다면, 甲에게 절도미수죄가 성립한다.

② 위 사례가 주간에 발생했고, 甲이 담을 넘어 들어갈 때 범행에 사용할 의도로 칼을 소지하고 있었다고 하더라도, 실제 甲이 A를 폭행할 때 칼을 사용하지 않았다면 특수주거침입죄나 특수폭행죄는 성립하지 않는다.

③ 위 사례가 야간에 발생했다면, 甲에게 준강도기수죄가 성립한다.

④ 위 사례가 야간에 발생했고, 甲이 A를 폭행한 후 곧이어 뒤따라 온 B에게 붙잡히게 되자 도망치기 위해 B에게 상해를 가한 경우, 甲에게는 포괄하여 하나의 강도상해죄가 성립한다.

⑤ 위 사례와는 별도로, 甲이 차량 내부의 물건을 훔치려고 하다가 혹시라도 발각되었을 때 체포를 면탈하는 데 도움이 될 수 있을 것이라는 생각에서 칼을 소지하고 심야에 인적이 드문 길가에 주차된 차량들을 살피던 중 적발된 경우, 甲에게 강도예비죄가 성립한다.

해설

▶ 공통되는 사실관계에서 甲은 절도의 고의로 이웃집에 담을 넘어 들어갔으므로 주거침입에 해당하고 훔칠 물건을 찾을 새도 없이 A에게 발각되었으므로 물색행위를 시작하기 전에 발각된 경우에 해당한다. 따라서 이는 주거침입이 주간에 이루어졌는지 또는 야간에 이루어졌는지에 따라 결론을 달리한다.

① [×] 판례는 단순절도의 경우 물색행위시를 기준으로 실행의 착수시기를 판단하므로 사례가 주간에 발생했다면 아직 물색행위에 나아가지 않았으므로 절도미수죄는 성립하지 않는다.

② [×] '위험한 물건을 휴대하여 그 죄를 범한 자'란 범행현장에서 그 범행에 사용하려는 의도아래 흉기를 소지하거나 몸에 지니는 경우를 가리키는 것이지 그 범행과는 전혀 무관하게 우연히 위험한 물건을 소지하게 된 경우까지를 포함하는 것은 아니다(대판 1990.4.24. 90도401).

③ [×] 절도가 체포를 면탈할 목적으로 폭행하면 준강도죄가 성립한다(제335조). 준강도죄의 기수시기를 절취행위 또는 폭행·협박행위 중 어느 것을 기준으로 볼 것인지가 문제되는바 판례는 준강도죄의 기수 여부는 절도행위의 기수 여부를 기준으로 하여 판단하여야 한다고 판시하고 있다(대판(전) 2004.11.18. 2004도5074). 따라서 위 사례가 야간에 발생했다면 야간주거침입절도의 실행의 착수가 인정되고 준강도기수죄가 아닌 준강도미수죄가 성립한다.

> **관련판례** 절도범인이 처음에는 흉기를 휴대하지 아니하였으나 체포를 면탈할 목적으로 폭행 또는 협박을 가할 때에 비로소 흉기를 휴대사용하게 된 경우에는 형법 제334조의 예에 의한 준강도(특수강도의 준강도)가 되는 것으로 해석하여야 할 것이므로 처음에 흉기를 휴대하지 않았던 절도범인인 피고인이 체포를 면탈할 목적으로 추적하는 사람에 대하여 비로소 흉기를 휴대하여 흉기로서 협박을 가한 소위를 특수강도의 예에 의한 준강도로 의율한 원심의 조처는 정당하다(대판(전) 1973.11.13. 73도1553).

④ [○] 절도범이 체포를 면탈할 목적으로 체포하려는 여러 명의 피해자에게 같은 기회에 폭행을 가하여 그 중 1인에게만 상해를 가하였다면 이러한 행위는 포괄하여 하나의 강도상해죄만 성립한다(대판 2001.8.21. 2001도3447).

⑤ [×] 강도예비·음모죄가 성립하기 위하여는 예비·음모 행위자에게 미필적으로라도 '강도'를 할 목적이 있음이 인정되어야 하고 그에 이르지 않고 단순히 '준강도'할 목적이 있음에 그치는 경우에는 강도예비·음모죄로 처벌할 수 없다(대판 2006.9.14. 2004도6432).

정답 ④

104 사기와 공갈의 죄에 관한 설명 중 옳은 것을 모두 고른 것은? (다툼이 있으면 판례에 의함) [22 변호사]

> ㉠ 사기죄의 피해자가 법인이나 단체인 경우 피해자 법인이나 단체의 대표자 또는 실질적으로 의사결정을 하는 최종결재권자 등 기망의 상대방이 기망행위자와 동일하거나 기망행위자와 공모하는 등 기망행위를 알고 있었다면 사기죄는 성립하지 않는다.
> ㉡ 수익자가 기망을 통하여 급여자로 하여금 불법원인급여에 해당하는 재물을 제공하도록 한 것이라면 민법 제746조 규정에 의하여 급여자가 수익자에 대한 반환청구권을 행사할 수 없으므로 사기죄가 성립하지 않는다.
> ㉢ 가맹점주가 용역의 제공을 가장한 허위의 매출전표임을 고지하지 아니한 채 신용카드회사에 제출하여 대금을 청구한 경우 신용카드회사가 허위의 매출전표임을 알았더라면 그 대금을 지급하지 아니하였을 관계가 인정된다면, 비록 당시 가맹점주에게 신용카드 이용대금을 변제할 의사와 능력이 있었다고 하더라도 사기죄의 기망행위에 해당한다.
> ㉣ 사기죄의 피해자에게 그 대가가 지급된 경우 피해자를 기망하여 그가 보유하고 있는 그 대가를 다시 편취하더라도 새로운 법익이 침해된 것은 아니므로 기존에 성립한 사기죄와 별도의 새로운 사기죄가 성립하는 것은 아니다.
> ㉤ 공갈죄의 대상이 되는 재물은 타인의 재물을 의미하므로 사람을 공갈하여 자기의 재물을 교부받는 경우에는 공갈죄가 성립하지 않는다.

① ㉠, ㉢   ② ㉡, ㉤   ③ ㉠, ㉢, ㉤
④ ㉠, ㉣, ㉤   ⑤ ㉡, ㉢, ㉣

해설

㉠ [O] 사기죄가 성립하려면 행위자의 기망행위, 피기망자의 착오와 그에 따른 처분행위, 그리고 행위자 등의 재물이나 재산상 이익의 취득이 있고, 그 사이에 순차적인 인과관계가 존재하여야 한다. 피해자 법인이나 단체의 대표자 또는 실질적으로 의사결정을 하는 최종결재권자 등이 기망행위자와 동일인이거나 기망행위자와 공모하는 등 기망행위임을 알고 있었던 경우에는 기망행위로 인한 착오가 있다고 볼 수 없고, 재물 교부 등의 처분행위가 있었더라도 기망행위와 인과관계가 있다고 보기 어렵다. 이러한 경우에는 사안에 따라 업무상횡령죄 또는 업무상배임죄 등이 성립하는 것은 별론으로 하고 사기죄가 성립한다고 볼 수 없다(대판 2017.9.26. 2017도8449).

㉡ [×] 민법 제746조의 불법원인급여에 해당하여 급여자가 수익자에 대한 반환청구권을 행사할 수 없다고 하더라도 수익자가 기망을 통하여 급여자로 하여금 불법원인급여에 해당하는 재물을 제공하도록 하였다면 사기죄가 성립한다고 할 것인 바, 피고인이 피해자로부터 도박자금으로 사용하기 위하여 금원을 차용하였더라도 사기죄의 성립에는 영향이 없다(대판 2006.11.23. 2006도6795).

> **비교판례** 甲이 乙로부터 제3자에 대한 뇌물공여 또는 배임증재의 목적으로 전달하여 달라고 교부받은 금전은 불법원인급여물에 해당하여 그 소유권은 甲에게 귀속되는 것으로서 甲이 위 금전을 제3자에게 전달하지 않고 임의로 소비하였다고 하더라도 횡령죄가 성립하지 않는다(대판 1999.6.11. 99도275).

㉢ [O] 신용카드회사가 가맹점의 용역의 제공을 가장한 허위 내용의 매출전표에 의한 대금청구에 대하여는 이를 거절할 수 있는 등 매출전표가 허위임을 알았더라면 가맹점주에게 그 대금의 지급을 하지 아니하였을 관계가 인정된다면, 가맹점주가 용역의 제공을 가장한 허위의 매출전표임을 고지하지 아니한 채 신용카드회사에게 제출하여 대금을 청구한 행위는 사기죄의 실행행위로서의 기망행위에 해당하고, 가맹점주에게 이러한 기망행위에 대한 범의가 있었다면, 비록 당시 그에게 신용카드 이용대금을 변제할 의사와 능력이 있었다고 하더라도 사기죄의 범의가 있었음을 인정할 수 있다(대판 1999.2.12. 98도3549).

㉣ [×] 사기죄에서 피해자에게 그 대가가 지급된 경우, 피해자를 기망하여 그가 보유하고 있는 그 대가를 다시 편취하거나 피해자로부터 그 대가를 위탁받아 보관 중 횡령하였다면, 이는 새로운 법익의 침해가 발생한 경우이므로 기존에 성립한 사기죄와는 별도의 새로운 사기죄나 횡령죄가 성립한다(대판 2009.10.29. 2009도7052).

ⓜ [ㅇ] 공갈죄의 대상이 되는 재물은 타인의 재물을 의미하므로 사람을 공갈하여 자기의 재물을 교부받는 경우에는 공갈죄가 성립하지 않는다(대판 2012.8.30. 2012도6157).

정답 ③

105 사기죄에 관한 설명 중 옳은 것[ㅇ]과 옳지 않은 것[×]을 올바르게 조합한 것은? (다툼이 있으면 판례에 의함)

[20 변호사]

> ㉠ 금원 편취를 내용으로 하는 사기죄에서는 기망으로 인한 금원 교부가 있으면 그 자체로 피해자의 재산침해가 되어 바로 사기죄가 성립하고, 상당한 대가가 지급되었다거나 피해자의 전체 재산상의 손해가 없다 하여도 사기죄의 성립에는 그 영향이 없다.
> ㉡ 피해자에 대한 사기범행을 실현하는 수단으로 타인을 기망하여 그를 피해자로부터 편취한 재물을 전달하는 도구로만 이용한 경우, 편취의 대상인 재물에 관하여 피해자에 대한 사기죄와는 별도로 도구로 이용된 타인에 대한 사기죄가 성립한다.
> ㉢ 부동산의 명의수탁자가 그 부동산을 자신의 소유라고 말하면서 제3자에게 매도하고 소유권이전등기를 마쳐 준 경우, 제3자에 대한 사기죄가 성립한다.
> ㉣ 사기도박으로 금전을 편취하려고 하는 자가 상대방에게 도박에 참가할 것을 권유하는 것만으로는 사기죄의 실행의 착수가 인정되지 않는다.
> ㉤ 피해자를 속여 재물을 교부받으면서 일부 대가를 지급한 경우, 편취액은 대가를 공제한 차액이 아니라 교부받은 재물 전부이다.

① ㉠ [×], ㉡ [ㅇ], ㉢ [ㅇ], ㉣ [ㅇ], ㉤ [×]
② ㉠ [ㅇ], ㉡ [×], ㉢ [×], ㉣ [×], ㉤ [ㅇ]
③ ㉠ [×], ㉡ [ㅇ], ㉢ [×], ㉣ [ㅇ], ㉤ [ㅇ]
④ ㉠ [ㅇ], ㉡ [×], ㉢ [ㅇ], ㉣ [×], ㉤ [ㅇ]
⑤ ㉠ [ㅇ], ㉡ [ㅇ], ㉢ [×], ㉣ [ㅇ], ㉤ [×]

해설

㉠ [ㅇ] 금원 편취를 내용으로 하는 사기죄에서는 기망으로 인한 금원 교부가 있으면 그 자체로써 피해자의 재산침해가 되어 바로 사기죄가 성립하고, 상당한 대가가 지급되었다거나 피해자의 전체 재산상에 손해가 없다 하여도 사기죄의 성립에는 그 영향이 없다(대판 2017.12.22. 2017도12649).

㉡ [×] 간접정범을 통한 범행에서 피이용자는 간접정범의 의사를 실현하는 수단으로서의 지위를 가질 뿐이므로, 피해자에 대한 사기범행을 실현하는 수단으로서 타인을 기망하여 그를 피해자로부터 편취한 재물이나 재산상 이익을 전달하는 도구로서만 이용한 경우에는 편취의 대상인 재물 또는 재산상 이익에 관하여 피해자에 대한 사기죄가 성립할 뿐 도구로 이용된 타인에 대한 사기죄가 별도로 성립한다고 할 수 없다(대판 2017.5.31. 2017도3894).

㉢ [×] 부동산의 명의수탁자가 부동산을 제3자에게 매도하고 매매를 원인으로 한 소유권이전등기까지 마쳐 준 경우, 명의신탁의 법리상 대외적으로 수탁자에게 그 부동산의 처분권한이 있는 것임이 분명하고, 제3자로서도 자기 명의의 소유권이전등기가 경료된 이상 무슨 손해가 있을리 없으므로 그 제3자에 대한 사기죄가 성립될 여지가 없다(대판 2007.1.11. 2006도4498).

㉣ [×] 사기죄는 편취의 의사로 기망행위를 개시한 때에 실행에 착수한 것으로 보아야 하므로, 사기도박에서도 사기적인 방법으로 도금을 편취하려고 하는 자가 상대방에게 도박에 참가할 것을 권유하는 등 기망행위를 개시한 때에 실행의 착수가 있는 것으로 보아야 한다(대판 2011.1.13. 2010도9330).

ⓜ [○] 사기죄에 있어서 그 대가가 일부 지급된 경우에도 편취액은 피해자로부터 교부된 재물의 가치로부터 그 대가를 공제한 차액이 아니라 교부받은 재물 전부이다(대판 2010.2.11. 2009도12627).

정답 ②

106 甲은 乙에게 乙의 삼촌인 A의 신용카드를 절취하도록 교사하고, 이에 따라 乙이 A의 신용카드를 절취하였다. 이에 관한 설명 중 옳은 것을 모두 고른 것은? (다툼이 있으면 판례에 의함) [21 변호사]

> ⊙ 甲이 乙이 절취하여 온 A의 신용카드를 취득하였더라도 甲에게 장물취득죄는 성립하지 않는다.
> ⓛ 乙이 A와 동거하고 있다면 乙의 절도죄는 형법상 친족상도례에 따라 A의 고소가 있어야 처벌할 수 있다.
> ⓒ 甲이 위 신용카드를 자신의 것인 양 속이고 옷가게에서 옷을 구입하고 신용카드로 결제하였다면, 사기죄와 신용카드부정사용죄(「여신전문금융업법」 제70조 제1항 제3호)가 성립하고 양죄는 실체적 경합관계이다.
> ⓔ 甲이 위 신용카드를 이용하여 현금지급기에서 계좌이체를 한다면 절도죄에 해당한다.

① ⓒ   ② ⓔ   ③ ⊙, ⓒ
④ ⓛ, ⓔ   ⑤ ⓒ, ⓔ

해설

⊙ [×] 횡령 교사를 한 후 그 횡령한 물건을 취득한 때에는 횡령교사죄와 장물취득죄의 경합범이 성립된다(대판 1969.6.24. 69도692). 판례의 취지에 의하면 甲은 절도교사죄와 장물취득죄의 죄책을 진다.

> **비교판례** 장물죄는 타인(본범)이 불법하게 영득한 재물의 처분에 관여하는 범죄이므로 자기의 범죄에 의하여 영득한 물건에 대하여는 성립하지 아니하고 이는 불가벌적 사후행위에 해당하나 여기에서 자기의 범죄라 함은 정범자(공동정범과 합동범을 포함한다)에 한정되는 것이므로 평소 본범과 공동하여 수차 상습으로 절도 등 범행을 자행함으로써 실질적인 범죄집단을 이루고 있었다 하더라도, 당해 범죄행위의 정범자(공동정범이나 합동범)로 되지 아니한 이상 이를 자기의 범죄라고 할 수 없고 따라서 그 장물의 취득을 불가벌적 사후행위라고 할 수 없다(대판 1986.9.9. 86도1273).

ⓛ [×] 乙이 A와 동거하고 있다면 乙과 A는 제328조 제1항의 신분관계가 인정되므로 乙에 대하여 형을 면제한다(형법 제328조 제1항, 제344조).

ⓒ [○] 피고인이 신용카드를 절취한 직후 약 2시간 20분 동안에 카드가맹점 7곳에서 합계 2,008,000원 상당의 물품을 구입하면서 물품의 구입대금을 신용카드로 결제한 경우, 피고인이 동일한 신용카드를 부정사용한 행위는 포괄하여 일죄에 해당하고, 신용카드를 부정사용한 결과가 사기죄의 구성요건에 해당하고 각 사기죄가 실체적 경합관계에 해당한다고 하여도 신용카드부정사용죄와 사기죄는 그 보호법익이나 행위의 태양이 전혀 달라 실체적 경합관계에 있다고 보아야 할 것이므로 신용카드 부정사용행위를 포괄일죄로 취급하는데 아무런 지장이 없다(대판 1996.7.12. 96도1181).

ⓔ [×] 피고인이 절취한 타인의 신용카드를 이용하여 현금지급기에서 계좌이체를 한 행위는 컴퓨터등사용사기죄에서 컴퓨터 등 정보처리장치에 권한 없이 정보를 입력하여 정보처리를 하게 한 행위에 해당함은 별론으로 하고 이를 절취행위라고 볼 수는 없고, 한편 위 계좌이체 후 현금지급기에서 현금을 인출한 행위는 자신의 신용카드나 현금카드를 이용한 것이어서 이러한 현금인출이 현금지급기 관리자의 의사에 반한다고 볼 수 없어 절취행위에 해당하지 않으므로 절도죄를 구성하지 않는다(대판 2008.6.12. 2008도2440).

정답 ①

107 현금카드 기능이 있는 신용카드 사용범죄에 관한 설명 중 옳지 않은 것을 모두 고른 것은? (다툼이 있으면 판례에 의함)

[15 변호사]

㉠ 강취한 타인의 신용카드를 사용하여 현금자동지급기에서 예금을 인출한 행위는 그 현금을 객체로 하는 절도죄가 성립한다.

㉡ 타인의 명의를 모용하여 발급받은 신용카드를 사용하여 현금자동지급기에서 현금대출(현금서비스)을 받은 행위는 그 현금을 객체로 하는 절도죄가 성립한다.

㉢ 절취한 타인의 신용카드를 사용하여 현금자동지급기에서 현금대출(현금서비스)을 받은 행위는 그 현금을 객체로 하는 절도죄가 성립한다.

㉣ 물품을 구입하고 절취한 신용카드로 결제를 하면서 매출전표에 서명하여 이를 교부한 경우 신용카드부정사용죄 외에 사문서위조죄 및 위조사문서행사죄로 처벌된다.

㉤ 갈취한 타인의 신용카드와 그 타인으로부터 알아낸 비밀번호를 이용하여 현금자동지급기에서 예금을 인출한 행위는 그 현금을 객체로 하는 절도죄가 성립한다.

① ㉠, ㉡   ② ㉡, ㉣   ③ ㉣, ㉤
④ ㉠, ㉢, ㉤   ⑤ ㉡, ㉣, ㉤

해설

㉠ [○] 강취한 현금카드를 사용하여 현금자동지급기에서 예금을 인출한 행위는 피해자의 승낙에 기한 것이라고 할 수 없으므로, 현금자동지급기 관리자의 의사에 반하여 그의 지배를 배제하고 그 현금을 자기의 지배하에 옮겨 놓는 것이 되어서 강도죄와는 별도로 절도죄를 구성한다(대판 2007.5.10. 2007도1375).

㉡ [○] 타인의 명의를 모용하여 발급받은 신용카드를 사용하여 현금자동지급기에서 현금대출을 받는 행위는 카드회사에 의하여 미리 포괄적으로 허용된 행위가 아니라, 현금자동지급기의 관리자의 의사에 반하여 그의 지배를 배제한 채 그 현금을 자기의 지배하에 옮겨 놓는 행위로서 절도죄에 해당한다(대판 2002.7.12. 2002도2134).

㉢ [○] 절취한 신용카드를 사용하여 현금자동인출기에서 현금을 인출하고 그 현금을 취득까지 한 행위는 신용카드부정사용죄에 해당할 뿐 아니라 그 현금을 취득함으로써 현금자동인출기 관리자의 의사에 반하여 그의 지배를 배제하고 그 현금을 자기의 지배하에 옮겨 놓는 것이 되므로 별도로 절도죄를 구성한다(대판 1995.7.28. 95도997).

㉣ [×] 매출표의 서명 및 교부가 별도로 사문서위조 및 동행사의 죄의 구성요건을 충족한다고 하여도 <u>사문서위조 및 동행사죄는 신용카드부정사용죄에 흡수되어 신용카드부정사용죄의 일죄만이 성립한다</u>(대판 1992.6.9. 92도77).

㉤ [×] 피고인이 피해자로부터 현금카드를 사용한 예금인출의 승낙을 받고 현금카드를 교부받은 행위와 이를 사용하여 현금자동지급기에서 예금을 여러 번 인출한 행위들은 모두 피해자의 예금을 갈취하고자 하는 피고인의 단일하고 계속된 범의 아래에서 이루어진 일련의 행위로서 <u>포괄하여 하나의 공갈죄를 구성한다고 볼 것이지</u>, 현금지급기에서 피해자의 예금을 취득한 행위를 현금지급기 관리자의 의사에 반하여 그가 점유하고 있는 <u>현금을 절취한 것이라 하여 이를 현금카드 갈취행위와 분리하여 따로 절도죄로 처단할 수는 없다</u>(대판 1996.9.20. 95도1728).

정답 ③

108 소송사기에 관한 설명 중 옳지 않은 것은? (다툼이 있으면 판례에 의함) [15 변호사]

① 甲이 소송비용을 편취할 의사로 소송비용의 지급을 구하는 손해배상청구의 소를 제기한 경우 사기죄의 불가벌적 불능범에 해당한다.

② 甲이 사망자 乙 명의의 문서를 위조하여 소장에 첨부한 후, 乙을 상대로 법원에 제소한 경우 사문서위조 및 위조사문서행사죄는 성립하지만 사기죄는 성립하지 않는다.

③ 부동산등기부상 소유자로 등기된 적이 있는 甲이 자신 이후에 소유권이전등기를 경료한 등기명의인들을 상대로 허위의 사실을 주장하면서 그들 명의의 소유권이전등기말소를 구하는 소를 제기하더라도 사기죄의 실행에 착수한 것이 아니다.

④ 甲이 피담보채권인 공사대금채권을 실제와 달리 허위로 크게 부풀려 유치권에 기한 경매신청을 한 경우 사기죄의 실행에 착수한 것이다.

⑤ 甲이 진정한 임차권자가 아니면서 허위의 임대차 계약서를 법원에 제출하여 임차권등기명령을 신청한 경우 사기죄의 실행에 착수한 것이다.

해설

① [ㅇ] 소송비용을 편취할 의사로 소송비용의 지급을 구하는 손해배상청구의 소를 제기하였다고 하더라도 이는 객관적으로 소송비용의 청구방법에 관한 법률적 지식을 가진 일반인의 판단으로 보아 결과 발생의 가능성이 없어 위험성이 인정되지 않으므로 불가벌적 불능범에 해당한다(대판 2005.12.8. 2005도8105).

② [ㅇ] [1] 사망자 명의의 문서를 위조하여 소장에 첨부하여 행사한 경우 사문서위조 및 동행사죄가 성립한다(대판 2011.9.29. 2011도6223).
[2] 피고인의 제소가 사망한 자를 상대로 한 것이라면 이와 같은 사망한 자에 대한 판결은 그 내용에 따른 효력이 생기지 아니하여 상속인에게 그 효력이 미치지 아니하고 따라서 사기죄를 구성한다고 할 수 없다(대판 2002.1.11. 2000도1881).

③ [×] 부동산등기부상 소유자로 등기된 적이 있는 자가 자기 이후에 소유권이전등기를 경료한 등기명의인들을 상대로 허위의 사실을 주장하면서 그들 명의의 소유권이전등기의 말소를 구하는 소송을 제기한 경우 그 소송에서 승소한다면 등기명의인들의 등기가 말소됨으로써 소송을 제기한 자의 등기명의가 회복되는 것이므로 이는 법원을 기망하여 재물이나 재산상 이익을 편취한 것이라고 할 것이고 따라서 등기명의인들 전부 또는 일부를 상대로 하는 말소등기청구소송의 제기는 사기의 실행에 착수한 것이라고 보아야 한다(대판 2003.7.22. 2003도1951).

④ [ㅇ] 피담보채권인 공사대금 채권을 실제와 달리 허위로 크게 부풀려 유치권에 의한 경매를 신청할 경우 정당한 채권액에 의하여 경매를 신청한 경우보다 더 많은 배당금을 받을 수도 있으므로, 이는 법원을 기망하여 배당이라는 법원의 처분행위에 의하여 재산상 이익을 취득하려는 행위로서, 불능범에 해당한다고 볼 수 없고, 소송사기죄의 실행의 착수에 해당한다(대판 2012.11.15. 2012도9603).

⑤ [ㅇ] 진정한 임차권자가 아니면서 허위의 임대차계약서를 법원에 제출하여 임차권등기명령을 신청하면 그로써 소송사기의 실행행위에 착수한 것으로 보아야 하고, 나아가 그 임차보증금 반환채권에 관하여 현실적으로 청구의 의사표시를 하여야만 사기죄의 실행의 착수가 있다고 볼 것은 아니다(대판 2012.5.24. 2010도12732).

정답 ③

ㄱ. 甲이 자신이 토지의 소유자라고 허위 주장을 하면서 소유권보존등기 명의자를 상대로 보존등기의 말소를 구하는 소송을 제기한 경우, 그 소송에서 위 토지가 甲의 소유임을 인정하여 보존등기 말소를 명하는 내용의 승소확정판결을 받는다면 甲에게 소송사기죄가 성립하고, 이 경우 기수시기는 위 판결이 확정된 때이다.

ㄴ. A가 자기의 비용과 노력으로 건물을 신축하여 소유권을 원시취득한 미등기건물의 소유자임에도, A에 대한 채권담보 등을 위하여 건축허가명의만을 가진 甲과 甲에 대한 채권자 乙이 공모하여 乙이 甲을 상대로 위 건물에 관한 강제경매를 신청하여 법원의 경매개시결정이 내려지고, 그에 따라 甲 앞으로 촉탁에 의한 소유권보존등기가 된 경우, 甲과 乙에게는 A에 대한 관계에서 사기죄의 공동정범이 성립한다.

ㄷ. 허위 채권에 기한 공정증서를 집행권원으로 하여 채무자의 소유권이전등기청구권에 대하여 압류신청을 한 것만으로는 소송사기의 실행에 착수하였다고 볼 수 없다.

ㄹ. 甲이 소송상의 주장이 사실과 다름이 객관적으로 명백하거나 증거가 조작되어 있다는 정을 인식하지 못하는 제3자를 이용하여 그로 하여금 소송의 당사자가 되게 하여 법원을 기망하였다면, 甲에게 간접정범의 형태에 의한 소송사기죄가 성립한다.

ㅁ. 甲이 법원을 기망하여 소송상대방인 직계혈족으로부터 재물을 편취하여 사기죄가 성립하는 경우, 甲에게는 친족상도례가 적용되므로 그 형을 면제하여야 한다.

① ㄱ 　　　　② ㄱ, ㄴ 　　　　③ ㄴ, ㄷ
④ ㄷ, ㄹ 　　　⑤ ㄷ, ㅁ

해설

ㄱ. [ㅇ] 피고인 또는 그와 공모한 자가 자신이 토지의 소유자라고 허위의 주장을 하면서 소유권보존등기 명의자를 상대로 보존등기의 말소를 구하는 소송을 제기한 경우 그 소송에서 위 토지가 피고인 또는 그와 공모한 자의 소유임을 인정하여 보존등기 말소를 명하는 내용의 승소확정판결을 받는다면, 이에 터 잡아 언제든지 단독으로 상대방의 소유권보존등기를 말소시킨 후 위 판결을 부동산등기법 제130조 제2호 소정의 소유권을 증명하는 판결로 하여 자기 앞으로의 소유권보존등기를 신청하여 그 등기를 마칠 수 있게 되므로, 이는 법원을 기망하여 유리한 판결을 얻음으로써 '대상 토지의 소유권에 대한 방해를 제거하고 그 소유명의를 얻을 수 있는 지위'라는 재산상 이익을 취득한 것이고, 그 경우 기수시기는 위 판결이 확정된 때이다(대판(전) 2006.4.7. 2005도9858).

ㄴ. [×] 자기의 비용과 노력으로 건물을 신축하여 그 소유권을 원시취득한 미등기건물의 소유자가 있고 그에 대한 채권담보 등을 위하여 건축허가명의만을 가진 자가 따로 있는 상황에서, 건축허가명의자에 대한 채권자가 위 명의자와 공모하여 명의자를 상대로 위 건물에 관한 강제경매를 신청하여 법원의 경매개시결정이 내려지고, 그에 따라 위 명의자 앞으로 촉탁에 의한 소유권보존등기가 되고 나아가 그 경매절차에서 건물이 매각되었다고 하더라도, 위와 같은 경매신청행위 등이 진정한 소유자에 대한 관계에서 사기죄가 된다고 볼 수는 없다. 왜냐하면 위 <u>경매절차에서 한 법원의 재판이나 법원의 촉탁에 의한 소유권보존등기의 효력은 그 재판의 당사자도 아닌 위 진정한 소유자에게는 미치지 아니하는 것이어서, 피기망자인 법원의 재판이 피해자의 처분행위에 갈음하는 내용과 효력이 있는 것이라고 보기는 어렵기</u> 때문이다(대판 2013.11.28. 2013도459).

ㄷ. [×] 허위 채권에 기한 공정증서를 집행권원으로 하여 채무자의 소유권이전등기청구권에 대하여 압류신청을 한 시점에 소송사기의 실행에 착수하였다고 볼 것이다(대판 2015.2.12. 2014도10086).

비교판례 가압류는 강제집행의 보전방법에 불과하고 그 기초가 되는 허위의 채권에 의하여 실지로 청구의 의사표시를 한 것이라고 할 수 없으므로 <u>소의 제기 없이 가압류신청을 한 것만으로는 사기죄의 실행에 착수한 것이라고 할 수 없다</u>(대판 1982.10.26. 82도1529).

ㄹ. [○] 자기에게 유리한 판결을 얻기 위하여 소송상의 주장이 사실과 다름이 객관적으로 명백하거나 증거가 조작되어 있다는 정을 인식하지 못하는 제3자를 이용하여 그로 하여금 소송의 당사자가 되게 하고 법원을 기망하여 소송 상대방의 재물 또는 재산상 이익을 취득하려 하였다면 간접정범의 형태에 의한 소송사기죄가 성립하게 된다(대판 2007.9.6. 2006도3591).

ㅁ. [○] 법원을 기망하여 제3자로부터 재물을 편취한 경우에 피기망자인 법원은 피해자가 될 수 없고 재물을 편취당한 제3자가 피해자라고 할 것이므로 피해자인 제3자와 사기죄를 범한 자가 직계혈족의 관계에 있을 때에는 그 범인에 대하여는 형법 제354조에 의하여 준용되는 형법 제328조 제1항에 의하여 그 형을 면제하여야 할 것이다(대판 2014.9.26. 2014도8076).

정답 ③

110 다음 설명 중 옳지 않은 것은? (다툼이 있으면 판례에 의함) [18 변호사]

① 절도범이 절도현장에서 체포면탈을 목적으로 자신을 체포하려는 A와 B를 같은 기회에 폭행하여 B에게만 상해를 가한 경우에는 포괄하여 하나의 강도상해죄가 성립한다.

② 피해자에게 자동차를 매도하겠다고 거짓말하고 매매대금을 받고 자동차를 양도하면서 자동차에 미리 부착해 놓은 지피에스(GPS)로 위치를 추적하여 자동차를 몰래 가져왔으나, 피해자에게 자동차를 인도하고 소유권이전등록에 필요한 일체의 서류를 교부함으로써 피해자가 언제든지 자동차의 소유권이전등록을 마칠 수 있게 되었다면 절도죄만 성립할 뿐 그와는 별도로 사기죄가 성립하지는 않는다.

③ 피해자에 대한 사기범행을 실현하는 수단으로서 타인을 기망하여 그를 피해자로부터 편취한 재물이나 재산상 이익을 전달하는 도구로만 이용한 경우에는 피해자에 대한 사기죄만 성립할 뿐 도구로 이용된 타인에 대한 사기죄가 별도로 성립하지는 않는다.

④ 상습으로 단순절도죄를 범한 범인이 범행의 수단으로 주간에 주거침입을 한 경우 주거침입행위는 상습절도죄(「형법」 제332조)와 별개로 주거침입죄를 구성한다.

⑤ A가 B의 돈을 절취한 다음 다른 금전과 섞거나 교환하지 않고 쇼핑백에 넣어 자신의 집에 숨겨두었는데 甲이 B의 지시를 받아 乙과 함께 A를 위협하여 쇼핑백에 들어 있던 절취된 돈을 교부받았다면 甲은 폭력행위 등 처벌에 관한 법률위반(공동공갈)의 죄책을 진다.

해설

① [○] 절도범이 체포를 면탈할 목적으로 체포하려는 여러 명의 피해자에게 같은 기회에 폭행을 가하여 그 중 1인에게만 상해를 가하였다면 이러한 행위는 포괄하여 하나의 강도상해죄만 성립한다(대판 2001.8.21. 2001도3447).

② [○] 피고인 甲 등이 피해자 A, B에게 자동차를 매도하면서 그 자동차를 인도하고 소유권이전등록에 필요한 일체의 서류를 교부하였으나 자동차에 미리 부착해 놓은 GPS로 위치를 추적하여 그 자동차를 절취한 경우, 자동차를 인도하고 소유권이전등록에 필요한 일체의 서류를 교부함으로써 A, B가 언제든지 소유권이전등록을 마칠 수 있게 된 이상, 甲 등에게 자동차의 소유권을 이전하여 줄 의사가 없었다고 볼 수는 없고 또한 자동차를 매도할 당시 곧바로 다시 절취할 의사를 가지고 있으면서도 이를 숨긴 것을 기망이라고 할 수도 없어 특수절도죄만 성립할 뿐 사기죄는 성립하지 아니한다(대판 2016.3.24. 2015도17452).

③ [○] 간접정범을 통한 범행에서 피이용자는 간접정범의 의사를 실현하는 수단으로서의 지위를 가질 뿐이므로, 피해자에 대한 사기범행을 실현하는 수단으로서 타인을 기망하여 그를 피해자로부터 편취한 재물이나 재산상 이익을 전달하는 도구로서만 이용한 경우에는 편취의 대상인 재물 또는 재산상 이익에 관하여 피해자에 대한 사기죄가 성립할 뿐 도구로 이용된 타인에 대한 사기죄가 별도로 성립한다고 할 수 없다(대판 2017.5.31. 2017도3894).

④ [○] 형법상 상습단순절도죄(형법 제329조, 제332조)는 주거침입을 구성요건으로 하지 않기 때문에 지문과 같은 경우 별도로 주거침입죄가 성립하는 것이다(대판 2015.10.15. 2015도8169).

비교판례 특정범죄 가중처벌 등에 관한 법률 제5조의4 제6항 [12]에 규정된 상습절도 등 죄를 범한 범인이 그 범행의 수단으로 주거침입을 한 경우에 주거침입행위는 상습절도 등 죄에 흡수되어 위 조문에 규정된 상습절도 등 죄의 1죄만이 성립하고 별개로 주거침입죄를 구성하지 않는다(대판 2017.7.11. 2017도4044).

⑤ [×] 피고인 등이 A에게서 되찾은 돈은 절취 대상인 당해 금전이라고 구체적으로 특정할 수 있어 객관적으로 A의 다른 재산과 구분됨이 명백하므로 이를 타인인 A의 재물이라고 볼 수 없고, 따라서 비록 피고인 등이 공갈하여 돈을 교부받았더라도 <u>타인의 재물을 갈취한 행위로서 공갈죄가 성립된다고 볼 수 없다</u>(대판 2012.8.30. 2012도6157).

정답 ⑤

111 횡령죄에 관한 설명 중 옳은 것은? (다툼이 있는 경우에는 판례에 의함) [14 변호사]

① 조합장이 조합으로부터 공무원에게 뇌물로 전달하여 달라고 금원을 교부 받고도, 이를 뇌물로 전달하지 않고 개인적으로 소비한 경우에 횡령죄가 성립한다.

② 타인이 착오로 피고인 명의의 홍콩H은행 계좌로 잘못 송금한 300만 홍콩달러를 피고인이 임의로 인출하여 사용하였더라도 피고인과 송금인 사이에 별다른 거래관계가 없는 경우에는 횡령죄가 성립하지 않는다.

③ (판례변경으로 삭제)

④ 임차토지에 동업계약에 기해 식재되어 있는 수목을 관리·보관하던 동업자 일방이 다른 동업자의 허락을 받지 않고 함부로 제3자에게 수목을 매도하기로 계약을 체결한 후 계약금을 수령·소비하였으나, 다른 동업자의 저지로 계약의 추가적인 이행이 진행되지 아니한 경우 횡령죄 미수가 성립한다.

⑤ 주주나 대표이사 또는 그에 준하여 회사 자금의 보관이나 운용에 관한 사실상의 사무를 처리하는 자가 회사 소유의 재산을 제3자의 자금 조달을 위하여 담보로 제공하는 등 사적인 용도로 임의 처분하였더라도, 그 처분에 관하여 주주총회나 이사회의 결의가 있었던 경우에는 횡령죄가 성립하지 않는다.

해설

① [×] 조합장이 조합으로부터 공무원에게 뇌물로 전달하여 달라고 금원을 교부받은 것은 불법원인으로 인하여 지급 받은 것으로서 이를 뇌물로 전달하지 않고 타에 소비하였다고 해서 타인의 재물을 보관중 횡령하였다고 볼 수는 없다(대판 1988.9.20. 86도628).

② [×] 어떤 예금계좌에 돈이 착오로 잘못 송금되어 입금된 경우에는 그 예금주와 송금인 사이에 신의칙상 보관관계가 성립한다고 할 것이므로, 피고인이 송금 절차의 착오로 인하여 피고인 명의의 은행 계좌에 입금된 돈을 임의로 인출하여 소비한 행위는 횡령죄에 해당하고, 이는 송금인과 피고인 사이에 별다른 거래관계가 없다고 하더라도 마찬가지이다(대판 2010.12.9. 2010도891).

③ [판례변경으로 삭제] – 변경된 전원합의체 판결
[채권양도] 채권양도인이 채무자에게 채권양도 통지를 하는 등으로 채권양도의 대항요건을 갖추어 주지 않은 채 채무자로부터 채권을 추심하여 금전을 수령한 경우, 특별한 사정이 없는 한 금전의 소유권은 채권양수인이 아니라 채권양도인에게 귀속하고 채권양도인이 채권양수인을 위하여 양도 채권의 보전에 관한 사무를 처리하는 신임관계가 존재한다고 볼 수 없다. 따라서 채권양도인이 위와 같이 양도한 채권을 추심하여 수령한 금전에 관하여 채권양수인을 위해 보관하는 자의 지위에 있다고 볼 수 없으므로, 채권양도인이 위 금전을 임의로 처분하더라도 횡령죄는 성립하지 않는다(대판(전) 2022.6.23. 2017도3829).

---

12) 상습적으로 「형법」 제329조부터 제331조까지의 죄나 그 미수죄로 두 번 이상 실형을 선고받고 그 집행이 끝나거나 면제된 후 3년 이내에 다시 상습적으로 「형법」 제329조부터 제331조까지의 죄나 그 미수죄를 범한 경우에는 3년 이상 25년 이하의 징역에 처한다.

[담보목적 채권양도] 채무자가 채권 양도담보계약에 따라 담보 목적 채권의 담보가치를 유지·보전할 의무는 계약에 따른 자신의 채무에 불과하고, 채권자와 채무자 사이에 채무자가 채권자를 위하여 담보가치의 유지·보전사무를 처리함으로써 채무자의 사무처리를 통해 채권자가 담보 목적을 달성한다는 신임관계가 존재한다고 볼 수 없다. 그러므로 채무자가 제3채무자에게 채권양도 통지를 하지 않은 채 자신이 사용할 의도로 제3채무자로부터 변제를 받아 변제금을 수령한 경우, 이는 단순한 민사상 채무불이행에 해당할 뿐, 채무자가 채권자와의 위탁신임관계에 의하여 채권자를 위해 위 변제금을 보관하는 지위에 있다고 볼 수 없고, 채무자가 이를 임의로 소비하더라도 횡령죄는 성립하지 않는다(대판 2021.2.25. 2020도12927).

④ [○] [1] 횡령죄는 소유권 등 본권이 침해될 위험이 있으면 그 침해의 결과가 발생하지 않더라도 성립하는 위험범인데, 여기서 위험범이라는 것은 횡령죄가 개인적 법익침해를 전제로 하는 재산범죄임을 감안할 때 단순히 사회 일반에 대한 막연한 추상적 위험이 발생하는 것만으로는 부족하고 소유자의 본권 침해에 대한 구체적 위험이 발생하는 수준에 이를 것을 요하기 때문에 이러한 단계에 있지 않은 경우에는 횡령죄의 미수범의 책임을 진다. [2] 피고인이 피해자로부터 위탁받아 식재·관리하여 오던 나무들을 피해자 모르게 제3자에게 매도하는 계약을 체결하고 제3자로부터 계약금을 수령한 상태에서 피해자에게 적발되어 위 계약이 더 이행되지 아니하고 무위로 그친 경우, 피고인의 행위는 횡령기수가 아니라 횡령미수에 해당한다(대판 2012.8.17. 2011도9113).

⑤ [×] 주식회사는 주주와 독립된 별개의 권리주체로서 그 이해가 반드시 일치하는 것은 아니므로, 회사 소유 재산을 주주나 대표이사가 제3자의 자금 조달을 위하여 담보로 제공하는 등 사적인 용도로 임의 처분하였다면 그 처분에 관하여 주주총회나 이사회의 결의가 있었는지 여부와는 관계없이 횡령죄의 죄책을 면할 수는 없는 것이다(대판 2005.8.19. 2005도3045).

정답 ④

112 횡령죄에 관한 설명 중 옳은 것을 모두 고른 것은? (다툼이 있으면 판례에 의함) [19 변호사]

ⓐ 소유권의 취득에 등록이 필요한 차량에 대한 횡령죄에서 타인의 재물을 보관하는 사람의 지위는 일반 동산의 경우와 달리 차량에 대한 점유 여부가 아니라 등록에 의하여 차량을 제3자에게 법률상 유효하게 처분할 수 있는 권능 유무에 따라 결정하여야 하므로, 지입회사에 소유권이 있는 차량에 대하여 지입회사에서 운행관리권을 위임받은 지입차주가 지입회사의 승낙없이 보관 중인 차량을 사실상 처분한 경우 횡령죄가 성립하지 아니한다.

ⓒ 이른바 중간생략등기형 명의신탁을 한 경우, 명의수탁자가 신탁받은 부동산을 임의로 처분하여도 명의신탁자에 대한 관계에서 횡령죄가 성립하지 아니한다.

ⓒ 甲이 경영하는 윤락업소에서 종업원 乙이 손님을 상대로 윤락행위를 하고 그 대가로 받은 화대를 甲과 乙이 절반씩 분배하기로 약정한 다음, 그 때부터 乙이 甲의 업소에 찾아온 손님들을 상대로 윤락행위를 하고서 받은 화대를 甲이 보관하던 중 그 절반을 乙에게 반환하지 아니하고 화대 전부를 임의로 소비하였고 甲의 불법성이 乙의 그것보다 현저하게 큰 경우 甲의 행위는 횡령죄를 구성한다.

ⓔ 「특정경제범죄 가중처벌 등에 관한 법률」 제3조 제1항에 의하면 횡령죄로 취득한 재물의 가액, 즉 이득액이 5억 원 이상인 때에는 가중처벌되는데, 여기서 말하는 '이득액'은 단순일죄의 이득액 혹은 포괄일죄가 성립되는 경우 그 이득액의 합산액 또는 경합범으로 처벌될 수죄에서 그 이득액을 합산한 금액을 의미한다.

---

① ㉠, ㉡   ② ㉠, ㉢   ③ ㉡, ㉢

④ ㉡, ㉣   ⑤ ㉢, ㉣

해설

㉠ [×] [1] 소유권의 취득에 등록이 필요한 타인 소유의 차량을 인도 받아 보관하고 있는 사람이 이를 사실상 처분하면 횡령죄가 성립하며, 그 보관 위임자나 보관자가 차량의 등록명의자일 필요는 없다.
[2] 지입회사에 소유권이 있는 차량에 대하여 지입회사로부터 운행관리권을 위임받은 지입차주가 지입회사의 승낙 없이 그 보관 중인 차량을 사실상 처분하거나 지입차주로부터 차량 보관을 위임받은 사람이 지입차주의 승낙 없이 보관 중인 차량을 사실상 처분한 경우 횡령죄가 성립한다(대판(전) 2015.6.25. 2015도1944).

㉡ [○] 명의신탁자가 매수한 부동산에 관하여 명의수탁자와 맺은 명의신탁약정에 따라 매도인으로부터 바로 명의수탁자 명의로 소유권이전등기를 마친 이른바 중간생략등기형 명의신탁을 한 경우, 명의신탁자는 신탁부동산의 소유권을 가지지 아니하고, 명의신탁자와 명의수탁자 사이에 위탁신임관계를 인정할 수도 없어 명의수탁자가 명의신탁자의 재물을 보관하는 자라고 할 수 없으므로 명의수탁자가 신탁받은 부동산을 임의로 처분하여도 명의신탁자에 대한 관계에서 횡령죄가 성립하지 아니한다(대판(전) 2016.5.19. 2014도6992).

㉢ [○] 포주가 윤락녀와 사이에 윤락녀가 받은 화대를 포주가 보관하였다가 절반씩 분배하기로 약정하고도 보관중인 화대를 임의로 소비한 경우, 포주의 불법성이 윤락녀의 불법성보다 현저히 크므로 화대의 소유권이 여전히 윤락녀에게 속하므로 횡령죄가 성립한다(대판 1999.9.17. 98도2036).

㉣ [×] 특경법 제3조 제1항에 정한 이득액은 단순일죄의 이득액이나 혹은 포괄일죄가 성립되는 경우의 이득액의 합산액을 의미하는 것이지 경합범으로 처벌될 수죄에 있어서 그 이득액을 합한 금액을 말한다고 볼 수는 없다(대판 2014.2.27. 2013도12155).

정답 ③

---

113 횡령죄에 관한 설명 중 옳은 것을 모두 고른 것은? (다툼이 있는 경우 판례에 의함) [23 변호사]

> ㄱ. 동업자 사이에 손익분배의 정산이 되지 아니한 상태에서 동업자 중 한 사람이 동업재산을 보관하다가 임의로 횡령하였다면, 지분비율에 관계없이 임의로 횡령한 금액 전부에 대하여 횡령죄가 성립한다.
> ㄴ. 부동산 입찰절차에서 수인이 대금을 분담하되 그중 1인인 甲 명의로 낙찰받기로 약정하여 그에 따라 낙찰이 이루어진 경우, 甲이 낙찰받은 부동산을 임의로 처분하더라도 횡령죄를 구성하지 않는다.
> ㄷ. 부동산을 공동으로 상속한 자들 중 1인이 부동산을 혼자 점유하다가 다른 공동상속인의 상속지분을 임의로 처분하여도 횡령죄가 성립하지 않는다.
> ㄹ. 甲이 업무상 과실로 장물을 보관함으로써 甲에게 업무상과실장물보관죄가 성립한다면, 그 후 甲이 위 장물을 임의로 처분하더라도 이러한 행위는 업무상과실장물보관죄의 가벌적 평가에 포함되어 별도로 횡령죄를 구성하지 않는다.

① ㄱ
② ㄱ, ㄴ
③ ㄱ, ㄴ, ㄷ
④ ㄴ, ㄷ, ㄹ
⑤ ㄱ, ㄴ, ㄷ, ㄹ

해설

ㄱ. [○] 동업자 한 사람이 동업재산을 보관 중 임의로 횡령하였다면 지분비율에 관계없이 횡령한 금액 전부에 대하여 횡령죄의 죄책을 부담한다(대판 2011.6.10. 2010도17684).

ㄴ. [○] 부동산 입찰절차에서 수인이 대금을 분담하되 그 중 1인 명의로 낙찰받기로 약정하여 그에 따라 낙찰이 이루어진 경우, 그 입찰절차에서 낙찰인의 지위에 서게 되는 사람은 어디까지나 그 명의인이므로 입찰목적부동산의 소유권은 경락대금을 실질적으로 부담한 자가 누구인가와 상관없이 그 명의인이 취득한다 할 것이므로 그

부동산은 횡령죄의 객체인 타인의 재물이라고 볼 수 없어 명의인이 이를 임의로 처분하더라도 횡령죄를 구성하지 않는다(대판 2000.9.8. 2000도258).

ㄷ. [O] 부동산에 관한 횡령죄에 있어서 타인의 재물을 보관하는 자의 지위는 동산의 경우와는 달리 부동산에 대한 점유의 여부가 아니라 부동산을 제3자에게 유효하게 처분할 수 있는 권능의 유무에 따라 결정하여야 하므로, <u>부동산을 공동으로 상속한 자들 중 1인이 부동산을 혼자 점유하던 중 다른 공동상속인의 상속지분을 임의로 처분하여도 그에게는 그 처분권능이 없어 횡령죄가 성립하지 아니한다</u>(대판 2000.4.11. 2000도565).

ㄹ. [O] 피고인이 업무상 과실로 장물을 보관하고 있다가 처분한 행위는 업무상과실장물보관죄의 가벌적 평가에 포함되고 별도로 횡령죄를 구성하지 않는다(대판 2004.4.9. 2003도8219).

정답 ⑤

114 횡령과 배임의 죄에 관한 설명 중 옳은 것을 모두 고른 것은? (다툼이 있으면 판례에 의함)　[22 변호사]

> ⊙ 甲이 성명불상자로부터 계좌를 빌려주면 대가를 주겠다는 제안을 받고 자신의 계좌에 연결된 체크카드를 양도하였는데, A가 보이스피싱 사기 범행에 속아 위 계좌로 금원을 송금하여 甲이 보관하던 중 이를 현금으로 인출하여 개인 용도로 사용한 경우 甲이 사기범행에 이용되리라는 사정을 알지 못한 채 체크카드를 양도한 것이라면 A에 대한 횡령죄가 성립한다.
> ⓛ 타인으로부터 용도가 엄격히 제한된 자금을 위탁받아 집행하면서 그 제한된 용도 이외의 목적으로 자금을 사용한 행위가 개인적인 목적에서 비롯된 것이 아니라 결과적으로 자금을 위탁한 본인을 위하는 면이 있는 경우에는 횡령죄가 성립하지 않는다.
> ⓒ 甲이 乙로부터 18억 원을 차용하면서 담보로 甲 소유의 아파트에 乙 명의의 4순위 근저당권을 설정해 주기로 약정하였음에도 제3자에게 채권최고액을 12억 원으로 하는 4순위 근저당권을 설정하여 준 경우 특정경제범죄가중처벌등에관한법률위반(배임)죄가 성립한다.
> ⓔ 「부동산 실권리자명의 등기에 관한 법률」을 위반하여 명의신탁자가 그 소유인 부동산의 등기명의를 명의수탁자에게 이전하는 이른바 양자간 명의신탁의 경우 명의수탁자가 신탁받은 부동산을 임의로 처분하더라도 횡령죄가 성립하지 않는다.
> ⓜ 타인의 사무를 처리하는 자가 그 직무에 관하여 여러 사람으로부터 각각 부정한 청탁을 받고 수회에 걸쳐 금품을 수수한 경우 그 청탁이 동종의 것이면 단일하고 계속된 범의 아래 이루어진 범행으로 보아 그 전체를 포괄일죄로 볼 수 있다.

① ⊙, ⓔ　　　　　② ⓛ, ⓒ　　　　　③ ⊙, ⓒ, ⓜ
④ ⊙, ⓔ, ⓜ　　　　⑤ ⓛ, ⓔ, ⓜ

해설

⊙ [O] (계좌명의인이 개설한 예금계좌가 전기통신금융사기 범행에 이용되어 그 계좌에 피해자가 사기피해금을 송금·이체한 경우) 계좌명의인은 피해자와 사이에 아무런 법률관계 없이 송금·이체된 사기피해금 상당의 돈을 피해자에게 반환하여야 하므로, 피해자를 위하여 사기피해금을 보관하는 지위에 있다고 보아야 하고, 만약 계좌명의인이 그 돈을 영득할 의사로 인출하면 피해자에 대한 횡령죄가 성립한다. 이때 계좌명의인이 사기의 공범이라면 자신이 가담한 범행의 결과 피해금을 보관하게 된 것일 뿐이어서 피해자와 사이에 위탁관계가 없고, 그가 송금·이체된 돈을 인출하더라도 이는 자신이 저지른 사기범행의 실행행위에 지나지 아니하여 새로운 법익을 침해한다고 볼 수 없으므로 사기죄 외에 별도로 횡령죄를 구성하지 않는다(대판(전) 2018.7.19. 2017도17494).

ⓛ [×] 타인으로부터 용도가 엄격히 제한된 자금을 위탁받아 집행하면서 그 제한된 용도 이외의 목적으로 자금을 사용하는 것은, 그 사용이 개인적인 목적에서 비롯된 경우는 물론 결과적으로 자금을 위탁한 본인을 위하는 면이 있더라도 그 사용행위 자체로서 불법영득의 의사를 실현한 것이 되어 횡령죄가 성립한다(대판 2018.10.4. 2016도 16388).

ⓒ [×] [1] 채무자가 저당권설정계약에 따라 채권자에게 저당권을 설정할 의무를 이행하는 것은 채무자 자신의 사무에 해당할 뿐이고 채무자를 채권자에 대한 관계에서 '타인의 사무를 처리하는 자'라고 할 수 없으므로 채무자가 제3자에게 먼저 담보물에 관한 저당권을 설정하거나 담보물을 양도하는 등으로 담보가치를 감소 또는 상실시켜 채권자의 채권실현에 위험을 초래하더라도 배임죄가 성립한다고 할 수 없다. 위와 같은 법리는, 채무자가 금전채무에 대한 담보로 부동산에 관하여 양도담보설정계약을 체결하고 이에 따라 채권자에게 소유권이전등기를 해줄 의무가 있음에도 제3자에게 부동산을 처분한 경우에도 적용된다.
[2] 피고인이 피해자로부터 18억원을 차용하면서 아파트에 4순위 근저당권을 설정해 주기로 약정하였음에도 제3자에게 채권최고액을 12억원으로 하는 4순위 근저당권을 설정해 준 경우 피고인을 피해자와의 신임관계에 기초하여 피해자의 사무를 맡아 처리하는 것으로 볼 수 없으므로 배임죄가 성립하지 않는다(대판(전) 2020.6.18. 2019 도14340).

ⓔ [○] [1] 부동산실명법에 위반하여 명의신탁자가 그 소유인 부동산의 등기명의를 명의수탁자에게 이전하는 이른바 양자간 명의신탁의 경우 계약인 명의신탁약정과 그에 부수한 위임약정, 명의신탁약정을 전제로 한 명의신탁 부동산 및 그 처분대금 반환약정은 모두 무효이다. 나아가 명의신탁자와 명의수탁자 사이에 무효인 명의신탁약정 등에 기초하여 존재한다고 주장될 수 있는 사실상의 위탁관계라는 것은 부동산실명법에 반하여 범죄를 구성하는 불법적인 관계에 지나지 아니할 뿐 이를 형법상 보호할 만한 가치 있는 신임에 의한 것이라고 할 수 없다.
[2] 명의수탁자가 명의신탁자에 대하여 소유권이전등기말소의무를 부담하게 되나, 위 소유권이전등기는 처음부터 원인무효여서 명의수탁자는 명의신탁자가 소유권에 기한 방해배제청구로 말소를 구하는 것에 대하여 상대방으로서 응할 처지에 있음에 불과하다. 명의수탁자가 제3자와 한 처분행위가 부동산실명법 제4조 제3항에 따라 유효하게 될 가능성이 있다고 하더라도 이는 거래상대방인 제3자를 보호하기 위하여 명의신탁약정의 무효에 대한 예외를 설정한 취지일 뿐 명의신탁자와 명의수탁자 사이에 위 처분행위를 유효하게 만드는 어떠한 위탁관계가 존재함을 전제한 것이라고는 볼 수 없다. 따라서 말소 등기의무의 존재나 명의수탁자에 의한 유효한 처분가능성을 들어 명의수탁자가 명의신탁자에 대한 관계에서 '타인의 재물을 보관하는 자'의 지위에 있다고 볼 수도 없다(대판(전) 2021.2.18. 2016도18761).

ⓜ [×] 타인의 사무를 처리하는 자가 여러 사람으로부터 각각 부정한 청탁을 받고 그들로부터 각각 금품을 수수한 경우에는 비록 그 청탁이 동종의 것이라고 하더라도 단일하고 계속된 범의 아래 이루어진 범행으로 보기 어려워 그 전체를 포괄일죄로 볼 수 없다(대판 2008.12.11. 2008도6987).

정답 ①

115 횡령죄 또는 배임죄에 관한 설명 중 옳은 것을 모두 고른 것은? (다툼이 있으면 판례에 의함) [21 변호사]

⊙ 甲이 A은행으로부터 특정 토지 위에 건물을 신축하는 데 필요한 공사자금을 대출받으면서 이를 담보하기 위하여 B신탁회사를 수탁자, A은행을 우선수익자, 甲을 위탁자 겸 수익자로 하여 '신탁목적이 달성될 때까지 甲이 위 토지 및 건물을 임의로 처분할 수 없고, 준공 후 건물에 대하여 B신탁회사 앞으로 신탁등기를 경료하고 건물 분양수익금을 B신탁회사가 관리하면서 A은행에 대한 甲의 대출금을 변제한다'는 내용의 담보신탁계약 및 자금관리대리사무계약을 체결한 경우, 甲이 위 계약에 따른 A은행의 우선수익권 보장 임무에 위배하여 C 앞으로 위 건물의 소유권보존등기를 마쳐 주었다면 甲에게 A은행에 대한 배임죄가 성립한다.

ⓛ 甲이 A로부터 1,000만원 범위 내에서 액면을 보충·할인하여 달라는 의뢰를 받고 A가 발행한 액면 백지인 약속어음을 교부받아 보관하던 중, A와 합의한 보충권의 한도를 넘겨 액면을 2,000만원으로 보충한 다음 甲의 채무변제조로 B에게 교부하여 임의로 사용한 경우, 甲에게 A에 대한 횡령죄가 성립한다.

ⓒ 주식회사의 대표이사 甲이 대표권을 남용하는 등 그 임무에 위배하여 회사 명의로 의무를 부담하는 행위를 하더라도 상대방이 대표권남용 사실을 알았거나 알 수 있었던 경우 그 의무부담행위로 인하여 실제로 채무의 이행이 이루어졌다거나 회사가 민법상 불법행위책임을 부담하게 되었다는 등의 사정이 없는 이상, 甲에게 배임죄의 미수범이 성립한다.

ⓔ 甲이 A와 특정 토지를 매수하여 전매한 후 전매이익금을 정산하기로 약정하여 A로부터 토지매매와 전매에 관한 사항을 전적으로 위임받아 甲이 자신과 A의 돈을 합하여 토지를 매수하고 甲의 명의로 소유권이전등기를 마친 경우, 甲과 A 사이의 위 약정이 익명조합과 유사한 무명계약에 해당된다면 甲이 위 토지를 제3자에게 임의로 매도한 후 A에게 전매이익금 반환을 거부한 때에는 甲에게 A에 대한 횡령죄가 성립한다.

① ⓛ   ② ⓒ   ③ ⊙, ⓛ
④ ⓛ, ⓒ   ⑤ ⓒ, ⓔ

해설

⊙ [×] 피고인 甲이 A금고로부터 특정 토지 위에 건물을 신축하는 데 필요한 공사 자금 10억원을 대출받으면서 이를 담보하기 위하여 B신탁회사를 수탁자, A금고를 우선수익자, 甲을 위탁자 겸 수익자로 한 담보신탁계약 및 자금관리대리사무계약을 체결하였고 이후 건물이 준공된 후 乙 앞으로 건물의 소유권보존등기를 마쳐준 경우, 甲이 B회사, A금고와 체결한 담보신탁계약의 신탁 대상 부동산은 토지이고, 건물에 대해서는 계약에 따라 신탁등기가 이루어지는 것이 아니라 향후 건물이 준공되어 소유권보존등기까지 마친 후 B회사를 수탁자로, A금고를 우선수익자로 한 담보신탁계약 등을 체결하고 그에 따른 등기절차 등을 이행하기로 약정한 것에 불과한 점, 건물에 관하여 추가 담보신탁하기로 약정한 것은 A금고가 甲에 대한 대출금 채권의 변제를 확보하기 위함이고, A금고의 주된 관심은 건물에 대한 신탁등기 이행 여부가 아닌, 대출금 채권의 회수에 있다고 봄이 타당한 점, 甲은 A금고와의 관계에서 향후 건물이 준공되면 B회사와 건물에 대한 담보신탁계약, 자금관리대리사무계약 등을 체결하고, 그에 따라 신탁등기절차를 이행하여 A금고에 우선수익권을 보장할 민사상 의무를 부담함에 불과하고 'A금고의 우선수익권'은 계약당사자인 甲, A금고, B회사 등이 약정한 바에 따라 각자의 의무를 성실히 이행하면 그 결과로서 보장될 뿐인 점을 종합하면, 피고인 甲이 통상의 계약에서의 이익대립관계를 넘어서 A금고와의 신임관계에 기초하여 A금고의 우선수익권을 보호 또는 관리하는 등 그의 사무를 처리하는 자의 지위에 있다고 보기 어려우므로 배임죄에서의 '타인의 사무를 처리 하는 자'에 해당하지 않는다(대판 2020.4.29. 2014도9907).

ⓛ [×] 발행인으로부터 일정한 금액의 범위 내에서 액면을 보충·할인하여 달라는 의뢰를 받고 액면 백지인 약속어음을 교부받아 보관중이던 자가 발행인과의 합의에 의하여 정해진 보충권의 한도를 넘어 보충을 한 경우에는 발행인의 서명날인 있는 기존의 약속어음 용지를 이용하여 새로운 별개의 약속어음을 발행한 것에 해당하여 이러한 보충권의 남용행위로 인하여 생겨난 새로운 약속어음에 대하여는 발행인과의 관계에서 보관자의 지위에

있다 할 수 없으므로, 설사 그 약속어음을 자신의 채무변제조로 제3자에게 교부하여 임의로 사용하였다고 하더라도, 발행인으로 하여금 제3자에 대하여 어음상의 채무를 부담하는 손해를 입게 한 데에 대한 배임죄가 성립될 수 있음은 별론으로 하고, 보관자의 지위에 있음을 전제로 횡령죄가 성립될 수는 없다(대판 1995.1.20. 94도2760).

ⓒ [○] [1] 주식회사의 대표이사가 대표권을 남용하는 등 그 임무에 위배하여 회사 명의로 의무를 부담하는 행위를 하더라도 일단 회사의 행위로서 유효하고, 다만 그 상대방이 대표이사의 진의를 알았거나 알 수 있었을 때에는 회사에 대하여 무효가 된다.
[2] 따라서 상대방이 대표권남용 사실을 알았거나 알 수 있었던 경우 그 의무부담 행위는 원칙적으로 회사에 대하여 효력이 없고, 경제적 관점에서 보아도 이러한 사실만으로는 회사에 현실적인 손해가 발생하였다거나 실해 발생의 위험이 초래되었다고 평가하기 어려우므로 달리 그 의무부담행위로 인하여 실제로 채무의 이행이 이루어졌다거나 회사가 민법상 불법행위책임을 부담하게 되었다는 등의 사정이 없는 이상 배임죄의 기수에 이른 것은 아니다. 그러나 이 경우에도 대표이사로서는 배임의 범의로 임무위배행위를 함으로써 실행에 착수한 것이므로 배임죄의 미수범이 된다.
[3] 그리고 상대방이 대표권남용 사실을 알지 못하였다는 등의 사정이 있어 그 의무부담 행위가 회사에 대하여 유효한 경우에는 회사의 채무가 발생하고 회사는 그 채무를 이행할 의무를 부담하므로, 이러한 채무의 발생은 그 자체로 현실적인 손해 또는 재산상 실해 발생의 위험이라고 할 것이어서 그 채무가 현실적으로 이행되기 전이라도 배임죄의 기수에 이르렀다(대판(전) 2017.7.20. 2014도1104).

ⓔ [×] 조합 또는 내적 조합과 달리 익명조합의 경우에는 익명조합원이 영업을 위하여 출자한 금전 기타의 재산은 상대편인 영업자의 재산이 되므로 영업자는 타인의 재물을 보관하는 자의 지위에 있지 않고, 따라서 영업자가 영업이익금 등을 임의로 소비하였더라도 횡령죄가 성립할 수는 없다(대판 2011.11.24. 2010도5014).

정답 ②

116 배임죄에 관한 설명 중 옳은 것을 모두 고른 것은? (다툼이 있으면 판례에 의함) [18 변호사]

ⓐ 타인 소유의 특허권을 명의신탁받아 관리하는 업무를 수행해 오다가 제3자로부터 특허권을 이전해 달라는 제의를 받고 대금을 지급받고는 그 타인의 승낙도 받지 않은 채 제3자 앞으로 특허권을 이전 등록한 경우에는 업무상배임죄가 성립한다.

ⓑ 회사 직원이 영업비밀을 적법하게 반출하여 그 반출행위가 업무상배임죄에 해당하지 않는 경우라도, 퇴사 시에 회사에 반환해야 할 의무가 있는 영업비밀을 회사에 반환하지 아니하였다면 업무상배임죄가 성립한다.

ⓒ 거래상대방의 대향적 행위의 존재를 필요로 하는 유형의 배임죄에서 배임죄의 실행으로 이익을 얻게 되는 수익자는 배임죄의 공범이 되는 것이 원칙이다.

ⓓ 배임행위가 본인 이외의 제3자에 대한 사기죄를 구성한다 하더라도 그로 인하여 본인에게 손해가 생긴 때에는 사기죄와 함께 배임죄가 성립하고, 두 죄는 상상적 경합의 관계에 있다.

ⓔ 동산매매계약에서 매도인은 매수인에 대하여 그의 사무를 처리하는 지위에 있지 아니하므로, 매도인이 목적물을 매수인에게 인도하지 아니하고 이를 타에 처분하였다 하더라도 배임죄가 성립하지 않는다.

① ⓐ, ⓑ, ⓒ   ② ⓐ, ⓑ, ⓔ   ③ ⓐ, ⓒ, ⓓ
④ ⓑ, ⓓ, ⓔ   ⑤ ⓒ, ⓓ, ⓔ

㉠ [○] 타인 소유의 특허권을 명의신탁받아 관리하는 업무를 수행해 오다가 제3자로부터 특허권을 이전해 달라는 제의를 받고 대금을 지급받고는 그 타인의 승낙도 받지 않은 채 제3자 앞으로 특허권을 이전등록한 경우에는 업무상배임죄가 성립한다(대판 2016.10.13. 2014도17211).

㉡ [○] [1] 회사직원이 재직 중에 영업비밀 또는 영업상 주요한 자산을 경쟁업체에 유출하거나 스스로의 이익을 위하여 이용할 목적으로 무단으로 반출하였다면 타인의 사무를 처리하는 자로서 그 업무상의 임무에 위배하여 유출 또는 반출한 것이어서 유출 또는 반출시에 업무상배임죄의 기수가 된다.
[2] 회사직원이 영업비밀 등을 적법하게 반출하여 그 반출행위가 업무상배임죄에 해당하지 않는 경우라도, 퇴사시에 그 영업비밀 등을 회사에 반환하거나 폐기할 의무가 있음에도 경쟁업체에 유출하거나 스스로의 이익을 위하여 이용할 목적으로 이를 반환하거나 폐기하지 아니하였다면, 이러한 행위는 퇴사시에 업무상배임죄의 기수가 된다(대판 2017.6.29. 2017도3808).

㉢ [×] 거래상대방의 대향적 행위의 존재를 필요로 하는 유형의 배임죄에서 거래상대방은 기본적으로 배임행위의 실행행위자와 별개의 이해관계를 가지고 반대편에서 독자적으로 거래에 임한다는 점을 고려하면, 업무상 배임죄의 실행으로 인하여 이익을 얻게 되는 수익자는 배임죄의 공범이라고 볼 수 없는 것이 원칙이고, 실행행위자의 행위가 피해자 본인에 대한 배임행위에 해당한다는 점을 인식한 상태에서 배임의 의도가 전혀 없었던 실행행위자에게 배임행위를 교사하거나 또는 배임행위의 전 과정에 관여하는 등으로 배임행위에 적극 가담한 경우에 한하여 배임의 실행행위자에 대한 공동정범으로 인정할 수 있다(대판 2016.10.13. 2014도17211).

㉣ [×] [1] 본인에 대한 배임행위가 본인 이외의 제3자에 대한 사기죄를 구성한다 하더라도 그로 인하여 본인에게 손해가 생긴 때에는 사기죄와 함께 배임죄가 성립한다.
[2] 피고인이 전세임대차계약을 체결할 권한이 없음에도 임차인들을 속이고 전세임대차계약을 체결하여 임차인들로부터 전세보증금 명목으로 돈을 교부받은 행위는 사기죄에 해당하고, 전세임대차계약이 아닌 월세임대차계약을 체결하여야 할 업무상 임무를 위반하여 전세임대차계약을 체결하여 건물주로 하여금 전세보증금반환채무를 부담하게 한 행위는 사기죄와 별도로 업무상배임죄에 해당한다. 나아가 각 죄는 서로 구성요건 및 그 행위의 태양과 보호법익을 달리하고 있어 상상적 경합범의 관계가 아니라 실체적 경합범의 관계에 있다(대판 2010.11.11. 2010도10690).

㉤ [○] 매매의 목적물이 동산일 경우, 매도인은 매수인에게 계약에 정한 바에 따라 그 목적물인 동산을 인도함으로써 계약의 이행을 완료하게 되고 그때 매수인은 매매목적물에 대한 권리를 취득하게 되는 것이므로, 매도인에게 자기의 사무인 동산인도채무 외에 별도로 매수인의 재산의 보호 내지 관리 행위에 협력할 의무가 있다고 할 수 없다. 동산매매계약에서의 매도인은 매수인에 대하여 그의 사무를 처리하는 지위에 있지 아니하므로 매도인이 목적물을 매수인에게 인도하지 아니하고 이를 타에 처분하였다 하더라도 배임죄가 성립하는 것은 아니다(대판(전) 2011.1.20. 2008도10479).

정답 ②

117

다음 사례들 중 甲과 丙의 죄책에 관한 설명으로 옳지 않은 것을 모두 고른 것은? (다음 사례의 기재 내용 중 '배임죄'는 '업무상배임죄'로 대신할 수 있고, 다툼이 있는 경우에는 판례에 의함)

[14 변호사]

ㄱ. 배임죄에서 '재산상 손해를 가한 때'에는 '재산상 손해발생의 위험을 초래한 경우'도 포함되는 것이므로, 법인의 대표이사 甲이 회사의 이익이 아닌 자기 또는 제3자의 이익을 도모할 목적으로 권한을 남용하여 회사 명의의 금전소비대차 공정증서를 작성하여 법인 명의의 채무를 부담한 경우에는 상대방이 대표이사의 진의를 알았거나 알 수 있었다고 할지라도 배임죄가 성립한다.

ㄴ. 甲이 乙로부터 임야를 매수하면서 계약금을 지급하는 즉시 甲 앞으로 소유권을 이전 받되 위 임야를 담보로 대출을 받아 잔금을 지급하기로 약정하고, 甲이 계약금을 지급한 후 임야에 대한 소유권을 이전 받고 이를 담보로 제공하여 자금을 융통하였음에도 乙에게 잔금을 지급하지 않았다고 하더라도 배임죄가 성립하지 않는다.

ㄷ. 부동산 소유자인 甲이 乙과 부동산 매매계약을 체결하고 계약금과 중도금을 모두 수령하였는데, 이러한 사실을 모두 알고 있는 丙이 甲에게 부동산의 가격을 더 높게 지불할 테니 자신에게 위 부동산을 매각해 달라는 요청을 하자 위 부동산을 丙에게 이중으로 매도하고 소유권이전등기를 경료해 준 경우, 甲에게는 배임죄가 성립하고, 丙에게는 장물취득죄가 성립한다.

ㄹ. 아파트 입주자대표회의 회장인 甲이 공공요금의 납부를 위한 지출결의서에 날인을 거부함으로써 아파트 입주자들에게 그에 대한 통상의 연체료를 부담시켰다면, 위 행위로 인하여 아파트 입주민에게 연체료 금액만큼 손해를 가하고 연체료를 받은 공공기관은 그 금액만큼 이익을 취득한 것이므로 배임죄가 성립한다.

ㅁ. A주식회사를 인수하는 甲이 일단 금융기관으로부터 인수자금을 대출받아 회사를 인수한 다음, A주식회사에 아무런 반대급부를 제공하지 않고 그 회사의 자산을 위 인수자금 대출금의 담보로 제공하도록 하였다면, 甲에게는 배임죄가 성립한다.

① ㄱ, ㄷ   ② ㄴ, ㄹ   ③ ㄱ, ㄷ, ㄹ

④ ㄴ, ㄷ, ㅁ   ⑤ ㄷ, ㄹ, ㅁ

해설

ㄱ. [×] A 주식회사 대표이사인 피고인이 자신의 채권자들에게 A 회사 명의의 금전소비대차 공정증서와 약속어음 공정증서를 작성해 준 경우, 피고인의 행위는 대표권을 남용한 행위로서 상대방들도 피고인이 A 회사의 이익과 관계없이 자기 또는 제3자의 이익을 도모할 목적으로 공정증서를 작성해 준다는 것을 알았거나 충분히 알 수 있었으므로 모두 무효이고, 그로 인하여 A 회사에 재산상 손해가 발생하였다거나 재산상 실해발생의 위험이 초래되었다고 볼 수 없으므로 배임죄가 성립하지 아니한다(대판 2012.5.24. 2012도2142).

ㄴ. [O] 매도인이 대금을 모두 지급받지 못한 상태에서 매수인 앞으로 목적물에 관한 소유권이전등기를 경료하였다면, 이는 법이 동시이행의 항변권 등으로 마련한 대금 수령의 보장을 매도인이 자신의 의사에 기하여 포기한 것으로서, 다른 특별한 사정이 없는 한 대금을 받지 못하는 위험을 스스로 인수한 것으로 평가된다. 그리고 그와 같이 미리 부동산을 이전받은 매수인이 이를 담보로 제공하여 매매대금 지급을 위한 자금을 마련하고 이를 매도인에게 제공함으로써 잔금을 지급하기로 당사자 사이에 약정하였다고 하더라도, 이는 기본적으로 매수인이 매매대금의 재원을 마련하는 방편에 관한 것이고, 그 성실한 이행에 의하여 매도인이 대금을 모두 받게 되는 이익을 얻는다는 것만으로 매수인이 신임관계에 기하여 매도인의 사무를 처리하는 것이 된다고 할 수 없다(대판 2011.4.28. 2011도3247).

ㄷ. [×] [1] 부동산매도인이 매수인으로부터 계약금과 중도금까지 수령한 이상 특단의 약정이 없다면 잔금수령과 동시에 매수인 명의로의 소유권이전등기에 협력할 임무가 있으므로 이를 다시 제3자에게 처분함으로써 제1차 매수인에게 잔대금수령과 상환으로 소유권이전등기절차를 이행하는 것이 불가능하게 되었다면 배임죄의 책임을 면할 수 없다(대판 1988.12.13. 88도750).

[2] 부동산 이중매매의 경우 부동산소유자가 배임행위로 인하여 영득한 것은 재산상의 이익이고 위 배임범죄에 제공된 대지는 범죄로 인하여 영득한 것 자체는 아니므로 그 취득자 또는 전득자에 대하여 배임죄의 가공여부를 논함은 별문제로 하고 장물취득죄로 처단할 수 없다(대판 1975.12.9. 74도2804).

ㄹ. [×] 입주자대표회의 회장이 지출결의서에 날인을 거부함으로써 아파트 입주자들에게 그 연체료를 부담시킨 경우, 열 사용요금 납부 연체로 인하여 발생한 연체료는 금전채무 불이행으로 인한 손해배상에 해당하므로, 공급업체가 연체료를 지급받았다는 사실만으로 공급업체가 그에 해당하는 재산상의 이익을 취득하게 된 것으로 단정하기 어려우므로 업무상배임죄의 성립을 인정할 수 없다(대판 2009.6.25. 2008도3792).

ㅁ. [○] 이른바 LBO(Leveraged Buyout) 방식의 기업인수 과정에서 인수자가 제3자가 주채무자인 대출금 채무에 대하여 아무런 대가 없이 피인수회사의 재산을 담보로 제공하였다면, 설사 주채무자인 제3자가 대출원리금 상당의 정리채권 등을 담보로 제공하고 있었다고 하더라도, 피인수회사로서는 이로 인하여 그 담보가치 상당의 재산상 손해를 입었다고 할 것이므로 배임죄가 성립한다고 한 사례(대판 2008.2.28. 2007도5987).

정답 ③

118 배임수재죄 및 배임증재죄에 관한 설명 중 옳지 않은 것을 모두 고른 것은? (다툼이 있으면 판례에 의함)

[20 변호사]

> ㉠ 배임수재죄가 성립하기 위해서는 타인의 사무를 처리하는 지위를 가진 자가 부정한 청탁을 받아야 하므로, 타인의 사무처리자의 지위를 취득하기 전에 부정한 청탁을 받은 경우에는 배임수재죄로 처벌할 수 없다.
> ㉡ 배임수재죄 및 배임증재죄에서 공여 또는 취득하는 재물 또는 재산상 이익은 반드시 부정한 청탁에 대한 대가 또는 사례일 필요가 없다.
> ㉢ 청탁 내용이 단순히 규정이 허용하는 범위 내에서 최대한 선처를 바란다는 내용에 불과하거나 위탁받은 사무의 적법하고 정상적인 처리범위에 속하는 것이라면 그 청탁의 사례로 금품을 수수하는 것은 배임수재에 해당하지 않는다.
> ㉣ 부정한 청탁을 받고 나서 사후에 재물 또는 재산상 이익을 취득하였다면 재물 또는 재산상 이익이 청탁의 대가이더라도 배임수재죄가 성립하지 아니한다.
> ㉤ 배임수재죄에서 말하는 재산상 이익의 취득이라 함은 현실적인 취득만을 의미하는 것이 아니라 단순한 요구 또는 약속을 한 경우도 포함한다.

① ㉠, ㉡   ② ㉡, ㉣   ③ ㉠, ㉢, ㉣
④ ㉡, ㉣, ㉤   ⑤ ㉡, ㉢, ㉣, ㉤

해설

㉠ [○] 배임수재죄는 타인의 사무를 처리하는 지위를 가진 자에게 부정한 청탁을 행하여야 성립하는 것으로 형법 제357조 제1항에 규정되어 있고, 타인의 사무를 처리하는 자의 지위를 취득하기 전에 부정한 청탁을 받은 행위를 처벌하는 별도의 구성요건이 존재하지 않는 이상, 타인의 사무처리자의 지위를 취득하기 전에 부정한 청탁을 받은 경우에 배임수재죄로는 처벌할 수 없다고 보는 것이 죄형법정주의의 원칙에 부합한다고 할 것이다(대판 2010.7.22. 2009도12878).

㉡ [×] 배임수재죄는 타인의 사무를 처리하는 자가 그 임무에 관하여 부정한 청탁을 받고 재물 또는 재산상 이익을 취득하는 경우에 성립하는 범죄로서, 재물 또는 이익을 공여하는 사람과 취득하는 사람 사이에 부정한 청탁이 개재되지 아니하는 한 성립하지 아니한다(대판 2013.12.26. 2010도16681). 배임수증재죄에서 공여 또는 취득하는 재물 또는 재산상 이익은 부정한 청탁에 대한 대가 또는 사례여야 한다.

ⓒ [○] 청탁한 내용이 단순히 규정이 허용하는 범위 내에서 최대한의 선처를 바란다는 내용에 불과하거나 위탁받은 사무의 적법하고 정상적인 처리범위에 속하는 것이라면 이는 사회상규에 어긋난 부정한 청탁이라고 볼 수 없다. 따라서 이러한 청탁의 사례로 금품을 수수한 것은 배임증재 또는 배임수재에 해당하지 않는다(대판 2011.4.14. 2010도8743).

ⓔ [×] 부정한 청탁을 받고 나서 사후에 재물 또는 재산상의 이익을 취득하였다고 하더라도 재물 또는 재산상의 이익이 청탁의 대가인 이상 배임수재죄가 성립되며, 또한 부정한 청탁의 결과로 상대방이 얻은 재물 또는 재산상 이익의 일부를 상대방으로부터 청탁의 대가로 취득한 경우에도 마찬가지이다(대판 2013.11.14. 2011도11174).

ⓜ [×] 배임수재죄로 처벌하기 위하여는 타인의 사무를 처리하는 자가 부정한 청탁을 받아들이고 이에 대한 대가로서 재물 또는 재산상의 이익을 받은 데에 대한 범의가 있어야 할 것이고, 또 배임수재죄에서 말하는 '재산상의 이익의 취득'이라 함은 현실적인 취득만을 의미하므로 단순한 요구 또는 약속만을 한 경우에는 이에 포함되지 아니한다(대판 1999.1.29. 98도4182).

정답 ④

119 배임수·증재죄에 관한 설명 중 옳지 않은 것은? (다툼이 있는 경우 판례에 의함)   [23 변호사]

① 배임수재자가 배임증재자로부터 부정한 청탁으로 받은 재물을 그대로 가지고 있다가 증재자에게 반환하였더라도, 이미 기수에 이른 범죄 수익에 불과한 그 재물에 대한 몰수나 가액의 추징은 배임수재자를 대상으로 하여야 한다.

② 배임수재죄에서 타인의 업무를 처리하는 자에게 공여한 금품에 부정한 청탁의 대가로서의 성질과 그 외의 행위에 대한 사례로서의 성질이 불가분적으로 결합되어 있는 경우에는 그 전부가 불가분적으로 부정한 청탁의 대가로서의 성질을 갖는 것으로 보아야 한다.

③ 배임수재죄는 타인의 사무를 처리하는 자가 그 임무에 관하여 부정한 청탁을 받고 재물 또는 재산상의 이익을 취득한 경우는 물론, 제3자로 하여금 이를 취득하게 한 때에도 성립한다.

④ 타인의 사무를 처리하는 자가 증재자로부터 돈이 입금된 계좌의 예금을 인출할 수 있는 현금카드를 교부받아 이를 소지하면서 언제든지 위 현금카드를 이용하여 예금된 돈을 인출할 수 있다면, 예금된 돈을 재물로 취득한 것으로 보아야 한다.

⑤ 공동의 사기 범행으로 인하여 얻은 돈을 공범자끼리 수수한 행위가 공동정범들 사이의 그 범행에 의하여 취득한 돈이나 재산상 이익의 내부적인 분배행위에 지나지 않는 것이라면, 공범자끼리 내부적으로 그 돈을 수수하는 행위가 따로 배임수증재죄를 구성한다고 볼 수 없다.

해설

① [×] 배임수·증재죄에서 몰수의 대상으로 규정한 '범인이 취득한 재물'은 배임수재죄의 범인이 취득한 목적물이자 배임증재죄의 범인이 공여한 목적물을 가리키는 것이지 배임수재죄의 목적물만을 한정하여 가리키는 것이 아니므로, 수재자가 증재자로부터 받은 재물을 그대로 가지고 있다가 증재자에게 반환하였다면 증재자로부터 이를 몰수하거나 그 가액을 추징하여야 한다(대판 2017.4.7. 2016도18104).

② [○] 배임수·증재죄에 있어서 타인의 업무를 처리하는 자에게 공여한 금품에 부정한 청탁의 대가로서의 성질과 그 외의 행위에 대한 사례로서의 성질이 불가분적으로 결합되어 있는 경우에는 그 전부가 불가분적으로 부정한 청탁의 대가로서의 성질을 갖는 것으로 보아야 한다(대판 2012.5.24. 2012도535).

③ [○]

> 제357조(배임수증재) ① 타인의 사무를 처리하는 자가 그 임무에 관하여 부정한 청탁을 받고 재물 또는 재산상의 이익을 취득하거나 <u>제3자로 하여금 이를 취득하게</u> 한 때에는 5년 이하의 징역 또는 1천만원 이하의 벌금에 처한다.

④ [○] 타인의 사무를 처리하는 자가 증재자로부터 돈이 입금된 계좌의 예금통장이나 이를 인출할 수 있는 현금카드나 신용카드를 교부받아 이를 소지하면서 언제든지 위 예금통장 등을 이용하여 예금된 돈을 인출할 수 있어 <u>예금통장의 돈을 자신이 지배하고 입금된 돈에 대한 실질적인 사용권한과 처분권한을 가지고 있는 것으로 평가될 수 있다면, 예금된 돈을 취득한 것으로 보아야 한다</u>(대판 2017.12.5. 2017도11564).

⑤ [○] 공동의 사기 범행으로 인하여 얻은 돈을 공범자끼리 수수한 행위가 공동정범들 사이의 범행에 의하여 취득한 돈이나 재산상 이익의 내부적인 분배행위에 지나지 않는다면 돈의 수수행위가 따로 배임수증재죄를 구성한다고 볼 수는 없다(대판 2016.5.24. 2015도18795).

정답 ①

120 재산죄에 관한 설명 중 옳은 것을 모두 고른 것은? (다툼이 있으면 판례에 의함) [22 변호사]

> ㉠ 압류금지채권의 목적물이 채무자의 예금계좌에 입금되기 전까지는 강제집행 또는 보전처분의 대상이 될 수 없는 것이므로 압류금지채권의 목적물을 수령하는 데 사용하던 기존 예금계좌가 채권자에 의해 압류된 채무자가 압류되지 않은 다른 예금계좌를 통하여 그 목적물을 수령한 경우 강제집행이 임박한 채권자의 권리를 침해할 위험이 있는 행위라고 볼 수 없어 강제집행면탈죄가 성립하지 않는다.
> ㉡ 재건축사업으로 철거가 예정되어 있었고 그 입주자들이 모두 이사하여 아무도 거주하지 않는 아파트라 하더라도 그 아파트 자체의 객관적 성상이 본래 사용목적인 주거용으로 사용될 수 없는 상태가 아니었고 그 소유자들이 재건축조합으로의 신탁등기 및 인도를 거부하는 상황이었다면, 위 아파트는 재물손괴죄의 객체가 된다.
> ㉢ 권리행사방해죄에 있어서의 타인의 점유라 함은 정당한 권원에 기하여 그 물건을 점유하는 것을 의미하는 것이므로 무효인 경매절차에서 경매목적물을 경락받아 이를 점유하고 있는 낙찰자의 경우 권리행사방해죄에 있어서의 타인의 물건을 점유하고 있는 자라고 할 수 없다.
> ㉣ 甲이 A의 영업점 내에 있는 A 소유의 휴대전화를 허락 없이 가지고 나와 이를 이용하여 통화를 하고 문자메시지를 주고받은 다음 약 1~2시간 후 A에게 아무런 말을 하지 않고 위 영업점 정문 옆 화분에 놓아두고 간 경우 甲의 사용으로 인하여 물건 자체가 가지는 경제적 가치가 상당한 정도로 소모된 것은 아니므로 甲에게 불법영득의 의사가 있다고 할 수 없다.
> ㉤ 강도예비·음모죄가 성립하기 위해서는 예비·음모 행위자에게 강도를 할 목적이 있음이 인정되어야 하고 단순히 준강도할 목적이 있음에 그치는 경우에는 강도예비·음모죄로 처벌할 수 없다.

① ㉠, ㉢   ② ㉡, ㉤   ③ ㉠, ㉡, ㉤

④ ㉠, ㉣, ㉤   ⑤ ㉡, ㉢, ㉣

해설

㉠ [○] 압류금지채권의 목적물이 채무자의 예금계좌에 입금된 경우에는 그 예금채권에 대하여 더 이상 압류금지의 효력이 미치지 아니하므로 그 예금은 압류금지채권에 해당하지 않지만, 압류금지채권의 목적물이 채무자의 예금계좌에 입금되기 전까지는 여전히 강제집행 또는 보전처분의 대상이 될 수 없으므로, 압류금지채권의 목적물을 수령하는 데 사용하던 기존 예금계좌가 채권자에 의해 압류된 채무자가 압류되지 않은 다른 예금

계좌를 통하여 그 목적물을 수령하더라도 강제집행이 임박한 채권자의 권리를 침해할 위험이 있는 행위라고 볼 수 없어 강제집행면탈죄가 성립하지 않는다(대판 2017.8.18. 2017도6229).

ⓛ [O] 재건축사업으로 철거가 예정되어 있었고 그 입주자들이 모두 이사하여 아무도 거주하지 않은 채 비어 있는 아파트라 하더라도, 그 아파트 자체의 객관적 성상이 본래 사용목적인 주거용으로 사용될 수 없는 상태가 아니었고, 더욱이 그 소유자들이 재건축조합으로의 신탁등기 및 인도를 거부하는 방법으로 계속 그 소유권을 행사하고 있는 상황이었다면 위와 같은 사정만으로는 위 아파트가 재물로서의 이용가치나 효용이 없는 물건으로 되었다고 할 수 없으므로, 위 아파트는 재물손괴죄의 객체가 된다고 할 것이다(대판 2010.2.25. 2009도8473).

ⓒ [×] 권리행사방해죄에 있어서의 타인의 점유라 함은 반드시 본권에 의한 점유만에 한하지 아니하고 동시이행항변권 등에 기한 점유와 같은 적법한 점유도 여기에 해당한다고 할 것이므로 무효인 경매절차에서 경매목적물을 경락받아 이를 점유하고 있는 낙찰자의 점유는 적법한 점유로서 그 점유자는 권리행사방해죄에 있어서의 타인의 물건을 점유하고 있는 자라고 할 것이다(대판 2003.11.28. 2003도4257).

ⓔ [×] 피고인 甲은 휴대전화를 자신의 소유물과 같이 이용하다가 본래의 장소와 다른 곳에 유기한 것에 다름 아니므로 불법영득의 의사가 있었다고 할 것이다(대판 2012.7.12. 2012도1132).

ⓜ [O] 강도예비 · 음모죄가 성립하기 위하여는 예비 · 음모 행위자에게 미필적으로라도 '강도'를 할 목적이 있음이 인정되어야 하고 그에 이르지 않고 단순히 '준강도'할 목적이 있음에 그치는 경우에는 강도예비 · 음모죄로 처벌할 수 없다(대판 2006.9.14. 2004도6432).

정답 ③

121 甲은 乙에게 3억 원의 금전채무를 지고 있다. 변제기가 지났는데도 甲이 위 채무를 변제하지 못하자 乙은 甲에게 2주 내로 돈을 갚지 않으면 민사소송을 제기하겠다는 취지의 내용증명우편을 발송하였고, 이를 받은 甲은 유일한 재산인 자기 명의의 아파트를 丙에게 매도하였다. 그러나 사실 甲은 丙과 통모하여 실제 매매대금을 주고받은 사실 없이 丙의 명의로 소유권이전등기만 마쳤다. 이에 관한 설명 중 옳은 것을 모두 고른 것은? (다툼이 있으면 판례에 의함) [20 변호사]

> ⓛ 강제집행면탈죄는 채권자가 민사소송을 제기하거나 가압류, 가처분의 신청을 할 기세를 보이고 있는 상태인 경우에도 성립하므로 위 사례에서 甲은 강제집행면탈의 죄책을 진다.
> ⓛ 만약 丙이 위와 같은 사정을 전혀 모르는 상태에서 甲에게 정당한 매매대금을 지급하고 아파트를 매수한 경우라면 甲에게 강제집행을 면탈할 의도가 있었다고 하더라도 강제집행면탈죄가 성립하지 아니한다.
> ⓒ 만약 甲이 강제집행을 면할 목적으로 丙에게 허위채무를 부담하고 아파트에 근저당권설정등기를 마쳐 주었다면 강제집행면탈죄가 성립하지 않는다.
> ⓔ 만약 위 사례에서 甲이 丙에게 아파트를 양도한 시점에 甲에게 乙의 집행을 확보하기에 충분한 다른 재산이 있다고 하더라도 강제집행면탈죄가 성립한다.

① ⓛ, ⓛ   ② ⓛ, ⓒ   ③ ⓛ, ⓛ, ⓒ
④ ⓛ, ⓒ, ⓔ   ⑤ ⓛ, ⓛ, ⓒ, ⓔ

해설

ⓛ [O] 형법 제327조의 강제집행면탈죄는 채무자가 현실적으로 민사소송법에 의한 강제집행 또는 가압류, 가처분의 집행을 받을 우려가 있는 객관적인 상태 즉 적어도 채권자가 민사소송을 제기하거나 가압류 · 가처분의 신청을 할 기세를 보이고 있는 상태에서, 채무자가 강제집행을 면탈할 목적으로, 재산을 은닉, 손괴, 허위양도하거나

허위의 채무를 부담하여 채권자를 해할 위험이 있는 경우에 성립한다(대판 1998.9.8. 98도1949). 지문의 경우 乙로부터 민사소송을 제기하겠다는 취지의 내용증명우편을 받고(소제기의 기세를 보이고 있는 상태에 해당함) 甲이 아파트를 가장매매(허위양도)한 것이므로 강제집행면탈죄가 성립한다.

ⓛ [O] <u>진의에 의하여 재산을 양도하였다면 설령 그것이 강제집행을 면탈할 목적으로 이루어진 것으로서 채권자의 불이익을 초래하는 결과가 되었다고 하더라도 강제집행면탈죄의 허위양도 또는 은닉에는 해당하지 아니한다</u>(대판 2007.11.30. 2006도7329). 지문의 경우는 甲이 진의로 丙에게 아파트를 매도한 것이므로 강제집행면탈죄는 성립하지 아니한다.

ⓒ [×] 피고인이 강제집행을 면할 목적으로 허위채무를 부담하고 근저당권설정등기를 경료하여 줌으로써 채권자를 해하였다고 인정된다면 설혹 피고인이 그 근저당권이 설정된 부동산 외에 약간의 다른 재산이 있더라도 강제집행면탈죄가 성립된다(대판 1990.3.23. 89도2506).

ⓔ [×] <u>채권이 존재하는 경우에도 채무자의 재산은닉 등 행위시를 기준으로 채무자에게 채권자의 집행을 확보하기에 충분한 다른 재산이 있었다면 채권자를 해하였거나 해할 우려가 있다고 쉽사리 단정할 것이 아니다</u>(대판 2011.9.8. 2011도5165). 甲에게 乙의 강제집행을 확보하기에 충분한 다른 재산이 있었다면 강제집행면탈죄가 성립한다고 단정할 수 없다.

정답 ①

122 재산죄의 객체에 관한 설명 중 옳은 것은? (다툼이 있으면 판례에 의함)   [20 변호사]

① 회사에서 회사 컴퓨터에 저장된 정보를 몰래 자신의 저장장치로 복사한 경우, 컴퓨터에 저장된 정보는 절도죄의 객체인 재물이 될 수 있다.

② 협박으로 금전채무 지불각서 1매를 쓰게 하고 이를 강취한 경우, 사법상 유효하지 못한 위 지불각서는 강도죄의 객체인 재산상 이익이 될 수 없다.

③ 대가를 지급하기로 하고 성관계를 가진 뒤 대금을 지급하지 않은 경우, 성행위의 대가는 사기죄의 객체인 재산상 이익이 될 수 없다.

④ 권한 없이 인터넷뱅킹으로 타인의 예금계좌에서 자신의 예금계좌로 돈을 이체한 후 그 중 일부를 인출한 돈은 장물죄의 객체가 된다.

⑤ 민사집행법상 보전처분 단계에서 가압류 채권자의 지위는 원칙적으로 강제집행면탈죄의 객체가 될 수 없다.

해설

① [×] <u>컴퓨터에 저장되어 있는 '정보' 그 자체는 재물이 될 수 없다</u> 할 것이므로 이를 복사하거나 출력하는 행위를 가지고 절도죄를 구성한다고 볼 수 없다(대판 2002.7.12. 2002도745).

② [×] [1] 법률상 정당하게 그 이행을 청구할 수 있는 것이 아니라도 강도죄에 있어서의 재산상의 이익에 해당하는 것이며, 따라서 <u>재산상의 이익은 반드시 사법상 유효한 재산상의 이득만을 의미하는 것이 아니고 외견상 재산상의 이득을 얻을 것이라고 인정할 수 있는 사실관계만 있으면 된다.</u> [2] 피고인 甲이 입원해 있던 안동의료원에서 자신과 룸싸롱을 동업한 적이 있는 피해자 A를 전화로 불러 오게 한 다음 식칼을 목에 들이대고 "룸싸롱을 경영하면서 손해를 보았으니 乙에게 금 2,000만원을 지급한다는 내용의 지불각서를 쓰라"는 취지로 협박하다가 A가 망설인다는 이유로 칼로 오른쪽 어깨를 1회 찔러 항거를 불능케 하고 그로 하여금 위와 같은 취지의 <u>지불각서 1매를 쓰게 한 경우, 재산상의 이익의 취득이 있었다고 볼 수 있다</u>(대판 1994.2.22. 93도428).

③ [×] 사기죄의 객체가 되는 재산상의 이익이 반드시 사법(私法)상 보호되는 경제적 이익만을 의미하지 아니하고 부녀가 금품 등을 받을 것을 전제로 성행위를 하는 경우 그 행위의 대가는 사기죄의 객체인 경제적 이익에 해당하므로 <u>부녀를 기망하여 성행위 대가의 지급을 면하는 경우 사기죄가 성립한다</u>(대판 2001.10.23. 2001도2991).

④ [×] 피고인이 권한 없이 주식회사 신진기획의 아이디와 패스워드를 입력하여 인터넷뱅킹에 접속한 다음 위 회사의 예금계좌로부터 자신의 예금계좌로 합계 180,500,000원을 이체하는 내용의 정보를 입력하여 자신의 예금액을 증액시킴으로서 컴퓨터등사용사기죄의 범행을 저지른 다음 자신의 현금카드를 사용하여 현금자동지급기에서 현금을 인출한 경우, 이와 같이 자기의 현금카드를 사용하여 현금을 인출한 경우에는 그것이 비록 컴퓨터등사용사기죄의 범행으로 취득한 예금채권을 인출한 것이라 할지라도 현금카드 사용권한 있는 자의 정당한 사용에 의한 것으로서 현금자동지급기 관리자의 의사에 반하거나 기망행위 및 그에 따른 처분행위도 없었으므로 별도로 절도죄나 사기죄의 구성요건에 해당하지 않는다 할 것이고, 그 결과 인출된 현금은 재산범죄에 의하여 취득한 재물이 아니므로 장물이 될 수 없다(대판 2004.4.16. 2004도353).

⑤ [O] '보전처분 단계에서의 가압류채권자의 지위' 자체는 원칙적으로 민사집행법상 강제집행 또는 보전처분의 대상이 될 수 없어 강제집행면탈죄의 객체에 해당한다고 볼 수 없고, 이는 가압류채무자가 가압류해방금을 공탁한 경우에도 마찬가지이다(대판 2008.9.11. 2006도8721).

정답 ⑤

123 재산죄에 관한 설명 중 옳지 않은 것을 모두 고른 것은? (다툼이 있는 경우 판례에 의함) [24 변호사]

> ㄱ. 지입회사에 소유권이 있는 차량에 대하여 지입회사로부터 운행관리권을 위임받은 지입차주 甲이 지입회사의 승낙 없이 보관 중인 차량을 사실상 처분하더라도 법률상 처분권한이 없기 때문에 횡령죄가 성립하지 않는다.
>
> ㄴ. 甲이 피해자 경영의 금은방에서 마치 귀금속을 구입할 것처럼 가장하여 피해자로부터 금목걸이를 건네받은 다음 화장실에 갔다 오겠다는 핑계를 대고 도주한 행위는 절도죄에 해당한다.
>
> ㄷ. 甲이 토지의 소유자이자 매도인 A에게 토지거래허가 등에 필요한 서류라고 속여 근저당권설정계약서 등에 서명·날인하게 하고 인감증명서를 교부받은 다음, 이를 이용하여 A 소유 토지에 甲을 채무자로 한 근저당권을 B에게 설정하여 주고 돈을 차용한 경우에도 A의 처분의사가 인정되므로 사기죄에 해당한다.
>
> ㄹ. 甲이 A에게 자신의 자동차를 양도담보로 제공하기로 약정한 후 B에게 임의로 매도하고 B 명의로 이전등록을 해 준 경우, 등록을 요하는 재산인 자동차 등에 관하여 양도담보설정계약을 체결한 채무자는 채권자에 대하여 그의 사무를 처리하는 지위가 인정되어 그 임무에 위배하여 이를 타에 처분하였다면 배임죄가 성립한다.
>
> ㅁ. 甲이 권리자의 착오나 가상자산 운영 시스템의 오류 등으로 법률상 원인관계 없이 자신의 전자지갑에 이체된 가상자산을 반환하지 않고 자신의 또 다른 전자지갑에 이체하였다면 착오송금의 법리가 적용되어 배임죄가 성립한다.

① ㄱ, ㄴ, ㄷ   ② ㄱ, ㄴ, ㄹ   ③ ㄱ, ㄹ, ㅁ
④ ㄴ, ㄹ, ㅁ   ⑤ ㄷ, ㄹ, ㅁ

해설

ㄱ. [×] [1] 횡령죄는 타인의 재물을 보관하는 사람이 그 재물을 횡령하거나 반환을 거부한 때에 성립한다. 횡령죄에서 재물의 보관은 재물에 대한 사실상 또는 법률상 지배력이 있는 상태를 의미하며, 횡령행위는 불법영득의사를 실현하는 일체의 행위를 말한다. 따라서 소유권의 취득에 등록이 필요한 타인 소유의 차량을 인도 받아 보관하고 있는 사람이 이를 사실상 처분하면 횡령죄가 성립하며, 그 보관 위임자나 보관자가 차량의 등록명의자일 필요는

없다.[13] 그리고 이와 같은 법리는 지입회사에 소유권이 있는 차량에 대하여 지입회사로부터 운행관리권을 위임받은 지입차주가 지입회사의 승낙 없이 그 보관 중인 차량을 사실상 처분하거나 지입차주로부터 차량 보관을 위임받은 사람이 지입차주의 승낙 없이 그 보관 중인 차량을 사실상 처분한 경우에도 마찬가지로 적용된다(대판(전) 2015.6.25. 2015도1944).

비교판례 이른바 지입제는 자동차운송사업면허 등을 가진 운송사업자와 실질적으로 자동차를 소유하고 있는 차주 간의 계약으로 외부적으로는 자동차를 운송사업자 명의로 등록하여 운송사업자에게 귀속시키고 내부적으로는 각 차주들이 독립된 관리 및 계산으로 영업을 하며 운송사업자에 대하여는 지입료를 지불하는 운송사업형태를 말한다.

따라서 지입차주가 자신이 실질적으로 소유하거나 처분권한을 가지는 자동차에 관하여 지입회사와 지입계약을 체결함으로써 지입회사에 그 자동차의 소유권등록 명의를 신탁하고 운송사업용 자동차로서 등록 및 그 유지 관련 사무의 대행을 위임한 경우에는, 특별한 사정이 없는 한 지입회사 측이 지입차주의 실질적 재산인 지입차량에 관한 재산상 사무를 일정한 권한을 가지고 맡아 처리하는 것으로서 당사자 관계의 전형적·본질적 내용이 통상의 계약에서의 이익대립관계를 넘어서 그들 사이의 신임관계에 기초하여 타인의 재산을 보호 또는 관리하는 데에 있으므로, 지입회사 운영자는 지입차주와의 관계에서 '타인의 사무를 처리하는 자'의 지위에 있다(대판 2021.6.24. 2018도14365).

ㄴ. [○] 피고인이 피해자 경영의 금방에서 마치 귀금속을 구입할 것처럼 가장하여 피해자로부터 순금목걸이 등을 건네받은 다음 화장실에 갔다 오겠다는 핑계를 대고 도주한 것이라면 위 순금목걸이 등은 도주하기 전까지는 아직 피해자의 점유하에 있었다고 할 것이므로 이를 절도죄로 의율 처단한 것은 정당하다(대판 1994.8.12. 94도1487).

비교판례 [1] 형법상 절취란 타인이 점유하고 있는 자기 이외의 자의 소유물을 점유자의 의사에 반하여 점유를 배제하고 자기 또는 제3자의 점유로 옮기는 것을 말한다. 이에 반해 기망의 방법으로 타인으로 하여금 처분행위를 하도록 하여 재물 또는 재산상 이익을 취득한 경우에는 절도죄가 아니라 사기죄가 성립한다.
사기죄에서 처분행위는 행위자의 기망행위에 의한 피기망자의 착오와 행위자 등의 착오에 빠진 피해자의 행위를 재물 또는 재산상 이익의 취득이라는 최종적 결과를 중간에서 매개·연결하는 한편, 이용하여 재산을 취득하는 것을 본질적 특성으로 하는 사기죄와 피해자의 행위에 의하지 아니하고 행위자가 탈취의 방법으로 재물을 취득하는 절도죄를 구분하는 역할을 한다. 처분행위가 갖는 이러한 역할과 기능을 고려하면 피기망자의 의사에 기초한 어떤 행위를 통해 행위자 등이 재물 또는 재산상의 이익을 취득하였다고 평가할 수 있는 경우라면, 사기죄에서 말하는 처분행위가 인정된다. 한편 사기죄가 성립되려면 피기망자가 착오에 빠져 어떠한 재산상의 처분행위를 하도록 유발하여 재산적 이득을 얻을 것을 요하고, 피기망자와 재산상의 피해자가 같은 사람이 아닌 경우에는 피기망자가 피해자를 위하여 그 재산을 처분할 수 있는 권능을 갖거나 그 지위에 있어야 한다.
[2] 피해자 甲은 드라이버를 구매하기 위해 특정 매장에 방문하였다가 지갑을 떨어뜨렸는데, 10분쯤 후 피고인이 같은 매장에서 우산을 구매하고 계산을 마친 뒤, 지갑을 발견하여 습득한 매장 주인 乙로부터 "이 지갑이 선생님 지갑이 맞느냐?"라는 질문을 받자 "내 것이 맞다."라고 대답한 후 이를 교부받아 가지고 간 사안에서, 乙은 지갑을 습득하여 진정한 소유자에게 돌려주어야 하는 지위에 있으므로 甲을 위하여 이를 처분할 수 있는 권능을 갖거나 그 지위에 있었으며, 이러한 처분 권능과 지위에 기초하여 지갑의 소유자라고 주장하는 피고인에게 지갑을 교부하였고 이를 통해 피고인이 지갑을 취득하여 자유로운 처분이 가능한 상태가 되었으므로, 乙의 행위는 사기죄에서 말하는 처분행위에 해당하고 피고인의 행위를 절취행위로 평가할 수 없다는 이유로, 피고인에 대한 주위적 공소사실인 절도 부분을 이유에서 무죄로 판단하면서 예비적 공소사실인 사기 부분을 유죄로 인정한 원심의 판단이 정당하다고 한 사례(대판 2022.12.29. 2022도12494).

ㄷ. [○] 이른바 '서명사취' 사기는 기망행위에 의해 유발된 착오로 인하여 피기망자가 내심의 의사와 다른 처분문서에 서명 또는 날인함으로써 재산상 손해를 초래한 경우이다. 여기서는 행위자의 기망행위 태양 자체가 피기망자가 자신의 처분행위의 의미나 내용을 제대로 인식할 수 없는 상황을 이용하거나 피기망자로 하여금 자신의 행위로 인한 결과를 인식하지 못하게 하는 것을 핵심적인 내용으로 하고, 이로 말미암아 피기망자는 착오에 빠져 처분문서에 대한 자신의 서명 또는 날인행위가 초래하는 결과를 인식하지 못하는 특수성이 있다. 피기망자의 하자 있는 처분행위를 이용하는 것이 사기죄의 본질인데, 서명사취 사안에서는 그 하자가 의사표시 자체의 성립 과정에 존재한다.

---

13) 이러한 취지와 어긋나는 기존의 판례(78도1714)는 본 판례에 의하여 폐기되었음을 주의하여야 한다.

이러한 서명사취 사안에서 피기망자가 처분문서의 내용을 제대로 인식하지 못하고 처분문서에 서명 또는 날인함으로써 내심의 의사와 처분문서를 통하여 객관적·외부적으로 인식되는 의사가 일치하지 않게 되었더라도, 피기망자의 행위에 의하여 행위자 등이 재물이나 재산상 이익을 취득하는 결과가 초래되었다고 할 수 있는 것은 그러한 재산의 이전을 내용으로 하는 처분문서가 피기망자에 의하여 작성되었다고 볼 수 있기 때문이다. 이처럼 피기망자가 행위자의 기망행위로 인하여 착오에 빠진 결과 내심의 의사와 다른 효과를 발생시키는 내용의 처분문서에 서명 또는 날인함으로써 처분문서의 내용에 따른 재산상 손해가 초래되었다면 그와 같은 처분문서에 서명 또는 날인을 한 피기망자의 행위는 사기죄에서 말하는 처분행위에 해당한다. 아울러 비록 피기망자가 처분결과, 즉 문서의 구체적 내용과 법적 효과를 미처 인식하지 못하였더라도, 어떤 문서에 스스로 서명 또는 날인함으로써 처분문서에 서명 또는 날인하는 행위에 관한 인식이 있었던 이상 피기망자의 처분의사 역시 인정된다(대판(전) 2017.2.16. 2016도13362).

ㄹ. [×] 자동차 등에 관하여 양도담보설정계약을 체결한 채무자는 채권자에 대하여 그의 사무를 처리하는 지위에 있지 아니하므로, 채무자가 채권자에게 양도담보설정계약에 따른 의무를 다하지 아니하고 이를 타에 처분하였다고 하더라도 배임죄가 성립하지 아니한다(대판(전) 2022.12.22. 2020도8682).

ㅁ. [×] [1] 가상자산 권리자의 착오나 가상자산 운영 시스템의 오류 등으로 법률상 원인관계 없이 다른 사람의 가상자산 전자지갑에 가상자산이 이체된 경우, 가상자산을 이체받은 자는 가상자산의 권리자 등에 대한 부당이득반환의무를 부담하게 될 수 있다. 그러나 이는 당사자 사이의 민사상 채무에 지나지 않고 이러한 사정만으로 가상자산을 이체받은 사람이 신임관계에 기초하여 가상자산을 보존하거나 관리하는 지위에 있다고 볼 수 없다.
가상자산은 국가에 의해 통제받지 않고 블록체인 등 암호화된 분산원장에 의하여 부여된 경제적인 가치가 디지털로 표상된 정보로서 재산상 이익에 해당한다. 가상자산은 보관되었던 전자지갑의 주소만을 확인할 수 있을 뿐 그 주소를 사용하는 사람의 인적사항을 알 수 없고, 거래 내역이 분산 기록되어 있어 다른 계좌로 보낼 때 당사자 이외의 다른 사람이 참여해야 하는 등 일반적인 자산과는 구별되는 특징이 있다. 이와 같은 가상자산에 대해서는 현재까지 관련 법률에 따라 법정화폐에 준하는 규제가 이루어지지 않는 등 법정화폐와 동일하게 취급되고 있지 않고 그 거래에 위험이 수반되므로, 형법을 적용하면서 법정화폐와 동일하게 보호해야 하는 것은 아니다.
[2] 원인불명으로 재산상 이익인 가상자산을 이체받은 자가 가상자산을 사용·처분한 경우 이를 형사처벌하는 명문의 규정이 없는 현재의 상황에서 착오송금 시 횡령죄 성립을 긍정한 판례를 유추하여 신의칙을 근거로 피고인을 배임죄로 처벌하는 것은 죄형법정주의에 반한다. 피고인이 알 수 없는 경위로 甲의 특정 거래소 가상지갑에 들어 있던 비트코인을 자신의 계정으로 이체받은 후 이를 자신의 다른 계정으로 이체하여 재산상 이익을 취득하고 甲에게 손해를 가하였다고 하여 특정경제범죄 가중처벌 등에 관한 법률 위반(배임)의 예비적 공소사실로 기소된 사안에서, 비트코인이 법률상 원인관계 없이 甲으로부터 피고인 명의의 전자지갑으로 이체되었더라도 피고인이 신임관계에 기초하여 甲의 사무를 맡아 처리하는 것으로 볼 수 없는 이상 甲에 대한 관계에서 '타인의 사무를 처리하는 자'에 해당하지 않는다는 이유로, 이와 달리 보아 공소사실을 유죄로 인정한 원심판단에 배임죄에서 '타인의 사무를 처리하는 자'에 관한 법리오해의 잘못이 있다고 한 사례(대판 2021.12.16. 2020도9789).

정답 ③

124 甲은 삼촌 A와 따로 살고 있다. 甲은 어느 날 비어 있는 A의 집에 몰래 들어가 A가 보관 중이던 A의 친구 B 소유의 노트북과 A의 통장 및 운전면허증을 절취하였다. 甲은 절취한 통장을 가지고 인근 현금자동지급기로 가서 우연히 알아낸 비밀번호를 이용하여 A의 계좌에서 자신의 계좌로 100만 원을 이체하였다. 甲은 돈을 이체하고 돌아가던 중 불심검문 중인 경찰관의 신분증 제시 요구에 절취한 A의 운전면허증을 제시하였다. 이후 甲은 이체한 돈을 인출하여 그 정을 아는 친구 乙에게 교부하였다. 이에 관한 설명 중 옳은 것[○]과 옳지 않은 것[×]을 올바르게 조합한 것은? (다툼이 있는 경우 판례에 의함) [24 변호사]

ㄱ. 노트북 절취와 관련하여 甲과 점유자인 A 사이에 친족관계가 존재하므로 A의 고소가 없다면 甲은 절도죄로 기소될 수 없다.

ㄴ. 甲의 컴퓨터등사용사기죄와 관련하여 A 명의 계좌의 금융기관을 피해자에 해당한다고 볼 수 없으므로, 甲이 A의 계좌에서 자신의 계좌로 100만 원을 이체한 행위에 친족상도례가 적용된다.

ㄷ. 甲으로부터 돈을 받은 乙에게는 장물취득죄가 성립한다.

ㄹ. 甲이 경찰관의 신분증 제시 요구에 A의 운전면허증을 제시한 것은 운전면허증이 신분의 동일성을 증명하는 기능을 하는 것이 아니기 때문에 공문서부정행사죄에 해당하지 않는다.

ㅁ. 만약 甲이 이체한 돈을 인출하지 못했다면 컴퓨터등사용사기죄의 미수에 해당한다.

① ㄱ[○], ㄴ[○], ㄷ[×], ㄹ[×], ㅁ[○]
② ㄱ[×], ㄴ[×], ㄷ[○], ㄹ[×], ㅁ[×]
③ ㄱ[○], ㄴ[○], ㄷ[×], ㄹ[○], ㅁ[×]
④ ㄱ[×], ㄴ[○], ㄷ[×], ㄹ[×], ㅁ[×]
⑤ ㄱ[×], ㄴ[×], ㄷ[×], ㄹ[×], ㅁ[×]

해설

ㄱ. [×] 형법 제344조에 의하여 준용되는 형법 제328조 제1항에 정한 친족간의 범행에 관한 규정은 범인과 피해물건의 소유자 및 점유자 쌍방간에 같은 규정에 정한 친족관계가 있는 경우에만 적용되는 것이며, 단지 절도범인과 피해물건의 소유자간에만 친족관계가 있거나 절도범인과 피해물건의 점유자간에만 친족관계가 있는 경우에는 그 적용이 없다고 보아야 한다(대판 2014.9.25. 2014도8984 ; 동지 대판 1980.11.11. 80도131).

동지판례 횡령범인이 위탁자가 소유자를 위해 보관하고 있는 물건을 위탁자로부터 보관받아 이를 횡령한 경우에 형법 제361조에 의하여 준용되는 제328조 제2항의 친족간의 범행에 관한 조문은 범인과 피해물건의 소유자 및 위탁자 쌍방 사이에 같은 조문에 정한 친족관계가 있는 경우에만 적용되고, 단지 횡령범인과 피해물건의 소유자간에만 친족관계가 있거나 횡령범인과 피해물건의 위탁자간에만 친족관계가 있는 경우에는 적용되지 않는다(대판 2008.7.24. 2008도3438).

ㄴ. [×] [1] 권한 없이 컴퓨터 등 정보처리장치를 이용하여 예금계좌 명의인이 거래하는 금융기관의 계좌 예금 잔고 중 일부를 자신이 거래하는 다른 금융기관에 개설된 그 명의 계좌로 이체한 경우, 예금계좌 명의인의 거래 금융기관에 대한 예금반환 채권은 이러한 행위로 인하여 영향을 받을 이유가 없는 것이므로, 거래 금융기관으로서는 예금계좌 명의인에 대한 예금반환 채무를 여전히 부담하면서도 환거래관계상 다른 금융기관에 대하여 자금이체로 인한 이체자금 상당액 결제채무를 추가 부담하게 됨으로써 이체된 예금 상당액의 채무를 이중으로 지급해야 할 위험에 처하게 된다. 따라서 친척 소유 예금통장을 절취한 자가 그 친척 거래 금융기관에 설치된 현금자동지급기에 예금통장을 넣고 조작하는 방법으로 친척 명의 계좌의 예금 잔고를 자신이 거래하는 다른 금융기관에 개설된 자기 계좌로 이체한 경우, 그 범행으로 인한 피해자는 이체된 예금 상당액의 채무를 이중으로 지급해야 할 위험에 처하게 되는 그 친척 거래 금융기관이라 할 것이고, 거래 약관의 면책 조항이나 채권의 준점유자에 대한 법리 적용 등에 의하여 위와 같은 범행으로 인한 피해가 최종적으로는 예금 명의인인 친척에게 전가될 수 있다고 하여, 자금이체 거래의 직접적인 당사자이자 이중지급 위험의 원칙적인 부담자인 거래 금융기관을 위와 같은 컴퓨터 등 사용사기 범행의 피해자에 해당하지 않는다고 볼 수는 없으므로, 위와 같은 경우에는 친족 사이의 범행을 전제로 하는 친족상도례를 적용할 수 없다. [2] 손자가 할아버지 소유 농업협동조합 예금통장을 절취하여 이를 현금자동지급기에 넣고 조작하는 방법으로 예금 잔고를 자신의 거래 은행 계좌로 이체한 경우, 위 농업협동조합이 컴퓨터 등 사용사기 범행 부분의 피해자이므로 친족상도례를 적용할 수 없다(대판 2007.3.15. 2006도2704).

ㄷ. [×] 甲이 권한 없이 인터넷뱅킹으로 타인의 예금계좌에서 자신의 예금계좌로 돈을 이체한 후 그 중 일부를 인출하여 그 정을 아는 乙에게 교부한 경우, 甲이 컴퓨터등사용사기죄에 의하여 취득한 예금채권은 재물이 아니라 재산상 이익이므로, 그가 자신의 예금계좌에서 돈을 인출하였더라도 장물을 금융기관에 예치하였다가 인출한 것으로 볼 수 없다는 이유로 乙의 장물취득죄의 성립을 부정한 사례(대판 2004.4.16. 2004도353).

[비교판례] 사기 범행에 이용되리라는 사정을 알고서도 자신의 명의로 새마을금고 예금계좌를 개설하여 甲에게 이를 양도함으로써 甲이 乙을 속여 乙로 하여금 1,000만 원을 위 계좌로 송금하게 한 사기 범행을 방조한 피고인이 위 계좌로 송금된 돈 중 140만 원을 인출하여 甲이 편취한 장물을 취득하였다는 공소사실에 대하여, 甲이 사기 범행으로 취득한 것은 재산상 이익이어서 장물에 해당하지 않는다는 원심판단은 적절하지 아니하지만, 피고인의 위와 같은 인출행위를 장물취득죄로 벌할 수는 없으므로, 위 '장물취득' 부분을 무죄로 선고한 원심의 결론을 정당하다고 한 사례(대판 2010.12.9. 2010도6256).

[판례해설] 위 사안은 장물취득죄가 성립하지 않는다는 결론도 중요하지만 그 논거를 정확히 알아야 한다. '장물'의 요건은 구비될 수 있으나 '취득'의 요건이 구비될 수 없다는 취지의 판례이다.

ㄹ. [×] 운전면허증은 운전면허를 받은 사람이 운전면허시험에 합격하여 자동차의 운전이 허락된 사람임을 증명하는 공문서로서, 운전면허증에 표시된 사람이 운전면허시험에 합격한 사람이라는 '자격증명과 이를 지니고 있으면서 내보이는 사람이 바로 그 사람이라는 '동일인증명'의 기능을 동시에 가지고 있다. 운전면허증의 앞면에는 운전면허를 받은 사람의 성명·주민등록번호·주소가 기재되고 사진이 첨부되며 뒷면에는 기재사항의 변경내용이 기재될 뿐만 아니라, 정기적으로 반드시 갱신교부되도록 하고 있어, 운전면허증은 운전면허를 받은 사람의 동일성 및 신분을 증명하기에 충분하고 그 기재 내용의 진실성도 담보되어 있다. 그럼에도 불구하고 운전면허증을 제시한 행위에 있어 동일인증명의 측면은 도외시하고, 그 사용목적이 자격증명으로만 한정되어 있다고 해석하는 것은 합리성이 없다. 인감증명법상 인감신고인 본인 확인, 공직선거및선거부정방지법상 선거인 본인 확인, 부동산등기법상 등기의무자 본인 확인 등 여러 법령에 의한 신분 확인절차에서도 운전면허증은 신분증명서의 하나로 인정되고 있다. 또한 주민등록법 자체도 주민등록증이 원칙적인 신분증명서이지만, 주민등록증을 제시하지 아니한 사람에 대하여 신원을 증명하는 증표나 기타 방법에 의하여 신분을 확인하도록 규정하는 등으로 다른 문서의 신분증명서로서의 기능을 예상하고 있다. 한편 우리 사회에서 운전면허증을 발급받을 수 있는 연령의 사람들 중 절반 이상이 운전면허증을 가지고 있고, 특히 경제활동에 종사하는 사람들의 경우에는 그 비율이 훨씬 더 이를 앞지르고 있으며, 금융기관과의 거래에 있어서도 운전면허증에 의한 실명확인이 인정되고 있는 등 현실적으로 운전면허증은 주민등록증과 대등한 신분증명서로 널리 사용되고 있다. 따라서, 제3자로부터 신분확인을 위하여 신분증명서의 제시를 요구받고 다른 사람의 운전면허증을 제시한 행위는 그 사용목적에 따른 행사로서 공문서부정행사죄에 해당한다고 보는 것이 옳다(대판(전) 2001.4.19. 2000도1985).

[관련판례] 자동차 등의 운전자가 운전 중에 도로교통법 제92조 제2항에 따라 경찰공무원으로부터 운전면허증의 제시를 요구받은 경우 운전면허증의 특정된 용법에 따른 행사는 도로교통법 관계법령에 따라 발급된 운전면허증 자체를 제시하는 것이라고 보아야 한다. 이 경우 자동차 등의 운전자가 경찰공무원에게 다른 사람의 운전면허증 자체가 아니라 이를 촬영한 이미지파일을 휴대전화 화면 등을 통하여 보여주는 행위는 운전면허증의 특정된 용법에 따른 행사라고 볼 수 없는 것이어서 그로 인하여 경찰공무원이 그릇된 신용을 형성할 위험이 있다고 할 수 없으므로, 이러한 행위는 결국 공문서부정행사죄를 구성하지 아니한다(대판 2019.12.12. 2018도2560).

ㅁ. [×] 타인의 명의를 빌려 예금계좌를 개설한 후, 통장과 도장은 명의인에게 보관시키고 자신은 위 계좌의 현금인출카드를 소지한 채, 명의인을 기망하여 위 예금계좌로 돈을 송금하게 한 경우, 자신은 통장의 현금인출카드를 소지하고 있으면서 언제든지 카드를 이용하여 차명계좌 통장으로부터 금원을 인출할 수 있었고, 명의인을 기망하여 위 통장으로 돈을 송금받은 이상, 이로써 송금받은 돈을 자신의 지배하에 두게 되어 편취행위는 기수에 이르렀다고 할 것이고, 이후 편취금을 인출하지 않고 있던 중 명의인이 이를 인출하여 갔다 하더라도 이는 범죄성립 후의 사정일 뿐 사기죄의 성립에 영향이 없다(대판 2003.7.25. 2003도2252).

정답 ⑤

125 문서에 관한 설명 중 옳은 것[ㅇ]과 옳지 않은 것[×]을 올바르게 조합한 것은? (다툼이 있으면 판례에 의함)

[21 변호사]

> ㉠ 허위공문서작성죄의 객체가 되는 문서는 작성명의인이 명시되어 있지 않더라도 문서의 형식, 내용 등 문서 자체에 의하여 누가 작성하였는지를 추지할 수 있을 정도의 것이면 된다.
>
> ㉡ 최종 결재권자를 보조하여 문서의 기안업무를 담당한 공무원이 이미 결재를 받아 완성된 공문서에 대하여 적법한 절차를 밟지 않고 그 내용을 변경한 경우에는 공문서변조죄가 성립할 수 없다.
>
> ㉢ 문서의 내용을 저장한 전자 파일이나 그 파일을 실행시켜 컴퓨터 모니터 화면에 나타낸 문서의 이미지는 형법상 문서에 관한 죄에 있어 '문서'에 해당되지 않는다.
>
> ㉣ 대한민국 주중국 대사관 영사가 작성한 사실확인서 중 공인 부분을 제외한 나머지 부분이 영사의 공무수행 과정 중 작성되었지만 공적인 증명보다는 상급자 등에 대한 보고를 목적으로 하는 것이더라도 그 부분은 「형사소송법」 제315조 제3호의 '기타 특히 신용할 만한 정황에 의하여 작성된 문서'에 해당한다.
>
> ㉤ 구속적부심문조서는 「형사소송법」 제311조(법원 또는 법관의 조서)에 해당되는 문서로 당연히 그 증거능력이 인정된다.

① ㉠ [ㅇ], ㉡ [×], ㉢ [ㅇ], ㉣ [×], ㉤ [×]
② ㉠ [×], ㉡ [ㅇ], ㉢ [×], ㉣ [ㅇ], ㉤ [×]
③ ㉠ [ㅇ], ㉡ [ㅇ], ㉢ [×], ㉣ [×], ㉤ [×]
④ ㉠ [×], ㉡ [ㅇ], ㉢ [×], ㉣ [×], ㉤ [ㅇ]
⑤ ㉠ [ㅇ], ㉡ [×], ㉢ [ㅇ], ㉣ [ㅇ], ㉤ [ㅇ]

해설

㉠ [ㅇ] 허위공문서작성죄의 객체가 되는 문서는 문서상 작성명의인이 명시된 경우뿐 아니라 작성명의인이 명시되어 있지 않더라도 문서의 형식, 내용 등 문서 자체에 의하여 누가 작성하였는지를 추지할 수 있을 정도의 것이면 된다(대판 2019.3.14. 2018도18646).

㉡ [×] 최종 결재권자를 보조하여 문서의 기안업무를 담당한 공무원이 이미 결재를 받아 완성된 공문서에 대하여 적법한 절차를 밟지 않고 그 내용을 변경한 경우 특별한 사정이 없는 한 공문서변조죄가 성립한다(대판 2017.6.8. 2016도5218).

㉢ [ㅇ] [1] 컴퓨터 모니터 화면에 나타나는 이미지는 이미지 파일을 보기 위한 프로그램을 실행할 경우에 그때마다 전자적 반응을 일으켜 화면에 나타나는 것에 지나지 않아서 계속적으로 화면에 고정된 것으로는 볼 수 없으므로, 형법상 문서에 관한 죄에 있어서의 문서에는 해당되지 않는다(대판 2010.7.15. 2010도6068).
[2] 피고인이 컴퓨터 스캔 작업을 통하여 만들어낸 공인중개사 자격증의 이미지 파일은 전자기록으로서 전자기록장치에 전자적 형태로서 고정되어 계속성이 있다고 볼 수는 있으나, 그러한 형태는 그 자체로서 시각적 방법에 의해 이해할 수 있는 것이 아니어서 이를 형법상 문서에 관한 죄에 있어서의 '문서'로 보기 어렵다(대판 2008.4.10. 2008도1013).

㉣ [×] 영사증명서(대한민국 주중국 대사관 영사 작성의 사실확인서 중 공인 부분을 제외한 나머지 부분)는 비록 영사가 공무를 수행하는 과정에서 작성된 것이지만 그 목적이 공적인 증명에 있다기 보다는 상급자 등에 대한 보고에 있는 것으로서 엄격한 증빙서류를 바탕으로 하여 작성된 것이라고 할 수 없으므로 당연히 증거능력이 있는 서류라고 할 수 없다(대판 2007.12.13. 2007도7257).

ⓜ [×] 구속적부심문조서는 형사소송법 제311조가 규정한 문서에는 해당하지 않는다 할 것이나, 특히 신용할 만한 정황에 의하여 작성된 문서라고 할 것이므로 특별한 사정이 없는 한, 피고인이 증거로 함에 부동의하더라도 형사소송법 제315조 제3호에 의하여 당연히 그 증거능력이 인정된다(대판 2004.1.16. 2003도5693).

정답 ①

126 甲은 주간에 A의 집에 침입하여 숨어 있다가 A 소유의 금반지 1개를 훔치고, A 명의로 된 자동차운전면허증을 발견하여 휴대전화의 카메라 기능을 이용하여 이를 촬영하였다. 다음 날 甲은 친구 乙에게 위 금반지를 건네며 "내가 훔쳐온 것인데 대신 팔아 달라."라고 부탁하고, 乙은 이를 수락하였다. 그 후 甲은 음주운전으로 적발되자 휴대전화에 저장된 A의 자동차운전면허증 이미지 파일을 경찰관에게 제시하였다. 한편 乙은 금반지를 丙에게 매도하기로 하고 약속장소에서 丙을 기다리던 중 경찰관에게 체포되었다. 이에 관한 설명 중 옳지 않은 것을 모두 고른 것은? (다툼이 있으면 판례에 의함)   [22 변호사]

> ㉠ 甲이 금반지를 훔친 것이 야간이었다면 甲에게는 야간주거침입절도죄가 성립한다.
> ㉡ 甲이 A의 자동차운전면허증 이미지 파일을 경찰관에게 제시한 행위는 운전면허증의 특정된 용법에 따른 행사라고 볼 수 없어 공문서부정행사죄가 성립하지 않는다.
> ㉢ 乙은 실제로 매수인인 丙을 만나기도 전에 경찰관에게 체포되어 丙에게 금반지의 점유가 이전되지 못하였으므로 장물알선죄가 성립하지 않는다.
> ㉣ 甲이 A의 동거하지 않는 친동생인 경우 甲이 금반지를 훔친 행위에 대해서는 그 형을 면제한다.

① ㉠, ㉢   ② ㉠, ㉣   ③ ㉡, ㉢
④ ㉡, ㉣   ⑤ ㉠, ㉢, ㉣

해설

㉠ [×] 형법은 야간에 이루어지는 주거침입행위의 위험성에 주목하여 그러한 행위를 수반한 절도를 야간주거침입절도죄로 중하게 처벌하고 있는 것으로 보아야 하고, 따라서 주거침입이 주간에 이루어진 경우에는 야간주거침입절도죄가 성립하지 않는다(대판 2011.4.14. 2011도300).

㉡ [○] 자동차 등의 운전자가 경찰공무원에게 다른 사람의 운전면허증 자체가 아니라 이를 촬영한 이미지파일을 휴대전화 화면 등을 통하여 보여주는 행위는 운전면허증의 특정된 용법에 따른 행사라고 볼 수 없는 것이어서 그로 인하여 경찰공무원이 그릇된 신용을 형성할 위험이 있다고 할 수 없으므로 이러한 행위는 결국 공문서부정행사죄를 구성하지 아니한다(대판 2019.12.12. 2018도2560).

㉢ [×] 피고인 乙이 甲 등으로부터 절취하여 온 귀금속을 매도하여 달라는 부탁을 받고 귀금속을 매수하기로 한 丙에게 전화하여 노래연습장에서 만나기로 약속한 후, 甲 등으로부터 건네받은 귀금속을 가지고 노래연습장에 들어갔다가 미처 丙을 만나기도 전에 경찰관에 의하여 체포된 경우 乙이 귀금속을 매도하려는 甲 등과 이를 매수하려는 丙 사이를 연결하여 귀금속의 매매를 중개함으로써 장물알선죄는 성립하고, 실제로 매매계약이 성립하지 않았다거나 귀금속의 점유가 丙에게 현실적으로 이전되지 아니하였다 하더라도 장물알선죄의 성립은 방해받지 않는다(대판 2009.4.23. 2009도1203).

㉣ [×] 동거하지 않는 친동생은 형법 제328조 제2항의 신분관계에 해당하므로 甲이 범한 절도죄는 친고죄에 해당하는 것이지 甲에 대하여 형을 면제해야 하는 것은 아니다(형법 제328조 제2항, 제344조).

정답 ⑤

127 문서죄에 관한 설명 중 옳은 것은? (다툼이 있으면 판례에 의함) [20 변호사]

① 어떤 선박이 사고를 낸 것처럼 허위로 사고신고를 하면서 그 선박의 선박국적증서와 선박검사증서를 함께 제출한 경우에는 공문서부정행사죄가 성립한다.

② 간접정범을 통한 위조공문서행사 범행에 있어 도구로 이용된 자라고 하더라도 그 공문서가 위조된 것임을 알지 못하는 자에게 행사한 경우에는 위조공문서행사죄가 성립한다.

③ 불실의 사실이 기재된 공정증서의 정본을 그 정을 모르는 법원 직원에게 교부한 경우에는 불실기재공정증서 원본행사죄가 성립한다.

④ 자신의 이름과 나이를 속이는 용도로 사용할 목적으로 주민등록증의 이름·주민등록번호란에 글자를 오려 붙인 후 이를 컴퓨터 스캔 장치를 이용하여 이미지 파일로 만들어 컴퓨터 모니터로 출력하는 한편 타인에게 이메일로 전송한 경우에는 공문서위조 및 위조공문서행사죄가 성립한다.

⑤ 실질적인 채권채무관계 없이 작성명의인과의 합의로 작성한 차용증을 그 작성명의인의 의사에 의하지 아니하고 차용증상의 채권이 실제로 존재하는 것처럼 그 지급을 구하는 민사소송을 제기하면서 법원에 제출한 경우에는 사문서부정행사죄가 성립한다.

해설

① [×] 어떤 선박이 사고를 낸 것처럼 허위로 사고신고를 하면서 그 선박의 선박국적증서와 선박검사증서를 함께 제출하였다고 하더라도, 선박국적증서와 선박검사증서는 선박의 국적과 항행할 수 있는 자격을 증명하기 위한 용도로 사용된 것일 뿐 그 본래의 용도를 벗어나 행사된 것으로 보기는 어려우므로 공문서부정행사죄에 해당하지 않는다(대판 2009.2.26. 2008도10851).

② [○] [1] 간접정범을 통한 위조문서행사범행에 있어 도구로 이용된 자라고 하더라고 문서가 위조된 것임을 알지 못하는 자에게 행사한 경우에는 위조문서행사죄가 성립한다.
[2] 피고인 甲이 위조한 전문건설업등록증 등의 컴퓨터 이미지 파일을 공사 수주에 사용하기 위하여 乙 등에게 이메일로 송부하였고, 乙 등이 甲으로부터 이메일로 송부받은 컴퓨터 이미지 파일을 프린터로 출력할 당시 그 이미지 파일이 위조된 것임을 알지 못한 경우 형법 제229조의 위조·변조공문서행사죄를 구성한다(대판 2012.2.23. 2011도14441).

③ [×] '공정증서원본(原本)'에는 공정증서의 정본(定本)이 포함된다고 볼 수 없으므로 부실의 사실이 기재된 공정증서의 정본을 그 정을 모르는 법원 직원에게 교부한 행위는 부실기재공정증서원본행사죄에 해당하지 아니한다(대판 2002.3.26. 2001도6503).

④ [×] 자신의 이름과 나이를 속이는 용도로 사용할 목적으로 주민등록증의 이름·주민등록번호란에 글자를 오려 붙인 후 이를 컴퓨터 스캔 장치를 이용하여 이미지 파일로 만들어 컴퓨터 모니터로 출력하는 한편 타인에게 이메일로 전송한 경우라도, 컴퓨터 모니터 화면에 나타나는 이미지는 형법상 문서에 관한 죄의 문서에 해당하지 않으므로 공문서위조 및 위조공문서행사죄를 구성하지 않는다(대판 2007.11.29. 2007도7480).

⑤ [×] 실질적인 채권채무관계 없이 당사자 간의 합의로 작성한 '차용증 및 이행각서'는 작성명의인들이 자유의사로 작성한 문서로 그 사용권한자가 특정되어 있다고 할 수 없고 또 그 용도도 다양하므로 설령 피고인이 작성명의인들의 의사에 의하지 아니하고 차용증 및 이행각서상의 채권이 실제로 존재하는 것처럼 그 지급을 구하는 민사소송을 제기하면서 소지하고 있던 차용증 및 이행각서를 법원에 제출하였다고 하더라도 사문서부정행사죄에 해당하지 않는다(대판2007.3.30. 2007도629).

정답 ②

128 문서의 죄에 관한 설명 중 옳지 않은 것은? (다툼이 있는 경우 판례에 의함) [23 변호사]

① 사진을 바꾸어 붙이는 방법으로 위조한, 외국 공무원이 발행한 국제운전면허증이 유효기간을 경과하여 본래의 용법에 따라 사용할 수 없더라도, 면허증 행사 시 상대방이 유효기간을 쉽게 알 수 없는 등의 사정으로 발급 권한 있는 자로부터 국제운전면허를 받은 것으로 오신하기에 충분한 정도의 형식과 외관을 갖추고 있다면, 문서위조죄의 위조문서에 해당한다.

② 변조 당시 명의인의 명시적, 묵시적 승낙이 없었다면 변조된 문서가 명의인에게 유리하여 결과적으로 그 의사에 합치한다 하더라도 사문서변조죄의 구성요건을 충족한다.

③ 사법인(私法人)이 구축한 전산망 시스템의 설치·운영 주체로부터 각자의 직무 범위에서 개개의 단위정보의 입력 권한을 부여받은 사람이 그 권한을 남용하여 허위의 정보를 입력함으로써 시스템 설치·운영 주체의 의사에 반하는 전자기록을 생성한 경우, 이는 사전자기록등위작죄에서 말하는 전자기록의 '위작'에 포함되지 않는다.

④ 권한 없이 행사할 목적으로 전세계약서 원본을 스캐너로 복사하여 컴퓨터 화면에 띄운 후 그 보증금액란을 포토숍 프로그램을 이용하여 공란으로 만든 다음 이를 프린터로 출력하여 그 공란에 볼펜으로 보증금액을 사실과 달리 기재하여 그 정을 모르는 자에게 교부하였다면, 사문서변조죄 및 변조사문서행사죄가 성립한다.

⑤ 사문서위조죄나 공정증서원본부실기재죄가 성립한 후, 사후에 피해자의 동의 또는 추인 등의 사정으로 문서에 기재된 대로 효과의 승인을 받거나 등기가 실체적 권리관계에 부합하게 되었다 하더라도 이미 성립한 위 범죄에는 아무런 영향이 없다.

해설

① [○] 문서위조죄는 문서의 진정에 대한 공공의 신용을 그 보호법익으로 하는 것이므로, 피고인이 위조하였다는 국제운전면허증이 그 유효기간을 경과하여 본래의 용법에 따라 사용할 수는 없게 되었다고 하더라도, 이를 행사하는 경우 그 상대방이 유효기간을 쉽게 알 수 없도록 되어 있거나 위 문서 자체가 진정하게 작성된 것으로서 피고인이 명의자로부터 국제운전면허를 받은 것으로 오신하기에 충분한 정도의 형식과 외관을 갖추고 있다면 피고인의 행위는 문서위조죄에 해당한다(대판 1998.4.10. 98도164).

② [○] 사문서변조에 있어서 그 변조 당시 명의인의 명시적, 묵시적 승낙 없이 한 것이면 변조된 문서가 명의인에게 유리하여 결과적으로 그 의사에 합치한다 하더라도 사문서변조죄의 구성요건을 충족한다(대판 1985.1.22. 84도2422).

③ [×] 시스템을 설치·운영하는 주체와의 관계에서 전자기록의 생성에 관여할 권한이 없는 사람이 전자기록을 작출하거나 전자기록의 생성에 필요한 단위정보의 입력을 하는 경우는 물론 시스템의 설치·운영의 주체로부터 각자의 직무범위에서 개개의 단위정보의 입력권한을 부여받은 사람이 그 권한을 남용하여 허위의 정보를 입력함으로써 시스템 설치·운영주체의 의사에 반하는 전자기록을 생성하는 경우도 형법 제227조의2의 공전자기록위작죄에서 말하는 전자기록의 '위작'에 포함된다. 위 법리는 형법 제232조의2의 사전자기록등위작죄에서 행위의 태양으로 규정한 '위작'에 대해서도 마찬가지로 적용된다. 그 이유는 다음과 같다. … 사전자기록등위작죄를 사문서위조죄와 비교해 보면 두 죄는 범행의 목적, 객체, 행위 태양 등 구성요건이 서로 다른 점 등을 종합적으로 고려하면, 형법 제232조의2가 정한 사전자기록등위작죄에서 '위작'의 의미를 작성권한 없는 사람이 행사할 목적으로 타인의 명의를 모용하여 문서를 작성한 경우에 성립하는 사문서위조죄의 '위조'와 반드시 동일하게 해석하여 그 의미를 일치시킬 필요는 없다(대판(전) 2020.8.27. 2019도11294).

④ [○] 대판 2011.11.10. 2011도10468

⑤ [○] 소유권이전등기 경료 당시에는 실체권리관계에 부합하지 아니한 등기인 경우에는 사후에 이해관계인들의 동의 또는 추인 등의 사정으로 실체권리관계에 부합하게 된다 하더라도 공정증서원본부실기재 및 동행사죄의 성립에는 아무런 영향이 없다(대판 2001.11.9. 2001도3959).

정답 ③

129 다음 중 공문서부정행사죄가 성립하는 것을 모두 고른 것은? (다툼이 있는 경우에는 판례에 의함) [14 변호사]

> ㄱ. 신분을 확인하려는 경찰관에게 자신의 인적 사항을 속이기 위하여 미리 소지하고 있던 타인의 운전 면허증을 제시하는 경우
> ㄴ. 타인의 주민등록표등본을 그와 아무런 관련이 없는 사람이 마치 자신의 것인 것처럼 행사한 경우
> ㄷ. 허위로 선박 사고신고를 하면서 그 선박의 국적증명서와 선박검사증서를 함께 제출한 경우
> ㄹ. 기왕에 습득한 타인의 주민등록증을 자신의 가족의 것이라고 제시하면서 그 주민등록증상의 명의 로 이동전화 가입신청을 한 경우

① ㄱ   ② ㄱ, ㄴ   ③ ㄱ, ㄹ
④ ㄷ, ㄹ   ⑤ ㄱ, ㄴ, ㄷ

해설

ㄱ. [O] 운전면허증은 운전면허를 받은 사람이 운전면허시험에 합격하여 자동차의 운전이 허락된 사람임을 증명하는 공문서로서, 운전면허증에 표시된 사람이 운전면허시험에 합격한 사람이라는 '자격증명'과 이를 지니고 있으면서 내보이는 사람이 바로 그 사람이라는 '동일인증명'의 기능을 동시에 가지고 있다. … 따라서 제3자로부터 신분확인을 위하여 신분증명서의 제시를 요구받고 다른 사람의 운전면허증을 제시한 행위는 그 사용목적에 따른 행사로서 공문서부정행사죄에 해당한다고 보는 것이 옳다(대판(전) 2001.4.19. 2000도1985).

ㄴ. [×] [1] 공문서부정행사죄는 사용권한자와 용도가 특정되어 작성된 공문서 또는 공도화를 사용권한 없는 자가 사용권한이 있는 것처럼 가장하여 부정한 목적으로 행사하거나 또는 권한 있는 자라도 정당한 용법에 반하여 부정하게 행사하는 경우에 성립되는 것이다.
[2] 주민등록표등본은 그 사용권한자가 특정되어 있다고 할 수 없고, 또 용도도 다양하며, 반드시 본인이나 세대원만이 사용할 수 있는 것이 아니므로, 타인의 주민등록표등본을 그와 아무런 관련 없는 사람이 마치 자신의 것인 것처럼 행사하였다고 하더라도 공문서부정행사죄가 성립되지 아니한다(대판 1999.5.14. 99도206).

ㄷ. [×] 어떤 선박이 사고를 낸 것처럼 허위로 사고신고를 하면서 그 선박의 선박국적증서와 선박검사증서를 함께 제출하였다고 하더라도, 선박국적증서와 선박검사증서는 위 선박의 국적과 항행할 수 있는 자격을 증명하기 위한 용도로 사용된 것일 뿐 그 본래의 용도를 벗어나 행사된 것으로 보기는 어려우므로, 이와 같은 행위는 공문서부정행사죄에 해당하지 않는다(대판 2009.2.26. 2008도10851).

ㄹ. [×] [1] 사용권한자와 용도가 특정되어 있는 공문서를 사용권한 없는 자가 사용한 경우에도 그 공문서 본래의 용도에 따른 사용이 아닌 경우에는 형법 제230조의 공문서부정행사죄가 성립되지 아니한다.
[2] 피고인이 기왕에 습득한 타인의 주민등록증을 피고인 가족의 것이라고 제시하면서 그 주민등록증상의 명의 또는 가명으로 이동전화 가입신청을 한 경우, 타인의 주민등록증을 본래의 사용용도인 신분확인용으로 사용한 것이라고 볼 수 없어 공문서부정행사죄가 성립하지 않는다고 한 사례(대판 2003.2.26. 2002도4935).

정답 ①

130 甲은 야산에서 한 달 전 사망한 A의 지갑을 주웠는데, 그 지갑 속에는 B은행이 발행한 10만원권 자기앞수표 10장과 A의 운전면허증이 들어 있었다. 甲은 위 자기앞수표 10장을 유흥비로 사용하였다. 甲은 A의 운전면허증을 재발급받아 자신이 사용하기로 마음먹고, 운전면허시험장에 가서 운전면허증 재발급신청서에 자신의 사진을 붙이되 A의 이름과 인적사항을 기재하여 운전면허증 재발급 신청을 하였고, 이에 속은 담당공무원으로부터 甲의 사진이 부착된 A의 이름으로 된 운전면허증을 발급받았다. 그 후 甲은 운전 중 검문경찰관으로부터 신분증제시 요구를 받고 A의 이름으로 된 운전면허증을 제시하였다. 甲의 죄책에 관한 설명 중 옳지 않은 것을 모두 고른 것은? (다툼이 있으면 판례에 의함)　　　　　　　　　　　　　　　　[21 변호사]

> ㉠ 甲이 자기앞수표를 사용한 행위는 불가벌적 사후행위에 해당한다.
> ㉡ 甲이 권한 없이 A 명의의 운전면허증 재발급신청서를 작성하였으므로 사문서위조죄가 성립한다.
> ㉢ 甲이 그 정을 모르는 담당공무원을 이용하여 운전면허증을 재발급받았으므로 공문서위조죄의 간접정범이 성립한다.
> ㉣ 甲이 검문경찰관에게 제시한 A 명의의 운전면허증은 진정하게 성립된 문서가 아니기 때문에 공문서부정행사죄는 성립하지 않는다.
> ㉤ 甲이 공무원에 대하여 허위신고를 하여 자동차운전면허대장에 부실의 사실을 기재하게 하였다면 공정증서원본불실기재죄(「형법」 제228조 제1항)가 성립한다.

① ㉠, ㉡　　　　　　　　　② ㉠, ㉤　　　　　　　　　③ ㉢, ㉣
④ ㉡, ㉢, ㉤　　　　　　　⑤ ㉢, ㉣, ㉤

해설

㉠ [O] 자기앞수표는 그 액면금을 즉시 지급받을 수 있어 현금에 대신하는 기능을 하고 있으므로 절취한 자기앞수표를 현금 대신으로 교부한 행위는 절도행위에 대한 가벌적 평가에 당연히 포함되는 것으로 봄이 상당하다 할 것이므로, 절취한 자기앞수표를 음식대금으로 교부하고 거스름돈을 환불받은 행위는 절도의 불가벌적 사후처분행위로서 사기죄가 되지 아니한다(대판 1987.1.20. 86도1728). 지문의 경우 점유이탈물횡령의 불가벌적 사후행위에 해당한다.

㉡ [O] 명의인이 실재하지 않는 허무인이거나 또는 문서의 작성일자 전에 이미 사망하였다고 하더라도 그러한 문서 역시 공공의 신용을 해할 위험성이 있으므로 문서위조죄가 성립한다고 봄이 상당하며 이는 공문서뿐만 아니라 사문서의 경우에도 마찬가지라고 보아야 할 것이다(대판(전) 2005.2.24. 2002도18).
　▶ A가 사망하였더라도 A 명의의 운전면허증 재발급신청서를 작성한 것은 사문서위조죄에 해당한다.

㉢ [×] 어느 문서의 작성권한을 갖는 공무원이 그 문서의 기재 사항을 인식하고 그 문서를 작성할 의사로써 이에 서명날인하였다면, 설령 그 서명날인이 타인의 기망으로 착오에 빠진 결과 그 문서의 기재사항이 진실에 반함을 알지 못한 데 기인한다고 하여도, 그 문서의 성립은 진정하며 여기에 하등 작성명의를 모용한 사실이 있다고 할 수는 없으므로, 공무원 아닌 자가 관공서에 허위 내용의 증명원을 제출하여 그 내용이 허위인 정을 모르는 담당공무원으로부터 그 증명원 내용과 같은 증명서를 발급받은 경우 공문서위조죄의 간접정범으로 의율할 수는 없다(대판 2001.3.9. 2000도938).

㉣ [×] 피고인 甲이 A인 양 허위신고하여 甲의 사진과 지문이 찍힌 A 명의의 주민등록증을 발급받은 이상 주민등록증의 발행목적상 甲에게 위 주민등록증에 부착된 사진의 인물이 A의 신원 상황을 가진 사람이라는 허위사실을 증명하는 용도로 이를 사용할 수 있는 권한이 없다는 사실을 인식하고 있었다고도 할 것이므로 이를 검문경찰관에게 제시하여 이러한 허위사실을 증명하는 용도로 사용한 것은 공문서부정행사죄를 구성한다(대판 1982.9.28. 82도1297).

㉤ [×] 자동차운전면허대장은 운전면허 행정사무집행의 편의를 위하여 범죄자, 교통사고유발자의 인적사항·면허번호 등을 기재하거나 운전면허증의 교부 및 재교부 등에 관한 사항을 기재하는 것에 불과하며, 그에 대한 기재를 통해 당해 운전면허 취득자에게 어떠한 권리의무를 부여하거나 변동 또는 상실시키는 효력을 발생하게 하는 것

으로 볼 수 없으므로 자동차운전면허대장은 사실증명에 관한 것에 불과하므로 공정증서원본이라고 볼 수 없다 (대판 2010.6.10. 2010도1125).

정답 ⑤

131 「형법」상 문서에 관한 죄에 관한 설명 중 옳은 것은? (다툼이 있으면 판례에 의함) [18 변호사]

① 공무원인 의사가 공무소의 명의로 허위진단서를 작성한 경우에는 허위공문서작성죄와 허위진단서작성죄가 성립하고 두 죄는 상상적 경합 관계에 있다.

② 컴퓨터 스캔 작업을 통하여 만들어낸 공인중개사 자격증의 이미지 파일은 전자기록장치에 전자적 형태로서 고정되어 있어 계속성을 인정할 수 있으므로 「형법」상 문서에 관한 죄에 있어서의 문서로 보아야 한다.

③ 매수인으로부터 토지매매계약체결에 관하여 포괄적 권한을 위임받은 자가 실제 매수가격보다 높은 가격을 매매대금으로 기재하여 매수인 명의의 매매계약서를 작성하였다 하더라도 그것은 작성권한 있는 자가 허위 내용의 문서를 작성한 것에 불과하여 사문서위조죄가 성립할 수 없다.

④ 일정 한도액에 관하여 연대보증인이 될 것을 허락한 甲으로부터 그에 필요한 문서를 작성하는 데 쓰일 인감도장과 인감증명서를 교부받아 甲을 직접 차주로 하는 동액 상당의 차용금 증서를 작성한 경우에는 본래의 정당한 권한 범위를 벗어난 것이므로 사문서위조죄가 성립한다.

⑤ 사문서의 경우에는 그 명의인이 실재하지 않는 허무인이거나 문서의 작성일자 전에 이미 사망하였다 하더라도 문서위조죄가 성립하나, 공문서의 경우에는 문서위조죄가 성립하기 위하여 명의인이 실재함을 필요로 한다.

해설

① [×] 허위진단서작성죄의 대상은 공무원이 아닌 의사가 사문서로서 진단서를 작성한 경우에 한정되고, 공무원인 의사가 공무소의 명의로 허위진단서를 작성한 경우에는 <u>허위공문서작성죄만이 성립하고 허위진단서작성죄는 별도로 성립하지 않는다</u>(대판 2004.4.9. 2003도7762).

② [×] <u>컴퓨터 모니터 화면에 나타나는 이미지는</u> 이미지 파일을 보기 위한 프로그램을 실행할 경우에 그때마다 전자적 반응을 일으켜 화면에 나타나는 것에 지나지 않아서 계속적으로 화면에 고정된 것으로는 볼 수 없으므로 문서에 관한 죄에 있어서의 <u>문서에는 해당되지 않는다</u>(대판 2008.4.10. 2008도1013).

③ [○] 매수인으로부터 매도인과의 토지매매계약체결에 관하여 포괄적 권한을 위임받은 피고인이 실제 매수가격보다 높은 가격을 매매대금으로 기재하여 매수인 명의의 매매계약서를 작성하였다 하여도 그것은 작성권한 있는 자가 허위내용의 문서를 작성한 것일 뿐 사문서위조죄가 성립될 수는 없다(대판 1984.7.10. 84도1146).

④ [×] 피해자들이 일정한도액에 관한 연대보증인이 될 것을 허락하고 이에 필요한 문서를 작성하는데 쓰일 인감도장과 인감증명서(대출보증용)를 채무자에게 건네준 취지는 <u>채권자에 대해 동액 상당의 채무를 부담하겠다는 내용의 문서를 작성하도록 허락한 것으로 보아야 할 것이므로</u> 비록 차용금증서에 피해자들을 연대보증인으로 하지 않고 직접 차주로 하였을 지라도 그 문서는 정당한 권한에 기하여 <u>그 권한의 범위 안에서 적법하게 작성된 것으로 보아야 한다</u>(대판 1984.10.10. 84도1566).

▶ 작성권한이 있으므로 사문서위조죄가 성립하지 아니한다.

⑤ [×] 작성된 문서가 일반인으로 하여금 당해 명의인의 권한 내에서 작성된 문서라고 믿게 할 수 있는 정도의 형식과 외관을 갖추고 있으면 문서위조죄가 성립하는 것이고, 위와 같은 요건을 구비한 이상 그 명의인이 실재하지 않는 허무인이거나 또는 문서의 작성일자 전에 이미 사망하였다고 하더라도 그러한 문서 역시 <u>공공의 신용을 해할 위험성이 있으므로 문서위조죄가 성립한다고 봄이 상당하며, 이는 공문서뿐만 아니라 사문서의 경우에도 마찬가지이다</u>(대판(전) 2005.2.24. 2002도18).

정답 ③

132 직무유기죄에 관한 설명 중 옳지 않은 것은? (다툼이 있으면 판례에 의함)   [22 변호사]

① 경찰공무원이 지명수배 중인 범인을 발견하고도 직무상 의무에 따른 적절한 조치를 취하지 아니하고 오히려 범인을 도피하게 하는 행위를 하였다면 범인도피죄만 성립하고 직무유기죄는 따로 성립하지 않는다.

② 직무유기죄는 작위의무를 수행하지 아니함으로써 구성요건에 해당하는 사실이 있었고 그 후에도 계속하여 그 작위의무를 수행하지 아니하는 위법한 부작위상태가 계속되는 한 가벌적 위법상태는 계속 존재하고 있다고 할 것이므로 즉시범이라 할 수 없다.

③ 하나의 행위가 부작위범인 직무유기죄와 작위범인 허위공문서작성·행사죄의 구성요건을 동시에 충족하는 경우 공소제기권자가 작위범인 허위공문서작성·행사죄로 공소를 제기하지 아니하고 부작위범인 직무유기죄로만 공소를 제기할 수는 없다.

④ 지방자치단체장이 전국공무원노동조합이 주도한 파업에 참가한 소속 공무원들에 대하여 관할 인사위원회에 징계의결요구를 하지 아니하고 가담 정도의 경중을 가려 자체 인사위원회에 징계의결요구를 하거나 훈계처분을 하도록 지시한 행위는 직무유기죄를 구성하지 않는다.

⑤ 경찰서 방범과장 甲이 부하직원 乙로부터 게임산업진흥에관한법률위반 혐의로 오락실을 단속하여 증거물로 오락기의 변조 기판을 압수하여 사무실에 보관 중임을 보고받아 알고 있었음에도, 증거를 인멸할 의도로 乙에게 압수한 변조 기판을 돌려주라고 지시하여 乙이 오락실 업주에게 이를 돌려준 경우 甲에게 증거인멸죄만 성립하고 직무유기죄는 따로 성립하지 아니한다.

> **해설**

① [O] 경찰공무원이 지명수배 중인 범인을 발견하고도 직무상 의무에 따른 적절한 조치를 취하지 아니하고 오히려 범인을 도피하게 하는 행위를 하였다면, 그 직무위배의 위법상태는 범인도피행위 속에 포함되어 있다고 보아야 할 것이므로, 이와 같은 경우에는 작위범인 범인도피죄만이 성립하고 부작위범인 직무유기죄는 따로 성립하지 아니한다 (대판 2017.3.15. 2015도1456).

② [O] <u>직무유기죄는</u> 그 직무를 수행하여야 하는 작위의무의 존재와 그에 대한 위반을 전제로 하고 있는바, 그 작위의무를 수행하지 아니함으로써 구성요건에 해당하는 사실이 있었고 그 후에도 계속하여 그 작위의무를 수행하지 아니하는 <u>위법한 부작위상태가 계속되는 한 가벌적 위법상태는 계속 존재하고 있다고 할 것이며 형법 제122조 후단은 이를 전체적으로 보아 1죄로 처벌하는 취지로</u> 해석되므로 이를 즉시범이라고 할 수 없다(대판 1997.8.29. 97도675).

③ [×] 하나의 행위가 부작위범인 직무유기죄와 작위범인 허위공문서작성·행사죄의 구성요건을 동시에 충족하는 경우 공소제기권자는 재량에 의하여 작위범인 허위공문서작성·행사죄로 공소를 제기하지 않고 부작위범인 직무유기죄로만 공소를 제기할 수 있다(대판 2008.2.14. 2005도4202).

④ [O] [1] <u>어떠한 형태로든 직무집행의 의사로 자신의 직무를 수행한 경우에는 그 직무집행의 내용이 위법한 것으로 평가된다는 점만으로 직무유기죄의 성립을 인정할 것은 아니다.</u>
[2] <u>지방자치단체장이 전국공무원노동조합이 주도한 파업에 참가한 소속 공무원들에 대하여 관할 인사위원회에 징계의결요구를 하지 아니하고 가담 정도의 경중을 가려 자체 인사위원회에 징계의결요구를 하거나 훈계처분을 하도록 지시한 행위가 직무유기죄를 구성하지 않는다</u>고 한 사례(대판 2007.7.12. 2006도1390).

⑤ [O] 피고인의 행위는 <u>작위범인 증거인멸죄만이 성립하고 부작위범인 직무유기(거부)죄는 따로 성립하지 아니한다</u>(대판(전) 2006.10.19. 2005도3909).

정답 ③

133 직권남용권리행사방해죄에 관한 설명 중 옳지 않은 것은? (다툼이 있으면 판례에 의함) [20 변호사]

① 직권남용권리행사방해죄에서 '권리'는 법률에 명기된 권리에 한하지 않고 법령상 보호되어야 할 이익이면 족하고 공법상 권리인지 사법상 권리인지를 묻지 않으며, '의무'는 법률상 의무를 가리키고 단순한 심리적 의무감 또는 도덕적 의무는 이에 해당하지 아니한다.

② 어떠한 직무가 공무원의 일반적 권한에 속하는 사항이라고 하기 위해서는 그에 관한 법령상의 근거가 필요하고, 법령상 명문의 근거가 없는 경우에는 직권남용권리행사방해죄가 성립하지 아니한다.

③ 공무원이 자신의 직무권한에 속하는 사항에 관하여 실무 담당자로 하여금 그 직무집행을 보조하는 사실행위를 하도록 하더라도 이는 공무원 자신의 직무집행으로 귀결될 뿐이므로 원칙적으로 직권남용권리행사방해죄에서 말하는 의무 없는 일을 하게 한 때에 해당한다고 할 수 없다.

④ 공무원의 행위가 권리행사를 방해함으로 인한 직권남용권리행사방해죄와 의무 없는 일을 하게 함으로 인한 직권남용권리행사방해죄 두 가지 행위태양에 모두 해당하는 것으로 기소된 경우, 권리행사를 방해함으로 인한 직권남용권리행사방해죄만 성립하고 의무 없는 일을 하게 함으로 인한 직권남용권리행사방해죄는 따로 성립하지 아니한다.

⑤ 공무원의 직권남용행위가 있었다 할지라도 현실적으로 권리행사의 방해라는 결과가 발생하지 아니하였다면 직권남용권리행사방해죄의 기수를 인정할 수 없다.

해설

① [O] [1] 직권남용죄에서 '권리'는 법률에 명기된 권리에 한하지 않고 법령상 보호되어야 할 이익이면 족한 것으로서 공법상의 권리인지 사법상의 권리인지를 묻지 않으므로, 경찰관의 범죄수사권도 직권남용죄에서 말하는 '권리'에 해당한다(대판 2010.1.28. 2008도7312).
[2] 직권남용죄에서 말하는 '의무'란 법률상 의무를 가리키고, 단순한 심리적 의무감 또는 도덕적 의무는 이에 해당하지 아니한다(대판 2009.1.30. 2008도6950).

② [×] 직권남용죄에서 어떠한 직무가 공무원의 일반적 권한에 속하는 사항이라고 하기 위해서는 그에 관한 법령상의 근거가 필요하다. 다만 법령상의 근거는 반드시 명문의 근거만을 의미하는 것은 아니고, <u>명문이 없는 경우라도 법·제도를 종합적, 실질적으로 관찰해서 그것이 해당 공무원의 직무권한에 속한다고 해석되고 그것이 남용된 경우 상대방으로 하여금 의무 없는 일을 행하게 하거나 상대방의 권리를 방해하기에 충분한 것이라고 인정되는 경우에는 직권남용죄에서 말하는 일반적 권한에 포함된다</u>(대판 2019.3.14. 2018도18646).

③ [O] <u>직권남용죄에서 '의무 없는 일을 하게 한 때'란 '사람'으로 하여금 법령상 의무 없는 일을 하게 하는 때를 의미하는바, 공무원이 자신의 직무권한에 속하는 사항에 관하여 실무 담당자로 하여금 그 직무집행을 보조하는 사실행위를 하도록 하더라도 이는 공무원 자신의 직무집행으로 귀결될 뿐이므로 원칙적으로 직권남용권리행사방해죄에서 말하는 '의무 없는 일을 하게 한 때'에 해당한다고 할 수 없으나,</u> 직무집행의 기준과 절차가 법령에 구체적으로 명시되어 있고 실무 담당자에게도 직무집행의 기준을 적용하고 절차에 관여할 고유한 권한과 역할이 부여되어 있다면 실무 담당자로 하여금 그러한 기준과 절차에 위반하여 직무집행을 보조하게 한 경우에는 '의무 없는 일을 하게 한'에 해당한다(대판 2017.10.31. 2017도12534).

④ [O] 상급 경찰관이 직권을 남용하여 부하 경찰관들의 수사를 중단시키거나 사건을 다른 경찰관서로 이첩하게 한 경우, 일단 '부하 경찰관들의 수사권 행사를 방해한 것'에 해당함과 아울러 '부하 경찰관들로 하여금 수사를 중단하거나 사건을 다른 경찰관서로 이첩할 의무가 없음에도 불구하고 수사를 중단하게 하거나 사건을 이첩하게 한 것'에도 해당된다고 볼 여지가 있다. 그러나 이는 어디까지나 하나의 사실을 각기 다른 측면에서 해석한 것에 불과한 것으로서, 권리행사를 방해함으로 인한 직권남용권리행사방해죄와 의무 없는 일을 하게 함으로 인한 직권남용권리행사방해죄가 별개로 성립하는 것이라고 할 수는 없다. 따라서 위 두 가지 행위 태양에 모두 해당하는 것으로 기소된 경우, 권리행사를 방해함으로 인한 직권남용권리행사방해죄만 성립하고 의무 없는 일을 하게 함으로 인한 직권남용권리행사방해죄는 따로 성립하지 아니하는 것으로 봄이 상당하다(다만 공소제기권자인 검사는 재량에 따라 의무 없는 일을 하게 함으로 인한 직권남용권리행사방해죄로 공소를 제기할 수도 있는 것이므로, 그 경우 법원이 그 공소범위 내에서 직권남용권리행사방해죄로 인정하여 처벌하는 것은 가능하다)(대판 2010.1.28. 2008도7312).

⑤ [○] 직권남용죄에서 '권리행사를 방해한다' 함은 법령상 행사할 수 있는 권리의 정당한 행사를 방해하는 것을 말한다고 할 것이므로 이에 해당하려면 구체화된 권리의 현실적인 행사가 방해된 경우라야 할 것이고, 따라서 공무원의 직권남용행위가 있었다 할지라도 현실적으로 권리행사의 방해라는 결과가 발생하지 아니하였다면 본죄의 기수를 인정할 수 없다(대판 2008.12.24. 2007도9287).

정답 ②

134 뇌물죄에 관한 설명 중 옳지 않은 것은? (다툼이 있으면 판례에 의함) [22 변호사]

① 제3자뇌물수수죄에서 제3자란 행위자와 공동정범 및 교사자와 방조자 이외의 사람을 말한다.
② 공무원이 아닌 사람이 공무원과 공동가공의 의사와 이를 기초로 한 기능적 행위지배를 통하여 공무원의 직무에 관하여 뇌물을 수수하는 범죄를 실행하였다면 공무원이 직접 뇌물을 받은 것과 동일하게 평가할 수 있으므로 공무원과 비공무원에게 형법 제129조 제1항에서 정한 뇌물수수죄의 공동정범이 성립한다.
③ 단지 상대방으로 하여금 뇌물을 수수하는 자에게 잘 보이면 어떤 도움을 받을 수 있다거나 손해를 입을 염려가 없다는 정도의 막연한 기대감을 갖게 하는 정도에 불과하고, 뇌물을 수수하는 자 역시 상대방이 그러한 기대감을 가질 것이라고 짐작하면서 수수하였다는 사정만으로는 알선뇌물수수죄가 성립하지 않는다.
④ 공무원 또는 중재인이 부정한 청탁을 받고 제3자에게 뇌물을 제공하게 하고 제3자가 그러한 공무원 또는 중재인의 범죄행위를 알면서 방조한 경우에는 그에 대한 별도의 처벌규정이 없더라도 방조범에 관한 형법총칙의 규정이 적용되어 제3자뇌물수수방조죄가 인정될 수 있다.
⑤ 공무원이 뇌물을 받는 데에 필요한 경비를 지출한 경우 그 경비는 뇌물수수의 부수적 비용에 불과하여 뇌물의 가액과 추징액에서 공제할 항목에 해당하지 않는다.

해설

① [×], ④ [○] 제3자뇌물수수죄에서 제3자란 행위자와 공동정범 이외의 사람을 말하고, 교사자나 방조자도 포함될 수 있다. 그러므로 공무원 또는 중재인이 부정한 청탁을 받고 제3자에게 뇌물을 제공하게 하고 그 제3자가 그러한 공무원 또는 중재인의 범죄행위를 알면서 방조한 경우에는 그에 대한 별도의 처벌규정이 없더라도 방조범에 관한 형법 총칙의 규정이 적용되어 제3자뇌물수수방조죄가 인정될 수 있다(대판 2017.3.15. 2016도19659).

② [○] 신분관계가 없는 사람이 신분관계로 인하여 성립될 범죄에 가공한 경우에는 신분관계가 있는 사람과 공범이 성립한다(형법 제33조 본문 참조). 따라서 <u>공무원이 아닌 사람(이하 '비공무원'이라 한다)이 공무원과 공동가공의 의사와 이를 기초로 한 기능적 행위지배를 통하여 공무원의 직무에 관하여 뇌물을 수수하는 범죄를 실행하였다면 공무원이 직접 뇌물을 받은 것과 동일하게 평가할 수 있으므로 공무원과 비공무원에게 형법 제129조 제1항에서 정한 뇌물수수죄의 공동정범이 성립한다</u>(대판(전) 2019.8.29. 2018도2738).

③ [○] 단지 상대방으로 하여금 뇌물을 수수하는 자에게 잘 보이면 어떤 도움을 받을 수 있다거나 손해를 입을 염려가 없다는 정도의 막연한 기대감을 갖게 하는 정도에 불과하고, 뇌물을 수수하는 자 역시 상대방이 그러한 기대감을 가질 것이라고 짐작하면서 수수하였다는 사정만으로는 알선뇌물수수죄가 성립하지 않는다(대판 2009.7.23. 2009도3924).

⑤ [○] 공무원이 뇌물을 받음에 있어서 그 취득을 위하여 상대방에게 뇌물의 가액에 상당하는 금원의 일부를 비용의 명목으로 출연하거나 그 밖에 경제적 이익을 제공하였다 하더라도, 이는 뇌물을 받는 데 지출한 부수적 비용에 불과하다고 보아야 할 것이지, 이로 인하여 공무원이 받은 뇌물이 그 뇌물의 가액에서 위와 같은 지출액을 공제한 나머지 가액에 상당한 이익에 한정되는 것이라고 볼 수는 없으므로, 그 공무원으로부터 뇌물죄로 얻은 이익을 몰수·추징함에 있어서는 그 받은 뇌물 자체를 몰수하여야 하고, 그 뇌물의 가액에서 위와 같은 지출을 공제한 나머지 가액에 상당한 이익만을 몰수·추징할 것은 아니다(대판 1999.10.8. 99도1638).

정답 ①

135 뇌물죄에 관한 설명 중 옳지 않은 것은? (다툼이 있는 경우에는 판례에 의함) [12 변호사]

① 자기앞수표를 뇌물로 받아 모두 소비한 후 액면 상당의 현금을 증뢰자에게 반환한 경우에도 수뢰자로부터 그 가액을 추징하여야 한다.

② 공무원이 투기적 사업에 참여할 기회를 뇌물로 제공받아 실제 참여하였으나 경제 사정의 변동 등으로 인하여 당초의 예상과는 달리 그 사업 참여로 인한 아무런 이득을 얻지 못한 경우에도 뇌물수수죄가 성립한다.

③ 공무원이 직접 뇌물을 받지 아니하고 증뢰자로 하여금 공무원 자신의 채권자에게 뇌물을 공여하도록 하여 공무원이 그만큼 지출을 면하게 되는 경우에는 뇌물수수죄가 아니라 제3자뇌물제공죄가 성립한다.

④ 증뢰물전달죄는 증뢰자나 수뢰자가 아닌 제3자가 증뢰자로부터 수뢰할 사람에게 전달될 금품이라는 정을 알면서 그 금품을 받으면 성립하고, 그 금품을 전달하였는지 여부는 증뢰물전달죄의 성립에 영향이 없다.

⑤ 뇌물공여죄가 성립되기 위해서는 반드시 상대방 측에서 뇌물수수죄가 성립되어야 할 필요는 없다.

해설

① [○] 수뢰자가 자기앞수표를 뇌물로 받아 이를 소비한 후 자기앞수표 상당액을 증뢰자에게 반환하였다 하더라도 뇌물 그 자체를 반환한 것은 아니므로 이를 몰수할 수 없고 수뢰자로부터 그 가액을 추징하여야 할 것이다(대판 1999.1.29. 98도3584).

② [○] 공무원이 뇌물로 투기적 사업에 참여할 기회를 제공받은 경우, 뇌물수수죄의 기수 시기는 투기적 사업에 참여하는 행위가 종료된 때로 보아야 하며, 그 행위가 종료된 후 경제사정의 변동 등으로 인하여 당초의 예상과는 달리 그 사업 참여로 인한 아무런 이득을 얻지 못한 경우라도 뇌물수수죄의 성립에는 아무런 영향이 없다(대판 2002.5.10. 2000도2251).

③ [×] 공무원이 직접 뇌물을 받지 아니하고 증뢰자로 하여금 다른 사람에게 뇌물을 공여하도록 한 경우, 그 다른 사람이 공무원의 사자 또는 대리인으로서 뇌물을 받은 경우나 그 밖에 예컨대, 평소 공무원이 그 다른 사람의 생활비 등을 부담하고 있었다거나 혹은 그 다른 사람에 대하여 채무를 부담하고 있었다는 등의 사정이 있어서 그 다른 사람이 뇌물을 받음으로써 공무원은 그만큼 지출을 면하게 되는 경우 등 사회통념상 그 다른 사람이 뇌물을 받은 것을 공무원이 직접 받은 것과 같이 평가할 수 있는 관계가 있는 경우에는 형법 제130조의 제3자 뇌물제공죄가 아니라, 형법 제129조 제1항의 뇌물수수죄가 성립한다(대판 2002.4.9. 2001도7056).

④ [○] 형법 제133조 제2항은 증뢰자가 뇌물에 공할 목적으로 금품을 제3자에게 교부하거나 또는 그 정을 알면서 교부받는 증뢰물전달행위를 독립한 구성요건으로 하여 이를 같은 조 제1항의 뇌물공여죄와 같은 형으로 처벌하는 규정으로서, 제3자의 증뢰물전달죄는 제3자가 증뢰자로부터 교부받은 금품을 수뢰할 사람에게 전달하였는지 여부에 관계없이 제3자가 그 정을 알면서 금품을 교부받음으로써 성립하는 것이며, 나아가 제3자가 그 교부받은 금품을 수뢰할 사람에게 전달하였다고 하여 증뢰물전달죄 외에 별도로 뇌물공여죄가 성립하는 것은 아니다(대판 2007.7.27. 2007도3798).

⑤ [○] 뇌물공여죄가 성립되기 위하여서는 뇌물을 공여하는 행위와 상대방측에서 금전적으로 가치가 있는 그 물품 등을 받아들이는 행위(부작위 포함)가 필요할 뿐이지 반드시 상대방측에서 뇌물수수죄가 성립되어야만 한다는 것을 뜻하는 것은 아니다(대판 2006.2.24. 2005도4737).

정답 ③

136 뇌물죄에 관한 설명 중 옳은 것[○]과 옳지 않은 것[×]을 올바르게 조합한 것은? (다툼이 있으면 판례에 의함)

[18 변호사]

⊙ 수수된 금품의 뇌물성을 인정하기 위하여는 그 금품이 개개의 직무행위와 대가적 관계에 있음이 증명되어야 한다.

ⓛ 임용될 당시 「지방공무원법」상 임용결격자임에도 공무원으로 임용되어 계속 근무하던 중 직무에 관하여 뇌물을 수수한 경우, 임용행위의 무효에도 불구하고 뇌물수수죄의 성립을 인정할 수 있다.

ⓒ 뇌물공여죄가 성립하기 위하여는 반드시 상대방 측에서 뇌물수수죄가 성립하여야 하는 것은 아니다.

ⓔ 뇌물을 수수한 자가 공동수수자가 아닌 교사범 또는 종범에게 뇌물 중 일부를 사례금 등의 명목으로 교부한 경우, 실제 수익은 뇌물에서 사례금을 공제한 금액이므로, 전체 뇌물 액수에서 사례금 상당액을 공제한 금액을 뇌물수수자에게서 몰수 · 추징하여야 한다.

ⓜ 공무원이 직접 뇌물을 받지 않고 증뢰자로 하여금 자신이 채무를 부담하고 있었던 제3자에게 뇌물을 공여하게 함으로써 자신의 지출을 면하였다면 「형법」 제130조의 제3자뇌물제공죄가 성립한다.

① ⊙ [○], ⓛ [×], ⓒ [×], ⓔ [×], ⓜ [○]　　② ⊙ [○], ⓛ [×], ⓒ [×], ⓔ [○], ⓜ [○]
③ ⊙ [×], ⓛ [×], ⓒ [○], ⓔ [○], ⓜ [×]　　④ ⊙ [×], ⓛ [○], ⓒ [×], ⓔ [×], ⓜ [○]
⑤ ⊙ [×], ⓛ [○], ⓒ [○], ⓔ [×], ⓜ [×]

해설

⊙ [×] 뇌물죄는 공무원의 직무집행의 공정과 이에 대한 사회의 신뢰 및 직무행위의 불가매수성을 그 보호법익으로 하고 있고, 직무에 관한 청탁이나 부정한 행위를 필요로 하는 것은 아니기 때문에 수수된 금품의 뇌물성을 인정하는 데 특별한 청탁이 있어야만 하는 것은 아니며, 또한 금품이 직무에 관하여 수수된 것으로 족하고 개개의 직무행위와 대가적 관계에 있을 필요는 없다(대판 2014.10.15. 2014도8113).

▶ 금품이 개개의 직무행위와 대가적 관계에 있음이 증명되지 않더라도 수수된 금품의 뇌물성을 인정할 수 있다.

ⓛ [○] 법령에 기한 임명권자에 의하여 임용되어 공무에 종사하여 온 사람이 나중에 그가 임용결격자이었음이 밝혀져 당초의 임용행위가 무효라고 하더라도, 그가 임용행위라는 외관을 갖추어 실제로 공무를 수행한 이상 공무 수행의 공정과 그에 대한 사회의 신뢰 및 직무행위의 불가매수성은 여전히 보호되어야 하므로, 이러한 사람은 형법 제129조에서 규정한 공무원으로 봄이 상당하고, 그가 그 직무에 관하여 뇌물을 수수한 때에는 수뢰죄로 처벌할 수 있다(대판 2014.3.27. 2013도11357).

ⓒ [○] 뇌물공여죄가 성립하기 위하여는 뇌물을 공여하는 행위와 상대방 측에서 금전적으로 가치가 있는 그 물품 등을 받아들이는 행위가 필요할 뿐 반드시 상대방 측에서 뇌물수수죄가 성립하여야 하는 것은 아니다(대판 2013.11.28. 2013도9003).

ⓔ [×] 뇌물을 수수한 자가 공동수수자가 아닌 교사범 또는 종범에게 뇌물 중의 일부를 사례금 등의 명목으로 교부하였다면 이는 뇌물을 수수하는 데에 따르는 부수적 비용의 지출 또는 뇌물의 소비행위에 지나지 아니하므로 뇌물수수자로부터 그 수뢰액 전부를 추징하여야 한다(대판 2011.11.24. 2011도9585).

ⓜ [×] 공무원이 직접 뇌물을 받지 아니하고 증뢰자로 하여금 다른 사람에게 뇌물을 공여하도록 한 경우, 그 다른 사람이 공무원의 사자(使者) 또는 대리인으로서 뇌물을 받은 경우나 그 다른 사람이 뇌물을 받음으로써 공무원은 그만큼 지출을 면하게 되는 경우 등 사회통념상 그 다른 사람이 뇌물을 받은 것을 공무원이 직접 받은 것과 같이 평가할 수 있는 관계가 있는 경우에는 형법 제129조 제1항의 뇌물수수죄가 성립한다(대판 2009.10.15. 2009도6422).

정답 ⑤

137 위증죄에 관한 설명 중 옳지 않은 것은? (다툼이 있는 경우에는 판례에 의함) [13 변호사]

① 허위의 진술이란 그 객관적 사실이 허위라는 것이 아니라 스스로 체험한 사실을 기억에 반하여 진술하는 것을 뜻한다.

② 경험한 사실에 대한 법률적 평가나 단순한 의견에 지나지 아니한 경우 다소의 오류가 있더라도 허위의 진술에 해당하지 아니한다.

③ 증인의 진술내용이 당해 사건의 요증사실에 관한 것인지, 판결에 영향을 미친 것인지 여부는 위증죄의 성립과 아무런 관계가 없다.

④ 하나의 사건에 관하여 한 번 선서한 증인이 수개의 사실에 관하여 허위의 진술을 한 경우 한 개의 위증죄가 성립한다.

⑤ 자기의 형사사건에 관하여 타인을 교사하여 위증을 하게 하는 것은 피고인의 형사사건의 방어권 행사와 동일한 의미이므로 위증교사의 책임을 지지 않는다.

해설

① [○] 위증죄에 있어서의 허위의 진술이란 증인이 자기의 기억에 반하는 사실을 진술하는 것을 말하는 것으로서 그 내용이 객관적 사실과 부합한다고 하여도 위증죄의 성립에 장애가 되지 않는다(대판 1989.1.17. 88도580).

② [○] 위증죄는 법률에 의하여 선서한 증인이 사실에 관하여 기억에 반하는 진술을 한 때에 성립하고, 증인의 진술이 경험한 사실에 대한 법률적 평가이거나 단순한 의견에 지나지 아니하는 경우에는 위증죄에서 말하는 허위의 공술이라고 할 수 없으며, 경험한 객관적 사실에 대한 증인 나름의 법률적·주관적 평가나 의견을 부연한 부분에 다소의 오류나 모순이 있더라도 위증죄가 성립하는 것은 아니라고 할 것이다(대판 2009.3.12. 2008도11007).

③ [○] 위증죄는 진술내용이 당해 사건의 요증사항이 아니거나 재판의 결과에 영향을 미친 바 없더라도 선서한 증인이 그 기억에 반하여 허위의 진술을 한 경우에는 성립되어 그 죄책을 면할 수 없다(대판 1989.9.26. 88도1533).

④ [○] 하나의 사건에 관하여 한 번 선서한 증인이 같은 기일에 여러가지 사실에 관하여 기억에 반하는 허위의 진술을 한 경우 이는 하나의 범죄의사에 의하여 계속하여 허위의 진술을 한 것으로서 포괄하여 1개의 위증죄를 구성하는 것이고 각 진술마다 수 개의 위증죄를 구성하는 것이 아니다(대판 1998.4.14. 97도3340).

⑤ [×] 피고인이 자기의 형사사건에 관하여 허위의 진술을 하는 행위는 피고인의 형사소송에 있어서의 방어권을 인정하는 취지에서 처벌의 대상이 되지 않으나, 법률에 의하여 선서한 증인이 타인의 형사사건에 관하여 위증을 하면 형법 제152조 제1항의 위증죄가 성립되므로 자기의 형사사건에 관하여 타인을 교사하여 위증죄를 범하게 하는 것은 이러한 방어권을 남용하는 것이라고 할 것이어서 교사범의 죄책을 부담케 함이 상당하다(대판 2004.1.27. 2003도5114).

정답 ⑤

138 무고죄에 관한 설명 중 옳지 않은 것은? (다툼이 있으면 판례에 의함)   [21 변호사]

① 타인으로 하여금 형사처분을 받게 할 목적으로 공무소에 대하여 허위의 사실을 신고하였다고 하더라도, 그 사실이 친고죄로 그에 대한 고소기간이 경과하여 공소를 제기할 수 없음이 그 신고내용 자체에 의하여 분명한 때에는 무고죄가 성립하지 아니한다.

② 신고한 사실이 객관적 진실에 반하는 허위사실이라는 요건은 적극적 증명이 있는 경우뿐만 아니라 신고사실의 진실성을 인정할 수 없다는 소극적 증명이 있어도 충족된다.

③ 甲이 A를 사기죄로 고소하였는데, 수사 결과 甲의 무고 혐의가 밝혀져 甲은 무고죄로 공소제기되고 A는 불기소결정되었다. 甲은 제1심에서 혐의를 부인하였으나 유죄가 선고되자 제1심의 유죄판결에 대하여 양형부당을 이유로 항소하면서 항소심 제1회 공판기일에서 양형부당의 항소 취지와 무고 사실을 모두 인정한다는 취지가 기재된 항소이유서를 진술하였다면, 甲은 「형법」제157조(자백·자수)에 따른 형의 필요적 감면 조치를 받아야 한다.

④ 甲은 '채권담보를 위해 채무자인 A와 A 소유 부동산에 대해 대물변제예약을 체결하였는데 A가 이를 다른 사람에게 매도하였다'는 내용으로 허위 고소하였다. 甲의 고소 이후 대법원이 위와 같은 경우 배임죄가 성립하지 않는다고 판례를 변경하였어도, 甲의 행위는 무고죄의 기수에 해당한다.

⑤ 甲이 사립대학교 교수 A로 하여금 징계처분을 받게 할 목적으로 국민권익위원회에서 운영하는 범정부 국민포털인 국민신문고에 민원을 제기한 경우, 甲에게는 무고죄가 성립하지 않는다.

해설

① [O] 타인으로 하여금 형사처분을 받게 할 목적으로 공무소에 대하여 허위의 사실을 신고하였다고 하더라도, 그 사실이 친고죄로서 그에 대한 고소기간이 경과하여 공소를 제기할 수 없음이 그 신고내용 자체에 의하여 분명한 때에는 당해 국가기관의 직무를 그르치게 할 위험이 없으므로 무고죄는 성립하지 아니한다(대판 2018.7.11. 2018도1818).

② [×] 무고죄는 신고한 사실이 객관적 진실에 반하는 허위사실이라는 점에 관하여는 적극적인 증명이 있어야 하며, 신고사실의 진실성을 인정할 수 없다는 점만으로 곧 그 신고사실이 객관적 진실에 반하는 허위사실이라고 단정하여 무고죄의 성립을 인정할 수 없다(대판 2014.2.13. 2011도15767).

③ [O] [1] 형법 제157조, 제153조는 무고죄를 범한 자가 그 신고한 사건의 재판 또는 징계처분이 확정되기 전에 자백 또는 자수한 때에는 그 형을 감경 또는 면제한다고 하여 이러한 재판확정 전의 자백을 필요적 감경 또는 면제사유로 정하고 있다. 위와 같은 <u>자백의 절차에 관해서는 아무런 법령상의 제한이 없으므로 그가 신고한 사건을 다루는 기관에 대한 고백이나 그 사건을 다루는 재판부에 증인으로 다시 출석하여 전에 그가 한 신고가 허위의 사실이었음을 고백하는 것은 물론 무고 사건의 피고인 또는 피의자로서 법원이나 수사기관에서의 신문에 의한 고백 또한 자백의 개념에 포함된다.</u>
[2] <u>형법 제153조에서 정한 '재판이 확정되기 전'에는 피고인의 고소사건 수사 결과 피고인의 무고 혐의가 밝혀져 피고인에 대한 공소가 제기되고 피고소인에 대해서는 불기소결정이 내려져 재판절차가 개시되지 않은 경우도 포함된다</u>(대판 2018.8.1. 2018도7293).

④ [O] 허위로 신고한 사실이 무고행위 당시 형사처분의 대상이 될 수 있었던 경우에는 국가의 형사사법권의 적정한 행사를 그르치게 할 위험과 부당하게 처벌받지 않을 개인의 법적 안정성이 침해될 위험이 이미 발생하였으므로 무고죄는 기수에 이르고, 이후 그러한 사실이 형사범죄가 되지 않는 것으로 판례가 변경되었다고 하더라도 특별한 사정이 없는 한 이미 성립한 무고죄에는 영향을 미치지 않는다(대판 2017.5.30. 2015도15398).

⑤ [O] [1] 학교법인 등의 사립학교 교원에 대한 인사권의 행사로서 징계 등 불리한 처분은 사법적 법률행위의 성격을 가지므로, 사립학교 교원에 대한 학교법인 등의 징계처분은 무고죄에서의 '징계처분'에 포함되지 않는다.
[2] 피고인이 사립대학교 교원들로 하여금 징계처분을 받게 할 목적으로 국민권익위원회에서 운영하는 범정부 국민포털인 국민신문고에 민원을 제기하였더라도 무고죄가 성립하지 아니한다(대판 2014.7.24. 2014도6377).

정답 ②

139 무고죄에 관한 설명 중 옳지 않은 것을 모두 고른 것은? (다툼이 있으면 판례에 의함)   [20 변호사]

> ⊙ 甲의 교사·방조하에 乙이 甲에 대한 허위의 사실을 신고한 경우, 乙의 행위는 무고죄를 구성하고 乙을 교사·방조한 甲도 무고죄의 교사·방조범으로 처벌된다.
>
> ⓛ 甲이 자기 자신을 무고하기로 乙과 공모하고 이에 따라 무고행위에 가담한 경우, 甲과 乙은 무고죄의 공동정범으로 처벌된다.
>
> ⓒ 타인으로 하여금 형사처분을 받게 할 목적으로 공무소에 대하여 허위의 사실을 신고하였다고 하더라도 그 사실이 친고죄로서 그에 대한 고소기간이 경과하여 공소를 제기할 수 없음이 그 신고내용 자체에 의하여 분명한 경우에는 무고죄가 성립하지 아니한다.
>
> ⓔ 타인으로 하여금 형사처분을 받게 할 목적으로 공무소에 대하여 허위의 사실을 고소하면서 객관적으로 그 고소사실에 대한 공소시효가 완성되었음에도 마치 공소시효가 완성되지 아니한 것처럼 고소하였다면 형사소추의 실익이 없어 무고죄가 성립하지 아니한다.
>
> ⓜ 타인으로 하여금 형사처분을 받게 할 목적으로 공무소 또는 공무원에 대하여 허위로 신고한 사실이 무고행위 당시 형사처분의 대상이 될 수 있었던 경우에는 무고죄가 기수에 이르고, 이후 그 사실이 형사범죄가 되지 않는 것으로 판례가 변경되었더라도 특별한 사정이 없는 한 이미 성립한 무고죄에는 영향을 미치지 않는다.

① ⓛ, ⓔ

② ⓒ, ⓜ

③ ⊙, ⓛ, ⓜ

④ ⊙, ⓒ, ⓔ

⑤ ⓛ, ⓔ, ⓜ

해설

⊙ [O] 피무고자의 교사·방조 하에 제3자가 피무고자에 대한 허위의 사실을 신고한 경우에는 제3자의 행위는 무고죄의 구성요건에 해당하여 무고죄를 구성하므로, 제3자를 교사·방조한 피무고자도 교사·방조범으로서의 죄책을 부담한다(대판 2008.10.23. 2008도4852).

ⓛ [×] [1] 자기 자신을 무고하기로 제3자와 공모하고 이에 따라 무고행위에 가담하였다고 하더라도 이는 자기 자신에게는 무고죄의 구성요건에 해당하지 않아 범죄가 성립할 수 없는 행위를 실현하고자 한 것에 지나지 않아 무고죄의 공동정범으로 처벌할 수 없다.
[2] 甲이 乙, 丙과 공모한 후, 乙이 그 공모에 따라 甲을 처벌하여 달라는 허위 내용의 고소장을 작성하여 제출하였더라도 甲을 乙, 丙과 함께 무고죄의 공동정범으로 처벌할 수 없다(대판 2017.4.26. 2013도12592).

ⓒ [O] 타인으로 하여금 형사처분을 받게 할 목적으로 공무소에 대하여 허위의 사실을 신고하였다고 하더라도, 그 사실이 친고죄로서 그에 대한 고소기간이 경과하여 공소를 제기할 수 없음이 그 신고내용 자체에 의하여 분명한 때에는 당해 국가기관의 직무를 그르치게 할 위험이 없으므로 무고죄는 성립하지 아니한다(대판 2018.7.11. 2018도1818).

ⓔ [×] 객관적으로 고소사실에 대한 공소시효가 완성되었더라도 고소를 제기하면서 마치 공소시효가 완성되지 아니한 것처럼 고소한 경우에는 국가기관의 직무를 그르칠 염려가 있으므로 무고죄를 구성한다(대판 1995.12.5. 95도1908).

ⓜ [O] 허위로 신고한 사실이 무고행위 당시 형사처분의 대상이 될 수 있었던 경우에는 국가의 형사사법권의 적정한 행사를 그르치게 할 위험과 부당하게 처벌받지 않을 개인의 법적 안정성이 침해될 위험이 이미 발생하였으므로 무고죄는 기수에 이르고, 이후 그러한 사실이 형사범죄가 되지 않는 것으로 판례가 변경되었다고 하더라도 특별한 사정이 없는 한 이미 성립한 무고죄에는 영향을 미치지 않는다(대판 2017.5.30. 2015도15398).

정답 ①

140 다음 설명 중 옳은 것[○]과 옳지 않은 것[×]을 올바르게 조합한 것은? (다툼이 있으면 판례에 의함)

[15 변호사]

> ⊙ 상대방의 범행에 공범으로 가담한 자가 자신의 범죄 가담사실을 숨기고 상대방인 다른 공범자만을 고소하였다면 무고죄가 성립한다.
> ⓛ 타인에게 형사처벌을 받게 할 목적으로 허위의 사실을 신고하였다 하더라도 그 사실 자체가 범죄가 되지 않는다면 무고죄는 성립하지 않는다.
> ⓒ 스스로 본인을 무고하는 자기무고는 무고죄의 구성요건에 해당하지 아니하여 무고죄가 성립하지 않는다.
> ⓔ 공소시효가 완성된 범죄사실을 마치 공소시효가 완성되지 않은 것처럼 고소하였다 하더라도 객관적으로 고소된 범죄사실에 대한 공소시효가 완성되었으므로, 무고죄가 성립하지 않는다.

① ⊙ [×], ⓛ [×], ⓒ [○], ⓔ [×]   ② ⊙ [○], ⓛ [○], ⓒ [○], ⓔ [×]

③ ⊙ [○], ⓛ [×], ⓒ [×], ⓔ [○]   ④ ⊙ [×], ⓛ [×], ⓒ [×], ⓔ [○]

⑤ ⊙ [×], ⓛ [○], ⓒ [○], ⓔ [×]

해설

⊙ [×] 피고인의 고소내용이 상대방의 범행 부분에 관한 한 진실에 부합하므로 이를 허위의 사실로 볼 수 없고, 상대방의 범행에 피고인이 공범으로 가담한 사실을 숨겼다고 하여도 그것이 상대방에 대한 관계에서 독립하여 형사처분 등의 대상이 되지 아니할뿐더러 전체적으로 보아 상대방의 범죄사실의 성립 여부에 직접 영향을 줄 정도에 이르지 아니하는 내용에 관계되는 것이므로 무고죄가 성립하지 않는다(대판 2010.2.25. 2009도1302).

ⓛ [○] 무고죄를 구성하기 위하여는 신고된 사실 자체가 형사처분의 원인이 될 수 있어야 할 것이어서, 허위의 사실을 신고하였다 하더라도 그 사실 자체가 형사범죄로 구성되지 아니한다면 무고죄는 성립하지 아니한다(대판 2013.9.26. 2013도6862).

ⓒ [○] 스스로 본인을 무고하는 자기무고는 무고죄의 구성요건에 해당하지 아니하여 무고죄를 구성하지 않는다(대판 2008.10.23. 2008도4852).

ⓔ [×] 객관적으로 고소사실에 대한 공소시효가 완성되었더라도 고소를 제기하면서 마치 공소시효가 완성되지 아니한 것처럼 고소한 경우에는 국가기관의 직무를 그르칠 염려가 있으므로 무고죄를 구성한다(대판 1995.12.5. 95도1908).

정답 ⑤

해커스**변호사**
변호사시험 핵심기출 형사법 선택형

형사소송법

해커스변호사
law.Hackers.com

PART 01
수사와 수사의 종결

001 다음 설명 중 옳은 것은? (다툼이 있으면 판례에 의함) [14 변호사]

① 친고죄의 공범인 甲, 乙 중 甲에 대하여 제1심판결이 선고되었더라도 제1심판결선고전의 乙에 대하여는 고소를 취소할 수 있고, 그 효력은 제1심판결선고전의 乙에게만 미친다.

② 고소의 주관적 불가분의 원칙은 조세범처벌법위반죄에서 소추조건으로 되어 있는 세무공무원의 고발에도 적용된다.

③ 세무공무원 등의 고발이 있어야 공소를 제기할 수 있는 조세범처벌법위반죄에 대하여 고발을 받아 수사한 검사가 불기소처분을 하였다가 나중에 공소를 제기하는 경우에는 세무공무원 등의 새로운 고발이 있어야 하는 것은 아니다.

④ 반의사불벌죄에서 의사능력 있는 미성년자인 피해자가 처벌 희망 여부에 관한 의사표시를 함에는 법정대리인의 동의가 필요하다.

⑤ 비친고죄에 해당하는 죄로 기소되어 항소심에서 친고죄에 해당하는 죄로 공소장이 변경된 후 공소제기 전에 행하여진 고소가 취소되었다면 항소심법원은 공소기각의 판결을 선고하여야 한다.

해설

① [×] 친고죄의 공범 중 그 일부에 대하여 제1심판결이 선고된 후에는 제1심판결선고전의 다른 공범자에 대하여는 그 고소를 취소할 수 없고 그 고소의 취소가 있다 하더라도 그 효력을 발생할 수 없다(대판 1985.11.12. 85도1940).

② [×] 조세범처벌법에 의하여 하는 고발에 있어서는 이른바 고소·고발 불가분의 원칙이 적용되지 아니하므로 고발의 구비 여부는 양벌규정에 의하여 처벌받는 자연인인 행위자와 법인에 대하여 개별적으로 논하여야 한다(대판 2004.9.24. 2004도4066).

③ [○] 조세범처벌법위반죄에 관하여 일단 불기소처분이 있었더라도 세무공무원 등이 종전에 한 고발은 여전히 유효하므로 나중에 공소를 제기함에 있어 세무공무원 등의 새로운 고발이 있어야 하는 것은 아니다(대판 2009.10.29. 2009도6614).

④ [×] 반의사불벌죄라고 하더라도 피해자인 청소년에게 의사능력이 있는 이상, 단독으로 피고인 또는 피의자의 처벌을 희망하지 않는다는 의사표시 또는 처벌희망 의사표시의 철회를 할 수 있고 거기에 법정대리인의 동의가 있어야 하는 것으로 볼 것은 아니다(대판(전) 2009.11.19. 2009도6058).

⑤ [×] 항소심에서 비로소 공소사실이 친고죄로 변경된 경우에도 항소심을 제1심이라 할 수는 없는 것이므로 항소심에 이르러 고소인이 고소를 취소하였다면 이는 친고죄에 대한 고소취소로서의 효력이 없다(대판 2007.3.15. 2007도210). 항소심 법원은 공소기각판결을 선고할 수 없다.

정답 ③

002 고소에 관한 설명 중 옳은 것은? (다툼이 있으면 판례에 의함) [21 변호사]

① 민사사건에서 '이 사건과 관련하여 서로 상대방에 대해 제기한 형사사건의 고소를 모두 취하한다'는 내용이 포함된 조정이 성립된 것만으로도 위 형사사건의 고소가 취소된 것으로 볼 수 있다.

② 법정대리인의 고소권은 무능력자의 보호를 위하여 법정대리인에게 주어진 독립대리권이므로 피해자의 명시한 의사에 반하여 행사할 수 없다.

③ 항소심에서 공소장변경 또는 법원의 직권에 의하여 비친고죄를 친고죄로 인정한 경우, 항소심에 이르러 비로소 고소인이 고소를 취소하였다면 이는 친고죄에 대한 고소취소로서 효력이 있다.

④ 영업범 등 포괄일죄의 경우 고소권자가 범죄행위가 계속되는 도중에 범인을 알았다 하더라도 최후의 범죄행위가 종료한 때에 고소기간이 진행된다.

⑤ 변호사 甲이 친고죄의 피해자인 의뢰인 乙로부터 가해자인 A에 대한 고소대리권을 수여받아 고소를 제기한 경우, 고소기간은 고소대리인인 甲이 범죄사실을 알게 된 날부터 기산한다.

해설

① [×] 조정이 성립된 것만으로는 고소인이 수사기관이나 제1심 법정에 피고인에 대한 고소를 취소하였다거나 처벌을 원하지 아니한다는 의사를 표시한 것으로 보기 어렵다(대판 2004.3.25. 2003도8136).

② [×] 법정대리인의 고소권은 무능력자의 보호를 위하여 법정대리인에게 주어진 고유권이므로 법정대리인은 피해자의 고소권 소멸 여부에 관계없이 고소할 수 있고 이러한 고소권은 피해자의 명시한 의사에 반하여도 행사할 수 있다(대판 1999.12.24. 99도3784).

③ [×] 항소심에서 공소장의 변경에 의하여 또는 공소장변경절차를 거치지 아니하고 법원 직권에 의하여 친고죄가 아닌 범죄를 친고죄로 인정하였더라도 항소심을 제1심이라 할 수는 없는 것이므로 항소심에 이르러 비로소 고소인이 고소를 취소하였다면 이는 친고죄에 대한 고소취소로서의 효력은 없다(대판(전) 1999.4.15. 96도1922).

④ [O] '범인을 알게 된 날'이란 범죄행위가 종료된 후에 범인을 알게 된 날을 가리키는 것으로서 고소권자가 범죄행위가 계속되는 도중에 범인을 알았다 하여도, 그 날부터 곧바로 고소기간이 진행된다고는 볼 수 없고 이러한 경우 고소기간은 범죄행위가 종료된 때부터 계산하여야 하며 동종행위의 반복이 당연히 예상되는 영업범 등 포괄일죄의 경우에는 최후의 범죄행위가 종료한 때에 전체 범죄행위가 종료된 것으로 보아야 한다(대판 2004.10.28. 2004도5014).

⑤ [×] 대리고소의 경우 고소기간은 대리고소인이 아니라 정당한 고소권자를 기준으로 고소권자가 범인을 알게 된 날부터 기산한다(대판 2001.9.4. 2001도3081). 지문의 경우 고소기간은 고소대리인 甲이 아니라 피해자인 乙이 범죄사실을 알게 된 날부터 기산한다.

정답 ④

003 친고죄와 반의사불벌죄에 관한 설명 중 옳은 것[ㅇ]과 옳지 않은 것[×]을 올바르게 조합한 것은? (다툼이 있으면 판례에 의함) [22 변호사]

> ㉠ 제1심 법원이 반의사불벌죄로 기소된 피고인에 대하여 「소송촉진 등에 관한 특례법」 제23조에 따라 피고인에 대한 송달불능보고서가 접수된 때부터 6개월이 지나도록 피고인의 소재를 확인할 수 없어 피고인의 진술 없이 유죄를 선고하여 판결이 확정된 경우, 만일 피고인이 항소권회복청구를 함으로써 항소심 재판을 받게 되었다면 피해자는 그 항소심 절차에서 처벌을 희망하는 의사표시를 철회할 수 없다.
>
> ㉡ 반의사불벌죄에 있어서 청소년인 피해자에게 비록 의사능력이 있다 하더라도 피고인에 대하여 처벌을 희망하지 않는다는 의사표시 또는 처벌을 희망하는 의사표시의 철회는 피해자가 단독으로 이를 할 수 없고 법정대리인의 동의가 있어야 한다.
>
> ㉢ 고소는 제1심 판결선고 전까지 취소할 수 있으므로 친고죄의 공범 중 일부에 대하여 제1심 판결이 선고된 후라도 제1심 판결선고 전의 다른 공범자에 대하여는 그 고소를 취소할 수 있고, 고소를 취소한 경우 친고죄에 대한 고소 취소로서의 효력이 있다.
>
> ㉣ 친고죄에 있어서의 피해자의 고소권은 공법상의 권리라고 할 것이므로 법이 특히 명문으로 인정하는 경우를 제외하고는 자유처분을 할 수 없고 따라서 일단 제기한 고소는 취소할 수 있으나 고소 전에 고소권을 포기할 수는 없다.

① ㉠ [ㅇ], ㉡ [ㅇ], ㉢ [×], ㉣ [×]
② ㉠ [ㅇ], ㉡ [×], ㉢ [×], ㉣ [ㅇ]
③ ㉠ [×], ㉡ [ㅇ], ㉢ [ㅇ], ㉣ [×]
④ ㉠ [×], ㉡ [×], ㉢ [ㅇ], ㉣ [ㅇ]
⑤ ㉠ [×], ㉡ [×], ㉢ [×], ㉣ [ㅇ]

해설

㉠ [ㅇ] 피고인이 제1심 법원에 소촉법 제23조의2에 따른 재심을 청구하는 대신 항소권회복청구를 함으로써 항소심 재판을 받게 되었다면 항소심을 제1심이라고 할 수 없는 이상 그 항소심 절차에서는 처벌을 희망하는 의사표시를 철회할 수 없다(대판 2016.11.25. 2016도9470).

㉡ [×] 반의사불벌죄라고 하더라도 피해자인 청소년에게 의사능력이 있는 이상, 단독으로 피고인 또는 피의자의 처벌을 희망하지 않는다는 의사표시 또는 처벌희망 의사표시의 철회를 할 수 있고, 거기에 법정대리인의 동의가 있어야 하는 것으로 볼 것은 아니다(대판(전) 2009.11.19. 2009도6058).

㉢ [×] 친고죄의 공범 중 그 일부에 대하여 제1심판결이 선고된 후에는 제1심판결 선고전의 다른 공범자에 대하여는 그 고소를 취소할 수 없고 그 고소의 취소가 있다 하더라도 그 효력을 발생할 수 없다(대판 1985.11.12. 85도1940).

㉣ [ㅇ] 친고죄에 있어서의 피해자의 고소권은 공법상의 권리라고 할 것이므로 법이 특히 명문으로 인정하는 경우를 제외하고는 자유처분을 할 수 없고 따라서 일단 한 고소는 취소할 수 있으나 고소전에 고소권을 포기할 수 없다(대판 1967.5.23. 67도471).

정답 ②

004 고소에 관한 설명 중 옳지 않은 것은? (다툼이 있는 경우 판례에 의함) [23 변호사]

① 법원이 선임한 부재자 재산관리인이 그 관리대상인 부재자의 재산에 대한 범죄행위에 관하여 법원으로부터 고소권 행사에 관한 허가를 얻은 경우 부재자 재산관리인은 「형사소송법」 제225조 제1항에서 정한 법정대리인으로서 적법한 고소권자에 해당한다.

② 고소에 있어서 범죄사실의 특정 정도는 고소인의 의사가 수사기관에 대하여 일정한 범죄사실을 지정신고하여 범인의 소추처벌을 구하는 의사표시가 있었다고 볼 수 있을 정도면 충분하며, 범인의 성명이 불명이거나 범행의 일시·장소·방법 등이 명확하지 않다고 하더라도 그 효력에는 아무 영향이 없다.

③ 「민법」상 행위능력이 없는 사람이라도 피해를 입은 사실을 이해하고 고소에 따른 사회생활상의 이해관계를 알아차릴 수 있는 사실상의 의사능력을 갖추었다면 고소능력이 인정된다.

④ 피해자의 법정대리인은 피해자의 고소권 소멸 여부에 관계없이 고소할 수 있고, 이러한 고소권은 피해자의 명시한 의사에 반하여도 행사할 수 있다.

⑤ 친고죄에서 적법한 고소가 있었는지는 엄격한 증명의 대상이 되고, 일죄의 관계에 있는 친고죄 범죄사실 일부에 대한 고소의 효력은 일죄 전부에 대하여 미친다.

해설

① [○] 법원이 선임한 부재자 재산관리인이 그 관리대상인 부재자의 재산에 대한 범죄행위에 관하여 법원으로부터 고소권 행사에 관한 허가를 얻은 경우 부재자 재산관리인은 형사소송법 제225조 제1항에서 정한 법정대리인으로서 적법한 고소권자에 해당한다(대판 2022.5.26. 2021도2488).

② [○] 고소는 고소권자가 수사기관에 대하여 범죄사실을 신고하여 범인의 처벌을 구하는 의사표시이므로 <u>고소인은 범죄사실을 특정하여 신고하면 족하고 범인이 누구인지 나아가 범인 중 처벌을 구하는 자가 누구인지를 적시할 필요도 없다</u>(대판 1996.3.12. 94도2423). 따라서 범인의 성명이 불명이거나 또는 오기가 있었다거나 범행의 일시·장소·방법 등이 명확하지 않거나 틀린 것이 있다고 하더라도 고소의 효력에는 아무런 영향이 없다(대판 1984.10.23. 84도1704).

③ [○] <u>고소능력은 피해를 받은 사실을 이해하고 고소에 따른 사회생활상의 이해관계를 알아차릴 수 있는 사실상의 의사능력으로 충분하므로</u>, 민법상의 행위능력이 없는 사람이라도 위와 같은 능력을 갖춘 사람이면 고소능력이 인정된다. 또한 <u>고소위임을 위한 능력도 위와 마찬가지이다</u>(대판 1999.2.9. 98도2074).

④ [○] 법정대리인의 고소권은 무능력자의 보호를 위하여 법정대리인에게 주어진 고유권으로 법정대리인은 피해자의 고소권 소멸 여부에 관계없이 고소할 수 있고 이러한 고소권은 피해자의 명시한 의사에 반하여도 행사할 수 있다(대판 1999.12.24. 99도3784).

⑤ [×] <u>친고죄에서 적법한 고소가 있었는지는 자유로운 증명의 대상이 되고</u>, 일죄의 관계에 있는 <u>범죄사실의 일부에 대한 고소, 공소제기, 고발의 효력은 그 일죄의 전부에 대하여 미친다</u>(대판 2011.6.24. 2011도4451).

정답 ⑤

005 수사기관에 의한 피의자신문에 관한 설명 중 옳지 않은 것은? (다툼이 있으면 판례에 의함) [15 변호사]

① 구속영장 발부에 의하여 적법하게 구금된 피의자가 피의자신문을 위한 출석요구에 응하지 아니하면서 수사기관 조사실에 출석하기를 거부한다면, 수사기관은 그 구속영장의 효력에 의하여 피의자를 조사실로 구인할 수 있다.

② 검사가 「검찰사건사무규칙」에 따른 범죄인지 절차를 밟지 않은 상태에서 행한 피의자신문은 위법한 수사에 해당하며, 당해 피의자신문조서는 증거능력이 없다.

③ 피의자신문에 참여한 변호인은 신문 후 의견을 진술할 수 있는 것이 원칙이나, 신문 중이라도 부당한 신문방법에 대하여 이의를 제기할 수 있고, 검사 또는 사법경찰관의 승인을 얻어 의견을 진술할 수 있다.

④ 수사기관이 변호인의 피의자신문 참여를 부당하게 제한하거나 중단시킨 경우에는 준항고를 통해 다툴 수 있다.

⑤ 수사기관은 피의자를 신문하기 전에 변호인의 조력을 받을 수 있다는 것을 알려주어야 한다.

해설

① [○] 수사기관이 지방법원판사가 발부한 구속영장에 의하여 피의자를 구속하는 경우, 그 구속영장은 기본적으로 장차 공판정에의 출석이나 형의 집행을 담보하기 위한 것이지만, 이와 함께 구속기간의 범위 내에서 수사기관이 피의자신문의 방식으로 구속된 피의자를 조사하는 등 적정한 방법으로 범죄를 수사하는 것도 예정하고 있다고 할 것이다. 따라서 구속영장 발부에 의하여 적법하게 구금된 피의자가 피의자신문을 위한 출석요구에 응하지 아니하면서 수사기관 조사실에의 출석을 거부한다면 수사기관은 그 구속영장의 효력에 의하여 피의자를 조사실로 구인할 수 있다고 보아야 한다(대결 2013.7.1. 2013모160).

② [×] 인지절차(범죄인지서 작성 등)를 밟기 전에 수사를 하였다고 하더라도 <u>그 수사가 장차 인지의 가능성이 전혀 없는 상태하에서 행해졌다는 등의 특별한 사정이 없는 한</u> 인지절차가 이루어지기 전에 수사를 하였다는 이유만으로 그 수사가 <u>위법하다고 볼 수는 없고</u> 따라서 그 수사과정에서 작성된 피의자신문조서나 진술조서 등의 <u>증거능력도 부인할 수 없다</u>(대판 2001.10.26. 2000도2968).

③ [○] 신문에 참여한 변호인은 신문 후 의견을 진술할 수 있다. 다만, 신문 중이라도 부당한 신문방법에 대하여 이의를 제기할 수 있고, 검사 또는 사법경찰관의 승인을 얻어 의견을 진술할 수 있다(형사소송법 제243조의2 제3항).

④ [○] 검사 또는 사법경찰관의 구금, 압수 또는 압수물의 환부에 관한 처분과 제243조의2에 따른 변호인의 참여 등에 관한 처분에 대하여 불복이 있으면 그 직무집행지의 관할법원 또는 검사의 소속검찰청에 대응한 법원에 그 처분의 취소 또는 변경을 청구할 수 있다(형사소송법 제417조).

⑤ [○] 검사 또는 사법경찰관은 피의자를 신문하기 전에 일체의 진술을 하지 아니하거나 개개의 질문에 대하여 진술을 하지 아니할 수 있다는 것, 진술을 하지 아니하더라도 불이익을 받지 아니한다는 것, 진술을 거부할 권리를 포기하고 행한 진술은 법정에서 유죄의 증거로 사용될 수 있다는 것, 신문을 받을 때에는 변호인을 참여하게 하는 등 변호인의 조력을 받을 수 있다는 것을 알려주어야 한다(형사소송법 제244조의3 제1항).

정답 ②

006 참고인조사에 관한 설명 중 옳지 않은 것은? (다툼이 있으면 판례에 의함) [17 변호사]

① 참고인이 수사과정에서 진술서를 작성하였지만 수사기관이 그에 대한 조사과정을 기록하지 아니한 경우에는, 특별한 사정이 없는 한 '적법한 절차와 방식'에 따라 수사과정에서 진술서가 작성되었다 할 수 없으므로 증거능력을 인정할 수 없다.

② 진술거부권 고지의 대상이 되는 피의자의 지위는 수사기관이 범죄인지서를 작성하는 등의 형식적인 사건수리 절차를 거치기 전이라도 조사대상자에 대하여 범죄의 혐의가 있다고 보아 실질적으로 수사를 개시하는 행위를 한 때에 인정되므로, 진술조서의 형식을 취하더라도 실질이 피의자신문조서의 성격을 가지는 경우에는 수사기관은 진술을 듣기 전에 조사대상자에게 미리 진술거부권을 고지하여야 한다.

③ 검사가 작성한 참고인진술조서에 대하여 피고인이 증거로 함에 부동의한 경우, 원진술자가 법정에서 검사나 재판장의 신문에 대하여 수사기관에서 사실대로 진술하였다는 취지로 증언하더라도, 원진술자가 그 진술기재의 내용을 열람하거나 고지받지 못한 채로 그와 같이 증언한 것이라면 그 진술조서는 증거능력이 없다.

④ 검사가 공판기일에서 이미 증언을 마친 증인을 소환하여 피고인에게 유리한 증언 내용을 추궁한 다음 그로 하여금 본인의 증언 내용을 번복하는 내용의 진술서를 작성하도록 하여 법원에 제출한 경우, 이러한 진술서는 피고인이 증거로 할 수 있음에 동의하여도 증거능력이 없다.

⑤ 19세 미만의 성폭력범죄의 피해자의 진술 내용과 조사 과정을 촬영한 영상물에 수록된 피해자의 진술은 그 피해자가 공판기일에 출석하지 아니하고 조사 과정에 동석하였던 신뢰관계인의 공판기일에서의 진술에 의하여 그 성립의 진정함이 인정되더라도 증거로 사용할 수 없다.

해설

① [○] 피고인이 아닌 자가 수사과정에서 진술서를 작성하였지만 수사기관이 그에 대한 조사과정을 기록하지 아니하여 형사소송법 제244조의4 제3항, 제1항에서 정한 절차를 위반한 경우에는, 특별한 사정이 없는 한 '적법한 절차와 방식'에 따라 수사과정에서 진술서가 작성되었다 할 수 없으므로 증거능력을 인정할 수 없다(대판 2015.4.23. 2013도3790).

② [○] 수사기관에 의한 진술거부권 고지의 대상이 되는 피의자의 지위는 수사기관이 범죄인지서를 작성하는 등의 형식적인 사건수리 절차를 거치기 전이라도 조사대상자에 대하여 범죄의 혐의가 있다고 보아 실질적으로 수사를 개시하는 행위를 한 때에 인정되는 것으로 봄이 상당하다. 특히 조사대상자의 진술내용이 단순히 제3자의 범죄에 관한 경우가 아니라 자신과 제3자에게 공동으로 관련된 범죄에 관한 것이거나 제3자의 피의사실 뿐만 아니라 자신의 피의사실에 관한 것이기도 하여 그 실질이 피의자신문조서의 성격을 가지는 경우에 수사기관은 그 진술을 듣기 전에 미리 진술거부권을 고지하여야 한다(대판 2015.10.29. 2014도5939).

③ [○] 피고인이 사법경찰리 작성의 甲에 대한 피의자신문조서, 진술조서 및 검사 작성의 피고인에 대한 피의자신문조서 중 甲의 진술기재 부분을 증거로 함에 부동의하였고 원진술자인 甲이 증인으로 나와 그 진술기재의 내용을 열람하거나 고지받지 못한 채 단지 검사나 재판장의 신문에 대하여 "수사기관에서 사실대로 진술하였다"는 취지의 증언만을 하고 있을 뿐이라면 그 피의자신문조서와 진술조서는 증거능력이 없어 이를 유죄의 증거로 삼을 수 없다(대판 1994.11.11. 94도343).

④ [×] 공판준비 또는 공판기일에서 이미 증언을 마친 증인을 검사가 소환한 후 피고인에게 유리한 증언 내용을 추궁하여 이를 일방적으로 번복시키는 방식으로 작성한 진술조서는 피고인이 증거로 할 수 있음에 동의하지 아니하는 한 증거능력이 없고, 이와 같은 법리는 검사가 진술조서를 작성하는 대신 증언 내용을 번복하는 내용의 진술서를 작성하도록 하여 법원에 제출한 경우에도 마찬가지로 적용된다(대판 2012.6.14. 2012도534). 비록 위법수집증거이지만 피고인이 증거로 할 수 있음에 동의하면 진술서는 증거능력이 있다.

⑤ [○] 영상물에 수록된 '19세 미만 성폭력범죄 피해자'(이하 '미성년 피해자'라 한다)의 진술에 관하여 조사 과정에 동석하였던 신뢰관계인 내지 진술조력인의 법정진술에 의하여 그 성립의 진정함이 인정된 경우에도 증거능력을 인정할 수 있도록 정한 '성폭력범죄의 처벌 등에 관한 특례법' 제30조 제6항 중 '제1항에 따라 촬영한 영상물에 수록된 피해자의 진술은 공판준비기일 또는 공판기일에 조사 과정에 동석하였던 신뢰관계에 있는 사람 또는 진

술조력인의 진술에 의하여 그 성립의 진정함이 인정된 경우에 증거로 할 수 있다' 부분 가운데 19세 미만 성폭력범죄 피해자에 관한 부분(이하 '심판대상조항'이라 한다)이 과잉금지원칙을 위반하여 공정한 재판을 받을 권리를 침해한다(헌재 2021.12.23. 2018헌바524).

정답 ④

007 체포에 관한 설명 중 옳은 것을 모두 고른 것은? (다툼이 있으면 판례에 의함)

[20 변호사]

㉠ 순찰 중이던 경찰관이, 교통사고를 낸 차량이 도주하였다는 무전연락을 받고 주변을 수색하다가 범퍼 등의 파손상태로 보아 사고차량으로 인정되는 차량에서 내리는 사람을 발견한 경우, 준현행범인으로 영장 없이 체포할 수 있다.

㉡ 현행범인으로 규정된 '범죄의 실행의 즉후인 자'라고 함은 범죄의 실행행위를 종료한 직후의 범인이라는 것이 체포를 당하는 자의 입장에서 볼 때 명백한 경우를 일컫는 것이다.

㉢ 검사 또는 사법경찰관리 아닌 자가 현행범인을 체포한 때에는 즉시 검사 등에게 인도하여야 하는데, 여기서 '즉시'라고 함은 반드시 체포시점과 시간적으로 밀착된 시점이어야 하는 것은 아니고, '정당한 이유 없이 인도를 지연하거나 체포를 계속하는 등으로 불필요한 지체를 함이 없이'라는 뜻이다.

㉣ 사법경찰관이 피의자를 긴급체포하기 위하여 달아나는 피의자를 쫓아가 붙들거나 폭력으로 대항하는 피의자를 실력으로 제압하는 경우에도, 피의사실의 요지, 체포의 이유와 변호인을 선임할 수 있음을 반드시 긴급체포를 위한 실력행사에 들어가기 이전에 미리 고지하여야 한다.

㉤ 검사가 긴급체포한 피의자를 구속하기 위하여 관할지방법원판사에게 구속영장을 청구하였으나 구속영장을 발부받지 못한 때에는 피의자를 즉시 석방하여야 한다.

① ㉠, ㉢, ㉤   ② ㉠, ㉣, ㉤   ③ ㉡, ㉢, ㉣
④ ㉡, ㉢, ㉤   ⑤ ㉠, ㉡, ㉣, ㉤

해설

㉠ [O] 순찰 중이던 경찰관이 교통사고를 낸 차량이 도주하였다는 무전연락을 받고 주변을 수색하다가 범퍼 등의 파손상태로 보아 사고차량으로 인정되는 차량에서 내리는 사람을 발견한 경우 형사소송법 제211조 제2항 제2호 소정의 '장물이나 범죄에 사용되었다고 인정함에 충분한 흉기 기타의 물건을 소지하고 있는 때'에 해당하므로 준현행범으로서 영장없이 체포할 수 있다(대판 2000.7.4. 99도4341).

㉡ [×] 형사소송법 제211조가 현행범인으로 규정한 '범죄의 실행의 즉후인 자'라고 함은 범죄의 실행행위를 종료한 직후의 범인이라는 것이 <u>체포하는 자의 입장에서 볼 때</u> 명백한 경우를 일컫는 것이다(대판 2007.4.13. 2007도1249).

㉢ [O] [1] 현행범인은 누구든지 영장 없이 체포할 수 있고, 검사 또는 사법경찰관리(이하 '검사 등') 아닌 이가 현행범인을 체포한 때에는 즉시 검사 등에게 인도하여야 한다. 여기서 '즉시'라고 함은 반드시 체포시점과 시간적으로 밀착된 시점이어야 하는 것은 아니고, 정당한 이유 없이 인도를 지연하거나 체포를 계속하는 등으로 불필요한 지체를 함이 없이라는 뜻으로 볼 것이다.
[2] 검사 등이 아닌 이에 의하여 현행범인이 체포된 후 불필요한 지체 없이 검사 등에게 인도된 경우 구속영장 청구기간인 48시간의 기산점은 체포시가 아니라 검사 등이 현행범인을 인도받은 때라고 할 것이다(대판 2011.12.22. 2011도12927).

㉣ [×] 검사 또는 사법경찰관이 피의자를 긴급체포하는 경우에는 반드시 피의사실의 요지, 체포의 이유와 변호인을 선임할 수 있음을 말하고, 변명할 기회를 주어야 한다. <u>이와 같은 고지는 긴급체포를 위한 실력행사에 들어가기 이전에 미리 하여야 하는 것이 원칙이나</u> 달아나는 피의자를 쫓아가 붙들거나 폭력으로 대항하는 피의자를 실력

으로 제압하는 경우에는 붙들거나 제압하는 과정에서 하거나 그것이 여의치 않은 경우에는 일단 붙들거나 제압한 후에 지체없이 하여야 한다(대판 2008.7.24. 2008도2794).

⑩ [○] 형사소송법 제200조의4 제2항

정답 ①

008 구속제도에 대한 다음 설명 중 옳은 것을 모두 고른 것은? (다툼이 있으면 판례에 의함) [13 변호사]

> ㉠ 구속영장에 의해 구치소에 구금된 피의자가 검사의 소환에 불응하고 출석하지 않는 경우 검사가 그 피의자를 강제로 출석시킬 수 있도록 법원은 구금된 사람의 구인을 위한 영장을 발부할 수 있다.
> ㉡ 구속영장을 청구받은 지방법원 판사는 체포된 피의자에 대하여 지체 없이 피의자를 심문하여야 하나, 체포되지 않은 피의자에 대하여는 직권으로 심문 여부를 결정한다.
> ㉢ 지방법원 판사의 영장기각 결정에 대해서는 검사의 준항고가 허용되지 않는다.
> ㉣ 이미 구속된 피고인에 대한 구속기간이 만료될 무렵 종전의 구속영장에 기재된 범죄사실과 다른 사실로 피고인을 구속하였다는 사정만으로는 위법하다고 할 수 없다.
> ㉤ 구속되었다가 석방된 피의자 또는 피고인은 다른 중요한 증거가 발견된 경우가 아니면 동일한 범죄사실에 관하여 재차 구속하지 못한다.

① ㉠, ㉡   ② ㉠, ㉢   ③ ㉢, ㉣
④ ㉢, ㉤   ⑤ ㉣, ㉤

해설

㉠ [×] 구속영장 발부에 의하여 적법하게 구금된 피의자가 피의자신문을 위한 출석 요구에 응하지 아니하면서 수사기관 조사실에의 출석을 거부한다면 수사기관은 그 구속영장의 효력에 의하여 피의자를 조사실로 구인할 수 있다(대결 2013.7.1. 2013모160).

㉡ [×] 피의자가 체포되어 있든 체포되어 있지 않든 구속전피의자심문은 지방법원판사가 필요적 취해야 하는 절차이다(형사소송법 제201조의2 제1항 · 제2항).

㉢ [○] 검사의 체포 또는 구속영장청구에 대한 지방법원판사의 재판은 항고의 대상이 되는 '법원의 결정'에 해당되지 아니하고 준항고의 대상이 되는 '재판장 또는 수명법관의 구금 등에 관한 재판'에도 해당되지 아니한다(대결 2006.12.18. 2006모646).

㉣ [○] 구속의 효력은 원칙적으로 구속영장에 기재된 범죄사실에만 미치는 것이므로 구속기간이 만료될 무렵에 종전 구속영장에 기재된 범죄사실과 다른 범죄사실로 피고인을 구속하였다는 사정만으로는 구속이 위법하다고 할 수 없다(대결 1996.8.12. 96모46).

㉤ [×] 검사 또는 사법경찰관에 의해 구속되었다가 석방된 자(피의자)는 다른 중요한 증거를 발견한 경우를 제외하고는 동일한 범죄사실에 대하여 재차 구속하지 못한다(제208조 제1항). 재구속 제한에 관한 형사소송법 제208조 규정은 수사기관이 피의자를 구속하는 경우에만 적용되고 법원이 피고인을 구속하는 경우에는 적용되지 않는다(대결 1985.7.23. 85모12).

정답 ③

009 체포 · 구속적부심사에 관한 설명 중 옳지 않은 것은? (다툼이 있는 경우 판례에 의함)

① 체포영장에 의해 체포된 피의자뿐만 아니라 체포영장에 의하지 아니하고 긴급체포된 피의자도 체포적부심사의 청구권자에 해당한다.

② 구속적부심사를 청구한 피의자에 대하여 검사가 공소를 제기한 경우에도 법원이 적부심사를 행하여 청구의 이유 유무에 따라 청구기각결정이나 석방결정을 하여야 한다.

③ 피의자의 진술 등을 기재한 구속적부심문조서는 특별한 사정이 없는 한 피고인이 증거로 함에 부동의하더라도 「형사소송법」 제315조 제3호에 의하여 '기타 특히 신용할 만한 정황에 의하여 작성된 문서'로 당연히 그 증거능력이 인정된다.

④ 구속된 피의자로부터 구속적부심사의 청구를 받은 법원이 보증금납입조건부 피의자석방결정을 내린 경우 보증금이 납입된 후에야 피의자를 석방할 수 있다.

⑤ 법원이 구속된 피의자에 대하여 피의자의 출석을 보증할 만한 보증금납입을 조건으로 석방결정을 한 때에는 「형사소송법」 제402조에 따른 항고를 할 수 없다.

해설

① [○] 체포 · 구속된 피의자 또는 그 변호인 · 법정대리인 · 배우자 · 직계친족 · 형제자매 · 가족 · 동거인 · 고용주는 관할법원에 체포 또는 구속의 적부심사를 청구할 수 있다(제214조의2 제1항). 체포 · 구속된 피의자는 영장에 의한 것인지 영장없는 불법에 의한 것인지를 불문한다.¹⁴⁾

② [○] 피의자보석은 '구속된' 피의자에게만 인정되며, '체포된' 피의자에게는 인정되지 않는다(판례). 구속적부심사 청구 후 공소제기된 피고인도 보증금납입조건부 석방결정의 대상이 된다(제214조의2 제5항). 법원은 청구가 이유 있다고 인정한경우에는 결정으로 체포되거나 구속된 피의자의 석방을 명하여야 한다(제214조의2 제4항 본문). 이는 심사청구 후 피의자에 대하여 공소제기가 있는 경우에도 또한 같다(제214조의2 제4항 단서).¹⁵⁾

③ [○] 구속적부심은 구속된 피의자 또는 그 변호인 등의 청구로 수사기관과는 별개 독립의 기관인 법원에 의하여 행하여지는 것으로서 구속된 피의자에 대하여 피의사실과 구속사유 등을 알려 그에 대한 자유로운 변명의 기회를 주어 구속의 적부를 심사함으로써 피의자의 권리보호에 이바지하는 제도인바, 법원 또는 합의부원, 검사, 변호인, 청구인이 구속된 피의자를 심문하고 그에 대한 피의자의 진술 등을 기재한 구속적부심문조서는 형사소송법 제311조가 규정한 문서에는 해당하지 않는다 할 것이나, 특히 신용할 만한 정황에 의하여 작성된 문서라고 할 것이므로 특별한 사정이 없는 한, 피고인이 증거로 함에 부동의하더라도 형사소송법 제315조 제3호에 의하여 당연히 그 증거능력이 인정된다(대판 2004.1.16. 2003도5693).

④ [○] 보증금납입조건부 피의자석방결정을 하는 경우에는 보증금 납입을 이행한 후가 아니면 보석허가결정을 집행할 수 없다(제214조의2, 제100조, 제98조).

⑤ [×] 형사소송법 제402조의 규정에 의하면, 법원의 결정에 대하여 불복이 있으면 항고를 할 수 있으나 다만 같은 법에 특별한 규정이 있는 경우에는 예외로 하도록 되어 있는바, 체포 또는 구속적부심사절차에서의 법원의 결정에 대한 항고의 허용 여부에 관하여 같은 법 제214조의2 제8항은 제3항과 제4항의 기각결정 및 석방결정에 대하여 항고하지 못하는 것으로 규정하고 있을 뿐이고 제5항에 의한 석방결정에 대하여 항고하지 못한다는 규정은 없으므로 같은 법 제214조의2 제5항의 석방결정에 대하여는 피의자나 검사가 그 취소의 실익이 있는 한 같은 법 제402조에 의하여 항고할 수 있다(대결 1997.8.27. 97모21).

정답 ⑤

---

14) 개정 전 형소법은 청구권자를 체포'영장' 또는 구속'영장'에 의하여 체포 또는 구속된 피의자라고 규정하여 긴급체포 등 체포영장에 의하지 아니하고 체포된 피의자가 청구권자에 해당하는지의 논의가 있었다(판례는 긍정). 그러나 현행법은 청구권자에서 '영장'의 요건을 삭제하고 '체포 · 구속된 피의자'로 변경하였으므로 긴급체포 등 체포영장에 의하지 아니하고 체포된 피의자는 당연히 청구권자에 해당한다.

15) 본규정이 명문화되기 전에 피의자가 구속적부심사청구를 한 후 검사가 법원의 결정이 있기 전에 기소하는 경우, 즉 이른바 '전격기소'의 경우 피의자는 형식적으로 피고인의 지위를 갖게 되는바 법원이 '청구를 기각'하여야 하고 석방결정을 할 수 없는지 문제가 되었다. 현행법은 이를 명문으로 해결하여 이른바 '전격기소'의 경우에도 석방결정을 할 수 있게 되었다.

010 접견교통권에 대한 다음 설명 중 옳지 않은 것은? (다툼이 있으면 판례에 의함) [13 변호사]

① 접견교통권의 주체는 체포·구속을 당한 피의자이고, 신체 구속상태에 있지 않은 피의자는 포함되지 않는다.
② 미결수용자의 변호인 접견권은 국가안전보장·질서유지 또는 공공복리를 위해 필요한 경우 법률로써 제한될 수 있다.
③ 신체구속을 당한 피고인 또는 피의자에 대한 변호인의 접견교통권은 수사기관의 처분 등에 의해 이를 제한할 수 없고, 다만 법령에 의하여서는 제한이 가능하다.
④ 신체구속을 당한 사람이 그 변호인을 자신의 범죄행위에 공범으로 가담시키려고 하였다는 사정만으로 신체구속을 당한 사람과 그 변호인의 접견교통권을 금지하는 것은 정당화 될 수 없다.
⑤ 수사기관이 구금장소를 임의적으로 변경하여 접견교통을 어렵게 한 것은 접견교통권의 행사에 중대한 장애를 초래하는 것이므로 위법하다.

해설

① [×] 비록 법에는 접견교통권 등 변호인의 조력을 받을 권리의 주체를 체포 또한 구속을 당한 피의자·피고인이라고 규정하고 있으나(헌법 제12조 제4항, 형사소송법 제34조 등), 신체구속 상태에 있지 않은 피의자도 당연히 접견교통권의 주체가 될 수 있다(헌재 2004.9.23. 2000헌마138).
② [○] 변호인의 조력을 받을 권리 역시 다른 모든 헌법상 기본권과 마찬가지로 국가안전보장질서유지 또는 공공복리를 위하여 필요한 경우에는 법률로써 제한할 수 있는 것이다(헌재 2011.5.26. 2009헌마341).
③ [○] 변호인의 구속된 피고인 또는 피의자와의 접견교통권은 신체구속을 당한 피고인 또는 피의자의 인권보장과 방어준비를 위하여 필수불가결한 권리이므로 수사기관의 처분 등에 의하여 이를 제한할 수 없고, 다만 법령에 의하여서만 제한이 가능하다(대결 2002.5.6. 2000모112).
④ [○] 변호인의 접견교통의 상대방인 신체구속을 당한 사람이 그 변호인을 자신의 범죄행위에 공범으로 가담시키려고 하였다는 등의 사정만으로 그 변호인의 신체구속을 당한 사람과의 접견교통을 금지하는 것이 정당화될 수는 없다(대결 2007.1.31. 2006모656).
⑤ [○] 피의자에 대한 사실상의 구금장소의 임의적 변경은 피의자의 방어권이나 접견교통권의 행사에 중대한 장애를 초래하는 것이므로 위법하다(대결 1996.5.15. 95모94).

정답 ①

011 메트암페타민 투약 등 혐의가 있어서 체포영장이 발부된 甲에 대한 사법경찰관 A의 체포행위와 검사 B가 법원에 청구한 구속영장에 관한 설명 중 옳은 것은? (다툼이 있으면 판례에 의함) [21 변호사]

① 영장을 집행함에 있어서는 원본을 제시하여야 하므로 A가 체포영장을 소지하지 아니하여 영장 원본을 제시할 수 없는 경우 급속을 요하는 경우라도 영장을 집행할 수 없다.

② A가 체포영장의 제시 및 미란다원칙을 고지하려고 할 때, 만약 甲이 흉기를 꺼내 폭력으로 대항하여 甲을 실력으로 제압할 수밖에 없는 경우에는 A가 甲을 제압하고 지체 없이 체포영장을 제시하면서 미란다원칙을 고지할 수 있다.

③ 구속 전 피의자심문을 받을 甲에게 변호인이 없는 때에는 판사는 직권으로 변호인을 선정하여야 하고, 이 경우 甲에 대한 구속영장 청구가 기각되더라도 변호인의 선정은 제1심까지 효력이 있다.

④ A는 체포영장에 의하여 체포된 甲에게 구속의 필요성이 인정되어 체포된 다음 날 구속영장을 신청하였고, B의 구속영장 청구와 지방법원판사가 발부한 구속영장에 의해 甲이 구속된 경우, A는 구속영장에 의해 甲이 구속된 때로부터 10일 이내에 검사에게 甲을 인치하지 아니하면 석방하여야 한다.

⑤ 지방법원판사가 구속영장청구를 기각한 경우에는 B는 구속영장을 재청구하거나 「형사소송법」 제416조의 준항고를 통해 불복할 수 있다.

> **해설**

① [×] 체포영장을 소지하지 아니한 경우에 급속을 요하는 때에는 피의자에 대하여 범죄사실의 요지와 영장이 발부되었음을 고하고 집행할 수 있으나, 집행을 완료한 후에는 신속히 체포영장을 제시하고 그 사본을 교부하여야 한다(제200조의6, 제85조 제3항·제4항).[16] A가 체포영장을 소지하지 않았더라도 급속을 요하는 경우에는 영장을 집행할 수 있다(피의자를 체포할 수 있다).

② [O] 사법경찰관 등이 체포영장을 소지하고 피의자를 체포하기 위해서는 체포영장을 피의자에게 제시하고, 피의사실의 요지, 체포의 이유와 변호인을 선임할 수 있음을 말하고 변명할 기회를 주어야 한다. 이와 같은 체포영장의 제시나 고지 등은 체포를 위한 실력행사에 들어가기 이전에 미리 하여야 하는 것이 원칙이다. 그러나 달아나는 피의자를 쫓아가 붙들거나 폭력으로 대항하는 피의자를 실력으로 제압하는 경우에는 붙들거나 제압하는 과정에서 하거나, 그것이 여의치 않은 경우에는 일단 붙들거나 제압한 후에 지체 없이 하여야 한다(대판 2017.9.21. 2017도10866).

③ [×] 구속전피의자심문에 있어서의 국선변호인의 선정은 피의자에 대한 구속영장 청구가 기각되어 효력이 소멸한 경우를 제외하고는 제1심까지 효력이 있다(형사소송법 제201조의2 제8항).

④ [×] 구속에 앞서 체포 또는 구인이 선행하는 경우에는 수사기관의 구속기간은 피의자를 실제로 체포 또는 구인한 날로부터 기산한다(형사소송법 제203조의2). 지문의 경우 A는 체포영장에 의하여 甲이 체포된 때로부터 10일 이내에 검사에게 甲을 인치하지 아니하면 석방하여야 한다.

⑤ [×] 검사의 체포 또는 구속영장청구에 대한 지방법원판사의 재판은 항고의 대상이 되는 '법원의 결정'에 해당되지 아니하고 준항고의 대상이 되는 '재판장 또는 수명법관의 구금 등에 관한 재판'에도 해당되지 아니한다(대결 2006.12.18. 2006모646). B는 구속영장을 재청구할 수 있으나 형사소송법 제416조에 의한 준항고는 청구할 수 없다.

정답 ②

---

16) 긴급집행 시에도 영장의 사본을 교부하도록 개정되었다.

012 체포·구속에 관한 설명 중 옳지 않은 것을 모두 고른 것은? (다툼이 있으면 판례에 의함) [16 변호사]

⊙ 체포영장에 의하여 체포한 피의자를 구속하고자 할 때에는 검사는 체포한 때로부터 48시간 이내에 관할지방법원판사로부터 구속영장을 발부받아야 한다.
ⓒ 체포적부심사절차에서 보증금 납입을 조건으로 체포된 피의자를 석방할 수 있다.
ⓒ 보석을 허가하거나 구속을 취소하는 법원의 결정에 대하여 검사는 즉시항고를 할 수 있다.
ⓔ 보석보증금몰수결정은 반드시 보석취소결정과 동시에 하여야만 하는 것이 아니라 보석취소결정 후에 별도로 할 수도 있다.

① ⊙, ⓒ 　　　　② ⓒ, ⓔ 　　　　③ ⊙, ⓒ, ⓒ
④ ⊙, ⓒ, ⓔ 　　　⑤ ⓒ, ⓒ, ⓔ

해설

⊙ [×] 체포한 피의자를 구속하고자 할 때에는 <u>체포한 때부터 48시간 이내에 구속영장을 청구하여야</u> 하고 그 기간 내에 구속영장을 청구하지 아니하거나 또는 (그 기간내에 구속영장을 청구하였으나 사후에) 발부받지 못한 때에는 피의자를 즉시 석방하여야 한다(제200조의2 제5항, 제200조의4 제2항, 규칙 제100조 제2항).

ⓒ [×] 형사소송법은 수사단계에서의 체포와 구속을 명백히 구별하고 있고 이에 따라 체포와 구속의 적부심사를 규정한 같은 법 제214조의2에서 체포와 구속을 서로 구별되는 개념으로 사용하고 있는 바, 같은 조 제5항에 보증금 납입을 조건으로 한 석방의 대상자가 '구속된 피의자'라고 명시되어 있으므로 현행법상 <u>체포된 피의자에 대하여는 보증금 납입을 조건으로 한 석방이 허용되지 않는다</u>(제214조의2 제5항, 대결 1997.8.27. 97모21).

ⓒ [×] <u>보석을 허가하는 결정에 대하여 검사는 보통항고를 할 수 있다</u>(형사소송법 제403조 제2항). 구속을 취소하는 결정에 대하여 검사는 즉시항고를 할 수 있다(형사소송법 제97조 제4항).

ⓔ [○] 보석취소결정은 그 성질상 신속을 요하는 경우가 대부분임에 반하여, 보증금몰수결정에 있어서는 그 몰수의 요부(보석조건위반 등 귀책사유의 유무) 및 몰수 금액의 범위 등에 관하여 신중히 검토하여야 할 필요성도 있는 점 등을 고려하여 보면, 보석보증금을 몰수하려면 반드시 보석취소와 동시에 하여야만 가능한 것이 아니라 보석취소 후에 별도로 보증금몰수결정을 할 수도 있다(대결(전) 2001.5.29. 2000모22).

정답 ③

013 체포와 구속의 적부심사에 관한 설명 중 옳은 것[○]과 옳지 않은 것[×]을 올바르게 조합한 것은?

[18 변호사]

㉠ 공범 또는 공동피의자의 구속적부심사 순차청구가 수사방해의 목적임이 명백하다고 하더라도 법원은 피의자에 대한 심문 없이 그 청구를 기각할 수는 없다.

㉡ 구속적부심사청구 후 검사가 피의자를 기소한 경우, 법원은 심문 없이 결정으로 청구를 기각하여야 하며 피고인은 수소법원에 보석을 청구할 수 있다.

㉢ 구속적부심사를 청구한 피의자에게 변호인이 없는 때에는 「형사소송법」 제33조의 규정에 따라 법원은 직권으로 변호인을 선정하여야 한다.

㉣ 체포적부심사청구를 받은 법원이 그 청구가 이유 있다고 인정한 때에는 결정으로 체포된 피의자의 석방을 명하여야 하며, 검사는 이 결정에 대하여 항고하지 못한다.

㉤ 체포적부심사결정에 의하여 석방된 피의자가 도망하거나 죄증을 인멸하는 경우, 동일한 범죄사실에 관하여 재차 체포할 수 있다.

---

① ㉠ [○], ㉡ [×], ㉢ [○], ㉣ [×], ㉤ [○]　　② ㉠ [○], ㉡ [○], ㉢ [×], ㉣ [×], ㉤ [×]
③ ㉠ [×], ㉡ [○], ㉢ [×], ㉣ [○], ㉤ [○]　　④ ㉠ [×], ㉡ [○], ㉢ [○], ㉣ [○], ㉤ [×]
⑤ ㉠ [×], ㉡ [×], ㉢ [○], ㉣ [○], ㉤ [○]

해설

㉠ [×] 공범 또는 공동피의자의 구속적부심사 순차청구가 수사방해의 목적임이 명백한 경우 법원은 <u>피의자에 대한 심문 없이 결정으로 청구를 기각할 수 있다</u>(형사소송법 제214조의2 제3항 제2호).

㉡ [×] 법원은 청구서가 접수된 때부터 48시간 이내에 체포 또는 구속된 피의자를 심문하고 수사관계서류와 증거물을 조사하여 그 청구가 <u>이유 없다고 인정한 때에는 결정으로 이를 기각하고, 이유 있다고 인정한 때에는 결정으로 체포 또는 구속된 피의자의 석방을 명하여야 한다. 심사청구후 피의자에 대하여 공소제기가 있는 경우에도 또한 같다</u>(형사소송법 제214조의2 제4항).

㉢ [○] 체포 또는 구속된 피의자에게 변호인이 없는 때에는 형사소송법 제33조(국선변호인 선정)의 규정을 준용한다(형사소송법 제214조의2 제10항).

㉣ [○] 법원은 청구서가 접수된 때부터 48시간 이내에 체포 또는 구속된 피의자를 심문하고 수사관계서류와 증거물을 조사하여 그 청구가 이유없다고 인정한 때에는 결정으로 이를 기각하고, 이유 있다고 인정한 때에는 결정으로 체포 또는 구속된 피의자의 석방을 명하여야 한다(형사소송법 제214조의2 제4항·제8항). 검사는 석방결정에 대하여 항고하지 못한다(동법 제214조의2 제8항).

㉤ [○] 체포 또는 구속적부심사결정에 의하여 석방된 피의자가 도망하거나 죄증을 인멸하는 경우를 제외하고는 동일한 범죄사실에 관하여 재차 체포 또는 구속하지 못한다(형사소송법 제214조의3 제1항).

정답 ⑤

014 순찰 중인 사법경찰관 P가 교통사고를 낸 차량이 도주하였다는 무전연락을 받고 주변을 수색하다가 사고시점으로부터 약 10분 후 사고지점과 약 1km 떨어진 도로변에서 범퍼 등의 파손상태로 보아 사고차량으로 인정되는 차량에서 내리는 甲을 발견하고 체포하였다. 이에 관한 설명 중 옳지 않은 것은? (다툼이 있으면 판례에 의함)

[22 변호사]

① 사안의 경우 범죄에 사용되었다고 인정함에 충분한 물건을 소지하고 있는 때에 해당하므로 P는 甲을 준현행범인으로서 영장 없이 체포할 수 있다.

② 甲이 자신을 체포하려는 P에게 저항하며 도주하여 P가 甲을 실력으로 제압하는 경우 P는 그 과정에서 피의사실의 요지, 체포의 이유와 변호인을 선임할 수 있음을 말하고 변명할 기회를 주어야 하고, 여의치 않다면 甲을 실력으로 제압한 후에 지체 없이 하여야 한다.

③ P가 甲을 영장 없이 체포하기 위해서는 甲에게 도망 또는 증거인멸의 염려가 있어야 하고, 만약 체포 당시 상황을 기초로 판단하였을 때에 이러한 요건을 갖추지 못하였다면 그러한 체포는 위법한 체포에 해당한다.

④ P가 甲을 체포해서 조사 중 위 교통사고와 무관한 별건 범죄를 발견하고 그 수사를 위하여 甲의 주거지에 있는 甲 소유의 휴대전화를 긴급히 압수할 필요가 있는 경우 체포한 때부터 24시간 이내라면 영장 없이 압수할 수 있다.

⑤ P는 甲을 체포하면서 영장 없이 사고차량에 설치된 블랙박스를 甲의 의사에 반하여서도 압수할 수 있고, 이를 계속 압수할 필요가 있는 경우에는 검사를 통하여 지체 없이 압수·수색영장을 청구하여야 한다.

> **해설**

① [○] 순찰 중이던 경찰관이 교통사고를 낸 차량이 도주하였다는 무전연락을 받고 주변을 수색하다가 범퍼 등의 파손상태로 보아 사고차량으로 인정되는 차량에서 내리는 사람을 발견한 경우 형사소송법 제211조 제2항 제2호 소정의 '장물이나 범죄에 사용되었다고 인정함에 충분한 흉기 기타의 물건을 소지하고 있는 때'에 해당하므로 준현행범으로서 영장없이 체포할 수 있다(대판 2000.7.4. 99도4341). P는 甲을 준현행범인으로서 영장 없이 체포할 수 있다.

② [○] 사법경찰관리가 현행범인을 체포하는 경우에는 반드시 범죄사실의 요지, 체포의 이유와 변호인을 선임할 수 있음을 말하고 변명할 기회를 주어야 하고 이와 같은 고지는 체포를 위한 실력행사에 들어가기 이전에 미리 하여야 하는 것이 원칙이나 달아나는 피의자를 쫓아가 붙들거나 폭력으로 대항하는 피의자를 실력으로 제압하는 경우에는 붙들거나 제압하는 과정에서 하거나 그것이 여의치 않은 경우라도 일단 붙들거나 제압한 후에 지체 없이 행하였다면 경찰관의 현행범 체포는 적법한 공무집행이라고 할 수 있다(대판 2000.7.4. 99도4341).

③ [○] 현행범인으로 체포하기 위하여는 행위의 가벌성, 범죄의 현행성과 시간적 접착성, 범인·범죄의 명백성 이외에 체포의 필요성, 즉 도망 또는 증거인멸의 염려가 있어야 한다. 이러한 요건을 갖추지 못한 현행범인 체포는 법적 근거에 의하지 아니한 영장 없는 체포로서 위법한 체포에 해당한다. 여기서 현행범인 체포의 요건을 갖추었는지 여부는 체포 당시의 상황을 기초로 판단하여야 하고, 이에 관한 검사나 사법경찰관 등 수사주체의 판단에는 상당한 재량의 여지가 있지만, 체포 당시의 상황으로 볼 때 그 요건의 충족 여부에 관한 검사나 사법경찰관 등의 판단이 경험칙에 비추어 현저히 합리성을 잃은 경우에는 그 체포는 위법하나(대판 2017.4.7. 2016도19907).

④ [×] 사법경찰관이 피의자를 현행범으로 체포하여 조사하던 중 조사대상 범죄와 무관한 별건 범죄를 발견하였더라도 그 수사를 위하여 피의자의 주거지에 있는 피의자의 물건을 영장없이 압수할 수는 없다(이와 같은 영장주의의 예외는 형사소송법상 존재하지 않는다).

⑤ [○] 사법경찰관은 피의자를 현행범으로 체포하는 경우에 필요한 때에는 체포현장에서 영장없이 압수·수색·검증을 할 수 있다(형사소송법 제216조 제1항 제2호). 사법경찰관은 압수한 물건을 계속 압수할 필요가 있는 경우에는 지체 없이 압수·수색영장을 청구하여야 한다(동법 제217조 제2항).

정답 ④

015 압수 · 수색에 관한 설명 중 옳지 않은 것은? (다툼이 있으면 판례에 의함) [19 변호사]

① 압수 · 수색영장은 피압수자로 하여금 법관이 발부한 영장에 의한 압수 · 수색이라는 사실을 확인함과 동시에 압수 · 수색영장에 필요적으로 기재하도록 정한 사항이나 그와 일체를 이루는 사항을 충분히 알 수 있도록 제시하여야 한다.

② 정보통신서비스 회사에서 보관 중인 이메일에 대하여 압수 · 수색영장을 집행하면서 팩스로 영장사본을 송신하였다면, 집행 시에 그 영장의 원본을 제시하지 않더라도 위법하지 않다.

③ 수사기관이 압수 · 수색을 실시하여 그 집행을 종료하였다면 영장의 유효기간이 남아있다고 하더라도 그 영장의 효력은 상실된다.

④ 전자정보에 대한 압수 · 수색영장에 기하여 저장매체 자체를 반출한 후 유관정보를 탐색하는 과정에서 당해 영장의 범죄혐의와는 다른 별도의 범죄혐의와 관련된 증거를 발견하게 되어 이를 압수하려는 경우에는 더 이상의 집행을 중단하고 법원으로부터 별도의 범죄혐의에 대한 압수 · 수색영장을 발부받아야 한다.

⑤ 피의자의 이메일 계정에 대한 접근권한에 갈음하여 발부받은 압수 · 수색영장의 집행에 필요한 처분은 원격지 서버에 있는 피의자의 이메일 등 관련 전자정보를 수색장소의 정보처리장치로 내려받거나 그 화면에 현출시키는 행위와 같이 집행의 목적을 달성하기 위한 필요 최소한도의 범위 내에서 그 수단과 목적에 비추어 사회통념상 상당하다고 인정되는 행위이어야 한다.

해설

① [○] 압수 · 수색영장을 집행하는 수사기관은 피압수자로 하여금 법관이 발부한 영장에 의한 압수 · 수색이라는 사실을 확인함과 동시에 형사소송법이 압수 · 수색영장에 필요적으로 기재하도록 정한 사항이나 그와 일체를 이루는 사항을 충분히 알 수 있도록 압수 · 수색영장을 제시하여야 한다(대판 2017.9.21. 2015도12400).

② [×] 수사기관이 이메일에 대한 압수 · 수색영장을 집행할 당시 피압수자인 네이버 주식회사에 팩스로 영장 사본을 송신했을 뿐 그 원본을 제시하지 않았고, 압수조서와 압수물 목록을 작성하여 피압수 · 수색 당사자에게 교부하였다고 볼 수 없는 경우, 이러한 방법으로 압수된 이메일은 위법수집증거로 원칙적으로 유죄의 증거로 삼을 수 없다(대판 2017.9.7. 2015도10648).

③ [○] 수사기관이 압수 · 수색영장을 제시하고 집행에 착수하여 압수 · 수색을 실시하고 그 집행을 종료하였다면 이미 그 영장은 목적을 달성하여 효력이 상실되는 것이고, 동일한 장소 또는 목적물에 대하여 다시 압수 · 수색할 필요가 있는 경우라면 그 필요성을 소명하여 법원으로부터 새로운 압수 · 수색영장을 발부 받아야 하는 것이지, 앞서 발부 받은 압수 · 수색영장의 유효기간이 남아있다고 하여 이를 제시하고 다시 압수 · 수색을 할 수는 없다 (대결 1999.12.1. 99모161).

④ [○] 전자정보에 대한 압수 · 수색이 종료되기 전에 혐의사실과 관련된 전자정보를 적법하게 탐색하는 과정에서 별도의 범죄혐의와 관련된 전자정보를 우연히 발견한 경우라면, 수사기관으로서는 더 이상의 추가 탐색을 중단하고 법원으로부터 별도의 범죄혐의에 대한 압수 · 수색영장을 발부받은 경우에 한하여 그러한 정보에 대하여도 적법하게 압수 · 수색을 할 수 있다. 나아가 이러한 경우에도 별도의 압수 · 수색 절차는 최초의 압수 · 수색 절차와 구별되는 별개의 절차이고, 별도 범죄혐의와 관련된 전자정보는 최초의 압수 · 수색영장에 의한 압수 · 수색의 대상이 아니어서 저장매체의 원래 소재지에서 별도의 압수 · 수색영장에 기해 압수 · 수색을 진행하는 경우와 마찬가지로 피압수자는 최초의 압수 · 수색 이전부터 해당 전자정보를 관리하고 있던 자라 할 것이므로, 특별한 사정이 없는 한 피압수자에게 형사소송법 제219조, 제121조, 제129조에 따라 참여권을 보장하고 압수한 전자정보 목록을 교부하는 등 피압수자의 이익을 보호하기 위한 적절한 조치가 이루어져야 한다(대결(전) 2015.7.19. 2011모1839).

⑤ [○] 피의자의 이메일 계정에 대한 접근권한에 갈음하여 발부받은 압수 · 수색영장에 따라 원격지의 저장매체에 적법하게 접속하여 내려받거나 현출된 전자정보를 대상으로 하여 범죄 혐의사실과 관련된 부분에

대하여 압수·수색하는 것은, 압수·수색영장의 집행을 원활하고 적정하게 행하기 위하여 필요한 최소한도의 범위 내에서 이루어지며 그 수단과 목적에 비추어 사회통념상 타당하다고 인정되는 대물적 강제처분 행위로서 허용되며, 형사소송법 제120조 제1항에서 정한 압수·수색영장의 집행에 필요한 처분에 해당한다(대판 2017.11.29. 2017도9747).

정답 ②

016 대물적 강제수사에 관한 설명 중 옳은 것[○]과 옳지 않은 것[×]을 올바르게 조합한 것은? (다툼이 있으면 판례에 의함)

[17 변호사]

> ⊙ 수사기관이 압수·수색에 착수하면서 그 장소의 관리책임자에게 영장을 제시하였다고 하더라도, 물건을 소지하고 있는 다른 사람으로부터 이를 압수하고자 하는 때에는 그 사람에게 따로 영장을 제시하여야 한다.
> ⓒ 압수·수색영장의 피처분자가 현장에 없거나 현장에서 그를 발견할 수 없는 등 영장제시가 현실적으로 불가능한 경우라도 영장을 제시하지 아니한 채 압수·수색을 하면 위법하다.
> ⓒ 압수·수색영장을 한 번 집행하였다면, 아직 그 영장의 유효기간이 남아 있더라도 동일한 장소 또는 목적물에 대하여 압수·수색을 하기 위하여는 다시 새로운 압수·수색영장을 발부받아야 한다.
> ⓔ 교도관이 재소자가 맡긴 비망록을 수사기관에 임의로 제출한 경우, 그 비망록의 증거사용에 대하여 재소자의 사생활의 비밀 기타 인격적 법익이 침해되는 등의 특별한 사정이 없는 한 반드시 그 재소자의 동의를 받아야 하는 것은 아니다.
> ⓜ 피압수자인 피의자가 압수물에 대하여 소유권을 포기하였다 하더라도 환부사유가 생기고 피압수자가 환부를 청구하면 검사는 이를 환부하여야 한다.

① ⊙ [×], ⓒ [○], ⓒ [×], ⓔ [○], ⓜ [×]
② ⊙ [○], ⓒ [×], ⓒ [○], ⓔ [○], ⓜ [○]
③ ⊙ [×], ⓒ [×], ⓒ [○], ⓔ [×], ⓜ [○]
④ ⊙ [○], ⓒ [×], ⓒ [○], ⓔ [×], ⓜ [×]
⑤ ⊙ [○], ⓒ [○], ⓒ [×], ⓔ [○], ⓜ [○]

해설

⊙ [○] 수사기관이 압수·수색에 착수하면서 그 장소의 관리책임자에게 영장을 제시하였다고 하더라도 물건을 소지하고 있는 다른 사람으로부터 이를 압수하고자 하는 때에는 그 사람에게 따로 영장을 제시하여야 한다(대판 2009.3.12. 2008도763).

ⓒ [×] 압수·수색영장은 처분을 받는 자에게 '반드시' 사전에 제시하여야 하고 처분을 받는 자가 피의자나 피고인인 경우에는 그 사본을 교부하여야 한다. 다만, 처분을 받는 자가 현장에 없는 등 영장의 제시나 그 사본의 교부가 현실적으로 불가능한 경우 또는 처분을 받는 자가 영장의 제시나 사본의 교부를 거부한 때에는 예외로 한다(제118조, 제219조).17)

관련판례 형사소송법 제219조가 준용하는 제118조는 '압수·수색영장은 처분을 받는 자에게 반드시 제시하여야 한다'고 규정하고 있으나, 이는 영장제시가 현실적으로 가능한 상황을 전제로 한 규정으로 보아야 하고, 피처분자가 현장에 없거나 현장에서 그를 발견할 수 없는 경우 등 영장제시가 현실적으로 불가능한 경우에는 영장을 제시하지 아니한 채 압수·수색을 하더라도 위법하다고 볼 수 없다(대판(전) 2015.1.22. 2014도10978).

---

17) 2022.2.3. 공포·시행된 개정 형사소송법은 피의자와 피고인의 방어권을 실질적으로 보장하기 위하여 영장제시 외 영장의 사본을 교부하도록 개정되었다.

ⓒ [ㅇ] 수사기관이 압수·수색영장을 제시하고 집행에 착수하여 압수·수색을 실시하고 그 집행을 종료하였다면 이미 그 영장은 목적을 달성하여 효력이 상실되는 것이고, 동일한 장소 또는 목적물에 대하여 다시 압수·수색할 필요가 있는 경우라면 그 필요성을 소명하여 법원으로부터 새로운 압수·수색영장을 발부 받아야 하는 것이지, 앞서 발부 받은 압수·수색영장의 유효기간이 남아있다고 하여 이를 제시하고 다시 압수·수색을 할 수는 없다 (대결 1999.12.1. 99모161).

ⓓ [ㅇ] 교도관이 재소자가 맡긴 비망록을 수사기관에 임의로 제출하였다면 그 비망록의 증거사용에 대하여도 재소자의 사생활의 비밀 기타 인격적 법익이 침해되는 등의 특별한 사정이 없는 한 반드시 그 재소자의 동의를 받아야 하는 것은 아니고 따라서 검사가 교도관으로부터 보관하고 있던 피고인의 비망록을 뇌물수수 등의 증거자료로 임의로 제출받아 이를 압수한 경우 그 압수절차가 피고인의 승낙 및 영장 없이 행하여졌다고 하더라도 이에 적법절차를 위반한 위법이 있다고 할 수 없다(대판 2008.5.15. 2008도1097).

ⓔ [ㅇ] 피압수자 등 환부를 받을 자가 압수 후 그 소유권을 포기하는 등에 의하여 실체법상의 권리를 상실하더라도 그 때문에 압수물을 환부하여야 하는 수사기관의 의무에 어떠한 영향을 미칠 수 없고 또한 수사기관에 대하여 형사소송법상의 환부청구권을 포기한다는 의사표시를 하더라도 그 효력이 없어 그에 의하여 수사기관의 필요적 환부의무가 면제된다고 볼 수는 없으므로 압수물의 소유권이나 그 환부청구권을 포기하는 의사표시로 인하여 환부의무에 대응하는 압수물에 대한 환부청구권이 소멸하는 것은 아니다(대결 1996.8.16. 94모51). 따라서 피압수자인 피의자가 압수물에 대하여 소유권을 포기하였다 하더라도 환부사유가 생기고 피압수자가 환부를 청구하면 검사는 이를 환부하여야 한다.

정답 ②

017 압수·수색에 관한 설명 중 옳지 않은 것은? (다툼이 있으면 판례에 의함)   [20 변호사]

① 수사기관이 피의자의 동의 없이 피의자의 소변을 채취하는 것은 법원으로부터 감정처분허가장을 받아 '감정에 필요한 처분'으로 할 수 있지만, 압수·수색영장을 받아 집행할 수도 있다.

② 검사 또는 사법경찰관은 체포현장에서 영장 없이 압수한 물건을 계속 압수할 필요가 있는 경우에는 지체 없이 압수·수색영장을 청구하여야 하는데, 이 경우 압수·수색영장의 청구는 압수한 때부터 48시간 이내에 하여야 한다.

③ 소유자, 소지자 또는 보관자 아닌 자로부터 임의로 제출받은 물건을 영장 없이 압수한 경우 그 압수물 및 압수물을 찍은 사진은 이를 유죄의 증거로 사용할 수 없다.

④ 범행 중 또는 범행직후의 범죄장소에서 긴급을 요하여 법원판사의 영장을 받을 수 없는 때에는 영장 없이 압수, 수색 또는 검증을 할 수 있고, 이 경우에는 사후에 지체 없이 영장을 받아야 한다.

⑤ 전자정보에 대한 압수·수색영장을 집행할 때에는 원칙적으로 영장 발부의 사유인 혐의사실과 관련된 부분만을 문서 출력물로 수집하거나 수사기관이 휴대한 저장매체에 해당 파일을 복사하는 방식으로 이루어져야 하지만, 집행현장 사정상 이러한 방식에 의한 집행이 불가능하거나 현저히 곤란한 부득이한 사정이 존재하는 경우, 압수·수색영장에 저장매체 자체를 직접 혹은 하드카피나 이미징 등 형태로 수사기관 사무실 등 외부로 반출하여 해당 파일을 압수·수색할 수 있도록 기재되어 있고 실제 그와 같은 사정이 발생한 때에 한하여 위 방법이 예외적으로 허용될 수 있을 뿐이다.

① [ㅇ] 수사기관이 범죄 증거를 수집할 목적으로 피의자의 동의 없이 피의자의 소변을 채취하는 것은 법원으로부터 감정허가장을 받아 형사소송법 제221조의4 제1항, 제173조 제1항에서 정한 '감정에 필요한 처분'으로 할 수 있지만(피의자를 병원 등에 유치할 필요가 있는 경우에는 형사소송법 제221조의3에 따라 법원으로부터 감정유치장을 받아야 한다), 형사소송법 제219조, 제106조 제1항, 제109조에 따른 압수·수색의 방법으로도 할 수 있고, 이러한 압수·수색의 경우에도 수사기관은 원칙적으로 형사소송법 제215조에 따라 판사로부터 압수·수색영장을 적법하게 발부받아 집행해야 한다(대판 2018.7.12. 2018도6219).

② [×] 검사 또는 사법경찰관은 압수한 물건을 계속 압수할 필요가 있는 경우에는 <u>지체 없이</u> 압수·수색영장을 청구하여야 한다. 이 경우 압수·수색영장의 청구는 <u>체포한 때부터 48시간 이내에 하여야 한다</u>(형사소송법 제217조 제2항).

③ [ㅇ] 형사소송법 제218조 규정에 위반하여 소유자, 소지자 또는 보관자가 아닌 자로부터 제출받은 물건을 영장없이 압수한 경우 그 압수물 및 압수물을 찍은 사진은 이를 유죄 인정의 증거로 사용할 수 없는 것이고, 헌법과 형사소송법이 선언한 영장주의의 중요성에 비추어 볼 때 피고인이나 변호인이 이를 증거로 함에 동의하였다고 하더라도 달리 볼 것은 아니다(대판 2010.1.28. 2009도10092).

④ [ㅇ] 형사소송법 제216조 제3항

⑤ [ㅇ] [1] 전자정보에 대한 압수·수색영장의 집행에 있어서는 원칙적으로 영장 발부의 사유로 된 혐의사실과 관련된 부분만을 문서 출력물로 수집하거나 수사기관이 휴대한 저장매체에 해당 파일을 복사하는 방식으로 이루어져야 하고, 집행현장의 사정상 위와 같은 방식에 의한 집행이 불가능하거나 현저히 곤란한 부득이한 사정이 존재하더라도 그와 같은 경우에 그 저장매체 자체를 직접 혹은 하드카피나 이미징 등 형태로 수사기관 사무실 등 외부로 반출하여 해당 파일을 압수·수색할 수 있도록 영장에 기재되어 있고 실제 그와 같은 사정이 발생한 때에 한하여 예외적으로 허용될 수 있을 뿐이다.

[2] 나아가 이처럼 저장매체 자체를 수사기관 사무실 등으로 옮긴 후 영장에 기재된 범죄 혐의 관련 전자정보를 탐색하여 해당 전자정보를 문서로 출력하거나 파일을 복사하는 과정 역시 전체적으로 압수·수색영장 집행의 일환에 포함된다고 보아야 한다. 따라서 그러한 경우의 문서출력 또는 파일복사의 대상 역시 혐의사실과 관련된 부분으로 한정되어야 함은 헌법 제12조 제1항, 제3항, 형사소송법 제114조, 제215조의 적법절차 및 영장주의의 원칙상 당연하다. 그러므로 수사기관 사무실 등으로 옮긴 저장매체에서 범죄혐의와의 관련성에 대한 구분 없이 저장된 전자정보 중 임의로 문서출력 혹은 파일복사를 하는 행위는 특별한 사정이 없는 한 영장주의 등 원칙에 반하는 위법한 집행이 된다(대판 2014.2.27. 2013도12155).

정답 ②

018 압수 · 수색에 관한 설명 중 옳지 않은 것은? (다툼이 있는 경우 판례에 의함) [23 변호사]

① 수사기관이 2022. 9. 12. 甲을 성폭력범죄의처벌등에관한특례법위반(카메라등이용촬영)의 현행범으로 체포하면서 휴대전화를 임의제출받은 후 피의자신문과정에서 甲과 함께 휴대전화를 탐색하던 중 2022. 6.경의 동일한 범행에 관한 영상을 발견하고 그 영상을 甲에게 제시하였으며 甲이 해당 영상을 언제, 어디에서 촬영한 것인지 쉽게 알아보고 그에 관해 구체적으로 진술하였던 경우에 甲에게 전자정보의 파일 명세가 특정된 압수목록이 작성 · 교부되지 않았더라도 甲의 절차상 권리가 실질적으로 침해되었다고 볼 수 없다.

② 甲이 A 소유 모텔 객실에 위장형 카메라를 몰래 설치해 불법촬영을 하였는데 이후 甲의 범행을 인지한 수사기관이 A로부터 임의제출 형식으로 위 카메라를 압수한 경우, 카메라의 메모리카드에 사실상 대부분 압수의 대상이 되는 전자정보만이 저장되어 있어 해당 전자정보인 불법촬영 동영상을 탐색 · 출력하는 과정에서 위 임의제출에 따른 통상의 압수절차 외에 별도의 조치가 따로 요구되는 것은 아니므로, 甲에게 참여의 기회를 보장하지 않고 전자정보 압수목록을 작성 · 교부하지 않았다는 점만으로 곧바로 위 임의제출물의 증거능력을 부정할 수 없다.

③ 정보저장매체를 임의제출한 피압수자에 더하여 임의제출자 아닌 피의자에게도 참여권이 보장되어야 하는 '피의자의 소유 · 관리에 속하는 정보저장매체'에 해당하는지 여부는 전자정보에 의해 식별되는 정보주체의 정보자기결정권을 고려할 때 압수 · 수색 당시 외형적 · 객관적으로 인식 가능한 사실상의 상태가 아니라 민사법상 권리의 귀속에 따른 법률적 · 사후적 판단을 기준으로 판단하여야 한다.

④ 수사기관은 압수 직후 현장에서 압수물 목록을 바로 작성하여 교부해야 하는 것이 원칙이고 압수된 전자정보의 상세목록에는 정보의 파일 명세가 특정되어 있어야 하며 수사기관은 이를 출력한 서면을 교부하거나 전자파일 형태로 복사해 주거나 이메일을 전송하는 등의 방식으로도 할 수 있다.

⑤ 수사기관이 압수 · 수색영장으로 압수한 휴대전화가 클라우드 서버에 로그인되어 있는 상태를 이용하여 클라우드 서버에서 불법촬영물을 다운로드받아 압수한 경우 압수 · 수색영장에 적힌 '압수할 물건'에 원격지 서버 저장 전자정보가 기재되어 있지 않았다면 압수한 불법촬영물은 유죄의 증거로 사용할 수 없다.

해설

① [○] 피고인이 이 사건 휴대전화를 임의제출할 당시 그 안에 저장된 전자정보의 제출 범위를 명확히 밝히지 않았으므로, 임의제출에 따른 압수의 동기가 된 범죄혐의사실과 관련되고 이를 증명할 수 있는 최소한의 가치가 있는 전자정보에 한하여 압수의 대상이 된다. 순번 1~47번 범행은 범죄의 속성상 해당 범행의 상습성이 의심되거나 피고인의 성적 기호 내지 경향성의 발현에 따른 일련의 범행의 일환으로 이루어진 것으로 의심되어, 순번 48번 범행의 동기와 경위, 범행 수단과 방법 등을 증명하기 위한 간접증거나 정황증거 등으로 사용될 수 있어 순번 48번 범죄혐의사실과 구체적 · 개별적 연관관계를 인정할 수 있다. 결국 순번 1~47번 범행에 관한 동영상은 임의제출에 따른 압수의 동기가 된 순번 48번 범죄혐의사실과 관련성이 있는 증거로서 관련성이 인정될 수 있다. 또한 경찰관은 피의자 신문 당시 임의제출받은 <u>이 사건 휴대전화를 피고인과 함께 탐색하는 과정에서 발견된 순번 1~47번 범행에 관한 동영상</u>을 피고인의 참여 아래 추출 · 복사하였고, 피고인은 직접 위 순번 1~47 범행에 관한 동영상을 토대로 '범죄일람표' 목록을 작성하였음을 알 수 있다. 따라서 <u>피고인이 이 사건 휴대전화의 탐색 과정에 참여하였다고 보아야 하고, 순번 1~47번 범행에 관한 동영상을 특정하여 범죄일람표 목록을 작성 · 제출함으로써 실질적으로 피고인에게 전자정보 상세목록이 교부된 것과 다름이 없다고 볼 수 있다.</u> 그러므로 수사기관이 위 휴대전화에 담긴 내용을 조사하는 과정에서 순번 1~47번 범행의 동영상을 확인하고 이를 복제한 시디는 <u>임의제출에 의해 적법하게 압수된 전자정보로서 그 증거능력이 인정된다</u>(대판 2021.11.25. 2019도6730).

② [O] 임의제출된 이 사건 각 위장형 카메라 및 그 메모리카드에 저장된 전자정 보처럼 오직 불법촬영을 목적으로 밀실 내 나체나 성행위 모습을 촬영할 수 있는 벽 등에 은밀히 설치되고, 촬영대상 목표물의 동작이 감지될 때에만 카메라가 작동하여 촬영이 이루어지는 등, 그 설치 목적과 장소, 방법, 기능, 작동원리상 소유자의 사생활의 비밀 기타 인격적 법익의 관점에서 그 소지·보관자의 임의제출에 따른 적법한 압수의 대상이 되는 전자정보와 구별되는 별도의 보호 가치 있는 전자정보의 혼재 가능성을 상정하기 어려운 경우에는 위 소지·보관자의 임의제출에 따른 통상의 압수절차 외에 별도의 조치가 따로 요구된다고 보기는 어렵다. 따라서 피고인 내지 변호인에게 참여의 기회를 보장하지 않고 전자정보 압수목록을 작성·교부하지 않았다는 점만으로 곧바로 증거능력을 부정할 것은 아니다(대판 2021.11.25. 2019도7342).

③ [×] 이와 같이 정보저장매체를 임의제출한 피압수자에 더하여 임의제출자 아닌 피의자에게도 참여권이 보장되어야 하는 '피의자의 소유·관리에 속하는 정보저장매체'라 함은, 피의자가 압수·수색 당시 또는 이와 시간적으로 근접한 시기까지 해당 정보저장매체를 현실적으로 지배·관리하면서 그 정보저장매채 내 전자정보 전반에 관한 전속적인 관리처분권을 보유·행사하고, 달리 이를 자신의 의사에 따라 제3자에게 양도하거나 포기하지 아니한 경우로써, 피의자를 그 정보저장매체에 저장된 전자정보에 대하여 실질적인 압수·수색 당사자로 평가할 수 있는 경우를 말하는 것이다. 이에 해당하는지 여부는 민사법상 권리의 귀속에 따른 법률적·사후적 판단이 아니라 압수·수색 당시 외형적·객관적으로 인식 가능한 사실상의 상태를 기준으로 판단하여야 한다. 이러한 정보저장매체의 외형적·객관적 지배·관리 등 상태와 별도로 단지 피의자나 그 밖의 제3자가 과거 그 정보저장매체의 이용 내지 개별 전자정보의 생성·이용 등에 관여한 사실이 있다거나 그 과정에서 생성된 전자정보에 의해 식별되는 정보주체에 해당한다는 사정만으로 그들을 실질적으로 압수·수색을 받는 당사자로 취급하여야 하는 것은 아니다(대판 2022.01.27. 2021도11170).

④ [O] 압수된 정보의 상세목록에는 정보의 파일 명세가 특정되어 있어야 하고, 수사기관은 이를 출력한 서면을 교부하거나 전자파일 형태로 복사해 주거나 이메일을 전송하는 등의 방식으로도 할 수 있다(대판 2018.2.8. 2017 도13263).

▶ 압색영장의 제시의 경우 원본을 제시하여야 하는 것과 구별하여야 한다.

⑤ [O] 수사기관이 압수·수색영장에 적힌 '수색할 장소'에 있는 컴퓨터 등 정보처리장치에 저장된 전자정보 외에 원격지 서버에 저장된 전자정보를 압수·수색하기 위해서는 압수·수색영장에 적힌 '압수할 물건'에 별도로 원격지 서버 저장 전자정보가 특정되어 있어야 한다. 압수·수색영장에 적힌 '압수할 물건'에 컴퓨터 등 정보처리장치 저장 전자정보만 기재되어 있다면 컴퓨터 등 정보처리장치를 이용하여 원격지 서버 저장 전자정보를 압수할 수는 없다(대판 2022.6.30. 2022도1452).

정답 ③

압수 · 수색에 관한 설명 중 옳지 않은 것을 모두 고른 것은? (다툼이 있는 경우 판례에 의함)

ㄱ. 피압수자가 수사기관에 압수 · 수색영장의 집행에 참여하지 않는다는 의사를 명시하였다면 특별한 사정이 있는 경우를 제외하고는 그 변호인에게 압수 · 수색영장의 집행에 참여할 기회를 별도로 보장하지 않아도 무방하다.

ㄴ. 수사기관이 범죄 혐의사실과 관련 있는 정보를 선별하여 압수한 후에도 그와 관련이 없는 나머지 정보를 삭제 · 폐기 · 반환하지 아니한 채 그대로 보관하고 있다면 범죄 혐의사실과 관련이 없는 부분에 대하여는 압수의 대상이 되는 전자정보의 범위를 넘어서는 전자정보를 영장 없이 압수 · 수색하여 취득한 것이어서 위법하고, 사후에 법원으로부터 압수 · 수색영장이 발부되었다거나 피고인이나 변호인이 이를 증거로 함에 동의하였다고 하여 그 위법성이 치유된다고 볼 수 없다.

ㄷ. 정보저장매체를 임의제출한 피압수자에 더하여 임의제출자 아닌 피의자에게도 참여권이 보장되어야 하는 '피의자의 소유 · 관리에 속하는 정보저장매체'란, 피의자가 압수 · 수색 당시 또는 이와 시간적으로 근접한 시기까지 해당 정보저장매체를 현실적으로 지배 · 관리하면서 그 정보저장매체 내 전자정보 전반에 관한 전속적인 관리처분권을 보유 · 행사하고, 달리 이를 자신의 의사에 따라 제3자에게 양도하거나 포기하지 아니한 경우로서, 피의자를 그 정보저장매체에 저장된 전자정보에 대하여 실질적인 피압수자로 평가할 수 있는 경우를 말한다.

ㄹ. 실질적인 피압수자에 해당하는지 여부는 압수 · 수색 당시 외형적 · 객관적으로 인식가능한 사실상의 상태를 기준으로 판단하여야 하는바, 피의자나 그 밖의 제3자가 과거 그 정보저장매체의 이용 내지 개별 전자정보의 생성 · 이용 등에 관여한 사실이 있다거나 그 과정에서 생성된 전자정보에 의해 식별되는 정보주체에 해당한다는 사정이 있다면 그들을 실질적으로 압수 · 수색을 받는 당사자로 취급하여야 한다.

ㅁ. 피의자가 휴대전화를 임의제출하면서 휴대전화에 저장된 전자정보가 아닌 클라우드 등 제3자가 관리하는 원격지에 저장되어 있는 전자정보를 수사기관에 제출한다는 의사로 수사기관에게 클라우드 등에 접속하기 위한 아이디와 비밀번호를 임의로 제공하였다면 위 클라우드 등에 저장된 전자정보를 임의제출하는 것으로 볼 수 있다.

① ㄱ, ㄹ　　　　　　② ㄴ, ㄹ　　　　　　③ ㄹ, ㅁ

④ ㄱ, ㄴ, ㄹ　　　　⑤ ㄱ, ㄷ, ㅁ

해설

ㄱ. [×] 형사소송법 제219조, 제121조가 규정한 변호인의 참여권은 피압수자의 보호를 위하여 변호인에게 주어진 고유권이다. 따라서 설령 피압수자가 수사기관에 압수 · 수색영장의 집행에 참여하지 않는다는 의사를 명시하였다고 하더라도, 특별한 사정이 없는 한 그 변호인에게는 형사소송법 제219조, 제122조에 따라 미리 집행의 일시와 장소를 통지하는 등으로 압수 · 수색영장의 집행에 참여할 기회를 별도로 보장하여야 한다(대판 2020.11.26. 2020 도10729).

ㄴ. [O] 수사기관이 범죄 혐의사실과 관련 있는 정보를 선별하여 압수한 후에도 그와 관련이 없는 나머지 정보를 삭제 · 폐기 · 반환하지 아니한 채 그대로 보관하고 있다면 범죄 혐의사실과 관련이 없는 부분에 대하여는 압수의 대상이 되는 전자정보의 범위를 넘어서는 전자정보를 영장 없이 압수 · 수색하여 취득한 것이어서 위법하고, 사후에 법원으로부터 압수 · 수색영장이 발부되었다거나 피고인이나 변호인이 이를 증거로 함에 동의하였다고 하여 그 위법성이 치유된다고 볼 수 없다(대결 2022.1.14. 2021모1586).

ㄷ. [○], ㄹ. [×] [1] '피의자의 소유·관리에 속하는 정보저장매체'란, 피의자가 압수·수색 당시 또는 이와 시간적으로 근접한 시기까지 해당 정보저장매체를 현실적으로 지배·관리하면서 그 정보저장매체 내 전자정보 전반에 관한 전속적인 관리처분권을 보유·행사하고, 달리 이를 자신의 의사에 따라 제3자에게 양도하거나 포기하지 아니한 경우로써, 피의자를 그 정보저장매체에 저장된 전자정보에 대하여 실질적인 피압수자로 평가할 수 있는 경우를 말하는 것이다. 이에 해당하는지 여부는 민사법상 권리의 귀속에 따른 법률적·사후적 판단이 아니라 압수·수색 당시 외형적·객관적으로 인식 가능한 사실상의 상태를 기준으로 판단하여야 한다. 이러한 정보저장매체의 외형적·객관적 지배·관리 등 상태와 별도로 단지 피의자나 그 밖의 제3자가 과거 그 정보저장매체의 이용 내지 개별 전자정보의 생성·이용 등에 관여한 사실이 있다거나 그 과정에서 생성된 전자정보에 의해 식별되는 정보주체에 해당한다는 사정만으로 그들을 실질적으로 압수·수색을 받는 당사자로 취급하여야 하는 것은 아니다(대판 2022.1.27. 2021도11170).

관련판례 피고인이 허위의 인턴십 확인서를 작성한 후 갑의 자녀 대학원 입시에 활용하도록 하는 방법으로 갑 등과 공모하여 대학원 입학담당자들의 입학사정업무를 방해하였다는 공소사실과 관련하여, 갑 등이 주거지에서 사용하던 컴퓨터 내 정보저장매체(하드디스크)에 인턴십 확인서 등 증거들이 저장되어 있고, 갑은 자신 등의 혐의에 대한 수사가 본격화되자 을에게 지시하여 하드디스크를 은닉하였는데, 이후 수사기관이 을을 증거은닉혐의 피의자로 입건하자 을이 이를 임의제출하였고, 수사기관은 하드디스크 임의제출 및 그에 저장된 전자정보에 관한 탐색·복제·출력 과정에서 을 측에 참여권을 보장한 반면 갑 등에게는 참여 기회를 부여하지 않아 그 증거능력이 문제 된 사안에서, 증거은닉범행의 피의자로서 하드디스크를 임의제출한 을에 더하여 임의제출자가 아닌 갑 등에게도 참여권이 보장되어야 한다고 볼 수 없다고 한 사례(대판(전) 2023.9.18. 2022도7453).

ㅁ. [○] 피의자가 휴대전화를 임의제출하면서 휴대전화에 저장된 전자정보가 아닌 클라우드 등 제3자가 관리하는 원격지에 저장되어 있는 전자정보를 수사기관에 제출한다는 의사로 수사기관에게 클라우드 등에 접속하기 위한 아이디와 비밀번호를 임의로 제공하였다면 위 클라우드 등에 저장된 전자정보를 임의제출하는 것으로 볼 수 있다(대판 2021.7.29. 2020도14654).

비교판례 [1] 이 사건 압수·수색영장에 적힌 '압수할 물건'에는 '여성의 신체를 몰래 촬영한 것으로 판단되는 사진, 동영상 파일이 저장된 컴퓨터 하드디스크 및 외부저장매체'가, '수색할 장소'에는 피고인의 주거지가 기재되어 있다. 이 사건 압수·수색영장에 적힌 '압수할 물건'에 원격지 서버 저장 전자정보가 기재되어 있지 않은 이상 이 사건 압수·수색영장에 적힌 '압수할 물건'은 피고인의 주거지에 있는 컴퓨터 하드디스크 및 외부저장매체에 저장된 전자정보에 한정된다. [2] 그럼에도 경찰은 이 사건 휴대전화가 구글계정에 로그인되어 있는 상태를 이용하여 원격지 서버에 해당하는 구글클라우드에 접속하여 구글클라우드에서 발견한 불법촬영물을 압수하였다. 결국 경찰의 압수는 이 사건 압수·수색영장에서 허용한 압수의 범위를 넘어선 것으로 적법절차 및 영장주의의 원칙에 반하여 위법하다. [3] 따라서 이 사건 압수·수색영장으로 수집한 불법촬영물은 증거능력이 없는 위법수집증거에 해당하고, 이 사건 압수·수색영장의 집행 경위를 밝힌 압수조서 등이나 위법수집증거를 제시하여 수집된 관련자들의 진술 등도 위법수집증거에 기한 2차적 증거에 해당하여 증거능력이 없다(대판 2022.6.30. 2022도1452).

정답 ①

020 강제처분에 관한 설명 중 옳지 않은 것은? (다툼이 있으면 판례에 의함) [19 변호사]

① 「형사소송법」 제217조 제1항은 수사기관이 피의자를 긴급체포한 상황에서 피의자가 체포되었다는 사실이 공범이나 관련자들에게 알려짐으로써 관련자들이 증거를 파괴하거나 은닉하는 것을 방지하고, 범죄사실과 관련된 증거물을 신속히 확보할 수 있도록 하기 위한 것이므로, 긴급체포된 자가 체포현장이 아닌 장소에서 소유·소지 또는 보관하는 물건을 압수할 수는 없다.

② 체포영장의 제시나 고지 등은 체포를 위한 실력행사에 들어가기 이전에 미리 하여야 하는 것이 원칙이나, 달아나는 피의자를 쫓아가 붙들거나 폭력으로 대항하는 피의자를 실력으로 제압하는 경우에는 붙들거나 제압하는 과정에서 하거나, 그것이 여의치 않은 경우에는 일단 붙들거나 제압한 후에 지체 없이 하여야 한다.

③ 현행범 체포현장이나 범죄장소에서 소지자 등이 임의로 제출하는 물건은 영장 없이 압수할 수 있고, 이 경우에는 검사나 사법경찰관이 사후에 영장을 받을 필요가 없다.

④ 피고인이 수사 당시 긴급체포되었다가 수사기관의 조치로 석방된 후 법원이 발부한 구속영장에 의하여 구속이 이루어진 경우 「형사소송법」 제200조의4 제3항, 제208조에 규정된 재체포 또는 재구속 제한에 위배되는 위법한 구속이라고 볼 수 없다.

⑤ A가 필로폰을 투약한다는 제보를 받은 경찰관이 A의 주거지를 방문하였다가, 그곳에서 A를 발견하고 A의 전화번호로 전화를 하여 나오라고 하였으나 응하지 않자 A의 집 문을 강제로 열고 들어가 긴급체포한 경우, 경찰관이 A의 신원과 주거지 및 전화번호 등을 모두 파악하고 있었고, 당시 마약 투약의 범죄 증거가 급속하게 소멸될 상황도 아니었다면, 위법한 체포이다.

해설

① [×] 형사소송법 제217조에 따른 압수·수색 또는 검증은 체포현장에서의 압수·수색 또는 검증을 규정하고 있는 형사소송법 제216조 제1항 제2호와 달리, 체포현장이 아닌 장소에서도 긴급체포된 자가 소유·소지 또는 보관하는 물건을 대상으로 할 수 있다(대판 2017.9.12. 2017도10309).

② [○] 사법경찰관 등이 체포영장을 소지하고 피의자를 체포하기 위해서는 체포영장을 피의자에게 제시하고, 피의사실의 요지, 체포의 이유와 변호인을 선임할 수 있음을 말하고 변명할 기회를 주어야 한다. 이와 같은 체포영장의 제시나 고지 등은 체포를 위한 실력행사에 들어가기 이전에 미리 하여야 하는 것이 원칙이다. 그러나 달아나는 피의자를 쫓아가 붙들거나 폭력으로 대항하는 피의자를 실력으로 제압하는 경우에는 붙들거나 제압하는 과정에서 하거나, 그것이 여의치 않은 경우에는 일단 붙들거나 제압한 후에 지체 없이 하여야 한다(대판 2017.9.21. 2017도10866).

③ [○] 현행범 체포현장이나 범죄장소에서도 소지자 등이 임의로 제출하는 물건은 형사소송법 제218조에 의하여 영장 없이 압수할 수 있고, 이 경우에는 검사나 사법경찰관이 사후에 영장을 받을 필요가 없다(대판 2016.2.18. 2015도13726).

④ [○] 피고인이 수사 당시 긴급체포되었다가 수사기관의 조치로 석방된 후 법원이 발부한 구속영장에 의하여 구속이 이루어진 경우 위법한 구속이라고 볼 수 없다(대판 2001.9.28. 2001도4291).

⑤ [○] 피고인이 마약에 관한 죄를 범하였다고 의심할 만한 상당한 이유가 있었더라도 경찰관이 이미 피고인의 신원과 주거지 및 전화번호 등을 모두 파악하고 있었고, 당시 마약 투약의 범죄 증거가 급속하게 소멸될 상황도 아니었던 점 등의 사정을 감안하면, 긴급체포는 미리 체포영장을 받을 시간적 여유가 없었던 경우에 해당하지 않아 위법하다(대판 2016.10.13. 2016도5814).

정답 ①

021 다음 설명 중 옳은 것을 모두 고른 것은? (다툼이 있으면 판례에 의함) [17 변호사]

○ 전자우편이 송신되어 수신인이 이를 확인하는 등으로 이미 수신이 완료된 전기통신에 관하여 남아 있는 기록이나 내용을 열어보는 등의 행위는 「통신비밀보호법」에서 규정하는 '전기통신의 감청'에 포함되지 않는다.

○ 「통신비밀보호법」제3조 제1항은 "공개되지 아니한 타인간의 대화를 녹음 또는 청취하지 못한다."라고 규정하고 있는데, 3인 간의 대화에서 그 중 한 사람이 그 대화를 녹음 또는 청취하는 경우에 다른 두 사람의 발언은 그 녹음자 또는 청취자에 대한 관계에서 위 규정에서 말하는 '타인 간의 대화'라고 할 수 없다.

○ 수사기관이 구속수감되어 있던 甲으로부터 피고인의 마약류관리에관한법률위반(향정) 범행에 대한 진술을 듣고 추가적인 증거를 확보할 목적으로, 甲에게 그의 압수된 휴대전화를 제공하여 피고인과 통화하고 위 범행에 관한 통화 내용을 녹음하게 한 경우, 甲이 통화당사자가 되므로 그 녹음을 증거로 사용할 수 있다.

○ 경찰관이 노래방의 도우미 알선 영업단속 실적을 올리기 위하여 그에 대한 제보나 첩보가 없는데도 손님을 가장하고 들어가 도우미를 불러줄 것을 요구하였으나 한 차례 거절당한 후에 다시 찾아가 도우미를 불러 줄 것을 요구하여 도우미가 오자 단속하였다면 이는 위법한 함정수사에 해당한다.

○ 위법한 함정수사에 기하여 공소를 제기한 피고사건은 범죄로 되지 아니하므로 형사소송법 제325조의 규정에 따라 법원은 판결로써 무죄를 선고하여야 한다.

① ○, ○, ○   ② ○, ○, ○   ③ ○, ○, ○

④ ○, ○, ○   ⑤ ○, ○, ○

해설

○ [○] '전기통신의 감청'은 현재 이루어지고 있는 전기통신의 내용을 지득·채록하는 경우와 통신의 송·수신을 직접적으로 방해하는 경우를 의미하는 것이지 전자우편이 송신되어 수신인이 이를 확인하는 등으로 이미 수신이 완료된 전기통신에 관하여 남아 있는 기록이나 내용을 열어보는 등의 행위는 포함하지 않는다(대판 2013.11.28. 2010도12244).

○ [○] 3인 간의 대화에서 그 중 한 사람이 그 대화를 녹음 또는 청취하는 경우에 다른 두 사람의 발언은 그 녹음자 또는 청취자에 대한 관계에서 통비법 제3조 제1항에서 정한 '타인 간의 대화'라고 할 수 없으므로, 이러한 녹음 또는 청취하는 행위 및 그 내용을 공개하거나 누설하는 행위가 통비법 제16조 제1항에 해당한다고 볼 수 없다(대판 2014.5.16. 2013도16404).

○ [×] 수사기관이 구속수감된 甲으로 하여금 피고인의 범행에 관한 통화 내용을 녹음하게 한 행위는 <u>수사기관 스스로가 주체가 되어 구속수감된 자의 동의만을 받고 상대방인 피고인의 동의가 없는 상태에서 그들의 통화 내용을 녹음한</u> 것으로서 범죄수사를 위한 통신제한조치의 허가 등을 받지 아니한 불법감청에 해당한다고 보아야 할 것이므로, 그 녹음 자체는 물론이고 이를 근거로 작성된 수사보고의 기재 내용과 첨부 녹취록 및 첨부 mp3 파일도 모두 <u>피고인과 변호인의 증거동의에 상관없이 증거능력이 없다</u>(대판 2010.10.14. 2010도9016).

○ [○] 경찰관이 노래방의 도우미 알선 영업 단속 실적을 올리기 위하여 그에 대한 제보나 첩보가 없는데도 손님을 가장하고 들어가 도우미를 불러낸 경우 수사기관이 사술이나 계략 등을 써서 피고인의 범의를 유발케 한 것으로서 위법하고, 이러한 함정수사에 기한 공소제기 또한 그 절차가 법률의 규정에 위반하여 무효인 때에 해당한다(대판 2008.10.23. 2008도7362).

○ [×] 본래 범의를 가지지 아니한 자에 대하여 수사기관이 사술이나 계략 등을 써서 범의를 유발케 하여 범죄인을 검거하는 함정수사는 위법함을 면할 수 없고 이러한 함정수사에 기한 공소제기는 그 절차가 법률의 규정에 위반하여 무효인 때에 해당한다고 볼 것이다(대판 2008.10.23. 2008도7362). <u>법원은 형사소송법 제327조 제2호에 의하여 공소기각판결을 선고하여야 한다.</u>

정답 ②

022 공무원인 甲과 민간사업자인 乙은 뇌물을 주고받았다는 범죄사실로 수사를 받고 있고, A는 범죄의 수사에 없어서는 아니될 사실을 안다고 명백히 인정되는데도 검사의 출석요구를 거부하고 있다. 한편 甲에 대한 무혐의를 입증해 줄 수 있는 B는 외국지사로 발령이 나 외국으로 출국하려고 한다. 이에 관한 설명 중 옳은 것은? (다툼이 있으면 판례에 의함) [18 변호사]

① 검사는 공소제기 전이라도 「형사소송법」 제221조의2에 의하여 판사에게 A에 대한 증인신문을 청구할 수 있으며, 청구를 기각한 결정에 대하여는 즉시항고를 할 수 있다.

② 위 ①의 청구에 따라 판사가 증인신문기일을 정한 때에도 특별히 수사에 지장이 있다고 인정되는 경우, 판사는 甲 또는 변호인에게 그 기일과 장소 및 증인신문에 참여할 수 있다는 취지를 통지하지 않고 증인신문을 할 수 있다.

③ 甲과 乙은 필요적 공범관계에 있기 때문에 수사단계에서 甲에 대한 증거를 미리 보전하기 위하여 필요한 경우라도 검사는 「형사소송법」 제184조에 따라 판사에게 乙을 증인으로 신문할 것을 청구할 수 없다.

④ 검사가 甲을 수뢰죄로 기소한 경우, 甲이 미리 증거를 보전하지 아니하면 그 증거를 사용하기 곤란한 사정이 있는 때에는 제1회 공판기일 전이라도 「형사소송법」 제184조에 의하여 판사에게 B에 대한 증인신문을 청구할 수 있으며, 청구를 기각하는 결정에 대하여는 3일 이내에 항고할 수 있다.

⑤ 위 ④에 의하여 작성된 증인신문조서는 공판기일 전에 작성되었더라도 당연히 증거능력이 있는 서류를 규정하고 있는 「형사소송법」 제315조 제3호의 '특히 신용할 만한 정황에 의하여 작성된 문서'로서 증거능력이 인정된다.

해설

① [×] 검사는 형사소송법 제221조의2에 의하여 판사에게 A에 대한 증인신문을 청구할 수 있으나, 청구를 기각한 결정에 대하여는 항고할 수 없다(대결 1984.3.29. 84모15 참고). 이 판례는 형사소송법 개정 전 증거보전에 관한 것이지만, 그 취지는 형사소송법 제221조의2의 증인신문의 경우에도 그대로 적용될 수 있다.

② [×] 판사는 증인신문기일을 정한 때에는 피고인·피의자 또는 변호인에게 이를 통지하여 증인신문에 참여할 수 있도록 하여야 한다(형사소송법 제221조의2 제5항). 특별히 수사에 지장이 있다고 인정되는 경우라고 하더라도 판사는 증인신문기일을 甲 또는 변호인에게 통지하여 증인신문에 참여할 수 있도록 하여야 한다.

③ [×] 공동피고인과 피고인이 뇌물을 주고받은 사이로 필요적 공범관계에 있다고 하더라도 검사는 수사단계에서 피고인에 대한 증거를 미리 보전하기 위하여 필요한 경우에는 판사에게 공동피고인을 증인으로 신문할 것을 청구할 수 있다(대판 1988.11.8. 86도1646). 재판을 같이 받고 있는(변론이 분리되지 않은) 공범인 공동피고인들의 경우를 제외하고, 공범자들 상호간에 얼마든지 증인적격이 인정되므로 이 판례는 어쩌면 당연한 것이다.

④ [○] 검사, 피고인, 피의자 또는 변호인은 미리 증거를 보전하지 아니하면 그 증거를 사용하기 곤란한 사정이 있는 때에는 제1회 공판기일 전이라도 판사에게 압수, 수색, 검증, 증인신문 또는 감정을 청구할 수 있다. 증거보전청구를 기각하는 결정에 대하여는 3일 이내에 항고할 수 있다(형사소송법 제184조 제1항·제4항).

⑤ [×] 증거보전절차에서 작성된 증인신문조서는 형사소송법 제311조에 의하여 당연히 증거능력이 인정된다(형사소송법 제311조).

정답 ④

023 재정신청에 관한 설명 중 옳은 것을 모두 고른 것은? (다툼이 있으면 판례에 의함) [15 변시 변형]

⊙ 검사의 불기소처분에 대하여 고소권자의 경우 재정신청을 할 수 있는 대상 범죄에 제한이 없으며, 기소유예 처분에 대해서도 재정신청을 할 수 있다.
ⓛ 공소취소에 대해서는 재정신청을 할 수 없다.
ⓒ 공동신청권자 중 1인의 재정신청은 그 전원을 위하여 효력을 발생하고, 그 취소의 경우에도 마찬가지이다.
ⓔ 재정신청을 취소한 자는 다시 재정신청을 할 수 없다.
ⓜ 재정신청에 관한 법원의 기각결정에 대해서는 재항고로 불복할 수 있다.

---

① ⊙, ⓛ, ⓒ
② ⊙, ⓒ, ⓔ
③ ⊙, ⓛ, ⓒ, ⓔ
④ ⊙, ⓛ, ⓔ, ⓜ
⑤ ⓛ, ⓒ, ⓔ, ⓜ

해설

⊙ [○], ⓛ [○] 재정신청의 대상은 불기소처분이다. 불기소처분의 이유에는 제한이 없으므로 협의의 불기소처분은 물론 기소유예에 대해서도 재정신청을 할 수 있다. 검사의 공소제기나 공소취소는 불기소처분이 아니므로 재정신청의 대상이 되지 아니한다(형사소송법 제260조 제1항).

ⓒ [×] 공동신청권자 중 1인의 재정신청은 그 전원을 위하여 효력을 발생한다(형사소송법 제264조 제1항). 그러나 재정신청의 취소는 다른 공동신청권자에게 효력이 미치지 아니한다(형사소송법 제264조 제3항).

ⓔ [○] 재정신청을 취소한 자는 다시 재정신청을 할 수 없다(형사소송법 제264조 제2항).

ⓜ [○] 재정신청 기각결정에 대해서는 형사소송법 제415조에 따른 즉시항고를 할 수 있다. 그러나 법원의 공소제기 결정에 대하여는 불복할 수 없다(형사소송법 제262조 제4항). 형사소송법 제415조에 따른 즉시항고를 재항고라고도 한다.

정답 ④

검사의 불기소처분에 관한 설명 중 옳지 않은 것을 모두 고른 것은? (다툼이 있으면 판례에 의함) [17 변호사]

> ㉠ 검사는 피의사실이 범죄구성요건에는 해당하지만 위법성조각사유나 책임조각사유 등 법률상 범죄
> 의 성립을 조각하는 사유가 있는 경우에는 '혐의없음' 처분을 한다.
> ㉡ 검사는 피의사실이 인정되는 경우에 반드시 공소를 제기하여야 하는 것이 아니라 피의자의 연령,
> 피해자에 대한 관계, 범행의 동기 및 수단과 결과 등을 참작하여 소추를 필요로 하지 아니하는 경우
> 에는 기소유예 처분을 할 수 있다.
> ㉢ 고소권자인 고소인이 검사의 불기소처분에 불복하여 재정신청을 하려면 「검찰청법」 제10조에 따른
> 항고를 반드시 거친 후, 그 검사 소속의 지방검찰청 소재지를 관할하는 고등법원에 재정신청서를
> 제출하여야 한다.
> ㉣ 고등법원의 재정신청 기각결정이 확정된 사건에 대하여는 다른 중요한 증거를 발견한 경우를 제외
> 하고는 소추할 수 없는데, 이 경우 재정신청 기각결정이 확정된 사건이라 함은 재정신청사건을 담당
> 하는 법원에서 공소제기의 가능성과 필요성 등에 관한 심리와 판단이 현실적으로 이루어져 재정신
> 청 기각결정의 대상이 된 사건만을 의미한다.
> ㉤ 고등법원이 재정신청에 대하여 공소제기의 결정을 한 경우, 관련절차에 따라 담당 검사로 지정된
> 검사는 공소를 제기하여야 하고, 공소를 취소할 수도 없다.

① ㉠, ㉢   ② ㉡, ㉣   ③ ㉠, ㉢, ㉤
④ ㉠, ㉣, ㉤   ⑤ ㉢, ㉣, ㉤

해설

㉠ [×] 위법성조각사유나 책임조각사유 등 법률상 범죄의 성립을 조각하는 사유가 있는 경우에는 '죄가 안됨' 처분
을 한다(검찰사건사무규칙 제69조 제3항 제3호).

㉡ [○] 검사는 「형법」 제51조의 사항을 참작하여 공소를 제기하지 아니할 수 있다(형사소송법 제247조).

㉢ [×] 고소인이 원칙적으로 검찰청법 제10조에 따른 항고를 거친 후에 재정신청을 하여야 하지만, 예외적으로
항고 이후 재기수사가 이루어진 다음에 다시 공소를 제기하지 아니한다는 통지를 받은 경우, 항고 신청 후 항고에
대한 처분이 행하여지지 아니하고 3개월이 경과한 경우 또는 검사가 공소시효 만료일 30일 전까지 공소를 제기하
지 아니하는 경우에는 항고를 거치지 않고도 재정신청을 할 수 있다(형사소송법 제260조 제2항). 그리고 재정신청
을 하려는 자는 지방검찰청검사장 또는 지청장에게 재정신청서를 제출하여야 한다(형사소송법 제260조 제3항).

㉣ [○] 다른 중요한 증거를 발견한 경우를 제외하고는 소추할 수 없도록 규정한 형사소송법 제262조 제4항 후문에
서 말하는 '제2항 제1호의 결정(재정신청 기각결정)이 확정된 사건'은 재정신청사건을 담당하는 법원에서 공소제
기의 가능성과 필요성 등에 관한 심리와 판단이 현실적으로 이루어져 재정신청 기각결정의 대상이 된 사건만을
의미하므로, 재정신청 기각결정의 대상이 되지 않은 사건은 '제2항 제1호의 결정이 확정된 사건'이라고 할 수
없고, 설령 재정신청 기각결정의 대상이 되지 않은 사건이 고소인의 고소내용에 포함되어 있었다 하더라도 이와
달리 볼 수 없다(대판 2015.9.10. 2012도14755).

㉤ [○] 공소제기결정에 따른 재정결정서를 송부받은 관할 지방검찰청 검사장 또는 지청장은 지체 없이 담당 검사
를 지정하고 지정받은 검사는 공소를 제기하여야 한다(형사소송법 제262조 제6항). 검사가 공소제기결정에 따라
공소를 제기한 때에는 이를 취소할 수 없다(형사소송법 제264조의2).

정답 ①

025 재정신청에 관한 설명 중 옳지 않은 것은? (다툼이 있는 경우 판례에 의함) [23 변호사]

① 구금 중인 고소인이 재정신청서를 법정기간 안에 교도소장 또는 그 직무를 대리하는 사람에게 제출하였다면 설령 재정신청서가 그 기간 안에 불기소처분을 한 검사가 소속한 지방검찰청의 검사장 또는 지청장에게 도달하지 않았더라도 적법한 재정신청서의 제출로 보아야 한다.

② 재정신청 제기기간이 경과된 후에 재정신청보충서를 제출하면서 원래의 재정신청 대상으로 포함되어 있지 않은 고발사실을 추가한 경우에 그 재정신청보충서에서 추가한 부분에 관한 재정신청은 부적법하다.

③ 재정신청이 있으면 재정결정이 확정될 때까지 공소시효의 진행이 정지된다.

④ 법원이 재정신청 대상 사건이 아님에도 이를 간과한 채 공소제기결정을 하였더라도, 그에 따른 공소가 제기되어 본안 사건의 절차가 개시된 후에는 다른 특별한 사정이 없는 한 본안 사건에서 위와 같은 잘못을 다툴 수는 없다.

⑤ 「형사소송법」 제262조 제4항 후문은 재정신청 기각결정이 확정된 사건에 대하여는 다른 중요한 증거를 발견한 경우를 제외하고는 소추할 수 없다고 규정하고 있는바, 여기에서 '다른 중요한 증거를 발견한 경우'에는 단순히 재정신청 기각결정의 정당성에 의문이 제기되거나 범죄피해자의 권리를 보호하기 위하여 형사재판절차를 진행할 필요가 있는 정도의 증거가 있는 경우는 포함되지 않는다.

해설

① [×] 재정신청서에 대하여는 형사소송법에 제344조 제1항과 같은 재소자 특례규정이 없으므로 재정신청서는 같은 법 제260조 제2항[개정법 제3항]이 정하는 기간 안에 불기소처분을 한 검사가 소속한 지방검찰청의 검사장 또는 지청장에게 도달하여야 하고, 설령 구금중인 고소인이 재정신청서를 재정신청 기간 안에 교도소장 또는 그 직무를 대리하는 사람에게 제출하였다 하더라도 재정신청서가 위의 기간 안에 불기소처분을 한 검사가 소속한 지방검찰청의 검사장 등에게 도달하지 아니한 이상 이를 적법한 재정신청서의 제출이라고 할 수 없다(대결 1998.12.14. 98모127).

② [○] 재정신청 제기기간이 경과된 후에 재정신청보충서를 제출하면서 원래의 재정신청에 재정신청 대상으로 포함되어 있지 않은 고발사실을 재정신청의 대상으로 추가한 경우. 그 재정신청보충서에서 추가한 부분에 관한 재정신청은 법률상 방식에 어긋난 것으로서 부적법하다(대결 1997.4.22. 97모30).

③ [○] 재정신청이 있으면 고등법원의 재정결정이 확정될 때까지 공소시효의 진행이 정지된다. 그러나 헌법소원[18]이나 검찰항고를 제기하더라도 공소시효의 진행은 정지되지 아니한다(제262조의4 제1항).

④ [○] 재정법원이 형사소송법 제262조 제2항 제2호에 위반하여 재정신청의 대상인 고소사실이 아닌 사실에 대하여 공소제기결정을 한 관계로 그에 따른 공소가 제기되어 본안사건의 절차가 개시된 후에는, 다른 특별한 사정이 없는 이제 그 본안사건에서 위와 같은 잘못을 다툴 수는 없다. 그렇지 아니하고 위와 같은 잘못을 본안사건에서 다툴 수 있다고 한다면 이는 재정신청에 대한 인용결정에 불복할 수 없도록 한 법 제262조 제4항의 규정취지에 위배하여 형사소송절차의 안정성을 해칠 우려가 있기 때문이다. 또한 위와 같은 잘못은 본안사건에서 공소사실 자체에 대하여 무죄, 면소, 공소기각 등을 할 사유에 해당하는지를 살펴 무죄 등의 판결을 함으로써 그 잘못을 바로잡을 수 있는 것이다. 뿐만 아니라 본안사건에서 심리한 결과 범죄사실이 유죄로 인정되는 때에는 이를 처벌하는 것이 오히려 형사소송의 이념인 실체적 정의를 구현하는 데 보다 충실하다는 점도 고려하여야 한다(대판 2010.11.25. 2009도3563).

⑤ [○] 형사소송법 제262조 제4항 후문은 재정신청 기각결정이 확정된 사건에 대하여는 다른 중요한 증거를 발견한 경우를 제외하고는 소추할 수 없다고 규정하고 있다. 여기에서 '다른 중요한 증거를 발견한 경우'란 재정신청 기각결정 당시에 제출된 증거에 새로 발견된 증거를 추가하면 충분히 유죄의 확신을 가지게 될 정도의 증거가 있는 경우를 말한다. 따라서 단순히 재정신청 기각결정의 정당성에 의문이 제기되거나 범죄피해자의 권리를 보

---

18) 공소시효가 정지되는 경우는 특별히 법률로서 명문의 규정을 둔 경우에 한하여야 하므로 명문의 규정이 없는 이상 검사의 불기소처분에 대한 헌법소원이 재판부의 심판에 회부된 경우에도 그로 인하여 그 처분의 대상이 된 피의사실에 대한 공소시효의 진행이 정지되는 것은 아니다(헌재 1995.1.20. 94헌마246).

호하기 위하여 형사재판절차를 진행할 필요가 있는 정도의 증거가 있는 경우는 여기에 해당하지 않는다. 그리고 관련 민사판결에서의 사실인정 및 판단은, 그러한 사실인정 및 판단의 근거가 된 증거자료가 새로 발견된 증거에 해당할 수 있음은 별론으로 하고, 그(판단) 자체가 새로 발견된 증거라고 할 수는 없다(대판 2018.12.28. 2014도 17182).

정답 ①

PART 02 공소제기

026 공소사실의 특정에 관한 설명 중 옳지 않은 것은? (다툼이 있으면 판례에 의함) [14 변호사]

① 포괄일죄에 있어서는 그 일죄의 일부를 구성하는 개개의 행위에 대하여 구체적으로 특정하지 않더라도 전체 범행의 시기와 종기, 범행방법, 피해자나 상대방, 범행횟수, 피해액의 합계 등을 명시하면 공소사실이 특정된 것으로 본다.

② 교사범이나 방조범의 경우 교사나 방조의 사실뿐만 아니라 정범의 범죄사실도 특정하여야 한다.

③ 간통죄의 공소사실을 "피고인들이 2011.5. 중순경부터 2012.4.3.경까지 사이에 부산시 동구 수정4동 984 및 그들의 셋방 등지에서 횟수불상 간음하여 간통하였다."라고 기재한 경우 공소사실이 특정되었다고 볼 수 있다.

④ 유가증권변조 사건의 공소사실이 범행일자를 '2005.1. 말경에서 같은 해 2.4. 사이'로, 범행장소를 '서울 불상지'로, 범행방법을 '불상의 방법으로 수취인의 기재를 삭제'로 되어 있는 경우, 변조된 유가증권이 압수되어 현존하고 있는 이상 공소사실이 특정되었다고 볼 수 있다.

⑤ 공소장의 기재사실 중 일부가 명확하지 아니한 경우 법원이 검사에게 석명을 구하지 않고 곧바로 공소기각판결을 하면 심리미진의 위법이 될 수 있다.

해설

① [○] 포괄일죄에 있어서는 그 일죄의 일부를 구성하는 개개의 행위에 대하여 구체적으로 특정되지 아니하더라도 그 전체 범행의 시기와 종기, 범행방법, 피해자나 상대방, 범행횟수나 피해액의 합계 등을 명시하면 그로써 범죄사실은 특정된 것으로 보아야 한다(대판 2013.9.27. 2013도8449).

② [○] [1] 방조범의 공소사실을 기재함에 있어서는 그 전제가 되는 정범의 범죄구성을 충족하는 구체적 사실을 기재하여야 한다(대판 2001.12.28. 2001도5158).
[2] 교사범, 방조범의 범죄사실 적시에 있어서는 그 전제요건이 되는 정범의 범죄구성요건이 되는 사실 전부를 적시하여야 하고, 이 기재가 없는 교사범, 방조범의 사실 적시는 죄가 되는 사실의 적시라고 할 수 없다(대판 1981.11.24. 81도2422).

③ [×] 간통죄는 각 성교행위마다 1개의 죄가 성립하므로 " ~ 회수 부상 간음하여 간통하였다"라는 공소사실은 추상적인 범죄구성요건의 문귀만이 적시되고 그 내용을 이루는 구체적인 범죄사실의 기재가 없으므로 공소제기는 무효이다(대판 1975.6.24. 75도346).

④ [○] 변조된 유가증권이 압수되어 현존하고 있는 이상 공소범죄의 성격에 비추어 그 개괄적 표시가 부득이 하며 그에 대한 피고인의 방어권 행사에 지장이 없다고 보이므로 공소사실이 특정되지 아니하여 공소제기가 위법하다고 볼 수 없다(대판 2008.3.27. 2007도11000).

⑤ [○] 공소장의 기재가 불명확한 경우 법원은 검사에게 석명을 구한 다음, 그래도 검사가 이를 명확하게 하지 않은 때에야 공소사실의 불특정을 이유로 공소를 기각함이 상당하다고 할 것이므로, 법원이 검사에게 석명에 이르지 아니한 채 곧바로 공소사실의 불특정을 이유로 공소기각의 판결을 한 데에는 공소사실의 특정에 관한 법리를 오해하였거나 심리를 미진한 위법이 있다고 할 것이다(대판 2006.5.11. 2004도5972).

정답 ③

027 공소장 기재사항 및 공소사실의 특정에 관한 설명 중 옳은 것을 모두 고른 것은? (다툼이 있으면 판례에 의함)

[19 변호사]

> ㉠ 포괄일죄에 대한 공소장을 작성하는 경우에는 그 일죄의 일부를 구성하는 개개의 행위에 대하여 구체적으로 특정되지 아니하더라도 그 전체범행의 시기와 종기, 범행방법, 피해자나 상대방, 범행 횟수나 피해액의 합계 등을 명시하면 이로써 그 범죄사실은 특정된 것이라고 할 수 있다.
> ㉡ 공소장의 기재가 불명확할 경우 비록 공소사실의 보완이 가능하더라도 법원이 검사에게 공소사실 특정에 대한 석명에 이르지 아니하고 공소사실의 불특정을 이유로 공소기각의 판결을 하여도 적법하다.
> ㉢ 교사범이나 방조범의 경우에는 정범의 범죄구성을 충족하는 구체적 사실을 특정할 필요가 없다.
> ㉣ 필요 이상 엄격하게 공소사실의 특정을 요구하는 것도 공소의 제기와 유지에 장애를 초래할 수 있으므로, 범죄의 일시는 이중기소나 시효에 저촉되지 않을 정도로, 장소는 토지관할을 가능할 수 있을 정도로, 그리고 방법에 있어서는 범죄구성요건을 밝히는 정도로 기재하면 족하다.
> ㉤ 공소사실의 기재는 다른 공소사실과 구별할 수 있는 정도로 특정하면 족하고 그 일부가 다소 불명확하게 적시되어 있더라도 그와 함께 적시된 다른 사항들에 의하여 그 공소사실을 특정할 수 있고 피고인의 방어권 행사에 지장이 없다면, 그 공소제기의 효력에는 영향이 없다.

① ㉠, ㉡, ㉢   ② ㉠, ㉢, ㉣   ③ ㉠, ㉣, ㉤
④ ㉡, ㉣, ㉤   ⑤ ㉡, ㉢, ㉣, ㉤

해설

㉠ [○] 포괄일죄에 있어서는 그 일죄를 구성하는 개개의 행위에 대하여 구체적으로 특정하지 아니하더라도 그 전체 범행의 시기와 종기, 범행방법과 장소, 상대방, 범행횟수나 피해액의 합계 등을 명시하면 이로써 그 범죄사실은 특정되었다고 할 것이다(대판 2013.9.27. 2013도8449).

㉡ [×] 공소장의 기재가 불명확한 경우 법원은 검사에게 석명을 구한 다음, 그래도 검사가 이를 명확하게 하지 않은 때에야 공소사실의 불특정을 이유로 공소를 기각함이 상당하다고 할 것이므로, 원심이 검사에게 공소사실 특정에 관한 석명에 이르지 아니한 채 곧바로 위와 같이 공소사실의 불특정을 이유로 공소기각의 판결을 한 데에는 공소사실의 특정에 관한 법리를 오해하였거나 심리를 미진한 위법이 있다(대판 2006.5.11. 2004도5972).

㉢ [×] [1] 교사범, 방조범의 사실 적시에 있어서도 정범의 범죄 구성요건이 되는 사실 전부를 적시하여야 하고, 이 기재가 없는 교사범, 방조범의 사실 적시는 죄가 되는 사실의 적시라고 할 수 없다(대판 1981.11.24. 81도2422). [2] 방조범의 공소사실을 기재함에 있어서는 그 전제가 되는 정범의 범죄구성을 충족하는 구체적 사실을 기재하여야 한다(대판 2001.12.28. 2001도5158).

㉣ [○] 공소장의 공소사실 기재는 법원에 대하여 심판의 대상을 한정하고 피고인에게 방어의 범위를 특정하여 그 방어권 행사를 용이하게 하기 위하여 요구되는 것이므로 범죄의 일시, 장소, 방법 등 소인을 명시하여 사실을 가능한 한 명확하게 특정할 수 있도록 하는 것이 바람직하나, 그렇다고 해서 필요 이상 엄격하게 특정을 요구하는 것도 공소의 제기와 유지에 장애를 초래할 수 있으므로, 범죄의 일시는 이중기소나 시효에 저촉되지 않을 정도로, 장소는 토지관할을 가능할 수 있을 정도로, 그리고 방법에 있어서는 범죄구성요건을 밝히는 정도로 기재하면 족하다(대판 1998.5.29. 97도1126).

㉤ [○] 형사소송법 제254조 제4항이 공소사실의 기재는 범죄의 일시·장소·방법을 명시하여 사실을 특정할 수 있도록 하여야 한다고 한 취지는, 법원에 대하여 심판의 대상을 한정하고 피고인에게 방어의 범위를 특정하여 그 방어권 행사를 쉽게 해 주기 위한 데에 있다. 따라서 공소사실의 특정은 공소제기된 범죄의 성격에 비추어 공소의 원인이 된 구성요건 해당사실이 다른 사실과 구별될 수 있을 정도로 기재되어 있으면 족하고, 그 일부가 다소 불명확하더라도 함께 적시된 다른 사항들에 의하여 공소사실이 특정될 수 있어서 피고인의 방어권 행사에 지장이 없다면 공소제기의 효력에는 영향이 없다(대판 2016.12.15. 2014도1196).

정답 ③

Chapter 02 | 공소시효

028 공소시효에 관한 설명 중 옳은 것을 모두 고른 것은? (다툼이 있는 경우 판례에 의함) [23 변호사]

> ㄱ. 공소장변경절차에 의하여 공소사실이 변경됨에 따라 그 법정형에 차이가 있는 경우에는 변경된 공소사실에 대한 법정형이 공소시효기간의 기준이 된다.
>
> ㄴ. 공소장변경이 있는 경우에 공소시효의 완성 여부는 당초의 공소제기가 있었던 시점을 기준으로 판단할 것이고, 공소장 변경 시를 기준으로 삼을 것은 아니다.
>
> ㄷ. 「형사소송법」 제253조 제2항은 공범 중 1인에 대한 공소의 제기로 다른 공범자에 대하여도 공소시효가 정지되도록 규정하고 있는데, 위 조항에서 말하는 '공범'에는 뇌물공여죄와 뇌물수수죄 사이와 같은 대향범 관계에 있는 자는 포함되지 않는다.
>
> ㄹ. 「형사소송법」 제253조 제3항은 범인이 형사처분을 면할 목적으로 국외에 있는 경우 그 기간 동안 공소시효가 정지되도록 규정하고 있는데, 여기서 '범인이 형사처분을 면할 목적으로 국외에 있는 경우'에는 범인이 국외에서 범죄를 저지르고 형사처분을 면할 목적으로 국외에서 체류를 계속하는 경우도 포함된다.

① ㄱ   ② ㄱ, ㄴ   ③ ㄴ, ㄷ

④ ㄱ, ㄴ, ㄹ   ⑤ ㄱ, ㄴ, ㄷ, ㄹ

해설

ㄱ. [○]. ㄴ. [○] 공소장변경절차에 의하여 공소사실이 변경됨에 따라 그 법정형에 차이가 있는 경우에는 변경된 공소사실에 대한 법정형이 공소시효기간의 기준이 된다(대판 2013.7.26. 2013도6182). 공소장변경이 있는 경우 공소시효의 완성 여부는 당초의 공소제기가 있었던 시점을 기준으로 판단할 것이고 공소장변경시를 기준으로 삼을 것이 아니다(대판 2018.10.12. 2018도6252).

ㄷ. [○] 뇌물공여죄와 뇌물수수죄 사이와 같은 이른바 대향범 관계에 있는 자는 강학상으로는 필요적 공범이라고 불리고 있으나, 서로 대향된 행위의 존재를 필요로 할 뿐 각자 자신의 구성요건을 실현하고 별도의 형벌규정에 따라 처벌되는 것이어서, 2인 이상이 가공하여 공동의 구성요건을 실현하는 공범관계에 있는 자와는 본질적으로 다르며, 대향범 관계에 있는 자 사이에서는 각자 상대방의 범행에 대하여 형법 총칙의 공범규정이 적용되지 아니한다. 이러한 점들에 비추어 보면, 공범 사이의 처벌에 형평을 기하기 위하여 공범 중 1인에 대한 공소의 제기로 다른 공범자에 대하여도 공소시효가 정지되도록 규정하고 있는 <u>형사소송법 제253조 제2항에서 말하는 '공범'에는 뇌물공여죄와 뇌물수수죄 사이와 같은 대향범 관계에 있는 자는 포함되지 않는다</u>(대판 2015.2.12. 2012도4842).

ㄹ. [○] 형사소송법 제253조 제3항은 "범인이 형사처분을 면할 목적으로 국외에 있는 경우 그 기간 동안 공소시효는 정지된다."라고 규정하고 있다. 위 규정이 정한 '범인이 형사처분을 면할 목적으로 국외에 있는 경우'는 범인이 국내에서 범죄를 저지르고 형사처분을 면할 목적으로 국외로 도피한 경우에 한정되지 아니하고, 범인이 국외에서 범죄를 저지르고 형사처분을 면할 목적으로 국외에서 체류를 계속하는 경우도 포함된다고 볼 것이다(대판 2015.6.24. 2015도5916).

정답 ⑤

PART 03 소송주체

029 형사소송법상 제척·기피·회피에 관한 설명 중 옳지 않은 것은? (다툼이 있으면 판례에 의함) [16 변호사]

① 파기환송 전의 원심재판에 관여한 법관이 환송 후의 재판에 관여한 경우에는 제척사유에 해당한다.

② 법관이 당사자의 증거신청을 채택하지 아니하거나 이미 한 증거결정을 취소하더라도 그 사유만으로는 '불공평한 재판을 할 염려가 있는 때'에 해당한다고 보기 어렵다.

③ 법관이 스스로 기피의 원인이 있다고 판단한 때에는 소속법원에 서면으로 회피를 신청하여야 한다.

④ 구속적부심에 관여한 법관이 그 사건에 대한 제1심재판에 관여한 경우 제척사유에 해당하지 않는다.

⑤ 기피신청을 기각한 결정에 대하여는 즉시항고를 할 수 있다.

> **해설**
>
> ① [×] 환송판결전의 원심에 관여한 재판관이 환송후의 원심 재판관으로 관여하였다고 하여도 군법회의법 제48조나 형사소송법 제17조에 위배된다고 볼 수 없다(대판 1979.2.27. 78도3204). 이 판례의 '군법회의법'은 2019년 현재 군사법원법을 말한다.
>
> ② [○] 재판부가 당사자의 증거신청을 채택하지 아니하거나 이미 한 증거결정을 취소하였다 하더라도 그러한 사유만으로는 재판의 공평을 기대하기 어려운 객관적인 사정이 있다고 할 수 없다(대결 1995.4.3. 95모10).
>
> ③ [○] 법관이 기피사유가 있다고 사료한 때에는 회피하여야 한다. 회피는 소속법원에 서면으로 신청하여야 한다(형사소송법 제24조).
>
> ④ [○] 법관이 구속적부심사에 관여한 것은 '법관이 사건에 관하여 전심재판 또는 그 기초되는 조사, 심리에 관여한 때'에 해당한다고 볼 수 없다(대판 2004.10.28. 2004도5710).
>
> ⑤ [○] 기피신청을 기각한 결정에 대하여는 즉시항고를 할 수 있다(형사소송법 제23조 제1항).

정답 ①

030 법원의 관할에 관한 설명 중 옳은 것[○]과 옳지 않은 것[×]을 올바르게 조합한 것은? (다툼이 있으면 판례에 의함)

[14 변호사]

> ㉠ 피고인 甲의 A사건은 지방법원 본원 항소부에, 甲의 B사건은 고등법원에 각각 계속되어 있는 경우 甲은 대판의 결정에 의하여 고등법원에서 병합심리를 받을 수 있다.
> ㉡ 피고인이 국민참여재판을 원하는 의사를 표시한 경우 지방법원 지원 합의부가 배제결정을 하지 아니하는 경우에는 지방법원 지원 합의부는 국민참여재판절차 회부결정을 하여 사건을 지방법원 본원 합의부로 이송하여야 한다.
> ㉢ 법원은 소년에 대한 피고사건을 심리한 결과 보호처분에 해당할 사유가 있다고 인정하면 결정으로써 사건을 관할 소년부에 송치하여야 한다.
> ㉣ 단독판사의 관할사건이 공소장변경에 의하여 합의부 관할사건으로 변경된 경우에는 단독판사는 관할위반의 판결을 선고하고 사건을 관할권이 있는 합의부에 이송해야 한다.
> ㉤ 관할이전의 사유가 존재하는 경우 검사는 직근상급법원에 관할의 이전을 신청할 의무가 있지만, 피고인은 관할의 이전을 신청할 권리만 있다.

① ㉠ [×], ㉡ [○], ㉢ [○], ㉣ [×], ㉤ [○]   ② ㉠ [×], ㉡ [×], ㉢ [○], ㉣ [×], ㉤ [○]
③ ㉠ [○], ㉡ [×], ㉢ [×], ㉣ [×], ㉤ [○]   ④ ㉠ [×], ㉡ [○], ㉢ [×], ㉣ [○], ㉤ [×]
⑤ ㉠ [○], ㉡ [×], ㉢ [×], ㉣ [○], ㉤ [○]

해설

㉠ [×] 토지관할의 병합심리는 관련사건이 사물관할이 동일할 때에만 허용된다(대판 1990.5.23. 90초56). 지방법원 본원 항소부에 계속된 A사건(단독사건)과 고등법원에 계속된 B사건(합의부 사건)은 사물관할이 다르므로 甲은 대판의 결정에 의하여 고등법원에서 병합심리를 받을 수 없다. 사물관할은 제1심을 기준으로 하므로 A사건과 B사건은 사물관할이 다르다는 점을 주의하여야 한다.

㉡ [○] 피고인이 국민참여재판을 원하는 의사를 표시한 경우 지방법원 지원 합의부가 배제결정을 하지 아니하는 경우에는 국민참여재판절차 회부결정을 하여 사건을 지방법원 본원 합의부로 이송하여야 한다(국참법 제10조 제1항).

㉢ [○] 법원은 소년에 대한 피고사건을 심리한 결과 보호처분에 해당할 사유가 있다고 인정하면 결정으로써 사건을 관할 소년부에 송치하여야 한다(소년법 제50조).

㉣ [×] 단독판사의 관할사건이 공소장변경에 의하여 합의부 관할사건으로 변경된 경우에 법원은 결정으로 관할권이 있는 법원에 이송한다(형사소송법 제8조 제2항).

㉤ [○] 검사는 관할이전의 사유가 존재하는 경우 직근 상급법원에 관할이전을 신청하여야 한다. 피고인도 이 신청을 할 수 있다(형사소송법 제15조).

정답 ①

031 관할에 관한 설명 중 옳지 않은 것은? (다툼이 있으면 판례에 의함) [22 변호사]

① 제1심 법원의 소재지가 피고인이 현재 거주하는 곳인 이상 그 범죄지나 주소지가 아니더라도 그 판결에 토지관할 위반의 위법은 없다.

② 토지관할을 달리하는 2개의 관련사건이 각각 다른 법원에 계속된 때에는 공통되는 바로 위의 상급법원은 검사나 피고인의 신청에 의하여 결정으로 한 개 법원으로 하여금 병합심리하게 할 수 있다.

③ 합의부는 2개의 관련사건이 사물관할을 달리하는 경우에 결정으로 단독판사에게 속한 사건을 병합하여 심리할 수 있지만, 2개의 관련사건이 사물관할과 토지관할을 모두 달리하는 경우에는 병합하여 심리할 수 없다.

④ 제1심에서 합의부 관할사건에 관하여 단독판사 관할사건으로 죄명, 적용법조를 변경하는 공소장변경허가신청서가 제출된 경우 사건을 배당받은 합의부는 공소장변경허가결정을 하였는지에 관계없이 사건의 실체에 들어가 심판하여야 한다.

⑤ 같은 사건이 사물관할을 같이하는 여러 개의 법원에 계속된 경우에 각 법원에 공통되는 바로 위의 상급법원은 검사나 피고인의 신청에 의하여 결정으로 뒤에 공소를 받은 법원으로 하여금 심판하게 할 수 있다.

해설

① [○] 형사소송법 제4조 제항은 토지관할을 범죄지, 피고인의 주소, 거소 또는 현재지로 하고 있으므로 제1심 법원이 피고인의 현재지인 이상, 그 범죄지나 주소지가 아니더라도 그 판결에 토지관할 위반의 위법은 없다(대판 1984.2.28. 83도3333).

② [○] 형사소송법 제6조(토지관할의 병합심리)

③ [×] 사물관할을 달리하는 수개의 관련사건이 각각 법원합의부와 단독판사에 계속된 때에는 합의부는 결정으로 단독판사에 속한 사건을 병합하여 심리할 수 있다(형사소송법 제10조, 사물관할의 병합심리). 형사소송법 제10조의 규정은 법원합의부와 단독판사에 계속된 각 사건이 토지관할을 달리하는 경우에도 이를 적용한다(형사소송규칙 제4조 제1항).

④ [○] 제1심에서 합의부 관할사건에 관하여 단독판사 관할사건으로 죄명, 적용법조를 변경하는 공소장변경허가신청서가 제출된 경우 합의부는 공소장변경허가결정을 하였는지에 관계없이 사건의 실체에 들어가 심판하였어야 하고 사건을 단독판사에게 재배당할 수 없다. 따라서 사건을 재배당받은 제1심 및 원심(지방법원 합의부)이 사건에 관한 실체 심리를 거쳐 심판한 조치는 관할권이 없는데도 이를 간과하고 실체판결을 한 것으로서 소송절차에 관한 법령을 위반한 잘못이 있다(대판 2013.4.25. 2013도1658).

⑤ [○]

> 형사소송법 제13조(관할의 경합) 같은 사건이 사물관할이 같은 여러 개의 법원에 계속된 때에는 먼저 공소를 받은 법원이 심판한다. 다만, 각 법원에 공통되는 바로 위의 상급법원은 검사나 피고인의 신청에 의하여 결정으로 뒤에 공소를 받은 법원으로 하여금 심판하게 할 수 있다.

정답 ③

032 진술거부권에 관한 설명 중 옳지 않은 것은? (다툼이 있으면 판례에 의함) [14 변호사]

① 피고인 또는 피의자는 진술거부권을 포기하고 피고사건 또는 피의사건에 관하여 진술할 수 있으며, 더 나아가 피고인의 경우에는 진술거부권을 포기하고 증인적격을 취득할 수 있다.

② 변호인이 적극적으로 피고인 또는 피의자로 하여금 허위진술을 하도록 하는 것이 아니라 단순히 헌법상 권리인 진술거부권이 있음을 알려 주고 그 행사를 권고하는 것은 허용된다.

③ 수사기관이 피의자를 신문함에 있어서 피의자에게 미리 진술거부권을 고지하지 않은 경우 그 피의자의 진술은 위법하게 수집된 증거로서 진술의 임의성이 인정되는 경우라도 증거능력이 부정된다.

④ 피의자의 지위는 수사기관이 조사대상자에 대한 범죄 혐의를 인정하여 수사를 개시하는 행위를 한 때 인정되므로, 이러한 피의자 지위에 이르지 아니한 자에 대하여는 수사기관이 진술거부권을 고지하지 아니하였더라도 진술의 증거능력이 부정되지 아니한다.

⑤ 검사가 피의자에게 진술거부권을 고지하였으나, 검사 작성의 피의자신문조서에 진술거부권 행사 여부에 대한 피의자의 답변이 자필로 기재되어 있지 아니하거나 그 답변 부분에 피의자의 기명날인 또는 서명이 되어 있지 아니하였다면 그 피의자신문조서는 '적법한 절차와 방식'에 따라 작성된 것이라고 할 수 없다.

해설

① [×] 피고인 또는 피의자는 진술거부권을 포기하고(정확히는 '진술거부권을 행사하지 아니하고') 진술할 수 있으나, <u>피고인은 자기 사건에서 제3자가 아니므로 증인이 될 수 없다</u>는 것이 통설과 판례의 입장이다(헌재 2001.11.29. 2001헌바41, 대판 2012.12.13. 2010도10028).

② [○] 변호사인 변호인에게는 변호사법이 정하는 바에 따라서 이른바 진실의무가 인정되는 것이지만 변호인이 신체구속을 당한 사람에게 법률적 조언을 하는 것은 그 권리이자 의무이므로 변호인이 적극적으로 피고인 또는 피의자로 하여금 허위진술을 하도록 하는 것이 아니라 단순히 헌법상 권리인 진술거부권이 있음을 알려주고 그 행사를 권고하는 것을 가리켜 변호사로서의 진실의무에 위배되는 것이라고는 할 수 없다(대결 2007.1.31. 2006모656).

③ [○] 수사기관이 피의자를 신문함에 있어서 피의자에게 미리 진술거부권을 고지하지 않은 때에는 그 피의자의 진술은 위법하게 수집된 증거로서 진술의 임의성이 인정되는 경우라도 증거능력이 부인되어야 한다(대판 2014.4.10. 2014도1779).

④ [○] 수사기관에 의한 진술거부권 고지 대상이 되는 피의자 지위는 수사기관이 조사대상자에 대한 범죄혐의를 인정하여 수사를 개시하는 행위를 한 때 인정되는 것으로 보아야 한다. 따라서 이러한 피의자 지위에 있지 아니한 자에 대하여는 진술거부권이 고지되지 아니하였더라도 진술의 증거능력을 부정할 것은 아니다(대판 2014.4.30. 2012도725).

⑤ [○] 피의자에게 진술거부권을 행사할 수 있음을 알려 주고 그 행사 여부를 질문하였다 하더라도, 형사소송법 제244조의3 제2항에 규정한 방식에 위반하여 진술거부권 행사 여부에 대한 피의자의 답변이 자필로 기재되어 있지 아니하거나 그 답변 부분에 피의자의 기명날인 또는 서명이 되어 있지 아니한 피의자신문조서는 특별한 사정이 없는 한 증거능력을 인정할 수 없다(대판 2014.4.10. 2014도1779). 다만, 실제 사건에서 피의자신문조서는 검사가 작성한 것이 아니라 사법경찰관이 작성한 것이었다.

정답 ①

033 국선변호인에 관한 설명 중 옳지 않은 것은? (다툼이 있으면 판례에 의함) [19 변호사]

① 헌법상 보장되는 '변호인의 조력을 받을 권리'는 변호인의 충분한 조력을 받을 권리를 의미하므로, 피고인에게 국선변호인의 조력을 받을 권리를 보장하여야 할 국가의 의무에는 피고인이 국선변호인의 실질적 조력을 받을 수 있도록 할 의무가 포함된다.

② 「형사소송법」제33조 제1항 제1호 소정의 '피고인이 구속된 때'라고 함은 피고인이 당해 형사사건에서 이미 구속되어 재판을 받고 있는 경우를 의미하는 것이므로, 변호인 없는 불구속 피고인에 대하여 국선변호인을 선정하지 않은 채 판결을 선고한 다음 법정구속을 하더라도 구속되기 이전까지는 위 규정이 적용된다고 볼 수 없다.

③ 이해가 상반된 피고인들 중 어느 피고인이 법무법인을 변호인으로 선임하고, 법무법인이 담당변호사들을 지정하였을 때, 법원이 그 담당변호사들 중 1인 또는 수인을 다른 피고인을 위한 국선변호인으로 선정한다면, 다른 피고인은 국선변호인의 실질적 조력을 받을 수 없게 되고, 이러한 국선변호인 선정은 국선변호인의 조력을 받을 피고인의 권리를 침해하는 것이다.

④ 필요적 변호사건의 항소심에서 피고인 본인의 항소이유서 제출기간 경과 후 국선변호인을 선정하고 그에게 소송기록접수통지를 하였으나 국선변호인이 법정기간 내에 항소이유서를 제출하지 아니한 경우, 국선변호인이 항소이유서를 제출하지 아니한 데 대하여 피고인에게 책임을 돌릴 만한 사유가 특별히 밝혀지지 아니한 이상, 항소심 법원은 국선변호인의 선정을 취소하고 새로운 국선변호인을 선정하여 그에게 소송기록접수통지를 함으로써 새로운 국선변호인이 항소이유서를 제출하도록 하는 조치를 취하여야 한다.

⑤ 피고인에 대하여 제1심법원이 집행유예를 선고하였으나 검사만이 양형부당을 이유로 항소한 경우, 항소심이 변호인이 선임되지 않은 피고인에 대하여 검사의 양형부당 항소를 받아들여 형을 선고하는 경우에는 판결 선고 후 피고인을 법정구속한 뒤에 국선변호인을 선정하는 것이 바람직하다.

해설

① [O] 헌법상 보장되는 '변호인의 조력을 받을 권리'는 변호인의 '충분한 조력'을 받을 권리를 의미하므로 피고인에게 국선변호인의 조력을 받을 권리를 보장하여야 할 국가의 의무에는 피고인이 국선변호인의 실질적 조력을 받을 수 있도록 할 의무가 포함된다(대판 2015.12.23. 2015도9951).

② [O] 형사소송법 제33조 제1항 제1호 소정의 '피고인이 구속된 때'라고 함은 피고인이 당해 형사사건에서 이미 구속되어 재판을 받고 있는 경우를 의미하는 것이므로 불구속 피고인에 대하여 판결을 선고한 다음 법정구속을 하더라도 구속되기 이전까지는 위 규정이 적용된다고 볼 수 없다(대판 2011.3.10. 2010도17353).

③ [O] 이해가 상반된 피고인들 중 어느 피고인이 특정 법무법인을 변호인으로 선임하고, 해당 법무법인이 담당변호사를 지정하였을 때, 법원이 담당변호사 중 1인 또는 수인을 다른 피고인을 위한 국선변호인으로 선정한다면, 국선변호인으로 선정된 변호사는 이해가 상반된 피고인들 모두에게 유리한 변론을 하기 어렵다. 결국 이로 인하여 다른 피고인은 국선변호인의 실질적 조력을 받을 수 없게 되었다고 보아야 하고, 따라서 위와 같은 국선변호인 선정은 국선변호인의 조력을 받을 피고인의 권리를 침해하는 것이다(대판 2015.12.23. 2015도9951).

④ [O] 피고인과 국선변호인이 모두 법정기간 내에 항소이유서를 제출하지 아니하였다고 하더라도, 국선변호인이 항소이유서를 제출하지 아니한 데 대하여 피고인에게 귀책사유가 있음이 특별히 밝혀지지 않는 한, 항소법원은 종전 국선변호인의 선정을 취소하고 새로운 국선변호인을 선정하여 다시 소송기록접수통지를 함으로써 새로운 국선변호인으로 하여금 그 통지를 받은 때로부터 형사소송법 제361조의3 제1항의 기간 내에 피고인을 위하여 항소이유서를 제출하도록 하여야 한다(대결(전) 2012.2.16. 2009모1044).

⑤ [×] 피고인에 대하여 제1심법원이 집행유예를 선고하였으나 검사만이 양형부당을 이유로 항소한 사안에서 항소심이 변호인이 선임되지 않은 피고인에 대하여 검사의 양형부당 항소를 받아들여 형을 선고하는 경우에는 판결선고 후 피고인을 법정구속한 뒤에 비로소 국선변호인을 선정하는 것보다는, 피고인의 권리보호를 위해 판결선고 전 공판심리 단계에서부터 형사소송법 제33조 제3항에 따라 피고인의 명시적 의사에 반하지 아니하는 범위 안에서 국선변호인을 선정해 주는 것이 바람직하다(대판 2016.11.10. 2016도7622).

정답 ⑤

034 변호인 선임에 관한 설명 중 옳지 않은 것은? (다툼이 있으면 판례에 의함) [15 변호사]

① 변호인이 될 자가 변호인선임서를 제출하지 아니한 채 항소이유서를 제출하고, 이유서 제출기간 경과 후에 선임서를 제출한 경우 위 항소이유서 제출은 적법·유효하다고 할 수 없다.

② 공소사실의 동일성이 인정되어 공소장이 변경된 경우, 변호인 선임의 효력은 변경된 공소사실에도 미친다.

③ 구속전피의자심문에서 피의자에게 변호인이 없는 때에는 지방법원판사는 직권으로 변호인을 선정하여야 하며, 이 경우 변호인의 선정은 구속영장청구가 기각되어도 제1심까지 효력이 있다.

④ 공소제기 전의 변호인 선임은 제1심에도 그 효력이 있다.

⑤ 원심법원에서의 변호인 선임은 파기환송 또는 파기이송이 있은 후에도 효력이 있다.

해설

① [○] 변호인선임계를 제출치 아니한 채 항소이유서만을 제출하고 동 이유서 제출기간 경과후에 동 선임계를 제출하였다면 이는 적법·유효한 변호인의 항소이유서로 볼 수 없다(대결 1969.10.4. 69모68).

② [○] 변호인선임의 효력은 공소사실의 동일성이 인정되는 사건 전부 그리고 그 소송절차 전부에 미치는 것이 원칙이므로 옳은 지문이다.

③ [×] 심문할 피의자에게 변호인이 없는 때에는 지방법원판사는 직권으로 변호인을 선정하여야 한다. 이 경우 변호인의 선정은 피의자에 대한 구속영장 청구가 기각되어 효력이 소멸한 경우를 제외하고는 제1심까지 효력이 있다(형사소송법 제201조의2 제8항).

④ [○] 공소제기 전의 변호인 선임은 제1심에도 그 효력이 있다(형사소송법 제32조 제2항).

⑤ [○] 제1심 법원에서의 변호인선임은 항소심의 파기환송·파기이송이 있은 후에도 그 효력이 있다(형사소송규칙 제158조). 상고심의 환송전 원심에서 선임된 변호인의 변호권은 사건이 환송된 뒤에는 항소심에서 다시 생긴다(대판 1968.2.27. 68도64).

정답 ③

035 변호인에 관한 설명 중 옳지 않은 것은? (다툼이 있는 경우 판례에 의함) [23 변호사]

① 변호인 선임에 관한 서면을 제출하지 않았지만 변호인이 되려는 의사를 표시하고 객관적으로 변호인이 될 가능성이 있는 경우에 이와 같이 변호인이 되려는 자에게도 피의자를 접견할 권한이 있기 때문에 수사기관이 정당한 이유 없이 접견을 거부해서는 안된다.

② 피압수자가 수사기관에 압수ㆍ수색영장의 집행에 참여하지 않는다는 의사를 명시한 경우에 그 변호인에게 「형사소송법」제219조, 제122조의 영장집행과 참여권자에 대한 통지 규정에 따라 미리 집행의 일시와 장소를 통지하는 등으로 압수ㆍ수색영장의 집행에 참여할 기회를 별도로 보장하여야 하는 것은 아니다.

③ 수사기관이 피의자신문 시 정당한 사유가 없음에도 변호인 참여를 거부하는 처분을 하는 경우에 변호인은 준항고를 할 수 있다.

④ 피의자 또는 그 변호인은 검사 또는 사법경찰관이 수사 중인 사건에 관한 본인의 진술이 기재된 부분 및 본인이 제출한 서류의 전부 또는 일부에 대한 열람ㆍ복사를 신청할 수 있다.

⑤ 직권으로 국선변호인을 선정하여야 하는 사유 중 하나인 「형사소송법」제33조 제1항 제1호의 '피고인이 구속된 때'라고 함은 피고인이 당해 형사사건에서 구속되어 재판을 받고 있는 경우를 의미하고, 피고인이 별건으로 구속되어 있거나 다른 형사사건에서 유죄로 확정되어 수형 중인 경우는 이에 해당하지 아니한다.

해설

① [O] 변호인이 되려는 의사를 표시한 자가 객관적으로 변호인이 될 가능성이 있다고 인정되는데도, 형사소송법 제34조에서 정한 '변호인 또는 변호인이 되려는 자'가 아니라고 보아 신체구속을 당한 피고인 또는 피의자와 접견하지 못하도록 제한하여서는 아니 된다(대판 2017.3.9. 2013도16162).

② [×] 형사소송법 제219조, 제121조가 규정한 변호인의 참여권은 피압수자의 보호를 위하여 변호인에게 주어진 고유권이다. 따라서 설령 피압수자가 수사기관에 압수ㆍ수색영장의 집행에 참여하지 않는다는 의사를 명시하였다고 하더라도, 특별한 사정이 없는 한 그 변호인에게는 형사소송법 제219조, 제122조에 따라 미리 집행의 일시와 장소를 통지하는 등으로 압수ㆍ수색영장의 집행에 참여할 기회를 별도로 보장하여야 한다(대판 2020.11.26. 2020도10729).

③ [O] 검사 또는 사법경찰관의 구금, 압수 또는 압수물의 환부에 관한 처분과 제243조의2에 따른 피의자신문에 있어 변호인의 참여 등에 관한 처분에 대하여 불복이 있으면 그 직무집행지의 관할법원 또는 검사의 소속검찰청에 대응한 법원에 그 처분의 취소 또는 변경을 청구할 수 있다(제417조).

④ [O] 피의자, 사건관계인 또는 그 변호인은 검사 또는 사법경찰관이 수사 중인 사건에 관한 본인의 진술이 기재된 부분 및 본인이 제출한 서류의 전부 또는 일부에 대해 열람ㆍ복사를 신청할 수 있다(검사와 사법경찰관의 상호협력과 일반적 수사준칙에 관한 규정 제69조 제1항).

⑤ [O] 형사소송법 제33조 제1항 제1호의 '피고인이 구속된 때'라고 함은, 피고인이 당해 형사사건에서 구속되어 재판을 받고 있는 경우를 의미하고, 피고인이 별건으로 구속되어 있거나 다른 형사사건에서 유죄로 확정되어 수형중인 경우는 이에 해당하지 아니한다(대판 2009.5.28. 2009도579).

정답 ②

해커스변호사
변호사시험 핵심기출 형사법 선택형

PART 04 공판

036 공소사실의 동일성이 인정되는 경우 공소장변경의 절차 없이도 법원이 직권으로 유죄를 인정할 수 있는 것을 모두 고른 것은? (다툼이 있으면 판례에 의함) [12 변호사]

㉠ 배임죄로 기소된 공소사실에 대하여 횡령죄를 인정한 경우

㉡ 피해자의 적법한 고소가 있어 강간죄로 기소된 공소사실에 대하여 폭행죄만을 인정한 경우

㉢ 동일한 범죄사실을 가지고 포괄일죄로 기소된 공소사실에 대하여 실체적 경합관계에 있는 수죄를 인정한 경우

㉣ 살인죄로 기소된 공소사실에 대하여 폭행치사죄를 인정한 경우

㉤ 미성년자 약취 후 재물을 요구하였으나 취득하지는 못한 자에 대하여 '미성년자 약취 후 재물취득 미수'에 의한 특정범죄 가중처벌 등에 관한 법률 위반죄로 기소된 공소사실에 대하여 '미성년자 약취 후 재물요구 기수'에 의한 같은 법 위반죄를 인정한 경우

---

① ㉠, ㉡, ㉢ ② ㉠, ㉡, ㉤ ③ ㉡, ㉢, ㉣

④ ㉡, ㉣, ㉤ ⑤ ㉢, ㉣, ㉤

해설

㉠ [○] 횡령죄와 배임죄는 다같이 신임관계를 기본으로 하고 있는 같은 죄질의 재산범죄로서 그 형벌에 있어서도 경중의 차이가 없고 동일한 범죄사실에 대하여 단지 법률적용만을 달리하는 경우에 해당하므로 법원은 배임죄로 기소된 공소사실에 대하여 <u>공소장변경 없이도 횡령죄를 적용하여 처벌할 수 있다</u>(대판 1999.11.26. 99도2651).

㉡ [○] 강간의 공소사실에 대하여 강간범행이 인정되지 않고 다만 그 수단인 폭행만이 인정된다면 <u>공소장변경 절차 없이 폭행죄를 인정할 수 있다</u>(대판 2010.11.11. 2010도10512).

㉢ [○] 법원이 동일한 범죄사실을 가지고 <u>포괄일죄로 보지 아니하고 실체적 경합관계에 있는 수죄로 인정하였다고 하여도</u> 이는 다만 죄수에 관한 법률적 평가를 달리한 것에 불과할 뿐이지 소추대상인 공소사실과 다른 사실을 인정한 것도 아니고 또 피고인의 방어권행사에 실질적으로 불이익을 초래할 우려도 없어서 <u>불고불리의 원칙에 위반되는 것이 아니다</u>(대판 2005.10.28. 2005도5996).

㉣ [×] 살인죄의 구성요건이 반드시 폭행치사 사실을 포함한다고 할 수 없으므로 공소장의 변경 없이 폭행치사죄를 인정함은 결국 폭행치사죄에 대한 피고인의 방어권 행사에 불이익을 주는 것이므로 법원은 <u>공소장변경 없이는 이를 폭행치사죄로 처단할 수는 없다</u>(대판 2001.6.29. 2001도1091).

㉤ [×] '미성년자약취후 재물취득미수'에 의한 특가법위반죄로 공소가 제기된 사건에서 법원이 <u>공소장변경 없이 '미성년자약취후 재물요구기수'에 의한 특가법 위반죄로 인정하여 미수감경을 배제하는 것은</u> 피고인들에게 예상 외의 불이익을 입게 하는 것으로서 피고인들의 방어권 행사에 <u>실질적인 불이익을 초래할 염려가 있다</u>(대판 2008.7.10. 2008도3747).

정답 ①

037 공소장변경에 관한 설명 중 옳은 것[○]과 옳지 않은 것[×]을 올바르게 조합한 것은? (다툼이 있으면 판례에 의함)

[22 변호사]

> ㉠ 변경된 공소사실이 변경 전의 공소사실과 기본적 사실관계에서 동일하다면 그것이 새로운 공소의 추가적 제기와 다르지 않다고 하더라도 공소장의 변경은 항소심에서도 할 수 있다.
>
> ㉡ 공소장변경절차 없이도 법원이 심리·판단할 수 있는 죄가 한 개가 아니라 여러 개인 경우로서 피고인의 방어권 행사에 실질적인 불이익이 없는 경우에 법원으로서는 그중 어느 하나를 임의로 선택하여 심리·판단할 수 있다.
>
> ㉢ 피고인의 상고에 의하여 상고심에서 원심판결을 파기하고 사건을 항소심에 환송한 경우에도 공소사실의 동일성이 인정되면 공소장변경을 허용하여 이를 심판대상으로 삼을 수 있으므로, 환송 후 원심이 검사의 공소장변경신청을 허가하고 공소장변경을 이유로 직권으로 제1심 판결을 파기한 후 다시 판결할 수 있다.
>
> ㉣ 검사가 당초 '피고인이 A 등에게 필로폰 약 0.3g을 교부하였다'고 하여 마약류관리에관한법률위반(향정)으로 공소를 제기하였다가 '피고인이 A 등에게 필로폰을 구해주겠다고 속여 A 등에게서 필로폰 대금을 편취하였다'는 사기 범죄사실을 예비적으로 추가하는 공소장변경을 신청한 경우 위 두 범죄사실은 기본적인 사실관계가 동일하므로 공소장변경은 허용된다.
>
> ㉤ 공소장변경절차에 의하여 공소사실이 변경됨에 따라 그 법정형에 차이가 있는 경우에는 변경된 공소사실에 대한 법정형이 공소시효기간의 기준이 되고, 그 공소시효의 완성 여부도 공소장변경시를 기준으로 한다.

① ㉠ [○], ㉡ [○], ㉢ [○], ㉣ [×], ㉤ [×]
② ㉠ [○], ㉡ [×], ㉢ [○], ㉣ [×], ㉤ [×]
③ ㉠ [○], ㉡ [×], ㉢ [×], ㉣ [○], ㉤ [○]
④ ㉠ [×], ㉡ [○], ㉢ [×], ㉣ [○], ㉤ [×]
⑤ ㉠ [×], ㉡ [×], ㉢ [×], ㉣ [×], ㉤ [○]

해설

㉠ [○] 변경된 공소사실이 변경 전의 공소사실과 기본적 사실관계에서 동일하다면 그것이 새로운 공소의 추가적 제기와 다르지 않다고 하더라도 공소장의 변경은 항소심에서도 할 수 있다(대판 2017.9.21. 2017도7843).

㉡ [×] 공소장변경 절차 없이도 법원이 심리·판단할 수 있는 죄가 한 개가 아니라 여러 개인 경우에는 법원으로서는 그 중 어느 하나를 임의로 선택할 수 있는 것이 아니라 검사에게 공소사실 및 적용법조에 관한 석명을 구하여 공소장을 보완하게 한 다음 이에 따라 심리·판단하여야 한다(대판 2005.7.8. 2005도279).

㉢ [○] 피고인의 상고에 의하여 상고심에서 원심판결을 파기하고 사건을 항소심에 환송한 경우에도 공소사실의 동일성이 인정되면 공소장변경을 허용하여 이를 심판대상으로 삼을 수 있으므로, 환송 후 원심이 검사의 공소장변경신청을 허가하고 공소장변경을 이유로 직권으로 제1심 판결을 파기한 후 다시 판결할 수 있다(대판 2004.7.22. 2003도8153).

㉣ [×] 당초의 공소사실인 마약류관리에 관한 법률 위반(향정)의 범죄사실과 검사의 공소장변경에 의해 예비적으로 추가된 사기의 범죄사실은 그 수단·방법 등 범죄사실의 내용이나 행위의 태양 및 피해법익이 다르고 죄질에도 현저한 차이가 있어 그 기본적인 사실관계가 동일하다고 볼 수 없다(대판 2012.4.13. 2010도16659).

㉤ [×] 공소장변경절차에 의하여 공소사실이 변경됨에 따라 그 법정형에 차이가 있는 경우에는 변경된 공소사실에 대한 법정형이 공소시효기간의 기준이 된다(대판 2013.7.26. 2013도6182). 공소장변경이 있는 경우 공소시효의 완성 여부는 당초의 공소제기가 있었던 시점을 기준으로 판단할 것이고 공소장변경시를 기준으로 삼을 것이 아니다(대판 2018.10.12. 2018도6252).

정답 ②

038 공소장변경제도에 관한 설명 중 옳지 않은 것은? (다툼이 있으면 판례에 의함) [18 변호사]

① 항소심의 구조가 사후심으로서의 성격만을 가지는 것은 아니므로, 피고인의 상고에 의하여 상고심에서 원심판결을 파기하고 사건을 항소심에 환송한 경우에도 공소사실의 동일성이 인정되면 항소심 법원은 공소장변경을 허가하여 변경된 공소사실을 심판대상으로 삼을 수 있다.

② 검사가 구두로 공소장변경허가신청을 하면서 변경하려는 공소사실의 일부만 진술하고 나머지는 전자적 형태의 문서로 저장한 저장매체를 제출한 경우, 저장매체에 저장된 전자적 형태의 문서로 제출된 부분은 공소장변경허가신청이 된 것이라고 할 수 없으므로 법원이 그 부분에 대해서까지 공소장변경허가를 하였더라도 적법하게 공소장변경이 된 것으로 볼 수 없다.

③ 「형사소송규칙」은 "공소장변경허가신청서가 제출된 경우 법원은 그 부본을 피고인 또는 변호인에게 즉시 송달하여야 한다."라고 규정하고 있는데, 이는 피고인과 변호인 모두에게 부본을 송달하여야 한다는 취지가 아니므로 공소장변경신청서 부본을 피고인과 변호인 중 어느 한 쪽에 대해서만 송달하였다고 하여 절차상 잘못이 있다고 할 수 없다.

④ 공소장변경절차에 의하여 공소사실이 변경됨에 따라 그 법정형에 차이가 있는 경우, 변경된 공소사실에 대한 법정형이 공소시효기간의 판단기준이 된다.

⑤ 제1심에서 합의부 관할사건에 관하여 단독판사 관할사건으로 죄명과 적용법조를 변경하는 공소장변경허가신청서가 제출된 경우, 사건을 배당받은 합의부가 공소장변경을 허가하는 결정을 하였다면 합의부는 결정으로 관할권이 있는 단독판사에게 사건을 이송하여야 한다.

해설

① [○] 피고인의 상고에 의하여 상고심에서 원심판결을 파기하고 사건을 항소심에 환송한 경우에도 공소사실의 동일성이 인정되면 공소장변경을 허용하여 심판대상으로 삼을 수 있다(대판 2004.7.22. 2003도8153).

② [○] 검사가 구술에 의한 공소장변경허가신청을 하는 경우에도 변경하고자 하는 공소사실의 내용은 서면에 의하여 신청을 할 때와 마찬가지로 구체적으로 특정하여 진술하여야 하므로, 검사가 구술로 공소장변경허가신청을 하면서 변경하려는 공소사실의 일부만 진술하고 나머지는 전자적 형태의 문서로 저장한 저장매체를 제출하였다면, 공소사실의 내용을 구체적으로 진술한 부분에 한하여 공소장변경허가신청이 된 것으로 볼 수 있을 뿐이다. 그 경우 저장매체에 저장된 전자적 형태의 문서는 공소장변경허가신청이 된 것이라고 할 수 없고, 법원이 그 부분에 대해서까지 공소장변경허가를 하였다고 하더라도 적법하게 공소장변경이 된 것으로 볼 수 없다(대판 2016.12.29. 2016도11138).

③ [○] 형사소송규칙 제142조 제3항은 공소장변경허가신청서가 제출된 경우에 법원은 그 부본을 피고인 또는 변호인에게 즉시 송달하여야 한다고 규정하고 있는데, 피고인과 변호인 모두에게 부본을 송달하여야 하는 취지가 아님은 문언상 명백하므로, 공소장변경신청서 부본을 피고인과 변호인 중 어느 한 쪽에 대해서만 송달하였다고 하여 절차상 잘못이 있다고 할 수 없다(대판 2015.2.16. 2014도14843).

④ [○] 공소장변경절차에 의하여 공소사실이 변경됨에 따라 그 법정형에 차이가 있는 경우에는 변경된 공소사실에 대한 법정형이 공소시효기간의 기준이 된다(대판 2013.7.26. 2013도6182).

⑤ [×] (제1심에서 합의부 관할사건에 관하여 단독판사 관할사건으로 죄명, 적용법조를 변경하는 공소장변경허가신청서가 제출된 경우) 합의부는 공소장변경허가결정을 하였는지에 관계없이 사건의 실체에 들어가 심판하였어야 하고 사건을 단독판사에게 재배당할 수 없는데도, 사건을 재배당받은 제1심 및 원심(지방법원 합의부)이 사건에 관한 실체 심리를 거쳐 심판한 조치는 관할권이 없는데도 이를 간과하고 실체판결을 한 것으로서 소송절차에 관한 법령을 위반한 잘못이 있다(대판 2013.4.25. 2013도1658). 단독판사 관할사건이 합의부 관할사건으로 변경된 경우 합의부로 이송해야 한다고 형사소송법 제8조 제2항에 규정되어 있으나, 그 역(逆)으로 합의부 관할사건이 단독판사 관할사건으로 변경된 경우에 대해서는 형사소송법에 명문의 규정이 없다. 이 경우 그냥 합의부가 심판해야 하고 단독판사로 이송할 수 없다는 취지의 판례이다.

정답 ⑤

039 증거개시제도에 관한 설명 중 옳은 것[○]과 옳지 않은 것[×]을 올바르게 조합한 것은? (다툼이 있으면 판례에 의함)

[13 변호사]

> ㉠ 검사는 피고인 또는 변호인이 공판기일 또는 공판준비절차에서 현장부재·심신상실 또는 심신미약 등 법률상·사실상의 주장을 한 때에는 피고인 또는 변호인에게 그 주장과 관련된 서류 등의 열람·등사 또는 서면의 교부를 요구할 수 있다.
>
> ㉡ 피고인에게 변호인이 있는 경우에도 피고인은 검사에게 공소제기된 사건에 관한 서류 또는 물건의 목록과 공소사실의 인정 또는 양형에 영향을 미칠 수 있는 서류 등의 열람·등사 또는 서면의 교부를 신청할 수 있다.
>
> ㉢ 피고인 또는 변호인이 검사에게 열람·등사 또는 교부를 신청할 수 있는 서류 등에는 공소사실의 인정 또는 양형에 영향을 미칠 수 있는 서류 또는 물건만 해당되고, 녹음테이프와 비디오테이프 등 특수매체는 사생활 침해 및 전파가능성이 높기 때문에 포함되지 않는다.
>
> ㉣ 형사소송법상 검사가 수사서류의 열람·등사에 관한 법원의 허용결정을 지체 없이 이행하지 아니하는 때에는 해당 증인 및 서류 등에 대한 증거신청을 할 수 없도록 규정되어 있으므로, 검사는 그와 같은 불이익을 감수하면 법원의 열람·등사의 결정을 따르지 않아도 위법하지 아니하다.
>
> ㉤ 검사는 피고인 또는 변호인의 신청이 있는 경우 서류 등의 목록에 대하여는 열람 또는 등사를 거부할 수 없다.

① ㉠ [×], ㉡ [○], ㉢ [×], ㉣ [○], ㉤ [○]   ② ㉠ [○], ㉡ [×], ㉢ [×], ㉣ [×], ㉤ [○]
③ ㉠ [○], ㉡ [×], ㉢ [○], ㉣ [○], ㉤ [○]   ④ ㉠ [×], ㉡ [×], ㉢ [○], ㉣ [○], ㉤ [×]
⑤ ㉠ [○], ㉡ [○], ㉢ [×], ㉣ [×], ㉤ [×]

해설

㉠ [○] 검사는 피고인 또는 변호인이 공판기일 또는 공판준비절차에서 현장부재·심신상실 또는 심신미약 등 법률상·사실상의 주장을 한 때에는 피고인 또는 변호인에게 관련 서류등의 열람·등사 또는 서면의 교부를 요구할 수 있다(형사소송법 제266조의11 제1항).

㉡ [×] 피고인에게 변호인이 있는 경우 피고인은 <u>열람만을 신청할 수 있다</u>(형사소송법 제266조의3 제1항).

㉢ [×] 증거개시의 대상에는 녹음테이프나 비디오테이프 등 <u>특수매체도 포함된다</u>. 특수매체에 대한 등사는 필요 최소한의 범위에 한한다(형사소송법 제266조의3 제6항).

㉣ [×] (증거개시절차에 있어) 법원의 열람등사 허용 결정에도 불구하고 검사가 이를 신속하게 이행하지 아니하는 경우에는 해당 증인 및 서류 등을 증거로 신청할 수 없는 불이익을 받는 것에 그치는 것이 아니라, 그러한 검사의 거부행위는 <u>피고인의 열람등사권을 침해하고</u>, 나아가 <u>피고인의 신속공정한 재판을 받을 권리 및 변호인의 조력을 받을 권리까지 침해하게 되는 것이다</u>(헌재 2010.6.24. 2009헌마257).

㉤ [○] 검사는 서류 등의 목록에 대하여는 열람 또는 등사를 거부할 수 없다(형사소송법 제266조의3 제5항).

정답 ②

040 증인신문에 관한 설명 중 옳은 것[○]과 옳지 않은 것[×]을 올바르게 조합한 것은? (다툼이 있으면 판례에 의함)

[16 변호사]

> ㉠ 변호인에게 증인적격을 인정하더라도 변호사인 변호인은 피고인에게 불리한 사실에 대해서는 증언 거부권을 행사할 수 있다.
> ㉡ 자신에 대한 유죄판결이 확정된 증인에게는 공범에 대한 피고사건에서 증언거부권이 인정되지 않는다.
> ㉢ 소송절차가 분리된 공범인 공동피고인이 증언거부권을 고지받은 상태에서 자기의 범죄사실에 대하여 허위로 증언한 경우에는 위증죄가 성립한다.
> ㉣ 4세의 선서무능력자가 선서 후 한 증언은 증언능력 유무와 관계없이 증언 자체의 효력이 부정된다.

① ㉠ [○], ㉡ [○], ㉢ [○], ㉣ [×]   ② ㉠ [○], ㉡ [○], ㉢ [×], ㉣ [○]
③ ㉠ [○], ㉡ [×], ㉢ [○], ㉣ [×]   ④ ㉠ [×], ㉡ [○], ㉢ [×], ㉣ [×]
⑤ ㉠ [×], ㉡ [×], ㉢ [○], ㉣ [○]

해설

㉠ [○] 다수의 학설은 변호인의 증인적격을 부정한다. 소수설에 의하여 변호인에게 증인적격을 인정하더라도 변호인은 피고인의 보호자로서 피고인에게 불리한 사실에 대해서는 증언거부권을 행사할 수 있다고 보아야 한다(대판 2012.8.30. 2012도6027 참고).

㉡ [○] 이미 유죄의 확정판결을 받은 경우에는 일사부재리의 원칙에 의해 다시 처벌되지 아니하므로 증언을 거부할 수 없는바, 이는 사실대로의 진술 즉 자신의 범행을 시인하는 진술을 기대할 수 있기 때문인 점 등에 비추어 보면 피고인은 강도상해죄로 이미 유죄의 확정판결을 받았으므로 그 범행에 대한 증언을 거부할 수 없을 뿐만 아니라 나아가 사실대로 증언하여야 한다(대판 2008.10.23. 2005도10101).

㉢ [○] 피고인의 지위에 있는 공동피고인은 다른 공동피고인에 대한 공소사실에 관하여 증인이 될 수 없으나, 소송절차가 분리되어 피고인의 지위를 벗어나게 되면 다른 공동피고인에 대한 공소사실에 관하여 증인이 될 수 있다(대판 2012.3.29. 2009도11249). 소송절차가 분리된 공범은 증인의 지위에 있으므로 증언거부권을 고지받은 상태에서 허위로 증언한 경우 위증죄가 성립한다.

㉣ [×] 선서무능력자에 대하여 선서케하고 신문한 경우라 할지라도 증언능력이 있다면 ~~증언능력이 있다면~~ 선서만이 무효가 되고 그 증언의 효력에 관하여는 영향이 없고 유효하다(대판 1957.3.8. 57도23).

정답 ①

041 증인신문에 관한 설명 중 옳은 것은? (다툼이 있으면 판례에 의함) [22 변호사]

① 반대신문에 있어서 필요할 때에는 유도신문을 할 수 있으며, 반대신문의 기회에 주신문에 나타나지 아니한 새로운 사항에 관하여 신문하고자 할 때에는 재판장의 허가를 받아야 한다.

② 공판기일에 증인은 출석하였으나 피고인이 정당한 사유 없이 출석하지 아니하여 형사소송법 제276조의 규정에 의하여 공판기일을 연기할 수밖에 없는 경우 법원이 이미 출석하여 있는 증인에 대하여 공판기일 외의 신문으로서 증인신문을 하고 다음 공판기일에 그 증인신문조서에 대한 서증조사를 하는 것은 증거조사절차로서 위법하다.

③ 형사소송법 제297조의 규정에 따라 재판장은 증인이 피고인의 면전에서 충분한 진술을 할 수 없다고 인정한 때에는 피고인을 퇴정하게 하고 증인신문을 진행함으로써 피고인의 직접적인 증인 대면을 제한하고 피고인의 반대신문권을 배제할 수 있다.

④ 법정 외에서 증인신문을 실시함에 있어서 피고인에 대하여 통지하지 아니하여 참여 기회를 주지 않았다면 그 후 속개된 공판기일에서 피고인과 변호인이 그 증인신문조사에 대하여 별 의견이 없다고 진술하였더라도 그 증인신문조사의 하자는 치유되지 않는다.

⑤ 형사소송법 제165조의2 비디오 등 중계장치 등에 의한 증인신문에 있어서 형사소송규칙 제84조의9에서 피고인과 증인 사이의 차폐시설 설치만을 규정하고 있으므로 검사, 변호인, 방청인과 증인 사이에 차폐시설 등을 설치하는 방식으로 증인신문을 할 수 없다.

해설

① [○] 형사소송규칙 제76조 제2항·제4항

② [×] 법원이 공판기일에 증인을 채택하여 다음 공판기일에 증인신문을 하기로 피고인에게 고지하였는데 그 다음 공판기일에 증인은 출석하였으나 피고인이 정당한 사유 없이 출석하지 아니한 경우 이미 출석하여 있는 증인에 대하여 공판기일 외의 신문으로서 증인신문을 하고 다음 공판기일에 그 증인신문조서에 대한 서증조사를 하는 것은 증거조사절차로서 적법하다(대판 2000.10.13. 2000도3265).

③ [×] 형사소송법 제297조의 규정에 따라 재판장은 증인이 피고인의 면전에서 충분한 진술을 할 수 없다고 인정한 때에는 피고인을 퇴정하게 하고 증인신문을 진행함으로써 피고인의 직접적인 증인 대면을 제한할 수 있지만, 이러한 경우에도 피고인의 반대신문권을 배제하는 것은 허용되지 않는다(대판 2012.2.23. 2011도15608).

④ [×] 법정외에서 증인신문을 실시함에 있어서 피고인에 대하여 통지하지 아니하여 참여 기회를 주지 않은 잘못이 있다고 하더라도 그 후 속개된 공판기일에서 피고인과 변호인이 그 증인신문조사에 대하여 별 의견이 없다고 진술하였다면 그 잘못은 책문권의 포기로 치유된다(대판(전) 1980.5.20. 80도306).

⑤ [×] 법원은 형사소송법 제165조의2 제3호의 요건(피고인 등과 대면하여 진술하면 심리적인 부담으로 정신의 평온을 현저하게 잃을 우려가 있는 경우)이 충족될 경우 피고인뿐만 아니라 검사, 변호인, 방청인 등에 대하여도 차폐시설 등을 설치하는 방식으로 증인신문을 할 수 있으며, 이는 형사소송규칙 제84조의9에서 피고인과 증인 사이의 차폐시설 설치만을 규정하고 있다고 하여 달리 볼 것이 아니다(대판 2015.5.28. 2014도18006).

정답 ①

042 증언거부권에 관한 설명 중 옳지 않은 것은? (다툼이 있는 경우 판례에 의함) [23 변호사]

① 증언거부권이 있는 자에게 증언거부권이 있음을 설명하지 않은 경우라도 증인이 선서하고 증언한 이상 그 증언의 효력에는 영향이 없다.

② 자신에 대한 유죄판결이 확정된 증인이 공범에 대한 형사사건에서 증언할 당시 앞으로 재심을 청구할 예정이라면 증인에게 「형사소송법」 제148조(근친자의 형사책임과 증언 거부)에 의한 증언거부권이 인정된다.

③ 변호사는 그 업무상 위탁을 받은 관계로 알게 된 사실로서 타인의 비밀에 관한 것은 증언을 거부할 수 있고, 다만 본인의 승낙이 있거나 중대한 공익상 필요가 있는 때에는 그러하지 아니하다.

④ 증언거부사유가 있음에도 형사사건의 증인이 증언거부권을 고지받지 못함으로 인하여 그 증언거부권을 행사하는 데 사실상 장애가 초래되었다고 볼 수 있는 경우에는 위증죄가 성립하지 않는다.

⑤ 소송절차가 분리된 공범인 공동피고인이 증인으로 법정에 출석하여 증언거부권을 고지받은 상태에서 자기의 범죄사실에 대하여 허위로 진술한 경우 위증죄가 성립한다.

해설

① [○] 증인신문에 당하야 증언거부권 있음을 설명하지 아니한 경우라 할지라도 증인이 선서하고 증언한 이상 그 증언의 효력에 관하여는 역시 영향이 없고 유효하다고 해석함이 타당하다(대판 1957.3.8. 4290형상23).

② [×] [1] 이미 유죄의 확정판결을 받은 경우에는 일사부재리의 원칙에 의해 다시 처벌받지 아니하므로 자신에 대한 유죄판결이 확정된 증인은 공범에 대한 피고사건에서 증언을 거부할 수 없고, 설령 증인이 자신에 대한 형사사건에서 시종일관 그 범행을 부인하였다 하더라도 그러한 사정만으로 증인이 진실대로 진술할 것을 기대할 수 있는 가능성이 없는 경우에 해당한다고 할 수 없으므로 허위의 진술에 대하여 위증죄의 성립을 부정할 수 없다.
[2] 자신에 대한 유죄판결이 확정된 증인이 공범에 대한 피고사건에서 증언할 당시 앞으로 재심을 청구할 예정이라고 하여도 이를 이유로 증인에게 형사소송법 제148조에 의한 증언거부권이 인정되지는 않는다(대판 2011.11.24. 2011도11994).

③ [○]

> **형사소송법 제149조(업무상비밀과 증언거부)** 변호사·변리사 등이 그 업무상 위탁을 받은 관계로 알게 된 사실로서 타인의 비밀에 관한 것은 증언을 거부할 수 있다. 다만, 본인의 승낙이 있거나 중대한 공익상 필요 있는 때에는 예외로 한다.

④ [○] 증언거부사유가 있음에도 증인이 증언거부권을 고지받지 못함으로 인하여 그 증언거부권을 행사하는 데 사실상 장애가 초래되었다고 볼 수 있는 경우에는 위증죄의 성립을 부정하여야 할 것이다(대판 2010.2.25. 2009도13257).

⑤ [○] 피고인의 지위에 있는 공동피고인은 다른 공동피고인에 대한 공소사실에 관하여 증인이 될 수 없으나, 소송절차가 분리되어 피고인의 지위를 벗어나게 되면 다른 공동피고인에 대한 공소사실에 관하여 증인이 될 수 있다(대판 2012.3.29. 2009도11249). ▶ 소송절차가 분리된 공범은 증인의 지위에 있으므로 증언거부권을 고지받은 상태에서 허위로 증언한 경우 위증죄가 성립한다.

정답 ②

043 공판에 관한 설명 중 옳은 것을 모두 고른 것은? (다툼이 있는 경우 판례에 의함)   [24 변호사]

ㄱ. 피고인은 항소심 제1회 공판기일에는 불출석, 제2회 공판기일에는 출석하였으나 제3회 공판기일에 다시 불출석하자 법원이 피고인의 변호인과 검사만 출석한 상태에서 공판절차를 진행하여 변론을 종결한 다음 제4회 공판기일에 피고인의 항소를 기각하는 판결을 선고하였다면, 이는 「형사소송법」 제365조에 따른 조치로서 적법하다.

ㄴ. 제1심 공판절차에서 피고인에 대한 송달불능보고서가 접수된 때부터 6개월이 지나도록 피고인의 소재를 확인할 수 없는 경우에는 대법원규칙으로 정하는 바에 따라 피고인의 진술 없이 재판할 수 있으나, 사형, 무기 또는 장기 10년이 넘는 징역이나 금고에 해당하는 사건의 경우에는 피고인의 진술 없이 재판할 수 없다.

ㄷ. 최종의견 진술의 기회는 피고인이나 변호인에게 주어지면 되는바, 재판장이 변호인의 최후변론이 끝나자마자 곧바로 선고기일을 지정·고지함으로써 피고인에게 최종의견 진술의 기회를 주지 아니한 채 변론을 종결하고 판결을 선고하였다 하더라도 이는 재판장의 소송지휘권의 범위 내에 속하는 재량행위로서 소송절차의 법령위반에 해당한다고 볼 수는 없다.

ㄹ. 종결한 변론을 재개할지 여부는 원칙적으로 법원의 재량에 속하는 사항이나, 항소심이 변론종결한 후 선임된 변호인의 변론재개신청을 들어주지 않았다면 이는 심리미진의 위법이 있는 경우에 해당한다.

ㅁ. 증거신청의 채택 여부는 법원의 재량으로서 법원의 증거결정에 대하여는 보통항고, 즉시항고 모두 할 수 없고, 다만 증거결정에 법령위반이 있는 경우에 한해 이의신청을 할 수 있을 뿐이며, 또한 그로 말미암아 사실을 오인하여 판결에 영향을 미치기에 이른 경우에만 이를 상소의 이유로 삼을 수 있다.

① ㄴ, ㄹ ② ㄴ, ㅁ ③ ㄱ, ㄴ, ㄷ
④ ㄱ, ㄷ, ㅁ ⑤ ㄱ, ㄴ, ㄷ, ㄹ, ㅁ

해설

ㄱ. [×] 항소심에서도 피고인의 출석 없이는 개정하지 못하는 것이 원칙이다(형사소송법 제370조, 제276조). 다만 피고인이 항소심 공판기일에 출정하지 않아 다시 기일을 정하였는데도 정당한 사유 없이 그 기일에도 출정하지 않은 때에는 피고인의 진술 없이 판결할 수 있다(형사소송법 제365조). 이와 같이 피고인이 불출석한 상태에서 그 진술 없이 판결할 수 있기 위해서는 피고인이 적법한 공판기일 통지를 받고서도 2회 연속으로 정당한 이유 없이 출정하지 않은 경우에 해당하여야 한다. [2] 피고인이 제1심에서 도로교통법 위반(음주운전)죄로 유죄판결을 받고 항소한 후 원심 제1회, 제2회 공판기일에 출석하였고, 제3회 공판기일에 변호인만이 출석하고 피고인은 건강상 이유를 들어 출석하지 않았으나, 제4회 공판기일에 변호인과 함께 출석하자 원심은 변론을 종결하고 제5회 공판기일인 선고기일을 지정하여 고지하였는데, 피고인과 변호인이 모두 제5회 공판기일에 출석하지 아니하자 원심이 피고인의 출석 없이 공판기일을 개정하여 피고인의 항소를 기각하는 판결을 선고한 사안에서, 피고인이 고지된 선고기일인 제5회 공판기일에 출석하지 않았더라도 제4회 공판기일에 출석한 이상 2회 연속으로 정당한 이유 없이 출정하지 않은 경우에 해당하지 않아 형사소송법 제365조 제2항에 따라 제5회 공판기일을 개정할 수 없다는 이유로, 그런데도 피고인의 출석 없이 제5회 공판기일을 개정하여 판결을 선고한 원심의 조치에 소송절차에 관한 형사소송법 제365조에 반하여 판결에 영향을 미친 잘못이 있다고 한 사례(대판 2019.10.31. 2019도5426).

ㄴ. [○] 제1심 공판절차에서 피고인에 대한 송달불능보고서가 접수된 때부터 6개월이 지나도록 피고인의 소재를 확인할 수 없는 경우에는 대법원규칙으로 정하는 바에 따라 피고인의 진술 없이 재판할 수 있다. 다만, 사형, 무기 또는 장기 10년이 넘는 징역이나 금고에 해당하는 사건의 경우에는 그러하지 아니하다(소송촉진등에관한특례법 제23조).

ㄷ. [×] 형사소송법 제303조는 "재판장은 검사의 의견을 들은 후 피고인과 변호인에게 최종의 의견을 진술할 기회를 주어야 한다."라고 정하고 있으므로, 최종의견 진술의 기회는 피고인과 변호인 모두에게 주어져야 한다. 이러한 최종의견 진술의 기회는 피고인과 변호인의 소송법상 권리로서 피고인과 변호인이 사실관계의 다툼이나 유리한 양형사유를 주장할 수 있는 마지막 기회이므로, 피고인이나 변호인에게 최종의견 진술의 기회를 주지 아니한 채 변론을 종결하고 판결을 선고하는 것은 소송절차의 법령위반에 해당한다(대판 2018.3.29. 2018도327).

ㄹ. [×] 종결한 변론을 재개하느냐의 여부는 법원의 재량에 속하는 사항으로서 원심이 변론종결 후 선임된 변호인의 변론재개신청을 들어주지 아니하였다 하여 심리미진의 위법이 있는 것은 아니다(대판 1986.6.10. 86도769).

ㅁ. [O] 당사자의 증거신청에 대한 법원의 채택여부의 결정은 판결 전의 소송절차에 관한 결정으로서 이의신청을 하는 외에는 달리 불복할 수 있는 방법이 없고, 다만 그로 말미암아 사실을 오인하여 판결에 영향을 미치기에 이른 경우에만 이를 상소의 이유로 삼을 수 있을 뿐이다(대판 1990.6.8. 90도646).

정답 ②

044 공판절차에 관한 설명 중 옳은 것은? (다툼이 있으면 판례에 의함) [21 변호사]

① 피고인은 변호인이 있는 경우라도 공소제기된 사건에 관하여 검사가 증거로 신청할 피의자신문조서의 열람·등사 또는 서면의 교부를 검사에게 신청할 수 있다.

② 피고인의 출석 없이도 공판준비기일을 개정할 수 있기 때문에 법원의 소환없이 공판준비기일에 출석한 피고인에게는 재판장은 진술거부권을 고지할 의무는 없다.

③ 변호인이 없는 피고인을 일시 퇴정케 하고 증인신문을 한 다음 피고인에게 실질적인 반대신문의 기회를 부여하지 않았다면, 다음 공판기일에서 재판장이 증인신문결과 등을 공판조서에 의하여 고지하여 피고인이 '변경할 점과 이의할 점이 없다'고 진술하더라도 실질적인 반대신문의 기회를 부여 받지 못한 하자는 치유되지 않는다.

④ 법률에 근거한 공개금지사유가 없음에도 불구하고 재판의 심리에 관한 공개를 금지하기로 한 공개금지결정은 피고인의 공개재판을 받을 권리를 침해한 것으로서 그 증인신문절차에서 이루어진 증인의 증언은 증거능력이 없으나, 만약 변호인의 반대신문권이 보장되었을 경우에는 이를 증거로 사용할 수 있다.

⑤ 피고인이 명시적으로 유죄를 자인하는 진술을 하지는 않았으나, 공소장 기재사실을 인정하고 나아가 위법성이나 책임조각사유가 되는 사실을 진술하지 않은 경우는 「형사소송법」 제286조의2가 규정하는 간이공판절차의 결정의 요건인 공소사실의 자백에 해당한다.

해설

① [×] 변호인이 있는 피고인은 공소제기 후 검사가 보관하고 있는 서류 등의 열람만 신청할 수 있을 뿐, 그 등사 또는 서면의 교부는 신청할 수 없다(형사소송법 제266조의3 제1항).

② [×] (공판준비기일에서) 재판장은 출석한 피고인에게 진술을 거부할 수 있음을 알려주어야 한다(형사소송법 제266조의8 제6항).

③ [×] 변호인이 없는 피고인을 일시 퇴정하게 하고 증인신문을 한 다음 피고인에게 실질적인 반대신문권의 기회를 부여하지 아니한 채 이루어진 증인의 법정진술은 위법한 증거로서 증거능력이 없다고 볼 여지가 있다. 그러나 재판장이 증인신문 결과 등을 공판조서에 의하여 고지하였는데 피고인은 '변경할 점과 이의할 점이 없다'고 진술한 사실을 알 수 있는바, 이와 같이 피고인이 책문권 포기 의사를 명시함으로써 실질적인 반대신문의 기회를 부여받지 못한 하자가 치유되었다고 할 수 있으므로 증인의 법정진술이 위법한 증거라고 볼 수 없다(대판 2010.1.14. 2009도9344).

④ [×] 헌법 제109조, 법원조직법 제57조 제1항이 정한 공개금지사유가 없음에도 불구하고 재판의 심리에 관한 공개를 금지하기로 결정하였다면 그러한 공개금지결정은 피고인의 공개재판을 받을 권리를 침해한 것으로서 그 절차에 의하여 이루어진 증인의 증언은 증거능력이 없다고 할 것이고, 변호인의 반대신문권이 보장되었더라도 달리 볼 수 없으며, 이러한 법리는 공개금지결정의 선고가 없는 등으로 공개금지결정의 사유를 알 수 없는 경우에도 마찬가지이다(대판 2015.10.29. 2014도5939).

⑤ [○] 간이공판절차 결정의 요건인 '공소사실의 자백'이라 함은 공소장 기재사실을 인정하고 나아가 위법성이나 책임조각사유가 되는 사실을 '진술하지 아니하는 것으로 충분하고' 명시적으로 유죄를 자인하는 진술이 있어야 하는 것은 아니다(대판 1987.8.18. 87도1269).

정답 ⑤

045 국민참여재판에 관한 설명 중 옳지 않은 것은? (다툼이 있으면 판례에 의함) [18 변호사]

① 피고인이 법원에 국민참여재판을 신청하였는데도 법원이 이에 대한 배제결정도 하지 않은 채 통상의 공판절차로 재판을 진행하였다면, 이러한 공판절차에서 이루어진 소송행위는 무효라고 보아야 한다.

② 제1심 법원이 피고인의 의사에 따라 국민참여재판으로 진행함에 있어 별도의 국민참여재판 개시결정을 할 필요는 없으나 그에 관한 이의가 있어 국민참여재판으로 진행하기로 결정한 경우, 검사는 그 결정에 대하여 즉시항고를 할 수 있다.

③ 국민참여재판에서 공판준비기일은 원칙적으로 공개하여야 하나, 배심원은 공판준비기일에는 참여하지 아니한다.

④ 국민참여재판은 간이공판절차에 의한 증거능력과 증거조사의 특칙을 적용하기에 부적합한 재판이기 때문에 간이공판절차에 관한 규정을 적용하지 아니한다.

⑤ 국민참여재판에 관하여 변호인이 없는 때에는 법원은 직권으로 변호인을 선정하여야 한다.

해설

① [○] 피고인이 법원에 국민참여재판을 신청하였음에도 불구하고 법원이 이에 대한 배제결정도 하지 않은 채 통상의 공판절차로 재판을 진행하는 것은 피고인의 국민참여재판을 받을 권리 및 법원의 배제결정에 대한 항고권 등의 중대한 절차적 권리를 침해한 것으로서 위법하다 할 것이고, 이와 같이 위법한 공판절차에서 이루어진 소송행위는 무효라고 보아야 한다(대판 2011.9.8. 2011도7106).

② [×] 국참법에 의하면 제1심 법원이 국민참여재판 대상사건을 피고인의 의사에 따라 국민참여재판으로 진행함에 있어 별도의 국민참여재판 개시결정을 할 필요는 없고, 그에 관한 이의가 있어 제1심 법원이 국민참여재판으로 진행하기로 하는 결정에 이른 경우 이는 판결전의 소송절차에 관한 결정에 해당하며 그에 대하여 특별히 즉시항고를 허용하는 규정이 없으므로 위 결정에 대하여는 항고할 수 없다(대결 2009.10.23. 2009모1032).

③ [○] 국민참여재판에서 공판준비기일은 공개한다. 다만, 법원은 공개함으로써 절차의 진행이 방해될 우려가 있는 때에는 공판준비기일을 공개하지 아니할 수 있다. 공판준비기일에는 배심원이 참여하지 아니한다(국참법 제37조 제3항·제4항).

④ [○] 국민참여재판에는 「형사소송법」 제286조의2(간이공판절차에 관한 규정)를 적용하지 아니한다(국참법 제43조).

⑤ [○] 국민참여재판에 관하여 변호인이 없는 때에는 법원은 직권으로 변호인을 선정하여야 한다(국참법 제7조).

정답 ②

046 국민참여재판에 관한 설명 중 옳지 않은 것은? (다툼이 있으면 판례에 의함) [20 변호사]

① 법원은 공소사실의 일부 철회 또는 변경으로 인하여 국민참여재판의 대상사건에 해당하지 아니하게 된 경우에도 국민참여재판을 계속 진행함이 원칙이다.

② 국민참여재판에 관하여 변호인이 없는 때에는 「형사소송법」 제33조 제1항 각호(구속, 미성년자, 70세 이상 등)의 어느 하나에 해당하는 경우가 아니더라도 법원은 직권으로 변호인을 선정하여야 한다.

③ 국민참여재판에서 배심원은 사실의 인정, 법령의 적용 및 형의 양정에 관한 의견을 제시할 권한은 있으나, 법원의 증거능력에 관한 심리에 관여할 수는 없다.

④ 제1심 법원이 국민참여재판 대상사건의 피고인에게 국민참여재판을 원하는지 확인하지 아니한 채 통상의 공판절차에 따라 재판을 진행하였더라도 항소심 제1회 공판기일에 이에 대하여 이의가 없다는 피고인과 변호인의 진술만으로도 제1심의 공판절차상 하자가 치유되므로 같은 날 변론을 종결한 후 다음 공판기일에 피고인의 항소를 기각하는 판결을 선고하더라도 이는 적법하다.

⑤ 공소장 부본을 송달받은 날부터 7일 이내에 의사확인서를 제출하지 아니한 피고인도 제1회 공판기일이 열리기 전까지는 국민참여재판 신청을 할 수 있고, 법원은 그 의사를 확인하여 국민참여재판으로 진행할 수 있다.

해설

① [○] 국참법 제6조 제1항

② [○] 국참법 제7조

③ [○] 국참법 제12조 제1항, 제44조

④ [×] 항소심이 피고인에게 사전에 국민참여재판절차 등에 관한 충분한 안내와 그 희망 여부에 관하여 숙고할 수 있는 상당한 시간을 부여함이 없이 단지 피고인과 변호인이 제1심에서 통상의 공판절차에 따라 재판을 받은 것에 대하여 이의가 없다고 진술한 사실만으로 제1심의 공판절차상 하자가 모두 치유되어 그에 따른 판결이 적법하게 된다고 볼 수 없는데, 제1심의 공판절차상 하자가 항소심에서 적법하게 치유되었음을 전제로 피고인의 항소를 기각한 항소심판결에는 법리오해의 위법이 있다(대판 2012.4.26. 2012도1225). 제1심의 공판절차상 하자가 치유된 것으로 볼 수 없으므로 항소심이 피고인에게 국민참여재판절차 등에 관한 충분한 안내와 그 희망 여부에 관하여 숙고할 수 있는 상당한 시간을 부여하지 않고 피고인의 항소를 기각한 것은 위법하다.

⑤ [○] 공소장부본을 송달받은 날부터 7일 이내에 의사확인서를 제출하지 아니한 피고인도 제1회 공판기일이 열리기 전까지는 국민참여재판 신청을 할 수 있고 법원은 그 의사를 확인하여 국민참여재판으로 진행할 수 있다(대결 2009.10.23. 2009모1032).

정답 ④

047 형사소송법 제308조에 규정된 자유심증주의에 관한 설명 중 옳지 않은 것은? (다툼이 있으면 판례에 의함)

[17 변호사]

① 증거의 증명력을 법관의 자유판단에 의하도록 하는 것은 그것이 실체적 진실발견에 적합하기 때문이지 법관의 자의적인 판단을 인용한다는 것은 아니다.

② 형사재판에 있어서 유죄로 인정하기 위한 심증형성의 정도는 합리적인 의심을 할 여지가 없을 정도이어야 하고, 여기서 합리적 의심이란 논리와 경험칙에 기하여 요증사실과 양립할 수 없는 사실의 개연성에 대한 합리성 있는 의문을 의미한다.

③ 형사재판에 있어서 관련된 다른 형사사건의 확정판결에서 인정된 사실은 특별한 사정이 없는 한 유력한 증거자료가 되기 때문에 당해 형사재판에서 제출된 다른 증거 내용에 비추어 관련 형사사건 확정판결의 사실판단을 그대로 채택하기 어렵다고 인정될 경우라도 이를 배척할 수 없다.

④ 사실심 법원은 주장과 증거에 대하여 신중하고 충실한 심리를 하여야 하고, 그에 이르지 못하여 필요한 심리를 다하지 아니하는 등으로 판결 결과에 영향을 미친 때에는 사실인정을 사실심 법원의 전권으로 인정한 전제가 충족되지 아니하므로 이는 당연히 상고심의 심판대상에 해당한다.

⑤ 호흡측정기에 의한 음주측정치와 혈액검사에 의한 음주측정치가 다른 경우에 혈액채취에 의한 검사결과를 믿지 못할 특별한 사정이 없는 한, 혈액검사에 의한 음주측정치가 호흡측정기에 의한 측정치보다 측정 당시의 혈중알콜농도에 더 근접한 음주측정치라고 보는 것이 경험칙에 부합한다.

해설

① [○] 형사소송법은 증거재판주의와 자유심증주의를 기본원칙으로 하면서, 범죄사실의 인정은 증거에 의하되 증거의 증명력은 법관의 자유판단에 의하도록 하고 있다. 그러나 이는 그것이 실체적 진실발견에 적합하기 때문이지 법관의 자의적인 판단을 인용한다는 것은 아니므로, 비록 사실의 인정이 사실심의 전권이더라도 범죄사실이 인정되는지는 논리와 경험법칙에 따라야 하고, 충분한 증명력이 있는 증거를 합리적 이유 없이 배척하거나 반대로 객관적인 사실에 명백히 반하는 증거를 근거 없이 채택·사용하는 것은 자유심증주의의 한계를 벗어나는 것으로서 법률 위반에 해당한다(대판 2016.10.13. 2015도17869).

② [○] 형사재판에 있어서 유죄의 인정은 법관으로 하여금 합리적인 의심을 할 여지가 없을 정도로 공소사실이 진실한 것이라는 확신을 가지게 할 수 있는 증명력을 가진 증거에 의하여야 하고 이러한 정도의 심증을 형성하는 증거가 없다면 설령 피고인에게 유죄의 의심이 간다 하더라도 피고인의 이익으로 판단할 수밖에 없다. 다만 그와 같은 심증이 반드시 직접증거에 의하여 형성되어야만 하는 것은 아니고 경험칙과 논리법칙에 위반되지 아니하는 한 간접증거에 의하여 형성되어도 되는 것이며, 간접증거가 개별적으로는 범죄사실에 대한 완전한 증명력을 가지지 못하더라도 전체 증거를 상호 관련하에 종합적으로 고찰할 경우 그 단독으로는 가지지 못하는 종합적 증명력이 있는 것으로 판단되면 그에 의하여도 범죄사실을 인정할 수가 있다. 여기서 합리적 의심이라 함은 모든 의문, 불신을 포함하는 것이 아니라 논리와 경험칙에 기하여 요증사실과 양립할 수 없는 사실의 개연성에 대한 합리적 의문을 의미하는 것으로서, 피고인에게 유리한 정황을 사실인정과 관련하여 파악한 이성적 추론에 그 근거를 두어야 하는 것이므로, 단순히 관념적인 의심이나 추상적인 가능성에 기초한 의심은 합리적 의심에 포함된다고 할 수 없다(대판 2013.6.27. 2013도4172).

③ [×] 형사재판에 있어서 이와 관련된 다른 형사사건의 확정판결에서 인정된 사실은 특별한 사정이 없는 한 유력한 증거자료가 되는 것이나, 당해 형사재판에서 제출된 다른 증거 내용에 비추어 <u>관련 형사사건의 확정판결에서의 사실판단을 그대로 채택하기 어렵다고 인정될 경우에는 이를 배척할 수 있다</u>(대판 2014.3.27. 2014도1200).

④ [○] 사실심 법원으로서는, 형사소송법이 사실의 오인을 항소이유로는 하면서도 상고이유로 삼을 수 있는 사유로는 규정하지 아니한 데에 담긴 의미가 올바르게 실현될 수 있도록 주장과 증거에 대하여 신중하고 충실한 심리를 하여야 하고, 그에 이르지 못하여 자유심증주의의 한계를 벗어나거나 필요한 심리를 다하지 아니하는 등으로 판결 결과에 영향을 미친 때에는, 사실인정을 사실심 법원의 전권으로 인정한 전제가 충족되지 아니하므로 당연히 상고심의 심판대상에 해당한다(대판 2016.10.13. 2015도17869).

⑤ [○] 혈액의 채취 또는 검사과정에서 인위적인 조작이나 관계자의 잘못이 개입되는 등 혈액채취에 의한 검사결과를 믿지 못할 특별한 사정이 없는 한, 혈액검사에 의한 음주측정치가 호흡측정기에 의한 음주측정치보다 측정 당시의 혈중알콜농도에 더 근접한 음주측정치라고 보는 것이 경험칙에 부합한다(대판 2004.2.13. 2003도6905).

정답 ③

048 형사소송법상 자백배제법칙에 관한 설명 중 옳지 않은 것을 모두 고른 것은? (다툼이 있으면 판례에 의함)

[15 변호사]

> ㉠ 임의성이 인정되지 아니하여 증거능력이 없는 진술증거라도 피고인이 증거로 함에 동의하면 증거로 쓸 수 있다.
> ㉡ 피고인이 수사기관에서 가혹행위 등으로 인하여 임의성 없는 자백을 하고, 그 후 법정에서도 임의성 없는 심리상태가 계속되어 동일한 내용의 자백을 하였다면 법정에서의 자백도 임의성 없는 자백이라고 보아야 한다.
> ㉢ 피고인의 자백이, 신문에 참여한 검찰수사관이 절도 피의사실을 모두 자백하면 피의사실 부분은 가볍게 처리하고 특정범죄가중처벌등에관한법률위반(절도)죄 대신 형법상 절도죄를 적용하겠다는 각서를 작성하여 주면서 자백을 유도한 것에 기인한 것이라 하여 위 자백이 기망에 의하여 임의로 진술한 것이 아니라고 의심할 만한 이유가 있는 때에 해당한다고 볼 수 없다.
> ㉣ 일정한 증거가 발견되면 피의자가 자백하겠다고 한 약속이 검사의 강요나 위계에 의하여 이루어졌다든가 또는 불기소나 경한 죄의 소추 등 이익과 교환조건으로 된 것으로 인정되지 않는다면 이러한 약속 하에 한 자백이라 하여 곧 임의성 없는 자백이라 단정할 수 없다.
> ㉤ 검사가 피의자에 대한 변호인의 접견을 부당하게 제한하고 있는 동안에 검사가 작성한 피의자신문조서는 증거능력이 없다.

① ㉠, ㉢   ② ㉠, ㉣   ③ ㉡, ㉣
④ ㉡, ㉤   ⑤ ㉢, ㉤

해설

㉠ [×] 임의성이 인정되지 아니하여 증거능력이 없는 진술증거는 <u>피고인이 증거로 함에 동의하더라도 증거로 삼을 수 없다</u>(대판 2013.7.11. 2011도14044).

㉡ [○] 피고인이 수사기관에서 가혹행위 등으로 인하여 임의성 없는 자백을 하고 그 후 법정에서도 임의성 없는 심리상태가 계속되어 동일한 내용의 자백을 하였다면 법정에서의 자백도 임의성 없는 자백이라고 보아야 한다 (대판 2012.11.29. 2010도3029).

㉢ [×] 피고인의 자백이 심문에 참여한 검찰주사가 '피의사실을 자백하면 피의사실부분은 가볍게 처리하고 보호감호의 청구를 하지 않겠다'는 각서를 작성하여 주면서 자백을 유도한 것에 기인한 것이라면 위 자백은 기망에 <u>의하여 임의로 진술한 것이 아니라고 의심할 만한 이유가 있는 때에 해당하여 증거로 할 수 없다</u>(대판 1985.12.10. 85도2182).

② [○] 일정한 증거가 발견되면 피의자가 자백하겠다고 한 약속이 검사의 강요나 위계에 의하여 이루어졌다던가 또는 불기소나 경한 죄의 소추등 이익과 교환조건으로 된 것으로 인정되지 않는다면 위와 같은 자백의 약속하에 된 자백이라 하여 곧 임의성 없는 자백이라고 단정할 수는 없다(대판 1983. 9.13. 83도712).

⑩ [○] 검사 작성의 피의자신문조서가 검사에 의하여 피의자에 대한 변호인의 접견이 부당하게 제한되고 있는 동안에 작성된 경우에는 증거능력이 없다(대판 1990.8.24. 90도1285).

정답 ①

049 위법수집증거배제법칙에 관한 설명 중 옳지 않은 것은? (다툼이 있으면 판례에 의함) [22 변호사]

① 사법경찰관이 피고인이 아닌 A를 사실상 강제연행하여 불법체포한 상태에서 피고인의 행위를 처벌하기 위해 A에게 자술서를 받은 경우 이를 피고인에 대한 유죄 인정의 증거로 사용할 수 없다.

② 수사기관이 피의자 甲의 범행을 영장 범죄사실로 하여 발부받은 압수·수색영장의 집행 과정에서 A와 B 사이의 대화가 녹음된 녹음파일을 압수하였는데, 그 녹음파일에서 발견된 A와 B의 범죄 혐의사실이 위 압수·수색영장에 기재된 피의자 甲과 무관한 경우 그 녹음파일을 A와 B에 대한 유죄 인정의 증거로 사용할 수 없다.

③ 적법한 공개금지사유가 없음에도 불구하고 공개금지결정에 따라 비공개로 진행된 증인신문절차에 의하여 이루어진 증인의 증언은 변호인의 반대신문권이 보장되었다고 하더라도 증거능력이 없다.

④ 형사소송법의 규정을 위반하여 소유자, 소지자 또는 보관자가 아닌 피해자로부터 제출받은 물건을 영장 없이 압수한 경우 그 압수물을 유죄 인정의 증거로 사용할 수 없다.

⑤ 수사기관이 피의자의 범의를 명백하게 하기 위하여 A를 참고인으로 조사하는 과정에서 진술거부권을 고지하지 않고 진술조서를 작성하였는데, 추후 계속된 수사를 통하여 A가 피의자와 공범관계에 있을 가능성이 인정되었다면 A에 대한 위 조사 당시 A는 이미 피의자의 지위에 있었다고 볼 수 있으므로 A에 대한 위 진술조서는 증거능력이 없다.

해설

① [○] 경찰이 피고인이 아닌 제3자들(유흥업소 손님과 그 여종업원)을 사실상 강제연행하여 불법체포한 상태에서 이들의 성매매행위나 피고인(유흥업소 업주)들의 유흥업소 영업행위를 처벌하기 위하여 진술서를 받고 진술조서를 작성한 경우, 각 진술서 및 진술조서는 위법수사로 얻은 진술증거에 해당하여 증거능력이 없으므로 피고인들(유흥업소 업주)의 식품위생법위반 혐의에 대한 유죄 인정의 증거로 삼을 수 없다(대판 2011.6.30. 2009도6717).

② [○] 압수·수색영장에 기재된 '피의자'인 갑이 녹음파일에 의하여 의심되는 혐의사실과 무관한 이상, 수사기관이 별도의 압수·수색영장을 발부받지 아니한 채 압수한 녹음파일은 '적법한 절차에 따르지 아니하고 수집한 증거'로서 증거로 쓸 수 없다(대판 2014.1.16. 2013도7101).

③ [○] 헌법 제109조, 법원조직법 제57조 제1항이 정한 공개금지사유가 없음에도 불구하고 재판의 심리에 관한 공개를 금지하기로 결정하였다면 그러한 공개금지결정은 피고인의 공개재판을 받을 권리를 침해한 것으로서 그 절차에 의하여 이루어진 증인의 증언은 증거능력이 없다고 할 것이고, 변호인의 반대신문권이 보장되었더라도 마찬가지이다(대판 2015.10.29. 2014도5939).

④ [○] 형사소송법 규정에 위반하여 소유자, 소지자 또는 보관자가 아닌 자로부터 제출받은 물건을 영장없이 압수한 경우 그 압수물 및 압수물을 찍은 사진은 이를 유죄 인정의 증거로 사용할 수 없는 것이고, 피고인이나 변호인이 이를 증거로 함에 동의하였다고 하더라도 달리 볼 것은 아니다(대판 2010.1.28. 2009도10092).

⑤ [×] 수사기관에 의한 진술거부권 고지 대상이 되는 피의자 지위는 수사기관이 조사대상자에 대한 범죄혐의를 인정하여 수사를 개시하는 행위를 한 때 인정되는 것으로 보아야 한다. 따라서 이러한 피의자 지위에 있지 아니한 자에 대하여는 진술거부권이 고지되지 아니하였더라도 진술의 증거능력을 부정할 것은 아니다(대판 2011.11.10. 2011도8125).

정답 ⑤

050 위법수집증거배제법칙에 관한 설명 중 옳지 않은 것은? (다툼이 있는 경우 판례에 의함)   [23 변호사]

① 헌법 제109조, 「법원조직법」 제57조 제1항에서 정한 재판의 공개금지사유가 없음에도 공개금지결정에 따라 비공개로 진행된 증인신문절차에서 증인의 증언은 증거능력이 없고, 변호인의 반대신문권이 보장되었더라도 달리 볼 수 없다.

② 수사기관이 피의자신문 시 피의자에게 미리 진술거부권을 고지하지 않았다고 하더라도 진술의 임의성이 인정되는 경우라면 증거능력이 인정된다.

③ 검찰관이 형사사법공조절차를 거치지 아니한 채 외국으로 현지출장을 나가 참고인진술조서를 작성한 경우 조사 대상자가 우리나라 국민이고 조사에 스스로 응함으로써 조사의 방식이나 절차에 강제력이나 위력은 물론 어떠한 비자발적 요소도 개입될 여지가 없었고 피고인과 해당 국가 사이에 국제법상 관할의 원인이 될 만한 아무런 연관성이 없다면 위 참고인진술조서는 위법수집증거라고 할 수 없다.

④ 피해자 등 제3자가 피의자의 소유·관리에 속하는 정보저장매체를 영장에 의하지 않고 임의제출한 경우에는 특별한 사정이 없는 한 피의자에게도 참여권을 보장하고 압수한 전자정보 목록을 교부하는 등 피의자의 절차적 권리를 보장하기 위한 적절한 조치가 이루어져야 한다.

⑤ 범행현장에서 지문채취 대상물에 대한 지문채취가 먼저 이루어진 이상, 수사기관이 그 이후에 지문채취 대상물을 적법한 절차에 의하지 아니한 채 압수하였다고 하더라도 위와 같이 채취된 지문은 위법하게 압수한 지문채취 대상물로부터 획득한 2차적 증거에 해당하지 않는다.

해설

① [○] 항소심이 증인신문절차의 공개금지사유로 삼은 사정이 '국가의 안녕질서를 방해할 우려가 있는 때'에 해당하지 아니하고 달리 헌법 제109조, 법원조직법 제57조 제1항이 정한 공개금지사유를 찾아볼 수도 없는 경우 그 절차에 의하여 이루어진 증인의 증언은 증거능력이 없다(대판 2005.10.28. 2005도5854).

② [×] 형사소송법이 보장하는 피의자의 진술거부권은 헌법이 보장하는 형사상 자기에 불리한 진술을 강요당하지 않는 자기부죄거부의 권리에 터잡은 것이므로 수사기관이 피의자를 신문함에 있어서 <u>피의자에게 미리 진술거부권을 고지하지 않은 때에는 그 피의자의 진술은 위법하게 수집된 증거로서 진술의 임의성이 인정되는 경우라도 증거능력이 부인되어야 한다</u>(대판 2014.4.10. 2014도1779).

③ [○] 검찰관이 피고인을 뇌물수수 혐의로 기소한 후, 형사사법공조절차를 거치지 아니한 채 과테말라공화국에 현지출장하여 그곳 호텔에서 뇌물공여자 갑을 상대로 참고인 진술조서를 작성한 사안에서, 참고인조사가 증거수집을 위한 수사행위에 해당하고 조사의 방식이나 절차에 강제력이나 위력은 물론 어떠한 비자발적 요소도 개입될 여지가 없었음이 기록상 분명한 이상, 위법수집증거배제법칙이 적용된다고 볼 수 없다고 한 사례(대판 2011.7.14. 2011도3809).

④ [○] 대판 2022.01.27. 2021도11170

⑤ [○] 범행 현장에서 지문채취 대상물에 대한 지문채취가 먼저 이루어진 이상, 수사기관이 그 이후에 <u>지문채취 대상물을 적법한 절차에 의하지 아니한 채 압수하였다고 하더라도 위와 같이 채취된 지문은 위법하게 압수한 지문채취 대상물로부터 획득한 2차적 증거에 해당하지 아니함이 분명하여 이를 가리켜 위법수집증거라고 할 수 없다</u>(대판 2008.10.23. 2008도7471).

정답 ②

051 위법수집증거배제법칙에 관한 설명 중 옳은 것[○]과 옳지 않은 것[×]을 올바르게 조합한 것은? (다툼이 있으면 판례에 의함)

[21 변호사]

> ㉠ 위법한 체포 상태에서 음주측정요구가 이루어진 경우, 음주측정요구를 위한 위법한 체포와 그에 이은 음주측정요구는 주취운전이라는 범죄행위에 대한 증거 수집을 위하여 연속하여 이루어진 것으로서 그 일련의 과정을 전체적으로 보아 위법한 음주측정요구가 있었던 것으로 볼 수밖에 없다.
> ㉡ 법관이 압수·수색영장을 발부하면서 '압수할 물건'을 특정하기 위하여 기재한 문언은 이를 엄격하게 해석하여야 하므로 압수·수색영장의 범죄사실과 기본적 사실관계가 동일한 범행 또는 동종·유사의 범행과 관련된다고 의심할만한 상당한 이유가 있는 물건까지 압수하였다면 위법한 압수에 해당한다.
> ㉢ 3인 간의 대화에 있어서 그 중 한 사람이 그 대화를 녹음하는 경우에 다른 두 사람의 발언은 그 녹음자에 대한 관계에서 '타인 간의 대화'라고 할 수 있으므로 이와 같은 녹음행위는 「통신비밀보호법」 제3조 제1항에 위배된다.
> ㉣ 음주운전과 관련한 도로교통법위반죄의 범죄수사를 위하여 미성년자인 피의자의 혈액 채취가 필요한 경우에도 피의자에게 의사능력이 있다면 피의자 본인만이 혈액 채취에 관한 유효한 동의를 할 수 있고, 피의자에게 의사능력이 없는 경우에도 명문의 규정이 없는 이상 법정대리인이 피의자를 대리하여 동의할 수는 없다.

① ㉠ [○], ㉡ [○], ㉢ [○], ㉣ [×]
② ㉠ [○], ㉡ [○], ㉢ [×], ㉣ [○]
③ ㉠ [○], ㉡ [×], ㉢ [○], ㉣ [○]
④ ㉠ [○], ㉡ [×], ㉢ [×], ㉣ [○]
⑤ ㉠ [×], ㉡ [×], ㉢ [×], ㉣ [×]

해설

㉠ [○] 위법한 체포 상태에서 음주측정요구가 이루어진 경우, 음주측정요구를 위한 위법한 체포와 그에 이은 음주측정요구는 주취운전이라는 범죄행위에 대한 증거 수집을 위하여 연속하여 이루어진 것으로서 개별적으로 적법 여부를 평가하는 것은 적절하지 않으므로 일련의 과정을 전체적으로 보아 위법한 음주측정요구가 있었던 것으로 볼 수밖에 없고, 운전자가 주취운전을 하였다고 인정할 만한 상당한 이유가 있다 하더라도 운전자에게 경찰공무원의 이와 같은 위법한 음주측정요구까지 응할 의무가 있다고 보아 이를 강제하는 것은 부당하므로 그에 불응하였다고 하여 음주측정거부에 관한 도로교통법 위반죄로 처벌할 수 없다(대판 2012.12.13. 2012도11162).

㉡ [×] 압수의 대상을 압수·수색영장의 범죄사실 자체와 직접적으로 연관된 물건에 한정할 것은 아니고, 압수·수색영장의 범죄사실과 기본적 사실관계가 동일한 범행 또는 동종·유사의 범행과 관련된다고 의심할 만한 상당한 이유가 있는 범위 내에서는 압수를 실시할 수 있다(대판 2018.10.12. 2018도6252).

㉢ [×] 3인 간의 대화에서 그 중 한 사람이 그 대화를 녹음 또는 청취하는 경우에 다른 두 사람의 발언은 그 녹음자 또는 청취자에 대한 관계에서 통신비밀보호법 제3조 제1항에서 정한 '타인 간의 대화'라고 할 수 없으므로 이러한 녹음 또는 청취하는 행위 및 그 내용을 공개하거나 누설하는 행위가 통신비밀보호법 제16조 제1항에 해당한다고 볼 수 없다(대판 2014.5.16. 2013도16404).

㉣ [○] 음주운전과 관련한 도로교통법 위반죄의 범죄수사를 위하여 미성년자인 피의자의 혈액채취가 필요한 경우에도 피의자에게 의사능력이 있다면 피의자 본인만이 혈액채취에 관한 유효한 동의를 할 수 있고, 피의자에게 의사능력이 없는 경우에도 명문의 규정이 없는 이상 법정대리인이 피의자를 대리하여 동의할 수는 없다(대판 2014.11.13. 2013도1228).

정답 ④

052 녹음증거 및 「통신비밀보호법」에 관한 설명 중 옳지 않은 것은? (다툼이 있는 경우 판례에 의함) [23 변호사]

① 「통신비밀보호법」상 통신사실확인자료 제공요청의 목적이 된 범죄와 관련된 범죄란 통신사실확인자료 제공요청허가서에 기재된 혐의사실과 객관적 관련성이 있고 자료제공 요청대상자와 피의자 사이에 인적 관련성이 있는 범죄를 의미한다.

② '우당탕' 소리는 사람의 목소리가 아니라 사물에서 발생하는 음향이고 '악' 소리도 사람의 목소리이기는 하나 그것만으로 상대방에게 의사를 전달하는 말이라고 보기는 어려워 특별한 사정이 없는 한 「통신비밀보호법」에서 말하는 타인 간의 '대화'에 해당한다고 볼 수 없다.

③ 수사기관은 통신기관 등에 통신제한조치허가서의 사본을 교부하고 집행을 위탁할 수 있지만, 위탁을 받은 통신기관 등이 허가서에 기재된 집행방법 등을 준수하지 아니한 채 취득한 전기통신의 내용 등은 유죄 인정의 증거로 할 수 없다.

④ 수사기관이 피고인의 마약류관리에 관한 법률 위반(향정)죄의 추가적인 증거를 확보할 목적으로 필로폰 투약 혐의로 구속수감 중인 공소외인에게 그의 압수된 휴대전화를 제공하여 그로 하여금 피고인과 통화하고 피고인의 이 사건 공소사실 범행에 관한 통화 내용을 녹음하게 한 경우 그 녹음파일은 '타인 간의 대화'라고 할 수 없으므로 증거능력이 있다.

⑤ 「통신비밀보호법」상 감청은 전기통신이 이루어지고 있는 상황에서 실시간으로 그 전기통신의 내용을 지득·채록하는 경우와 통신의 송수신을 직접적으로 방해하는 경우를 의미하는 것이지 이미 수신이 완료된 전기통신에 관하여 남아 있는 기록이나 내용을 열어보는 등의 행위는 포함하지 않는다.

해설

① [○] 대판 2017.1.25. 2016도1348

② [○] 통신비밀보호법에서 보호하는 타인 간의 '대화'는 원칙적으로 현장에 있는 당사자들이 육성으로 말을 주고받는 의사소통행위를 가리킨다. 따라서 사람의 육성이 아닌 사물에서 발생하는 음향은 타인 간의 '대화'에 해당하지 않고 또한 사람의 목소리라고 하더라도 상대방에게 의사를 전달하는 말이 아닌 단순한 비명소리나 탄식 등은 타인과 의사소통을 하기 위한 것이 아니라면 특별한 사정이 없는 한 타인 간의 '대화'에 해당한다고 볼 수 없다. [2] 甲이 들었다는 우당탕 소리는 사물에서 발생하는 음향일 뿐 사람의 목소리가 아니므로 통신비밀보호법에서 말하는 타인 간의 '대화'에 해당하지 않는다. '악' 소리도 사람의 목소리이기는 하나 단순한 비명소리에 지나지 않아 그것만으로 상대방에게 의사를 전달하는 말이라고 보기는 어려워 특별한 사정이 없는 한 타인 간의 '대화'에 해당한다고 볼 수 없다. 나아가 위와 같은 소리는 막연히 몸싸움이 있었다는 것 외에 사생활에 관한 다른 정보는 제공하지 않는 점, 甲이 소리를 들은 시간이 길지 않은 점, 소리를 듣게 된 동기와 상황, 甲과 乙의 관계 등 기록에 나타난 여러 사정에 비추어 볼 때, 통신비밀보호법에서 보호하는 타인 간의 '대화'에 준하는 것으로 보아 증거능력을 부정할 만한 특별한 사정이 있다고 보기도 어렵다. 그리고 甲의 청취행위가 乙 등의 사생활의 영역에 관계된 것이라 하더라도, 위와 같은 청취 내용과 시간, 경위 등에 비추어 개인의 인격적 이익 등을 형사절차상의 공익과 비교형량하여 보면, 甲의 위 진술을 상해 부분에 관한 증거로 사용하는 것이 乙 등의 사생활의 비밀과 자유 또는 인격권을 위법하게 침해한다고 볼 수 없어 그 증거의 제출은 허용된다고 판단된다(대판 2017.3.15. 2016도19843).

③ [○] 허가된 통신제한조치의 종류가 전기통신의 '감청'인 경우, 수사기관 또는 수사기관으로부터 통신제한조치의 집행을 위탁받은 통신기관 등은 통신비밀보호법이 정한 감청의 방식으로 집행하여야 하고 그와 다른 방식으로 집행하여서는 아니 된다. 한편 수사기관이 통신기관 등에 통신제한조치의 집행을 위탁하는 경우에는 그 집행에 필요한 설비를 제공하여야 한다. 그러므로 수사기관으로부터 통신제한조치의 집행을 위탁받은 통신기관 등이 그 집행에 필요한 설비가 없을 때에는 수사기관에 그 설비의 제공을 요청하여야 하고, 그러한 요청 없이 통신제한조치허가서에 기재된 사항을 준수하지 아니한 채 통신제한조치를 집행하였다면, 그러한 집행으로 인하여 취득한 전기통신의 내용 등은 헌법과 통신비밀보호법이 국민의 기본권인 통신의 비밀을 보장하기 위해 마련한 적법한 절차를 따르지 아니하고 수집한 증거에 해당하므로 이는 유죄 인정의 증거로 할 수 없다(대판 2016.10.13. 2016도8137).

④ [×] 수사기관이 구속수감된 자로 하여금 피고인의 범행에 관한 통화 내용을 녹음하게 한 행위는 수사기관 스스로가 주체가 되어 구속수감된 자의 동의만을 받고 상대방인 피고인의 동의가 없는 상태에서 그들의 통화 내용을 녹음한 것으로서 불법감청에 해당한다고 보아야 할 것이므로, 그 녹음 자체는 물론이고 이를 근거로 작성된 수사보고의 기재 내용과 첨부 녹취록 및 첨부 mp3파일도 모두 피고인과 변호인의 증거동의에 상관없이 증거능력이 없다(대판 2010.10.14. 2010도9016).

⑤ [ㅇ] '전기통신의 감청'은 위 '감청'의 개념 규정에 비추어 현재 이루어지고 있는 전기통신의 내용을 지득·채록하는 경우와 통신의 송·수신을 직접적으로 방해하는 경우를 의미하는 것이지 전자우편이 송신되어 수신인이 이를 확인하는 등으로 이미 수신이 완료된 전기통신에 관하여 남아 있는 기록이나 내용을 열어보는 등의 행위는 포함하지 않는다 할 것이다. 따라서 이 사건 전자우편은 이미 수신을 완료한 후에 수집된 것임을 알 수 있으므로, 이 사건 전자우편의 수집행위가 통신비밀보호법이 금지하는 '전기통신의 감청'에 해당한다고 볼 수 없고, 따라서 이 사건 전자우편이 통신비밀보호법 제4조에 의하여 증거능력이 배제되는 증거라고 할 수 없다(대판 2013.11.28. 2010도12244).

정답 ④

053 위법수집증거배제법칙에 관한 설명 중 옳지 않은 것을 모두 고른 것은? (다툼이 있으면 판례에 의함)

[20 변호사]

㉠ 호텔 투숙객 甲이 마약을 투약하였다는 신고를 받고 출동한 경찰관이 임의동행을 거부하는 甲을 강제로 경찰서로 데리고 가서 채뇨 요구를 하자 이에 甲이 응하여 소변검사가 이루어진 경우, 그 결과물인 소변검사시인서는 증거능력이 없다.

㉡ 음주운전 피의자에 대해 위법한 강제연행 상태에서 호흡측정방법에 의한 음주측정을 한 다음, 즉시 그 자리에서 피의자가 자신의 호흡측정 결과에 대한 탄핵을 하기 위하여 스스로 혈액채취방법에 의한 측정을 할 것을 요구하여 혈액채취가 이루어진 경우, 호흡측정에 의한 측정결과는 물론 혈액채취에 의한 측정결과도 증거능력이 없다.

㉢ 수사기관이 甲의 뇌물수수 범행을 범죄사실로 하여 발부받은 압수·수색영장을 집행하는 과정에, 乙과 丙 사이의 甲과 무관한 별개의 뇌물수수에 관한 대화가 녹음된 녹음파일을 발견한 경우, 별도의 압수·수색영장을 발부받지 않더라도 위 녹음파일을 乙과 丙에 대한 뇌물수수죄의 증거로 사용할 수 있다.

㉣ 검사가 甲을 긴급체포하여 조사 중, 甲의 친구인 변호사 A가 甲의 변호인이 되기 위하여 검사에게 접견신청을 하였으나, 검사가 변호인선임신고서의 제출을 요구하면서 변호인 접견을 못하게 한 상태에서 검사가 작성한 甲에 대한 피의자신문조서는 甲에 대한 유죄의 증거로 사용할 수 없다.

㉤ 피고인의 뇌물수수 범행에 대한 추가적인 증거를 확보할 목적으로, 수사기관이 구속 수감되어 있던 A에게 휴대전화를 제공하여 피고인과 통화하게 하고 그 통화내용을 녹음하게 한 경우, 이를 근거로 작성된 녹취록은 피고인이 증거로 함에 동의하면 증거능력이 있다.

---

① ㉠, ㉢   ② ㉢, ㉤   ③ ㉠, ㉡, ㉣

④ ㉠, ㉡, ㉣, ㉤   ⑤ ㉡, ㉢, ㉣, ㉤

㉠ [○] 피의자가 동행을 거부하는 의사를 표시하였음에도 불구하고 경찰관들이 피의자를 강제로 연행한 행위는 수사상의 강제처분에 관한 형사소송법상의 절차를 무시한 채 이루어진 것으로 위법한 체포에 해당하고, 이와 같이 위법한 체포상태에서 마약 투약 혐의를 확인하기 위한 채뇨 요구가 이루어진 경우 그와 같은 위법한 채뇨 요구에 의하여 수집된 '소변검사시인서는 유죄 인정의 증거로 삼을 수 없다(대판 2013.3.14. 2012도13611).

㉡ [○] 체포의 이유와 변호인 선임권의 고지 등 적법한 절차를 무시한 채 이루어진 강제연행은 전형적인 위법한 체포에 해당하고, 위법한 체포 상태에서 이루어진 호흡조사에 의한 음주측정 요구는 주취운전의 범죄행위에 대한 증거수집을 목적으로 한 일련의 과정에서 이루어진 것이므로 그 측정결과는 물론 (호흡조사에 불복하여 피고인의 자발적인 요구에 의하여 이루어진) 혈액채취에 의한 혈중알콜농도 감정서 등도 증거능력을 인정할 수 없다(대판 2013.3.14. 2010도2094).

㉢ [×] 영장 발부의 사유로 된 범죄 혐의사실과 관련된 증거가 아니라면 적법한 압수·수색이 아니므로 영장 발부의 사유로 된 범죄 혐의사실과 무관한 별개의 증거를 압수하였을 경우 이는 원칙적으로 유죄 인정의 증거로 사용할 수 없다(대판 2018.4.26. 2018도2624). 乙, 丙 사이의 甲과 무관한 별개의 뇌물수수에 관한 대화가 녹음된 녹음파일은 乙, 丙에 대한 뇌물수수죄의 증거로 사용할 수 없다(대판 2014.1.16. 2013도7101 참고).

㉣ [○] [1] 변호인이 되려는 의사를 표시한 자가 객관적으로 변호인이 될 가능성이 있다고 인정되는데도, 형사소송법 제34조에서 정한 '변호인 또는 변호인이 되려는 자'가 아니라고 보아 신체구속을 당한 피고인 또는 피의자와 접견하지 못하도록 제한하여서는 아니 된다(대판 2017.3.9. 2013도16162).
[2] 체포되어 구속영장이 청구된 피의자를 검사가 신문하는 과정에서, 피의자 가족의 의뢰를 받아 '변호인이 되려는' 변호사가 검사에게 접견신청을 하였음에도 검사가 별다른 조치를 취하지 아니한 것은 실질적으로 접견신청을 불허한 것과 동일하게 평가할 수 있다(변호인 되려는 변호사의 헌법상 보장된 접견교통권을 침해한다)(헌재 2019.2.28. 2015헌마1204).
[3] 검사 작성의 피의자신문조서가 검사에 의하여 피의자에 대한 변호인의 접견이 부당하게 제한되고 있는 동안에 작성된 경우에는 증거능력이 없다(대판 1990.8.24. 90도1285). 검사 작성 甲에 대한 피의자신문조서는 증거능력이 부정된다.

㉤ [×] 수사기관이 구속수감된 자로 하여금 피고인의 범행에 관한 통화 내용을 녹음하게 한 행위는 수사기관 스스로가 주체가 되어 구속수감된 자의 동의만을 받고 상대방인 피고인의 동의가 없는 상태에서 그들의 통화 내용을 녹음한 것으로서 불법감청에 해당한다고 보아야 할 것이므로, 그 녹음 자체는 물론이고 이를 근거로 작성된 수사보고의 기재 내용과 첨부 녹취록 및 첨부 mp3파일도 모두 피고인과 변호인의 증거동의에 상관없이 증거능력이 없다(대판 2010.10.14. 2010도9016). 녹취록은 피고인이 증거동의 여부를 불문하고 증거능력이 부정된다.

정답 ②

054 위법수집증거에 관한 설명 중 옳은 것은? (다툼이 있는 경우 판례에 의함) [24 변호사]

① 임의제출된 정보저장매체에서 압수의 대상이 되는 전자정보의 범위를 넘어서는 전자정보에 대해 수사기관이 영장 없이 압수·수색하여 취득한 증거는 위법수집증거로서 증거능력이 없고, 설령 사후에 압수·수색영장이 발부되었거나 피고인이나 변호인이 이를 증거로 함에 동의하였더라도 그 위법성이 치유되지 않는다.

② 수사기관이 피의자를 신문함에 있어서 피의자에게 미리 진술거부권을 고지하지 않은 때에는 그 피의자의 진술은 설령 그 진술의 임의성이 인정되는 경우라도 증거능력이 부정되지만 이는 진술거부권을 고지받지 못한 당해 피의자에 대하여 유죄의 증거로 사용할 수 없다는 의미이므로, 당해 피의자의 공범에 대하여는 유죄의 증거로 사용할 수 있다.

③ 범죄 증거를 수집할 목적으로 피의자의 동의 없이 이루어지는 강제채뇨는 피의자에게 신체적 고통이나 장애를 초래하고 수치심이나 굴욕감을 주며 인간으로서의 존엄과 가치를 침해하는 수사방법이므로 「형사소송법」 제215조에 따라 판사로부터 압수·수색영장을 적법하게 발부받았더라도 허용되지 않는다.

④ 수출입물품 통관검사절차에서 이루어지는 물품의 개봉, 시료채취, 성분분석 등의 검사는 수출입물품에 대한 적정한 통관 등을 목적으로 하는 것으로서 세관공무원은 압수·수색영장 없이 이러한 검사를 진행할 수 있지만, 세관공무원이 통관검사를 위하여 직무상 소지하거나 보관하는 물품에 대하여 수사기관이 점유를 취득하기 위해서는 사전 또는 사후에 영장을 받아야만 한다.

⑤ 피고인이 문서위조를 위해 연습한 흔적이 남아 있는 업무일지는 공익과 사익을 비교형량할 때 피고인의 소송사기를 증명하기 위한 유죄의 증거로 사용할 수 있지만, 만약 그 업무일지가 제3자에 의하여 절취된 것이고 소송사기의 피해자가 대가를 지급하고 이를 취득한 것이라면 유죄의 증거로 사용할 수 없다.

해설

① [○] 임의제출된 정보저장매체에서 압수의 대상이 되는 전자정보의 범위를 초과하여 수사기관이 임의로 전자정보를 탐색·복제·출력하는 것은 원칙적으로 위법한 압수·수색에 해당하므로 허용될 수 없다. 만약 전자정보에 대한 압수·수색이 종료되기 전에 범죄혐의사실과 관련된 전자정보를 적법하게 탐색하는 과정에서 별도의 범죄혐의와 관련된 전자정보를 우연히 발견한 경우라면, 수사기관은 더 이상의 추가 탐색을 중단하고 법원으로부터 별도의 범죄혐의에 대한 압수·수색영장을 발부받은 경우에 한하여 그러한 정보에 대하여도 적법하게 압수·수색을 할 수 있다. 따라서 <u>임의제출된 정보저장매체에서 압수의 대상이 되는 전자정보의 범위를 넘어서는 전자정보에 대해 수사기관이 영장 없이 압수·수색하여 취득한 증거는 위법수집증거에 해당하고, 사후에 법원으로부터 영장이 발부되었다거나 피고인이나 변호인이 이를 증거로 함에 동의하였다고 하여 그 위법성이 치유되는 것도 아니다</u>(대판(전) 2021.11.18. 2016도348).

② [×] [1] 형사소송법이 보장하는 피의자의 진술거부권은 헌법이 보장하는 형사상 자기에 불리한 진술을 강요당하지 않는 자기부죄거부의 권리에 터잡은 것이므로 수사기관이 피의자를 신문함에 있어서 피의자에게 미리 진술거부권을 고지하지 않은 때에는 그 피의자의 진술은 위법하게 수집된 증거로서 진술의 임의성이 인정되는 경우라도 증거능력이 부인되어야 한다. [2] 원심은, 검사가 2006. 8. 16. 공소외 1에 대하여 국가보안법위반죄로 구속영장을 청구하여 2006. 8. 18. 서울중앙지방법원으로부터 구속영장을 발부받았는데, (중략) <u>기록상 검사가 공소외 1의 진술을 들음에 있어 공소외 1에게 미리 진술거부권이 있음을 고지한 사실을 인정할 만한 아무런 자료가 없으므로, 진술의 임의성이 인정되는 경우라도 위법하게 수집된 증거로서 증거능력이 없어 피고인에 대한 유죄의 증거로 쓸 수 없으며,</u> (중략) 달리 이를 인정할 만한 아무런 증거가 없다고 판단하였다. 위 법리와 기록에 비추어 살펴보면, 위와 같은 원심의 사실인정과 판단은 정당하여 수긍할 수 있고, 거기에 증거능력에 관한 법리오해 등의 위법이 없다(대판 2009.8.20. 2008도8213).

③ [×] 수사기관이 범죄 증거를 수집할 목적으로 <u>피의자의 동의 없이 피의자의 소변을 채취하는 것은 법원으로부터 감정허가장을 받아</u> 형사소송법 제221조의4 제1항, 제173조 제1항에서 정한 '감정에 필요한 처분'으로 할 수 있지만(피의자를 병원 등에 유치할 필요가 있는 경우에는 형사소송법 제221조의3에 따라 법원으로부터 감정유치장을 받아야 한다), 형사소송법 제219조, 제106조 제1항, 제109조에 따른 <u>압수·수색의 방법으로도 할 수 있다.</u>

이러한 압수·수색의 경우에도 수사기관은 원칙적으로 형사소송법 제215조에 따라 판사로부터 압수·수색영장을 적법하게 발부받아 집행해야 한다. 압수·수색의 방법으로 소변을 채취하는 경우 압수대상물인 피의자의 소변을 확보하기 위한 수사기관의 노력에도 불구하고, 피의자가 인근 병원 응급실 등 소변 채취에 적합한 장소로 이동하는 것에 동의하지 않거나 저항하는 등 임의동행을 기대할 수 없는 사정이 있는 때에는 수사기관으로서는 소변 채취에 적합한 장소로 피의자를 데려가기 위해서 필요 최소한의 유형력을 행사하는 것이 허용된다(대판 2018.7.12. 2018도6219).

④ [×] 수출입물품 통관검사절차에서 이루어지는 물품의 개봉, 시료채취, 성분분석 등의 검사는 수출입물품에 대한 적정한 통관을 목적으로 하는 것으로서 수사기관의 강제처분이라고 할 수 없으므로, 세관공무원은 압수·수색영장 없이 이러한 검사를 진행할 수 있다(대판 2013.9.26. 2013도7718).

비교판례 피고인이 국제항공특송화물 속에 필로폰을 숨겨 수입할 것이라는 정보를 입수한 검사가, 이른바 통제배달(controlled delivery, 적발한 금제품을 감시하에 배송함으로써 거래자를 밝혀 검거하는 수사기법)을 하기 위해 세관공무원의 협조를 받아 특송화물을 통관절차를 거치지 않고 가져와 개봉하여 그 속의 필로폰을 취득한 것은 구체적인 범죄사실에 대한 증거수집을 목적으로 한 압수·수색이므로 사전 또는 사후에 영장을 받지 않았다면 압수물 등의 증거능력이 부정된다(대판 2017.7.18. 2014도8719).

⑤ [×] 사문서위조·위조사문서행사 및 소송사기로 이어지는 일련의 범행에 대하여 피고인을 형사소추하기 위해서는 업무일지가 반드시 필요한 증거로 보이므로 설령 그것이 제3자에 의하여 절취된 것으로서 소송사기 등의 피해자측이 이를 수사기관에 증거자료로 제출하기 위하여 대가를 지급하였다 하더라도 공익의 실현을 위하여는 업무일지를 범죄의 증거로 제출하는 것이 허용되어야 하고, 이로 말미암아 피고인의 사생활 영역을 침해하는 결과가 초래된다 하더라도 이는 피고인이 수인하여야 할 기본권의 제한에 해당된다(대판 2008.6.26. 2008도1584).

동지판례 피고인의 동의하에 촬영된 나체사진의 존재만으로 피고인의 인격권과 초상권을 침해하는 것으로 볼 수 없고 가사 사진을 촬영한 제3자가 그 사진을 이용하여 피고인을 공갈할 의도였다고 하더라도 사진의 촬영이 임의성이 배제된 상태에서 이루어진 것이라고 할 수는 없으며 그 사진은 범죄현장의 사진으로서 피고인에 대한 형사소추를 위하여 반드시 필요한 증거로 보이므로 공익의 실현을 위하여는 그 사진을 범죄의 증거로 제출하는 것이 허용되어야 하고, 이로 말미암아 피고인의 사생활의 비밀을 침해하는 결과를 초래한다 하더라도 이는 피고인이 수인하여야 할 기본권의 제한에 해당된다(대판 1997.9.30. 97도1230).

정답 ①

055 다음 중 전문증거에 해당하는 것을 모두 고른 것은? (다툼이 있으면 판례에 의함) [19 변호사]

⊙ 건축허가를 둘러싼 A의 알선수재사건에서 "건축허가 담당공무원에게 내(B)가 사례비 2,000만 원을 주기로 A와 상의하였다."라는 B의 증언
⊙ 휴대전화기에 공포심이나 불안감을 유발하는 글을 반복적으로 상대방에게 도달하게 하는 행위를 하였다는 C에 대한 공소사실의 유죄증거로 C의 휴대전화기에 저장된 위와 같은 내용의 문자정보
⊙ 횡령죄로 기소된 D의 의뢰를 받은 변호사가 작성하여 D에게 이메일로 전송한 '법률의견서'를 출력한 사본
⊙ 반국가단체로부터 지령을 받고 국가기밀을 탐지·수집하였다는 공소사실로 기소된 E의 컴퓨터에 저장된 국가기밀문건
⊙ F가 한 진술의 내용인 사실이 요증사실인 경우, F의 진술을 내용으로 하는 G의 진술

① ㉠, ㉢
② ㉡, ㉣
③ ㉢, ㉤
④ ㉠, ㉡, ㉢
⑤ ㉠, ㉡, ㉣, ㉤

㉠ [×] B가 "피고인 A로부터 '건축허가 담당 공무원이 외국연수를 가므로 사례비를 주어야 한다'는 말과 '건축허가 담당 공무원이 4,000만원을 요구하는데 사례비로 2,000만원을 주어야 한다'는 말을 들었다"는 취지로 진술한 경우, A의 위와 같은 원진술의 존재 자체가 알선수재죄에 있어서의 요증사실이므로 이를 직접 경험한 B가 A로부터 위와 같은 말들을 들었다고 하는 진술들은 전문증거가 아니라 본래증거에 해당된다(대판 2008.11.13. 2008도8007).

㉡ [×] "정보통신망을 통하여 공포심이나 불안감을 유발하는 글을 반복적으로 상대방에게 도달하게 하는 행위를 하였다"는 공소사실에 대하여 휴대전화기에 저장된 문자정보가 그 증거가 되는 경우와 같이 그 문자정보가 범행의 직접적인 수단이 될 뿐 경험자의 진술에 갈음하는 대체물에 해당하지 않는 경우에는 형사소송법 제310조의2에서 정한 전문법칙이 적용될 여지가 없다(대판 2008.11.13. 2006도2556).

㉢ [○] 법률의견서는 압수된 디지털 저장매체로부터 출력한 문건으로서 그 실질에 있어서 형사소송법 제313조 제1항에 규정된 '피고인 아닌 자가 작성한 진술서나 그 진술을 기재한 서류'에 해당한다(대판(전) 2012.5.17. 2009도6788).

㉣ [×] 반국가단체로부터 지령을 받고 국가기밀을 탐지·수집하였다는 공소사실과 관련하여 수령한 지령 및 탐지·수집하여 취득한 국가기밀이 문건의 형태로 존재하는 경우나 편의제공의 목적물이 문건인 경우 등에는, 문건 내용의 진실성이 문제 되는 것이 아니라 그러한 내용의 문건이 존재하는 것 자체가 증거가 되는 것으로서 공소사실에 대하여는 전문법칙이 적용되지 않는다(대판 2013.7.26. 2013도2511).

㉤ [○] 타인의 진술을 내용으로 하는 진술이 전문증거인지는 요증사실과 관계에서 정하여지는데 원진술의 내용인 사실이 요증사실인 경우에는 전문증거이나, 원진술의 존재 자체가 요증사실인 경우에는 본래증거이지 전문증거가 아니다(대판 2014.2.27. 2013도12155). F가 한 진술의 내용인 사실이 요증사실이므로, F의 진술을 내용으로 하는 G의 진술은 전문증거이다.

정답 ③

---

056 형사소송법 제314조에서 규정한 '진술을 요하는 자가 사망·질병·외국거주·소재불명, 그 밖에 이에 준하는 사유로 인하여 진술할 수 없는 때'에 해당하지 않는 것을 모두 고른 것은? (다툼이 있으면 판례에 의함)

[14 변호사]

> ㉠ 증인에 대한 소재탐지촉탁을 하여 소재수사를 하였으나 그 소재를 확인할 수 없었는데, 진술조서에 기재된 증인의 전화번호로 연락하여 보지 아니하는 등 증인의 법정 출석을 위한 가능하고도 충분한 노력을 다하지 않은 경우
> ㉡ 증인이 형사소송법에서 정한 바에 따라 정당하게 증언거부권을 행사하여 증언을 거부한 경우
> ㉢ 피고인이 증거서류의 진정성립을 묻는 검사의 질문에 대하여 진술거부권을 행사하여 진술을 거부한 경우
> ㉣ 수사기관에서 진술한 피해자인 유아가 공판정에서 진술을 하였으나 증인신문 당시 대부분의 사항에 관하여 기억이 나지 않는다는 취지로 진술하여 수사기관에서 행한 진술이 재현 불가능하게 된 경우

① ㉠, ㉡
② ㉡, ㉢
③ ㉢, ㉣
④ ㉠, ㉡, ㉢
⑤ ㉠, ㉡, ㉣

㉠ [×] 증인의 법정 출석을 위한 가능하고도 충분한 노력을 다하였음에도 부득이 증인의 법정 출석이 불가능하게 되었다는 사정이 증명된 경우라고 볼 수 없어 형사소송법 제314조의 '소재불명 그 밖에 이에 준하는 사유로 인하여 진술할 수 없는 때'에 해당한다고 인정할 수 없다(대판 2013.4.11. 2013도1435).

㉡ [×] 현행 형사소송법 제314조의 문언과 개정 취지, 증언거부권 관련 규정의 내용 등에 비추어 보면 법정에 출석한 증인이 증언거부권을 행사하여 증언을 거부한 경우는 형사소송법 제314조의 '그 밖에 이에 준하는 사유로 인하여 진술할 수 없는 때'에 해당하지 아니한다(대판(전) 2012.5.17. 2009도6788).

㉢ [×] 형사소송법 제314조의 문언과 개정 취지, 진술거부권 관련 규정의 내용 등에 비추어 보면, 피고인이 증거서류의 진정성립을 묻는 검사의 질문에 대하여 진술거부권을 행사하여 진술을 거부한 경우는 형사소송법 제314조의 '그 밖에 이에 준하는 사유로 인하여 진술할 수 없는 때'에 해당하지 아니 한다(대판 2013.6.13. 2012도16001).

㉣ [○] 피해자가 공판정에서 진술을 하였더라도 증인신문 당시 일정한 사항에 관하여 기억이 나지 않는다는 취지로 진술하여 그 진술의 일부가 재현 불가능하게 된 경우는 '원진술자가 진술을 할 수 없는 때'에 해당한다(대판 2006.4.14. 2005도9561).

정답 ④

057 전문서류의 증거능력에 관한 설명 중 옳지 않은 것은? (다툼이 있는 경우 판례에 의함)　　　[24 변호사]

① 증인이 자신에 대한 관련 형사판결이 확정되었음에도 정당한 이유 없이 법정증언을 거부하여 피고인이 반대신문을 하지 못하였다면, 설령 피고인이 증인의 증언거부 상황을 초래하였다고 하더라도 「형사소송법」 제314조의 '그 밖에 이에 준하는 사유로 인하여 진술할 수 없는 때'에 해당하지 않아 수사기관에서 그 증인의 진술을 기재한 서류는 증거능력이 없다.

② 「형사소송법」 제312조 제1항의 '검사가 작성한 피의자신문조서'란 당해 피고인에 대한 피의자신문조서만이 아니라 당해 피고인과 공범관계에 있는 다른 피고인이나 피의자에 대하여 검사가 작성한 피의자신문조서도 포함하는 개념으로서, 이때의 '공범'에는 대향범도 포함된다.

③ 조세범칙조사를 담당하는 세무공무원이 피고인이 된 혐의자 또는 참고인에 대하여 심문한 내용을 기재한 조서는 피고인 또는 피고인이 아닌 자가 작성한 진술서나 그 진술을 기재한 서류에 해당하므로 「형사소송법」 제313조에 따라 증거능력의 존부를 판단하여야 한다.

④ 보험사기 사건에서 건강보험심사평가원이 수사기관의 의뢰에 따라 그 보내온 자료를 토대로 입원진료의 적정성에 대한 의견을 제시하는 내용의 '건강보험심사평가원의 입원진료 적정성 여부 등 검토의뢰에 대한 회신'은 사무 처리 내역을 계속적, 기계적으로 기재한 문서가 아니므로 「형사소송법」 제315조 제3호의 '기타 특히 신용할 만한 정황에 의하여 작성된 문서'에 해당하지 않는다.

⑤ 전문진술이 기재된 조서는 「형사소송법」 제312조 또는 제314조의 규정의 요건과 「형사소송법」 제316조의 규정의 요건을 갖추는 경우 증거능력이 인정된다.

① [×] 수사기관에서 진술한 참고인이 법정에서 증언을 거부하여 피고인이 반대신문을 하지 못한 경우에는 정당하게 증언거부권을 행사한 것이 아니라도, 피고인이 증인의 증언거부 상황을 초래하였다는 등의 특별한 사정이 없는 한 형사소송법 제314조의 '그 밖에 이에 준하는 사유로 인하여 진술할 수 없는 때'에 해당하지 않는다고 보아야 한다. 따라서 증인이 정당하게 증언거부권을 행사하여 증언을 거부한 경우와 마찬가지로 수사기관에서 그 증인의 진술을 기재한 서류는 증거능력이 없다.

다만 피고인이 증인의 증언거부 상황을 초래하였다는 등의 특별한 사정이 있는 경우에는 형사소송법 제314조의 적용을 배제할 이유가 없다. 이러한 경우까지 형사소송법 제314조의 '그 밖에 이에 준하는 사유로 인하여 진술할 수 없는 때'에 해당하지 않는다고 보면 사건의 실체에 대한 심증 형성은 법관의 면전에서 본래증거에 대한 반대신문이 보장된 증거조사를 통하여 이루어져야 한다는 실질적 직접심리주의와 전문법칙에 대하여 예외를 정한 형사소송법 제314조의 취지에 반하고 정의의 관념에도 맞지 않기 때문이다(대판(전) 2019.11.21. 2018도13945).

② [○] 형사소송법 제312조 제1항에서 정한 '검사가 작성한 피의자신문조서'란 당해 피고인에 대한 피의자신문조서만이 아니라 당해 피고인과 공범관계에 있는 다른 피고인이나 피의자에 대하여 검사가 작성한 피의자신문조서도 포함되고, 여기서 말하는 '공범'에는 형법 총칙의 공범 이외에도 서로 대항된 행위의 존재를 필요로 할 뿐 각자의 구성요건을 실현하고 별도의 형벌 규정에 따라 처벌되는 강학상 필요적 공범 또는 대향범까지 포함한다. 따라서 피고인이 자신과 공범관계에 있는 다른 피고인이나 피의자에 대하여 검사가 작성한 피의자신문조서의 내용을 부인하는 경우에는 형사소송법 제312조 제1항에 따라 유죄의 증거로 쓸 수 없다(대판 2023.6.1. 2023도3741).

③ [○] 조세범칙조사를 담당하는 세무공무원이 피고인이 된 혐의자 또는 참고인에 대하여 심문한 내용을 기재한 조서는 검사·사법경찰관 등 수사기관이 작성한 조서와 동일하게 볼 수 없으므로 형사소송법 제312조에 따라 증거능력의 존부를 판단할 수는 없고, 피고인 또는 피고인이 아닌 자가 작성한 진술서나 그 진술을 기재한 서류에 해당하므로 형사소송법 제313조에 따라 공판준비 또는 공판기일에서 작성자·진술자의 진술에 따라 성립의 진정함이 증명되고 나아가 그 진술이 특히 신빙할 수 있는상태 아래에서 행하여진 때에 한하여 증거능력이 인정된다(대판 2022.12.15. 2022도8824).

④ [○] 사무처리 내역을 계속적, 기계적으로 기재한 문서가 아니라 범죄사실의 인정 여부와 관련 있는 어떠한 의견을 제시하는 내용을 담고 있는 문서는 형사소송법 제315조 제3호에서 규정하는 당연히 증거능력이 있는 서류에 해당한다고 볼 수 없으므로, 이른바 보험사기 사건에서 건강보험심사평가원이 수사기관의 의뢰에 따라 그 보내온 자료를 토대로 입원진료의 적정성에 대한 의견을 제시하는 내용의 '건강보험심사평가원의 입원진료 적정성 여부 등 검토의뢰에 대한 회신'은 형사소송법 제315조 제3호의 '기타 특히 신용할 만한 정황에 의하여 작성된 문서'에 해당하지 않는다(대판 2017.12.5. 2017도12671).

⑤ [○] (피고인 아닌 타인의 진술을 그 내용으로 하는) 전문진술이 기재된 조서는 형사소송법 제312조 내지 314조의 규정에 의하여 그 증거능력이 인정될 수 있는 경우에 해당하여야 함은 물론, 나아가 형사소송법 제316조 제1항의 규정에 따른 위와 같은 조건을 갖춘 때에 예외적으로 증거능력이 인정된다(대판 2012.5.24. 2010도5948).

정답 ①

058 甲과 乙은 A를 살해하기로 공모하고 A의 집으로 찾아가, 乙이 망을 보고 있는 동안 甲은 가지고 있던 식칼로 A를 찔러 살해하였다. 우연히 이를 목격한 행인 B가 경찰에 신고하였고, 사법경찰관 P는 甲과 乙의 범행 직후 A의 집에 도착하여 그 현장에서 甲을 적법하게 체포하고, 甲으로부터 범행에 사용한 식칼을 임의로 제출받아 압수하면서 즉석에서 현장검증을 실시하여 검증조서를 작성하였다. 한편 P는 위 압수한 식칼에 관하여 사후에 압수영장을 발부받지 않았고, B에 대하여는 진술조서를 작성하였다. 이에 관한 설명 중 옳지 않은 것을 모두 고른 것은? (다툼이 있으면 판례에 의함) [22 변호사]

> ㉠ P가 실시한 현장검증은 체포현장에서의 검증에 해당하여 영장 없이 할 수 있다.
> ㉡ 甲이 B에 대한 진술조서를 증거로 함에 동의하지 않은 경우라도 위 진술조서에 기재된 B의 주소로 보낸 증인소환장이 주소불명으로 송달되지 않자 검사가 증인신청을 철회하였다면 위 진술조서를 甲에 대한 유죄 인정의 증거로 사용할 수 있다.
> ㉢ 甲이 B에 대한 진술조서를 증거로 함에 동의하지 않아 B를 증인으로 소환하였으나 B가 증인소환장을 송달받고도 법원의 소환에 계속하여 불응하고 구인장도 집행되지 않아 B에 대한 법정에서의 신문이 불가능한 경우 검사가 B에 대한 구인장의 강제력에 기하여 B의 법정 출석을 위한 가능하고도 충분한 노력을 다하였음에도 불구하고 부득이 B의 법정 출석이 불가능하게 되었다는 사정을 입증하더라도 위 진술조서를 甲에 대한 유죄 인정의 증거로 사용할 수 없다.
> ㉣ 검사가 위 식칼을 乙에 대한 증거로 제출하였다면 乙이 이를 증거로 함에 동의하지 않은 경우라도 乙에 대한 유죄 인정의 증거로 사용할 수 있다.

① ㉡ ② ㉠, ㉣ ③ ㉡, ㉢
④ ㉠, ㉡, ㉢ ⑤ ㉡, ㉢, ㉣

해설

㉠ [○] 사법경찰관은 피의자를 현행범으로 체포하는 경우에 필요한 때에는 체포현장에서 영장없이 압수·수색·검증을 할 수 있다(형사소송법 제216조 제1항 제2호). 사법경찰관 P가 실시한 현장검증은 체포현장에서의 검증에 해당하므로 영장 없이 이를 할 수 있다.

㉡ [×] 형사소송법 제314조에서 '공판기일에 진술을 요하는 자가 소재불명, 그 밖에 이에 준하는 사유로 인하여 진술할 수 없는 때'라고 함은 소환장이 주소불명 등으로 송달불능이 되어 소재탐지촉탁까지 하여 소재수사를 하였는데도 그 소재를 확인할 수 없는 경우라야 이에 해당하고, 단지 소환장이 주소불명 등으로 송달불능되었다는 것만으로는 이에 해당한다고 보기에 부족하다(대판 2010.9.9. 2010도2602). B에 대한 진술조서는 甲에 대한 유죄 인정의 증거로 사용할 수 없다.

㉢ [×] [1] 법원이 수회에 걸쳐 진술을 요할 자에 대한 증인소환장이 송달되지 아니하여 그 소재탐지촉탁까지 하였으나 그 소재를 알지 못하게 된 경우 또는 진술을 요할 자가 일정한 주거를 가지고 있더라도 법원의 소환에 계속 불응하고 구인하여도 구인장이 집행되지 아니하는 등 법정에서의 신문이 불가능한 상태의 경우에는 형사소송법 제314조 소정의 '공판정에 출정하여 진술을 할 수 없는 때'에 해당한다(대판 2005.9.30. 2005도2654).
[2] 법원이 증인이 '소재불명이거나 그 밖에 이에 준하는 사유로 인하여 진술할 수 없는 때'에 해당한다고 인정할 수 있으려면, 증인의 법정 출석을 위한 가능하고도 충분한 노력을 다하였음에도 불구하고 부득이 증인의 법정 출석이 불가능하게 되었다는 사정을 검사가 입증한 경우이어야 한다(대판 2013.10.17. 2013도5001). B에 대한 진술조서는 甲에 대한 유죄 인정의 증거로 사용할 수 있다.

㉣ [○] 현행범 체포현장이나 범죄현장에서도 소지자 등이 임의로 제출하는 물건은 형사소송법 제218조에 의하여 영장 없이 압수하는 것이 허용되고, 이 경우 검사나 사법경찰관은 별도로 사후에 영장을 받을 필요가 없다(대판 2020.4.9. 2019도17142). 식칼은 임의제출물에 해당하므로 乙이 증거로 함에 동의하지 않더라도 乙에 대한 유죄 인정의 증거로 사용할 수 있다.

정답 ③

059 증거에 관한 설명 중 옳은 것[○]과 옳지 않은 것[×]을 올바르게 조합한 것은? (다툼이 있는 경우 판례에 의함)

[24 변호사]

> ㄱ. '증거물인 서면'을 조사하기 위해서는 증거서류의 조사방식인 낭독·내용고지 또는 열람의 절차와 증거물의 조사방식인 제시의 절차가 함께 이루어져야 한다.
> ㄴ. 상해의 증거로 제시된 상해부위를 촬영한 사진은 비진술증거로서 전문법칙이 적용되지 않는다.
> ㄷ. 「형사소송법」 제312조 제5항의 적용 대상인 '수사과정에서 작성한 진술서'란 수사가 시작된 이후에 수사기관의 관여 아래 수사관서 내에서 작성된 것을 말하므로, 수사관서 이외의 장소에서 수사기관의 요청에 따라 피의자가 작성한 진술서는 수사과정에서 작성한 진술서에 해당하지 않는다.
> ㄹ. 검사가 공판기일에 증인으로 신청하여 신문할 사람을 특별한 사정 없이 미리 수사기관에 소환하여 면담하는 절차를 거친 후 그 증인이 법정에서 피고인에게 불리한 내용을 진술한 경우, 검사가 증인신문 전 면담 과정에서 증인에 대한 회유나 압박, 답변 유도나 암시 등으로 증인의 법정진술에 영향을 미치지 않았다는 점이 담보되어야 증인의 법정진술을 신빙할 수 있다.

① ㄱ[○], ㄴ[○], ㄷ[×], ㄹ[×]
② ㄱ[×], ㄴ[×], ㄷ[○], ㄹ[○]
③ ㄱ[○], ㄴ[○], ㄷ[×], ㄹ[○]
④ ㄱ[×], ㄴ[○], ㄷ[○], ㄹ[×]
⑤ ㄱ[○], ㄴ[×], ㄷ[×], ㄹ[○]

해설

ㄱ. [○] 소장은 그 내용은 물론 존재 자체도 증거자료가 되는 '증거물인 서면'으로 보아야 하고, 따라서 이를 조사하기 위해서는 증거서류의 조사방식인 낭독·내용고지 또는 열람의 절차와 증거물의 조사방식인 제시의 절차가 함께 이루어져야 한다(대판 2013.7.26. 2013도2511).

ㄴ. [○] '상해부위를 촬영한 사진'은 비진술증거로서 전문법칙이 적용되지 않으므로 사진이 진술증거임을 전제로 전문법칙이 적용되어야 한다는 취지의 상고이유의 주장 또한 받아들일 수 없다(대판 2007.7.26. 2007도3906).

ㄷ. [×] [1] 형사소송법 제312조 제5항의 적용대상인 '수사과정에서 작성한 진술서'란 수사가 시작된 이후에 수사기관의 관여 아래 작성된 것이거나, 개시된 수사와 관련하여 수사과정에 제출할 목적으로 작성한 것으로, 작성 시기와 경위 등 여러 사정에 비추어 그 실질이 이에 해당하는 이상 명칭이나 작성된 장소 여부를 불문한다. [2] 원심은 판시와 같은 이유로, 경찰관이 입당원서 작성자의 주거지·근무지를 방문하여 입당원서 작성 경위 등을 질문한 후 진술서 작성을 요구하여 이를 제출받은 이상 형사소송법 제312조 제5항이 적용되어야 한다는 이유로 형사소송법 제244조의4에서 정한 절차를 준수하지 않은 위 각 증거의 증거능력이 인정되지 않는다고 판단하고, 이와 달리 위 진술서는 경찰서에서 작성한 것이 아니라 작성자가 원하는 장소를 방문하여 받은 것이므로 위 각 절차에 관한 규정이 적용되지 아니한다는 검사의 주장을 배척하였다. 원심판결 이유를 관련 법리 및 적법하게 채택된 증거에 비추어 살펴보면, 이러한 원심의 판단에 형사소송법 제312조 제5항의 적용 여부, 형사소송법 제221조 제1항 및 제244조의4 제1·3항의 적용 여부 등에 관한 법리를 오해함으로써 판결에 영향을 미친 잘못이 없다(대판 2022.10.27. 2022도9510).

ㄹ. [○] 검사가 공판기일에 증인으로 신청하여 신문할 사람을 특별한 사정 없이 미리 수사기관에 소환하여 면담하는 절차를 거친 후 증인이 법정에서 피고인에게 불리한 내용의 진술을 한 경우, 검사가 증인신문 전 면담 과정에서 증인에 대한 회유나 압박, 답변 유도나 암시 등으로 증인의 법정진술에 영향을 미치지 않았다는 점이 담보되어야 증인의 법정진술을 신빙할 수 있다고 할 것이다. 검사가 증인신문 준비 등 필요에 따라 증인을 사전 면담할 수 있다고 하더라도 법원이나 피고인의 관여 없이 일방적으로 사전 면담하는 과정에서 증인이 훈련되거나 유도되어 법정에서 왜곡된 진술을 할 가능성도 배제할 수 없기 때문이다. 증인에 대한 회유나 압박 등이 없었다는 사정은 검사가 증인의 법정진술이나 면담 과정을 기록한 자료 등으로 사전면담 시점, 이유와 방법, 구체적 내용 등을 밝힘으로써 증명하여야 한다(대판 2021.6.10. 2020도15891).

정답 ③

060 전문법칙에 관한 설명 중 옳은 것을 모두 고른 것은? (다툼이 있으면 판례에 의함) [14 변호사]

- ㉠ "甲이 乙을 살해하는 것을 목격했다."라는 丙의 말을 들은 丁이 丙의 진술내용을 증언하는 경우, 甲의 살인 사건에 대하여는 전문증거이지만, 丙의 명예훼손 사건에 대하여는 전문증거가 아니다.
- ㉡ 사인(私人)이 피고인 아닌 자의 진술을 녹음한 녹음테이프에 대하여 법원이 실시한 검증의 내용이, 녹음테이프에 녹음된 대화내용이 검증조서에 첨부된 녹취서에 기재된 내용과 같다는 것에 불과한 경우, 그 검증조서는 형사소송법 제311조의 '법원의 검증의 결과를 기재한 조서'에 해당하여 그 조서 중 위 진술내용은 위 제311조에 의하여 증거능력이 인정된다.
- ㉢ 증거보전절차에서 이루어진 甲에 대한 증인신문조서 중 당시 피의자였던 피고인 乙이 당사자로 참여하여 자신의 범행사실을 시인하는 전제하에 甲에게 반대신문을 하는 과정에서 乙이 행한 진술 기재 부분은, 형사소송법 제184조에 의한 증인신문조서에 해당하므로 형사소송법 제311조에 의하여 증거능력이 인정된다.
- ㉣ 공범자가 당해 피고인과 별개의 공판절차에서 피고인으로서 공동범행에 관하여 한 진술이 기재된 공판조서가 당해 피고인의 공판에서 증거로 제출된 경우 이는 형사소송법 제311조에서 규정한 '법원 또는 법관의 조서'에 해당되지는 않지만, 특히 신용할 만한 정황에 의하여 작성된 문서이므로 그 증거능력이 인정된다.
- ㉤ 감정인이 법원의 명에 의하여 감정을 하고 그 감정결과를 기재한 감정서는 직무상 증명할 수 있는 사항에 관하여 작성한 문서이므로 피고인이 증거로 함에 부동의하더라도 당연히 증거능력이 있다.

① ㉠
② ㉠, ㉣
③ ㉡, ㉢
④ ㉠, ㉢, ㉣
⑤ ㉠, ㉣, ㉤

해설

㉠ [O] 타인의 진술을 내용으로 하는 진술이 전문증거인지는 요증사실과 관계에서 정하여지는데, 원진술의 내용인 사실이 요증사실인 경우에는 전문증거이나, 원진술의 존재 자체가 요증사실인 경우에는 본래증거이지 전문증거가 아니다(대판 2014.2.27. 2013도12155). 甲의 살인사건에서 증거로 사용되는 경우와 같이 원진술의 내용인 사실이 요증사실이면 전문증거이지만, 丙의 명예훼손사건에서 증거로 사용되는 경우와 같이 원진술의 존재 자체가 요증사실이면 원본증거이다.

㉡ [×] 증거자료가 되는 것은 여전히 녹음테이프에 녹음된 대화 내용이므로 그 녹음테이프 검증조서의 기재 중 피고인 아닌 자의 진술내용을 증거로 사용하기 위해서는 형사소송법 제313조 제1항에 따라 원진술자의 진술에 의하여 그 녹음테이프에 녹음된 진술내용이 자신이 진술한 대로 녹음된 것이라는 점이 인정되어야 한다(대판 2008.7.10. 2007도10755).

㉢ [×] 증인신문조서가 증거보전절차에서 증인 甲의 증언내용을 기재한 것이고 다만 피의자였던 피고인 乙이 당사자로 참여하여 자신의 범행사실을 시인하는 전제하에 위 증인에게 반대신문한 내용이 기재되어 있을 뿐이라면 위 조서는 공판준비 또는 공판기일에 피고인 등의 진술을 기재한 조서도 아니고 반대신문 과정에서 피의자가 한 진술에 관한 한 형사소송법 제184조에 의한 증인신문조서도 아니므로 형사소송법 제311조에 의한 증거능력을 인정할 수 없다(대판 1984.5.15. 84도508).

㉣ [O] 다른 피고사건의 공판조서는 형사소송법 제315조 제3호의 문서로서 당연히 증거능력이 있다(대판 2005.1.14. 2004도6646).

㉤ [×] 감정서는 그 작성자인 감정인의 진술에 의하여 성립의 진정함이 증명되어야 증거능력이 인정된다(형사소송법 제313조).

정답 ②

증거에 관한 설명 중 옳지 않은 것을 모두 고른 것은? (다툼이 있으면 판례에 의함) [21 변호사]

> ㉠ 제1심 법원에서 이미 증거능력이 있었던 증거는 항소심에서도 증거능력이 그대로 유지되어 심판의 기초가 될 수 있고, 다시 증거조사를 할 필요가 없으므로 항소심법원의 재판장은 증거조사절차에 들어가기에 앞서 제1심의 증거관계와 증거조사결과의 요지를 고지할 필요가 없다.
>
> ㉡ 행위자가 아닌 법인 또는 개인이 양벌규정에 따라 기소된 경우, 검사 이외의 수사기관이 행위자에 대하여 작성한 피의자신문조서는 행위자가 그 내용을 인정한 경우라도 당해 피고인인 법인 또는 개인이 그 내용을 부인하는 경우에는 「형사소송법」 제312조 제3항이 적용되어 증거능력이 없고, 「형사소송법」 제314조를 적용하여 증거능력을 인정할 수도 없다.
>
> ㉢ 수사기관이 구속수감되어 있던 甲으로부터 乙의 마약류관리에관한법률위반(향정) 범행에 대한 진술을 듣고 추가적인 증거를 확보할 목적으로 甲에게 그의 압수된 휴대전화를 제공하여 乙과 통화하고 위 범행에 관한 통화 내용을 녹음하게 한 경우, 甲이 통화당사자가 되므로 그 녹음은 乙에 대한 유죄 인정의 증거로 사용할 수 있다.
>
> ㉣ 전자문서를 수록한 파일 등의 경우에는 원본임이 증명되거나 혹은 원본으로부터 복사한 사본일 경우에는 복사 과정에서 편집되는 등 인위적 개작 없이 원본의 내용 그대로 복사된 사본임이 증명되어야만 하고, 그러한 증명이 없는 경우에는 쉽게 그 증거능력을 인정할 수 없다. 이때 원본 동일성은 증거능력의 요건에 해당하므로 검사가 그 존재에 대하여 구체적으로 주장·증명하여야 한다.

① ㉠, ㉢   ② ㉡, ㉣   ③ ㉠, ㉡, ㉢
④ ㉠, ㉢, ㉣   ⑤ ㉡, ㉢, ㉣

해설

㉠ [×] 형사소송법 제364조 제3항은 "제1심법원에서 증거로 할 수 있었던 증거는 항소법원에서도 증거로 할 수 있다."라고 정하고 있다. 따라서 제심법원에서 이미 증거능력이 있었던 증거는 항소심에서도 증거능력이 그대로 유지되어 심판의 기초가 될 수 있고, 다시 증거조사를 할 필요가 없다. 다만 항소법원의 재판장은 증거조사 절차에 들어가기에 앞서 제1심의 증거관계와 증거조사 결과의 요지를 고지하여야 한다(형사소송규칙 제156조의5 제1항)(대판 2018.8.1. 2018도8651).

㉡ [O] 양벌규정은 법인의 대표자나 법인 또는 개인의 대리인, 사용인, 그 밖의 종업원 등 행위자가 법규위반행위를 저지른 경우, 일정 요건하에 이를 행위자가 아닌 법인 또는 개인이 직접 법규위반행위를 저지른 것으로 평가하여 행위자와 같이 처벌하도록 규정한 것으로서, 이때의 법인 또는 개인의 처벌은 행위자의 처벌에 종속되는 것이 아니라 법인 또는 개인의 직접책임 내지 자기책임에 기초하는 것이기는 하다. 그러나 양벌규정에 따라 처벌되는 행위자와 행위자가 아닌 법인 또는 개인 간의 관계는, 행위자가 저지른 법규위반행위가 사업주의 법규위반행위와 사실관계가 동일하거나 적어도 중요 부분을 공유한다는 점에서 내용상 불가분적 관련성을 지닌다고 보아야 하고, 따라서 형법 총칙의 공범관계 등과 마찬가지로 인권보장적인 요청에 따라 형사소송법 제312조 제3항이 이들 사이에서도 적용된다고 보는 것이 타당하다(대판 2020.6.11. 2016도9367).

㉢ [×] 수사기관이 구속수감된 자로 하여금 피고인의 범행에 관한 통화 내용을 녹음하게 한 행위는 수사기관 스스로가 주체가 되어 구속수감된 자의 동의만을 받고 상대방인 피고인의 동의가 없는 상태에서 그들의 통화 내용을 녹음한 것으로서 불법감청에 해당한다고 보아야 할 것이므로 그 녹음 자체는 물론이고 이를 근거로 작성된 수사보고의 기재 내용과 첨부 녹취록 및 첨부 mp3파일도 모두 피고인과 변호인의 증거동의에 상관없이 증거능력이 없다(대판 2010.10.14. 2010도9016).

㉣ [O] 전자문서를 수록한 파일 등의 경우에는, 성질상 작성자의 서명 혹은 날인이 없을 뿐만 아니라 작성자·관리자의 의도나 특정한 기술에 의하여 내용이 편집·조작될 위험성이 있음을 고려하여, 원본임이 증명되거나 혹은 원본으로부터 복사한 사본일 경우에는 복사 과정에서 편집되는 등 인위적 개작 없이 원본의 내용 그대로 복사된

사본임이 증명되어야만 하고, 이러한 <u>원본 동일성은 증거능력의 요건에 해당하므로 검사가 그 존재에 대하여 구체적으로 주장·증명해야 한다</u>(대판 2018.2.8. 2017도13263).

정답 ①

062 전문법칙에 관한 설명 중 옳은 것[ㅇ]과 옳지 않은 것[×]을 올바르게 조합한 것은? (다툼이 있으면 판례에 의함)
[21 변호사]

> ㉠ 다른 사람의 진술, 즉 원진술의 내용인 사실이 요증사실인 경우에는 전문증거이지만, 원진술의 존재 자체가 요증사실인 경우에는 본래증거이지 전문증거가 아니다.
> ㉡ 어떠한 내용의 진술을 하였다는 사실 자체에 대한 정황증거로 사용될 것이라는 이유로 서류의 증거능력을 인정한 다음 그 사실을 다시 진술 내용이나 그 진실성을 증명하는 간접사실로 사용하는 경우에는 그 서류는 전문증거에 해당한다.
> ㉢ 甲이 정보통신망을 통하여 "너를 죽이고 싶다"라는 문자메시지를 반복적으로 乙에게 도달하게 하는 행위를 하였다는 정보통신망이용촉진및정보보호등에관한법률위반의 공소사실에 대하여 휴대전화기에 저장된 문자정보(위 협박문자)가 그 증거가 되는 경우, 그 문자정보는 피고인의 진술에 해당하므로 「형사소송법」 제313조 제1항의 요건이 충족되어야 증거능력이 인정된다.
> ㉣ 「형사소송법」 제314조의 적용에 있어서 증인이 소재불명이거나 그 밖에 이에 준하는 사유로 인하여 진술할 수 없는 때에 해당한다고 법원이 인정할 수 있으려면 증인의 법정 출석을 위한 가능하고도 충분한 노력을 다하였음에도 부득이 증인의 법정 출석이 불가능하게 되었다는 사정을 검사가 입증하여야 한다.

① ㉠ [ㅇ], ㉡ [ㅇ], ㉢ [ㅇ], ㉣ [ㅇ]   ② ㉠ [ㅇ], ㉡ [ㅇ], ㉢ [×], ㉣ [×]
③ ㉠ [ㅇ], ㉡ [ㅇ], ㉢ [×], ㉣ [ㅇ]   ④ ㉠ [ㅇ], ㉡ [×], ㉢ [×], ㉣ [ㅇ]
⑤ ㉠ [×], ㉡ [×], ㉢ [×], ㉣ [ㅇ]

해설

㉠ [ㅇ] 다른 사람의 진술을 내용으로 하는 진술이 전문증거인지는 요증사실이 무엇인지에 따라 정해진다. 다른 사람의 진술, 즉 원진술의 내용인 사실이 요증사실인 경우에는 전문증거이지만, 원진술의 존재 자체가 요증사실인 경우에는 본래증거이지 전문증거가 아니다(대판(전) 2019.8.29. 2018도14303).

㉡ [ㅇ] 어떤 진술이 기재된 서류가 그 내용의 진실성이 범죄사실에 대한 직접증거로 사용될 때는 전문증거가 되지만, 그와 같은 진술을 하였다는 것 자체 또는 진술의 진실성과 관계없는 간접사실에 대한 정황증거로 사용될 때는 반드시 전문증거가 되는 것이 아니다. 그러나 어떠한 내용의 진술을 하였다는 사실 자체에 대한 정황증거로 사용될 것이라는 이유로 서류의 증거능력을 인정한 다음 그 사실을 다시 진술 내용이나 그 진실성을 증명하는 간접사실로 사용하는 경우에 그 서류는 전문증거에 해당한다. 서류가 그곳에 기재된 원진술의 내용인 사실을 증명하는 데 사용되어 원진술의 내용인 사실이 요증사실이 되기 때문이다. 이러한 경우 형사소송법 제311조부터 제316조까지 정한 요건을 충족하지 못한다면 증거능력이 없다(대판(전) 2019.8.29. 2018도14303).

㉢ [×] 정보통신망을 통하여 공포심이나 불안감을 유발하는 글을 반복적으로 상대방에게 도달하게 하는 행위를 하였다"는 공소사실에 대하여 휴대전화기에 저장된 문자정보가 그 증거가 되는 경우와 같이 그 문자정보가 범행의 직접적인 수단이 될 뿐 경험자의 진술에 갈음하는 대체물에 해당하지 않는 경우에는 형사소송법 제310조의2에서 정한 전문법칙이 적용될 여지가 없다(대판 2008.11.13. 2006도2556).

ⓔ [○] 「형사소송법」 제314조의 적용에 있어서 증인이 소재불명이거나 그 밖에 이에 준하는 사유로 인하여 진술할 수 없는 때에 해당한다고 법원이 인정할 수 있으려면 증인의 법정 출석을 위한 가능하고도 충분한 노력을 다하였음에도 부득이 증인의 법정 출석이 불가능하게 되었다는 사정을 검사가 입증하여야 한다(대판 2013.10.17. 2013도5001).

정답 ③

063 증거능력과 증명에 관한 설명 중 옳지 않은 것은? (다툼이 있는 경우 판례에 의함)   [23 변호사]

① 피고인 甲이 사업주(실질적 경영귀속주체)인 사업체의 종업원 乙이 법규위반행위를 하여 甲이 양벌규정에 의하여 기소되고 사법경찰관이 작성한 乙에 대한 피의자신문조서가 증거로 제출되었으나 甲이 이를 내용부인 취지로 부동의하였고 재판 진행 중 乙이 지병으로 사망한 경우 위 피의자신문조서는 「형사소송법」 제314조에 의해 증거능력이 인정될 수 있다.

② 제1심에서 피고인에 대하여 무죄판결이 선고되어 검사가 항소한 후 수사기관이 항소심 공판기일에 증인으로 신청하여 신문할 수 있는 사람을 특별한 사정 없이 미리 수사기관에 소환하여 작성한 진술조서는 피고인이 증거로 할 수 있음에 동의하지 않는 한 증거능력이 없다.

③ 피고인 아닌 자의 공판기일에서의 진술이 피고인 아닌 타인의 진술을 그 내용으로 하는 경우 「형사소송법」 제316조 제2항이 요구하는 특히 신빙할 수 있는 상태하에서 행하여졌음에 대한 증명은 단지 그러한 개연성이 있다는 정도로는 부족하고 합리적인 의심의 여지를 배제하는 정도에 이르러야 한다.

④ 목적과 용도를 정하여 위탁한 금전을 수탁자가 임의로 소비하면 횡령죄를 구성할 수 있으며 피해자 등이 목적과 용도를 정하여 금전을 위탁한 사실 및 그 목적과 용도가 무엇인지는 엄격한 증명의 대상이 된다.

⑤ 양심적 병역거부를 주장하는 피고인이 자신의 병역거부가 그에 따라 행동하지 않고서는 인격적 존재가치가 파멸되고 말 것이라는 절박하고 구체적인 양심에 따른 것으로 그 양심이 깊고 확고하며 진실한 것이라는 사실의 존재를 수긍할 만한 소명자료를 법원에 제출한 경우, 검사는 제출된 자료의 신빙성을 탄핵하는 방법으로 진정한 양심의 부존재를 증명할 수 있다.

해설

① [×] 형사소송법 제312조 제3항은 검사 이외의 수사기관이 작성한 해당 피고인에 대한 피의자신문조서를 유죄의 증거로 하는 경우뿐만 아니라 검사 이외의 수사기관이 작성한 해당 피고인과 공범관계에 있는 다른 피고인이나 피의자에 대한 피의자신문조서를 해당 피고인에 대한 유죄의 증거로 채택할 경우에도 적용된다. 따라서 해당 피고인과 공범관계가 있는 다른 피의자에 대하여 검사 이외의 수사기관이 작성한 피의자신문조서는 그 피의자의 법정진술에 의하여 성립의 진정이 인정되는 등 형사소송법 제312조 제4항의 요건을 갖춘 경우라도 해당 피고인이 공판기일에서 그 조서의 내용을 부인한 이상 이를 유죄 인정의 증거로 사용할 수 없고, 그 당연한 결과로 위 피의자신문조서에 대하여는 사망 등 사유로 인하여 법정에서 진술할 수 없는 때에 예외적으로 증거능력을 인정하는 규정인 형사소송법 제314조가 적용되지 아니한다. 그리고 이러한 법리는 공동정범이나 교사범, 방조범 등 공범관계에 있는 자들 사이에서뿐만 아니라, 법인의 대표자나 법인 또는 개인의 대리인, 사용인, 그 밖의 종업원 등 행위자의 위반행위에 대하여 행위자가 아닌 법인 또는 개인이 양벌규정에 따라 기소된 경우, 이러한 법인 또는 개인과 행위자 사이의 관계에서도 마찬가지로 적용된다고 보아야 한다(대판 2020.6.11. 2016도9367).

② [○] 제1심에서 피고인에 대하여 무죄판결이 선고되어 검사가 항소한 후, 수사기관이 항소심 공판기일에 증인으로 신청하여 신문할 수 있는 사람을 특별한 사정 없이 미리 수사기관에 소환하여 작성한 진술조서는 피고인이 증거로 할 수 있음에 동의하지 않는 한 증거능력이 없다. 검사가 공소를 제기한 후 참고인을 소환하여 피고인에게 불리한 진술을 기재한 진술조서를 작성하여 이를 공판절차에 증거로 제출할 수 있게 한다면, 피고인과 대등한

당사자의 지위에 있는 검사가 수사기관으로서의 권한을 이용하여 일방적으로 법정 밖에서 유리한 증거를 만들 수 있게 하는 것이므로 당사자주의 · 공판중심주의 · 직접심리주의에 반하고 피고인의 공정한 재판을 받을 권리를 침해하기 때문이다(대판 2019.11.28. 2013도6825).

③ [○] 참고인의 진술 또는 작성이 '특히 신빙할 수 있는 상태 하에서 행하여졌음에 대한 증명'은 단지 그러할 개연성이 있다는 정도로는 부족하고 합리적인 의심의 여지를 배제할 정도에 이르러야 한다. 나아가 이러한 법리는 원진술자의 소재불명 등을 전제로 하고 있는 형사소송법 제316조 제2항의 경우에도 그대로 적용된다(대판 2017.7.18. 2015도12981).

④ [○] 목적과 용도를 정하여 위탁한 금전을 수탁자가 임의로 소비하면 횡령죄를 구성할 수 있으나 이 경우 피해자 등이 목적과 용도를 정하여 금전을 위탁한 사실 및 그 목적과 용도가 무엇인지는 엄격한 증명의 대상이라고 보아야 한다(대판 2013.11.14. 2013도8121).

⑤ [○] 정당한 사유가 없다는 사실은 범죄구성요건이므로 검사가 증명하여야 한다. 다만 진정한 양심의 부존재를 증명한다는 것은 마치 특정되지 않은 기간과 공간에서 구체화되지 않은 사실의 부존재를 증명하는 것과 유사하다. 위와 같은 불명확한 사실의 부존재를 증명하는 것은 사회통념상 불가능한 반면 그 존재를 주장 · 증명하는 것이 좀 더 쉬우므로, 이러한 사정은 검사가 증명책임을 다하였는지를 판단할 때 고려하여야 한다. 따라서 양심적 병역거부를 주장하는 피고인은 자신의 병역거부가 그에 따라 행동하지 않고서는 인격적 존재가치가 파멸되고 말 것이라는 절박하고 구체적인 양심에 따른 것이며 그 양심이 깊고 확고하며 진실한 것이라는 사실의 존재를 수긍할 만한 소명자료를 제시하고, 검사는 제시된 자료의 신빙성을 탄핵하는 방법으로 진정한 양심의 부존재를 증명할 수 있다. 이때 병역거부자가 제시해야 할 소명자료는 적어도 검사가 그에 기초하여 정당한 사유가 없다는 것을 증명하는 것이 가능할 정도로 구체성을 갖추어야 한다(대판(전) 2018.11.1. 2016도10912).

정답 ①

064 甲과 乙은 丙과 공모하여 피해자 A로부터 금품을 갈취한 공소사실로 기소되었는데, 丙은 경찰 수사 단계에서 범행을 자백하는 취지의 진술서를 작성한 이후 갑자기 사망하였다. 검사는 丙의 동생인 B가 丙으로부터 "나는 甲, 乙과 함께 A의 금품을 갈취하였다."라는 말을 들었다는 것을 알고, B를 조사하여 그와 같은 내용의 B에 대한 진술조서를 작성하였다. 甲과 乙은 공판과정에서 위 공소사실을 다투고 있다. 이에 관한 설명 중 옳은 것은? (다툼이 있으면 판례에 의함) [22 변호사]

① 甲이 사법경찰관이 작성한 乙에 대한 피의자신문조서에 대하여 증거로 함에 동의하지 않은 경우라도 乙이 법정에서 경찰 수사 도중 위 피의자신문조서에 기재된 것과 같은 내용으로 진술하였다는 취지로 증언하였다면 이러한 증언은 甲에 대한 유죄 인정의 증거로 사용할 수 있다.

② 乙이 출석한 공판기일에서 乙을 조사한 사법경찰관이 법정에 증인으로 출석하여 乙에 대한 피의자신문을 하면서 乙이 자백하는 것을 들었던 내용을 증언한 경우 그 증언은 乙의 진술이 특히 신빙할 수 있는 상태하에서 행하여졌음이 증명된 경우라도 甲의 증거동의가 없는 한 甲에 대한 유죄 인정의 증거로 사용할 수 없다.

③ 丙이 경찰에서 작성한 진술서는 그 작성이 특히 신빙할 수 있는 상태에서 행하여졌음이 증명된다면 甲이 증거로 사용함에 동의하지 않더라도 甲에 대한 유죄 인정의 증거로 사용할 수 있다.

④ B에 대한 진술조서는 B가 증언을 거부하여 진정성립이 인정되지 않더라도 丙이 사망하여 진술할 수 없는 경우에 해당하므로 甲에 대한 유죄 인정의 증거로 사용할 수 있다.

⑤ B에 대한 진술조서는 전문진술을 기재한 서류이므로 乙이 증거동의하더라도 乙에 대한 유죄 인정의 증거로 사용할 수 없다.

해설

① [×] [1] 당해 피고인과 공범관계에 있는 공동피고인에 대해 검사 이외의 수사기관이 작성한 피의자신문조서는 그 공동피고인의 법정진술에 의하여 성립의 진정이 인정되더라도 당해 피고인이 공판기일에서 그 조서의 내용을 부인하면 증거능력이 부정된다.

[2] 그리고 이러한 경우 그 공동피고인이 법정에서 경찰 수사 도중 피의자신문조서에 기재된 것과 같은 내용으로 진술하였다는 취지로 증언하였다고 하더라도 이러한 증언은 원진술자인 공동피고인이 그 자신에 대한 경찰 작성의 피의자신문조서의 진정성립을 인정하는 취지에 불과하여 위 조서와 분리하여 독자적인 증거가치를 인정할 것은 아니므로, 앞서 본 바와 같은 이유로 위 조서의 증거능력이 부정되는 이상 위와 같은 증언 역시 이를 유죄 인정의 증거로 쓸 수 없다(대판 2009.10.15. 2009도1889). 乙의 증언은 甲에 대한 유죄 인정의 증거로 사용할 수 없다.

② [○] 형사소송법 제316조 제2항은 피고인 아닌 자가 공판준비 또는 공판기일에서 한 진술이 피고인 아닌 타인의 진술을 그 내용으로 하는 것인 때에는 원진술자가 사망, 질병 기타 사유로 인하여 진술할 수 없고 그 진술이 특히 신빙할 수 있는 상태하에서 행하여진 때에 한하여 이를 증거로 할 수 있다고 규정하고 있는데, 여기서 말하는 '피고인 아닌 자'에는 공동피고인이나 공범자도 포함된다(대판 2018.5.15. 2017도19499). 피고인 甲의 입장에서 보았을 때 공동피고인 乙도 형사소송법 제316조 제2항에 규정된 '피고인 아닌 타인'에 해당한다. 따라서 피고인 아닌 타인인 乙의 진술을 그 내용으로 하는 사법경찰관의 증언이 증거능력이 인정되기 위해서는 원진술자인 乙이 사망, 질병 등으로 법정에 출석할 수 없어야 하는데, 설문의 경우 乙이 법정에 출석했으므로(乙은 공판기일에 출석하였다) 사법경찰관의 증언은 甲의 증거동의가 없는 한 甲에 대한 유죄 인정의 증거로 사용할 수 없다.

③ [×] 당해 피고인과 공범관계가 있는 다른 피의자에 대한 사법경찰관 작성의 피의자신문조서는 그 피의자의 법정진술에 의하여 그 성립의 진정이 인정되더라도 당해 피고인이 공판기일에서 그 조서의 내용을 부인하면 증거능력이 부정되므로 그에 대하여는 형사소송법 제314조가 적용되지 아니한다(대판 2009.11.26. 2009도6602). 丙이 경찰에서 작성한 진술서는 사법경찰관 작성 피의자신문조서와 동일하게 증거능력 유무를 판단한다(형사소송법 제312조 제3항·제5항). 또한 피고인과 공범관계에 있는 자들에 대한 사법경찰관리 작성의 피의자신문조서와 자술서(경찰 수사단계에서 작성된 것이다)는 피고인이나 그 변호인이 증거로 함에 동의하지 아니하였는바 이는 그 내용을 인정하지 않는다는 취지로 보아야 한다(대판(전) 2004.7.15. 2003도7185). 丙이 경찰에서 작성한 진술서는 그 작성이 특히 신빙할 수 있는 상태에서 행하여졌음이 증명되더라도 甲이 증거로 사용함에 동의하지 않으면(내용을 인정하지 않으면) 甲에 대한 유죄 인정의 증거로 사용할 수 없다.

④ [×] 피고인 아닌 자의 진술을 그 내용으로 하는 전문진술이 기재된 조서는 형사소송법 제312조 또는 제314조에 따라 증거능력이 인정될 수 있는 경우에 해당하여야 함은 물론 형사소송법 제316조 제2항에 따른 요건을 갖추어야 예외적으로 증거능력이 있다(대판 2017.7.18. 2015도12981). B가 증언을 거부하여 진정성립이 인정되지 않는 경우(증언을 거부하는 것은 형사소송법 제314조에 규정된 필요성의 요건을 충족하지 못한다) B에 대한 진술조서는 비록 丙이 사망하여 진술할 수 없는 경우에 해당하더라도 판례가 규정한 요건을 구비하지 못한 것이므로 甲에 대한 유죄 인정의 증거로 사용할 수 없다.

⑤ [×] 검사와 피고인이 증거로 할 수 있음을 동의한 서류 또는 물건은 진정한 것으로 인정한 때에는 증거로 할 수 있다(형사소송법 제318조 제1항). B에 대한 진술조서가 전문진술을 기재한 서류라고 하더라도 乙이 증거동의를 한다면 乙에 대한 유죄 인정의 증거로 사용할 수 있다.

정답 ②

065 필요적 공범에 관한 설명 중 옳지 않은 것은? (다툼이 있으면 판례에 의함)

① 공소시효는 공소의 제기로 진행이 정지되고, 형사소송법 제253조 제2항에 따라 공범의 1인에 대한 시효의 정지는 다른 공범자에 대하여 효력이 미치므로 뇌물수수자에 대하여 공소가 제기되었다면 뇌물공여자에 대한 공소시효 또한 정지된다.

② 필요적 공범이라는 것은 법률상 범죄의 실행이 다수인의 협력을 필요로 하는 것을 가리키는 것으로서 이러한 범죄의 성립에는 행위의 공동을 필요로 하는 것에 불과하고 반드시 협력자 전부가 책임이 있음을 필요로 하는 것은 아니다.

③ 금품 등의 수수와 같이 2인 이상의 서로 대향된 행위의 존재를 필요로 하는 관계에 있어서는 금품 등을 공여한 자에게 따로 처벌규정이 없는 이상 금품을 공여한 자의 행위에 대하여만 관여하여 그 공여행위를 교사하거나 방조한 행위는 상대방의 범행에 대하여 공범관계가 성립되지 아니한다.

④ 압수·수색영장의 범죄 혐의사실과 관계있는 범죄라는 것은 압수·수색영장에 기재한 혐의사실과 객관적 관련성이 있을 뿐 아니라 압수·수색영장 대상자와 피의자 사이에 인적 관련성이 있는 범죄를 의미하는데, 이때 피의자와 사이의 인적 관련성은 압수·수색영장에 기재된 대상자의 공동정범이나 교사범 등 공범이나 간접정범은 물론 필요적 공범 등에 대한 피고사건에 대해서도 인정될 수 있다.

⑤ 형사소송법 제312조 제3항은 검사 이외의 수사기관이 작성한 해당 피고인과 공범관계에 있는 다른 피고인이나 피의자에 대한 피의자신문조서를 해당 피고인에 대한 유죄의 증거로 채택할 경우에도 적용되는데, 이때 공범에는 형법 총칙의 공범 이외에 필요적 공범 관계에 있는 자들도 포함된다.

해설

① [×] 대향범 관계에 있는 자 사이에서는 각자 상대방의 범행에 대하여 형법 총칙의 공범규정이 적용되지 아니하므로 형사소송법 제253조 제2항에서 말하는 '공범'에는 뇌물공여죄와 뇌물수수죄 사이와 같은 대향범 관계에 있는 자는 포함되지 않는다(대판 2015.2.12. 2012도4842).

② [○] 필요적 공범이라는 것은 법률상 범죄의 실행이 다수인의 협력을 필요로 하는 것을 가리키는 것으로서 이러한 범죄의 성립에는 행위의 공동을 필요로 하는 것에 불과하고 반드시 협력자 전부가 책임이 있음을 필요로 하는 것은 아니다(대판 1987.12.22. 87도1699).

③ [○] 금품 등의 수수와 같이 2인 이상의 서로 대향된 행위의 존재를 필요로 하는 관계에 있어서는 공범이나 방조범에 관한 형법총칙 규정의 적용이 있을 수 없다. 따라서 금품 등을 공여한 자에게 따로 처벌규정이 없는 이상,[19] 그 공여행위는 그와 대향적 행위의 존재를 필요로 하는 상대방의 범행에 대하여 공범관계가 성립되지 아니하고, 오로지 금품 등을 공여한 자의 행위에 대하여만 관여하여 그 공여행위를 교사하거나 방조한 행위도 상대방의 범행에 대하여 공범관계가 성립되지 아니한다(대판 2014.1.16. 2013도6969).

④ [○] 압수·수색영장의 범죄 혐의사실과 관계있는 범죄라는 것은 압수·수색영장에 기재한 혐의사실과 객관적 관련성이 있을 뿐 아니라 압수·수색영장 대상자와 피의자 사이에 인적 관련성이 있는 범죄를 의미하는데, 이때 피의자와 사이의 인적 관련성은 압수·수색영장에 기재된 대상자의 공동정범이나 교사범 등 공범이나 간접정범은 물론 필요적 공범 등에 대한 피고사건에 대해서도 인정될 수 있다(대판 2018.10.12. 2018도6252).

⑤ [○] 형사소송법 제312조 제3항이 형법 총칙의 공범 이외에도, 서로 대향된 행위의 존재를 필요로 할 뿐 각자의 구성요건을 실현하고 별도의 형벌 규정에 따라 처벌되는 강학상 필요적 공범 내지 대향범 관계에 있는 자들 사이에서도 적용된다(대판 2020.6.11. 2016도9367).

정답 ①

---

19) 변호사법 제111조 제1항은 공무원이 취급하는 사건 또는 사무에 관하여 청탁 한다는 명목으로 금품을 받은 자에 대하여는 처벌규정을 두고 있으나 금품을 공여한 자에 대하여는 처벌규정을 두고 있지 아니하다.

066 전문증거의 증거능력에 관한 설명 중 옳지 않은 것은? (다툼이 있으면 판례에 의함) [20 변호사]

① 정보통신망을 통하여 공포심이나 불안감을 유발하는 글을 반복적으로 상대방에게 도달하게 하는 행위를 하였다는 공소사실에 대하여 휴대전화기에 저장된 문자정보가 그 증거가 되는 경우, 그 문자정보는 범행의 직접적인 수단이고 경험자의 진술에 갈음하는 대체물에 해당하지 않으므로 전문법칙이 적용되지 않는다.

② 성폭력 피해아동이 어머니에게 진술한 내용을 어머니가 상담원에게 전한 후, 상담원이 그 내용을 검사 면전에서 진술하여 작성된 진술조서는 이른바 '재전문진술을 기재한 조서'로서 피고인이 동의하지 않는 한 증거능력이 인정되지 아니한다.

③ A가 특정범죄가중처벌등에관한법률위반(알선수재)죄로 기소된 피고인으로부터 건축허가를 받으려면 담당공무원에게 사례비를 주어야 한다는 말을 들었다는 취지의 법정진술을 한 경우, 원진술의 존재 자체가 알선수재죄에서의 요증사실이므로 A의 진술은 전문증거가 아니라 본래증거에 해당한다.

④ 수사기관이 참고인을 조사하는 과정에서 촬영한 영상녹화물은 다른 법률에서 달리 규정하고 있는 등의 특별한 사정이 없는 한 공소사실을 직접 증명할 수 있는 독립적인 증거로 사용할 수 없다.

⑤ 보험사기 사건에서 건강보험심사평가원이 수사기관의 의뢰에 따라 그 보내온 자료를 토대로 입원진료의 적정성에 대한 의견을 제시하는 내용의 '건강보험심사평가원의 입원진료 적정성 여부 등 검토의뢰에 대한 회신'은 「형사소송법」 제315조 제3호의 '기타 특히 신용할 만한 정황에 의하여 작성된 문서'에 해당한다.

해설

① [○] [1] "정보통신망을 통하여 공포심이나 불안감을 유발하는 글을 반복적으로 상대방에게 도달하게 하는 행위를 하였다"는 공소사실에 대하여 휴대전화기에 저장된 문자정보가 그 증거가 되는 경우와 같이 그 문자정보가 범행의 직접적인 수단이 될 뿐 경험자의 진술에 갈음하는 대체물에 해당하지 않는 경우에는 형사소송법 제310조의2에서 정한 전문법칙이 적용될 여지가 없다.

[2] 검사가 문자정보가 저장되어 있는 휴대전화기를 법정에 제출하는 경우 휴대전화기에 저장된 문자정보는 그 자체가 범행의 직접적인 수단으로서 이를 증거로 사용할 수 있다. 또한 검사는 휴대전화기 이용자가 그 문자정보를 읽을 수 있도록 한 휴대전화기의 화면을 촬영한 사진을 증거로 제출할 수도 있을 것인바, 이를 증거로 사용하기 위해서는 문자정보가 저장된 휴대전화기를 법정에 제출할 수 없거나 그 제출이 곤란한 사정이 있고, 그 사진의 영상이 휴대전화기의 화면에 표시된 문자정보와 정확하게 같다는 사실이 증명되어야 한다(대판 2008.11.13. 2006도2556).

② [○] 형사소송법은 전문진술에 대하여 제316조에서 실질상 단순한 전문의 형태를 취하는 경우에 한하여 예외적으로 그 증거능력을 인정하는 규정을 두고 있을 뿐 재전문진술이나 재전문진술을 기재한 조서에 대하여는 달리 그 증거능력을 인정하는 규정을 두고 있지 아니하고 있으므로 피고인이 증거로 하는 데 동의하지 아니하는 한 형사소송법 제310조의2의 규정에 의하여 이를 증거로 할 수 없다(대판 2012.5.24. 2010도5948).

③ [○] A가 "피고인으로부터 '건축허가 담당 공무원이 외국연수를 가므로 사례비를 주어야 한다'는 말과 '건축허가 담당 공무원이 4,000만원을 요구하는데 사례비로 2,000만원을 주어야 한다'는 말을 들었다"는 취지로 진술한 경우, 피고인의 위와 같은 원진술의 존재 자체가 알선수재죄에 있어서의 요증사실이므로 이를 직접 경험한 A가 피고인으로부터 위와 같은 말들을 들었다고 하는 진술들은 전문증거가 아니라 본래증거에 해당된다(대판 2008.11.13. 2008도8007).

④ [○] 피고인의 동의가 없는 이상 참고인에 대한 진술조서의 작성이 없는 상태에서 수사기관이 그의 진술을 영상녹화한 영상녹화물만을 독자적인 증거로 쓸 수 없고 그 녹취록 또한 증거로 사용할 수 없는 위 영상녹화물의 내용을 그대로 녹취한 것이므로 역시 증거로 사용할 수 없다(대판 2014.7.10. 2012도5041).

⑤ [×] 사무처리 내역을 계속적, 기계적으로 기재한 문서가 아니라 범죄사실의 인정 여부와 관련 있는 어떠한 의견을 제시하는 내용을 담고 있는 문서는 형사소송법 제315조 제3호에서 규정하는 당연히 증거능력이 있는 서류에 해당한다고 볼 수 없으므로, 이른바 보험사기 사건에서 건강보험심사평가원이 수사기관의 의뢰에 따라 그 보내온 자료를 토대로 입원진료의 적정성에 대한 의견을 제시하는 내용의 '건강보험심사평가원의 입원진료 적정성

여부 등 검토의뢰에 대한 회신'은 형사소송법 제315조 제3호의 '기타 특히 신용할 만한 정황에 의하여 작성된 문서'에 해당하지 않는다(대판 2017.12.5. 2017도12671).

정답 ⑤

067 甲은 A의 집에 들어가 금품을 절취하려다 A에게 발각되자 A를 강간한 후에 도주하였다. 甲은 양심에 가책을 느꼈지만 처벌이 두려워 자수하지 못하고 친구인 乙에게 자신의 범행을 이야기 하였는데, 乙은 다시 이 사실을 여자친구 丙에게 이야기하였다. 이에 관한 설명 중 옳지 않은 것을 모두 고른 것은?(다툼이 있으면 판례에 의함)

[17 변호사]

> ㉠ 甲이 자필로 작성한 범행을 인정하는 내용의 메모지가 甲의 집에서 발견되어 증거로 제출된 경우, 甲이 공판기일에서 그 성립의 진정을 부인하면 필적감정에 의하여 성립의 진정함이 증명되더라도 증거로 사용할 수 없다.
>
> ㉡ 乙이 甲과의 대화를 녹음한 녹음테이프의 원본이 증거로 제출된 경우, 공판기일에서 甲이 녹음내용을 부인하여도 乙의 진술에 의하여 녹음테이프에 녹음된 甲의 진술내용이 甲이 진술한 대로 녹음된 것이 증명되고 그 진술이 특히 신빙할 수 있는 상태하에서 행하여진 것이 인정되는 때에는 증거로 사용할 수 있다.
>
> ㉢ 丙이 乙로부터 들은 甲의 진술내용을 사법경찰관에게 진술하였고 그러한 진술이 기재된 진술조서가 증거로 제출된 경우, 해당 진술조서 중 甲의 진술기재 부분은 형사소송법 제316조 제1항 및 제312조 제4항의 규정에 따른 요건을 갖춘 때에 한하여 증거로 사용할 수 있다.
>
> ㉣ 피해자 A는 피해내용을 아버지 B에게 문자메시지로 보냈고 B가 그 문자메시지를 촬영한 사진이 증거로 제출된 경우, A와 B가 법정에 출석하여 A는 사진 속 문자메시지의 내용이 자신이 작성해 보낸 것과 동일함을 확인하고, B는 A가 보낸 문자메시지를 촬영한 사진이 맞다고 확인한 때에는 증거로 사용할 수 있다.

① ㉠, ㉡   ② ㉠, ㉢   ③ ㉡, ㉣
④ ㉢, ㉣   ⑤ ㉠, ㉢, ㉣

해설

㉠ [×] 진술서의 작성자가 공판준비나 공판기일에서 그 성립의 진정을 부인하는 경우에는 과학적 분석결과에 기초한 디지털포렌식 자료, 감정 등 객관적 방법으로 성립의 진정함이 증명되는 때에는 증거로 할 수 있다(형사소송법 제313조 제2항). 甲이 메모지의 성립의 진정을 부인하더라도 필적감정에 의하여 성립의 진정함이 증명되면 그 메모지는 증거로 사용할 수 있다.

㉡ [○] 녹음테이프 검증조서의 기재 중 피고인의 진술내용을 증거로 사용하기 위해서는 형사소송법 제313조 제1항 단서에 따라 공판준비 또는 공판기일에서 그 작성자인 상대방의 진술에 의하여 녹음테이프에 녹음된 피고인의 진술내용이 피고인이 진술한 대로 녹음된 것임이 증명되고 나아가 그 진술이 특히 신빙할 수 있는 상태하에서 행하여진 것임이 인정되어야 한다(대판 2012.9.13. 2012도7461). 甲이 녹음내용을 부인하여도 乙의 진술에 의하여 녹음테이프에 녹음된 甲의 진술내용이 甲이 진술한 대로 녹음된 것이 증명되고 그 진술이 특히 신빙할 수 있는 상태하에서 행하여진 것이 인정되는 때에는 증거로 사용할 수 있다.

㉢ [×] 재전문진술이나 재전문진술을 기재한 조서에 대하여는 달리 그 증거능력을 인정하는 규정을 두고 있지 아니하고 있으므로 피고인이 증거로 하는 데 동의하지 아니하는 한 형사소송법 제310조의2의 규정에 의하여 이를 증거로 할 수 없다(대판 2012.5.24. 2010도5948). 丙이 乙로부터 들은 甲의 진술내용을 기재한 사법경찰관 작성 참고인진술조서는 재전문진술을 기재한 조서이므로 피고인 甲이 증거로 함에 동의하지 않는 한 증거능력이 없다.

ㄹ [O] (피해자 A가 남동생 B에게 도움을 요청하면서 피고인이 협박한 말을 포함하여 공갈 등 피해를 입은 내용이 들어 있는) 문자메시지의 내용을 촬영한 사진은 피해자의 진술서에 준하는 것으로 취급함이 상당할 것인바, 진술서에 관한 형사소송법 제313조에 따라 문자메시지의 작성자인 A가 법정에 출석하여 자신이 문자메시지를 작성하여 동생에게 보낸 것과 같음을 확인하고, 동생인 B도 법정에 출석하여 A가 보낸 문자메시지를 촬영한 사진이 맞다고 확인한 이상, 문자메시지를 촬영한 사진은 그 성립의 진정함이 증명되었다고 볼 수 있으므로 이를 증거로 할 수 있다(대판 2010.11.25. 2010도8735). 판례의 취지에 의할 때 A와 B가 법정에 출석하여 A는 사진 속 문자메시지의 내용이 자신이 작성해 보낸 것과 동일함을 확인하고, B는 A가 보낸 문자메시지를 촬영한 사진이 맞다고 확인한 때에는 증거로 사용할 수 있다.

정답 ②

068 뇌물 수수자 甲과 뇌물 공여자 乙에 대한 뇌물 사건을 수사하던 검사는 乙의 동창생 丙을 참고인으로 불러 "乙이 '甲에게 뇌물을 주었다'고 내게 말했다."라는 취지의 진술을 확보하고 甲과 乙을 공동피고인으로 기소하였다. 그러나 공판정에 증인으로 출석한 丙은 일체의 증언을 거부하였고, 오히려 그 동안 일관되게 범행을 부인하던 乙이 심경의 변화를 일으켜 뇌물공여 혐의를 모두 시인하였다. 이에 관한 설명 중 옳은 것은? (다툼이 있으면 판례에 의함)
[19 변호사]

① 丙이 정당하게 증언거부권을 행사했다면, 丙에 대한 진술조서는 증거능력이 인정된다.
② 丙에 대한 진술조서 중 '甲에게 뇌물을 주었다'는 부분은 甲의 혐의에 대해서는 증거능력이 인정된다.
③ 乙이 공판정에서 한 자백은 丙에 대한 진술조서로 보강할 수 있다.
④ 乙이 공판정에서 한 자백은 甲의 혐의에 대해서는 유죄 인정의 증거가 될 수 없다.
⑤ 소송절차가 분리되면 乙은 甲에 대한 공소사실에 관하여 증인이 될 수 있다.

해설

① [×], ② [×] [1] 丙에 대한 참고인진술조서는 '피고인의 진술을 그 내용으로 하는 전문진술이 기재된 전문서류로서' 형사소송법 제312조 내지 314조의 규정에 의하여 그 증거능력이 인정될 수 있는 경우에 해당하여야 함은 물론, 나아가 형사소송법 제316조 제1항의 규정에 따른 조건을 갖춘 때에 예외적으로 증거능력을 인정하여야 한다(대판 2012.5.24. 2010도5948). [2] 현행 형사소송법 제314조의 문언과 개정 취지, 증언거부권 관련 규정의 내용 등에 비추어 보면 법정에 출석한 증인이 증언거부권을 행사하여 증언을 거부한 경우는 형사소송법 제314조의 '그 밖에 이에 준하는 사유로 인하여 진술할 수 없는 때'에 해당하지 아니한다(대판(전) 2012.5.17. 2009도6788). 丙이 증언거부권을 행사한 것만으로는 형사소송법 제312조 제4항, 제314조 그리고 제316조 제1항의 요건을 구비된 것이 아니므로 참고인진술조서는 증거능력이 인정되지 아니한다.

③ [×] 보강증거도 증거능력이 있어야 한다. 따라서 전문법칙의 예외에 해당하지 않아 증거능력이 없는 전문증거는 보강증거가 될 수 없다(대판 2017.9.21. 2015도12400 참고). 丙에 대한 참고인진술조서는 증거능력이 없으므로 乙의 자백에 대한 보강증거가 될 수 없다.

④ [×] [1] 형사소송법 제310조의 '피고인의 자백'에는 공범인 공동피고인의 진술이 포함되지 아니하므로 공범인 공동피고인의 진술은 다른 공동피고인에 대한 범죄사실을 인정하는 데 있어서 증거로 쓸 수 있고 그에 대한 보강증거의 여부는 법관의 자유심증에 맡긴다(대판 1985.3.9. 85도951).
[2] 공동피고인의 자백은 이에 대한 피고인의 반대신문권이 보장되어 있어 증인으로 신문한 경우와 다를 바 없으므로 독립한 증거능력이 있다(대판 2007.10.11. 2007도5577). 乙의 자백은 甲의 혐의에 대하여 유죄 인정의 증거가 될 수 있다.

⑤ [○] 피고인의 지위에 있는 공동피고인은 다른 공동피고인에 대한 공소사실에 관하여 증인이 될 수 없으나, 소송절차가 분리되어 피고인의 지위를 벗어나게 되면 다른 공동피고인에 대한 공소사실에 관하여 증인이 될 수 있고 이는 대향범인 공동피고인의 경우에도 다르지 않다(대판 2012.3.29. 2009도11249).

정답 ⑤

069 증거동의에 관한 설명 중 옳지 않은 것은? (다툼이 있으면 판례에 의함)　　　　[20 변호사]

① 증거동의는 검사가 제시한 모든 증거에 대하여 피고인이 증거로 함에 동의한다는 방식으로 하여도 효력이 있다.
② 변호인은 피고인의 명시한 의사에 반하여 증거로 함에 동의할 수 있다.
③ 간이공판절차에서는 검사, 피고인 또는 변호인이 증거로 함에 이의가 없는 한 전문증거에 대하여 동의가 있는 것으로 간주한다.
④ 제1심 공판절차에서 피고인이 공시송달의 방법에 의한 공판기일 소환을 2회 이상 받고도 출석하지 아니하여 「소송촉진 등에 관한 특례법」 제23조 본문에 따라 피고인의 출정 없이 증거조사를 하는 때에는 「형사소송법」 제318조 제2항에 따른 증거동의가 간주된다.
⑤ 필요적 변호사건에서 피고인과 변호인이 재판거부의 의사를 표시하고 재판장의 허가 없이 퇴정한 경우, 「형사소송법」 제318조 제2항에 따라 증거동의가 간주된다.

해설

① [○] 피고인들의 의사표시가 하나 하나의 증거에 대하여 형사소송법상의 증거조사방식을 거쳐 이루어진 것이 아니라 "검사가 제시한 모든 증거에 대하여 증거로 함에 동의한다"는 방식으로 이루어진 것이라 하여 그 효력을 부정할 이유가 되지 못한다(대판 1983.3.8. 82도2873).

② [×] 형사소송법 제318조에 규정된 증거동의의 주체는 소송주체인 검사와 피고인이고, 변호인은 피고인을 대리하여 증거동의에 관한 의견을 낼 수 있을 뿐이므로 피고인의 명시한 의사에 반하여 증거로 함에 동의할 수는 없다(대판 2013.3.28. 2013도3).

③ [○] 제318조의3

④ [○] (소촉법 제23조에 의하여) 피고인이 공시송달의 방법에 의한 공판기일의 소환을 2회 이상 받고도 출석하지 아니하여 법원이 피고인의 출정 없이 증거조사를 하는 경우에는 형사소송법 제318조 제2항에 따른 피고인의 증거동의가 있는 것으로 간주된다(대판 2011.3.10. 2010도15977).

⑤ [○] 필요적 변호사건이라 하여도 피고인이 재판거부의 의사를 표시하고 재판장의 허가 없이 퇴정하고 변호인마저 이에 동조하여 퇴정해 버린 것은 모두 피고인측의 방어권의 남용 내지 변호권의 포기로 볼 수밖에 없는 것이므로 수소법원으로서는 형사소송법 제330조에 의하여 피고인이나 변호인의 재정 없이도 심리판결 할 수 있다. 위와 같이 피고인과 변호인들이 출석하지 않은 상태에서 증거조사를 할 수밖에 없는 경우에는 형사소송법 제318조 제2항의 규정상 피고인의 진의와는 관계없이 형사소송법 제318조 제1항의 동의가 있는 것으로 간주하게 되어 있다(대판 1991.6.28. 91도865).

정답 ②

070 증거동의에 관한 설명 중 옳지 않은 것은? (다툼이 있는 경우 판례에 의함) [23 변호사]

① 피고인이 출석한 공판기일에서 증거로 함에 부동의한 경우에는 그 후 피고인이 출석하지 아니한 공판기일에 변호인만 출석하여 종전 의견을 번복하여 증거로 함에 동의하였더라도 효력이 없다.

② 개개의 증거에 대하여 개별적으로 증거동의를 받지 아니하고 검사가 제시한 모든 증거에 대하여 피고인이 증거로 함에 동의한다는 방식으로 증거동의가 이루어진 것일지라도 증거동의로서의 효력을 부정할 이유가 되지 못한다.

③ 「형사소송법」 제184조에 의한 증거보전절차에서 증인신문을 하는 경우 피의자에게 증인신문에 참여할 수 있는 기회를 주지 아니하고 작성된 증인신문조서는 피의자였던 피고인이 법정에서 그 증인신문조서를 증거로 할 수 있음에 동의하여 별다른 이의 없이 적법하게 증거조사를 거친 경우라 하더라도 증거능력이 부여되지 않는다.

④ 증거동의의 의사표시는 증거조사가 완료되기 전까지 철회할 수 있으나, 일단 증거조사가 완료된 뒤에는 철회가 인정되지 아니하므로 제1심에서 한 증거동의를 제2심에서 철회할 수 없다.

⑤ 피고인의 출정없이 증거조사를 할 수 있는 경우에 피고인이 출정하지 아니한 때에는 「형사소송법」 제318조 제1항의 증거동의가 있는 것으로 간주되지만, 대리인 또는 변호인이 출정한 때에는 그러하지 아니하다.

해설

① [○] 형사소송법 제318조에 규정된 증거동의의 주체는 소송주체인 검사와 피고인이고, <u>변호인은</u> 피고인을 대리하여 증거동의에 관한 의견을 낼 수 있을 뿐이므로 <u>피고인의 명시한 의사에 반하여 증거로 함에 동의할 수는 없다.</u> 따라서 <u>피고인이 출석한 공판기일에서 증거로 함에 부동의한다는</u> 의견이 진술된 경우에는 그 후 피고인이 출석하지 아니한 공판기일에 <u>변호인만이 출석하여 종전 의견을 번복하여 증거로 함에 동의하였다 하더라도</u> 이는 특별한 사정이 없는 한 <u>효력이 없다</u>(대판 2013.3.28. 2013도3).

② [○] 피고인들의 의사표시가 하나 하나의 증거에 대하여 형사소송법상의 증거조사방식을 거쳐 이루어진 것이 아니라 <u>"검사가 제시한 모든 증거에 대하여 증거로 함에 동의한다"</u>는 방식으로 이루어진 것이라 하여 그 효력을 부정할 이유가 되지 못한다(대판 1983.3.8. 82도2873).

③ [×] 판사가 증거보전절차로 증인신문을 하는 경우에는 검사, 피의자 또는 변호인에게 증인신문의 시일과 장소를 미리 통지하여 증인신문에 참여할 수 있는 기회를 주어야 하나, <u>참여의 기회를 주지 아니한 경우라도 피고인과 변호인이 증인신문조서를 증거로 할 수 있음에 동의하여 별다른 이의없이 적법하게 증거조사를 거친 경우에는</u> 증인신문조서는 증인신문절차가 위법하였는지의 여부에 관계없이 <u>증거능력이 부여된다</u>(대판 1988.11.8. 86도 1646).

④ [○] 형사소송법 제318조에 규정된 증거동의의 의사표시는 증거조사가 완료되기 전까지 취소 또는 철회할 수 있으나, <u>일단 증거조사가 완료된 뒤에는 취소 또는 철회가 인정되지 아니하므로 취소 또는 철회 이전에 이미 취득한 증거능력은 상실되지 않는다</u>(대판 2015.8.27. 2015도3467).

⑤ [○] 피고인의 출정없이 증거조사를 할 수 있는 경우에는 피고인이 출정하지 아니한 때에는 증거동의가 있는 것으로 간주한다. 다만, 대리인 또는 변호인이 출정한 때에는 예외로 한다(제318조 제2항).

정답 ③

071 甲은 A를 살해하려다 미수에 그친 사건으로 수사를 받게 되었다. 甲이 변호사 L로부터 도움을 받으려고 하는 경우에 관한 설명 중 옳은 것을 모두 고른 것은? (다툼이 있으면 판례에 의함) [21 변호사]

> ㉠ L이 변호인이 되려는 의사를 표시하였고 객관적으로 변호인이 될 가능성이 있다고 인정되는 경우에는 「형사소송법」 제34조 "변호인이 되려는 자"의 지위를 갖는다.
> ㉡ 甲이 피내사자로서 임의동행 형식으로 연행된 경우에도 甲에게 변호인으로 선임된 L과 접견교통권이 인정된다.
> ㉢ 변호인으로 선임된 L이 피의자신문 절차에서 인정신문을 시작하기 전에 검사에게 피의자 甲의 수갑을 해제하여 달라고 계속 요구하였으나 검사가 도주, 자해, 다른 사람에 대한 위해 등의 위험이 없음에도 L의 요구를 거부한 경우, 검사의 거부 조치에 대해서 L은 「형사소송법」 제417조의 준항고를 제기할 수 있다.
> ㉣ 甲이 피고인으로 출석한 공판기일에서 증거로 함에 부동의한다는 의견이 진술된 경우, 그 후 甲이 출석하지 아니한 공판기일에 변호인으로 선임된 L만이 출석하여 甲의 종전 의견을 번복하여 증거로 함에 동의하였더라도 특별한 사정이 없는 한 증거동의 효력이 인정되지 않는다.
> ㉤ 피고인 甲과 변호인으로 선임된 L에게 최종의견 진술의 기회를 주지 않고 변론을 종결하고 판결을 선고하는 것은 소송절차의 법령위반에 해당한다.

① ㉠, ㉢, ㉣
② ㉠, ㉡, ㉢, ㉤
③ ㉠, ㉡, ㉣, ㉤
④ ㉡, ㉢, ㉣, ㉤
⑤ ㉠, ㉡, ㉢, ㉣, ㉤

해설

㉠ [O] 변호인이 되려는 의사를 표시한 자가 객관적으로 변호인이 될 가능성이 있다고 인정되는데도, 형사소송법 제34조에서 정한 '변호인 또는 변호인이 되려는 자'가 아니라고 보아 신체구속을 당한 피고인 또는 피의자와 접견하지 못하도록 제한하여서는 아니 된다(대판 2017.3.9. 2013도16162).

㉡ [O] 임의동행의 형식으로 수사기관에 연행된 피의자에게도 변호인 또는 변호인이 되려는 자와의 접견교통권은 당연히 인정된다고 보아야 하고 임의동행의 형식으로 연행된 피내사자의 경우에도 이는 마찬가지이다(대결 1996.6.3. 96모18).

㉢ [O] [1] 구금된 피의자는 도주, 자해, 다른 사람에 대한 위해 등 형집행법 제97조 제1항 각호에 규정된 사유에 해당하지 않는 이상 보호장비 착용을 강제당하지 않을 권리를 가진다. 검사는 조사실에서 피의자를 신문할 때 해당 피의자에게 그러한 특별한 사정이 없는 이상 교도관에게 보호장비의 해제를 요청할 의무가 있고, 교도관은 이에 응하여야 한다.
[2] 형사소송법 제417조는 검사 또는 사법경찰관의 '구금에 관한 처분'에 불복이 있으면 법원에 그 처분의 취소 또는 변경을 청구할 수 있다고 규정하고 있다. 검사 또는 사법경찰관이 보호장비 사용을 정당화할 예외적 사정이 존재하지 않음에도 구금된 피의자에 대한 교도관의 보호장비 사용을 용인한 채 그 해제를 요청하지 않는 경우에, 검사 및 사법경찰관의 이러한 조치를 형사소송법 제417조에서 정한 '구금에 관한 처분'으로 보지 않는다면 구금된 피의자로서는 이에 대하여 불복하여 침해된 권리를 구제받을 방법이 없게 된다. 따라서 검사 또는 사법경찰관이 구금된 피의자를 신문할 때 피의자 또는 변호인으로부터 보호장비를 해제해 달라는 요구를 받고도 거부한 조치는 형사소송법 제417조에서 정한 '구금에 관한 처분'에 해당한다고 보아야 한다(대결 2020.3.17. 2015모2357).

㉣ [O] 형사소송법 제318조에 규정된 증거동의의 주체는 소송주체인 검사와 피고인이고, 변호인은 피고인을 대리하여 증거동의에 관한 의견을 낼 수 있을 뿐이므로 피고인의 명시한 의사에 반하여 증거로 함에 동의할 수는 없다. 따라서 피고인이 출석한 공판기일에서 증거로 함에 부동의한다는 의견이 진술된 경우에는 그 후 피고인이 출석하지 아니한 공판기일에 변호인만이 출석하여 종전 의견을 번복하여 증거로 함에 동의하였다 하더라도 이는 특별한 사정이 없는 한 효력이 없다(대판 2013.3.28. 2013도3).

⑩ [○] 형사소송법 제303조는 "재판장은 검사의 의견을 들은 후 피고인과 변호인에게 최종의 의견을 진술할 기회를 주어야 한다."라고 정하고 있으므로, <u>최종의견 진술의 기회는 피고인과 변호인 모두에게 주어져야 한다.</u> 이러한 최종의견 진술의 기회는 피고인과 변호인의 소송법상 권리로서 피고인과 변호인이 사실관계의 다툼이나 유리한 양형사유를 주장할 수 있는 마지막 기회이므로, <u>피고인이나 변호인에게 최종의견 진술의 기회를 주지 아니한 채 변론을 종결하고 판결을 선고하는 것은 소송절차의 법령위반에 해당한다</u>(대판 2018.3.29. 2018도327).

정답 ⑤

072 탄핵증거에 관한 설명 중 옳은 것은? (다툼이 있으면 판례에 의함) [18 변호사]

① 「형사소송법」 제318조의2 제2항에 따른 영상녹화물의 탄핵증거로의 사용에 대해서 논란은 있으나, 영상녹화물의 재생은 법원의 직권이나 검사의 신청이 있는 경우에 한하고, 기억의 환기가 필요한 피고인 또는 피고인 아닌 자에게만 이를 재생하여 시청하게 하여야 한다.

② 탄핵증거에 대하여는 그 진정성립이 증명되지 않더라도 무방하다.

③ 탄핵증거는 범죄사실을 인정하는 증거가 아니므로 엄격한 증거조사를 거칠 필요는 없는바, 증명력을 다투고자 하는 증거의 어느 부분에 의하여 진술의 어느 부분을 다투려고 한다는 것까지 사전에 상대방에게 알릴 필요는 없다.

④ 피고인이 법정에서 내용부인을 한 사법경찰관 작성의 피의자신문조서에 대하여 검사가 증거제출 당시 탄핵증거라는 입증취지를 명시하지 아니하였다면 피고인의 법정진술에 대한 탄핵증거로서의 증거조사절차가 대부분 이루어졌다고 하더라도 그 조서를 피고인의 법정진술에 대한 탄핵증거로 사용할 수 없다.

⑤ 사법경찰관 작성의 피고인에 대한 피의자신문조서는 피고인이 그 내용을 부인하는 이상 증거능력이 없는바, 그러한 증거는 「형사소송법」 제312조 제3항의 특별한 입법취지에 비추어 설령 임의로 작성된 것이라 하더라도 피고인의 법정에서의 진술을 탄핵하기 위한 반대증거로도 사용될 수 없다.

해설

① [×] 학설상 영상녹화물의 탄핵증거로의 사용에 대해서 논란이 있을 수 있으나, <u>형사소송법 제318조의2 제2항에 의할 때 영상녹화물은 탄핵증거로 사용할 수 없다.</u> 또한 영상녹화물의 재생은 <u>검사의 신청이 있는 경우에 한하고,</u> 기억의 환기가 필요한 피고인 또는 피고인 아닌 자에게만 이를 재생하여 시청하게 하여야 한다(형사소송규칙 제134조의5 제1항).

② [○] 탄핵증거는 범죄사실을 인정하는 증거가 아니어서 엄격한 증거능력을 요하지 아니한다(대판 2012.9.27. 2012도7467). 따라서 그 진정성립이 증명되지 않더라도 탄핵증거로 사용할 수 있다(형사소송법 제318조의2 제1항).

③ [×] 탄핵증거의 제출에 있어서도 상대방에게 이에 대한 공격방어의 수단을 강구할 기회를 사전에 부여하여야 한다는 점에서 그 증거와 증명하고자 하는 사실과의 관계 및 입증취지 등을 미리 구체적으로 명시하여야 할 것이므로, <u>증명력을 다투고자 하는 증거의 어느 부분에 의하여 진술의 어느 부분을 다투려고 한다는 것을 사전에 상대방에게 알려야 한다</u>(대판 2005.8.19. 2005도2617).

④ [×] 피고인이 내용을 부인하여 증거능력이 없는 사법경찰리 작성의 피의자신문조서에 대하여 비록 당초 증거제출 당시 탄핵증거라는 입증취지를 명시하지 아니하였지만 <u>피고인의 법정 진술에 대한 탄핵증거로서의 증거조사절차가 대부분 이루어졌다고 볼 수 있는 점 등의 사정에 비추어 피의자신문조서를 피고인의 법정 진술에 대한 탄핵증거로 사용할 수 있다</u>(대판 2005.8.19. 2005도2617).

⑤ [×] 사법경찰리 작성의 피고인에 대한 피의자신문조서는 피고인이 그 내용을 부인하는 이상 증거능력이 없으나, 그것이 임의로 작성된 것이 아니라고 의심할 만한 사정이 없는 한 <u>피고인의 법정에서의 진술을 탄핵하기 위한 반대증거로 사용할 수 있다</u>(대판 2014.3.13. 2013도12507).

정답 ②

073 甲과 乙은 합동하여 평소 알고 지내던 A의 집에서 현금 1,000만원을 절취하였다는 사실로 특수절도로 공소가 제기되어 함께 재판을 받고 있다. 이에 관한 설명 중 옳은 것을 모두 고른 것은? (다툼이 있으면 판례에 의함)

[21 변호사]

ㄱ. 乙이 피고인으로서 공판정에서 자백진술을 하면 그 진술은 甲에 대한 유죄의 증거로 사용할 수 있다.

ㄴ. 甲과 乙의 소송절차가 분리되면 甲은 乙에 대한 공소사실에 관하여 증인이 될 수 있다.

ㄷ. 경찰과 검찰에서 甲은 범행을 모두 부인하였고, 乙은 범행을 모두 자백하였는데, 사법경찰관 작성의 乙에 대한 피의자신문조서는 甲이 그 내용을 부인하면 甲에 대한 유죄의 증거로 사용할 수 없다.

ㄹ. 사법경찰관 작성의 검증조서에 甲이 A의 거실에서 현금을 가지고 나오면서 "빨리 도망가자"라고 말한 진술기재 부분과 범행을 재연하는 사진이 첨부되어 있는 경우, 甲이 법정에서 검증조서에 대해서만 증거로 활용함에 동의하고 진술 기재 부분과 재연사진에 대해서는 그 성립의 진정 및 내용을 부인하였다면, 위 진술기재 부분과 재연사진은 유죄의 증거로 사용할 수 없다.

ㅁ. 검사가 유죄의 자료로 제출한 사법경찰관 작성의 甲에 대한 피의자신문조서는 甲이 그 내용을 부인하는 이상 증거능력이 없으나, 그것이 임의로 작성된 것이 아니라고 의심할 만한 사정이 없는 한 甲의 법정에서의 진술을 탄핵하기 위한 반대증거로 사용할 수 있다.

---

① ㄱ, ㄴ, ㄹ   ② ㄱ, ㄴ, ㄷ, ㅁ   ③ ㄱ, ㄷ, ㄹ, ㅁ

④ ㄴ, ㄷ, ㄹ, ㅁ   ⑤ ㄱ, ㄴ, ㄷ, ㄹ, ㅁ

해설

ㄱ. [○] 공동피고인의 자백은 이에 대한 피고인의 반대신문권이 보장되어 있어 증인으로 신문한 경우와 다를 바 없으므로 독립한 증거능력이 있다(대판 2007.10.11. 2007도5577).

ㄴ. [○] 공범인 공동피고인은 당해 소송절차에서는 피고인의 지위에 있어 다른 공동피고인에 대한 공소사실에 관하여 증인이 될 수 없으나, 소송절차가 분리되어 피고인의 지위에서 벗어나게 되면 다른 공동피고인에 대한 공소사실에 관하여 증인이 될 수 있다(대판 2012.12.13. 2010도10028).

ㄷ. [○] 피고인과 공범관계가 있는 다른 피의자에 대한 검사 이외의 수사기관 작성의 피의자신문조서는 그 피의자의 법정진술에 의하여 성립의 진정이 인정되더라도 당해 피고인이 공판기일에서 그 조서의 내용을 부인하면 증거능력이 부정된다(대판 2015.10.29. 2014도5939).

ㄹ. [○] 사법경찰관 작성의 검증조서에 기재된 '진술내용 및 범행을 재연한 부분'에 대하여 피고인이 그 성립의 진정 및 내용을 인정한 흔적을 찾아 볼 수 없고 오히려 이를 부인하고 있는 경우에는 그 증거능력을 인정할 수 없다(대판 1998.3.13. 98도159).

ㅁ. [○] 사법경찰리 작성의 피고인에 대한 피의자신문조서는 피고인이 그 내용을 부인하는 이상 증거능력이 없으나, 그것이 임의로 작성된 것이 아니라고 의심할 만한 사정이 없는 한 피고인의 법정에서의 진술을 탄핵하기 위한 반대증거로 사용할 수 있다(대판 2014.3.13. 2013도12507).

정답 ⑤

074 탄핵증거에 관한 설명 중 옳지 않은 것은? (다툼이 있으면 판례에 의함) [17 변호사]

① 탄핵증거는 진술의 증명력을 감쇄하기 위하여 인정되는 것이므로 범죄사실 또는 그 간접사실을 인정하는 증거로서는 허용되지 않는다.

② 탄핵증거는 범죄사실을 인정하는 증거가 아니므로 엄격한 증거조사를 거쳐야 할 필요가 없으나, 법정에서 이에 대한 탄핵증거로서의 증거조사는 필요하다.

③ 검사가 피고인이 아닌 자의 진술을 기재한 조서는 원진술자가 성립의 진정을 부인하더라도 그의 증언의 증명력을 다투기 위한 증거로 할 수 있다.

④ 사법경찰관 작성의 피고인에 대한 피의자신문조서는 피고인이 그 내용을 부인하는 경우, 그것이 임의로 작성된 것이 인정되더라도 피고인의 법정진술을 탄핵하기 위한 반대증거로 사용할 수 없다.

⑤ 탄핵증거를 제출하는 경우, 증명력을 다투고자 하는 증거의 어느 부분에 의하여 진술의 어느 부분을 다투려고 한다는 것을 사전에 상대방에게 알려야 한다.

해설

① [O] 탄핵증거는 진술의 증명력을 감쇄하기 위하여 인정되는 것이고 범죄사실 또는 그 간접사실의 인정의 증거로서는 허용되지 않는다(대판 2012.10.25. 2011도5459).

② [O] 탄핵증거는 범죄사실을 인정하는 증거가 아니므로 엄격한 증거조사를 거쳐야 할 필요가 없음은 형사소송법 제318조의2의 규정에 따라 명백하다고 할 것이나, 법정에서 이에 대한 탄핵증거로서의 증거조사는 필요하다(대판 2005.8.19. 2005도2617).

③ [O] 형사소송법 제312조 내지 제316조의 규정에 의하여 증거로 할 수 없는 서류나 진술이라도(증거능력 없는 전문증거라도) 공판준비 또는 공판기일에서의 피고인 또는 피고인 아닌 자의 진술의 증명력을 다투기 위하여는 이를 증거로 할 수 있다(제318조의2 제1항).

④ [×] 사법경찰리 작성의 피고인에 대한 피의자신문조서는 피고인이 그 내용을 부인하는 이상 증거능력이 없으나, 그것이 임의로 작성된 것이 아니라고 의심할 만한 사정이 없는 한 피고인의 법정에서의 진술을 탄핵하기 위한 반대증거로 사용할 수 있다(대판 2014.3.13. 2013도12507).

⑤ [O] 탄핵증거의 제출에 있어서도 상대방에게 이에 대한 공격방어의 수단을 강구할 기회를 사전에 부여하여야 한다는 점에서 그 증거와 증명하고자 하는 사실과의 관계 및 입증취지 등을 미리 구체적으로 명시하여야 할 것이므로, 증명력을 다투고자 하는 증거의 어느 부분에 의하여 진술의 어느 부분을 다투려고 한다는 것을 사전에 상대방에게 알려야 한다(대판 2005.8.19. 2005도2617).

정답 ④

075 자백의 보강법칙에 관한 다음 설명 중 옳은 것은? (다툼이 있으면 판례에 의함) [13 변호사]

① 형사소송법 제310조의 피고인의 자백에는 공범인 공동피고인의 자백이 포함되지 아니하므로 그 진술은 피고인에 대한 범죄사실을 인정하는 데 있어서 보강증거로 쓸 수 있다.

② 전문증거는 전문법칙의 예외에 해당하는지 여부에 관계없이 보강증거가 될 수 있다.

③ 보강증거는 범죄사실의 전부 또는 중요 부분을 인정할 수 있는 정도가 되어야 하고, 또한 직접증거가 아닌 간접증거나 정황증거는 보강증거가 될 수 없다.

④ 즉결심판절차 및 간이공판절차에서는 자백만 있으면 보강증거 없이도 유죄판결을 할 수 있다.

⑤ 피고인이 자백한 상황에서 나머지 2명의 공동피고인 중 한 사람이 자백하였으나 다른 한 사람이 부인하는 경우에는 유죄판결을 할 수 없고, 공동피고인 전원이 자백한 경우에 한하여 유죄판결이 가능하다.

해설

① [○] 형사소송법 제310조 소정의 '피고인의 자백'에 공범인 공동피고인의 진술은 포함되지 아니하므로 공범인 공동피고인의 진술은 다른 공동피고인에 대한 범죄사실을 인정하는 증거로 할 수 있는 것일 뿐만 아니라 공범인 공동피고인들의 각 진술은 상호간에 서로 보강증거가 될 수 있다(대판 1990.10.30. 90도1939).

② [×] 보강증거도 증거능력이 있어야 하므로 전문증거는 전문법칙의 예외에 해당하거나 증거동의를 한 경우를 제외하고는 <u>보강증거가 될 수 없다</u>(대판 1983.7.26. 83도1448 참고).

③ [×] 자백에 대한 보강증거는 <u>범죄사실의 전부 또는 중요 부분을 인정할 수 있는 정도가 되지 아니하더라도</u> 피고인의 자백이 가공적인 것이 아닌 진실한 것임을 인정할 수 있는 정도만 되면 족할 뿐만 아니라, <u>직접증거가 아닌 간접증거나 정황증거도 보강증거가 될 수 있다</u>(대판 2011.9.29. 2011도8015).

④ [×] <u>간이공판절차에서는</u> 자백의 보강법칙이 여전히 적용되므로 보강증거 없이 자백만으로 <u>유죄판결을 선고할 수 없다</u>.

⑤ [×] 공동피고인중의 한 사람이 자백하였고 피고인 역시 자백했다면 <u>다른 공동피고인 중의 한 사람이 부인한다</u> 하여도 공동피고인 중의 한 사람이 자백은 <u>피고인의 자백에 대한 보강증거가 된다</u>(대판 1968.3.19. 68도43).

정답 ①

076 자백과 보강증거에 관한 설명 중 옳지 않은 것을 모두 고른 것은? (다툼이 있으면 판례에 의함) [22 변호사]

> ⊙ 피고인이 다세대주택의 여러 세대에서 7건의 절도행위를 한 것으로 기소되었는데 그중 4건은 범행 장소인 구체적 호수가 특정되지 않은 사안에서, 위 4건에 관한 피고인 자백의 진실성이 인정되는 경우라면 피고인의 집에서 압수한 위 4건의 각 피해품에 대한 압수조서와 압수물 사진은 위 자백에 대한 보강증거가 된다.
>
> ⓛ 피고인이 범행을 자인하는 것을 들었다는 피고인 아닌 자의 진술은 피고인의 자백에 포함되지 아니하므로 피고인 자백의 보강증거가 될 수 있다.
>
> ⓒ 2021.10.19. 채취한 소변에 대한 검사결과 메스암페타민 성분이 검출된 경우 위 소변검사결과는 2021.10.17. 메스암페타민을 투약하였다는 자백에 대한 보강증거가 될 수는 있지만, 각 투약행위에 대한 자백의 보강증거는 별개의 것이어야 하므로 같은 달 13. 메스암페타민을 투약하였다는 자백에 대한 보강증거는 될 수 없다.
>
> ② 공소장에 기재된 대마 흡연일자로부터 한 달 후 피고인의 주거지에서 압수된 대마 잎은 비록 피고인의 자백이 구체적이고 그 진실성이 인정된다고 하더라도 피고인의 자백에 대한 보강증거가 될 수 없다.

① ⊙　　　　　　　　② ⊙, ⓒ　　　　　　　　③ ⓛ, ⓒ
④ ⓛ, ②　　　　　　　⑤ ⓛ, ⓒ, ②

해설

⊙ [○] 피고인이 자신이 거주하던 다세대주택의 여러 세대에서 7건의 절도행위를 한 것으로 기소되었는데 그 중 4건은 범행장소인 구체적 호수가 특정되지 않은 사안에서, 위 4건에 관한 피고인의 범행 관련 진술이 매우 사실적·구체적·합리적이고 진술의 신빙성을 의심할 만한 사유도 없어 자백의 진실성이 인정되므로, 피고인의 집에서 해당 피해품을 압수한 압수조서와 압수물 사진은 위 자백에 대한 보강증거가 된다고 한 사례(대판 2008.5.29. 2008도2343).

ⓛ [×] "피고인이 범행을 자인하는 것을 들었다"는 피고인 아닌 자의 진술 내용은 형사소송법 제310조의 피고인의 자백에는 포함되지 아니하나 이는 피고인의 자백의 보강증거로 될 수 없다(대판 2008.2.14. 2007도10937).

ⓒ [×] 대구광역시 보건환경연구원장 작성의 시험성적서는 2000. 10.19. 21:50경 피고인으로부터 채취한 소변을 검사한 결과 메스암페타민 성분이 검출되었다는 취지의 검사결과를 기재한 것이고, 그와 같은 검사결과에 의하여 검출된 메스암페타민 성분은 주로 피고인이 2000.10.17. 투약한 메스암페타민에 의한 것으로 보이기는 하지만, 피고인이 2000.10.13. 메스암페타민을 투약함으로 인하여 피고인의 체내에 남아 있던 메스암페타민 성분도 그에 포함되어 검출되었을 가능성을 배제할 만한 합리적 근거가 없으므로 소변검사결과가 오로지 2000.10.17. 투약행위로 인한 것이라기보다는 2000.10.13. 투약행위와 2000.10.17. 투약행위가 결합되어 나온 것으로 보아야 할 것이어서 그 결과는 각 투약행위에 대한 보강증거로 될 수 있다(대판 2002.1.8. 2001도1897). 판례의 취지에 의할 때 2021.10.19. 채취한 소변에 대한 검사결과 메스암페디민 성분이 검출된 경우 그 소변검사결과는 2021.10.13. 메스암페타민을 투약하였다는 자백에 대해서도 보강증거가 될 수 있다.

② [×] 2006.4.6.경 피고인의 주거지에서 대마 잎 약 14.32g 및 놋쇠 담배파이프가 발견되어 압수된 점 등에 비추어 보면, 피고인의 "2006.3. 초순 일자불상 16:30경 밭둑에서 대마 2주를 발견하여 대마 2주 중 1주에는 잎이 없어 그대로 두고 나머지 1주를 가지고 와서 잎을 따고, 그 날 22:00경 주거지에서 그 대마 잎 약 0.5g을 놋쇠 담배파이프에 넣고 불을 붙인 다음 연기를 빨아들여 흡연하였다. 피워보니 질이 안 좋은 것 같았고, 남은 대마는 보관하고 있었다."라는 자백은 그 진실성이 넉넉히 인정되므로 압수된 대마 잎 약 14.32g의 현존 등은 피고인의 자백에 대한 보강증거가 된다(대판 2007.9.20. 2007도5845).

정답 ⑤

077 자백과 보강증거에 관한 설명 중 옳지 않은 것은? (다툼이 있으면 판례에 의함)

① 「국가보안법」상 회합죄를 피고인이 자백하는 경우, 회합 당시 상대방으로부터 받았다는 명함의 현존은 보강 증거로 될 수 있다.

② 전과에 관한 사실은 누범가중의 사유가 되는 경우에도 피고인의 자백만으로 인정할 수 있다.

③ 약 3개월에 걸쳐 8회의 도박을 하였다는 혐의로 검사가 피고인에 대해 상습도박죄로 기소한 경우, 총 8회의 도박 중 3회의 도박사실에 대해서는 피고인의 자백 외에 보강증거가 없는 경우에도 법원은 소위 진실성담보 설에 입각하여 8회의 도박행위 전부에 대하여 유죄판결을 할 수 있다.

④ 2017.2.18. 01:35경 자동차를 타고 온 甲으로부터 필로폰을 건네받은 후 甲이 위 차량을 운전해 갔다고 한 A의 진술과 2017.2.20. 甲으로부터 채취한 소변에서 나온 필로폰 양성 반응 결과는, 甲이 2017.2.18. 02:00경의 필로폰 투약으로 정상적으로 운전하지 못할 우려가 있는 상태에서 운전하였다는 자백을 보강하는 증거가 되기에 충분하다.

⑤ 실체적 경합범의 경우 각 범죄사실에 관하여 자백에 대한 보강증거가 있어야 한다.

해설

① [O] 자백에 대한 보강증거는 범죄사실 전체에 관한 것이 아니라 할지라도 피고인의 자백사실이 가공적인 것이 아니고 진실한 것이라고 인정할 수 있는 정도이면 충분하고, 이러한 증거는 직접증거뿐만 아니라 간접증거 내지 정황증거라도 족하다 할 것이므로 국가보안법상 회합죄를 피고인이 자백하는 경우 회합 당시 상대방으로부터 받았다는 명함의 현존은 보강증거로 될 수 있다(대판 1990.6.22. 90도741).

② [O] (누범에 있어) 전과에 관한 사실은 엄격한 의미에서의 범죄사실과는 구별되는 것으로서 피고인의 자백만으로서도 이를 인정할 수 있다(대판 1979.8.21. 79도1528).

③ [×] 피고인의 습벽을 범죄구성요건으로 하는 포괄일죄인 상습범에 있어서도 이를 구성하는 각 행위에 관하여 개별적으로 보강증거가 필요하다(대판 1996. 2.13. 95도1794). 총 8회의 도박 중 3회의 도박사실에 대하여 피고인의 자백 외에 보강증거가 없는 경우, 법원은 그 3회의 도박행위를 제외한 나머지 5회의 도박행위에 대하여만 유죄판결을 선고할 수 있다.

④ [O] 2010.2.18. 01:35경 자동차를 타고 온 피고인으로부터 필로폰을 건네받은 후 피고인이 위 차량을 운전해 갔다고 한 A의 진술과 2010.2.20. 피고인으로부터 채취한 소변에서 나온 필로폰 양성 반응은, 피고인이 2010.2.18. 02:00경의 필로폰 투약으로 정상적으로 운전하지 못할 우려가 있는 상태에 있었다는 공소사실 부분에 대한 자백을 보강하는 증거가 되기에 충분하다(대판 2010.12.23. 2010도11272).

⑤ [O] 실체적 경합범은 실질적으로 수죄이므로 각 범죄사실에 관하여 자백에 대한 보강증거가 있어야 한다(대판 2008.2.14. 2007도10937).

정답 ③

078 자백에 관한 설명 중 옳은 것[○]과 옳지 않은 것[×]을 올바르게 조합한 것은? (다툼이 있으면 판례에 의함)

[19 변호사]

㉠ 변론을 분리하지 아니한 채 이루어진 공범인 공동피고인의 공판정에서의 자백은 피고인에 대하여 불리한 증거로 사용할 수 없다.

㉡ 상업장부나 금전출납부 등과 같이 범죄사실의 인정 여부와는 관계없이 우연히 피고인이 자기에게 맡겨진 사무를 처리한 사무 내역을 그때그때 계속적, 기계적으로 기재한 문서라도 공소사실에 일부 부합되는 사실의 기재가 있다면 이는 범죄사실을 자백하는 분서로 보아야 한다.

㉢ 피고인이 그 범죄혐의를 받기 전에 이와는 관계없이 자기의 업무수행에 필요한 자금을 지출하면서 스스로 그 지출한 자금내역을 자료로 남겨두기 위하여 뇌물자금과 기타 자금을 구별하지 아니하고 그 내역을 기입한 수첩은 피고인의 검찰에서의 자백에 대한 보강증거가 될 수 없다.

㉣ 횡령죄의 피고인이 제출한 항소이유서에 "피고인은 돈이 급해 지어서는 안될 죄를 지었습니다.", "진심으로 뉘우치고 있습니다."라고 기재되어 있더라도, 이어진 검사와 재판장 및 변호인의 각 신문에 대하여 범죄사실을 일관되게 부인한다면 범죄사실을 자백한 것이라고 볼 수 없다.

㉤ 자백에 대한 보강증거는 자백이 가공적인 것이 아닌 진실한 것임을 인정할 수 있는 정도로 충분하지만, 자백과 보강증거만으로도 유죄의 증거로 충분하다고 볼 수 있으므로, 간접증거나 정황증거는 보강증거가 될 수 없다.

① ㉠ [○], ㉡ [×], ㉢ [×], ㉣ [○], ㉤ [×]　　② ㉠ [×], ㉡ [×], ㉢ [○], ㉣ [×], ㉤ [×]
③ ㉠ [○], ㉡ [×], ㉢ [×], ㉣ [×], ㉤ [○]　　④ ㉠ [×], ㉡ [○], ㉢ [○], ㉣ [×], ㉤ [○]
⑤ ㉠ [×], ㉡ [×], ㉢ [×], ㉣ [○], ㉤ [×]

해설

㉠ [×] 공동피고인의 자백은 이에 대한 피고인의 반대신문권이 보장되어 있어 증인으로 신문한 경우와 다를 바 없으므로 <u>독립한 증거능력이 있다</u>(대판 2007.10.11. 2007도5577). 물론 여기에서 공동피고인들은 공범이었다.

㉡ [×] 상업장부나 항해일지, 진료일지 또는 이와 유사한 금전출납부 등과 같이 범죄사실의 인정 여부와는 관계없이 자기에게 맡겨진 사무를 처리한 사무내역을 그때그때 계속적, 기계적으로 기재한 문서 등의 경우는 사무처리 내역을 증명하기 위하여 존재하는 문서로서 그 존재 자체 및 기재가 그러한 내용의 사무가 처리되었음의 여부를 판단할 수 있는 별개의 독립된 증거자료라고 할 것이고, 설사 그 문서가 우연히 피고인이 작성하였고, 그 문서의 내용 중 피고인의 범죄사실의 존재를 추론해 낼 수 있는, 즉 공소사실에 일부 부합되는 사실의 기재가 있다고 하더라도 이를 일컬어 <u>피고인이 범죄사실을 자백하는 문서라고 볼 수는 없다</u>(대판(전) 1996.10.17. 94도2865).

㉢ [×] 피고인이 업무수행에 필요한 자금을 지출하면서 스스로 그 지출한 자금내역을 자료로 남겨두기 위하여 뇌물자금과 기타 자금을 구별하지 아니하고 그 지출 일시, 금액, 상대방 등 내역을 그때그때 계속적, 기계적으로 기입한 수첩의 기재 내용은 <u>자백에 대한 보강증거가 될 수 있다</u>(대판(전) 1996.10.17. 94도2865).

㉣ [○] 피고인이 제출한 항소이유서에 '피고인은 돈이 급해 지어서는 안될 죄를 지었습니다', '진심으로 뉘우치고 있습니다'라고 기재되어 있고 피고인은 항소심 제2회 공판기일에 위 항소이유서를 진술하였으나, 곧 이어서 있는 검사와 재판장 및 변호인의 각 심문에 대하여 피고인은 범죄사실을 부인하였고, 수사단계에서도 일관되게 그와 같이 범죄사실을 부인하여 온 점에 비추어 볼 때, 위와 같이 추상적인 항소이유서의 기재만을 가지고 범죄사실을 자백한 것으로 볼 수 없다(대판 1999.11.12. 99도3341).

㉤ [×] 자백에 대한 보강증거는 범죄사실의 전부 또는 중요 부분을 인정할 수 있는 정도가 되지 아니하더라도 피고인의 자백이 가공적인 것이 아닌 진실한 것임을 인정할 수 있는 정도만 되면 족할 뿐만 아니라, <u>직접증거가 아닌 간접증거나 정황증거도 보강증거가 될 수 있고</u> 또한 자백과 보강증거가 서로 어울려서 전체로서 범죄사실을 인정할 수 있으면 유죄의 증거로 충분하다(대판 2011.9.29. 2011도8015).

정답 ⑤

079 甲은 평소 주벽과 의처증이 심한 남편 A와의 불화로 인해 이혼소송을 준비하던 중 A의 운전기사 乙에게 A를 살해하도록 부탁하였다. 乙은 甲의 부탁대로 술에 취하여 자고 있던 A의 목을 졸라 살해하였다. 검사는 乙을 살인죄로, 甲을 살인교사죄로 기소하였고 법원은 甲과 乙을 병합심리하고 있다. 이에 관한 설명 중 옳지 않은 것을 모두 고른 것은? (다툼이 있는 경우 판례에 의함) [24 변호사]

> ㄱ. 甲이 사법경찰관의 피의자신문에서는 교사사실을 인정하였으나 법정에서는 이를 부인하는 경우, 甲이 내용을 부인한 甲에 대한 사법경찰관 작성 피의자신문조서는 임의성이 인정되는 한 甲의 법정 진술을 탄핵하기 위한 반대증거로 사용될 수 있다.
>
> ㄴ. 乙의 친구 W가 법정에 출석하여 乙로부터 '자신이 A를 살해하였다'는 이야기를 들은 적이 있다고 진술한 경우, 원진술자인 乙이 법정에 출석하여 있는 한 W의 진술은 乙에 대한 유죄의 증거로 사용될 수 없다.
>
> ㄷ. 甲과 乙이 모두 공소사실을 자백하고 있으나 달리 자백을 뒷받침할 다른 증거가 없는 경우, 甲과 乙에게 무죄를 선고하여야 한다.
>
> ㄹ. 甲이 법정에서 A에 대한 살인교사 혐의를 자백한 경우, 甲의 진술은 乙에 대한 유죄의 증거로 사용될 수 있다.
>
> ㅁ. 제1심법원이 甲에게 형의 선고를 하면서 乙이 A의 목을 졸라 살해한 사실을 적시하지 않았더라도, 甲의 방어권이나 甲의 변호인의 변호권이 본질적으로 침해되지 않았다고 볼 만한 특별한 사정이 있다면, 판결에 영향을 미친 법령의 위반은 아니다.

① ㄱ, ㄴ, ㄹ ② ㄴ, ㄷ, ㄹ ③ ㄴ, ㄷ, ㅁ
④ ㄷ, ㄹ, ㅁ ⑤ ㄴ, ㄷ, ㄹ, ㅁ

해설

ㄱ. [○] 사법경찰리 작성의 피고인에 대한 피의자신문조서와 피고인이 작성한 자술서들은 모두 검사가 유죄의 자료로 제출한 증거들로서 피고인이 각 그 내용을 부인하는 이상 증거능력이 없으나, 그러한 증거라 하더라도 피고인의 법정에서의 진술을 탄핵하기 위한 반대증거로 사용할 수 있다(대판 1998.2.27. 97도1770).

ㄴ. [×] 피고인이 아닌 자(공소제기 전에 피고인을 피의자로 조사하였거나 그 조사에 참여하였던 자 포함)의 공판준비 또는 공판기일에서의 진술이 피고인의 진술을 그 내용으로 하는 것인 때에는 그 진술이 특히 신빙할 수 있는 상태하에서 행하여졌음이 증명된 때에 한하여 이를 증거로 할 수 있다(제316조 제1항). W의 진술은 당해피고인 乙의 진술을 그 내용으로 하므로 특신상태가 증명된다면 유죄의 증거로 사용할 수 있다.

ㄷ. [×] 형사소송법 제310조의 '피고인의 자백'에는 공범인 공동피고인의 진술이 포함되지 아니하므로 공범인 공동피고인의 진술은 다른 공동피고인에 대한 범죄사실을 인정하는 데 있어서 증거로 쓸 수 있고 그에 대한 보강증거의 여부는 법관의 자유심증에 맡긴다(대판 1985.3.9. 85도951). 따라서 甲과 乙이 모두 자백하고 있는 경우 서로의 자백을 보강증거로 하여 유죄판결을 선고할 수 있다.

ㄹ. [○] 공동피고인의 자백은 이에 대한 피고인의 반대신문권이 보장되어 있어 증인으로 신문한 경우와 다를 바 없으므로 독립한 증거능력이 있고, 이는 피고인들간에 이해관계가 상반된다고 하여도 마찬가지라 할 것이다(대판 2006.5.11. 2006도1944).

ㅁ. [×] 형사소송법 제323조 제1항에 따르면 유죄판결의 판결이유에는 범죄사실, 증거의 요지와 법령의 적용을 명시하여야 하는 것인바, 유죄판결을 선고하면서 판결이유에 이 중 어느 하나를 전부 누락한 경우에는 형사소송법 제383조 제1호에 정한 판결에 영향을 미친 법률위반으로서 파기사유가 된다(대판 2014.6.26. 2013도13673).

정답 ③

080 공판조서에 관한 설명 중 옳지 않은 것은? (다툼이 있으면 판례에 의함) [19 변호사]

① 공판기일의 소송절차에 관하여는 수소법원의 재판장이 아니라 참여한 법원사무관 등이 공판조서를 작성한다.

② 공판기일의 소송절차로서 공판조서에 기재된 것은 그 조서만으로 증명하고, 명백한 오기인 경우를 제외하고는 다른 자료에 의한 반증이 허용되지 않는다.

③ 검사가 제출한 증거에 대하여 동의 또는 진정성립 여부 등에 관한 피고인의 의견이 증거목록에 기재된 경우, 그 증거목록의 기재도 명백한 오기가 아닌 이상 절대적인 증명력을 가진다.

④ 피고인이 공판조서에 대해 열람 또는 등사를 청구하였는데 법원이 불응하여 피고인의 열람 또는 등사청구권이 침해된 경우, 그 공판조서를 유죄의 증거로 할 수 없으나 그 공판조서에 기재된 증인의 진술은 다른 절차적 위법이 없는 이상 증거로 할 수 있다.

⑤ 피고인이 차회 공판기일 전 등 원하는 시기에 공판조서를 열람·등사하지 못하였다 하더라도 그 변론종결 이전에 이를 열람·등사한 경우에는 그 열람·등사가 늦어짐으로 인하여 피고인의 방어권 행사에 지장이 있었다는 등의 특별한 사정이 없는 한, 그 공판조서를 유죄의 증거로 할 수 있다.

해설

① [○] 공판기일의 소송절차에 관하여는 참여한 법원사무관등이 공판조서를 작성하여야 한다(형사소송법 제51조 제1항).

② [○] 공판조서의 기재가 명백한 오기인 경우를 제외하고는 공판기일의 소송절차로서 공판조서에 기재된 것은 조서만으로써 증명하여야 하고, 그 증명력은 공판조서 이외의 자료에 의한 반증이 허용되지 않는 절대적인 것이다(대판 2017.6.8. 2017도5122).

③ [○] 검사 제출의 증거에 관하여 동의 또는 진정성립 여부 등에 관한 피고인의 의견이 증거목록에 기재된 경우에는 그 증거목록의 기재는 공판조서의 일부로서 명백한 오기가 아닌 이상 절대적인 증명력을 가지게 된다(대판 2015.8.27. 2015도3467).

④ [×] 피고인이 공판조서의 열람 또는 등사를 청구하였음에도 법원이 불응하여 피고인의 열람 또는 등사청구권이 침해된 경우에는 그 공판조서를 유죄의 증거로 할 수 없을 뿐만 아니라 공판조서에 기재된 당해 피고인이나 증인의 진술도 증거로 할 수 없다(대판 2012.12.27. 2011도15869).

⑤ [○] 비록 피고인이 차회 공판기일 전 등 원하는 시기에 공판조서를 열람·등사하지 못하였다 하더라도 그 변론종결 이전에 이를 열람·등사한 경우에는 그 열람·등사가 늦어짐으로 인하여 피고인의 방어권 행사에 지장이 있었다는 등의 특별한 사정이 없는 한 피고인의 공판조서의 열람·등사청구권이 침해되었다고 볼 수 없어 그 공판조서를 유죄의 증거로 할 수 있다(대판 2007.7.26. 2007도3906).

정답 ④

081 기판력 등에 관한 설명 중 옳은 것을 모두 고른 것은? (다툼이 있는 경우 판례에 의함) [23 변호사]

> ㄱ. 헌법 제13조 제1항이 규정하고 있는 이중처벌금지의 원칙 내지 일사부재리의 원칙에서의 '처벌'에는 범죄에 대한 국가의 형벌권 실행으로서의 과벌 이외에도 국가가 행하는 일체의 제재나 불이익처분이 모두 포함된다.
>
> ㄴ. 상습범으로서 포괄일죄의 관계에 있는 여러 개의 범죄사실 중 일부에 대하여 유죄판결이 확정된 경우에 그 확정판결의 사실심판결 선고 전에 저질러진 나머지 범죄에 대하여 새로 공소가 제기되었다면 이에 대하여 법원은 면소판결을 선고하여야 하는바, 다만 이러한 법리가 적용되기 위해서는 전의 확정판결에서 피고인이 상습범으로 기소되어 처단되었을 것을 필요로 한다.
>
> ㄷ. 제1심 판결에 대하여 항소가 제기된 경우 판결의 확정력이 미치는 시간적 한계는 항소심 판결선고 시라고 보는 것이 상당하고, 항소이유서를 제출하지 아니하여 결정으로 항소가 기각된 경우에는 항소기각 결정 시가 그 기준 시점이 된다.
>
> ㄹ. 한 개의 행위가 여러 개의 죄에 해당하는 「형법」 제40조의 상상적 경합 관계에 있는 경우에는 그중 일죄에 대한 확정판결의 기판력은 다른 죄에 미치지 않는다.

① ㄱ, ㄴ   ② ㄴ, ㄷ   ③ ㄷ, ㄹ
④ ㄱ, ㄴ, ㄷ   ⑤ ㄴ, ㄷ, ㄹ

해설

ㄱ. [×] 헌법은 제13조 제1항에서 "모든 국민은 … 동일한 범죄에 대하여 거듭 처벌받지 아니한다."라고 규정하여 이른바 이중처벌금지의 원칙 내지 일사부재리의 원칙을 선언하고 있다. 이는 한번 판결이 확정되면 그 후 동일한 사건에 대해서는 다시 심판하는 것이 허용되지 않는다는 원칙을 말한다. 여기에서 '처벌'이란 원칙적으로 범죄에 대한 국가의 형벌권 실행으로서의 과벌을 의미하고, 국가가 행하는 일체의 제재나 불이익처분이 모두 여기에 포함되는 것은 아니다(대판 2017.08.23. 2016도5423).

ㄴ. [○] 상습범으로서 포괄적 일죄의 관계에 있는 여러 개의 범죄사실 중 일부에 대하여 유죄판결이 확정된 경우에, 그 확정판결의 사실심판결 선고 전에 저질러진 나머지 범죄에 대하여 새로이 공소가 제기되었다면 그 새로운 공소는 확정판결이 있었던 사건과 동일한 사건에 대하여 다시 제기된 데 해당하므로 이에 대하여는 판결로써 면소의 선고를 하여야 하는 것인바(형사소송법 제326조 제1호), 다만 이러한 법리가 적용되기 위해서는 전의 확정판결에서 당해 피고인이 상습범으로 기소되어 처단되었을 것을 필요로 하는 것이고, 상습범 아닌 기본 구성요건의 범죄로 처단되는 데 그친 경우에는, 가사 뒤에 기소된 사건에서 비로소 드러났거나 새로 저질러진 범죄사실과 전의 판결에서 이미 유죄로 확정된 범죄사실 등을 종합하여 비로소 그 모두가 상습범으로서의 포괄적 일죄에 해당하는 것으로 판단된다 하더라도 뒤늦게 앞서의 확정판결을 상습범의 일부에 대한 확정판결이라고 보아 그 기판력이 그 사실심판결 선고 전의 나머지 범죄에 미친다고 보아서는 아니 된다(대판(전) 2004.9.16. 2001도3206).

ㄷ. [○] 판결의 확정력은 사실심리의 가능성이 있는 최후의 시점인 판결선고시를 기준으로 하여 그때까지 행하여진 행위에 대하여만 미치는 것으로서, 제1심 판결에 대하여 항소가 된 경우 판결의 확정력이 미치는 시간적 한계는 현행 형사항소심의 구조와 운용실태에 비추어 볼 때 항소심 판결선고시라고 보는 것이 상당한데 항소이유서를 제출하지 아니하여 결정으로 항소가 기각된 경우에도 형사소송법 제361조의4 제1항에 의하면 피고인이 항소한

때에는 법정기간 내에 항소이유서를 제출하지 아니하였다 하더라도 판결에 영향을 미친 사실오인이 있는 등 직권조사사유가 있으면 항소법원이 직권으로 심판하여 제1심 판결을 파기하고 다시 판결할 수도 있으므로 사실심리의 가능성이 있는 최후시점은 항소기각 결정시라고 보는 것이 옳다(대판 1993.5.25. 93도836).

ㄹ. [×] 형법 제40조의 상상적 경합관계의 경우에는 그 중 1죄에 대한 확정판결의 기판력은 다른 죄에 대하여도 미친다(대판 2011.2.24. 2010도13801).

정답 ②

---

082 재판에 관한 설명 중 옳은 것을 모두 고른 것은? (다툼이 있으면 판례에 의함) [22 변호사]

> ㉠ 원심판결 선고 후 헌법재판소가 원심판결 대상인 법률조항에 대하여 헌법불합치결정을 선고하면서 개정시한을 정하여 입법개선을 촉구하였는데도 그 시한까지 법률개정이 이루어지지 않은 경우 위 법률조항이 소급하여 효력을 상실하므로 이를 적용하여 공소가 제기된 피고사건에 대하여는 무죄를 선고하여야 한다.
>
> ㉡ 공소제기 당시의 공소사실에 대한 법정형을 기준으로 하면 공소제기 당시 아직 공소시효가 완성되지 않았으나 변경된 공소사실에 대한 법정형을 기준으로 하면 공소제기 당시 이미 공소시효가 완성된 경우에는 공소시효의 완성을 이유로 면소판결을 선고하여야 한다.
>
> ㉢ 피고인을 금고 이상의 형에 처한 판결이 확정된 다음, 확정판결 전의 공소사실과 확정판결 후의 공소사실에 대하여 따로 유죄를 선고하여 두 개의 형을 정한 제1심 판결에 대하여 피고인만이 확정판결 전의 유죄판결 부분에 대하여 항소한 경우, 피고인과 검사가 항소하지 아니한 확정판결 후의 유죄판결 부분은 항소기간이 지남으로써 확정되어 항소심에 계속된 사건은 확정판결 전의 유죄판결 부분뿐이고, 그에 따라 항소심이 심리·판단하여야 할 범위는 확정판결 전의 유죄판결 부분에 한정된다.
>
> ㉣ 소년법 제32조의 보호처분을 받은 사건과 동일한 사건에 대하여 다시 공소제기가 되었다면 소년법 제32조의 보호처분은 확정판결이어서 기판력을 가지므로 면소판결을 하여야 한다.

① ㉠
② ㉠, ㉡
③ ㉡, ㉣
④ ㉢, ㉣
⑤ ㉠, ㉡, ㉢

해설

㉠ [○] 헌법재판소의 헌법불합치결정은 헌법과 헌법재판소법이 규정하고 있지 않은 변형된 형태이지만 법률조항에 대한 위헌결정에 해당하므로,…피고인이 야간옥외집회를 주최하였다는 취지의 공소사실에 대하여 원심이 집회 및 시위에 관한 법률 제23조 제1호, 제10조 본문을 적용하여 유죄를 인정하였는데, 원심판결 선고 후 헌법재판소가 위 법률조항에 대해 헌법불합치결정을 선고하면서 개정시한을 정하여 입법개선을 촉구하였는데도 위 시한까지 법률 개정이 이루어지지 않았다면, 위 법률조항은 소급하여 효력을 상실하므로 무죄를 선고하여야 한다(대판(전) 2011.6.23. 2008도7562).

㉡ [○] 공소제기 당시의 공소사실에 대한 법정형을 기준으로 하면 공소제기 당시 아직 공소시효가 완성되지 않았으나 변경된 공소사실에 대한 법정형을 기준으로 하면 공소제기 당시 이미 공소시효가 완성된 경우에는 면소판결을 선고하여야 한다. 이러한 법리는 법원이 공소장을 변경하지 않고도 인정할 수 있는 사실에 대한 법정형을 기준으로 하면 공소제기 당시 이미 공소시효가 완성된 경우에도 마찬가지로 적용된다(대판 2013.7.26. 2013도6182).

ⓒ [○] 금고 이상의 형에 처한 확정판결 전의 공소사실과 확정판결 후의 공소사실에 대하여 따로 유죄를 선고하여 두 개의 형을 정한 제1심판결에 대하여 피고인만이 확정판결 전의 유죄판결 부분에 대하여 항소한 경우, 피고인과 검사가 항소하지 아니한 확정판결 후의 유죄판결 부분은 항소기간이 지남으로써 확정되어 항소심에 계속된 사건은 확정판결 전의 유죄판결 부분뿐이고, 그에 따라 항소심이 심리·판단하여야 할 범위는 확정판결 전의 유죄판결 부분에 한정된다(대판 2018.3.29. 2016도18553).

ⓔ [×] 소년법 제32조의 보호처분을 받은 사건과 동일(상습죄 등 포괄일죄 포함)한 사건에 관하여 다시 공소제기가 되었다면 이는 공소제기 절차가 법률의 규정에 위배하여 무효인 때에 해당한 경우이므로 형사소송법 제327조 제2호의 규정에 의하여 공소기각의 판결을 하여야 한다(대판 1996.2.23. 96도47).

정답 ⑤

---

083 면소판결에 관한 설명 중 옳지 않은 것은? (다툼이 있으면 판례에 의함) [17 변호사]

① 공소제기된 사건에 적용된 법령이 헌법재판소의 위헌결정으로 효력이 소급하여 상실된 경우는 '범죄후의 법령개폐로 형이 폐지되었을 때'에 해당하므로 법원은 면소판결을 선고하여야 한다.

② 피고인은 면소판결에 대하여 무죄의 실체판결을 구하는 상소를 할 수 없는 것이 원칙이다.

③ 면소의 재판을 할 것이 명백한 사건에 관하여는 공판기일에 피고인의 출석을 요하지 아니한다.

④ 면소판결의 사유 중 '사면이 있는 때'란 일반사면이 있는 때를 말한다.

⑤ A죄와 B죄가 상상적 경합관계에 있는 경우에 A죄에 대한 판결이 확정되었다면 법원은 공소제기된 B죄에 대하여 면소판결을 선고해야 한다.

해설

① [×] 위헌결정으로 인하여 형벌에 관한 법률 또는 법률조항이 소급하여 효력을 상실한 경우에 당해 법조를 적용하여 기소한 피고사건은 범죄로 되지 아니하는 때에 해당한다(대판 2015.11.12. 2015도12372). 법원은 무죄판결을 선고하여야 한다.

② [○] 면소판결에 대하여는 실체판결을 구하여 상고할 수 없다(대판 2004.9.24. 2004도3532). 다만, 형벌에 관한 법령이 헌법재판소의 위헌결정으로 인하여 소급하여 그 효력을 상실하였거나 법원에서 위헌·무효로 선언되었음에도 면소판결을 선고한 경우 피고인은 예외적으로 무죄를 주장하며 상소할 수 있음을 주의하여야 한다(대판(전) 2010.12.16. 2010도5986).

③ [○] 면소의 재판을 할 것이 명백한 사건에 관하여는 공판기일에 피고인의 출석을 요하지 아니한다(형사소송법 제277조 제2호).

④ [○] 면소판결 사유인 형사소송법 제326조 제2호의 '사면이 있는 때'에서 말하는 '사면'이란 일반사면을 의미할 뿐 형을 선고받아 확정된 자를 상대로 이루어지는 특별사면은 여기에 해당하지 않는다(대판(전) 2015.5.21. 2011도1932).

⑤ [○] 상상적 경합 관계의 경우에는 그 중 1죄에 대한 확정판결의 기판력은 다른 죄에 대하여도 미친다(대판 2017.9.21. 2017도11687). 따라서 A죄와 B죄가 상상적 경합관계에 있는 경우에 A죄에 대한 판결이 확정되었다면 법원은 공소제기된 B죄에 대하여 면소판결을 선고하여야 한다(형사소송법 제326조 제1호).

정답 ①

084 「형사소송법」 제326조에 따라 면소판결이 선고되어야 할 사건[ㅇ]과 그렇지 않은 사건[×]을 올바르게 조합한 것은? (다툼이 있으면 판례에 의함) [20 변호사]

> ㉠ 甲이 간통죄로 기소된 이후에 간통죄는 헌법재판소의 위헌결정으로 인하여 소급하여 그 효력을 상실하였다.
> ㉡ 乙은 절도범행으로 소년법에 따라 보호처분을 받은 이후에 동일한 절도범행으로 다시 공소가 제기되었다.
> ㉢ 丙은 절도죄로 징역 1년의 판결을 선고받아 그 판결이 확정된 이후에 그 선고 전에 저지른 절도범행이 발견되어 상습절도죄로 기소되었다.
> ㉣ 丁은 신호위반으로 인한 교통사고를 일으켜 A의 자동차를 손괴하였다는 취지의 도로교통법위반죄로 벌금 50만 원의 약식명령을 받아 그 약식명령이 확정되었다. 그 이후에 丁은 위 교통사고로 A에게 상해를 입게 하였다는 취지의 교통사고처리특례법위반(치상)죄로 공소가 제기되었다.
> ㉤ 戊에 대하여 2019.1.1.부터 2019.6.30.까지 신고 없이 분식점을 운영하였다는 취지의 식품위생법위반죄로 벌금 100만 원의 약식명령이 2019.8.16. 발령되고 2019.10.1. 확정되었다. 戊는 2019.9.1.부터 2019.9.30.까지 같은 장소에서 신고 없이 동일한 분식점을 운영하였다는 취지의 식품위생법위반죄로 공소가 제기되었다.

① ㉠ [ㅇ], ㉡ [ㅇ], ㉢ [ㅇ], ㉣ [ㅇ], ㉤ [ㅇ]
② ㉠ [×], ㉡ [ㅇ], ㉢ [ㅇ], ㉣ [ㅇ], ㉤ [×]
③ ㉠ [ㅇ], ㉡ [ㅇ], ㉢ [×], ㉣ [×], ㉤ [×]
④ ㉠ [×], ㉡ [×], ㉢ [×], ㉣ [ㅇ], ㉤ [×]
⑤ ㉠ [ㅇ], ㉡ [×], ㉢ [ㅇ], ㉣ [×], ㉤ [ㅇ]

해설

㉠ [×] 헌법재판소의 위헌결정으로 인하여 형벌에 관한 법률 또는 법률조항이 소급하여 그 효력을 상실한 경우에는 당해 법조를 적용하여 기소한 피고사건은 범죄로 되지 아니하는 때에 해당하므로 당해 공소사실에 대해 법원은 <u>무죄를 선고하여야 한다</u>(대판 2011.9.29. 2009도12515).

㉡ [×] 소년법 제32조의 보호처분을 받은 사건과 동일(상습죄 등 포괄일죄 포함)한 사건에 관하여 다시 공소제기가 되었다면 이는 공소제기 절차가 법률의 규정에 위배하여 무효인 때에 해당한 경우이므로 형사소송법 제327조 제2호의 규정에 의하여 <u>공소기각의 판결을 하여야 한다</u>(대판 1996.2.23. 96도47).

㉢ [×] 상습범 아닌 기본 구성요건의 범죄로 처단되는 데 그친 경우에는 상습범의 일부에 대한 확정판결이라고 보아 그 기판력이 그 사실심판결 선고 전의 나머지 범죄에 미친다고 보아서는 아니된다(대판(전) 2004.9.16. 2001도3206). 절도죄에 대한 확정판결의 기판력은 나중에 기소된 상습절도죄에 미치지 않으므로 법원은 소송조건의 흠결이 없는 한 <u>유무죄의 실체재판을 하여야 한다</u>.

㉣ [ㅇ] 자동차운전자가 타차량을 들이받아 차량을 손괴하고 동시에 차량에 타고 있던 승객에게 상해를 입힌 경우, 이는 동일한 업무상과실로 발생한 수개의 결과로서 상상적 경합관계에 있다(대판 1986.2.11. 85도2658). 도로교통법위반죄에 대한 확정된 약식명령의 기판력은 나중에 기소된 교통사고처리특례법위반(치상)죄에 미치므로 법원은 <u>면소판결을 선고하여야 한다</u>.

㉤ [×] 포괄일죄의 관계에 있는 범행의 일부에 대하여 약식명령이 확정된 경우에는 그 약식명령의 발령시를 기준으로 하여 그 이전에 이루어진 범행에 대하여는 면소의 판결을 선고하여야 한다(대판 2013.6.13. 2013도4737). 2019.1.1.부터 2019.6.30.까지의 식품위생법위반죄에 대한 확정된 약식명령(발령일은 2019.8.16.이다)의 기판력은 나중에 기소된 2019.9.1.부터 2019.9.30.까지의 식품위생법위반죄에 미치지 않으므로 법원은 소송조건의 흠결이 없는 한 <u>유무죄의 실체재판을 하여야 한다</u>(대판 2017.4.28. 2016도21342 참고).

정답 ④

다음 사례에 관한 설명 중 옳은 것은? (다툼이 있으면 판례에 의함)

> 甲은 2015.6.5. 무전취식 범행을 저질러 2015.7.10. 사기죄로 약식명령을 발령받았고 2015.7.29. 그 약식
> 명령이 확정되었다. 그런데 이후 甲이 ㉠ 2015.5.2., ㉡ 2015.5.20., ㉢ 2015.7.20., ㉣ 2015.8.5. 등 4회에
> 걸쳐 위와 같은 수법으로 각 무전취식한 사기 사건이 경찰에서 송치되었고 검사는 2015.8.20. 이를 상습사
> 기죄로 공소제기하였다. 甲은 법정에서 위 범행 모두를 자백하였으며 보강증거도 충분한 상황이다.

① 법원은 ㉠, ㉡ 공소사실에 대하여 약식명령의 기판력에 저촉된다는 이유로 면소판결을 할 수는 없다.

② 만약 甲에 대한 위 약식명령이 상습사기죄로 발령되어 확정되었다면 법원은 ㉢ 공소사실에 대하여 면소판결
을 선고하여야 한다.

③ 만약 검사가 甲에 대한 동종의 다른 무전취식 사기 사건을 2015.8.21. 송치받았다면 검사는 위 상습사기
사건에 이 부분 공소사실을 추가하는 공소장변경신청을 할 수는 없고, 추가기소만을 하여야 한다.

④ 검사는 위 공소사실들 중 일부만을 철회하는 내용의 공소장변경신청을 할 수 없고, 이 경우 공소사실 전체에
대한 공소취소로 보아야 한다.

⑤ 약식명령이 확정되기 이전의 사기 범행과 그 이후의 사기범행에 대하여 형을 분리하여 선고할 것인지 아니면
하나의 형만을 선고할 것인지 여부는 법원의 재량이다.

해설

① [O] 상습범 아닌 기본 구성요건의 범죄로 처단되는 데 그친 경우에는 상습범의 일부에 대한 확정판결이라고
보아 그 기판력이 그 사실심판결 선고 전의 나머지 범죄에 미친다고 보아서는 아니된다(대판(전) 2004.9.16. 2001
도3206). 약식명령이 확정된 무전취식 범행은 단순사기죄이므로, 그 기판력이 검사가 기소한 ㉠㉡의 상습사기에
미치지 않으므로 법원은 이에 대하여 실체재판을 하여야 하고, 면소판결을 선고할 수 없다.

② [×] 포괄일죄의 관계에 있는 범행의 일부에 대하여 약식명령이 확정된 경우에는 그 약식명령의 발령시를
기준으로 하여 그 이전에 이루어진 범행에 대하여는 면소의 판결을 선고하여야 한다(대판 2013.6.13. 2013도
4737). 비록 상습사기죄의 약식명령이 확정되었더라도 <u>그 발령(2015.7.10.) 후인 2015.7.20.에 범한 ㉢ 공소사실에
대하여 실체재판을 하여야 하고, 면소판결을 선고할 수 없다.</u>

③ [×] 검사가 이미 기소한 ㉠㉡㉢㉣의 상습사기죄와 송치받은 또 다른 사기 사건은 포괄하여 일죄의 관계에 있으므
로(공소사실의 동일성이 인정되므로) 검사는 이를 <u>공소장변경의 방식으로 추가하여야 한다.</u>

④ [×] 검사가 기소한 ㉠㉡㉢㉣의 상습사기죄는 포괄하여 일죄의 관계에 있으므로(공소사실의 동일성이 인정되므
로) 검사는 그 일부를 철회하는 공소장변경을 할 수 있다. 이 경우 철회된 부분을 제외한 나머지는 여전히 법원의
심판대상으로 남아 있게 되므로, <u>이를 공소사실 전체에 대한 공소취소로 볼 수 없다.</u>

⑤ [×] [1] 상습범 아닌 기본 구성요건의 범죄로 처단되는 데 그친 경우에는 상습범의 일부에 대한 확정판결이라고
보아 그 기판력이 그 사실심판결 선고 전의 나머지 범죄에 미친다고 보아서는 아니된다(대판(전) 2004.9.16. 2001
도3206). [2] 상습사기의 범행이 단순사기죄의 확정판결의 전후에 걸쳐서 행하여진 경우에는 그 죄는 두 죄로
분리되지 않고 확정판결 후인 최종의 범죄행위 시에 완성되는 것이다(대판 2010.7.8. 2010도1939). 약식명령이
확정된 무전취식 범행은 단순사기죄이므로, 그 기판력이 검사가 기소한 ㉠㉡㉢㉣의 상습사기에 미치지 않으므로
<u>법원은 이에 대하여 하나의 형을 선고하여 하며, 형을 분리하여 선고하여서는 아니된다.</u>

정답 ①

PART 05
상소 및 기타 절차

086 항소심이 경합범에 대하여 일부무죄 · 일부유죄로 판단한 경우에 상고심의 심판대상 및 파기범위에 관한 설명 중 옳은 것을 모두 고른 것은? (다툼이 있으면 판례에 의함) [13 변호사]

> ㉠ 검사만이 무죄부분에 대하여 상고한 경우 피고인과 검사가 상고하지 아니한 유죄부분은 상고기간이 지남에 따라 확정되기 때문에 무죄부분만이 상고심의 심판의 대상이 되므로 상고심에서 파기할 때에는 무죄부분만을 파기하여야 한다.
> ㉡ 항소심이 두 개의 죄를 경합범으로 보고 한 죄는 유죄, 다른 한 죄는 무죄를 선고하고 검사가 무죄부분만에 대하여 불복상고한 경우 위 두 죄가 상상적 경합관계에 있다면 유죄부분도 상고심의 심판대상이 된다.
> ㉢ 유죄부분에 대하여는 피고인이 상고하고 무죄부분에 대하여는 검사가 상고한 경우 항소심판결 전부의 확정이 차단되어 상고심에 이심된다. 따라서 유죄부분에 대한 피고인의 상고가 이유 없더라도 무죄부분에 대한 검사의 상고가 이유 있는 때에는 항소심이 유죄로 인정한 죄와 무죄로 인정한 죄가 형법 제37조 전단의 경합범 관계에 있다면 항소심판결의 유죄부분도 무죄부분과 함께 파기되어야 한다.

① ㉠   ② ㉢   ③ ㉠, ㉡
④ ㉡, ㉢   ⑤ ㉠, ㉡, ㉢

해설

㉠ [○] 경합범 중 일부에 대하여 무죄, 일부에 대하여 유죄를 선고한 항소심 판결에 대하여 검사만이 무죄부분에 대하여 상고를 한 경우 피고인과 검사가 상고하지 아니한 유죄판결 부분은 상고기간이 지남으로써 확정되어 상고심에 계속된 사건은 무죄판결 부분에 대한 공소뿐이라 할 것이므로 상고심에서 이를 파기할 때에는 무죄부분만을 파기할 수밖에 없다(대판(전) 1992.1.21. 91도1402).

㉡ [○] 항소심이 두개의 죄를 경합범으로 보고 한 죄는 유죄, 다른 한죄는 무죄를 각 선고하자 검사가 무죄부분만에 대하여 불복상고 하였다고 하더라도 두 죄가 상상적 경합관계에 있다면 유죄부분도 상고심의 심판대상이 된다(대판(전) 1980.12.9. 80도384).

㉢ [○] 수개의 범죄사실에 대하여 항소심이 일부는 유죄, 일부는 무죄의 판결을 하고, 그 판결에 대하여 피고인 및 검사 쌍방이 상고를 제기하였으나 유죄 부분에 대한 피고인의 상고는 이유 없고, 무죄 부분에 대한 검사의 상고만 이유 있는 경우 항소심이 유죄로 인정한 죄와 무죄로 인정한 죄가 형법 제37조 전단의 경합범 관계에 있다면 항소심판결의 유죄 부분도 무죄 부분과 함께 파기되어야 한다(대판 2010.12.23. 2010도9110).

정답 ⑤

087 상소에 관한 설명 중 옳지 않은 것은? (다툼이 있는 경우 판례에 의함)

[24 변호사]

① 항소심에서 변호인이 피고인을 신문하겠다는 의사를 표시하였음에도 변호인에게 일체의 피고인신문을 허용하지 않은 재판장의 조치는 소송절차의 법령위반으로서 상고이유에 해당한다.

② 피고인만이 상소한 사건에서 상소심이 원심법원이 인정한 범죄사실의 일부를 무죄로 인정하면서도 피고인에 대하여 원심법원과 동일한 형을 선고하였더라도 불이익변경금지 원칙을 위반한 것은 아니다.

③ 피고인이 유죄가 인정된 제1심판결에 대하여 항소하지 않거나 양형부당만을 이유로 항소하고 검사는 양형부당만을 이유로 항소하였는데 항소심이 검사의 항소를 받아들여 제1심 판결을 파기하고 그보다 높은 형을 선고한 경우, 피고인은 상고심에서 사실오인이나 법령위반 등 새로운 사유를 상고이유로 내세울 수 없다.

④ 경합범 중 일부에 대하여 무죄, 일부에 대하여 유죄를 선고한 항소심판결에 대하여 검사만이 무죄 부분에 대하여 상고를 제기한 경우, 상고심에서 이를 파기할 때에는 무죄 부분만을 파기하여야 한다.

⑤ 제1심판결에 대하여 피고인은 비약적 상고를, 검사는 항소를 각각 제기하여 이들이 경합한 경우, 피고인의 비약적 상고는 효력을 잃게 되므로, 피고인의 비약적 상고가 항소기간 준수 등 항소로서의 적법요건을 모두 갖추었을 뿐만 아니라 피고인이 항소심에서 제1심판결을 다툴 의사가 있었더라도 피고인의 비약적 상고에 항소로서의 효력을 부여할 수 없다.

해설

① [○] 재판장은 변호인이 피고인을 신문하겠다는 의사를 표시한 때에는 피고인을 신문할 수 있도록 조치하여야 하고, 변호인이 피고인을 신문하겠다는 의사를 표시하였음에도 변호인에게 일체의 피고인신문을 허용하지 않은 것은 변호인의 피고인신문권에 관한 본질적 권리를 해하는 것으로서 소송절차의 법령위반에 해당한다(대판 2020.12.24. 2020도10778).

② [○] 피고인만이 항소한 사건에서 제1심이 인정한 범죄사실의 일부가 제2심에서 무죄로 되었음에도 제2심이 제1심과 동일한 형을 선고하였다 하여 그것이 형사소송법 제368조의 불이익변경금지 원칙에 위배된다고 볼 수 없다(대판 1995.9.29. 95도1577).

③ [○] 피고인들이 약사법 위반으로 기소되어 제1심에서 각각 벌금형을 선고받은 후 항소하지 않거나 양형부당만을 이유로 항소하였고 검사도 양형부당을 이유로 항소하였는데, 항소심에서 검사의 항소이유가 인용됨으로써 제1심판결이 파기되고 피고인들에 대해 각각 그보다 높은 형이 선고되자, 피고인들이 항소심에서 심판대상이 되지 않았던 채증법칙위반, 심리미진 및 법리오해의 새로운 사유를 상고이유로 삼아 상고한 사안에서, 피고인들의 위 상고이유 주장은 항소심에서 심판대상이 되지 아니한 사항이므로 적법한 상고이유가 아니라고 한 사례(대판(전) 2019.3.21. 2017도16593-1).

④ [○] 경합범 중 일부에 대하여 무죄, 일부에 대하여 유죄를 선고한 제1심판결에 대하여 검사만이 무죄 부분에 대하여 항소를 한 경우, 피고인과 검사가 항소하지 아니한 유죄판결 부분은 항소기간이 지남으로써 확정되어 항소심에 계속된 사건은 무죄판결 부분에 대한 공소뿐이며, 그에 따라 항소심에서 이를 파기할 때에는 무죄 부분만을 파기하여야 한다(대판2010.11.25. 2010도10985).

⑤ [×] 제1심판결에 대하여 피고인은 비약적 상고를, 검사는 항소를 각각 제기하여 이들이 경합한 경우 피고인의 비약적 상고에 상고의 효력이 인정되지는 않더라도, 피고인의 비약적 상고가 항소기간 준수 등 항소로서의 적법요건을 모두 갖추었고, 피고인이 자신의 비약적 상고에 상고의 효력이 인정되지 않는 때에도 항소심에서는 제1심판결을 다툴 의사가 없었다고 볼 만한 특별한 사정이 없다면, 피고인의 비약적 상고에 항소로서의 효력이 인정된다고 보아야 한다(대판(전) 2022.5.19. 2021도17131,2021전도170).

정답 ⑤

088 제1심 판결에 대하여 피고인만 항소한 사건에서 항소심의 판결선고 내용이 불이익변경금지원칙에 위배되는지에 관한 설명 중 옳지 않은 것은? (다툼이 있으면 판례에 의함) [17 변호사]

① 항소심이 제1심과 동일한 벌금형을 선고하면서 성폭력 치료프로그램 이수명령을 병과한 것은 피고인에게 불이익하게 변경된 것이어서 허용되지 아니한다.

② 제1심이 피고인에게 금고 5월의 실형을 선고하였는데, 항소심이 징역 5월, 집행유예 2년, 보호관찰 및 40시간의 수강명령을 선고하였다면 피고인에게 불이익하게 변경된 것이어서 허용되지 아니한다.

③ 징역형의 선고유예를 변경하여 벌금형을 선고하는 것은 피고인에게 불이익하게 변경된 것이어서 허용되지 아니한다.

④ 제1심에서는 청구되지 않았고 항소심에서 처음 청구된 검사의 전자장치부착명령 청구에 대하여 항소심에서 부착명령을 선고하는 것은 불이익변경금지원칙에 위배되지 아니한다.

⑤ 제1심과 항소심의 선고형이 동일한 경우, 제1심에서 일죄로 인정한 것을 항소심에서 검사의 공소장변경신청을 받아들여 경합범으로 선고하더라도 불이익변경금지원칙에 위배되지 아니한다.

해설

① [O] 피고인이 준강제추행 범행으로 벌금형의 약식명령을 발령받고 정식재판을 청구하였는데, 제1심이 약식명령에서 정한 벌금형과 동일한 벌금형을 선고하면서 성폭력 치료프로그램 24시간의 이수명령을 병과하였고 원심이 이를 유지한 것은 전체적 · 실질적으로 볼 때 피고인에게 불이익하게 변경한 것이므로 허용되지 않는다(대판 2015.9.15. 2015도11362). 이 판례의 취지에 의할 때 항소심이 제1심과 동일한 벌금형을 선고하면서 성폭력 치료프로그램 이수명령을 병과한 것은 불이익변경금지의 원칙에 위반되어 위법하다.

② [×] 형기의 변경 없이 금고형을 징역형으로 바꾸어 집행유예를 선고하는 것은 불이익변경금지의 원칙에 위반되지 아니한다(대판 2013.12.12. 2013도6608). 금고 5월의 실형을 선고한 제1심 판결을 파기하고 항소심이 징역 5월, 집행유예 2년, 보호관찰 및 40시간의 수강명령을 선고하였더라도 불이익변경금지의 원칙에 위반되지 아니한다.

③ [O] 제1심의 징역형의 선고유예의 판결에 대하여 피고인만이 항소한 경우에 제2심이 벌금형을 선고한 것은 제1심판결의 형보다 중한 형을 선고한 것에 해당된다(대판 1999.11.26. 99도3776).

④ [O] 피고인만이 항소한 경우라도 법원이 항소심에서 처음 청구된 검사의 부착명령 청구에 기하여 부착명령을 선고하는 것이 불이익변경금지의 원칙에 저촉되지 아니한다고 봄이 상당하다(대판 2010.11.25. 2010도9013).

⑤ [O] 피고인에 관하여 형법 제156조만을 의율한 제1심 판결에 대하여 피고인만이 항소한 경우에 있어서 항소심판결이 검사의 공소장 변경신청에 의하여 제1심판결의 적용법조와는 달리 형법 제37조, 동법 제38조 제1항 제2호를 의율하여 경합죄로 처단하였다 하더라도 항소심판결의 선고형이 제1심 선고형과 동일하다면 불이익변경금지의 원칙에 위배된다고 할 수 없다(대판 1984.4.24. 83도3211).

정답 ②

089 검사 P는 甲을 A에 대한 사기죄[사실 1]와 B에 대한 사기죄[사실 2]의 경합범으로 기소하였다. 제1심법원은 [사실 1]과 [사실 2] 모두를 인정하여 징역 1년 6월, 집행유예 2년을 선고하자 甲만이 항소하였다. 항소심법원은 [사실 1]에 대하여는 무죄를 선고하였으나, [사실 2]에 대하여는 유죄를 선고하였다. 이에 관한 설명 중 옳지 않은 것은? (다툼이 있으면 판례에 의함)   [16 변호사]

① 甲이 상고포기를 하기 위해서는 이를 서면으로 하여야 하지만, 공판정에서는 구술로써 할 수 있다.

② 만약 항소심법원이 [사실 2]에 대하여 징역 6월의 실형을 선고하였다면, 그 형 선고는 불이익변경금지원칙에 반하여 위법하다.

③ 만약 항소이유서가 제출되지 않은 경우, 항소심법원은 그 제출기간의 경과를 기다리지 않고 변론을 종결하여 심판할 수 없다.

④ P만이 [사실 1]에 대하여만 상고한 경우, 대판이 두 사실을 상상적 경합이 된다고 판단하고자 하더라도 [사실 2]에 대해서는 심판할 수 없다.

⑤ P만이 [사실 1]에 대하여만 상고한 경우, 대판이 이를 유죄의 취지로 판단하고자 한다면, [사실 2]는 그대로 두고 [사실 1]만을 파기하여야 한다.

해설

① [ㅇ] 상소의 포기 또는 취하는 서면으로 하여야 한다. 단, 공판정에서는 구술로써 할 수 있다(형사소송법 제352조 제1항).

② [ㅇ] 제1심에서 징역형의 집행유예를 선고한데 대하여 제2심이 그 징역형의 형기를 단축하여 실형을 선고하는 것도 불이익변경 금지원칙에 위배된다(대결 1986.3.25. 86모2).

③ [ㅇ] 항소심의 구조는 피고인 또는 변호인이 법정기간 내에 제출한 항소이유서에 의하여 심판되는 것이고, 이미 항소이유서를 제출하였더라도 항소이유를 추가·변경·철회할 수 있으므로 항소이유서 제출기간의 경과를 기다리지 않고는 항소사건을 심판할 수 없다(대판 2015.4.9. 2015도1466).

④ [×] 항소심이 두개의 죄를 경합범으로 보고 한 죄는 유죄, 다른 한죄는 무죄를 각 선고하자 검사가 무죄부분에 대하여 불복상고 하였다고 하더라도 <u>두 죄가 상상적 경합관계에 있다면 유죄부분도 상고심의 심판대상이 된다</u>(대판(전) 1980.12.9. 80도384). 대판은 [사실 2]에 대해서도 심판할 수 있다.

⑤ [ㅇ] 경합범 중 일부에 대하여 무죄, 일부에 대하여 유죄를 선고한 항소심 판결에 대하여 검사만이 무죄부분에 대하여 상고를 한 경우 피고인과 검사가 상고하지 아니한 유죄판결 부분은 상고기간이 지남으로써 확정되어 상고심에 계속된 사건은 무죄판결 부분에 대한 공소뿐이라 할 것이므로 상고심에서 이를 파기할 때에는 무죄부분만을 파기할 수밖에 없다(대판(전) 1992.1.21. 91도1402). 대판은 [사실 1]만을 파기하여야 한다.

정답 ④

Chapter 02 | 비상구제절차

090 재심의 대상에 해당하는 것은? (다툼이 있으면 판례에 의함) [18 변호사]

① 재정신청기각의 결정
② 항소심에서 파기된 제1심 판결
③ 공소기각의 판결
④ 특별사면으로 형 선고의 효력이 상실된 유죄의 확정판결
⑤ 약식명령에 대한 정식재판청구에 따라 유죄의 판결이 확정된 경우의 약식명령

해설

① [×], ③ [×] 재정신청 기각결정이나 공소기각판결은 유죄의 확정판결이나 그에 대한 상소기각판결이 아니므로 재심의 대상이 되지 아니한다(형사소송법 제420조, 제421조 참고).

② [×] 항소심에서 파기되어버린 제1심판결에 대해서는 재심을 청구할 수 없다(대결 2004.2.13. 2003모464).

④ [○] 유죄판결 확정 후에 형선고의 효력을 상실케 하는 특별사면이 있었다고 하더라도 형선고의 법률적 효과만 장래를 향하여 소멸될 뿐이고 확정된 유죄판결에서 이루어진 사실인정과 그에 따른 유죄 판단까지 없어지는 것은 아니므로 유죄판결은 형선고의 효력만 상실된 채로 여전히 존재하는 것으로 보아야 하고, 따라서 특별사면으로 형선고의 효력이 상실된 유죄의 확정판결도 형사소송법 제420조의 '유죄의 확정판결'에 해당하여 재심청구의 대상이 될 수 있다(대판(전) 2015.5.21. 2011도1932).

⑤ [×] 약식명령에 대한 정식재판절차에서 유죄판결이 선고·확정된 경우 '효력이 상실된 약식명령'은 재심의 대상이 될 수 없다(대판 2013.4.11. 2011도10626).

정답 ④

091 재심사유에 관한 설명 중 옳은 것은? (다툼이 있으면 판례에 의함) [14 변호사]

① '무죄 등을 인정할 명백한 증거'에 해당하는지 여부는 새로 발견된 증거만을 독립적·고립적으로 고찰하여 그 증거가치만으로 판단하여야 한다.
② '형의 면제를 인정할 명백한 증거가 새로 발견된 때'에서 '형의 면제'라 함은 형의 필요적 면제뿐만 아니라 임의적 면제도 포함한다.
③ 재심사유 해당 여부를 판단함에 있어 '사법경찰관 등이 범한 직무에 관한 죄'가 사건의 실체관계에 관계된 것인지 여부나 당해 사법경찰관이 직접 피의자에 대한 조사를 담당하였는지 여부는 고려할 사정이 아니다.
④ '원판결의 증거된 증언'이 나중에 확정판결에 의하여 허위인 것이 증명되었더라도, 그 허위증언 부분을 제외하고서도 다른 증거에 의하여 유죄로 인정될 경우에는 재심사유에 해당하지 아니한다.
⑤ 피고인이 새로운 증거를 발견하였다고 하여 재심을 청구한 경우 재심대상판결의 소송절차 중에 그러한 증거를 제출하지 못한 데에 피고인의 과실이 있더라도 그 증거는 '증거가 새로 발견된 때'에 해당한다.

① [×] 법원으로서는 새로 발견된 증거만을 독립적·고립적으로 고찰하여 그 증거가치만으로 재심의 개시 여부를 판단할 것이 아니라, 재심대상이 되는 확정판결을 선고한 법원이 사실인정의 기초로 삼은 증거들 가운데 새로 발견된 증거와 유기적으로 밀접하게 관련되고 모순되는 것들은 함께 고려하여 평가하여야 한다(대결(전) 2009.7.16. 2005모472).

② [×] '형의 면제'라 함은 형의 필요적 면제의 경우만을 말하고 임의적 면제는 해당하지 않는다(대결 1984.5.30. 84모32).

③ [○] 형사소송법 제420조 제7호의 재심사유 해당 여부를 판단함에 있어 사법경찰관 등이 범한 직무에 관한 죄가 사건의 실체관계에 관계된 것인지 여부나 당해 사법경찰관이 직접 피의자에 대한 조사를 담당하였는지 여부는 고려할 사정이 아니다(대결 2008.4.24. 2008모77).

④ [×] '원판결의 증거된 증언'이 나중에 확정판결에 의하여 허위인 것이 증명된 이상 그 허위증언 부분을 제외하고서도 다른 증거에 의하여 그 '죄로 되는 사실'이 유죄로 인정될 것인지 여부에 관계없이 재심사유가 있다고 보아야 한다(대판 2012.4.13. 2011도8529).

⑤ [×] 피고인이 재심대상이 되는 확정판결의 소송절차 중에 그러한 증거를 제출하지 못한 데에 과실이 있는 경우에는 그 증거는 '증거가 새로 발견된 때'에서 제외된다(대결(전) 2009.7.16. 2005모472).

정답 ③

092 재심에 관한 설명 중 옳은 것은? (다툼이 있으면 판례에 의함) [22 변호사]

① 피고인이 재심을 청구한 경우 재심대상이 되는 확정판결의 소송절차 중에 형사소송법 제420조 제5호에 정한 무죄 등을 인정할 증거를 제출하지 못한 데에 피고인의 과실이 있는 경우에는 그 증거는 형사소송법 제420조 제5호에 정한 재심사유인 '증거가 새로 발견된 때'에서 제외된다.

② 형사소송법상 재심개시절차에서는 형사소송법 등에서 규정하고 있는 재심사유가 있는지 여부를 판단할 뿐만 아니라 재심사유가 재심대상판결에 영향을 미칠 가능성이 있는가의 실체적 사유도 함께 고려하여야 한다.

③ 형사소송법은 원칙적으로 피고인의 이익을 위해 피고인의 법적 안정성을 해치지 않는 범위 내에서 재심이 이루어지도록 하고 있으며, 예외적으로 실체적 진실발견을 위해 이른바 불이익재심도 허용한다.

④ 상습범으로 유죄의 확정판결을 받은 사람이 그 후 동일한 습벽에 의해 범행('후행범죄'라 함)을 저질렀는데 유죄의 확정판결에 대하여 재심이 개시된 경우 후행범죄가 재심대상판결에 대한 재심판결 선고 전에 저지른 범죄라면 재심판결의 기판력은 후행범죄에 미친다.

⑤ 「소송촉진 등에 관한 특례법」 제23조에 규정된 제1심 공판의 특례에 따라 진행된 제1심의 불출석 재판에 대하여 검사만 항소하고 항소심도 불출석 재판으로 진행한 후에 제1심판결을 파기하고 새로 또는 다시 유죄판결을 선고하여 유죄판결이 확정된 경우 피고인은 귀책사유 없이 제1심과 항소심의 공판절차에 출석할 수 없었더라도 항소심 법원에 유죄판결에 대한 재심을 청구할 수 없다.

① [○] 피고인이 재심을 청구한 경우 재심대상이 되는 확정판결의 소송절차 중에 형사소송법 제420조 제5호에 정한 무죄 등을 인정할 증거를 제출하지 못한 데에 피고인의 과실이 있는 경우에는 그 증거는 형사소송법 제420조 제5호에 정한 재심사유인 '증거가 새로 발견된 때'에서 제외된다고 해석함이 상당하다(대결(전) 2009.7.16. 2005모472).

② [×] 재심개시절차에서는 형사소송법 등에서 규정하고 있는 재심사유가 있는지 여부만을 판단하고, 나아가 재심 사유가 재심대상판결에 영향을 미칠 가능성이 있는가의 실체적 사유는 이를 고려하여서는 아니 된다(대판(전) 2019.6.20. 2018도20698).

③ [×] 형사소송법은 이익재심의 원칙을 반영하여 제439조에서 "재심에는 원판결의 형보다 중한 형을 선고하지 못 한다."라고 규정하고 있는데, 이는 단순히 원판결보다 무거운 형을 선고할 수 없다는 원칙만을 의미하고 있는 것이 아니라 실체적 정의를 실현하기 위하여 재심을 허용하지만 피고인의 법적 안정성을 해치지 않는 범위 내에서 재심 이 이루어져야 한다는 취지이다(대판 2018.10.25. 2018도13150). 형사소송법은 불이익재심을 인정하지 않는다.

④ [×] 상습범으로 유죄의 확정판결('선행범죄'라 한다)을 받은 사람이 그 후 동일한 습벽에 의해 범행을 저질렀는 데('후행범죄'라 한다) 유죄의 확정판결에 대하여 재심이 개시된 경우 (재심심판절차에서 선행범죄, 즉 재심대상판 결의 공소사실에 후행범죄를 추가하는 내용으로 공소장을 변경하거나 추가로 공소를 제기한 후 이를 재심대상사 건에 병합하여 심리하는 것이 허용되지 않으므로) 동일한 습벽에 의한 후행범죄가 재심대상판결에 대한 재심판 결 선고 전에 저지른 범죄라 하더라도 재심판결의 기판력이 후행범죄에 미치지 않는다(대판(전) 2019.6.20. 2018 도20698).

⑤ [×] 소촉법 제23조 규정에 따라 진행된 제1심의 불출석 재판에 대하여 검사만 항소하고 항소심도 불출석 재판으 로 진행한 후에 제1심판결을 파기하고 새로 또는 다시 유죄판결을 선고하여 그 유죄판결이 확정된 경우 소촉법 제23조의2 제1항 규정을 유추적용하여 귀책사유 없이 제1심과 항소심의 공판절차에 출석할 수 없었던 피고인은 항소심 법원에 그 유죄판결에 대한 재심을 청구할 수 있다(대판(전) 2015.6.25. 2014도17252).

정답 ①

093 재심에 관한 설명 중 옳은 것을 모두 고른 것은? (다툼이 있으면 판례에 의함)   [21 변호사]

> ㉠ 「형사소송법」 제420조 제4호의 "원판결의 증거된 재판이 확정재판에 의하여 변경된 때"의 "원판결의 증거된 재판"이라 함은 원판결의 이유 중에서 증거로 채택되어 죄로 되는 사실을 인정하는 데 인용된 다른 재판을 뜻한다.
> ㉡ 재심대상판결 확정 후에 형선고의 효력을 상실케 하는 특별사면이 있었다고 하더라도, 재심개시결 정이 확정되어 재심심판절차를 진행하는 법원은 그 심급에 따라 다시 심판하여 실체에 관한 유·무 죄의 판단을 하여야 하고, 특별사면이 있음을 들어 면소판결을 하여서는 아니 된다.
> ㉢ 군사법원의 판결이 확정된 후 피고인에 대한 재판권이 더이상 군사법원에 없게 된 경우에 군사법원 의 판결에 대한 재심사건의 관할은 원판결을 한 군사법원과 같은 심급의 일반법원에 있다.
> ㉣ 상습범인 선행범죄(A)로 유죄의 확정판결을 받은 사람이 그후 동일한 습벽에 의해 다시 후행범죄 (B)를 저질렀는데 유죄의 확정판결에 대하여 재심이 개시된 경우에, 동일한 습벽에 의한 후행범죄 (B)가 선행범죄(A)에 대한 재심판결 선고 전에 저지른 범죄라 하더라도 재심판결의 기판력은 후행 범죄(B)에 미치지 않는다.

① ㉠, ㉡   ② ㉡, ㉢   ③ ㉢, ㉣
④ ㉠, ㉡, ㉢   ⑤ ㉠, ㉡, ㉢, ㉣

해설

㉠ [○] 형사소송법 제420조 제4호는 '원판결의 증거된 재판이 확정재판에 의하여 변경된 때'를 유죄의 확정판결에 대한 재심청구의 사유로서 규정하고 있는데, 위 규정에서 정한 '원판결의 증거된 재판'이라 함은 원판결의 이유 중에서 증거로 채택되어 죄로 되는 사실을 인정하는 데 인용된 다른 재판을 뜻한다(대판 2019.4.11. 2018도17909).

ⓛ [○] 면소판결 사유인 형사소송법 제326조 제2호의 '사면이 있는 때'에서 말하는 '사면'이란 일반사면을 의미할 뿐 형을 선고받아 확정된 자를 상대로 이루어지는 특별사면은 여기에 해당하지 않는다. 따라서 재심대상판결 확정 후에 형 선고의 효력을 상실케 하는 특별사면이 있었다고 하더라도 재심심판절차를 진행하는 법원은 실체에 관한 유·무죄 등의 판단을 해야지 특별사면이 있음을 들어 면소판결을 하여서는 아니된다(대판(전) 2015.5.21. 2011도1932).

ⓒ [○] 군사법원의 판결이 확정된 후 피고인에 대한 재판권이 더이상 군사법원에 없게 된 경우에 군사법원의 판결에 대한 재심사건의 관할은 원판결을 한 군사법원과 같은 심급의 일반법원에 있다(대결 2020.6.26. 2019모3197).

ⓔ [○] 상습범으로 유죄의 확정판결(이하 앞서 저질러 재심의 대상이 된 범죄를 '선행범죄'라 한다)을 받은 사람이 그 후 동일한 습벽에 의해 범행을 저질렀는데(이하 뒤에 저지른 범죄를 '후행범죄'라 한다) 유죄의 확정판결에 대하여 재심이 개시된 경우, 동일한 습벽에 의한 후행범죄가 재심대상판결에 대한 재심판결 선고 전에 저질러진 범죄라 하더라도 재심판결의 기판력이 후행범죄에 미치지 않는다. 재심심판절차에서 선행범죄, 즉 재심대상판결의 공소사실에 후행범죄를 추가하는 내용으로 공소장을 변경하거나 추가로 공소를 제기한 후 이를 재심대상사건에 병합하여 심리하는 것이 허용되지 않으므로 재심심판절차에서는 후행범죄에 대하여 사실심리를 할 가능성이 없기 때문이다(대판(전) 2019.6.20. 2018도20698).

정답 ⑤

094 재심에 관한 설명 중 옳지 않은 것은? (다툼이 있으면 판례에 의함)　　　　　[20 변호사]

① 형사재판에서 재심은 유죄의 확정판결 및 유죄판결에 대한 항소 또는 상고를 기각한 확정판결에 대하여만 허용되며, 면소판결을 대상으로 한 재심청구는 부적법하다.

② 수사기관이 영장주의를 배제하는 위헌적 법령에 따라 영장 없는 체포·구금을 한 경우는 '공소의 기초된 수사에 관여한 검사나 사법경찰관이 그 직무에 관한 죄를 범한 것이 확정판결에 의하여 증명된 때'라는 재심사유에 해당하지 아니한다.

③ 재심심판절차는 원판결의 당부를 심사하는 종전 소송절차의 후속절차가 아니라 사건 자체를 처음부터 다시 심판하는 완전히 새로운 소송절차로서 종전의 확정판결은 재심판결이 확정된 때 효력을 상실한다.

④ '재심에는 원판결의 형보다 중한 형을 선고하지 못한다.'라는 것은 단순히 원판결보다 무거운 형을 선고할 수 없다는 원칙일 뿐만 아니라, 실체적 정의를 실현하기 위하여 재심을 허용하지만 피고인의 법적 안정성을 해치지 않는 범위 내에서 재심이 이루어져야 한다는 취지이다.

⑤ 재심사유로서 '원판결이 인정한 죄보다 경한 죄를 인정할 경우'라 함은 원판결에서 인정한 죄와는 별개의 경한 죄를 말하는 것이지, 원판결에서 인정한 죄 자체에는 변함이 없고 다만 양형상의 자료에 변동을 가져올 사유에 불과한 경우를 말하는 것은 아니다.

해설

① [○] 면소판결은 유죄의 확정판결이라 할 수 없으므로 면소판결을 대상으로 한 재심청구는 부적법하다(대결 2018.5.2. 2015모3243).

② [×] 수사기관이 영장주의를 배제하는 위헌적 법령(유신헌법 당시 긴급조치 제9호 제8항)에 따라 영장 없는 체포·구금을 한 경우에도 불법체포·감금의 직무범죄가 인정되는 경우에 준하는 것으로 보아 형사소송법 제420조 제7호의 재심사유가 있다고 보아야 한다(대결 2018.5.2. 2015모3243).

③ [○] 재심심판절차는 원판결의 당부를 심사하는 종전 소송절차의 후속절차가 아니라 사건 자체를 처음부터 다시 심판하는 완전히 새로운 소송절차로서 재심판결이 확정되면 원판결은 당연히 효력을 잃는다(대판 2019.2.28. 2018도13382).

④ [○] 형사소송법은 이익재심의 원칙을 반영하여 제439조에서 "재심에는 원판결의 형보다 중한 형을 선고하지 못한다."라고 규정하고 있는데, 이는 단순히 원판결보다 무거운 형을 선고할 수 없다는 원칙만을 의미하고 있는 것이 아니라 실체적 정의를 실현하기 위하여 재심을 허용하지만 피고인의 법적 안정성을 해치지 않는 범위 내에서 재심이 이루어져야 한다는 취지이다(대판 2018.10.25. 2018도13150). "단순히 원판결보다 무거운 형을 선고할 수 없다는 원칙일 뿐만 아니라"라는 문맥이 약간 이상하지만 옳은 지문으로 보아야 한다.

⑤ [○] '원판결이 인정한 죄보다 경한 죄를 인정할 경우'라 함은 원판결에서 인정한 죄와는 별개의 경한 죄를 말하고, 원판결에서 인정한 죄 자체에는 변함이 없고 다만 양형상의 자료에 변동을 가져올 사유에 불과한 것은 여기에 해당하지 않는다(대판 2017.11.9. 2017도14769).

정답 ②

095 공판절차에 관한 설명 중 옳지 않은 것은? (다툼이 있으면 판례에 의함) [21 변호사]

① 제1심 법원이 소송비용의 부담을 명하는 재판을 하지 않았음에도 항소심법원이 제1심의 소송비용에 관하여 피고인에게 부담하도록 재판을 한 경우 불이익변경금지원칙에 위배되지 않는다.

② 검사와 피고인 양쪽이 상소를 제기한 경우 어느 일방의 상소는 이유 없으나 다른 일방의 상소가 이유 있어 원판결을 파기하고 다시 판결하는 때에는 이유 없는 상소에 대해서는 판결이유 중에서 그 이유가 없다는 점을 적으면 충분하고 주문에서 그 상소를 기각해야 하는 것은 아니다.

③ 상상적 경합 관계에 있는 수죄에 대하여 제2심에서 모두 무죄가 선고되었고, 이에 검사가 무죄 부분 전부에 대하여 상고하였으나 그중 일부 무죄 부분(A)에 대하여는 이를 상고이유로 삼지 않은 경우, 상고심은 그 무죄 부분(A)에까지 나아가 판단할 수 없고, 상고심으로부터 다른 무죄 부분(B)에 대한 원심판결이 잘못되었다는 이유로 사건을 파기환송 받은 원심도 그 무죄 부분(A)에 대하여 다시 심리·판단하여 유죄를 선고할 수 없다.

④ 피고인 A, B는 공동하여 공정거래위원회의 고발이 있어야 공소를 제기할 수 있는 독점규제및공정거래에관한법률위반의 범행을 저질렀는데, 공정거래위원회가 A만 고발하였다 하더라도 고발대상에서 제외된 B에 대하여도 고발의 효력이 미치므로 법원은 B에 대하여 공소기각판결을 하여서는 아니된다.

⑤ 재심대상사건에서 징역형의 집행유예를 선고하였음에도 재심사건에서 원판결보다 주형을 경하게 하고 집행유예를 없앤 경우, 불이익변경금지원칙에 위배된다.

해설

① [○] 소송비용의 부담은 형이 아니고 실질적인 의미에서 형에 준하여 평가되어야 할 것도 아니므로 불이익변경금지 원칙의 적용되지 않는다(대판 2008.3.14. 2008도488).

② [○] 검사와 피고인 양쪽이 상소를 제기한 경우, 어느 일방의 상소는 이유 없으나 다른 일방의 상소가 이유 있어 원판결을 파기하고 다시 판결하는 때에는 이유 없는 상소에 대해서는 판결이유 중에서 그 이유가 없다는 점을 적으면 충분하고 주문에서 그 상소를 기각해야 하는 것은 아니다(대판 2020.6.25. 2019도17995).

③ [○] 환송 전 원심에서 상상적 경합 관계에 있는 수죄에 대하여 모두 무죄가 선고되었고, 이에 검사가 무죄 부분 전부에 대하여 상고하였으나 그 중 일부 무죄 부분에 대하여는 이를 상고이유로 삼지 아니하였다면, 비록 상고이유로 삼지 아니한 무죄 부분도 상고심에 이심된다고는 하나 그 부분은 이미 당사자간의 공격방어의 대상으로부터 벗어나 사실상 심판대상에서부터도 이탈하게 되는 것이므로, 상고심으로서도 그 무죄 부분에까지 나아가 판단할 수 없는 것이고 따라서 상고심으로부터 다른 무죄 부분에 대한 원심판결이 잘못되었다는 이유로 사건을 파기환송 받은 원심은 그 무죄 부분에 대하여 다시 심리판단하여 유죄를 선고할 수 없다고 보아야 할 것이다(대판 2008.12.11. 2008도8922).

④ [×] 친고죄에 관한 고소의 주관적 불가분원칙을 규정하고 있는 형사소송법 제233조가 독점규제법상 공정거래위원회의 고발에도 유추적용된다고 해석한다면 이는 공정거래위원회의 고발이 없는 행위자에 대해서까지 형사처벌의 범위를 확장하는 것으로서, 결국 피고인에게 불리하게 형벌법규의 문언을 유추해석한 경우에 해당하므로 죄형법정주의에 반하여 허용될 수 없다(대판 2010.9.30. 2008도4762). 설문의 경우 공정거래위원회가 A만 고발하였으므로 그 고발의 효력은 B에게는 미치지 아니한다.

⑤ [○] 제1심에서 <u>징역형의 집행유예를 선고한 데 대하여 제2심이 그 징역형의 형기를 단축하여 실형을 선고하는 것도 불이익변경금지원칙에 위배된다.</u> 마찬가지로 재심대상사건에서 징역형의 집행유예를 선고하였음에도 재심사건에서 원판결보다 주형을 경하게 하고, 집행유예를 없앤 경우는 형사소송법 제439조에 의한 불이익변경금지원칙에 위배된다(대판 2016.3.24. 2016도1131).

정답 ④

096 재심절차에 관한 설명 중 옳지 않은 것은? (다툼이 있으면 판례에 의함) [15 변호사]

① 재심이 개시된 사건에서 범죄사실에 대하여 적용하여야 할 법령은 재심판결 당시의 법령이고, 법원은 재심대상판결 당시의 법령이 폐지된 경우에는 형사소송법 제326조 제4호를 적용하여 그 범죄사실에 대하여 면소를 선고하는 것이 원칙이다.

② 피고인이 재심을 청구한 경우, 재심대상이 되는 확정판결의 소송절차 중에 증거를 제출하지 못한 데 과실이 있는 경우에는 그 증거는 형사소송법 제420조 제5호의 '증거가 새로 발견된 때'에서 제외된다.

③ 제1심 확정판결에 대한 재심청구사건의 판결이 있은 후에는 항소기각판결에 대하여 다시 재심을 청구하지 못한다.

④ 면소판결에 대하여 무죄판결이 선고되어야 한다고 주장하면서 상고할 수 없는 것이 원칙이므로, 형벌에 관한 법령이 재심판결 당시 폐지되었다면 설사 그 폐지가 당초부터 헌법에 위배되어 효력이 없는 법령에 대한 것이었더라도 무죄판결을 구하는 취지로 면소판결에 대하여 상고하는 것은 허용되지 않는다.

⑤ 재심심판절차에서 사망자를 위하여 재심청구를 하였거나 유죄의 선고를 받은 자가 재심판결 전에 사망한 경우, 공소기각의 결정을 할 수 없고 실체판결을 하여야 한다.

해설

① [○] 재심이 개시된 사건에서 범죄사실에 대하여 적용하여야 할 법령은 재심판결 당시의 법령이므로, 법원은 재심대상판결 당시의 법령이 변경된 경우에는 그 범죄사실에 대하여 재심판결 당시의 법령을 적용하여야 하고, 폐지된 경우에는 형사소송법 제326조 제4호를 적용하여 그 범죄사실에 대하여 면소를 선고하는 것이 원칙이다(대판(전) 2010.12.16. 2010도5986).

② [○] 형사소송법 제420조 제5호에서 정한 재심사유에서 무죄 등을 인정할 '증거가 새로 발견된 때'라 함은 재심대상이 되는 확정판결의 소송절차에서 발견되지 못하였거나 또는 발견되었다 하더라도 제출할 수 없었던 증거로서 이를 새로 발견하였거나 비로소 제출할 수 있게 된 때를 말한다. 피고인이 재심을 청구한 경우 재심대상이 되는 확정판결의 소송절차 중에 그러한 증거를 제출하지 못한 데에 과실이 있는 경우에는 그 증거는 '증거가 새로 발견된 때'에서 제외된다(대결(전) 2009.7.16. 2005모472).

③ [○] 제1심 확정판결에 대한 재심청구사건의 판결이 있은 후에는 항소기각판결에 대하여 다시 재심을 청구하지 못한다(형사소송법 제421조 제2항).

④ [×] 형벌에 관한 법령이 재심판결 당시 폐지되었다 하더라도 <u>그 '폐지'가 당초부터 헌법에 위배되어 효력이 없는 법령에 대한 것이었다면 무죄사유에 해당하는 것이지 면소사유에 해당한다고 할 수 없다.</u> 따라서 면소판결에 대하여 무죄판결인 실체판결이 선고되어야 한다고 주장하면서 상고할 수 없는 것이 원칙이지만, 위와 같은 경우에는 피고인에게 무죄의 선고를 하여야 하므로 <u>면소를 선고한 판결에 대하여 상고가 가능하다</u>(대판(전) 2010.12.16. 2010도5986).

⑤ [○] 재심심판절차에 있어서 ㉠ 사망자 또는 회복할 수 없는 심신장애인을 위하여 재심청구가 있는 때 ㉡ 유죄의 선고를 받은 자가 재심의 판결전에 사망하거나 회복할 수 없는 심신장애인이 된 때에는 공판절차정지와 공소기 각결정에 관한 규정은 적용되지 아니한다(형사소송법 제438조 제2항, 제306조 제1항, 제328조 제1항 제2호). 즉 이 경우에는 공소기각결정이나 공판절차정지를 해서는 안되고 계속 재심심판절차를 진행하여 실체판결을 하여 야 한다.

정답 ④

097 특별형사절차에 관한 설명 중 옳은 것을 모두 고른 것은? (다툼이 있는 경우 판례에 의함) [24 변호사]

ㄱ. 경찰서장이 범칙행위에 대하여 통고처분을 한 이상, 통고처분에 따라 범칙금을 납부한 범칙자에 대하여는 형사소추와 형사처벌을 면제받을 기회가 부여되므로 통고처분에서 정한 범칙금 납부기간 까지는 원칙적으로 경찰서장은 즉결심판을 청구할 수 없고, 검사도 동일한 범칙행위에 대하여 공소 를 제기할 수 없다.

ㄴ. 즉결심판절차에서는 사법경찰관이 적법한 절차와 방식에 따라 작성한 피의자신문조서는 그 피의자 였던 피고인이 내용을 인정하지 않더라도 증거능력이 있고, 자백에 대한 보강증거는 요하지 않으나 자백배제법칙은 여전히 적용된다.

ㄷ. 약식명령은 그 재판서를 피고인에게 송달함으로써 효력이 발생하고, 변호인이 있는 경우라도 반드 시 변호인에게 약식명령 등본을 송달해야 하는 것은 아니므로, 정식재판 청구기간은 피고인에 대한 약식명령 고지일을 기준으로 하여 기산하여야 한다.

ㄹ. 「형사소송법」제457조의2 제1항에서 규정하는 형종 상향 금지의 원칙은 피고인만이 정식재판을 청구한 사건과 다른 사건이 병합심리된 후 경합범으로 처단되는 경우에도 정식재판을 청구한 사건 에 대하여 그대로 적용되며, 이는 피고인만이 정식재판을 청구해 벌금형이 선고된 제1심판결에 대 한 항소사건에서도 마찬가지이다.

ㅁ. 동일 죄명에 해당하는 여러 개의 행위를 단일하고 계속된 범의 아래 일정 기간 계속하여 행하고 그 피해법익도 동일하여 포괄일죄의 관계에 있는 범행의 일부에 관하여 약식명령이 확정된 경우, 그 약식명령의 발령 시를 기준으로 하여 그 전의 포괄일죄의 일부에 해당하는 범행뿐만 아니라 그와 상상적 경합관계에 있는 다른 죄에도 약식명령의 기판력이 미친다.

---

① ㄱ, ㄷ, ㅁ   ② ㄴ, ㄹ, ㅁ   ③ ㄱ, ㄴ, ㄷ, ㄹ
④ ㄴ, ㄷ, ㄹ, ㅁ   ⑤ ㄱ, ㄴ, ㄷ, ㄹ, ㅁ

해설

ㄱ. [O] 경범죄 처벌법상 범칙금제도는 범칙행위에 대하여 형사절차에 앞서 경찰서장의 통고처분에 따라 범칙금을 납부할 경우 이를 납부하는 사람에 대하여는 기소를 하지 않는 처벌의 특례를 마련해 둔 것으로 법원의 재판절차 와는 제도적 취지와 법적 성질에서 차이가 있다. 또한 범칙자가 통고처분을 불이행하였더라도 기소독점주의의 예외를 인정하여 경찰서장의 즉결심판 청구를 통하여 공판절차를 기치지 않고 사건을 간이하고 신속·적정하게 처리함으로써 소송경제를 도모하되, 즉결심판 선고 전까지 범칙금을 납부하면 형사처벌을 면할 수 있도록 함으 로써 범칙자에 대하여 형사소추와 형사처벌을 면제받을 기회를 부여하고 있다. 따라서 <u>경찰서장이 범칙행위에 대하여 통고처분을 한 이상, 범칙자의 위와 같은 절차적 지위를 보장하기 위하여 통고처분에서 정한 범칙금 납부 기간까지는 원칙적으로 경찰서장은 즉결심판을 청구할 수 없고, 검사도 동일한 범칙행위에 대하여 공소를 제기 할 수 없다고 보아야 한다</u>(대판 2020.4.29. 2017도13409).

ㄴ. [O] 즉결심판절차에서는 전문법칙이 적용되지 아니한다(제10조, 형사소송법 제312조 제3항 및 제313조). 따라서 사법경찰관 작성 피의자신문조서는 피고인이 그 내용을 인정하지 않더라도 증거능력이 있다. 즉결심판절차에서 는 자백의 보강법칙이 적용되지 아니한다(제10조, 형사소송법 제310조). 즉 즉결심판절차에서는 피고인의 자백만 으로도 유죄판결을 선고할 수 있다. 그러나 자백배제법칙이나 위법수집증거배제법칙은 즉결심판절차에서도 여 전히 적용된다.

ㄷ. [○] 형사소송법 제452조에서 약식명령의 고지는 검사와 피고인에 대한 재판서의 송달에 의하도록 규정하고 있으므로, 약식명령은 그 재판서를 피고인에게 송달함으로써 효력이 발생하고, 변호인이 있는 경우라도 반드시 변호인에게 약식명령 등본을 송달해야 하는 것은 아니다. 따라서 정식재판 청구기간은 피고인에 대한 약식명령 고지일을 기준으로 하여 기산하여야 한다. 변호인이 정식재판청구서를 제출할 것으로 믿고 피고인이 스스로 적법한 정식재판의 청구기간 내에 정식재판청구서를 제출하지 못하였더라도 그것이 피고인 또는 대리인이 책임질 수 없는 사유로 인하여 정식재판의 청구기간 내에 정식재판을 청구하지 못한 때에 해당하지 않는다(대결 2017.7.27. 2017모1557).

ㄹ. [○] 형사소송법 제457조의2 제1항은 "피고인이 정식재판을 청구한 사건에 대하여는 약식명령의 형보다 중한 종류의 형을 선고하지 못한다."라고 규정하여, 정식재판청구 사건에서의 형종 상향 금지의 원칙을 정하고 있다. 위 형종 상향 금지의 원칙은 피고인이 정식재판을 청구한 사건과 다른 사건이 병합·심리된 후 경합범으로 처단되는 경우에도 정식재판을 청구한 사건에 대하여 그대로 적용된다(대판 2020.3.26. 2020도355).

ㅁ. [○] 포괄일죄 관계인 범행의 일부에 대하여 판결이 확정된 경우에는 사실심 판결선고 시를 기준으로, 약식명령이 확정된 경우에는 약식명령 발령 시를 기준으로, 그 이전에 이루어진 범행에 대하여는 확정판결의 기판력이 미친다. 또한 상상적 경합범 중 1죄에 대한 확정판결의 기판력은 다른 죄에 대하여도 미친다. 따라서 포괄일죄 관계인 범행의 일부에 대하여 판결이 확정되거나 약식명령이 확정되었는데 그 사실심 판결선고 시 또는 약식명령 발령 시를 기준으로 그 이전에 이루어진 범행이 포괄일죄의 일부에 해당할 뿐만 아니라 그와 상상적 경합관계에 있는 다른 죄에도 해당하는 경우에는 확정된 판결 내지 약식명령의 기판력은 위와 같이 상상적 경합관계에 있는 다른 죄에 대하여도 미친다(대판 2023.6.29. 2020도3705).

정답 ⑤

098 특별형사절차에 관한 설명 중 옳지 않은 것은? (다툼이 있으면 판례에 의함)　　　　　[15 변호사]

① 약식명령 청구의 대상은 지방법원의 관할에 속하는 벌금, 과료, 몰수에 처할 수 있는 사건이다.

② 약식명령을 내린 판사가 그 정식재판 절차의 항소심판결에 관여함은 형사소송법 제17조 제7호 소정의 '법관이 사건에 관하여 전심재판 또는 그 기초되는 조사, 심리에 관여한 때'에 해당하여 제척의 원인이 된다.

③ 검사의 약식명령 청구와 동시에 증거서류 및 증거물이 법원에 제출되었다고 하여 공소장일본주의를 위반하였다고 할 수 없고, 그 후 약식명령에 대한 정식재판청구가 제기되었음에도 법원이 증거서류 및 증거물을 검사에게 반환하지 않고 보관하고 있다고 하여 그 이전에 이미 적법하게 제기된 공소제기절차가 위법하게 된다고 할 수 없다.

④ 즉결심판절차에서는 사법경찰관이 작성한 피의자신문조서에 대하여 피고인이 내용을 인정하지 않더라도 증거로 사용할 수 있다.

⑤ 즉결심판절차에서도 자백보강법칙은 적용되므로, 피고인의 자백만 있고 보강증거가 없으면 유죄를 선고할 수 없다.

① [ㅇ] 지방법원은 그 관할에 속한 사건에 대하여 검사의 청구가 있는 때에는 공판절차없이 약식명령으로 피고인을 벌금, 과료 또는 몰수에 처할 수 있다(형사소송법 제448조 제1항). 옳은 지문이다.

② [ㅇ] 약식명령을 한 판사가 그 정식재판 절차의 항소심판결에 관여함은 형사소송법 제17조 제7호 소정의 "법관이 사건에 관하여 전심재판 또는 그 기초되는 조사, 심리에 관여한 때"에 해당하여 제척의 원인이 된다(대판 2011.4.28. 2011도17).

③ [ㅇ] 약식명령의 청구와 동시에 증거서류 및 증거물이 법원에 제출되었다 하여 공소장일본주의를 위반하였다 할 수 없고, 그 후 약식명령에 대한 정식재판청구가 제기되었음에도 법원이 증거서류 및 증거물을 검사에게 반환하지 않고 보관하고 있다고 하여 그 이전에 이미 적법하게 제기된 공소제기의 절차가 위법하게 된다고 할 수도 없다(대판 2007.7.26. 2007도3906). 약식명령에 대하여 정식재판을 청구하는 경우 공소장일본주의가 적용되지 않는다는 취지의 판례이다.

④ [ㅇ] 즉결심판절차에서는 전문법칙이 적용되지 아니한다(즉심법 제10조, 형사소송법 제312조 제3항 및 제313조). 따라서 사법경찰관 작성 피의자신문조서는 피고인이 그 내용을 인정하지 않더라도 증거능력이 있다.

⑤ [×] 즉결심판절차에서는 자백의 보강법칙이 적용되지 아니한다(즉심법 제10조).

정답 ⑤

099 다음 설명 중 옳은 것은? (다툼이 있으면 판례에 의함) [19 변호사]

① 불심검문하는 사람이 경찰관이고 검문하는 이유가 자신의 범죄행위에 관한 것임을 피고인이 충분히 알고 있었다고 보이더라도, 경찰관이 신분증을 제시하지 않았다면, 그 불심검문은 위법하다.

② 벌금형에 따르는 노역장유치의 집행을 위하여 형집행장을 발부하여 구인하는 경우에도 구속이유의 고지에 관한 「형사소송법」 제72조가 준용된다.

③ 피고인이 증거서류의 진정성립을 묻는 검사의 질문에 대하여 진술거부권을 행사하여 진술을 거부한다면 이는 「형사소송법」 제314조의 '그 밖에 이에 준하는 사유로 인하여 진술할 수 없는 때'에 해당한다.

④ 구속영장 발부에 의하여 적법하게 구금된 피의자가 피의자신문을 위한 수사기관 조사실 출석을 거부하는 경우 수사기관은 구속영장의 효력에 의하여 피의자를 조사실로 구인할 수 있다.

⑤ 우편물 통관검사절차에서 이루어지는 검사는 행정조사에 해당하지만 압수 · 수색영장 없이 우편물을 개봉하는 것은 위법하다.

해설

① [×] 경직법 제3조 제4항은 '경찰관이 불심검문을 하고자 할 때에는 자신의 신분을 표시하는 증표를 제시하여야 한다'고 규정하고, 법시행령 제5조는 소정의 신분을 표시하는 증표는 경찰관의 공무원증이라고 규정하고 있는 바, 불심검문을 하게 된 경위, 불심검문 당시의 현장상황과 검문을 하는 경찰관들의 복장, 피고인이 공무원증 제시나 신분확인을 요구하였는지 여부 등을 종합적으로 고려하여, 검문하는 사람이 경찰관이고 검문하는 이유가 범죄행위에 관한 것임을 피고인이 충분히 알고 있었다고 보이는 경우에는 신분증을 제시하지 않았다고 하여 그 불심검문이 위법한 공무집행이라고 할 수 없다(대판 2014.12.11. 2014도7976).

② [×] 형집행장의 집행에 관하여 형사소송법 제1편 제9장에서 정하는 피고인의 구속에 관한 규정을 준용하는데, 여기서 '피고인의 구속에 관한 규정'은 피고인의 '구속영장의 집행'에 관한 규정을 의미한다고 할 것이므로 형집행장의 집행에 관하여는 구속의 사유에 관한 형사소송법 제70조나 구속이유의 고지에 관한 형사소송법 제72조가 준용되지 아니한다(대판 2013.9.12. 2012도2349).

③ [×] 형사소송법 제314조의 문언과 개정 취지, 진술거부권 관련 규정의 내용 등에 비추어 보면, 피고인이 증거서류의 진정성립을 묻는 검사의 질문에 대하여 진술거부권을 행사하여 진술을 거부한 경우는 형사소송법 제314조의 '그 밖에 이에 준하는 사유로 인하여 진술할 수 없는 때'에 해당하지 아니한다(대판 2013.6.13. 2012도16001).

④ [○] 수사기관이 지방법원판사가 발부한 구속영장에 의하여 피의자를 구속하는 경우, 그 구속영장은 기본적으로 장차 공판정에의 출석이나 형의 집행을 담보하기 위한 것이지만, 이와 함께 구속기간의 범위 내에서 수사기관이 피의자신문의 방식으로 구속된 피의자를 조사하는 등 적정한 방법으로 범죄를 수사하는 것도 예정하고 있다고 할 것이다. 따라서 구속영장 발부에 의하여 적법하게 구금된 피의자가 피의자신문을 위한 출석요구에 응하지 아니하면서 수사기관 조사실에의 출석을 거부한다면 수사기관은 그 구속영장의 효력에 의하여 피의자를 조사실로 구인할 수 있다(대결 2013.7.1. 2013모160).

⑤ [×] 우편물 통관검사절차에서 이루어지는 우편물의 개봉, 시료채취, 성분분석 등의 검사는 수출입물품에 대한 적정한 통관 등을 목적으로 한 행정조사의 성격을 가지는 것으로서 수사기관의 강제처분이라고 할 수 없으므로 압수 · 수색영장 없이 우편물의 개봉, 시료채취, 성분분석 등 검사가 진행되었다 하더라도 특별한 사정이 없는 한 위법하다고 볼 수 없다(대판 2013.9.26. 2013도7718).

정답 ④

해커스변호사
law.Hackers.com

통합사례형 문제

통합사례형 문제

001 아래 〈범죄경력〉 중 1개가 있는 甲이 2023. 11. 10. 아래 〈범죄사실〉 중 어느 1개 또는 수개의 죄로 공소제기되어 그 〈범죄사실〉이 인정될 경우, 다음 설명 중 옳지 않은 것은? (다툼이 있는 경우 판례에 의함) [24 변호사]

〈범죄경력〉

Ⓐ 2023. 4. 10. 서울중앙지방법원에서 상습절도죄로 벌금 500만 원을 선고받아 2023. 4. 18. 그 판결이 확정되었다.

Ⓑ 2023. 5. 10. 서울중앙지방법원에서 절도죄로 징역 6월을 선고받아 2023. 5. 18. 그 판결이 확정되었다.

〈범죄사실〉

㉠ 상습으로 2023. 2. 10.경 X 편의점에서 피해자 M 소유의 휴대전화 1대를 가지고 가 이를 절취하였다[상습절도].

㉡ 2023. 3. 8.경 Y 커피숍에서 피해자 N에게 "수일 내 유명 가상자산 거래소에 상장되는 가상자산이 있는데, 나에게 돈을 투자하면 수백 배 이상의 수익을 얻을 수 있다"라고 거짓말하여 2023. 3. 10.경 1,000만 원을 피해자 N으로부터 교부받아 이를 편취하였다[사기].

㉢ 2023. 6. 10.경 Z 유흥주점에서 피해자 O의 뺨을 수회 때리고 발로 다리를 걷어차 피해자를 폭행하였다[폭행].

---

① Ⓐ범죄경력이 있는 甲이 ㉠죄로 기소된 경우, ㉠범죄사실과 Ⓐ범죄사실과의 사이에 동일한 습벽에 의하여 범행을 저질렀다는 점이 인정된다면, 「형사소송법」 제326조 제1호의 면소판결이 선고되어야 한다.

② Ⓑ범죄경력이 있는 甲이 ㉠죄로 기소된 경우, ㉠범죄사실과 Ⓑ범죄사실과의 사이에 동일한 습벽에 의하여 범행을 저질렀다는 점이 인정되더라도, 「형사소송법」 제326조 제1호의 면소판결을 선고할 수 없다.

③ Ⓐ범죄경력이 있는 甲이 ㉡죄로 기소된 경우, 판결이 확정된 Ⓐ죄와 사이에 「형법」 제37조 후단의 경합범 관계에 있다.

④ Ⓑ범죄경력이 있는 甲이 ㉡, ㉢죄로 기소된 경우, ㉡죄는 판결이 확정된 Ⓑ죄와 사이에 「형법」 제37조 후단의 경합범 관계에 있으므로, 법원은 ㉡, ㉢죄에 대해 동시에 판결을 선고할 때 ㉡죄에 관하여 1개, ㉢죄에 관하여 1개의 형을 각각 선고하여야 한다.

⑤ Ⓑ범죄경력이 있는 甲이 ㉡, ㉢죄로 기소된 경우, ㉡죄에 관하여 「형법」 제39조 제1항에 의하여 형을 감경할 때에도 법률상 감경에 관한 「형법」 제55조 제1항이 적용되어 유기징역을 감경할 때에는 그 형기의 2분의 1 미만으로는 감경할 수 없다.

① [○], ② [○] 상습범으로서 포괄적 일죄의 관계에 있는 여러 개의 범죄사실 중 일부에 대하여 유죄판결이 확정된 경우에, 그 확정판결의 사실심판결 선고 전에 저질러진 나머지 범죄에 대하여 새로이 공소가 제기되었다면 이에 대하여는 판결로써 면소의 선고를 하여야 하는 것인바, 다만 이러한 법리가 적용되기 위해서는 전의 확정판결에서 당해 피고인이 상습범으로 기소되어 처단되었을 것을 필요로 하는 것이고, 상습범 아닌 기본 구성요건의 범죄로 처단되는 데 그친 경우에는 앞서의 확정판결을 상습범의 일부에 대한 확정판결이라고 보아 그 기판력이 그 사실심판결 선고 전의 나머지 범죄에 미친다고 보아서는 아니된다(대판(전) 2004.9.16. 2001도3206). ④범죄경력은 상습절도죄로 기소되어 확정되었으므로 ㉠죄로 기소된 경우 면소판결이 선고되어야 하나, ⑧범죄경력의 경우 단순 절도죄로 기소되어 판결이 확정되었으므로 ㉠죄로 기소된 경우 유무죄의 실체재판을 하여야 하고 면소판결을 선고할 수 없다.

③ [×] 사후적 경합범은 금고 이상의 형에 처한 판결이 확정된 죄와 그 판결확정 전에 범한 죄로서 동시심판이 가능했던 경우이다(제37조 후단). 따라서 확정판결은 금고 이상의 형에 처하는 것임을 요하므로 지문의 ④범죄경력과 같이 벌금형을 선고받고 확정된 경우에는 사후적 경합범에 해당하지 않는다.

④ [○] 사후적 경합범은 금고 이상의 형에 처한 판결이 확정된 죄와 그 판결확정 전에 범한 죄이어야 하므로 판결확정 전후의 죄는 경합범이 아니다. ⑧범죄경력의 경우 확정일은 2023. 5. 18.이므로 ©죄는 ⑧죄와 사이에 「형법」 제37조 후단의 경합범 관계에 있으나, ©죄는 ⑧죄의 확정 이후에 저지른 범죄이므로 ⑧죄와 제37조 후단 경합범의 관계에 있지 않다. 따라서 법원은 ©, ©죄에 대한 판결선고 시(설사 동종의 형일지라도) ©죄에 관하여 1개, ©죄에 관하여 1개의 형을 각각 선고하여야 한다.

관련판례 포괄일죄로 되는 개개의 범죄행위가 다른 종류의 죄의 확정판결의 전후에 걸쳐서 행하여진 경우에는 그 죄는 2죄로 분리되지 않고 확정판결 후인 최종의 범죄행위시에 완성되는 것이다(대판 2001.8.21. 2001도3312).

⑤ [○] 형법 제37조 후단 경합범(이하 '후단 경합범'이라 한다)에 대하여 형법 제39조 제1항에 의하여 형을 감경할 때에도 법률상 감경에 관한 형법 제55조 제1항이 적용되어 유기징역을 감경할 때에는 그 형기의 2분의 1 미만으로는 감경할 수 없다(대판(전) 2019.4.18. 2017도14609).

정답 ③

002 甲은 2020.5.6. A를 폭행하여 A의 현금카드를 강취한 후 현금 자동지급기에서 500만원을 인출하였다. 그 다음 날, 甲은 고스톱을 치는 등 도박을 하다가 500만원을 잃게 되었다. 甲은 잃은 돈을 만회하고자 乙과 합동하여 2020.5.8. B의 집에서 책상 서랍에 있던 B의 현금 200만원을 훔쳤다. 한편 甲은 2019.3.7. 서울중앙지방법원에서 사기죄로 징역 1년 6월을 선고받아 교도소에서 복역하던 중 2020.3.5. 가석방되었다가 2020.6.5. 가석방기간이 경과하였다. 검사는 2020.7.3. 甲을 강도(형법 제333조), 특수절도(형법 제331조 제2항), 절도(형법 제329조), 도박(형법 제246조 제1항)으로, 乙을 특수절도(형법 제331조 제2항)로 각 기소하였다. 이에 관한 설명 중 옳지 않은 것을 모두 고른 것은? (다툼이 있으면 판례에 의함)　　　　[21 변호사]

> **【참고】형법**
> 제246조 ① 도박을 한 사람은 1천만원 이하의 벌금에 처한다.
> 제333조 폭행 또는 협박으로 타인의 재물을 강취하거나 기타 재산상의 이익을 취득하거나 제삼자로 하여금 이를 취득하게 한 자는 3년 이상의 유기징역에 처한다.

> ㄱ 강취한 현금카드를 사용하여 현금자동지급기에서 예금을 인출한 행위는 강도죄와는 별도로 절도죄를 구성한다.
> ㄴ 만약 검사가 기소한 甲의 범행이 모두 유죄로 인정되어 판결을 선고하는 경우, 도박죄에서 정한 벌금형은 강도죄의 3년 이상의 유기징역형에 흡수되므로 벌금형이 병과되어 선고될 여지는 없다.
> ㄷ 만약 검사가 기소한 甲의 범행이 모두 유죄로 인정되는 경우 사기죄의 전과가 있으므로 위 죄 모두에 대하여 「형법」 제35조 누범가중을 하여야 한다.
> ㄹ 2020.5.8. 특수절도 범행과 관련하여, 甲이 B로부터 훔친 200만원으로 150만원 상당의 휴대전화를 구매하였고 위 휴대전화가 수사기관에 의해 압수되었는데, 제1심 법원이 위 특수절도에 대해 유죄판결을 선고하는 경우 위 휴대전화를 B에게 교부하는 선고를 할 수 없고, 甲에 대해 150만원의 추징을 명할 수 있을 뿐이다.
> ㅁ 2020.5.8. 특수절도 범행과 관련하여, 만약 제1심 법원의 심리결과, 乙과 동거하지 않지만 이종사촌 사이인 B가 2020.6.5. 甲과 乙을 고소하였다가 2020.7.1. 乙에 대한 고소를 취소한 사실이 밝혀졌다면, 제1심 법원은 고소불가분 원칙상 甲과 乙 모두에 대하여 「형사소송법」 제327조 제2호에 따라 공소기각판결을 선고하여야 한다.

① ㄴ, ㄹ　　　　　　　② ㄱ, ㄴ, ㄷ　　　　　　　③ ㄱ, ㄴ, ㅁ
④ ㄷ, ㄹ, ㅁ　　　　　⑤ ㄴ, ㄷ, ㄹ, ㅁ

해설

ㄱ [○] 강취한 현금카드를 사용하여 현금자동지급기에서 예금을 인출한 행위는 피해자의 승낙에 기한 것이라고 할 수 없으므로 현금자동지급기 관리자의 의사에 반하여 그의 지배를 배제하고 그 현금을 자기의 지배하에 옮겨 놓는 것이 되어서 강도죄와는 별도로 절도죄를 구성한다(대판 2007.5.10. 2007도1375).

ㄴ [×] 경합범을 동시에 판결할 경우 각 죄에 정한 형이 무기징역이나 무기금고 이외의 이종(異種)의 형인 때에는 병과한다(형법 제38조 제1항 제3호). 법원은 징역형과 벌금형을 병과하여야 한다.

ㄷ [×] 가석방기간 중에 범행을 저질렀다면 이를 형집행 종료후에 죄를 범한 경우에 해당한다고 볼 수 없으므로 여기에 누범가중을 할 수 없다(대판 1976.9.14. 76도2071). 甲의 범행은 모두 가석방기간 중에 범한 것이므로(형집행 종료 전에 범한 것이므로) 누범에 해당하지 아니한다.

ㄹ [×] 장물을 처분하여 그 대가로 취득한 압수물은 몰수할 것이 아니라 피해자에게 교부하여야 할 것이다(대판 1969.1.21. 68도1672).

⑩ [×] 신분관계가 없는 공범에 대하여는 친족상도례를 적용하지 아니한다(형법 제328조 제3항, 제344조). 乙과 B는 형법 제328조 제2항의 신분관계에 있으므로 乙의 특수절도죄는 상대적 친고죄이지만, 甲과 B는 친족이 아니므로 甲의 특수절도죄는 친고죄가 아니다. 한편 상대적 친고죄에 있어서의 피해자의 <u>고소취소는 친족관계 없는 공범자에게는 그 효력이 미치지 아니한다</u>(대판 1964.12.15. 64도481). 따라서 B가 乙에 대하여 고소를 취소한 사실이 밝혀진 경우 법원은 乙에 대하여는 공소기각판결을 선고하여야 하고, 甲에 대하여는 공소기각판결을 선고할 수 없다.

정답 ⑤

003 채권자인 甲과 그의 아내 乙은 빚을 갚지 못하고 있는 채무자 A를 찾아가 함께 심한 욕설을 하였다. 이에 관한 설명 중 옳은 것[○]과 옳지 않은 것[×]을 올바르게 조합한 것은? (다툼이 있으면 판례에 의함)　[17 변호사]

> ㉠ 위 사건현장에 甲, 乙, A만 있었다면 모욕죄는 성립하지 않는다.
> ㉡ 위 사건현장에 있던 A의 아들 B(5세)가 사건을 목격하였고 당시 상황을 이해하고 답변할 수 있다고 하더라도, B는 16세 미만의 선서무능력자이므로 그의 증언은 증거로 할 수 없다.
> ㉢ 검사가 甲과 乙을 모욕죄로 공소제기한 이후라도 A가 제1심 법원에 고소장을 제출하여 고소가 추완된 경우에는 제1심 법원은 공소기각의 판결이 아니라 실체재판을 하여야 한다.
> ㉣ A가 경찰청 인터넷 홈페이지에 '甲과 乙을 철저히 조사해 달라'는 취지의 민원을 접수하는 형태로 甲과 乙에 대한 조사를 촉구하는 의사표시를 하였더라도 형사소송법에 따른 적법한 고소를 한 것으로 볼 수 없다.
> ㉤ 만일 甲과 乙이 심한 욕설과 함께 A의 사무실 유리탁자 등 집기를 손괴하면서 당장 빚을 갚지 않으면 조직폭력배를 동원하여 A의 가족에게 해를 가하겠다고 말하였더라도 甲과 乙은 채권자로서 권리를 행사한 것이므로 공갈죄는 성립할 수 없다.

① ㉠ [○], ㉡ [×], ㉢ [×], ㉣ [○], ㉤ [×]　　② ㉠ [○], ㉡ [×], ㉢ [×], ㉣ [×], ㉤ [×]
③ ㉠ [×], ㉡ [×], ㉢ [○], ㉣ [×], ㉤ [○]　　④ ㉠ [○], ㉡ [×], ㉢ [○], ㉣ [○], ㉤ [○]
⑤ ㉠ [×], ㉡ [○], ㉢ [×], ㉣ [○], ㉤ [×]

해설

㉠ [○] 甲, 乙, A만 있었으므로 불특정 또는 다수인이 인식할 수 있는 상태라고 할 수 없고 또 불특정 또는 다수인에게 전파될 가능성이 있다고 보기도 어려워 공연성이 없다(모욕죄는 성립하지 아니한다)(대판 2011.9.8. 2010도7497 참고).

㉡ [×] 16세 미만의 선서무능력자일지라도 증언능력이 있으면 그 증언은 증거로 할 수 있다. 다만 선서무능력자의 증언은 그 증언 내용이 허위일지라도 위증죄의 죄책을 지지 아니한다. A의 아들 B(5세)는 목격 당시 상황을 이해하고 답변할 수 있으므로 <u>비록 B가 선서무능력자라고 하더라도 증언능력은 인정되므로 그의 증언은 증거로 할 수 있다.</u>

㉢ [×] 친고죄는 피해자의 고소가 있어야 논할 수 있고 공소제기 이후에는 고소의 추완은 허용되지 아니한다(대판 1982.9.14. 82도1504 참고). 따라서 <u>검사의 공소제기는 무효이므로 법원은 형사소송법 제327조 제2호에 의하여 공소기각판결을 선고하여야 한다.</u>

㉣ [○] 고소라 함은 수사기관에 단순히 피해사실을 신고하거나 수사 및 조사를 촉구하는 것에 그치지 않고 범죄사실을 신고하여 범인의 소추·처벌을 요구하는 의사표시이므로, 저작권법위반죄의 피해자가 경찰청 인터넷 홈페이지에 '피고인을 철저히 조사해 달라'는 취지의 민원을 접수하는 형태로 피고인에 대한 조사를 촉구하는 의사표시를 한 것은 형사소송법에 따른 적법한 고소로 보기 어렵다(대판 2012.2.23. 2010도9524).

ⓜ [×] 피고인이 피해자에 대하여 채권이 있다고 하더라도 그 권리행사를 빙자하여 사회통념상 용인되기 어려운 정도를 넘는 협박을 수단으로 상대방을 외포케 하여 재물의 교부 또는 재산상의 이익을 받았다면 <u>공갈죄가 되는 것이다</u>(대판 2000.2.25. 99도4305).

정답 ①

004 다음 사례에 관한 설명 중 옳지 않은 것은? (다툼이 있으면 판례에 의함) [16 변호사]

> 甲과 乙은 옆 동네에 사는 甲의 사촌동생 A의 신용카드를 훔쳐 은행 현금인출기에서 비밀번호를 입력하고 현금서비스로 100만 원을 인출하였다. 甲은 인출한 100만 원 중 50만 원을 자신의 애인인 丙에게 용돈으로 주었다. 수사가 개시되자 甲은 형사처분을 면할 목적으로 2년간 외국에 도피하였다. 甲이 귀국하자 검사는 甲, 乙, 丙을 위의 공소사실로 기소하였다.

① A의 신용카드를 훔친 甲의 행위는 친고죄에 해당하므로 A의 고소가 없는 경우에 법원은 형사소송법 제327조 제2호에 의하여 공소기각판결을 선고하여야 한다.

② 甲의 신용카드 절도에 대한 A의 적법한 고소가 있는 경우에 甲의 절도 피고사건 항소심에서 A가 그 고소를 취소하더라도 항소심법원은 그 고소취소를 사유로 공소기각판결을 선고할 수는 없다.

③ 100만 원의 현금서비스를 받은 甲의 행위는 친고죄에 해당하므로 A의 고소가 없는 경우에 법원은 형사소송법 제327조 제2호에 의하여 공소기각판결을 선고하여야 한다.

④ 甲이 준 용돈 50만 원이 훔친 카드로 인출된 것임을 丙이 돈을 받을 당시 알았다면 丙에게는 장물취득죄가 성립한다.

⑤ 甲의 국외도피로 인한 공소시효 정지의 효과는 乙에게 미치지 않는다.

해설

① [○] 甲의 범죄는 특수절도죄로 이에 대하여 친족상도례가 적용되고, 甲과 A는 동거하지 않는 친족 관계에 있으므로 이는 (상대적) 친고죄에 해당한다(형법 제328조 제2항, 제344조). A의 고소가 없는 경우 검사의 공소제기는 무효이므로 법원은 공소기각판결을 선고하여야 한다(형사소송법 제327조 제2호).

② [○] 제1심판결 선고 후에 고소가 취소된 경우에는 그 취소의 효력이 없으므로 공소기각의 재판을 할 수 없다(대판 1985.2.8. 84도2682).

③ [×] 피고인이 절취한 신용카드를 사용하여 현금자동인출기에서 현금을 인출한 경우, 이는 신용카드부정사용죄에 해당할 뿐 아니라 <u>현금자동인출기 관리자의 의사에 반하여 그의 지배를 배제하고 현금을 자기의 지배하에 옮겨 놓는 것이 되므로 별도로 절도죄를 구성한다</u>(대판 1995.7.28. 95도997). 이 절도죄의 피해자는 친족인 사촌 동생 A가 아니라 현금자동인출기 관리자이므로 이에 대하여는 친족상도례가 적용되지 아니한다(상대적 친고죄에 해당하지 아니한다). 법원은 실체재판을 하여야 하고, <u>A의 고소가 없다는 이유로 공소기각판결을 선고할 수 없다</u>.

④ [○] (절취한 신용카드를 사용하여 현금자동인출기에서 현금을 인출한 것은 이익죄인 컴퓨터등사용사기죄가 아니라 재물죄인 절도죄에 해당하므로) 훔친 카드로 인출된 돈은 장물이므로 丙이 돈을 받을 당시 이를 알았다면 장물취득죄가 성립한다(형법 제362조 제1항).

⑤ [○] 공소시효는 공소의 제기로 진행이 정지되고, 공범의 1인에 대한 시효정지는 다른 공범자에게 대하여도 효력이 미친다(형사소송법 제253조 제1항·제2항). 이와 달리 국외도피로 인한 공소시효 정지의 효과는 도피한 자에게만 미치고 다른 공범자에게는 미치지 않는다.

정답 ③

005 甲은 경찰관 A로부터 불심검문을 받고 운전면허증을 교부하였는데 A가 이를 곧바로 돌려주지 않고 신분조회를 위해 순찰차로 가는 것을 보자 화가 나 인근 주민 여러 명이 있는 가운데 A에게 큰 소리로 욕설을 하였다. 이에 A는 형사소송법 제200조의5에 따라 피의사실의 요지, 체포의 이유, 변호인선임권 등을 고지한 후 甲을 모욕죄의 현행범으로 체포하였고, 그 과정에서 甲은 A에게 반항하면서 몸싸움을 하다가 얼굴 부위에 찰과상 등을 가하였다. 이에 관한 설명 중 옳지 않은 것은? (다툼이 있으면 판례에 의함) [16 변호사]

① A가 甲을 체포할 당시 甲은 모욕 범행을 실행 중이거나 실행행위를 종료한 즉후인 자에 해당하므로 현행범인 이다.

② 甲이 불심검문에 응하여 이미 운전면허증을 교부한 상태이고, 인근 주민도 甲의 욕설을 들었으므로 甲이 도망하거나 증거를 인멸할 염려가 있다고 보기 어렵다.

③ 甲의 모욕 범행은 불심검문에 항의하는 과정에서 저지른 일시적, 우발적인 행위로서 사안 자체가 경미할 뿐 아니라 피해자인 경찰관이 범행 현장에서 즉시 범인을 체포할 급박한 사정이 있다고 보기 어렵다.

④ 甲에 대한 체포는 현행범인 체포의 요건을 갖추지 못하여 위법한 체포에 해당한다.

⑤ 甲이 공무집행방해죄와 상해죄로 기소된 경우 법원은 甲의 행위가 위법한 공무집행에 대한 항의과정에서 발생한 것이므로 두 죄 모두 정당방위를 이유로 무죄를 선고하여야 한다.

해설

① [○], ② [○], ③ [○], ④ [○] 피고인이 경찰관의 불심검문을 받아 운전면허증을 교부한 후 경찰관에게 큰 소리로 욕설을 하였는데, 경찰관이 모욕죄의 현행범으로 체포하겠다고 고지한 후 피고인의 오른쪽 어깨를 붙잡자 반항하면서 경찰관에게 상해를 경우, 피고인은 경찰관의 불심검문에 응하여 이미 운전면허증을 교부한 상태이고, 경찰관뿐 아니라 인근 주민도 욕설을 직접 들었으므로 피고인이 도망하거나 증거를 인멸할 염려가 있다고 보기는 어렵고, 피고인의 모욕 범행은 불심검문에 항의하는 과정에서 저지른 일시적, 우발적인 행위로서 사안 자체가 경미할 뿐 아니라, 피해자인 경찰관이 범행현장에서 즉시 범인을 체포할 급박한 사정이 있다고 보기도 어려우므로 경찰관이 피고인을 체포한 행위는 적법한 공무집행이라고 볼 수 없다(대판 2011.5.26. 2011도3682).

⑤ [×] [1] 경찰관 A가 피고인 甲을 체포한 행위는 현행범인 체포의 요건을 갖추지 못하여 적법한 공무집행이라고 볼 수 없으므로 甲이 A에게 상해를 가하더라도 공무집행방해죄의 구성요건을 충족하지 아니한다.
[2] 피고인 甲이 체포를 면하려고 반항하는 과정에서 경찰관 A에게 상해를 가한 것은 불법체포로 인한 신체에 대한 현재의 부당한 침해에서 벗어나기 위한 행위로서 정당방위에 해당하여 위법성이 조각된다(대판 2011.5.26. 2011도3682). 공무집행방해죄는 (정당방위에 의하여 위법성이 조각되는 것이 아니라) 구성요건해당성이 없다는 이유로 무죄, 상해죄는 정당방위를 이유로 무죄를 선고하여야 한다. 지문과 무관하지만 모욕죄는 소추조건이 구비되면 유죄가 선고될 수 있다.

정답 ⑤

006 사법경찰관 P는 'X 제약회사 대표 甲과 직원 乙이 공모하여 의사 丙에게 리베이트를 제공한 범죄사실'의 압수 · 수색영장[제1 영장]에 근거하여 X 회사를 압수 · 수색하였다. P는 압수 · 수색 시 위 영장을 甲에게 제시하였으나, 현장에 없는 乙에게는 영장을 제시하지 아니한 채 甲과 乙의 컴퓨터에 저장된 전자정보 전부를 이미징하는 방법으로 외장하드에 복제하여 경찰서로 가져갔다. 그 후 P는 甲이 참여하지 않은 상태에서 이미징한 전자정보를 탐색 · 분석하던 중, 우연히 甲이 공무원에게 뇌물을 공여한 내역을 발견하고 이를 문서로 출력하여 소명자료로 제출하면서 법원으로부터 다시 압수 · 수색영장[제2 영장]을 발부받았다. P는 [제2 영장]을 근거로 甲의 참여가 없는 상태에서 위 외장하드에서 정보를 탐색하면서 뇌물공여내역을 출력하는 방식으로 압수 · 수색을 하였고, 그 압수 후 5개월 뒤에 甲의 요청에 따라 압수물 목록을 교부하였다. 한편, P는 [제1 영장]에 의한 압수 · 수색 과정에서 사무실에 보관 중이던 A변호사 작성의 리베이트 관련 법률의견서도 압수하였다. 이에 관한 설명 중 옳지 않은 것을 모두 고른 것은? (다툼이 있으면 판례에 의함) [16 변호사]

> ㉠ 압수물 목록은 즉시 교부하여야 하는 것은 아니므로, 위 압수물 목록 교부는 적법하다.
> ㉡ 위 법률의견서는 변호사가 업무상 위탁을 받은 관계로 알게 된 타인의 비밀에 관한 것이지만, 적법한 압수 · 수색영장에 근거하여 압수한 것으로 위법수집증거라고 할 수 없다.
> ㉢ 乙에 대하여 영장을 제시하지 아니한 채 압수 · 수색을 하였다는 이유만으로도 당해 압수물의 증거능력은 인정될 수 없다.
> ㉣ [제1 영장]에 근거하여 출력한 뇌물공여내역서는 증거능력이 없지만, [제2 영장]에 기하여 다시 압수한 뇌물공여내역서 등 뇌물공여에 대한 증거는 증거능력이 있다.
> ㉤ 수사기관의 참고인조사 과정에서 乙은 甲의 증뢰사실에 관하여 진술서를 작성하여 제출하였는데, 수사기관이 그에 대한 조사과정을 기록하지 아니하였다면 특별한 사정이 없는 한 그 진술서는 증거능력이 부정된다.

① ㉠, ㉡, ㉢ ② ㉠, ㉢, ㉣ ③ ㉠, ㉣, ㉤
④ ㉡, ㉢, ㉣ ⑤ ㉢, ㉣, ㉤

해설

㉠ [×] <u>압수물 목록은</u> 피압수자 등이 압수물에 대한 환부 · 가환부신청을 하거나 압수처분에 대한 준항고를 하는 등 권리행사 절차를 밟는 가장 기초적인 자료가 되므로 이러한 권리 행사에 지장이 없도록 <u>압수 직후 현장에서 바로 작성하여 교부해야 하는 것이 원칙이다</u>(대판 2009.3.12, 2008도763). 압수 · 수색이 종료된 지 5개월이나 지난 뒤에 압수물 목록을 교부한 것은 위법하다.

㉡ [○] <u>법률의견서는</u> 타인의 비밀에 관한 것이지만 변호사가 소지 또는 보관하는 것이 아니고 X 제약회사가 소지 또는 보관하는 것이므로 <u>특별히 압수가 제한되는 물건이라고 볼 수 없다.</u> 이는 적법한 압수 · 수색영장에 근거하여 압수된 것으로 위법수집증거라고 할 수 없다.

㉢ [×] 압수 · 수색영장은 처분을 받는 자에게 '반드시' 사전에 제시하여야 하고 처분을 받는 자가 피의자나 피고인인 경우에는 그 사본을 교부하여야 한다. 다만, 처분을 받는 자가 현장에 없는 등 영장의 제시나 그 사본의 교부가 현실적으로 불가능한 경우 또는 처분을 받는 자가 영장의 제시나 사본의 교부를 거부한 때에는 예외로 한다(제118조, 제219조). 현장에 없던 乙에게 영장을 제시하지 않았다고 하더라도 압수 · 수색은 위법하지 않으므로 당해 압수물의 증거능력은 부정되지 아니한다.

> 관련판례 피처분자가 현장에 없거나 현장에서 그를 발견할 수 없는 경우 등 <u>영장제시가 현실적으로 불가능한 경우에는 영장을 제시하지 아니한 채 압수 · 수색을 하더라도 위법하다고 볼 수 없다</u>(대판(전) 2015.1.22, 2014도10978).

㉣ [×] [1] 전자정보에 대한 압수 · 수색에 있어 그 저장매체 자체를 외부로 반출하거나 하드카피 · 이미징 등의 형태로 복제본을 만들어 외부에서 그 저장매체나 복제본에 대하여 압수 · 수색이 허용되는 예외적인 경우에도 혐의

사실과 관련된 전자정보 이외에 이와 무관한 전자정보를 탐색·복제·출력하는 것은 원칙적으로 위법한 압수·수색에 해당하므로 허용될 수 없다. [2] 그러나 전자정보에 대한 압수·수색이 종료되기 전에 혐의사실과 관련된 전자정보를 적법하게 탐색하는 과정에서 별도의 범죄혐의와 관련된 전자정보를 우연히 발견한 경우라면, 수사기관으로서는 더 이상의 추가 탐색을 중단하고 법원으로부터 별도의 범죄혐의에 대한 압수·수색영장을 발부받은 경우에 한하여 그러한 정보에 대하여도 적법하게 압수·수색을 할 수 있다. 나아가 이러한 경우에도 별도의 압수·수색 절차는 최초의 압수·수색 절차와 구별되는 별개의 절차이고, 별도 범죄혐의와 관련된 전자정보는 최초의 압수·수색영장에 의한 압수·수색의 대상이 아니어서 저장매체의 원래 소재지에서 별도의 압수·수색영장에 기해 압수·수색을 진행하는 경우와 마찬가지로 피압수자는 최초의 압수·수색 이전부터 해당 전자정보를 관리하고 있던 자라 할 것이므로, 특별한 사정이 없는 한 피압수자에게 형사소송법 제219조, 제121조, 제129조에 따라 참여권을 보장하고 압수한 전자정보 목록을 교부하는 등 피압수자의 이익을 보호하기 위한 적절한 조치가 이루어져야 한다(대결(전) 2015.7.19. 2011모1839). [제1 영장]에 근거하여 출력한 뇌물공여내역서는 증거능력이 없다. [제2 영장]에 근거하여 압수·수색을 하기 위하여는 甲의 참여권을 보장하고 압수목록을 교부하여야 하는데, 설문상 이를 하지 않았으므로 뇌물공여내역서 등은 위법수집증거로써 증거능력이 부정된다.

ⓜ [○] 피고인이 아닌 자가 수사과정에서 진술서를 작성하였지만 수사기관이 그에 대한 조사과정을 기록하지 아니하여 형사소송법 제244조의4 제3항, 제1항에서 정한 절차를 위반한 경우에는, 특별한 사정이 없는 한 '적법한 절차와 방식'에 따라 수사과정에서 진술서가 작성되었다 할 수 없으므로 증거능력을 인정할 수 없다(대판 2015.4.23. 2013도3790). 乙 작성의 진술서는 증거능력이 부정된다.

정답 ②

007 甲은 A와 재혼하여 함께 생활하다가 A가 외도를 하는 것을 목격하고 A를 살해하기로 마음먹었다. 甲은 전처 소생의 아들 乙에게 자신의 재산 중 일부를 증여하기로 약속하고 A를 살해할 것을 부탁하였다. ㉠ 이를 승낙한 乙은 A를 살해하기 위하여 일정량 이상을 먹으면 사람이 죽을 수도 있는 초우뿌리를 달인 물을 마시게 하였으나 A가 이를 토해버려 사망하지 않았다. ㉡ 그러자 甲은 乙에게 칼을 주며 "이번에는 A를 반드시 죽여 달라"라고 당부하였다. 이에 乙은 甲의 당부대로 A의 집으로 향하였으나, 갑자기 마음이 바뀐 甲은 乙이 실행의 착수에 이르기 전 전화로 "그만 두자"라고 乙을 만류하였다. 그러나 乙은 A를 칼로 찔러 살해하였다. 옷에 피가 묻은 채로 범행현장을 떠나려던 乙은 마침 지나가던 사법경찰관에 의해 현행범으로 체포되었고 乙은 그 현장에서 자신은 단지 시키는 대로 했을 뿐이라며 자발적으로 휴대전화를 임의제출하였다. 이에 사법경찰관은 「형사소송법」 제218조에 따라 휴대전화를 압수한 후 경찰서에서 乙의 휴대전화의 정보를 탐색하여 甲이 범행에 가담한 사실을 알고 甲을 긴급체포하였다. 이에 관한 설명 중 옳은 것은? (다툼이 있는 경우 판례에 의함)

[23 변호사]

① ㉠의 사실관계에서 乙이 A를 살해하기 위해 초우뿌리를 달인 물을 마시게 하였으나 A가 이를 토해버려 사망하지 않아 乙에게 살인미수죄가 성립한다.

② ㉡의 사실관계에서 법정적부합설에 따를 경우, 만일 乙이 A의 집 앞에서 기다리고 있다가 B를 A로 착각하여 칼로 찔러 살해했다면 乙에게는 A에 대한 살인미수죄와 B에 대한 과실치사죄가 성립하고 양 죄는 상상적 경합 관계이다.

③ ㉡의 사실관계에서 甲은 乙에게 A를 살해할 것을 교사한 후 乙이 실행의 착수에 이르기 전에 범행을 만류하였으므로, 살인교사의 죄책을 지지 않는다.

④ 사법경찰관이 乙을 현행범으로 체포하는 현장에서 乙로부터 휴대전화를 임의제출받아 적법하게 압수하였다고 하더라도 그 압수를 계속할 필요가 있는 때에는 지체 없이 압수·수색영장을 신청해야 한다.

⑤ 乙로부터 휴대전화를 임의제출받은 이상 사법경찰관이 경찰서에서 휴대전화의 정보를 탐색함에 있어서는 乙 또는 그의 변호인의 참여를 요하지 아니한다.

① [○] [1] 불능범은 범죄행위의 성질상 결과발생 또는 법익침해의 가능성이 절대로 있을 수 없는 경우를 말한다. [2] 일정량 이상을 먹으면 사람이 죽을 수도 있는 '초우뿌리'나 '부자' 달인 물을 마시게 하여 피해자를 살해하려다 미수에 그친 행위가 불능범이 아닌 살인미수죄에 해당한다고 본 사례(대판 2007.7.26. 2007도3687).

동지판례 피고인이 피해자를 독살하려 하였으나 동인이 토함으로써 그 목적을 이루지 못한 경우에는 피고인이 사용한 독의 양이 치사량 미달이어서 결과발생이 불가능한 경우도 있을 것이고, 한편 형법은 장애미수와 불능미수를 구별하여 처벌하고 있으므로 원심으로서는 이 사건 독약의 치사량을 좀 더 심리하여 피고인의 소위가 위 미수 중 어느 경우에 해당하는지 가렸어야 할 것이다(대판 1984.2.14. 83도2967).

판례해설 장애미수와 불능미수의 사유가 경합하면 행위자에게 유리한 불능미수를 인정하여야 한다는 취지의 판례이다.

② [×] 정범인 乙의 착오는 구체적 사실의 착오 중 객체의 착오에 해당한다. 이 경우 구체적 부합설, 법정적 부합설, 추상적 부합설 모두 발생사실에 대한 고의(기수)를 인정하므로 乙에게는 B에 대한 살인죄가 성립한다.

③ [×] 교사범이란 정범인 피교사자로 하여금 범죄를 결의하게 하여 그 죄를 범하게 한 때에 성립하는 것이고, 교사범을 처벌하는 이유는 이와 같이 교사범이 피교사자로 하여금 범죄 실행을 결의하게 하였다는 데에 있다. 따라서 교사범이 그 공범 관계로부터 이탈하기 위해서는 피교사자가 범죄의 실행행위에 나아가기 전에 교사범에 의하여 형성된 피교사자의 범죄 실행의 결의를 해소하는 것이 필요하고, 이때 교사범이 피교사자에게 교사행위를 철회한다는 의사를 표시하고 이에 피교사자도 그 의사에 따르기로 하거나 또는 교사범이 명시적으로 교사행위를 철회함과 아울러 피교사자의 범죄 실행을 방지하기 위한 진지한 노력을 다하여 당초 피교사자가 범죄를 결의하게 된 사정을 제거하는 등 제반 사정에 비추어 객관적·실질적으로 보아 교사범에게 교사의 고의가 계속 존재한다고 보기 어렵고 당초의 교사행위에 의하여 형성된 피교사자의 범죄 실행의 결의가 더 이상 유지되지 않는 것으로 평가할 수 있다면, 설사 그 후 피교사자가 범죄를 저지르더라도 이는 당초의 교사행위에 의한 것이 아니라 새로운 범죄 실행의 결의에 따른 것이므로 교사자는 형법 제31조 제2항에 의한 죄책을 부담함은 별론으로 하고 형법 제31조 제1항에 의한 교사범으로서의 죄책을 부담하지는 않는다고 할 수 있다(대판 2012.11.15. 2012도7407).

④ [×] 현행범 체포현장이나 범죄장소(범죄현장)에서도 소지자 등이 임의로 제출하는 물건은 형사소송법 제218조에 의하여 영장 없이 압수할 수 있고, 이 경우에는 검사나 사법경찰관이 사후에 영장을 받을 필요가 없다(대판 2020.4.9. 2019도17142), (대판 2019.11.14. 2019도13290).

⑤ [×] 압수의 대상이 되는 전자정보와 그렇지 않은 전자정보가 혼재된 정보저장매체나 그 복제본을 임의제출받은 수사기관이 그 정보저장매체 등을 수사기관 사무실 등으로 옮겨 이를 탐색·복제·출력하는 경우, 그와 같은 일련의 과정에서 형사소송법 제219조, 제121조에서 규정하는 ⅰ) 피압수·수색 당사자(이하 '피압수자'라 한다)나 그 변호인에게 참여의 기회를 보장하고 ⅱ) 압수된 전자정보의 파일 명세가 특정된 압수목록을 작성·교부하여야 하며 범죄혐의사실과 무관한 전자정보의 임의적인 복제 등을 막기 위한 적절한 조치를 취하는 등 영장주의 원칙과 적법절차를 준수하여야 한다. 만약 그러한 조치가 취해지지 않았다면 피압수자 측이 참여하지 아니한다는 의사를 명시적으로 표시하였거나 임의제출의 취지와 경과 또는 그 절차 위반행위가 이루어진 과정의 성질과 내용 등에 비추어 피압수자 측에 절차 참여를 보장한 취지가 실질적으로 침해되었다고 볼 수 없을 정도에 해당한다는 등의 특별한 사정이 없는 이상 압수·수색이 적법하다고 평가할 수 없고, 비록 수사기관이 정보저장매체 또는 복제본에서 범죄혐의사실과 관련된 전자정보만을 복제·출력하였다 하더라도 달리 볼 것은 아니다. 나아가 피해자 등 제3자가 피의자의 소유·관리에 속하는 정보저장매체를 영장에 의하지 않고 임의제출한 경우에는 실질적 피압수자인 피의자가 수사기관으로 하여금 그 전자정보 전부를 무제한 탐색하는 데 동의한 것으로 보기 어려울 뿐만 아니라 피의자 스스로 임의제출한 경우 피의자의 참여권 등이 보장되어야 하는 것과 견주어 보더라도 특별한 사정이 없는 한 형사소송법 제219조, 제121조, 제129조에 따라 ⅰ) "피의자"에게 참여권을 보장하고 ⅱ) 압수한 전자정보 목록을 교부하는 등 "피의자"의 절차적 권리를 보장하기 위한 적절한 조치가 이루어져야 한다(대판(전) 2021.11.18. 2016도348).

정답 ①

008 甲은 짧은 치마를 입고 지하철 에스컬레이터를 이용하는 여성 A의 치마 밑으로 휴대전화 카메라를 넣어 약 1
분간 속옷과 신체를 촬영하다가 A에게 발각되었다. A의 신고를 받고 출동한 경찰관은 甲으로부터 휴대전화를
임의제출 받았다. 이에 관한 설명 중 옳은 것은? (다툼이 있는 경우 판례에 의함)   [24 변호사]

① 만약 甲이 위 범죄현장에서 현행범인으로 체포되었던 경우, 통상 현행범인 체포현장에서 자신의 죄책을 증명
하는 물건을 스스로 제출할 의사가 있다고 해석할 수 없고 현행범인으로 체포된 자에 대하여는 「형사소송법」
제216조 제1항 제2호에 따라 긴급압수가 가능하므로 임의제출에 의한 압수는 허용되지 않는다.

② 경찰관이 甲으로부터 휴대전화를 임의제출 받으면서 휴대전화에 담긴 정보 중 무엇을 제출하는지 甲으로부
터 임의제출의 범위를 명확히 확인하지 않았다면 범행 동기와 경위, 수단과 방법, 시간과 장소 등에 관한
간접증거나 정황증거로 사용될 수 있는 정보는 압수의 대상에 포함될 수 없다.

③ 만약 甲이 위 촬영물을 A에게 보내 주었다면 촬영물을 타인에게 제공한 때에 해당하여 성폭력범죄의 처벌
등에 관한 특례법 위반(카메라등이용촬영·반포등)죄가 별도로 성립한다.

④ 甲이 A를 촬영한 후 일정 시간이 경과하여 위 영상정보가 주기억장치에 입력되었다고 하더라도 그 촬영된
영상정보가 전자파일 등의 형태로 영구저장되지 않은 채 사용자에 의해 강제종료되었다면 성폭력범죄의 처
벌 등에 관한 특례법 위반(카메라등이용촬영·반포등)죄의 미수에 해당한다.

⑤ 경찰관이 압수·수색영장을 발부받아 甲의 집에서 다른 저장매체를 압수하고, 그 저장매체와 연동된 클라우
드에 접속하여 그곳에 저장된 불법촬영 영상을 증거로 확보하기 위해서는 압수·수색영장의 압수할 물건에
원격지 서버 저장 전자정보가 포함되어 있어야 한다.

해설

① [×] 현행범 체포현장이나 범죄 현장에서도 소지자 등이 임의로 제출하는 물건은 형사소송법 제218조에 의하여
영장 없이 압수하는 것이 허용되고, 이 경우 검사나 사법경찰관은 별도로 사후에 영장을 받을 필요가 없다(대판
2019.11.14. 2019도13290).

> **관련판례** 경기북부지방경찰청 소속 경찰관은 의정부 지하철 역사 주변에서 카메라 등을 이용한 불법 촬영자를
> 검거하기 위하여 근무하던 중, 2018. 4. 25. 16:00경 순번 48번 범행 사실을 적발하고 피고인이 소지하고 있던
> 이 사건 휴대전화를 임의제출받아 영장 없이 압수하고, 위 지하철 역사 내에 위치한 지하철경찰대 사무실로 피고
> 인과 임의동행하였다. 순번 48번 범행 당시 작성된 압수조서 상에는 "본 압수처분은, 피고인이 에스컬레이터를
> 올라가는 불상의 피해자의 특정부위를 촬영하는 것을 검문한 바, 오른손에 들고 있던 이 사건 휴대전화를 임의로
> 제출하여 본건의 증거물로 확보코저 별지 압수 목록과 같이 임의로 압수하다."라고 기재되어 있다. 경찰은 같은
> 날 위 검거 30분이 경과한 16:37~21:35경 같은 역 지하철 경찰대 사무실에서 피고인에 대한 피의자신문을 진행하
> 면서 피고인의 면전에서 이 사건 휴대전화를 탐색하여 그 안에 저장되어 있는 성적 수치심을 유발할 수 있는
> 타인의 신체 부위를 몰래 촬영한 것으로 의심되는 동영상 321건을 발견하였다. 피고인은 불법촬영사실을 인정하
> 면서 2018. 2. 15.부터 2018. 4. 25.까지 버스정류장, 지하철역사, 횡단보도 등에서 촬영된 순번 1~47번 범행의 각
> 일시·장소를 특정하고 범죄일람표를 직접 수기로 작성하여 경찰관에게 교부하였다. 이에 경찰은 위 범죄일람표,
> 위 각 범행에 관한 동영상을 복사한 시디(CD) 및 이를 캡처한 사진을 기록에 첨부하였고, 검사는 위 범죄일람표를
> 공소장에 별지로 첨부하는 한편, 위 시디 및 사진과 함께 증거로 제출하였다.

> **판례해설** 피고인이 이 사건 휴대전화를 임의제출할 당시 그 안에 저장된 전자정보의 제출 범위를 명확히 밝히지
> 않았으므로, 임의제출에 따른 압수의 동기가 된 범죄혐의사실과 관련되고 이를 증명할 수 있는 최소한의 가치가
> 있는 전자정보에 한하여 압수의 대상이 된다. 순번 1~47번 범행은 범죄의 속성상 해당 범행의 상습성이 의심되거
> 나 피고인의 성적 기호 내지 경향성의 발현에 따른 일련의 범행의 일환으로 이루어진 것으로 의심되어, 순번
> 48번 범행의 동기와 경위, 범행 수단과 방법 등을 증명하기 위한 간접증거나 정황증거 등으로 사용될 수 있어
> 순번 48번 범죄혐의사실과 구체적·개별적 연관관계를 인정할 수 있다. 결국 순번 1~47번 범행에 관한 동영상은
> 임의제출에 따른 압수의 동기가 된 순번 48번 범죄혐의사실과 관련성이 있는 증거로서 관련성이 인정될 수 있다.
> 또한 경찰관은 피의자 신문 당시 임의제출받은 이 사건 휴대전화를 피고인과 함께 탐색하는 과정에서 발견된
> 순번 1~47번 범행에 관한 동영상을 피고인의 참여 아래 추출·복사하였고, 피고인은 직접 위 순번 1~47 범행에

관한 동영상을 토대로 '**범죄일람표**' 목록을 **작성**하였음을 알 수 있다. 따라서 피고인이 이 사건 휴대전화의 **탐색 과정에 참여하였다고 보아야** 하고, 순번 1~47번 범행에 관한 동영상을 특정하여 범죄일람표 목록을 작성·제출함으로써 **실질적으로 피고인에게 전자정보 상세목록이 교부된 것과 다름이 없다**고 볼 수 있다. 그러므로 수사기관이 위 휴대전화에 담긴 내용을 조사하는 과정에서 순번 1~47번 범행의 동영상을 확인하고 이를 복제한 시디는 임의제출에 의해 적법하게 압수된 전자정보로서 그 증거능력이 인정된다(대판 2021.11.25. 2019도6730).

② [×] 수사기관이 제출자의 의사를 쉽게 확인할 수 있음에도 이를 확인하지 않은 채 특정 범죄혐의사실과 관련된 전자정보와 그렇지 않은 전자정보가 혼재된 정보저장매체를 임의제출받은 경우, 그 정보저장매체에 저장된 전자정보 전부가 임의제출되어 압수된 것으로 취급할 수는 없다. 전자정보를 압수하고자 하는 수사기관이 정보저장매체와 거기에 저장된 전자정보를 임의제출의 방식으로 압수할 때, 제출자의 구체적인 제출 범위에 관한 의사를 제대로 확인하지 않는 등의 사유로 인해 임의제출자의 의사에 따른 전자정보 압수의 대상과 범위가 명확하지 않거나 이를 알 수 없는 경우에는 임의제출에 따른 압수의 동기가 된 범죄혐의사실과 관련되고 이를 증명할 수 있는 최소한의 가치가 있는 전자정보에 한하여 압수의 대상이 된다. 이때 범죄혐의사실과 관련된 전자정보에는 범죄혐의사실 그 자체 또는 그와 기본적 사실관계가 동일한 범행과 직접 관련되어 있는 것은 물론 범행 동기와 경위, 범행 수단과 방법, 범행 시간과 장소 등을 증명하기 위한 간접증거나 정황증거 등으로 사용될 수 있는 것도 포함될 수 있다(대판(전) 2021.11.18. 2016도348).

③ [×] 성폭력처벌법 제14조 제1항에서 '반포'와 별도로 열거된 '제공'은, '반포'에 이르지 아니하는 무상 교부행위로서 '반포'할 의사 없이 '특정한 1인 또는 소수의 사람'에게 무상으로 교부하는 것을 의미하는데, 성폭력처벌법 제14조 제1항에서 촬영행위뿐만 아니라 촬영물을 반포·판매·임대·제공 또는 공공연하게 전시·상영하는 행위까지 처벌하는 것이 촬영물의 유포행위를 방지함으로써 피해자를 보호하기 위한 것임에 비추어 볼 때, 촬영의 대상이 된 피해자 본인은 성폭력처벌법 제14조 제1항에서 말하는 '제공'의 상대방인 '특정한 1인 또는 소수의 사람'에 포함되지 않는다고 봄이 타당하다. 따라서 피해자 본인에게 촬영물을 교부하는 행위는 다른 특별한 사정이 없는 한 성폭력처벌법 제14조 제1항의 '제공'에 해당한다고 할 수 없다(대판 2018.8.1. 2018도1481).

④ [×] 카메라 등 기계장치를 이용하여 동영상 촬영이 이루어졌다면 범행은 촬영 후 일정한 시간이 경과하여 영상 정보가 기계장치 내 주기억장치 등에 입력됨으로써 기수에 이르는 것이고, 촬영된 영상정보가 전자파일 등의 형태로 영구저장되지 않은 채 사용자에 의해 강제종료되었다고 하여 미수에 그쳤다고 볼 수는 없다(대판 2011.6.9. 2010도10677).

⑤ [○] [1] 압수할 전자정보가 저장된 저장매체로서 압수·수색영장에 기재된 수색장소에 있는 컴퓨터, 하드디스크, 휴대전화와 같은 컴퓨터 등 정보처리장치와 수색장소에 있지는 않으나 컴퓨터 등 정보처리장치와 정보통신망으로 연결된 원격지의 서버 등 저장매체(이하 '원격지 서버'라 한다)는 소재지, 관리자, 저장 공간의 용량 측면에서 서로 구별된다. 따라서 수사기관이 압수·수색영장에 적힌 '수색할 장소'에 있는 컴퓨터 등 정보처리장치에 저장된 전자정보 외에 원격지 서버에 저장된 전자정보를 압수·수색하기 위해서는 압수·수색영장에 적힌 '압수할 물건'에 별도로 원격지 서버 저장 전자정보가 특정되어 있어야 한다. 압수·수색영장에 적힌 '압수할 물건'에 컴퓨터 등 정보처리장치 저장 전자정보만 기재되어 있다면 컴퓨터 등 정보처리장치를 이용하여 원격지 서버 저장 전자정보를 압수할 수는 없다.
[2] 이 사건 압수·수색영장에 적힌 '압수할 물건'에는 '여성의 신체를 몰래 촬영한 것으로 판단되는 사진, 동영상 파일이 저장된 컴퓨터 하드디스크 및 외부저장매체가', '수색할 장소'에는 피고인의 주거지가 기재되어 있다. 이 사건 압수·수색영장에 적힌 '압수할 물건'에 원격지 서버 저장 전자정보가 기재되어 있지 않은 이상 이 사건 압수·수색영장에 적힌 '압수할 물건'은 피고인의 주거지에 있는 컴퓨터 하드디스크 및 외부저장매체에 저장된 전자정보에 한정된다. 그럼에도 경찰은 이 사건 휴대전화가 구글계정에 로그인되어 있는 상태를 이용하여 원격지 서버에 해당하는 구글클라우드에 접속하여 구글클라우드에서 발견한 불법촬영물을 압수하였다. 결국 경찰의 압수는 이 사건 압수·수색영장에서 허용한 압수의 범위를 넘어선 것으로 적법절차 및 영장주의의 원칙에 반하여 위법하다. [3] 따라서 이 사건 압수·수색영장으로 수집한 불법촬영물은 증거능력이 없는 위법수집증거에 해당하고, 이 사건 압수·수색영장의 집행 경위를 밝힌 압수조서 등이나 위법수집증거를 제시하여 수집된 관련자들의 진술 등도 위법수집증거에 기한 2차적 증거에 해당하여 증거능력이 없다(대판 2022.6.30. 2022도1452).

비교판례 피의자의 이메일 계정에 대한 접근권한에 갈음하여 발부받은 압수·수색영장에 따라 원격지의 저장매체에 적법하게 접속하여 내려받거나 현출된 전자정보를 대상으로 하여 범죄 혐의사실과 관련된 부분에 대하여 압수·수색하는 것은, 압수·수색영장의 집행을 원활하고 적정하게 행하기 위하여 필요한 최소한의 범위 내에서 이루어지며 그 수단과 목적에 비추어 사회통념상 타당하다고 인정되는 대물적 강제처분 행위로서 허용되며, 형사소송법 제120조 제1항에서 정한 <u>압수·수색영장의 집행에 필요한 처분에 해당한다. 그리고 이러한 법리는 원격지의 저장매체가 국외에 있는 경우라 하더라도 그 사정만으로 달리 볼 것은 아니다</u>(대판 2017.11.29. 2017도9747 ; 동지 대판 2021.7.29. 2020도14654).

정답 ⑤

009 甲은 혈중알코올농도 0.12%의 술에 취한 상태로 승용차를 운전하다가 편도 2차선 도로에서 중앙선을 침범한 과실로 다른 승용차를 충격하여 상대 차량 운전자인 A에게 상해를 입혔다. 교통사고로 인한 부상자들은 구급차에 실려 병원으로 후송되었는데, 甲은 의식이 없는 상태에 있었다. 교통사고 신고를 받은 사법경찰관 P는 교통사고 현장을 점검하고, 곧바로 甲이 치료를 받고 있는 병원으로 출동하였으며, 甲의 신체나 의복류에 술 냄새가 강하게 나서 甲이 음주운전을 하다가 교통사고를 낸 것으로 보고 甲의 병원 후송 직후에 그에 관한 증거를 수집하고자 한다. 이에 관한 설명 중 옳은 것은? (다툼이 있는 경우 판례에 의함) [23 변호사]

① 만약 甲이 교통사고 당시 음주의 영향으로 정상적인 운전이 곤란한 상태였음이 인정된다면, 甲은 도로교통법 위반(음주운전) 및 특정범죄 가중처벌 등에 관한 법률 위반(위험운전치상)의 죄책을 지게 되고, 양 죄는 상상적 경합 관계에 있다.

② 만약 甲이 위 혈중알코올농도(0.12%)에도 불구하고 교통사고 당시 음주의 영향으로 정상적인 운전이 곤란한 상태였음이 인정되지 않고, 수사기관에 피해자 A의 甲에 대한 처벌불원서가 제출되었다면, 검사는 교통사고처리특례법위반(치상)의 점에 대하여는 공소를 제기할 수 없다.

③ 호흡조사에 의한 甲의 음주측정이 불가능하고 혈액채취에 대한 동의를 받을 수도 없을 뿐만 아니라 법원으로부터 혈액채취에 관한 감정처분허가장이나 압수영장을 발부받을 시간적 여유가 없는 경우에 P는 교통사고 발생시각으로부터 사회통념상 범행직후라고 볼 수 있는 시간 내에 증거수집을 위해 「의료법」상 의료인의 자격이 있는 자로 하여금 의료용 기구로 의학적인 방법에 따라 필요최소한의 혈액을 채취하게 하여 이를 압수할 수 있는데, 다만 이때에는 사후에 압수영장을 발부받아야 한다.

④ 만약 P가 교통사고 소식을 듣고 달려온 甲의 배우자 동의를 받아 「의료법」상 의료인의 자격이 있는 자로 하여금 甲의 혈액을 채취하도록 하였다면 사후에 압수영장을 발부받았는지 여부와 상관없이 이는 적법한 수사이다.

⑤ 강제채혈에 비해 강제채뇨는 피의자에게 더 큰 신체적 고통이나 수치심, 굴욕감을 줄 수 있으므로, 수사기관이 범죄증거를 수집할 목적으로 피의자의 동의 없이 피의자의 소변을 채취하는 것은 법원으로부터 감정처분허가장을 받아 '감정에 필요한 처분'으로는 할 수 있지만, 압수·수색영장을 받아 '압수·수색의 방법'으로는 할 수 없다.

해설

① [×] 음주로 인한 특정범죄 가중처벌 등에 관한 법률 위반(위험운전치사상)죄[20]와 도로교통법 위반(음주운전)죄는 입법 취지와 보호법익 및 적용영역을 달리하는 별개의 범죄이므로,[21] 양 죄가 모두 성립하는 경우 두 죄는 실체적 경합관계에 있다(대판 2008.11.13. 2008도7143).

---

[20] 음주 또는 약물의 영향으로 정상적인 운전이 곤란한 상태에서 자동차 등을 운전하여 사람을 상해 또는 사망에 이르게 한 자에게 성립하는 범죄이다.

[21] 음주운전죄는 원활한 교통을 확보함을 목적으로 하며, 추상적 위험범의 성질을 갖고, 혈중 알코올농도가 기준치 이상일 경우에 성립하나, 위험운전치사상죄는 피해자의 생명·신체의 안전이라는 개인적 법익의 보호를 목적으로 하며, 결과범의 성질을 갖고, 혈중알코올농도가 기준치를 초과하였는지 여부와는 상관없이 운전자가 음주의 영향으로 실제 정상적인 운전이 곤란한 상태에 있어야만 한다.

② [×] 교통사고처리 특례법(이하 '교특법'이라 한다) 제3조 제2항 제8호에 따라 음주운전이 인정되지 않는다고 하더라도 중앙선을 침범한 사실은 인정되므로(교특법 제3조 제2항 제2호) 여전히 12대 중과실이 인정되므로 사실관계에서는 반의사불벌죄인 교특법 제3조 제2항 본문이 적용될 수 없다.

> 제3조(처벌의 특례) ② 차의 교통으로 제1항의 죄 중 업무상과실치상죄(業務上過失致傷罪) 또는 중과실치상죄(重過失致傷罪)와 「도로교통법」 제151조의 죄를 범한 운전자에 대하여는 피해자의 명시적인 의사에 반하여 공소(公訴)를 제기할 수 없다. 다만, 차의 운전자가 제1항의 죄 중 업무상과실치상죄 또는 중과실치상죄를 범하고도 피해자를 구호(救護)하는 등 「도로교통법」 제54조제1항에 따른 조치를 하지 아니하고 도주하거나 피해자를 사고 장소로부터 옮겨 유기(遺棄)하고 도주한 경우, 같은 죄를 범하고 「도로교통법」 제44조제2항을 위반하여 음주측정 요구에 따르지 아니한 경우(운전자가 채혈 측정을 요청하거나 동의한 경우는 제외한다)와 다음 각 호의 어느 하나에 해당하는 행위로 인하여 같은 죄를 범한 경우에는 그러하지 아니하다.
> 2. 「도로교통법」 제13조제3항을 위반하여 중앙선을 침범하거나 같은 법 제62조를 위반하여 횡단, 유턴 또는 후진한 경우
> 8. 「도로교통법」 제44조제1항을 위반하여 술에 취한 상태에서 운전을 하거나 같은 법 제45조를 위반하여 약물의 영향으로 정상적으로 운전하지 못할 우려가 있는 상태에서 운전한 경우

③ [○] [1] 음주운전 중 교통사고를 야기한 후 피의자가 의식불명 상태에 빠져 있는 등으로 호흡조사에 의한 음주측정이 불가능하고 혈액 채취에 대한 동의를 받을 수도 없을 뿐만 아니라 법원으로부터 혈액 채취에 대한 감정처분허가장이나 사전 압수영장을 발부받을 시간적 여유도 없는 긴급한 상황이 생길 경우 [2] 피의자의 신체 내지 의복류에 주취로 인한 냄새가 강하게 나는 등 형사소송법 제211조 제2항 제3호가 정하는 범죄의 증적이 현저한 준현행범인으로서의 요건이 갖추어져 있고 교통사고 발생 시각으로부터 사회통념상 범행 직후라고 볼 수 있는 시간 내라면 [3] 피의자의 생명·신체를 구조하기 위하여 사고현장으로부터 곧바로 후송된 병원 응급실 등의 장소는 형사소송법 제216조 제3항의 범죄장소에 준한다 할 것이므로, 검사 또는 사법경찰관은 피의자의 혈중알콜농도등 증거의 수집을 위하여 의료법상 의료인의 자격이 있는 자로 하여금 의료용 기구로 의학적인 방법에 따라 필요최소한의 한도 내에서 피의자의 혈액을 채취하게 한 후 그 혈액을 영장 없이 압수할 수 있다. 다만, 이 경우 사후에 지체 없이 강제채혈에 의한 압수의 사유 등을 기재한 영장청구서에 의하여 법원으로부터 압수영장을 받아야 한다(대판 2012.11.15. 2011도15258).

④ [×] 형사소송법 규정에 위반하여 수사기관이 법원으로부터 영장 또는 감정처분허가장을 발부받지 아니한 채 피의자의 동의 없이 피의자의 신체로부터 혈액을 채취하고 더구나 사후적으로도 지체없이 이에 대한 영장을 발부받지 아니하고서 위와 같이 강제 채혈한 피의자의 혈액 중 알코올농도에 관한 감정이 이루어졌다면, 이러한 감정결과보고서 등은 형사소송법상 영장주의 원칙을 위반하여 수집하거나 그에 기초한 증거로서 그 절차 위반행위가 적법절차의 실질적인 내용을 침해하는 정도에 해당한다고 할 것이므로, 피고인이나 변호인의 증거동의 여부를 불문하고 이 사건 범죄사실을 유죄로 인정하는 증거로 사용할 수 없다고 보아야 한다(대판 2011.5.13. 2009도10871).

⑤ [×] 수사기관이 범죄 증거를 수집할 목적으로 피의자의 동의 없이 피의자의 소변을 채취하는 것은 법원으로부터 감정허가장을 받아 형사소송법 제221조의4 제1항, 제173조 제1항에서 정한 '감정에 필요한 처분'으로 할 수 있지만(피의자를 병원 등에 유치할 필요가 있는 경우에는 형사소송법 제221조의3에 따라 법원으로부터 감정유치장을 받아야 한다), 형사소송법 제219조, 제106조 제1항, 제109조에 따른 압수·수색의 방법으로도 할 수 있다. 이러한 압수·수색의 경우에도 수사기관은 원칙적으로 형사소송법 제215조에 따라 판사로부터 압수·수색영장을 적법하게 발부받아 집행해야 한다. 압수·수색의 방법으로 소변을 채취하는 경우 압수대상물인 피의자의 소변을 확보하기 위한 수사기관의 노력에도 불구하고, 피의자가 인근 병원 응급실 등 소변 채취에 적합한 장소로 이동하는 것에 동의하지 않거나 저항하는 등 임의동행을 기대할 수 없는 사정이 있는 때에는 수사기관으로서는 소변 채취에 적합한 장소로 피의자를 데려가기 위해서 필요 최소한의 유형력을 행사하는 것이 허용된다(대판 2018.7.12. 2018도6219).

정답 ③

010 甲과 A는 동거하지 않는 형제 사이인데 A가 실종되었다. 甲은 2023. 1.경 법원이 선임한 A의 부재자 재산관리인으로서 A 앞으로 공탁된 수용보상금 7억 원을 수령하였다. 그 후 법원은 2023. 3.경 A의 부재자 재산관리인을 甲에서 B로 개임하였다. 그럼에도 甲은 B에게 공탁금의 존재를 알려 주지도 않고 인계하지도 않았다. 2023. 5.경 위 사실을 알게 된 B가 2023. 6.경 법원으로부터 고소권 행사에 관하여 허가를 받고 나서 바로 甲을 위 사실에 관하여 특정경제범죄 가중처벌 등에 관한 법률 위반(배임)죄로 수사기관에 고소하였다. 이에 관한 설명 중 옳지 않은 것을 모두 고른 것은? (다툼이 있는 경우 판례에 의함) [24 변호사]

> ㄱ. 甲, B, 甲의 누나 C가 모여서 같이 대화를 나누던 중, B는 증거수집 목적으로 자신의 휴대전화 녹음 기능을 사용하여 위 3명의 대화를 녹음하였는데, 이러한 녹음 행위는 「통신비밀보호법」 제16조 제1항에 해당하며 위법하다.
>
> ㄴ. B는 A의 부재자 재산관리인으로서 그 관리대상인 A의 재산에 대한 범죄행위에 관하여 법원으로부터 고소권 행사에 관한 허가를 얻었으므로 A의 법정대리인으로서 적법한 고소권자에 해당한다.
>
> ㄷ. 사법경찰관 P가 특정경제범죄 가중처벌 등에 관한 법률 위반(배임)죄로 甲에 대한 체포영장을 발부받은 후 집 앞 주차장에 차량을 주차하고 있는 甲을 발견하고 위 체포영장에 기하여 체포하면서 甲의 차량을 수색한 것은 「형사소송법」 제216조 제1항 제2호에 따라 적법하다.
>
> ㄹ. 甲이 위 ㄷ.항과 같은 체포 과정에서 자신의 차량으로 사법경찰관 P를 충격하여 상해를 가했다면, 甲에게 특수공무집행방해치상죄 및 특수상해죄가 성립하고, 양 죄는 상상적 경합 관계이다.
>
> ㅁ. 만약 甲이 A의 동거하지 않는 아들인데 B의 고소가 2023. 12. 20.에 이루어졌다면 법원은 甲의 특정경제범죄가중처벌등에관한법률위반(배임)죄에 대하여 「형사소송법」 제327조 제2호에 따라 판결로써 공소기각의 선고를 하여야 한다.

① ㄱ, ㄴ, ㄹ　　　　② ㄱ, ㄷ, ㄹ　　　　③ ㄱ, ㄹ, ㅁ
④ ㄴ, ㄷ, ㅁ　　　　⑤ ㄷ, ㄹ, ㅁ

해설

ㄱ. [×] 3인 간의 대화에서 그 중 한 사람이 그 대화를 녹음 또는 청취하는 경우에 다른 두 사람의 발언은 그 녹음자 또는 청취자에 대한 관계에서 통비법 제3조 제1항에서 정한 '타인 간의 대화'라고 할 수 없으므로, 이러한 녹음 또는 청취하는 행위 및 그 내용을 공개하거나 누설하는 행위가 통비법 제16조 제1항에 해당한다고 볼 수 없다(대판 2014.5.16. 2013도16404).

ㄴ. [O] 법원이 선임한 부재자 재산관리인이 그 관리대상인 부재자의 재산에 대한 범죄행위에 관하여 법원으로부터 고소권 행사에 관한 허가를 얻은 경우 <u>부재자 재산관리인은 형사소송법 제225조 제1항에서 정한 법정대리인으로서 적법한 고소권자에 해당한다</u>(대판 2022.5.26. 2021도2488).

ㄷ. [O] 사법경찰관은 피의자를 체포하는 경우에 필요한 때에는 영장없이 체포현장에서 압수·수색·검증을 할 수 있다(형사소송법 제216조 제1항 제2호). P의 甲에 대한 체포는 영장에 의한 체포로서 甲의 차량을 수색한 것은 체포현장에서의 수색에 해당하므로 적법하다.

ㄹ. [×] [1] 기본범죄를 통하여 고의로 중한 결과를 발생하게 한 경우에 가중 처벌하는 부진정결과적 가중범에서, 고의로 중한 결과를 발생하게 한 행위가 별도의 구성요건에 해당하고 그 고의범에 대하여 결과적 가중범에 정한 형보다 더 무겁게 처벌하는 규정이 있는 경우에는 그 고의범과 결과적 가중범이 상상적 경합관계에 있지만, 위와 같이 고의범에 대하여 더 무겁게 처벌하는 규정이 없는 경우에는 결과적 가중범이 고의범에 대하여 특별관계에 있으므로 결과적 가중범만 성립하고 이와 법조경합의 관계에 있는 고의범에 대하여는 별도로 죄를 구성하지 않는다.
[2] 직무를 집행하는 공무원에 대하여 위험한 물건을 휴대하여 고의로 상해를 가한 경우에는 특수공무집행방해치상죄(3년 이상의 유기징역)만 성립할 뿐, 이와는 별도로 폭력행위 등 처벌에 관한 법률 위반(집단·흉기 등 상해)죄(3년 이상의 유기징역)를 구성하지 않는다(대판 2008.11.27. 2008도7311).

ㅁ. [×] 甲의 범죄는 특경법상의 배임죄로 이에 대하여 친족상도례가 적용되고, 甲과 A는 직계혈족의 관계에 있으므로 이는 형법 제328조 제2항 상대적 친고죄에 해당하지 않는다. 따라서 고소의 유무와 관계없이 친족상도례 규정인 형법 제328 제1항이 적용되어 형면제의 판결을 하여야 한다(형소법 제322조).

정답 ③

---

011 甲은 A 소유의 부동산을 매수하면서 A와 매매계약을 한 후 소유권이전등기는 명의신탁약정을 맺은 乙 앞으로 경료하였다. 乙은 등기가 자신 명의로 되어있음을 기화로 친구인 丙과 공모하여 甲의 승낙 없이 이 부동산을 丙에게 헐값으로 처분하였다. 이 사실을 안 甲이 乙과 丙에게 폭언을 퍼붓자, 乙과 丙은 서로 짜고 B를 포함한 여러 사람들에게 甲을 모욕하는 말을 떠들고 다녔다. 이에 甲은 乙과 丙을 횡령과 모욕의 범죄사실로 고소하였다. 이후 甲은 도로상에서 만난 丙이 "왜 나를 고소했느냐?"라고 따지면서 대들자 마침 그곳을 지나가는 동생 丁에게 "강도인 저 사람이 칼을 갖고 형을 협박하니 좀 때려라."라고 하면서 상해의 고의로 옆에 있던 위험한 물건인 몽둥이를 건네주었고, 甲의 말만 믿은 丁은 甲을 방위할 의사로 丙에게 약 3주간의 치료를 요하는 상해를 가하였다. 이에 관한 설명 중 옳지 않은 것은? (다툼이 있으면 판례에 의함)   [18 변호사]

① 甲은 신탁부동산의 소유권을 가지지 아니하고, 甲과 乙 사이에 위탁신임관계를 인정할 수도 없어 乙을 甲의 부동산을 보관하는 자라고 할 수 없으므로, 乙이 신탁받은 부동산을 임의로 처분하여도 甲에 대한 관계에서 횡령죄가 성립하지 아니한다.

② 丁이 丙을 강도로 오인한 데 대하여 정당한 이유가 인정되지 않는 경우, 엄격책임설에 의하면 甲은 특수상해죄의 교사범이 성립한다.

③ 乙과 丙이 모욕죄의 공범으로 기소되어 제1심 공판심리 중 甲이 乙에 대한 고소를 취소하면 수소법원은 乙과 丙 모두에 대하여 공소기각의 판결을 선고해야 한다.

④ 乙과 丙의 모욕죄에 대한 공판심리 중 피해자인 甲은 B를 증인으로 신문해 줄 것을 수소법원에 신청할 수 있다.

⑤ 만일 검사로부터 丙을 모욕죄로 공소를 제기하지 아니한다는 통지를 받은 甲이 관할 고등법원에 재정신청을 하였다면 재정결정이 확정될 때까지 공소시효의 진행은 정지되며, 법원의 공소제기 결정에 대하여 검사는 즉시항고 등의 방법으로 불복할 수 없다.

해설

① [○] 명의신탁자가 매수한 부동산에 관하여 명의수탁자와 맺은 명의신탁약정에 따라 매도인으로부터 바로 명의수탁자 명의로 소유권이전등기를 마친 이른바 중간생략등기형 명의신탁을 한 경우, 명의신탁자는 신탁부동산의 소유권을 가지지 아니하고, 명의신탁자와 명의수탁자 사이에 위탁신임관계를 인정할 수도 없어 명의수탁자가 명의신탁자의 재물을 보관하는 자라고 할 수 없으므로 명의수탁자가 신탁받은 부동산을 임의로 처분하여도 명의신탁자에 대한 관계에서 횡령죄가 성립하지 아니한다(대판(전) 2016.5.19. 2014도6992).

② [○] 丁이 丙을 강도로 오인한 데 대하여 정당한 이유가 인정되지 않는 경우 丁은 특수상해죄의 죄책을 지므로, 이 경우 甲은 특수상해죄의 교사범으로서의 죄책을 진다.

③ [○] 친고죄의 공범 중 그 1인 또는 수인에 대한 고소 또는 그 취소는 다른 공범자에 대하여도 효력이 있다(형사소송법 제233조). 따라서 甲이 乙에 대한 고소를 취소하면 수소법원은 乙과 丙 모두에 대하여 공소기각의 판결을 선고하여 한다(형사소송법 제327조 제5호).

④ [×] 검사, 피고인 또는 변호인은 서류나 물건을 증거로 제출할 수 있고, 증인·감정인·통역인 또는 번역인의 신문을 신청할 수 있다(형사소송법 제294조 제1항). <u>당사자가 아닌 피해자 甲은 B를 증인으로 신문해 줄 것을 수소법원에 신청할 수 없다.</u>

⑤ [○] 재정신청이 있으면 재정결정이 확정될 때까지 공소시효의 진행이 정지된다(형사소송법 제262조의4). 법원의 공소제기 결정에 대하여 검사는 즉시항고 등의 방법으로 불복할 수 없다(동법 제262조 제4항).

정답 ④

012

K의 착오에 의해 자신의 계좌로 1,000만 원이 잘못 송금되어 입금된 것을 발견한 甲은 이를 전액 인출한 다음, 다른 지방에 거주하는 친구인 乙에게 위 사정을 말하고 그 돈을 맡겼다. 乙은 그 돈을 자신의 계좌에 입금하였다가, 그중 100만 원을 수표로 인출하여 임의로 사용하였다. 甲은 점유이탈물횡령죄로 약식명령을 받은 후 양형 부당을 이유로 A법원에 정식재판을 청구하였고, 검사는 정식재판을 청구하지 않았다. 甲에 대한 재판 계속 중 검사는 횡령죄로 공소장변경을 신청하고, 증거를 보완하기 위하여 乙 주거지 관할 B법원에 乙의 금융계좌 등에 대한 압수·수색영장을 청구하였다. 이에 관한 설명 중 옳은 것은? (다툼이 있으면 판례에 의함)

[16 변호사]

① 점유이탈물횡령죄보다 횡령죄의 법정형이 더 중하므로 횡령죄로 죄명, 적용법조를 변경하는 것은 약식명령의 경우보다 불이익하게 변경되는 것이어서 불이익변경금지원칙에 따라 공소장변경은 허용되지 않는다.

② 甲은 K와 거래관계가 없다고 하더라도 신의칙상 보관관계가 인정되어 횡령죄가 성립하고, 乙은 K에 대하여는 횡령죄가 성립하나 甲에 대하여는 횡령죄가 성립하지 않는다.

③ B법원 판사가 위 영장을 기각한 경우, 검사는 그 결정에 대하여 항고나 준항고로 다툴 수 있다.

④ B법원 판사가 위 영장을 발부한 경우, 검사는 그 영장을 통해 확보한 수표발행전표 등을 위 재판의 증거로 사용할 수 있다.

⑤ 검사는 A법원에 사실조회를 신청하여 위 수표발행전표 등을 확보할 수 있다.

해설

① [×] 공소사실의 동일성과 피고인의 방어권행사에 실질적 불이익이 없는 경우라면 공소장변경을 허가하여야 한다. 점유이탈물횡령죄보다 횡령죄의 법정형이 더 중하더라도, 약식명령의 형보다 중한 종류의 형만 선고하지 않으면 위법하지 않으므로 <u>법원은 공소장변경을 허가하여야 한다.</u>

관련판례 약식명령에 대하여 피고인만이 정식재판을 청구한 사건에서 피고인에 대하여 사서명위조와 위조사서명행사의 범죄사실이 인정되는 경우에는 비록 사서명위조죄와 위조사서명행사죄의 법정형에 유기징역형만 있다 하더라도 불이익변경금지의 원칙이 적용되어 벌금형을 선고할 수 있는 것이므로 (공소사실의 동일성이 인정됨에도) 불이익변경금지의 원칙 등을 이유로 공소장변경허가신청을 불허할 것은 아니다(대판 2013.2.28. 2011도14986).

② [×] [1] 피고인이 송금 절차의 착오로 인하여 피고인 명의의 은행 계좌에 입금된 돈을 임의로 인출하여 소비한 행위는 횡령죄에 해당하고, 이는 송금인과 피고인 사이에 별다른 거래관계가 없다고 하더라도 마찬가지이다(대판 2010.12.9. 2010도891).
[2] <u>절도범인으로부터 장물보관 의뢰를 받은 자가 그 정을 알면서 이를 인도받아 보관하고 있다가 임의 처분하였다 하여도 장물보관죄가 성립하는 때에는</u> 이미 그 소유자의 소유물 추구권을 침해하였으므로 그 후의 횡령행위는 불가벌적 사후행위에 불과하여 <u>별도로 횡령죄가 성립하지 않는다</u>(대판 2004.4.9. 2003도8219). 乙은 장물보관죄의 죄책을 질 뿐 별도로 횡령죄의 죄책을 지지 아니한다.

③ [×] 지방법원판사가 한 압수영장발부의 재판에 대하여는 <u>준항고로 불복할 수 없고</u> 나아가 형사소송법 제402조, 제403조에서 규정하는 항고는 법원이 한 결정을 그 대상으로 하는 것이므로 법원의 결정이 아닌 지방법원판사가 한 압수영장발부의 재판에 대하여 <u>항고의 방법으로도 불복할 수 없다</u>(대결 1997.9.29. 97모66). 판례는 압수영장발부의 재판에 대한 것이지만, 판례의 취지에 의할 때 압수영장청구 기각결정에 대하여도 항고나 준항고로 다툴 수 없다.

④ [×] 검사가 공소제기 후 형사소송법 제215조에 따라 수소법원 이외의 지방법원판사에게 청구하여 발부받은 영장에 의하여 압수·수색을 하였다면, 그와 같이 수집된 증거는 기본적 인권 보장을 위해 마련된 적법한 절차에 따르지 않은 것으로서 원칙적으로 유죄의 증거로 삼을 수 없다(대판 2011.4.28. 2009도10412).

⑤ [○] 법원은 직권 또는 검사, 피고인이나 변호인의 신청에 의하여 공무소 또는 공사단체에 조회하여 필요한 사항의 보고 또는 그 보관서류의 송부를 요구할 수 있다(형사소송법 제277조 제1항). 검사는 A법원에 사실조회를 신청하여 수표발행전표 등을 확보할 수 있다.

정답 ⑤

013 다음 사례에 관한 설명 중 옳지 않은 것은? (다툼이 있으면 판례에 의함)   [16 변호사]

甲은 유흥주점 허가를 받기 위해 구청 담당 과장 乙과 친하다는 丙을 찾아가 乙에게 전달하여 달라고 부탁하면서 2,500만 원을 제공하였다. 丙은 乙에게 甲의 유흥주점 허가를 부탁하면서 2,000만 원을 교부하고, 나머지 500만 원은 자신이 사용하였다. 한편, 乙은 구의원 丁에게 丙으로부터 받은 2,000만 원을 교부하면서, 구청장에게 부탁하여 구청 정기인사에서 자신이 좋은 평정을 받게 해달라고 말하였다. 甲에게 유흥주점 허가가 난 후, 甲은 감사의 표시로 자신의 유흥주점에 乙을 초대하였고, 乙은 대학 동창인 회사원 3명에게 자신이 술값을 낸다고 말하고 이들과 함께 甲의 유흥주점에 가서 400만 원의 향응을 제공받았다.

① 甲과 乙은 공소시효의 정지에 관한 형사소송법 제253조 제2항에서 말하는 '공범'에 포함되지 않는다.
② 乙에게 추징할 수 있는 금액은 2,400만 원이다.
③ 丙에게는 2,500만 원에 대한 제3자뇌물취득죄와 2,000만 원에 대한 뇌물공여죄가 성립한다.
④ 丁에게 알선수뢰죄가 성립하기 위해서는 단순히 공무원으로서의 신분이 있다는 것만으로는 부족하고, 적어도 다른 공무원이 취급하는 사무의 처리에 법률상이거나 사실상으로 영향을 줄 수 있는 관계 내지 지위를 이용하는 경우이어야 한다.
⑤ 수사기관에 피의자로 출석한 乙에게 진술거부권을 고지하지 않은 채 자술서를 작성토록 하였다면, 그 자술서는 증거능력이 없다.

해설

① [○] 대향범 관계에 있는 자 사이에서는 각자 상대방의 범행에 대하여 형법 총칙의 공범규정이 적용되지 아니하므로 형사소송법 제253조 제2항에서 말하는 '공범'에는 뇌물공여죄와 뇌물수수죄 사이와 같은 대향범 관계에 있는 자는 포함되지 않는다(대판 2015.2.12. 2012도4842). 만약 검사가 乙에 대하여 공소를 제기하여 그에 대하여 공소시효가 정지되더라도, 그 시효정지의 효력은 '공범이 아닌' 甲에게는 미치지 아니한다.

② [○] [1] 공무원이 받은 뇌물은 몰수하고, 몰수하기 불능한 때에는 그 가액을 추징한다(형법 제134조). 일단 공무원 乙이 받은 2,000만원은 몰수·추징의 대상이다.
[2] 피고인이 향응을 제공받는 자리에 피고인 스스로 제3자를 초대하여 함께 접대를 받은 경우에는 특별한 사정이 없는 한 그 제3자의 접대에 요한 비용도 피고인의 접대에 요한 비용에 포함시켜 피고인의 수뢰액으로 보아야 한다(대판 2001.10.12. 99도5294). 乙이 초대한 대학동창인 회사원 3명의 접대에 요한 비용 400만원도 乙의 수뢰액으로 보아야 한다. 결국 乙로부터 총 2,400만원을 추징하여야 한다.

③ [×] 증뢰물전달죄는 제3자가 증뢰자로부터 교부받은 금품을 수뢰할 사람에게 전달하였는지의 여부에 관계 없이 제3자가 그 정을 알면서 금품을 교부받음으로써 성립하는 것이며, 나아가 제3자가 그 교부받은 금품을 수뢰할 사람에게 전달하였다고 하여 증뢰물전달죄 외에 별도로 뇌물공여죄가 성립하는 것은 아니다(대판 1997.9.5. 97도

1572). 丙에게는 2,500만원에 대한 제3자뇌물취득죄만 성립할 뿐 2,000만원에 대한 뇌물공여죄는 성립하지 아니한다.

④ [○] 알선수뢰죄에서 '공무원이 그 지위를 이용하여'라 함은 당해 직무를 처리하는 공무원과 직접, 간접의 연관관계를 가지고 법률상 또는 사실상 영향력을 미칠 수 있는 지위에 있는 공무원이 그 지위를 이용하는 경우를 말한다고 할 것이고 단지 공무원의 신분만 있으면 족하다고는 할 수 없다(대판 1983.8.23. 82도956).

⑤ [○] [1] 피의자의 진술을 기재한 서류 또는 문서가 수사기관에서의 조사과정에서 작성된 것이라면 그것이 '진술조서, 진술서, 자술서'라는 형식을 취하였다고 하더라도 피의자신문조서와 달리 볼 수 없다(대판 2015.10.29. 2014도5939).
[2] 수사기관에 피의자로 출석한 乙에게 진술거부권을 고지하지 않은 채 자술서를 작성토록 하였으므로 그 자술서는 증거능력이 없다(대판 2014.4.10. 2014도1779 참고).

정답 ③

014 건축허가권자 공무원 甲은 실무담당자 乙의 방조 아래, 빌딩건축허가와 관련하여 건축업자 丙으로부터 2,000만 원의 뇌물을 받았다. 이후 甲은 乙에게 2,000만 원 중 200만 원을 사례금으로 주었고, 400만 원은 건축허가에 필요한 비용으로 지출하였으며, 나머지 1,400만 원은 은행에 예금하였다. 丙은 이후 빌딩건축허가가 반려되자 甲에게 공여한 뇌물 전액의 반환을 요구하였다. 甲은 200만 원을 乙에게 사례금으로 주었고, 400만 원을 비용으로 지출하였음을 이유로 예금하여 두었던 1,400만 원을 인출하여 위 돈만을 丙에게 반환하였다. 이에 관한 설명 중 옳은 것은? (다툼이 있는 경우 판례에 의함) [24 변호사]

① 甲이 乙에게 교부한 사례금 200만 원을 甲으로부터 추징할 수는 없다.
② 甲이 건축허가와 관련하여 지출한 필요비 400만 원은 甲이 실질적으로 취득하였다고 보기 어려우므로, 甲으로부터 추징할 수 없다.
③ 甲이 丙에게 반환한 1,400만 원을 丙으로부터 추징할 수는 없다.
④ 丙이 뇌물공여죄로 기소되어 유죄판결이 확정된 경우, 甲의 뇌물수수죄에 대한 공소시효는 丙에 대한 위 형사사건이 기소된 때로부터 확정된 때까지 정지된다.
⑤ 乙이 뇌물수수방조죄의 처벌을 회피할 목적으로 미국으로 출국한 경우, 그 도피 기간 동안 공범인 甲의 뇌물수수죄에 대한 공소시효도 정지된다.

해설

① [×] 뇌물을 수수한 자가 공동수수자가 아닌 교사범 또는 종범에게 뇌물 중의 일부를 사례금 등의 명목으로 교부하였다면 이는 뇌물을 수수하는 데에 따르는 부수적 비용의 지출 또는 뇌물의 소비행위에 지나지 아니하므로 뇌물수수자로부터 그 수뢰액 전부를 추징하여야 한다(대판 2011.11.24. 2011도9585).

② [×] 특정범죄 가중처벌 등에 관한 법률 제13조의 규정에 의한 필요적 몰수 또는 추징은, 범인이 취득한 당해 재산을 범인으로부터 박탈하여 범인으로 하여금 부정한 이익을 보유하지 못하게 함에 그 목적이 있는 것으로서, 이 점은 공무원범죄에 관한 몰수특례법 제6조의 경우도 마찬가지이므로, 공무원의 직무에 속한 사항의 알선에 관하여 금품을 받고 그 금품 중의 일부를 받은 취지에 따라 청탁과 관련하여 관계 공무원에게 뇌물로 공여하거나 다른 알선행위자에게 청탁의 명목으로 교부한 경우에는 그 부분의 이익은 실질적으로 범인에게 귀속된 것이 아니어서 이를 제외한 나머지 금품만을 몰수하거나 그 가액을 추징하여야 하지만, 공무원의 직무에 속한 사항의 알선에 관하여 금품을 받은 자가 그 금품 중의 일부를 다른 알선행위자에게 청탁의 명목으로 교부하였다 하더라도 당초 금품을 받을 당시 그와 같이 사용하기로 예정되어 있어서 그 받은 취지에 따라 그와 같이 사용한 것이 아니라, 범인의 독자적인 판단에 따라 경비로 사용한 것이라면 이는 범인이 받은 금품을 소비하는 방법의 하나에 지나지 아니하므로, 그 가액 역시 범인으로부터 추징하지 않으면 안 된다(대판 1999.6.25. 99도1900).

통지판례 변호사를 선임하여 주겠다는 명목이 아니라 판사, 검사에게 청탁하여 석방시켜 주겠다는 명목으로 돈을 받은 이상 그 중 일부를 변호사 선임비로 사용하였다 하더라도 이는 변호사법위반으로 취득한 재물의 소비방법에 불과하므로 변호사선임비로 사용한 금액 상당을 추징액에서 제외할 수는 없다(대판 2000.5.26. 2000도440).

③ [○] 뇌물로 받은 돈을 은행에 예금한 경우 그 예금행위는 뇌물의 처분행위에 해당하므로 그 후 수뢰자가 같은 액수의 돈을 증뢰자에게 반환하였다 하더라도 이를 뇌물 그 자체의 반환으로 볼 수 없으니 이러한 경우에는 수뢰자로부터 그 가액을 추징하여야 한다(대판 1996.10.25. 96도2022).

④ [×] 대향범 관계에 있는 자 사이에서는 각자 상대방의 범행에 대하여 형법 총칙의 공범규정이 적용되지 아니하므로 형사소송법 제253조 제2항에서 말하는 '공범'에는 뇌물공여죄와 뇌물수수죄 사이와 같은 대향범 관계에 있는 자는 포함되지 않는다(대판 2015.2.12. 2012도4842). 丙에 대하여 공소가 제기되더라도 甲의 뇌물수수죄에 대한 공소시효는 정지되지 않는다.

⑤ [×] 시효는 공소의 제기로 진행이 정지되고 공소기각 또는 관할위반의 재판이 확정된 때로부터 진행하고(제253조 제1항), 공범의 1인에 대한 전항의 시효정지는 다른 공범자에 대하여 효력이 미치고 당해 사건의 재판이 확정된 때로부터 진행한다(동조 제2항). 따라서 범인이 형사처분을 면할 목적으로 국외에 있는 경우 그 기간 동안 범인의 공소시효는 정지되지만(동조 제3항), 공범의 공소시효는 정지되지 않는다.

정답 ③

---

015 A분양대책위원회의 공동대표인 甲이 업무상 임무에 위배하여 주상복합아파트 일부 세대에 관한 분양계약서를 받아 그에 관한 소유권이전등기를 하여 재산상 이익을 취득하려고 하였으나 소유권이전등기를 마치지 못하였다. 이에 대하여 경찰의 내사가 시작되자 甲은 사법경찰관 丙의 동생인 乙에게 1,000만원을 주면서 이를 丙에게 주고 사건을 미리 잘 무마해 줄 것을 부탁하였고, 乙은 丙에게 같은 취지의 부탁을 하며 1,000만원을 전달하였다. 그 후 甲은 영국으로 출국하였다. 이에 관한 설명 중 옳지 않은 것을 모두 고른 것은? (다툼이 있으면 판례에 의함) [21 변호사]

> ㉠ 甲이 범한 배임미수의 범죄행위는 甲이 행위를 종료하지 못하였거나 결과가 발생하지 아니하여 더 이상 범죄가 진행될 수 없는 때에 종료하고, 그때부터 공소시효가 진행된다.
> ㉡ 甲과 丙은 대향범관계에 있으므로 丙이 기소되어 재판이 확정될 때까지의 기간 동안 甲의 뇌물공여에 관한 공소시효의 진행은 정지된다.
> ㉢ 甲이 영국 체류 중에 현지 물품 구매대행업을 하면서 국내 구매자들로부터 돈을 받고도 구매자들의 사전 동의 없이 임의로 소비하여 횡령하자 구매자들이 甲을 고소하였다. 만약 위 고소와 관련하여 甲이 자신의 누나로부터 한국경찰의 출석통지 소식을 전해 들었음에도 형사처분을 면할 목적으로 귀국하지 않고 영국에 계속 체류하는 경우라 할지라도, 甲이 국외에서 범죄를 저지르고 국외에서 체류를 계속하는 경우이므로 甲의 위 횡령에 대한 공소시효의 진행은 정지되지 않는다.
> ㉣ 甲의 제3자뇌물교부죄에 대한 공소시효 기산점은 甲의 범죄행위가 최종적으로 종료한 때인 乙이 丙에게 1,000만원을 전달한 때이다.

① ㉠, ㉡
② ㉡, ㉢
③ ㉡, ㉣
④ ㉠, ㉢, ㉣
⑤ ㉡, ㉢, ㉣

㉠ [○] <u>미수범의 범죄행위는</u> 행위를 종료하지 못하였거나 결과가 발생하지 아니하여 <u>더 이상 범죄가 진행될 수 없는 때에 종료하고 그때부터 미수범의 공소시효가 진행한다</u>(대판 2017.7.11. 2016도14820).

㉡ [×] 대향범 관계에 있는 자 사이에서는 각자 상대방의 범행에 대하여 형법 총칙의 공범규정이 적용되지 아니하므로 형사소송법 제253조 제2항에서 말하는 '공범'에는 뇌물공여죄와 뇌물수수죄 사이와 같은 대향범 관계에 있는 자는 포함되지 않는다(대판 2015.2.12. 2012도4842). 甲과 丙은 대향범관계에 있으므로 丙이 기소되어 재판이 확정되었더라도 그 기간 동안 甲의 뇌물공여에 관한 공소시효는 계속 진행된다.

㉢ [×] 형사소송법 제253조 제3항이 정한 '범인이 형사처분을 면할 목적으로 국외에 있는 경우'는 범인이 국내에서 범죄를 저지르고 형사처분을 면할 목적으로 국외로 도피한 경우에 한정되지 아니하고, 범인이 국외에서 범죄를 저지르고 형사처분을 면할 목적으로 국외에서 체류를 계속하는 경우도 포함된다(대판 2015.6.24. 2015도5916). 甲이 영국에서 범죄를 저질렀더라도 영국에서 체류를 계속 하고 있는 이상 甲의 횡령죄에 대한 공소시효의 진행은 정지된다.

㉣ [×] 형법 제133조 제2항의 제3자의 증뇌물전달죄는 제3자가 증뢰자로부터 교부받은 금품을 수뢰할 사람에게 전달하였는지의 여부에 관계 없이 제3자가 그 정을 알면서 금품을 교부받음으로써 성립하는 것이며, 나아가 제3자가 그 교부받은 금품을 수뢰할 사람에게 전달하였다고 하여 증뇌물전달죄 외에 별도로 뇌물공여죄가 성립하는 것은 아니다(대판 1997.9.5. 97도1572). 甲의 제3자뇌물교부죄에 대한 공소시효의 기산점은 乙이 丙에게 1,000만원을 전달한 때가 아니라 甲이 乙에게 1,000만원을 교부한 때이다.

정답 ⑤

016 甲은 2023. 1.경 도로에서 운전면허를 받지 아니하고 혈중알코올농도 0.15%의 술에 취한 상태에서 자동차를 운전하였다. 검사는 甲에 대하여 무면허운전의 점에 관하여만 도로교통법위반(무면허운전)죄로 공소를 제기하였는데, 제1심 제1회 공판기일에 이르러 음주운전의 점에 관한 도로교통법위반(음주운전)죄를 추가하는 취지의 공소장변경허가신청서를 제출하였다. 이에 관한 설명 중 옳은 것을 모두 고른 것은? (다툼이 있는 경우 판례에 의함) [24 변호사]

> ㄱ. 甲에 대한 도로교통법위반(무면허운전)죄와 도로교통법위반(음주운전)죄는 상상적 경합관계에 있다.
> ㄴ. 만약 甲이 운전한 장소가 「도로교통법」상 도로가 아니라면, 도로교통법위반(무면허운전)죄는 성립할 수 있지만 도로교통법위반(음주운전)죄는 성립할 수 없다.
> ㄷ. 제1심법원이 공소장변경허가신청에 대한 결정을 공판정에서 고지한 경우, 그 사실은 공판조서의 필요적 기재사항이다.
> ㄹ. 제1심법원이 공소장변경허가신청에 대하여 불허가 결정을 한 경우, 검사는 이에 불복하여 그 결정에 대한 즉시항고를 제기할 수 있다.

① ㄱ, ㄴ   ② ㄱ, ㄷ   ③ ㄴ, ㄷ

④ ㄴ, ㄹ   ⑤ ㄷ, ㄹ

ㄱ. [○] 피고인이 자동차운전면허를 받지 아니하고 술에 취한 상태로 승용차를 운전하였다는 것은 사회관념상 1개의 운전행위라 할 것이므로, 이로 인한 도로교통법위반(음주운전)죄와 도로교통법위반(무면허운전)죄는 형법 제40조의 상상적 경합관계에 있다고 할 것이다(대판 2012.7.5. 2012도5108), (대판 1987.2.24. 86도2731).

ㄴ. [×] [1] 도로교통법 제2조 제26호가 '술이 취한 상태에서의 운전' 등 일정한 경우에 한하여 예외적으로 도로 외의 곳에서 운전한 경우를 운전에 포함한다고 명시하고 있는 반면, 무면허운전에 관해서는 이러한 예외를 정하고 있지 않다. 따라서 도로가 아닌 곳에서 운전면허 없이 운전한 경우에는 무면허운전에 해당하지 않는다. 도로에서 운전하지 않았는데도 무면허운전으로 처벌하는 것은 유추해석이나 확장해석에 해당하여 죄형법정주의에 비추어 허용되지 않는다.
[2] 운전면허 없이 자동차등을 운전한 곳이 위와 같이 일반교통경찰권이 미치는 공공성이 있는 장소가 아니라 특정인이나 그와 관련된 용건이 있는 사람만 사용할 수 있고 자체적으로 관리되는 곳이라면 도로교통법에서 정한 '도로에서 운전'한 것이 아니므로 무면허운전으로 처벌할 수 없다(대판 2017.12.28. 2017도17762).

ㄷ. [○] [1] 법원은 검사의 공소장변경허가신청에 대해 결정의 형식으로 이를 허가 또는 불허가 하고, 법원의 허가 여부 결정은 공판정 외에서 별도의 결정서를 작성하여 고지하거나 공판정에서 구술로 하고 공판조서에 기재할 수도 있다. 만일 공소장변경허가 여부 결정을 공판정에서 고지하였다면 그 사실은 공판조서의 필요적 기재사항이다(형사소송법 제51조 제2항 제14호). 공소장변경허가신청이 있음에도 공소장변경허가 여부 결정을 명시적으로 하지 않은 채 공판절차를 진행하면 현실적 심판대상이 된 공소사실이 무엇인지 불명확하여 피고인의 방어권 행사에 영향을 줄 수 있으므로 공소장변경허가 여부 결정은 위와 같은 형식으로 명시적인 결정을 하는 것이 바람직하다. 판결 전의 소송절차에 관한 결정에 대하여는 특히 즉시항고를 할 수 있는 경우 외에는 항고를 하지 못하는데(형사소송법 제403조 제1항), 공소사실 또는 적용법조의 추가·철회 또는 변경의 허가에 관한 결정은 판결 전의 소송절차에 관한 결정으로서, 그 결정에 관한 위법이 판결에 영향을 미친 경우에는 그 판결에 대하여 상소를 하는 방법으로만 불복할 수 있다(대판 2023.6.15. 2023도3038).

ㄹ. [×] 공소사실 또는 적용법조의 추가, 철회 또는 변경의 허가에 관한 결정은 판결전의 소송절차에 관한 결정[22]이라 할 것이므로 당사자가 이에 대하여 독립하여 상소할 수 없고, 다만 그 결정을 함에 있어서 저지른 위법이 판결에 영향을 미친 경우에 한하여 그 판결에 대하여 상소를 하여 다툼으로써 불복하여야 한다(대결 1987.3.28. 87모17).

정답 ②

---

22) 법원의 관할 또는 판결 전의 소송절차에 관한 결정에 대하여는 특히 즉시항고를 할 수 있는 경우 외에는 항고하지 못한다(제403조 제1항).

017 甲은 2019.8.1. A에게 X건물을 2억 원에 매도하였다. 甲은 A로부터 2019.8.1. 계약금 2,000만 원, 2019.9.1. 중도금 8,000만 원을 지급받았다. 그런데 甲은 2019.11.1. A로부터 잔금 1억 원을 지급받고 소유권이전등기 관련 서류를 교부해 주기로 하였음에도 2019.10.1. B에게 X건물을 매매대금 3억 원에 매도하면서, B로부터 매매대금 전액을 지급받고 2019.10.30. B에게 그 소유권이전등기를 마쳐 주었다. 이에 관한 설명 중 옳은 것[○]과 옳지 않은 것[×]을 올바르게 조합한 것은? (다툼이 있으면 판례에 의함) [20 변호사]

⊙ A로부터 중도금을 지급받은 甲은 '타인의 사무를 처리하는 자'에 해당하여 배임죄의 죄책을 진다.

© 만약 甲이 B와의 매매계약에 따라 B로부터 계약금만 지급받은 뒤 더 이상의 계약이행에 나아가지 않았더라도 그러한 甲의 행위는 배임죄의 실행의 착수에 이른 것이므로 A에 대한 배임미수죄에 해당한다.

© 만약 甲이 A에게 X건물을 증여하고 증여의 의사를 서면으로 표시한 상황에서 B에게 X건물을 매도하여 그 소유권이전등기를 마쳐 준 경우라면, 배임죄의 죄책을 지지 않는다.

② 만약 A가 甲의 사촌동생이고 甲의 위 행위로 인한 이득액이 5억 원 이상이라면 이는 특정경제범죄가중처벌등에관한법률위반(배임)죄에 해당하나 친족상도례 규정이 적용된다.

◎ 만약 甲이 Y건물을 추가로 이중매매하였고 검사가 甲의 X, Y건물에 대한 배임행위를 포괄하여 특정경제범죄가중처벌등에관한법률위반(배임)죄로 기소하였는데 법원 심리결과 단순 배임죄의 경합범으로 확인되었다면, 법원은 공소장변경이 없더라도 단순 배임죄의 경합범으로 유죄를 인정할 수 있다.

① ⊙ [○], © [○], © [○], ② [○], ◎ [○]　　② ⊙ [×], © [○], © [×], ② [○], ◎ [×]

③ ⊙ [○], © [×], © [×], ② [○], ◎ [○]　　④ ⊙ [○], © [×], © [○], ② [×], ◎ [○]

⑤ ⊙ [×], © [○], © [○], ② [×], ◎ [×]

해설

⊙ [○], © [×] 부동산 매매계약에서 중도금이 지급되는 등 계약이 본격적으로 이행되는 단계에 이른 때에는 계약이 취소되거나 해제되지 않는 한 매도인은 매수인에게 부동산의 소유권을 이전할 의무에서 벗어날 수 없으므로 매도인은 매수인에게 매수인의 재산보전에 협력하여 재산적 이익을 보호·관리할 신임관계에 있게 되고, 그때부터 배임죄에서 말하는 '타인의 사무를 처리하는 자'에 해당한다고 보아야 한다. 그러한 지위에 있는 매도인이 매수인에게 부동산의 소유권을 이전해 주기 전에 부동산을 제3자에게 처분하여 등기를 하는 행위는 매수인의 부동산 취득이나 보전에 지장을 초래하는 행위로서 배임죄가 성립하고, 이러한 법리는 서면에 의한 부동산 증여계약에도 마찬가지로 적용된다(대판 2018.12.13. 2016도19308). ⊙과 © 모두 甲은 배임의 죄책을 진다.

© [×] 부동산 이중양도에 있어서 매도인이 제2차 매수인으로부터 계약금만을 지급받고 중도금을 수령한 바 없다면, 배임죄의 실행의 착수가 있었다고 볼 수 없다(대판 2010.4.29. 2009도14427). 甲은 배임미수죄의 죄책을 지지 아니한다.

② [○] 형법상 횡령죄의 성질은 특정경제범죄 가중처벌 등에 관한 법률 제3조 제1항에 의해 가중처벌되는 경우에도 그대로 유지되고 친족상도례에 관한 형법 제361조, 제328조가 그대로 적용된다(대판 2013.9.13. 2013도7754). 甲의 특경법위반(배임)죄에 대하여도 친족상도례가 적용된다. 이 판례는 사안이 다르지만 설문과 같은 사례에도 그대로 적용될 수 있다.

◎ [○] 법원이 동일한 범죄사실을 가지고 포괄일죄로 보지 아니하고 실체적 경합관계에 있는 수죄로 인정하였다고 하여도 이는 다만 죄수에 관한 법률적 평가를 달리한 것에 불과할 뿐이지 소추대상인 공소사실과 다른 사실을 인정한 것도 아니고 또 피고인의 방어권행사에 실질적으로 불이익을 초래할 우려도 없어서 불고불리의 원칙에 위반되는 것이 아니다(대판 2005.10.28. 2005도5996). 법원은 공소장변경이 없더라도 단순 배임죄의 경합범으로 유죄를 인정할 수 있다.

정답 ③

018 X건설회사의 공동대표인 甲과 乙은 공무원 A에게 뇌물을 제공하여 관급공사를 수주하기로 공모한 다음 A에게 시가 2,000만원 상당의 자동차와 현금 2,000만원을 공여하였는데, 다만 자동차에 대한 등록명의는 X건설회사 앞으로 하였다. 한편 乙은 위 회사 주차장에서 주차 시비가 붙은 B를 폭행하였고, 甲은 이를 목격하였다. 甲은 뇌물공여죄로, 乙은 뇌물공여죄 및 폭행죄로, A는 뇌물수수죄로 각 기소되어 함께 재판받고 있다. 이에 관한 설명 중 옳지 않은 것을 모두 고른 것은? (다툼이 있으면 판례에 의함) [21 변호사]

> ㉠ 뇌물공여죄와 뇌물수수죄는 필요적 공범의 관계에 있고, 뇌물공여죄가 성립하기 위하여는 뇌물을 공여하는 행위와 상대방 측에서 금전적으로 가치가 있는 그 물품 등을 받아들이는 행위가 필요하므로 A의 뇌물수수죄가 성립되지 않는다면 甲과 乙의 뇌물공여죄도 성립하지 않는다.
>
> ㉡ 자동차를 뇌물로 수수한 경우 자동차등록원부에 뇌물수수자가 그 소유자로 등록되어야 할 뿐만 아니라 자동차의 사실상 소유자로서 자동차에 대한 실질적인 사용 및 처분권한이 있어야 자동차 자체를 뇌물로 취득한 것으로 볼 수 있다.
>
> ㉢ 만약 A가 현금 2,000만원 자체를 뇌물로 받은 것이 아니라 그 직무에 관하여 2,000만원을 무이자로 차용한 것으로 밝혀진 경우에는 그 차용 당시에 금융이익 상당의 뇌물을 수수한 것으로 보아야 하므로 그 공소시효는 금전을 무이자로 차용한 때로부터 기산한다.
>
> ㉣ 甲이 제1심 공판절차의 피고인신문 과정에서 '乙이 B를 폭행한 것을 보았다'고 진술하였다면, 위와 같은 甲의 법정진술은 乙의 폭행에 관한 유죄의 증거로 쓸 수 있다.
>
> ㉤ 만약 乙이 집행유예 기간 중에 위 뇌물공여와 폭행의 범행을 저질렀다면, 설령 법원이 형을 선고할 때 그 집행유예가 실효되거나 취소됨이 없이 그 유예기간이 경과한 경우라 하더라도 집행유예의 선고가 불가능하다.

① ㉡, ㉢   ② ㉠, ㉡, ㉤   ③ ㉠, ㉢, ㉣

④ ㉠, ㉡, ㉣, ㉤   ⑤ ㉠, ㉢, ㉣, ㉤

해설

㉠ [×] 뇌물공여죄가 성립하기 위하여는 뇌물을 공여하는 행위와 상대방 측에서 금전적으로 가치가 있는 그 물품 등을 받아들이는 행위가 필요할 뿐 반드시 상대방 측에서 뇌물수수죄가 성립하여야 하는 것은 아니다(대판 2013.11.28. 2013도9003). 설문의 경우 (A에게 뇌물수수의 고의가 없는 경우 등으로) A의 뇌물수수죄가 성립되지 않더라도 甲, 乙의 뇌물공여죄는 성립할 수 있다.

㉡ [×] 자동차를 뇌물로 제공한 경우 자동차등록원부에 뇌물수수자가 그 소유자로 등록되지 않았다고 하더라도 자동차의 사실상 소유자로서 자동차에 대한 실질적인 사용 및 처분권한이 있다면 자동차 자체를 뇌물로 취득한 것으로 보아야 한다(대판 2006.5.26. 2006도1716).

㉢ [○] 공무원이 그 직무에 관하여 금전을 무이자로 차용한 경우에는 그 차용 당시에 금융이익 상당의 뇌물을 수수한 것으로 보아야 하므로 그 공소시효는 금전을 무이자로 차용한 때로부터 기산한다(대판 2012.2.23. 2011도7282).

㉣ [×] 피고인과 별개의 범죄사실로 기소되어 병합심리되고 있던 공동피고인은 피고인에 대한 관계에서는 증인의 지위에 있음에 불과하므로, 선서없이 한 그 공동피고인의 법정진술은 피고인에 대한 공소범죄사실을 인정하는 증거로 할 수 없다(대판 1982.6.22. 82도898). 폭행죄에 대하여는 甲과 乙은 공범 아닌 공동피고인의 관계에 있다. 따라서 甲은 乙의 폭행사건에 대하여는 증인의 지위에 있음에 불과하므로 甲이 (선서한) 증인의 지위에서가 아니라 피고인신문 과정에서 '乙이 B를 폭행한 것을 보았다'고 진술한 경우 이는 乙의 폭행에 관한 유죄의 증거로 쓸 수 없다.

ⓜ [×] 집행유예기간 중에 범한 죄에 대하여 형을 선고할 때에,

[1] 집행유예의 결격사유를 정하는 형법 제62조 제1항 단서 소정의 요건에 해당하는 경우란 이미 집행유예가 실효 또는 취소된 경우와 그 선고 시점에 미처 유예기간이 경과하지 아니하여 형 선고의 효력이 실효되지 아니한 채로 남아 있는 경우로 국한되고, [2] 집행유예가 실효 또는 취소됨이 없이 유예기간을 경과한 때에는 위 단서 소정의 요건에 해당하지 않는다고 할 것이므로 집행유예기간 중에 범한 범죄라고 할지라도 집행유예가 실효 또는 취소됨이 없이 그 유예기간이 경과한 경우에는 이에 대해 다시 집행유예의 선고가 가능하다(대판 2007.7.27. 2007도768). 법원은 뇌물공여죄와 폭행죄에 대하여 집행유예를 선고할 수 있다.

정답 ④

019 다음 사실관계에 관한 설명 중 옳지 않은 것을 모두 고른 것은? (다툼이 있는 경우 판례에 의함) [23 변호사]

> (가) 甲은 2018. 5.경 저금리 대출을 해주겠다고 전화로 거짓말을 하여 금원을 편취하는 소위 보이스피싱 범죄단체에 가입한 후 실제로 위와 같이 보이스피싱 범행을 하였다. 乙은 2019. 7.경 甲으로부터 적법한 사업운영에 필요하니 은행계좌, 현금카드, 비밀번호를 빌려달라는 부탁을 받고 甲이 이를 보이스피싱 범행에 사용할 것임을 알지 못한 채 乙 명의의 은행계좌 등을 甲에게 건네주었다. A는 甲으로부터 보이스피싱 기망을 당해 乙 명의의 은행계좌에 1,000만 원을 입금하였다. 乙은 1,000만 원이 입금된 사실을 우연히 알게 되자 순간적으로 욕심이 나 이를 임의로 인출하여 사용하였다.
>
> (나) 이에 화가 난 甲은 乙에게 전화하여 "A가 입금한 1,000만 원을 돌려주지 않으면 죽여버린다."라고 말하였는데, 乙은 甲의 이러한 협박 발언을 녹음한 후, 자신의 동생 丙에게 『내 계좌에 모르는 사람으로부터 1,000만 원이 입금되어 있기에 사용했는데, 이를 안 甲이 나에게 돌려주지 않으면 죽여버린다고 협박했다.』 라는 내용의 문자메시지를 보냈다. 이후 A와 丙의 신고로 수사가 개시되어 甲이 기소되었고, 검사는 乙이 녹음한 녹음파일 중 甲의 협박 발언 부분 및 문자메시지를 촬영한 사진을 증거로 신청하였다.

> ㄱ. (가) 사실관계에서, 甲에게 형법상 범죄단체활동죄와 별개로 사기죄도 성립한다.
> ㄴ. (가) 사실관계에서, 乙에게는 횡령죄가 성립하지 않는다.
> ㄷ. (나) 사실관계에서, 검사의 입증취지가 甲이 위와 같이 협박한 사실인 경우, 乙이 녹음한 녹음파일 중 甲의 협박 발언 부분은 전문증거이다.
> ㄹ. (나) 사실관계에서, 검사의 입증취지가 甲이 위와 같이 협박한 사실인 경우, 문자메시지를 촬영한 사진은 전문증거이다.

① ㄱ, ㄴ   ② ㄱ, ㄷ   ③ ㄴ, ㄷ
④ ㄴ, ㄹ   ⑤ ㄷ, ㄹ

해설

ㄱ. [○] 피고인이 보이스피싱 사기 범죄단체에 가입한 후 사기범죄의 피해자들로부터 돈을 편취하는 등 그 구성원으로서 활동하였다는 내용의 공소사실이 유죄로 인정된 사안에서, 범죄단체 가입행위 또는 범죄단체 구성원으로서 활동하는 행위와 사기행위는 각각 별개의 범죄구성요건을 충족하는 독립된 행위이고 서로 보호법익도 달라 법조경합 관계로 목적된 범죄인 사기죄만 성립하는 것은 아니라고 본 원심판단을 수긍한 사례(대판 2017.10.26. 2017도8600).

ㄴ. [×] 송금의뢰인이 다른 사람의 예금계좌에 자금을 송금·이체한 경우 특별한 사정이 없는 한 송금의뢰인과 계좌
명의인 사이에 그 원인이 되는 법률관계가 존재하는지 여부에 관계없이 계좌명의인(수취인)과 수취은행 사이에는
그 자금에 대하여 예금계약이 성립하고, 계좌명의인은 수취은행에 대하여 그 금액 상당의 예금채권을 취득한다.
이때 송금의뢰인과 계좌명의인 사이에 송금·이체의 원인이 된 법률관계가 존재하지 않음에도 송금·이체에 의
하여 계좌명의인이 그 금액 상당의 예금채권을 취득한 경우 계좌명의인은 송금의뢰인에게 그 금액 상당의 돈을
반환하여야 한다. 이와 같이 계좌명의인이 송금·이체의 원인이 되는 법률관계가 존재하지 않음에도 계좌이체에
의하여 취득한 예금채권 상당의 돈은 송금의뢰인에게 반환하여야 할 성격의 것이므로, 계좌명의인은 그와 같이
송금·이체된 돈에 대하여 송금의뢰인을 위하여 보관하는 지위에 있다고 보아야 한다. 따라서 계좌명의인이 그와
같이 송금·이체된 돈을 그대로 보관하지 않고 영득할 의사로 인출하면 횡령죄가 성립한다(대판(전) 2018.7.19.
2017도17494).

ㄷ. [×] "정보통신망을 통하여 공포심이나 불안감을 유발하는 글을 반복적으로 상대방에게 도달하게 하는 행위를
하였다"는 공소사실에 대하여 휴대전화기에 저장된 문자정보가 그 증거가 되는 경우와 같이 그 문자정보가 범행
의 직접적인 수단이 될 뿐 경험자의 진술에 갈음하는 대체물에 해당하지 않는 경우에는 전문법칙이 적용될 여지
가 없다(대판 2008.11.13. 2006도2556).

ㄹ. [○] (피해자 A가 남동생 B에게 도움을 요청하면서 피고인이 협박한 말을 포함하여 공갈 등 피해를 입은 내용이
들어 있는) 문자메시지의 내용을 촬영한 사진은 피해자의 진술서에 준하는 것으로 취급함이 상당할 것인바, 진술
서에 관한 형사소송법 제313조에 따라 문자메시지의 작성자인 A가 법정에 출석하여 자신이 문자메시지를 작성하
여 동생에게 보낸 것과 같음을 확인하고, 동생인 B도 법정에 출석하여 A가 보낸 문자메시지를 촬영한 사진이
맞다고 확인한 이상, 문자메시지를 촬영한 사진은 그 성립의 진정함이 증명되었다고 볼 수 있으므로 이를 증거로
할 수 있다(대판 2010.11.25. 2010도8735).
▶ 판례의 취지에 의할 때 A와 B가 법정에 출석하여 A는 사진 속 문자메시지의 내용이 자신이 작성해 보낸 것과
동일함을 확인하고, B는 A가 보낸 문자메시지를 촬영한 사진이 맞다고 확인한 때에는 증거로 사용할 수 있다.

정답 ③

020 피고인 甲은 성폭력범죄의처벌등에관한특례법위반(특수강도강간등)죄로 기소되었다. 피고인이 모두진술에
서 공소사실을 전부 인정함에 따라 제1심법원은 간이공판절차에 의하여 심판할 것을 결정하였다. 공판절차에
검사가 작성한 수사기록과 사법경찰관 작성의 참고인진술조서 등의 증거가 제출되었고, 이에 제1심법원은 상
당하다고 인정되는 방법으로 증거조사하였다. 피고인 甲은 1심에서 유죄를 선고받고 항소하였다. 이 경우 다
음 설명 중 옳지 않은 것을 모두 고른 것은? (다툼이 있으면 판례에 의함) [13 변호사]

> ㉠ 피고인 甲의 진술이 자백이 되려면 공판정에서 공소장 기재사실을 인정하고 나아가 위법성이나 책
> 임의 조각사유가 되는 사실을 진술하지 않는 것으로 충분하지 않고, 명시적으로 유죄를 자인하는
> 진술까지 하여야 한다.
> ㉡ 甲은 간이공판절차 개시결정에 대하여 항고할 수 없다.
> ㉢ 위 간이공판절차에서 법원은 증거조사결과에 대하여 반드시 피고인 甲의 의견을 물어야 한다.
> ㉣ 사법경찰관 작성 참고인진술조서는 검사, 피고인 甲 또는 변호인이 이의를 하지 아니하는 한 증거에
> 대하여 동의가 있는 것으로 간주된다.
> ㉤ 항소심에서 피고인 甲이 범행을 부인하는 경우 제1심법원이 증거로 할 수 있었던 증거는 새로이
> 증거조사를 거쳐야만 항소심에서도 증거로 할 수 있다.

① ㉠, ㉤ ② ㉢, ㉤ ③ ㉠, ㉡, ㉣
④ ㉠, ㉢, ㉤ ⑤ ㉡, ㉢, ㉣

㉠ [×] 간이공판절차 결정의 요건인 '공소사실의 자백'이라 함은 공소장 기재사실을 인정하고 나아가 위법성이나 책임조각사유가 되는 사실을 진술하지 아니하는 것으로 충분하고 명시적으로 유죄를 자인하는 진술이 있어야 하는 것은 아니다(대판 1987.8.18. 87도1269).

㉡ [○] 간이공판절차 개시결정은 판결 전의 소송절차에 관한 결정이므로 이에 대하여 항고하지 못한다(형사소송법 제403조 제1항).

㉢ [×] 간이공판절차에서는 증거조사 결과에 대하여 피고인의 의견을 묻는 규정은 적용되지 아니한다(형사소송법 제293조, 제297조의2).

㉣ [○] 간이공판절차 개시결정이 있는 경우 전문증거에 대하여 증거동의가 있는 것으로 간주한다. 단, 검사, 피고인 또는 변호인이 증거로 함에 이의가 있는 때에는 그러하지 아니하다(형사소송법 제318조의3). 따라서 옳은 지문이다.

㉤ [×] 항소심에 이르러 범행을 부인하였다고 하더라도 제1심법원에서 증거로 할 수 있었던 증거는 항소법원에서도 증거로 할 수 있는 것이므로 제1심법원에서 이미 증거능력이 있었던 증거는 항소심에서도 증거능력이 그대로 유지되어 심판의 기초가 될 수 있고 다시 증거조사를 할 필요가 없다(대판 2005.3.11. 2004도8313).

정답 ④

---

021 다음 사실관계에 관한 설명 중 옳지 않은 것을 모두 고른 것은? (다툼이 있는 경우 판례에 의함) [23 변호사]

○ 甲과 乙은 소위 날치기 범행을 공모한 후 함께 차를 타고 범행 대상을 물색하던 중, 은행에서 나와 거리를 걷고 있는 A를 발견하였다. 甲은 하차 후 A의 뒤에서 접근하여 A 소유의 자기앞수표(액면금 1억 원) 총 5매가 들어있는 손가방의 끈을 갑자기 잡아당겼는데, A는 빼앗기지 않으려고 버티다가 바닥에 넘어진 상태로 약 5미터 가량을 끌려가다 힘이 빠져 손가방을 놓쳤다. 甲은 이를 틈타 A의 손가방을 들고, 현장에서 대기하고 있던 乙이 운전하는 차를 타고 도망갔다.

○ 그 뒤 甲은 본인 명의의 계좌를 새로 개설하여 위 자기앞수표 총 5매를 모두 입금하였다가, 며칠 뒤 다시 5억 원 전액을 현금으로 인출한 후, 甲과 따로 살고 있는 사촌 형 丙에게 위 사실관계를 모두 말해 주면서 위 현금 5억 원을 당분간 보관해 달라고 부탁하였다. 이에 동의한 丙은 그 돈을 건네받아 보관하던 중, A의 신고로 수사가 개시되었고 甲, 乙, 丙이 함께 기소되어 공동피고인으로 재판이 계속 중이다.

ㄱ. 甲에게 특수강도죄가 성립한다.
ㄴ. 甲에게 「특정경제범죄 가중처벌 등에 관한 법률」 제3조를 적용하여 가중처벌할 수 있다.
ㄷ. 丙에게 장물보관죄가 성립하지 않는다.
ㄹ. 만약 丙에게 장물보관죄가 성립한다면, 丙에 대한 장물보관죄에 대하여는 甲과 丙 사이의 친족관계를 이유로 그 형을 감경 또는 면제하여야 한다.
ㅁ. 甲의 손가방 탈취 범행의 유죄 입증과 관련하여, 자백 취지의 乙에 대한 사법경찰관 작성 피의자신문조서에 대하여 甲이 법정에서 내용부인하더라도, 「형사소송법」 제314조에 의해서 증거능력을 인정할 수 있다.
ㅂ. 甲의 손가방 탈취 범행의 유죄 입증과 관련하여, 甲과 丙은 서로의 범죄사실에 관하여는 증인의 지위에 있으므로 증인선서 없이 한 丙의 법정진술은 甲의 증거동의가 없는 한 증거능력이 없다.

① ㄱ, ㄴ, ㄹ
② ㄴ, ㄷ, ㅁ
③ ㄷ, ㄹ, ㅁ
④ ㄴ, ㄷ, ㄹ, ㅁ
⑤ ㄷ, ㄹ, ㅁ, ㅂ

ㄱ. [O] [1] 소위 '날치기'와 같이 강제력을 사용하여 재물을 절취하는 행위가 때로는 피해자를 넘어뜨리거나 상해를 입게 하는 경우가 있고, 그 강제력의 행사가 사회통념상 객관적으로 상대방의 반항을 억압하거나 항거 불능케 할 정도의 것이라면 이는 강도죄의 폭행에 해당한다. 그러므로 날치기 수법의 점유탈취 과정에서 이를 알아채고 재물을 뺏기지 않으려는 상대방의 반항에 부딪혔음에도 계속하여 피해자를 끌고 가면서 억지로 재물을 빼앗은 행위는 피해자의 반항을 억압한 후 재물을 강취한 것으로서 강도에 해당한다.

[2] 날치기 수법으로 피해자가 들고 있던 가방을 탈취하면서 가방을 놓지 않고 버티는 피해자를 5m 가량 끌고 감으로써 피해자의 무릎 등에 상해를 입힌 경우, 반항을 억압하기 위한 목적으로 가해진 강제력으로서 그 반항을 억압할 정도에 해당한다고 보아 강도치상죄의 성립을 인정한 사례(대판 2007.12.13. 2007도7601).

ㄴ. [×]

> **특정경제범죄 가중처벌 등에 관한 법률3조(특정재산범죄의 가중처벌)** ① 「형법」 제347조(사기), 제347조의2
> (컴퓨터등 사용사기), 제350조(공갈), 제350조의2(특수공갈), 제351조(제347조, 제347조의2, 제350조 및 제350
> 조의2의 상습범만 해당한다), 제355조(횡령 · 배임) 또는 제356조(업무상의 횡령과 배임)의 죄를 범한 사람은
> 그 범죄행위로 인하여 취득하거나 제3자로 하여금 취득하게 한 재물 또는 재산상 이익의 가액(이하 이 조에
> 서 "이득액"이라 한다)이 5억원 이상일 때에는 다음 각 호의 구분에 따라 가중처벌한다.
>   1. 이득액이 50억원 이상일 때: 무기 또는 5년 이상의 징역
>   2. 이득액이 5억원 이상 50억원 미만일 때: 3년 이상의 유기징역
> ② 제1항의 경우 이득액 이하에 상당하는 벌금을 병과(倂科)할 수 있다.

▶ 절도는 특경법의 적용대상이 아니다.

ㄷ. [×] 장물이라 함은 재산범죄로 인하여 취득한 물건 그 자체를 말하고, 그 장물의 처분 대가는 장물성을 상실하는 것이지만, 금전은 고도의 대체성을 가지고 있어 다른 종류의 통화와 쉽게 교환할 수 있고, 그 금전 자체는 별다른 의미가 없고 금액에 의하여 표시되는 금전적 가치가 거래상 의미를 가지고 유통되고 있는 점에 비추어 볼 때, 장물인 현금을 금융기관에 예금의 형태로 보관하였다가 이를 반환받기 위하여 동일한 액수의 현금을 인출한 경우에 예금계약의 성질상 인출된 현금은 당초의 현금과 물리적인 동일성은 상실되었지만 액수에 의하여 표시되는 금전적 가치에는 아무런 변동이 없으므로 장물로서의 성질은 그대로 유지된다고 봄이 상당하고, 자기앞수표도 그 액면금을 즉시 지급받을 수 있는 등 현금에 대신하는 기능을 가지고 거래상 현금과 동일하게 취급되고 있는 점에서 금전의 경우와 동일하게 보아야 한다(대판 2000.3.10. 98도2579).

ㄹ. [×] 장물범과 본범 사이에 제328조 제1항의 신분관계가 있는 때에는 그 형을 감경 또는 면제한다(제365조 제2항). 그러나 제328조 제2항의 신분관계가 있을 때에는 친고죄에 해당하지 않는다. 제365조 제2항은 장물죄의 범인비호적 성격이 반영된 규정이다.

> **제365조(친족간의 범행)** ① 전3조의 죄(장물죄, 상습장물죄, 업무상과실 · 중과실장물죄)를 범한 자와 피해자
> 간에 제328조 제1항, 제2항의 신분관계가 있는 때에는 동조의 규정을 준용한다.
> ② 전3조의 죄를 범한 자와 본범간에 제328조 제1항의 신분관계가 있는 때에는 그 형을 감경 또는 면제한다.
> 단, 신분관계가 없는 공범에 대하여는 예외로 한다.
>
> **제328조(친족간의 범행과 고소)** ① 직계혈족, 배우자, 동거친족, 동거가족 또는 그 배우자간의 제323조의 죄는
> 그 형을 면제한다.
> ② 제1항 이외의 친족간에 제323조의 죄를 범한 때에는 고소가 있어야 공소를 제기할 수 있다.
> ③ 전2항의 신분관계가 없는 공범에 대하여는 전2항을 적용하지 아니한다.

ㅁ. [×] 당해 피고인과 공범관계가 있는 다른 피의자에 대한 사법경찰관 작성의 피의자신문조서는 그 피의자의 법정진술에 의하여 그 성립의 진정이 인정되더라도 당해 피고인이 공판기일에서 그 조서의 내용을 부인하면 증거능력이 부정되므로 그에 대하여는 형사소송법 제314조가 적용되지 아니한다(대판 2009.11.26. 2009도6602).

ㅂ. [O] 피고인과 별개의 범죄사실로 기소되어 병합심리되고 있던 공동피고인은 피고인에 대한 관계에서는 증인의 지위에 있음에 불과하므로, 선서없이 한 그 공동피고인의 법정 및 검찰진술은 피고인에 대한 공소범죄사실을 인정하는 증거로 할 수 없다(대판 1982.6.22. 82도898).

공동피고인인 절도범과 그 장물범은 서로 다른 공동피고인의 범죄사실에 관하여는 증인의 지위에 있다 할 것이므로, 피고인이 증거로 함에 동의한 바 없는 공동피고인에 대한 피의자신문조서는 공동피고인의 증언에 의하여 그 성립의 진정이 인정되지 아니하는 한 - 공동피고인의 법정진술에 의하여 성립의 진정이 인정되더라도(저자 주) - 피고인의 공소범죄사실을 인정하는 증거로 할 수 없다(대판 2006.1.12. 2005도7601).

정답 ④

022 甲은 장애인인 모친 A와 거주하며 적법하게 장애인사용자동차표지(보호자용)를 발급받아 사용하던 중, A와 주소지가 달라져 '장애인전용주차구역 주차표지가 있는 장애인사용자동차표지'가 실효되었음에도 이를 자신의 승용차에 그대로 비치한 채 아파트 주차장 내 장애인전용주차구역이 아닌 장소에 승용차를 주차하였다가 적발되었다. 이에 관한 설명 중 옳지 않은 것을 모두 고른 것은? (다툼이 있는 경우 판례에 의함) [24 변호사]

> ㄱ. 공문서부정행사죄는 구체적 위험범이므로, 본죄에 관한 범행의 주체, 객체 및 태양은 되도록 엄격하게 해석하여 처벌범위를 합리적인 범위 내로 제한하여야 한다.
>
> ㄴ. 甲이 장애인전용주차구역에 승용차를 주차하지 않았다고 하더라도 사용권한이 없는 장애인사용자동차표지를 승용차에 비치하여 마치 장애인이 사용하는 자동차인 것처럼 외부적으로 표시하였으므로 장애인사용자동차표지를 부정행사한 경우에 해당한다.
>
> ㄷ. 만약 판사 R이 甲에게 공문서부정행사죄로 약식명령을 발령하였고, 이를 송달받은 A가 甲을 위하여 법원에 甲의 이름만 기재하고 기명날인 또는 서명이 없는 정식재판청구서를 제출하였음에도 법원공무원이 보정을 구하지 않은 채 이를 접수하였다면, 법원은 위 정식재판청구에 대하여 기각결정을 할 수 없다.
>
> ㄹ. 아파트입주민 B가 甲에 대한 정식재판에 증인으로 소환받고도 출산을 앞두고 있다는 이유로 출석하지 아니한 경우, 甲이 증거로 함에 부동의한 B에 대한 사법경찰관 작성 진술조서는 「형사소송법」 제314조에 의하여 증거능력이 인정될 수 없다.
>
> ㅁ. 만약 약식명령을 발부한 판사 R이 甲에 대한 정식재판 절차의 항소심 제2차 공판까지 관여하였다가 제3차 공판에서 경질되어 그 판결에 관여하지 아니한 경우, 전심재판에 관여한 법관이 불복이 신청된 당해 사건의 재판에 관여하였다고 할 수 없다.

① ㄱ, ㄴ, ㄷ   ② ㄱ, ㄴ, ㄹ   ③ ㄱ, ㄷ, ㅁ
④ ㄴ, ㄷ, ㄹ   ⑤ ㄴ, ㄹ, ㅁ

해설

ㄱ. [×] 형법 제230조의 공문서부정행사죄는 공문서의 사용에 대한 공공의 신용을 보호법익으로 하는 범죄로서 추상적 위험범이다. 형법 제230조는 본죄의 구성요건으로 단지'공무원 또는 공무소의 문서 또는 도화를 부정행사한 자'라고만 규정하고 있어, 자칫 처벌범위가 지나치게 확대될 염려가 있으므로 본죄에 관한 범행의 주체, 객체 및 태양을 되도록 엄격하게 해석하여 처벌범위를 합리적인 범위 내로 제한하여야 한다(대판 2022.10.14. 2020도13344).

ㄴ. [×] 장애인사용자동차표지를 사용할 권한이 없는 사람이 장애인전용주차구역에 주차하는 등 장애인사용자동차에 대한 지원을 받을 것으로 합리적으로 기대되는 상황이 아닌 경우, 단순히 이를 자동차에 비치하였더라도 공문서부정행사죄가 성립하지 않는다(대판 2022.9.29. 2021도14514).

ㄷ. [×] 약식명령에 대한 정식재판의 청구는 서면으로 제출하여야 하고(형사소송법 제453조 제2항), 공무원 아닌 사람이 작성하는 서류에는 연월일을 기재하고 기명날인 또는 서명하여야 하고, 인장이 없으면 지장으로 한다(형

사소송법 제59조). 따라서 정식재판청구서에 청구인의 기명날인 또는 서명이 없다면 법령상의 방식을 위반한 것으로서 그 청구를 결정으로 기각하여야 한다. 이는 정식재판의 청구를 접수하는 법원공무원이 청구인의 기명날인이나 서명이 없음에도 불구하고 이에 대한 보정을 구하지 아니하고 적법한 청구가 있는 것으로 오인하여 청구서를 접수한 경우에도 마찬가지이다. 그러나 법원공무원의 위와 같은 잘못으로 인하여 적법한 정식재판청구가 제기된 것으로 신뢰한 피고인이 그 정식재판청구기간을 넘기게 되었다면, 이때 피고인은 자기가 '책임질 수 없는 사유'로 청구기간 내에 정식재판을 청구하지 못한 때에 해당하여 정식재판청구권의 회복을 구할 수 있다(대결 2023.2.13. 2022모1872).

ㄹ. [○] 공판기일에 증인으로 소환받고도 출산을 앞두고 있다는 이유로 출석하지 아니한 것은 특별한 사정이 없는 한 사망, 질병, 외국거주 기타 사유로 인하여 진술을 할 수 없는 때에 해당한다고 할 수 없어 형사소송법 제314조에 의한 증거능력이 있다고 할 수 없다(대판 1999.4.23. 99도915).

ㅁ. [○] 약식명령을 발부한 법관이 그 정식재판 절차의 항소심판결에 관여함은 형사소송법 제17조 제7호, 제18조 제1항 제1호 소정의 법관이 사건에 관하여 전심재판 또는 그 기초되는 조사심리에 관여한 때에 해당하여 제척, 기피의 원인이 되나, 제척 또는 기피되는 재판은 불복이 신청된 당해 사건의 판결절차를 말하는 것이므로 약식명령을 발부한 법관이 그 정식재판 절차의 항소심 공판에 관여한 바 있어도 후에 경질되어 그 판결에는 관여하지 아니한 경우는 전심재판에 관여한 법관이 불복이 신청된 당해 사건의 재판에 관여하였다고 할 수 없다(대판 1985.4.23. 85도281).

정답 ①

023 甲은 드라이버로 문을 열고 A의 집에 절도 목적으로 침입하였고, 순찰 중이던 경찰관 P는 A의 신고를 받고 즉시 현장에 출동하여 A 소유의 금 목걸이를 훔쳐서 A의 집에서 나오던 甲을 발견하고 적법하게 현행범으로 체포하면서 甲을 경찰차에 태우려고 하였다. 이에 甲은 친구 집에서 나온 것이라고 하면서 P의 체포에 저항하였고, 그 과정에서 P를 때려 2주간의 치료를 요하는 상해를 가하였다. 이에 검사는 甲을 절도, 공무집행방해와 상해로 기소하였다. 이에 관한 설명 중 옳지 않은 것을 모두 고른 것은? (다툼이 있으면 판례에 의함)

[21 변호사]

> ㉠ 甲이 현행범으로 체포되면서 그가 소지하고 있던 위 드라이버를 임의로 제출하였다고 하더라도 그로부터 48시간 이내에 영장을 받아야 계속 압수할 수 있고, 영장을 발부받지 못하였을 때에는 즉시 이를 반환하여야 한다.
> ㉡ 만약 법원이 절도 공소사실에 대하여 간이공판절차에 의하여 심판할 것을 결정하였다면 사법경찰관 작성의 A에 대한 참고인진술조서는 甲이 증거로 함에 동의한 것으로 간주되므로 甲이 이를 증거로 함에 이의를 제기하더라도 甲에 대한 유죄의 증거로 쓸 수 있다.
> ㉢ 만약 P가 적법절차를 준수하지 않은 채 실력으로 甲을 체포하려고 하였다면, 이는 적법한 공무집행으로 볼 수 없어 甲이 이에 저항하면서 P를 폭행하여 상해를 가하였다 하더라도 甲을 공무집행방해죄로 처벌할 수 없다.
> ㉣ 만약 甲이 주간에 A의 집에 침입하여 숨어 있다가 야간에 안방에 있던 A의 물건을 훔쳐서 나왔다면, 「형법」 제330조에 따른 야간주거침입절도가 성립한다.

① ㉠, ㉡   ② ㉠, ㉢   ③ ㉢, ㉣
④ ㉠, ㉡, ㉣   ⑤ ㉡, ㉢, ㉣

㉠ [×] 현행범 체포현장이나 범죄현장에서도 소지자 등이 임의로 제출하는 물건은 형사소송법 제218조에 의하여 영장 없이 압수하는 것이 허용되고, 이 경우 검사나 사법경찰관은 별도로 사후에 영장을 받을 필요가 없다(대판 2020.4.9. 2019도17142). 설문의 경우는 형사소송법 제218조에 의한 임의제출물의 압수에 해당하므로 사후영장을 발부받지 못했더라도 드라이버를 반환할 필요는 없다.

㉡ [×] 간이공판절차개시의 결정이 있는 사건의 증거에 관하여는 전문증거에 대하여 증거동의가 있는 것으로 간주한다. 단, 검사, 피고인 또는 변호인이 증거로 함에 이의가 있는 때에는 그러하지 아니하다(형사소송법 제318조의 3). 설문의 경우 甲이 A에 대한 참고인진술조서에 대하여 이의를 제기하였으므로 이 조서는 (전문법칙의 예외 요건을 충족하지 못하는 한) 甲에 대한 유죄의 증거로 쓸 수 없다.

㉢ [○] 공무집행방해죄는 공무원의 직무집행이 적법한 경우에 한하여 성립하고, 여기서 적법한 공무집행이 란 그 행위가 공무원의 추상적 권한에 속할 뿐 아니라 구체적 직무집행에 관한 법률상 요건과 방식을 갖춘 경우를 가리킨다(대판 2011.5.26. 2011도3682). P의 체포행위는 불법체포이므로 甲이 P를 폭행하여 상해를 가하였다 하더라도 甲을 공무집행방해죄로 처벌할 수 없다.

㉣ [×] 형법은 야간에 이루어지는 주거침입행위의 위험성에 주목하여 그러한 행위를 수반한 절도를 야간주거침입절도죄로 중하게 처벌하고 있는 것으로 보아야 하고, 따라서 주거침입이 주간에 이루어진 경우에는 야간주거침입절도죄가 성립하지 않는다고 해석하는 것이 타당하다(대판 2011.4.14. 2011도300).

정답 ④

---

024 甲은 A에 대한 강도상해죄로 기소되었다. 범행을 목격한 甲의 사촌동생 乙은 甲의 강도상해사건의 증인으로 출석하여 선서한 후, 허위의 진술을 하였다. 한편, 甲은 공소장부본을 송달받은 다음 날 국민참여재판을 신청하였다. 이에 관한 설명 중 옳지 않은 것은? (다툼이 있으면 판례에 의함) [16 변호사]

① 乙이 증언거부권을 고지받지 못함으로 인하여 그 증언거부권을 행사하는 데 사실상 장애가 초래되었다고 볼 수 있는 경우에는 위증죄의 성립이 부정된다.

② 만약 甲과 A 사이의 민사소송절차에서 乙이 증언거부권을 고지받지 않은 상태에서 선서와 허위의 진술을 한 경우, 乙에게는 위증죄가 성립한다.

③ 乙에게 위증죄가 성립하는 경우, 乙이 위 강도상해사건의 재판이 확정되기 전에 자백 또는 자수한 때에는 그 형을 감경 또는 면제한다.

④ 국민참여재판으로 진행하는 것은 상당하지 않다는 검사의 이의가 있어 공판준비기일에서 甲과 검사의 의견을 다시 들은 후 국민참여재판으로 진행하기로 결정하였는데, 이에 대해 검사가 항고한 경우, 법원은 항고기각결정을 해야 한다.

⑤ 법원이 甲의 국민참여재판 신청에 대해 배제결정 없이 통상의 공판절차로 재판을 진행하는 것은 위법하지만, 이러한 공판절차에서 이루어진 소송행위는 유효하다.

① [○] 헌법 제12조 제2항에 정한 불이익 진술의 강요금지 원칙을 구체화한 자기부죄거부특권에 관한 것이거나 기타 증언거부사유가 있음에도 증인이 증언거부권을 고지받지 못함으로 인하여 그 증언거부권을 행사하는 데 사실상 장애가 초래되었다고 볼 수 있는 경우에는 위증죄의 성립을 부정하여야 할 것이다(대판 2010.2.25. 2009도13257).

② [○] (형사소송절차와는 달리 증언거부권 고지 규정을 두지 아니한) 민사소송절차에서 재판장이 증인에게 증언거부권을 고지하지 아니하였다 하여 절차위반의 위법이 있다고 할 수 없고, 따라서 적법한 선서 절차를 마쳤음에도

허위진술을 한 증인에 대해서는 달리 특별한 사정이 없는 한 위증죄가 성립한다(대판 2011.7.28. 2009도14928).

③ [○] 위증죄에 있어서 재판이 확정되기 전에 자백 또는 자수한 때에는 그 형을 감경 또는 면제한다(형법 제153조).

④ [○] 국참법에 의하면 제1심 법원이 국민참여재판 대상사건을 피고인의 의사에 따라 국민참여재판으로 진행함에 있어 별도의 국민참여재판 개시결정을 할 필요는 없고, 그에 관한 이의가 있어 제1심 법원이 국민참여재판으로 진행하기로 하는 결정에 이른 경우 이는 판결전의 소송절차에 관한 결정에 해당하며 그에 대하여 특별히 즉시항고를 허용하는 규정이 없으므로 위 결정에 대하여는 항고할 수 없다(대결 2009.10.23. 2009모1032).

⑤ [×] 피고인이 법원에 국민참여재판을 신청하였음에도 불구하고 법원이 이에 대한 배제결정도 하지 않은 채 통상의 공판절차로 재판을 진행하는 것은 피고인의 국민참여재판을 받을 권리 및 법원의 배제결정에 대한 항고권 등의 중대한 절차적 권리를 침해한 것으로서 위법하다 할 것이고, 이와 같이 위법한 공판절차에서 이루어진 소송행위는 무효라고 보아야 한다(대판 2011.9.8. 2011도7106).

정답 ⑤

025 甲은 주점에서 여주인 A와 함께 술을 마시다가 단 둘만 남게 되자 A를 폭행·협박하여 반항을 억압한 상태에서 강간행위 실행 도중 범행현장에 있던 A 소유의 핸드백을 빼앗고 그 자리에서 강간행위를 계속한 후 핸드백을 가지고 도주하였다. A의 신고를 받고 현장에 출동한 사법경찰관 P는 테이블 위에 놓여 있던 A 소유의 맥주컵에서 甲의 지문 8점을 현장에서 직접 채취한 후, 해당 맥주컵을 압수하였다. 검사는 甲이 범행 직후 "내가 주점 여주인 A를 강간했다."라고 말하는 것을 들었다는 甲의 친구 B를 참고인으로 불러 조사한 후, 위 범죄사실과 관련하여 甲을 기소하면서 맥주컵에서 채취한 지문과 B에 대한 참고인진술조서 등을 증거로 제출하였다. 이에 관한 설명 중 옳지 않은 것을 모두 고른 것은? (다툼이 있으면 판례에 의함)   [22 변호사]

> ㉠ 위 사안은 강간범이 강도의 범의를 일으켜 그 부녀의 재물을 강취하는 경우로서, 甲에게는 강간죄와 강도죄의 경합범이 성립한다.
> ㉡ 위 맥주컵에 대한 P의 압수가 적법절차에 위반된 경우 해당 맥주컵에서 채취한 甲의 지문은 위법하게 압수한 지문채취 대상물로부터 획득한 2차적 증거에 해당하여 원칙적으로 증거능력이 없다.
> ㉢ 제1회 공판기일에 증인으로 출석한 B가 검사 앞에서의 진술과 달리 범행 직후 甲이 자신에게 "내가 주점 여주인 A를 강간했다."라고 말했는지 정확히 기억이 나질 않는다고 증언하자, 검사가 B를 다시 소환하여 추궁한 후 증언내용을 번복하는 진술조서를 작성하여 이를 증거로 제출하고, 그 후 공판기일에 B가 다시 법정에 출석하여 그 진술조서의 성립의 진정함을 인정하고 피고인 측에 반대신문의 기회가 부여된 경우 그 진술조서의 증거능력은 인정된다.
> ㉣ 제1심 법원이 甲이 국민참여재판을 원하는지에 대한 의사확인 절차를 거치지 아니하고 통상의 공판절차로 재판을 진행한 경우 제1심의 공판절차는 위법하고 항소심에서도 그 하자의 치유가 인정될 수 없다.

① ㉣   ② ㉠, ㉢   ③ ㉡, ㉣
④ ㉠, ㉡, ㉢   ⑤ ㉠, ㉡, ㉢, ㉣

해설

㉠ [×] 강간범이 강간행위 후에 강도의 범의를 일으켜 그 부녀의 재물을 강취하는 경우에는 강도강간죄가 아니라 강간죄와 강도죄의 경합범이 성립될 수 있을 뿐이지만, 강간행위의 종료 전 즉, 그 실행행위의 계속 중에 강도의 행위를 할 경우에는 이때에 바로 강도의 신분을 취득하는 것이므로 이후에 그 자리에서 강간행위를 계속하는 때에는 강도가 부녀를 강간한 때에 해당하여 강도강간죄를 구성한다(대판 2010.12.9. 2010도9630).

ⓒ [×] 범행 현장에서 지문채취 대상물(맥주병, 맥주컵, 물컵)에 대한 지문채취가 먼저 이루어진 이상, 수사기관이 그 이후에 지문채취 대상물을 적법한 절차에 의하지 아니한 채 압수하였다고 하더라도 위와 같이 채취된 지문은 위법하게 압수한 지문채취 대상물로부터 획득한 2차적 증거에 해당하지 아니함이 분명하여 이를 가리켜 위법수집증거라고 할 수 없다(대판 2008.10.23. 2008도7471).

ⓒ [×] 공판준비 또는 공판기일에서 이미 증언을 마친 증인을 검사가 소환한 후 피고인에게 유리한 그 증언 내용을 추궁하여 이를 일방적으로 번복시키는 방식으로 작성한 진술조서는 피고인이 증거로 할 수 있음에 동의하지 아니하는 한 그 증거능력이 없다고 하여야 할 것이고, 그 후 원진술자인 종전 증인이 다시 법정에 출석하여 증언을 하면서 그 진술조서의 성립의 진정함을 인정하고 피고인측에 반대신문의 기회가 부여되었다고 하더라도 그 증언 자체를 유죄의 증거로 할 수 있음은 별론으로 하고 위와 같은 진술조서의 증거능력이 없다는 결론은 달리할 것이 아니다(대판 2008.9.25. 2008도6985). 공판기일에 B가 다시 법정에 출석하여 진술조서의 성립의 진정함을 인정하고 피고인 측에 반대신문의 기회가 부여된 경우라도 진술조서의 증거능력은 부정된다.

ⓔ [×] 피고인이 항소심에서 국민참여재판을 원하지 아니한다고 하면서 (국민참여재판의 대상사건임을 간과하여 피고인의 의사를 확인하지 아니한 채 통상의 공판절차로 재판을 진행한) 제1심의 절차적 위법을 문제삼지 아니할 의사를 명백히 표시하는 경우에는 그 하자가 치유되어 제1심 공판절차는 전체로서 적법하게 된다고 봄이 상당하지만, 제1심 공판절차의 하자가 치유된다고 보기 위해서는 피고인에게 국민참여재판절차 등에 관한 충분한 안내가 이루어지고 그 희망 여부에 관하여 숙고할 수 있는 상당한 시간이 사전에 부여되어야 한다(대판 2013.1.31. 2012도13896).

정답 ⑤

---

026 甲과 乙은 카드 뒷면에 형광물질로 표시를 하여 특수한 콘택트렌즈를 끼면 상대의 패를 볼 수 있는 특수카드를 이용하여 사기도박을 하기로 공모하고, 피해자 A와 B를 도박장소에 유인하여 처음 40분 동안은 정상적인 도박을 하다가 몰래 특수카드로 바꾼 다음 피해자들의 패를 보면서 도박을 하여 피해자들로부터 각 1,000만 원을 편취하였다. 甲과 乙은 위 범행으로 기소되어 공동피고인으로 재판을 받게 되었다. 이에 관한 설명으로 옳은 것을 모두 고른 것은? (다툼이 있으면 판례에 의함)   [22 변호사]

> ⓐ 甲과 乙이 처음 40분 동안 한 도박은 사기죄의 실행행위에 포함되는 것이어서 별도로 도박죄가 성립하지 않는다.
> ⓑ A가 甲과 동거하지 않는 사촌관계인 경우 A가 甲과 乙을 고소하였다가 제1심 법정에서 甲에 대한 고소를 취소하였다면, 법원은 甲과 乙의 A에 대한 사기죄에 대하여 모두 공소기각 판결을 선고하여야 한다.
> ⓒ 甲이 제1심 법정에서 '乙과 함께 사기도박범행을 저지른 것이 맞다'고 자백하였다면 위 자백은 乙의 반대신문권이 보장되어 있어 독립한 증거능력이 있다.
> ⓓ 검찰에서 B에 대한 참고인진술조서가 작성되고 B가 제1심 법정에 증인으로 출석하여 정당한 사유 없이 증언을 거부하였다면 위 진술조서는 특별한 사정이 없는 한 형사소송법 제314조에 따라 증거능력이 있다.

① ⓐ, ⓑ   ② ⓐ, ⓒ   ③ ⓑ, ⓓ
④ ⓒ, ⓓ   ⑤ ⓐ, ⓒ, ⓓ

해설

ⓐ [○] 피고인 등이 사기도박에 필요한 준비를 갖추고 그러한 의도로 피해자들에게 도박에 참가하도록 권유한 때 또는 늦어도 그 정을 알지 못하는 피해자들이 도박에 참가한 때에는 이미 사기죄의 실행에 착수하였다고 할 것이

므로, 피고인 등이 그 후에 사기도박을 숨기기 위하여 얼마간 정상적인 도박을 하였더라도 이는 사기죄의 실행행위에 포함되는 것이어서 피고인에 대하여는 피해자들에 대한 사기죄만이 성립하고 도박죄는 따로 성립하지 아니한다(대판 2011.1.13. 2010도9330). 처음 40분 동안 한 도박은 사기죄의 실행행위에 포함되는 것이어서 별도로 도박죄가 성립하지 않는다.

ⓛ [×] 상대적 친고죄에 있어서의 피해자의 고소취소는 친족관계 없는 공범자에게는 그 효력이 미치지 아니한다(대판 1964.12.15. 64도481). A가 甲과 乙을 사기죄로 고소하였다가 제1심 법정에서 甲에 대한 고소를 취소하였다면 법원은 甲에 대하여는 공소기각판결을, 乙에 대하여는 유무죄의 실체재판을 하여야 한다.

ⓒ [○] 공동피고인의 자백은 이에 대한 피고인의 반대신문권이 보장되어 있어 증인으로 신문한 경우와 다를 바 없으므로 독립한 증거능력이 있다(대판 2007.10.11. 2007도5577).

ⓔ [×] 수사기관에서 진술한 참고인이 법정에서 증언을 거부하여 피고인이 반대신문을 하지 못한 경우에는 정당하게 증언거부권을 행사한 것이 아니라도 피고인이 증인의 증언거부 상황을 초래하였다는 등의 특별한 사정이 없는 한 형사소송법 제314조의 '그 밖에 이에 준하는 사유로 인하여 진술할 수 없는 때'에 해당하지 않는다(대판(전) 2019.11.21. 2018도13945). B가 정당한 사유 없이 증언을 거부하였다면 참고인진술조서는 특별한 사정이 없는 한 형사소송법 제314조에 따라 증거능력을 인정할 수 없다.

정답 ②

027 X회사 대표이사 A는 X회사의 자금 3억 원을 횡령한 혐의로 구속·기소되었다. A의 변호인 甲은 구치소에서 의뢰인 A를 접견하면서 선처를 받기 위해서는 횡령금을 모두 X회사에 반환한 것으로 해야 하는데, 반환할 돈이 없으니 A의 지인 乙의 도움을 받아서 X회사 명의의 은행계좌로 돈을 입금한 후 이를 돌려받는 이른바 '돌려막기 방법'을 사용하자고 했다. 며칠 후 甲은 乙을 만나 이러한 방법을 설명하고 乙을 안심시키기 위해 민·형사상 아무런 문제가 되지 않는다는 내용의 법률의견서를 작성해 주었다. 이러한 甲과 乙의 모의에 따라 乙은 5차례에 걸쳐 X회사에 돈을 입금한 후 은행으로부터 받은 입금확인증 5장(반환금 합계 3억 원)을 甲에게 전달했다. 甲은 A의 제1심 재판부에 이를 제출하면서 횡령금 전액을 X회사에 반환하였으니 선처를 해달라는 취지의 변론요지서를 제출하였고, 보석허가신청도 하였다. 이에 대해 제1심 재판부는 A에 대해 보석허가결정을 하였다. 이에 관한 설명 중 옳지 않은 것은? (다툼이 있는 경우 판례에 의함)   [23 변호사]

① 증거위조죄에서 말하는 '증거'에는 범죄 또는 징계사유의 성립 여부에 관한 것뿐만 아니라 형 또는 징계의 경중에 관계있는 정상을 인정하는 데 도움이 될 자료까지 포함되므로, 위 사례의 입금확인증은 증거위조죄의 객체인 '증거'에 해당한다.

② 증거위조죄 성립 여부와 관련하여 증거위조죄가 규정한 '증거의 위조'란 '증거방법의 위조'를 의미하는 것이 아니므로, 위조에 해당하는지 여부는 증거방법 자체를 기준으로 하여야 하는 것이 아니라 그것을 통해 증명하려는 사실이 허위인지 진실인지 여부에 따라 결정되어야 한다.

③ 甲과 乙에게 증거위조죄 및 위조증거사용죄가 성립하지 않는다.

④ 甲이 乙에게 작성해 준 법률의견서는 「형사소송법」 제313조 제1항에 규정된 '피고인 아닌 자가 작성한 진술서나 그 진술을 기재한 서류'에 해당한다.

⑤ 만일 제1심 재판부가 위와 같은 '돌려막기 방법' 등의 사정이 밝혀져 A에게 보석취소결정을 내리자 甲이 보통항고를 제기한 경우에 이러한 보통항고에는 재판의 집행을 정지하는 효력이 없다.

▶ 대판 2021.1.28. 2020도2642 판결을 사례화한 문제이다.

① [ㅇ] 타인의 형사사건 또는 징계사건에 관한 증거를 위조한 경우에 성립하는 형법 제155조 제1항의 증거위조죄에서 '증거'라 함은 타인의 형사사건 또는 징계사건에 관하여 수사기관이나 법원 또는 징계기관이 국가의 형벌권 또는 징계권의 유무를 확인하는 데 관계있다고 인정되는 일체의 자료를 의미한다. 따라서 <u>타인에게 유리한 것이건 불리한 것이건 가리지 아니하며 또 증거가치의 유무 및 정도를 불문하며</u>(대판 2007.6.28. 2002도3600), 범죄 또는 징계사유의 성립 여부에 관한 것뿐만 아니라 형 또는 징계의 경중에 관계있는 정상을 인정하는 데 도움이 될 자료까지도 본조가 규정한 증거에 포함된다(대판 2021.1.28. 2020도2642).

② [×] 본조가 규정한 '증거의 위조'란 '증거방법의 위조'를 의미하므로, 위조에 해당하는지 여부는 증거방법 자체를 기준으로 하여야 하고 그것을 통해 증명하려는 사실이 허위인지 진실인지 여부에 따라 위조 여부가 결정되어서는 안 된다. 제출된 증거방법의 증거가치를 평가하고 이를 기초로 사실관계를 확정할 권한과 의무는 법원에 있기 때문이다(대판 2021.1.28. 2020도2642).

③ [ㅇ] 원심이 인정한 사실관계를 앞서 본 법리에 비추어 살펴보면, 비록 피고인이 공소외 4 명의 ㅁㅁ은행 계좌에서 공소외 2 회사 명의 △△은행 계좌에 금원을 송금하고 다시 되돌려 받는 행위를 반복한 후 그 중 송금자료만을 발급받아 이를 3억 5,000만 원을 변제하였다는 허위 주장과 함께 법원에 제출한 행위는 형법상 증거위조죄의 보호법익인 사법기능을 저해할 위험성이 있다. 그러나 앞서 본 법리에 비추어 보면, 피고인이 제출한 입금확인증 등은 금융기관이 금융거래에 관한 사실을 증명하기 위해 작성한 문서로서 그 내용이나 작성명의 등에 아무런 허위가 없는 이상 이를 증거의 '위조'에 해당한다고 볼 수 없고, 나아가 '위조한 증거를 사용'한 행위에 해당한다고 볼 수도 없다(대판 2021.1.28. 2020도2642).

④ [ㅇ] 甲 주식회사 및 그 직원인 피고인들이 정비사업전문관리업자의 임원에게 甲 회사가 주택재개발사업 시공사로 선정되게 해 달라는 청탁을 하면서 금원을 제공하였다고 하여 구 건설산업기본법(2011. 5. 24. 법률 제10719호로 개정되기 전의 것) 위반으로 기소되었는데, <u>변호사가 법률자문 과정에서 작성하여 甲 회사 측에 전송한 전자문서를 출력한 '법률의견서'</u>에 대하여 피고인들이 증거로 함에 동의하지 아니하고, 변호사가 원심 공판기일에 증인으로 출석하였으나 증언할 내용이 甲 회사로부터 업무상 위탁을 받은 관계로 알게 된 타인의 비밀에 관한 것임을 소명한 후 증언을 거부한 사안에서, <u>위 법률의견서는 압수된 디지털 저장매체로부터 출력한 문건으로서 실질에 있어서 형사소송법 제313조 제1항에 규정된 '피고인 아닌 자가 작성한 진술서나 그 진술을 기재한 서류'</u>에 해당하는데, 공판준비 또는 공판기일에서 작성자 또는 진술자인 변호사의 진술에 의하여 성립의 진정함이 증명되지 아니하였으므로 위 규정에 의하여 증거능력을 인정할 수 없고, 나아가 원심 공판기일에 출석한 변호사가 그 진정성립 등에 관하여 진술하지 아니한 것은 형사소송법 제149조에서 정한 바에 따라 정당하게 증언거부권을 행사한 경우에 해당하므로 형사소송법 제314조에 의하여 증거능력을 인정할 수도 없다는 이유로, 원심이 이른바 변호인·의뢰인 특권에 근거하여 위 의견서의 증거능력을 부정한 것은 적절하다고 할 수 없으나, 위 의견서의 증거능력을 부정하고 나머지 증거들만으로 유죄를 인정하기 어렵다고 본 결론은 정당하다고 한 사례(대판(전) 2012.5.17. 2009도6788).

⑤ [ㅇ] 제1심 법원이 한 보석취소결정에 대하여 불복이 있으면 보통항고를 할 수 있고(형사소송법 제102조 제2항, 제402조, 제403조 제2항), 보통항고에는 재판의 집행을 정지하는 효력이 없다(형사소송법 제409조). 이는 결정과 동시에 집행력을 인정함으로써 석방되었던 피고인의 신병을 신속히 확보하려는 것으로, 당해 보석취소결정이 제1심 절차에서 이루어졌는지 항소심 절차에서 이루어졌는지 여부에 따라 그 취지가 달라진다고 볼 수 없다(대결 2020.10.29. 2020모633).

정답 ②

028 상습도박자인 甲은 도박의 습벽 없는 乙을 도박에 가담하도록 교사하였고, 이를 승낙한 乙은 丙을 포함한 4명이 참여하고 있는 도박에 가담하였다. 이웃 주민의 신고로 도박 현장에 출동한 사법경찰관 P1이 도박을 하고 있던 丙을 현행범으로 체포하려고 하자 丙은 휴대하고 있던 등산용 칼을 휘둘러 P1에게 전치 4주의 상해를 가하였다. 사법경찰관 P2는 甲과 乙에 대한 피의자신문조서를 작성하였는데, 乙에 대한 피의자신문조서에는 甲의 교사에 의해 도박에 가담하게 되었다는 자백 취지의 진술이 기재되어 있다. 한편 甲이 수사과정에서 L을 변호인으로 선임하여 상습도박 혐의를 빠져나갈 수 있는 방법에 대해 자문을 구하자 L은 이에 대한 자문의견서를 甲에게 이메일로 송부하였는데, P2는 적법하게 그 자문의견서를 압수하였다. 기소된 甲과 乙이 병합심리를 받던 중 乙은 외국으로 이민을 떠났다. 이에 관한 설명 중 옳은 것을 모두 고른 것은? (다툼이 있으면 판례에 의함) [20 변호사]

> ㉠ 甲에게는 상습도박죄의 교사범이, 乙에게는 단순도박죄의 정범이 성립한다.
> ㉡ 丙에게는 특수공무집행방해치상죄(3년 이상의 유기징역)와 특수상해죄(1년 이상 10년 이하의 징역)의 상상적 경합범이 성립한다.
> ㉢ 만약 P2로부터 출석요구를 받은 乙이 사촌동생 丁을 시켜 乙이 아닌 丁이 도박을 한 것처럼 거짓으로 자수하도록 하였다면 乙에게는 범인도피교사죄가 성립한다.
> ㉣ 검사가 甲에 대한 유죄의 증거로 자문의견서를 제출하자 甲이 증거로 함에 부동의하였고, 증인으로 소환된 L이 증언거부권이 있음을 이유로 증언을 거부한 경우, 그 자문의견서는 증거능력이 인정된다.
> ㉤ 검사가 甲에 대한 유죄의 증거로 P2가 작성한 乙에 대한 피의자신문조서를 제출하자 甲이 그 조서의 내용을 부인하면서 증거로 함에 부동의한 경우, 원진술자인 乙이 외국에 거주 중이므로 증거능력이 인정된다.

① ㉠, ㉢   ② ㉠, ㉣   ③ ㉡, ㉢, ㉤
④ ㉠, ㉡, ㉣, ㉤   ⑤ ㉡, ㉢, ㉣, ㉤

해설

㉠ [O] 상습도박의 죄나 상습도박방조의 죄에 있어서의 상습성은 행위의 속성이 아니라 행위자의 속성으로서 도박을 반복해서 거듭하는 습벽을 말하는 것인 바, 도박의 습벽이 있는 자가 타인의 도박을 방조하면 상습도박방조의 죄에 해당한다(대판 1984.4.24, 84도195). '상습성'은 형법 제33조에 규정된 신분으로 판례의 취지와 형법 제33조 단서에 의하여 甲은 상습도박교사죄의 죄책을, 乙은 도박죄의 죄책을 진다.

㉡ [×] 피고인이 승용차를 운전하던 중 음주단속을 피하기 위하여 위험한 물건인 승용차로 단속 경찰관을 들이받아 경찰관의 공무집행을 방해하고 경찰관에게 상해를 입게 한 경우, 특수공무집행방해치상죄만 성립할 뿐 이와는 별도로 폭처법위반(집단·흉기등상해)죄[2020년 현재 특수상해죄]를 구성하지 않는다(대판 2008.11.27, 2008도7311). 丙은 특수공무집행방해치상죄의 죄책만 진다.

㉢ [O] 범인이 자신을 위하여 타인으로 하여금 허위의 자백을 하게 하여 범인도피죄를 범하게 하는 행위는 방어권의 남용으로 범인도피교사죄에 해당하는바, 이 경우 그 타인이 처벌을 받지 아니하는 친족 또는 동거 가족에 해당한다 하여 달리 볼 것은 아니다(대판 2006.12.7, 2005도3707). 乙은 범인도피교사죄의 죄책을 진다.

㉣ [×] 현행 형사소송법 제314조의 문언과 개정 취지, 증언거부권 관련 규정의 내용 등에 비추어 보면 법정에 출석한 증인이 증언거부권을 행사하여 증언을 거부한 경우는 형사소송법 제314조의 '그 밖에 이에 준하는 사유로 인하여 진술할 수 없는 때'에 해당하지 아니한다(대판(전) 2012.5.17, 2009도6788). 자문의견서는 증거능력이 부정된다(형사소송법 제310조의2).

㉤ [×] 당해 피고인과 공범관계가 있는 다른 피의자에 대한 사법경찰관 작성의 피의자신문조서는 그 피의자의 법정 진술에 의하여 그 성립의 진정이 인정되더라도 당해 피고인이 공판기일에서 그 조서의 내용을 부인하면 증거능력이 부정되므로 그에 대하여는 형사소송법 제314조가 적용되지 아니한다(대판 2009.11.26, 2009도6602). 사법경찰관 P2 작성 乙에 대한 피의자신문조서에 대하여 甲이 그 내용을 부인하였으므로 그 조서는 증거능력이 부정된다.

정답 ①

029 甲은 사실혼 관계에 있는 乙의 허락을 받아 乙명의로 승용차를 구입한 후 乙명의로 자동차 등록을 마치면서, 乙명의로 A캐피탈로부터 3,000만원을 대출받고, A캐피탈 앞으로 위 승용차에 관하여 저당권을 설정하여 주었다. 그 후 甲은 A캐피탈의 동의 없이 사채업자 B에게 1,000만원을 빌리면서 담보로 위 승용차를 인도하여 주었다. 현재 위 승용차는 소재불명 상태이다. 이에 A캐피탈이 甲과 乙을 고소하자 검사 C는 乙을 권리행사방해죄로 서울중앙지방법원에 기소하였다. 그 후 도망갔던 甲이 뒤늦게 자수하자 검사 D는 甲을 권리행사방해죄의 乙의 공동정범으로 서울동부지방법원에 약식명령을 청구하였고, 甲은 이에 불복하여 정식재판청구를 하였다. 한편, 甲에 대한 제1심 공판이 진행되던 중 '乙이 위 범행에 공모하여 가담한 적이 없다'는 이유로 乙에 대한 무죄판결이 먼저 선고되어 확정되었다. 이에 관한 설명 중 옳지 않은 것은? (다툼이 있으면 판례에 의함)　　　　　　　　　　　　　　　　　　　　　　　　　　　　　　　　[21 변호사]

① 乙은 자동차등록명의자로서 제3자에 대한 관계에 있어 위 승용차의 소유자이다.

② 물건의 소유자가 아닌 사람은 「형법」 제33조 본문에 따라 소유자의 권리행사방해 범행에 가담한 경우에 한하여 그의 공범이 될 수 있으므로 乙에게 위와 같이 권리행사방해죄가 성립하지 않는다면 甲에게도 권리행사방해죄의 공동정범이 성립할 수 없다.

③ 甲은 A캐피탈에 대하여 타인의 사무를 처리하는 자의 지위에 있으므로 법원은 공소장 변경 없이 甲에 대한 배임죄를 인정할 수 있다.

④ 만약 乙이 서울중앙지방법원에서 진행되던 자신의 피고사건 공판기일에서 '甲이 위 권리행사방해 범행을 저질렀다'는 취지의 진술을 하여 그 진술이 공판조서에 기재되고 그 공판조서가 서울동부지방법원에서 진행되던 甲의 피고사건에 제출된 경우, 그 공판조서는 「형사소송법」 제315조 제3호 "기타 특히 신용할 만한 정황에 의하여 작성한 문서"에 해당한다.

⑤ 甲에 대한 약식명령을 발부한 법관이 甲의 정식재판절차의 제1심판결에 관여하였다고 하여 「형사소송법」 제17조 제7호에 정한 "법관이 사건에 관하여 전심재판 또는 그 기초되는 조사, 심리에 관여한 때"에 해당하여 제척의 원인이 된다고 볼 수는 없다.

해설

① [○] 당사자 사이에 자동차의 소유권을 그 등록명의자 아닌 자가 보유하기로 약정한 경우, 그 약정 당사자 사이의 내부관계에서는 등록명의자 아닌 자가 소유권을 보유하게 된다고 하더라도 제3자에 대한 관계에서는 어디까지나 그 등록명의자가 자동차의 소유자라고 할 것이다(대판 2014.9.25. 2014도8984).

② [○] 물건의 소유자가 아닌 사람은 형법 제33조 본문에 따라 소유자의 권리행사방해 범행에 가담한 경우에 한하여 그의 공범이 될 수 있을 뿐이다. 그러나 권리행사방해죄의 공범으로 기소된 물건의 소유자에게 고의가 없는 등으로 범죄가 성립하지 않는다면 공동정범이 성립할 여지가 없다(대판 2017.5.30. 2017도4578).

③ [×] [1] 채무자가 저당권설정계약에 따라 부담하는 의무, 즉 동산을 담보로 제공할 의무, 담보물의 담보가치를 유지·보전하거나 담보물을 손상, 감소 또는 멸실시키지 않을 소극적 의무, 담보권 실행 시 채권자나 그가 지정하는 자에게 담보물을 현실로 인도할 의무와 같이 채권자의 담보권 실행에 협조할 의무 등은 모두 저당권 설정계약에 따라 부담하게 된 채무자 자신의 급부의무이다. 또한 저당권설정계약은 피담보채권의 발생을 위한 계약에 종된 계약으로 피담보채무가 소멸하면 저당권설정계약상의 권리의무도 소멸하게 된다.
[2] 저당권설정계약에 따라 채무자가 부담하는 의무는 담보목적의 달성, 즉 채무불이행 시 담보권 실행을 통한 채권의 실현을 위한 것이므로 저당권설정계약의 체결이나 저당권 설정 전후를 불문하고 당사자 관계의 전형적·본질적 내용은 여전히 금전채권의 실현 내지 피담보채무의 변제에 있다. 따라서 채무자가 위와 같은 급부의무를 이행하는 것은 채무자 자신의 사무에 해당할 뿐이고, 채무자가 통상의 계약에서의 이익대립관계를 넘어서 채권자와의 신임관계에 기초하여 채권자의 사무를 맡아 처리한다고 볼 수 없으므로 채무자를 채권자에 대한 관계에서 배임죄의 주체인 '타인의 사무를 처리하는 자'에 해당한다고 할 수 없다. 그러므로 채무자가 담보물을 제3자에게 처분하는 등으로 담보가치를 감소 또는 상실시켜 채권자의 담보권 실행이나 이를 통한 채권실현에 위험을 초래하더라도 배임죄가 성립하지 아니한다(대판(전) 2020.10.22. 2020도6258).

④ [○] 다른 피고사건의 공판조서는 형사소송법 제315조 제3호의 문서로서 당연히 증거능력이 있다(대판 2005.1.14. 2004도6646).

⑤ [○] 약식절차와 정식재판청구에 의하여 개시된 제1심 공판절차는 동일한 심급 내에서 서로 절차만 달리할 뿐이므로 약식명령이 제1심 공판절차의 전심재판에 해당하는 것은 아니고, 따라서 약식명령을 발부한 법관이 정식재판절차의 제1심판결에 관여하였다고 하여 형사소송법 제17조 제7호에 정한 제척의 원인이 된다고 볼 수는 없다(대판 2002.4.12. 2002도944).

정답 ③

---

030 사법경찰관 P1은 甲이 지하철역 에스컬레이터에서 휴대전화 카메라를 이용하여 A의 치마 속을 몰래 촬영하는 것을 발견하고 甲을 현행범인으로 체포하면서 甲의 휴대전화를 압수하였고, 사건을 인계받은 사법경찰관 P2는 甲을 피의자로 신문한 후 석방하였다. 이후 甲은 음주 후 승용차를 운전하던 중 음주단속을 피하기 위하여 도망가다가 운전 중인 승용차로 단속 중이던 사법경찰관 P3을 고의로 들이받아 전치 6주의 상해를 입혔다. 검사는 甲을 위 범죄사실로 기소하였다. 이에 관한 설명 중 옳지 않은 것을 모두 고른 것은? (다툼이 있으면 판례에 의함) [22 변호사]

> ㉠ P1의 현행범인 체포절차가 적법하지 않은 경우 체포를 면하려고 저항하는 과정에서 甲이 P1을 폭행하더라도 이는 정당방위로서 공무집행방해죄가 성립하지 않는다.
>
> ㉡ P1이 甲의 휴대전화를 적법하게 압수하면서 작성한 압수조서의 '압수경위'란에 '甲이 지하철역 에스컬레이터에서 짧은 치마를 입고 올라가는 여성을 쫓아가 뒤에 밀착하여 치마 속으로 휴대전화를 집어넣는 등 해당 여성의 신체를 몰래 촬영하는 행동을 하였다'는 내용이 기재되어 있고, 그 하단에 甲의 범행을 직접 목격하고 위 압수조서를 작성한 P1의 기명·날인이 있는 경우, 위 압수조서의 '압수경위'란에 기재된 내용은 형사소송법 제312조 제5항의 '피고인이 아닌 자가 수사과정에서 작성한 진술서'에 준하는 것으로 볼 수 있다.
>
> ㉢ 만약 위 휴대전화에 대한 압수가 위법한 경우 P1이 작성한 압수조서 중 '압수경위'란에 기재된 내용은 위법하게 수집된 증거에 터잡아 획득한 2차적 증거로서 피고인이 증거로 함에 동의하더라도 원칙적으로 증거능력이 없다.
>
> ㉣ P2는 조사과정의 영상녹화를 위해 미리 영상녹화사실을 甲과 A에게 각각 알려주었으나 甲은 촬영을 거부하고 A는 이에 동의한 경우 甲에 대한 영상녹화물은 기억환기를 위한 자료로 활용할 수 없지만, A에 대한 영상녹화물은 참고인진술조서의 실질적 진정성립을 증명하기 위한 방법으로 사용할 수 있다.
>
> ㉤ P3에 대한 범죄사실과 관련하여 甲에게는 특수공무집행방해치상죄만 성립하고 이와 별도로 특수상해죄는 성립하지 않는다.

① ㉠, ㉢   ② ㉡, ㉤   ③ ㉠, ㉡, ㉣

④ ㉠, ㉢, ㉣   ⑤ ㉡, ㉢, ㉣, ㉤

해설

㉠ [×] 공무집행방해죄는 공무원의 직무집행이 적법한 경우에 한하여 성립하고, 여기서 적법한 공무집행이란 그 행위가 공무원의 추상적 권한에 속할 뿐 아니라 구체적 직무집행에 관한 법률상 요건과 방식을 갖춘 경우를 가리킨다(대판 2000.7.4. 99도4341). 경찰관 P1의 현행범 체포절차가 적법하지 않은 경우 체포를 면하려고 저항하는 과정에서 甲이 P1을 폭행한 경우 甲의 행위는 구성요건에 해당하지 않아 공무집행방해죄가 성립하지 않는다(대판 2011.5.26. 2011도3682).

ⓛ [O], ⓒ [×] 휴대전화기에 대한 압수조서 중 '압수경위'란에 기재된 내용은 피고인이 공소사실과 같은 범행을 저지르는 현장을 직접 목격한 사람의 진술이 담긴 것으로서 형사소송법 제312조 제5항에서 정한 '피고인이 아닌 자가 수사과정에서 작성한 진술서'에 준하는 것으로 볼 수 있고, 이에 따라 휴대전화기에 대한 임의제출절차가 적법하였는지 여부에 영향을 받지 않는 별개의 독립적인 증거에 해당하므로 피고인이 증거로 함에 동의한 이상 유죄를 인정하기 위한 증거로 사용할 수 있다(대판 2019.11.14. 2019도13290).

ⓔ [×] 피의자의 경우에는 이미 알려주고 영상녹화할 수 있지만, 참고인(피의자 아닌 자)의 경우에는 동의를 받아 영상녹화할 수 있다(형사소송법 제244조의2 제1항, 제221조 제1항). P2가 미리 영상녹화사실을 피의자 甲에게 알려준 이상 甲이 촬영을 거부하더라도 그 촬영은 적법하므로 甲에 대한 영상녹화물은 기억환기를 위한 자료로 활용할 수 없다(동법 제318조의2 제2항). 그리고 A에 대한 영상녹화물은 참고인진술조서의 실질적 진정성립을 증명하기 위한 방법으로 사용할 수 있다(동법 제312조 제4항).

ⓜ [O] 피고인이 승용차를 운전하던 중 음주단속을 피하기 위하여 위험한 물건인 승용차로 단속 경찰관을 들이받아 경찰관의 공무집행을 방해하고 경찰관에게 상해를 입게 한 경우 특수공무집행방해치상죄만 성립할 뿐 이와는 별도로 폭처법위반(집단·흉기등상해)죄[22년 현재 특수상해죄]를 구성하지 않는다(대판 2008.11.27. 2008도7311). 甲에게는 특수공무집행방해치상죄만 성립하고 이와 별도로 특수상해죄는 성립하지 않는다.

정답 ④

---

031 A는 2020.9.24. 甲에 대한 대여금채권을 피보전권리로 하여 甲이 B에 대하여 가지는 물품대금 채권에 대하여 가압류결정을 받았고, 위 가압류결정 정본은 2020.10.7. B에게 송달되었다. 甲은 C에게 채무가 없음에도 허위의 채무를 작출하여 그 허위채무에 대한 담보로 2020.10.6.경 위 물품대금채권을 C에게 양도하기로 하는 채권양도계약을 체결하였고, 2020.10. 8. 채권양도 통지가 C에게 도달하였다. 한편 甲과 乙은 합동하여 2020.10.11. A가 화장실에 간 틈을 타서 甲이 망을 보는 도중에 乙이 A의 핸드백에서 A 소유의 지갑을 꺼내어 가 절취하였다. 경찰은 甲과 乙을 조사한 후 사건을 검찰에 송치하였고, 검사는 A를 참고인으로 조사하면서 진술조서를 작성하고, A의 동의를 받아 참고인조사 과정을 영상녹화하였다. 甲은 강제집행면탈죄 및 특수절도죄로, 乙은 특수절도죄로 각 기소되어 함께 재판받고 있다. 이에 관한 설명 중 옳지 않은 것을 모두 고른 것은? (다툼이 있으면 판례에 의함)

[21 변호사]

> ⊙ 위 가압류결정 정본이 B에게 송달되기 전에 甲이 강제집행을 면탈할 목적으로 위 물품대금채권을 허위로 C에게 양도하였다 하더라도, 가압류채권자인 A의 법률상 지위에 어떠한 영향을 미칠 수 없으므로 위와 같은 채권양도행위는 강제집행면탈죄에 해당하지 아니한다.
>
> ⊙ 乙은 피의자신문과정에서 '甲이 허위의 채무를 부담하여 허위의 채권양도계약을 체결하는 것을 목격하였다'고 진술하였는데, 이러한 진술이 기재된 경찰 작성의 乙에 대한 피의자신문조서는 「형사소송법」 제312조 제3항이 적용되어 당해 피고인인 甲이 공판기일에서 내용을 부인하는 이상 甲의 강제집행면탈에 대한 증거로 쓸 수 없다.
>
> ⊙ 甲에 대한 제1심 공판절차에서 검사 작성의 A에 대한 진술조서가 증거로 제출되었는데, 이에 대해 甲이 증거로 함에 동의하지 않고, A가 증인으로 출석하여 진정성립을 인정하지 않았다 하더라도 위 증거를 신청한 검사가 재판장의 허가를 받아 진술조서의 내용을 낭독하는 등으로 법정에서 엄격한 증거조사가 이루어졌다면 증거능력이 있다.
>
> ⊙ 검사가 A의 진술을 녹화한 영상녹화물은 다른 법률에서 달리 규정하고 있는 등의 특별한 사정이 없는 한 甲에 대한 공소사실을 직접 증명할 수 있는 독립적인 증거로 사용할 수 없다.

① ⊙, ⓒ   ② ⓛ, ⓒ   ③ ⓛ, ⓔ

④ ⊙, ⓛ, ⓒ   ⑤ ⊙, ⓒ, ⓔ

㉠ [×] 채무자인 피고인 甲이 채권자 A의 가압류집행을 면탈할 목적으로 제3채무자인 대한 채권을 C에게 허위양도한 경우 가압류결정 정본이 제3채무자 B에게 송달된 날짜와 甲이 채권을 양도한 날짜가 동일하더라도 가압류결정 정본이 B에게 송달되기 전에 채권을 허위로 양도한 것이라면 강제집행면탈죄가 성립한다(대판 2012.6.28. 2012도3999). 설문의 경우 가압류결정 정본이 B에게 송달되기 전에 甲이 물품대금채권을 허위로 C에게 양도하였으므로 강제집행면탈죄가 성립한다.

㉡ [×] 甲의 강제집행면탈죄에 대하여는 乙은 참고인의 신분에 있으므로(甲, 乙은 설문과 같은 강제집행면탈을 공모한 사실이 없다) 乙의 '甲이 허위의 채무를 부담하여 허위의 채권양도계약을 체결하는 것을 목격하였다'라는 진술이 기재된 경찰 작성 乙에 대한 피의자신문조서는 참고인진술조서에 해당하므로 형사소송법 제312조 제3항이 아니라 제312조 제4항이 적용된다. 따라서 甲이 그 조서의 내용을 부인하더라도 형사소송법 제312조 제4항의 요건을 구비한다면 이 조서는 甲의 강제집행면탈의 공소사실에 대한 증거로 쓸 수 있다.

㉢ [×] 검사 작성의 A에 대한 진술조서는 형사소송법 제312조 제4항이나 제314조의 요건을 구비하지 못했으므로 (재판장의 허가나 엄격한 증거조사가 이루어졌는지 여부를 불문하고) 증거능력이 부정된다(형사소송법 제310조의2).

㉣ [○] 수사기관이 참고인을 조사하는 과정에서 형사소송법 제221조 제1항에 따라 작성한 영상녹화물은 다른 법률에서 달리 규정하고 있는 등의 특별한 사정이 없는 한 공소사실을 직접 증명할 수 있는 독립적인 증거로 사용될 수는 없다(대판 2014.7.10. 2012도5041).

정답 ④

032 ⓐ 甲은 乙과 공모하여 A가 운영하는 식당에서 A 소유의 현금 10만 원과 신용카드를 절취하고, 乙은 그 동안 망을 보았다. 그 후 ⓑ 甲은 B가 운영하는 주점에서 술을 마시고 절취한 위 신용카드를 이용하여 술값 50만 원을 결제하였는데, 이 때 甲은 술값이 기재된 매출전표의 서명란에 A의 이름을 기재하고 그 자리에서 B에게 위 매출전표를 교부하였다. 甲은 특수절도죄, 사기죄 등으로, 乙은 특수절도죄로 기소되었다. 그런데 甲은 법정에서 乙과의 범행일체를 자백하였으나 乙은 이를 모두 부인하였고, 한편 압수된 위 현금 10만 원과 신용카드가 증거물로 제출되었다. 이에 관한 설명 중 옳은 것을 모두 고른 것은? (다툼이 있으면 판례에 의함) [20 변호사]

㉠ ⓐ 행위와 관련하여 만약 甲이 식당에서 절도범행을 마치고 10분 가량 지나 200m 정도 떨어진 버스정류장까지 도망가다가 뒤쫓아 온 A에게 붙잡혀 식당으로 돌아왔을 때 비로소 A를 폭행한 경우라면 甲에게는 준강도죄가 성립한다.

㉡ ⓑ 행위는 사기죄, 여신전문금융업법위반죄, 사문서위조죄 및 위조사문서행사죄를 구성하고, 각 죄의 관계는 실체적 경합범이다.

㉢ 만약 乙이 망을 본 사실이 인정되지 않는다면, 법원은 공소장변경이 없더라도 甲에 대하여 단순절도죄로 유죄를 인정할 수 있다.

㉣ 만약 사법경찰관이 식당 현장상황에 관하여 甲의 범행재연사진을 포함하여 검증조서를 작성하였다면, 그 검증조서 중 위 사진 부분은 비진술증거이므로 피고인 甲이 증거로 함에 동의하지 않았더라도 증거능력이 있다.

㉤ 만약 검찰주사보가 A와의 전화대화내용을 문답형식의 수사보고서로 작성하였다면, 위 수사보고서는 전문증거로서 「형사소송법」 제313조가 적용되는데 수사보고서에 진술자 A의 서명 또는 날인이 없으므로 증거능력이 없다.

① ㉠, ㉡   ② ㉠, ㉣   ③ ㉡, ㉤

④ ㉢, ㉣   ⑤ ㉢, ㉤

⊙ [×] 피고인(절도범)이 피해자의 집에서 절도범행을 마친지 10분 가량 지나 그 집에서 200m 가량 떨어진 버스정류장이 있는 곳에서 피고인을 절도범인이라고 의심하고 뒤쫓아 온 피해자에게 붙잡혀 피해자의 집으로 돌아왔을 때 비로소 피해자를 폭행한 경우라면 준강도죄는 성립하지 아니한다(대판 1999.2.26. 98도3321).

⊙ [×] 피고인이 강취한 신용카드를 가지고 자신이 신용카드의 정당한 소지인인양 가맹점의 점주를 속이고 점주로부터 주류 등을 제공받아 이를 취득한 것이라면 신용카드부정사용죄와 별도로 사기죄가 성립한다(대판 1997.1.21. 96도2715). 매출표의 서명 및 교부가 별도로 사문서위조 및 동행사의 죄의 구성요건을 충족한다고 하여도 사문서위조 및 동행사죄는 신용카드부정사용죄에 흡수되어 신용카드부정사용죄의 일죄만이 성립한다(대판 1992.6.9. 92도77). 甲은 사기죄와 여신전문금융업법위반(신용카드부정사용)죄의 실체적 경합범으로서의 죄책을 진다.

⊙ [○] 특수절도죄로 공소제기한 사실을 법원이 검사의 공소장변경절차없이 절도죄로 인정하더라도 공소원인 사실의 동일성에 변경이 없으므로 위법이라 할 수 없다(대판 1973.7.24. 73도1256).

⊙ [×] 사법경찰관 작성의 검증조서에 기재된 '진술내용 및 범행을 재연한 부분'에 대하여 피고인이 그 성립의 진정 및 내용을 인정한 흔적을 찾아 볼 수 없고 오히려 이를 부인하고 있는 경우에는 그 증거능력을 인정할 수 없다(대판 1998.3.13. 98도159). 검증조서 중 위 사진 부분은 증거능력이 부정 된다.

⊙ [○] 검사가 참고인인 피해자와의 전화통화 내용을 기재한 수사보고서는 형사소송법 제313조 제1항 본문에 정한 피고인 아닌 자의 진술을 기재한 서류인 전문증거에 해당하나, 그 진술자의 서명 또는 날인이 없을 뿐만 아니라 진술자의 진술에 의해 성립의 진정함이 증명되지도 않았으므로 증거능력이 없다(대판 2010.10.14. 2010도5610). 검찰주사보 작성 수사보고서는 증거능력이 부정된다.

정답 ⑤

033 甲은 동생인 乙과 공모하여 함께 丙을 상대로 토지거래허가에 필요한 서류라고 속여서 丙으로 하여금 근저당권설정계약서 등에 서명, 날인하게 하고 丙의 인감증명서를 교부받은 다음, 이를 이용하여 丙 소유의 토지에 관하여 甲을 채무자로 하는 채권최고액 3억 원인 근저당권을 丁에게 설정하여 주고 丁으로부터 2억 원을 차용하였다. 검사는 甲과 乙을 함께 공소제기하였다. 법정에서 甲은 변론분리 후 증인으로 증언하면서 자신의 단독범행이라고 허위의 진술을 하였다. 이에 검사는 甲을 위증 혐의로 소환하여 乙과 공범이며 법정에서 위증하였음을 인정하는 취지의 피의자신문조서를 작성하여 증거로 제출하였다. 이에 관한 설명 중 옳은 것은? (다툼이 있으면 판례에 의함)　　　[20 변호사]

① 丙의 재산상 처분행위가 없으므로 甲에게 丙에 대한 사기죄가 성립하지 아니한다.

② 검사가 추가로 제출한 甲에 대한 위증 혐의의 피의자신문조서는 원진술자인 甲이 다시 법정에서 증언하면서 위 조서의 진정 성립을 인정하고 乙에게 반대신문의 기회가 부여되었다면 乙에 대한 유죄의 증거로 사용할 수 있다.

③ 증언거부사유가 있는 甲이 증언하는 과정에서 증언거부권을 고지받지 못하고 허위진술을 한 경우 항상 위증죄가 성립한다.

④ 만약 乙이 자신은 가담하지 않은 것으로 증언을 해 달라고 甲에게 부탁하여 甲이 허위의 증언을 하였다면, 비록 甲이 친족인 乙을 위하여 위증한 것일지라도 乙에게 위증교사죄가 성립한다.

⑤ 만약 甲이 위 사기범행을 인정하는 취지의 乙ㆍ丁간의 대화내용을 몰래 녹음하였다면 그 녹음파일은 乙에 대한 유죄의 증거로 사용할 수 있다.

① [×] 피기망자가 행위자의 기망행위로 인하여 착오에 빠진 결과 내심의 의사와 다른 효과를 발생시키는 내용의 처분문서에 서명 또는 날인함으로써 처분문서의 내용에 따른 재산상 손해가 초래되었다면 그와 같은 처분문서에 서명 또는 날인을 한 피기망자의 행위는 사기죄에서 말하는 처분행위에 해당한다. 아울러 비록 피기망자가 처분 결과, 즉 문서의 구체적 내용과 그 법적 효과를 미처 인식하지 못하였다고 하더라도, 어떤 문서에 스스로 서명 또는 날인함으로써 그 처분문서에 서명 또는 날인하는 행위에 관한 인식이 있었던 이상 피기망자의 처분의사 역시 인정된다(대판(전) 2017.2.16. 2016도13362). 甲은 丙에 대한 사기죄의 죄책을 진다.

② [×] 이미 증언을 마친 증인을 검사가 소환한 후 피고인에게 유리한 그 증언 내용을 추궁하여 이를 일방적으로 번복시키는 방식으로 작성한 진술조서는 피고인이 증거로 할 수 있음에 동의하지 아니하는 한 그 증거능력이 없다고 하여야 할 것이고, 그 후 원진술자인 종전 증인이 다시 법정에 출석하여 증언을 하면서 그 진술조서의 성립의 진정함을 인정하고 피고인측에 반대신문의 기회가 부여되었다고 하더라도 증거능력이 없다는 결론은 달리할 것이 아니다. 이는 검사가 공판준비 또는 공판기일에서 이미 증언을 마친 증인에게 수사기관에 출석할 것을 요구하여 그 증인을 상대로 위증의 혐의를 조사한 내용을 담은 피의자신문조서의 경우도 마찬가지이다(대판 2013.8.14. 2012도13665). 甲에 대한 피의자신문조서는 乙에 대한 유죄의 증거로 사용할 수 없다.

③ [×] 헌법 제12조 제2항에 정한 불이익 진술의 강요금지 원칙을 구체화한 자기부죄거부특권에 관한 것이거나 기타 증언거부사유가 있음에도 증인이 증언거부권을 고지받지 못함으로 인하여 그 증언거부권을 행사하는 데 사실상 장애가 초래되었다고 볼 수 있는 경우에는 위증죄의 성립을 부정하여야 할 것이다(대판(전) 2010.1.21. 2008도942). 甲이 증언거부권을 고지받지 못하여 증언거부권을 행사하는 데 사실상 장애가 초래되었다고 볼 수 있는 경우에는 위증죄가 성립하지 않는다.

④ [○] 자기의 형사사건에 관하여 타인을 교사하여 위증죄를 범하게 하는 것은 이러한 방어권을 남용하는 것이라고 할 것이어서 교사범의 죄책을 부담케 함이 상당하다(대판 2004.1.27. 2003도5114). 또한 위증죄의 경우 이른바 친족간의 특례가 적용되지 않으므로 甲은 위증죄의 죄책을, 乙은 위증교사죄의 죄책을 진다.

⑤ [×] 불법감청에 의하여 지득 또는 채록된 전기통신의 내용은 재판 또는 징계절차에서 증거로 사용할 수 없다(통신비밀보호법 제4조). 甲이 乙·丁간의 대화내용을 몰래 녹음하였다면 그 녹음파일은 乙에 대한 유죄의 증거로 사용할 수 없다.

정답 ④

034 외국인 근로자 甲은 외국인인 A의 운전면허증(서울지방경찰청장 발행)을 훔쳐 소지함을 기화로 이동통신 대리점에서 A로 행세하면서 A 명의로 이동전화가입신청서를 작성하여 A의 운전면허증과 함께 제출한 뒤 휴대전화기를 교부받으려다 A가 아님을 알아차린 업주에게 현행범으로 체포되어 경찰에 인계되어 조사 받은 후 석방되었다. 甲은 검사 작성의 피의자신문조서에 이의없음을 진술하고도 간인, 날인 및 서명을 거부하여 검사는 조서에 그러한 취지를 기재하고 기소하였고, 담당 재판부는 甲이 공판기일에 수회 불출석하여 구속영장을 발부하였다. 공판기일에 A의 사실혼 배우자 B가 증인으로 출석하여 운전면허증을 도난당한 상황을 증언한 후 이어서 A의 증언을 통역하였다. 이에 관한 설명 중 옳지 않은 것은? (다툼이 있으면 판례에 의함) [16 변호사]

① 운전면허증은 자격증명의 기능뿐만 아니라 동일인증명의 기능도 있으므로, 甲이 이동통신 대리점에서 A의 행세를 하면서 A의 운전면허증을 업주에게 제출한 행위는 공문서부정행사죄에 해당한다.

② 업주가 甲을 체포할 때 피의사실의 요지, 체포의 이유와 변호인을 선임할 수 있음을 말하고 변명할 기회를 주어야 할 의무는 없고, 甲을 인도받은 사법경찰관이 인도받을 때 위 절차를 밟으면 된다.

③ 피의자의 날인 또는 서명이 누락된 피의자신문조서는 증거능력이 없으나, 피의자가 이의없이 조사를 받은 후 타당한 이유없이 날인 또는 서명을 거부하였다는 취지가 조서말미에 기재되었다면 그 조서의 증거능력이 있다.

④ 甲에 대한 구속영장 발부는 '검사나 사법경찰관에 의하여 구속되었다가 석방된 자는 다른 중요한 증거를 발견한 경우를 제외하고는 동일한 범죄사실에 관하여 재차 구속하지 못한다'는 형사소송법 제208조 제1항에 위배되는 위법한 구속이라고 볼 수 없다.

⑤ 통역인이 사실혼 배우자인 경우는 제척사유에 해당하지 않으나 통역인이 사건에 관하여 증인으로 증언한 때에는 직무집행에서 제척되므로 B가 통역한 A에 대한 증인신문조서는 유죄 인정의 증거로 사용할 수 없다.

해설

① [○] 피고인이 제3자로부터 신분확인을 위하여 신분증명서의 제시를 요구받고 다른 사람의 운전면허증을 제시한 행위는 그 사용목적에 따른 행사로서 공문서부정행사죄에 해당한다(대판(전) 2001.4.19. 2000도1985).

② [○] 수사기관이 아닌 일반 사인이 현행범인을 체포할 때에는 피의사실의 요지, 체포의 이유 등을 고지할 필요가 없다. 이후 현행범인을 인도받은 경우 수사기관은 이를 고지하여야 한다(형사소송법 제200조의5, 제213조의2).

③ [×] 조서말미에 피고인의 서명만이 있고, 그 날인(무인 포함)이나 간인이 없는 검사 작성의 피고인에 대한 <u>피의자신문조서는 증거능력이 없다고 할 것이고,</u> 그 날인이나 간인이 없는 것이 피고인이 날인이나 간인을 거부하였기 때문이어서 그러한 취지가 조서말미에 기재되었다거나 피고인이 피의자신문조서의 임의성을 인정하였다고 하여 달리 볼 것은 아니다(대판 1999.4.13. 99도237). 판례와 설문은 사실관계가 약간 다르지만 판례의 취지에 의할 때 ③ 지문은 옳지 않다.

④ [○] 피고인이 수사 당시 긴급체포되었다가 수사기관의 조치로 석방된 후 법원이 발부한 구속영장에 의하여 구속이 이루어진 경우 위법한 구속이라고 볼 수 없다(대판 2001.9.28. 2001도4291).

⑤ [○] [1] 사실혼 관계에 있는 사람은 민법 소정의 친족이라고 할 수 없어 형사소송법 제17조 제2호에서 말하는 친족에 해당하지 않으므로 통역인이 피해자의 사실혼 배우자라고 하여도 통역인에게 제척사유가 있다고 할 수 없다. [2] 통역인이 사건에 관하여 증인으로 증언한 때에는 직무집행에서 제척되고, 제척사유가 있는 통역인이 통역한 증인의 증인신문조서는 유죄 인정의 증거로 사용할 수 없다(대판 2011.4.14. 2010도13583).

정답 ③

035 건설업을 하는 甲은 시청 건설 담당 공무원인 乙에게 자신의 회사를 신청사 공사의 시공사로 선정해 줄 것을 부탁하면서 현금 1천만 원을 건네주었으나 다른 회사가 시공사로 선정되었다. 이에 甲은 乙에게 전화를 걸어 뇌물로 준 1천만 원을 돌려 줄 것을 요구했으나 乙은 이미 주식투자로 소비하여 이를 거부하였다. 그런데 甲은 乙과 전화로 나눈 대화를 휴대전화로 몰래 녹음하였고, 여기에는 뇌물을 받은 사실을 인정하는 乙의 진술이 포함되었다. 이후 甲은 乙의 집을 찾아가 뇌물로 준 1천만 원을 당장 돌려주지 않으면 녹음한 내용을 수사기관과 언론사에 보내겠다고 말하였다. 이에 겁을 먹은 乙은 甲이 지정한 은행 예금계좌로 1천만 원을 입금하였다. 乙의 배우자 丙은 乙의 사전 인급에 따라 甲과 乙의 대화 내용을 옆방에서 자신의 휴대전화로 甲 모르게 녹음하였다. 이에 관한 설명 중 옳은 것은? (다툼이 있는 경우 판례에 의함) [23 변호사]

① 乙은 甲으로부터 받은 1천만 원을 돌려주지 아니하고 주식투자로 임의 소비하였으므로, 뇌물수수죄와 별도로 횡령죄가 성립한다.

② 만일 甲이 위 예금계좌에 입금된 1천만 원을 인출하지 않았다면 甲에게 공갈죄의 미수범이 성립한다.

③ 甲이 乙과의 전화상 대화를 휴대전화로 몰래 녹음한 것은 「통신비밀보호법」상 비밀녹음에 해당하여 甲의 뇌물공여죄나 乙의 뇌물수수죄에 대한 유죄의 증거로 사용할 수 없다.

④ 丙이 甲과 乙의 대화내용을 휴대전화로 몰래 녹음한 것은 대화 당사자인 乙의 사전 동의에 의한 것이므로, 甲의 공갈죄에 대한 유죄의 증거로 사용할 수 있다.

⑤ 만일 뇌물수수죄로 기소된 乙이 법정에서 뇌물수수의 사실을 부인하는 진술을 하는 경우, 검사가 유죄의 자료로 제출한 사법경찰관 작성의 乙에 대한 피의자신문조서는 乙이 그 내용을 부인하더라도 임의로 작성된 것으로 인정되는 한 乙의 법정진술의 증명력을 다투기 위한 탄핵증거로 사용할 수 있다.

해설

① [×] 甲이 乙로부터 제3자에 대한 뇌물공여 또는 배임증재의 목적으로 전달하여 달라고 교부받은 금전은 불법원인급여물에 해당하여 그 소유권은 甲에게 귀속되는 것으로서 甲이 위 금전을 제3자에게 전달하지 않고 임의로 소비하였다고 하더라도 횡령죄가 성립하지 않는다(대판 1999.6.11. 99도275).

② [×] 피해자들을 공갈하여 피해자들로 하여금 지정한 예금구좌에 돈을 입금케 한 이상, 위 돈은 범인이 자유로이 처분할 수 있는 상태에 놓인 것으로서 공갈죄는 이미 기수에 이르렀다 할 것이다(대판 1985.9.24. 85도1687).

③ [×] 전화통화가 통신비밀보호법에서 규정하고 있는 전기통신에 해당함은 전화통화의 성질 및 위 규정 내용에 비추어 명백하므로 이를 동법 제3조 제1항 소정의 '타인간의 대화'에 포함시킬 수는 없고, 나아가, 동법 제2조 제7호가 규정한 <u>전기통신의 감청</u>은 그 전후의 '우편물의 검열' 규정과 아울러 고찰할 때 <u>제3자가 전기통신의 당사자인 송신인과 수신인의 동의를 받지 아니하고 같은 호 소정의 각 행위를 하는 것만을 말한다</u>고 풀이함이 상당하다고 할 것이므로, 전기통신에 해당하는 전화통화 당사자의 일방이 상대방 모르게 통화내용을 녹음(위 법에는 '채록'이라고 규정한다)하는 것은 여기의 감청에 해당하지 아니한다. 따라서 전화통화 당사자의 일방이 상대방 몰래 통화내용을 녹음하더라도, 대화 당사자 일방이 상대방 모르게 그 대화내용을 녹음한 경우와 마찬가지로 동법 제3조 제1항 위반이 되지 아니한다. <u>제3자의 경우는 설령 전화통화 당사자 일방의 동의를 받고 그 통화내용을 녹음하였다 하더라도 그 상대방의 동의가 없었던 이상, 동법 제3조 제1항 위반이 되고 이와 같이 제3조 제1항을 위반한 불법감청에 의하여 녹음된 전화통화의 내용은 제4조에 의하여 증거능력이 없다. 그리고 피고인이나 변호인이 이를 증거로 함에 동의하였다고 하더라도 달리 볼 것은 아니다. 이 점은 제3자가 공개되지 아니한 타인간의 대화를 녹음한 경우에도 마찬가지이다</u>(대판 2002.10.8. 2002도123 ; 동지 대판 2019.3.14. 2015도1900).

④ [×] <u>제3자의 경우는 설령 전화통화 당사자 일방의 동의를 받고 그 통화내용을 녹음하였다 하더라도 그 상대방의 동의가 없었던 이상, 동법 제3조 제1항 위반이 되고 이와 같이 제3조 제1항을 위반한 불법감청에 의하여 녹음된 전화통화의 내용은 제4조에 의하여 증거능력이 없다. 그리고 피고인이나 변호인이 이를 증거로 함에 동의하였다고 하더라도 달리 볼 것은 아니다. 이 점은 제3자가 공개되지 아니한 타인간의 대화를 녹음한 경우에도 마찬가지이다</u>(대판 2002.10.8. 2002도123 ; 동지 대판 2019.3.14. 2015도1900).

⑤ [○] 피고인이 내용을 부인하여 증거능력이 없는 사법경찰리 작성의 피의자신문조서에 대하여 비록 당초 증거제출 당시 탄핵증거라는 입증취지를 명시하지 아니하였지만 피고인의 법정 진술에 대한 탄핵증거로서의 증거조사 절차가 대부분 이루어졌다고 볼 수 있는 점 등의 사정에 비추어 위 피의자신문조서를 피고인의 법정 진술에 대한 탄핵증거로 사용할 수 있다(대판 2005.8.19. 2005도2617).

정답 ⑤

036 다음 사례에 관한 설명 중 옳은 것은? (다툼이 있으면 판례에 의함) [16 변호사]

> ㉠ 재무구조가 매우 열악한 회사의 실질적 1인 주주인 대표이사 甲은 자신이 다니는 교회에 회사자산으로 거액을 기부하였다.
> ㉡ 乙의 사기죄에 대한 항소심 공판에서 검사는 별개사건으로 기소되어 확정된 공범 丙에 대한 공판조서와 乙과 A의 통화내용을 담은 녹음테이프를 증거로 제출하였다.
> ㉢ 피고인 丁의 기피신청이 있어 형사소송법 제22조에 따라 소송진행을 정지하여야 함에도, 기피신청을 받은 법관이 본안의 소송절차를 정지하지 않고 그대로 증거조사를 실시하였다.
> ㉣ 피고인의 변호인 戊는 피고인에 대한 고발장을 증거로 함에 부동의하였고, 같은 고발장을 첨부문서로 포함하고 있는 검찰주사보 작성의 수사보고서에 대하여는 증거 동의하였다.

① 사안 ㉠에서 甲의 행위는 업무상횡령죄에 해당하지 않는다.
② 사안 ㉡에서 丙에 대한 공판조서는 형사소송법 제311조가 아니라 제315조 제3호에 따라 당연히 증거능력이 인정된다.
③ 사안 ㉡에서 녹음테이프에 대한 법관의 검증조서에 기재된 통화내용은 형사소송법 제311조에 따라 당연히 증거능력이 인정된다.
④ 사안 ㉢에서 기피신청을 받은 법관이 한 증거조사는 효력이 없지만, 그 후 그 기피신청에 대한 기각결정이 확정된 경우 법원은 그 증거조사에서 인정된 증거를 사용할 수 있다.
⑤ 사안 ㉣에서 수사보고서에 대한 증거동의의 효력은 첨부문서인 고발장에도 당연히 미치므로, 고발장을 유죄의 증거로 삼을 수 있다.

해설

① [×] 주식회사의 주식이 사실상 1인의 주주에 귀속하는 1인 회사에 있어서도 회사와 주주는 분명히 별개의 인격이어서 1인 회사의 재산이 곧바로 그 1인 주주의 소유라고 볼 수 없으므로, 피고인이 회사의 사실상 1인 주주라고 하더라도 회사의 금원을 업무상 보관중 이를 임의로 처분한 경우 횡령죄가 성립한다(대판 2010.4.29. 2007도6553).

② [○] 다른 피고사건의 공판조서는 형사소송법 제315조 제3호의 문서로서 당연히 증거능력이 있다(대판 2005.1.14. 2004도6646).

③ [×] 녹음테이프에 대하여 실시한 검증의 내용은 녹음테이프에 녹음된 대화의 내용이 검증조서에 첨부된 녹취서에 기재된 내용과 같다는 것에 불과하여 증거자료가 되는 것은 여전히 녹음테이프에 녹음된 대화의 내용이라 할 것인바, 그 중 피고인의 진술내용은 실질적으로 형사소송법 제311조, 제312조 규정 이외에 피고인의 진술을 기재한 서류와 다를 바 없으므로, 피고인이 그 녹음테이프를 증거로 할 수 있음에 동의하지 않은 이상 그 녹음테이프 검증조서의 기재 중 피고인의 진술내용을 증거로 사용하기 위해서는 형사소송법 제313조 제1항 단서에 따라 공판준비 또는 공판기일에서 그 작성자인 고소인의 진술에 의하여 녹음테이프에 녹음된 피고인의 진술내용이

피고인이 진술한 대로 녹음된 것이라는 점이 증명되고 그 진술이 특히 신빙할 수 있는 상태하에서 행하여진 것으로 인정되어야 한다(대판 2001.10.9. 2001도3106).

④ [×] 기피신청을 받은 법관이 본안의 소송절차를 정지하지 않은 채 그대로 소송을 진행하여서 한 <u>소송행위는 그 효력이 없고, 이는 그 후 기피신청에 대한 기각결정이 확정되었다고 하더라도 마찬가지이다</u>(대판 2012.10.11. 2012도8544).

⑤ [×] 수사보고에 대한 증거동의가 있다는 이유로 아무런 지적 없이 그에 첨부된 고발장까지 증거로 채택해 두었다가 판결을 선고하는 단계에 이르러 이를 유죄 인정의 증거로 삼은 것은 실질적 적법절차의 원칙에 비추어 수긍할 수 없다. 결국 <u>수사보고에 첨부된 고발장</u>은 적법한 증거신청·증거결정·증거조사의 절차를 거쳤다고 볼 수 없거나 공소사실을 뒷받침하는 증명력을 가진 증거가 아니므로 이를 <u>유죄의 증거로 삼을 수 없다</u>(대판 2011.7.14. 2011도3809).

정답 ②

---

037 술에 만취해 운전을 하던 甲은 교통사고를 낸 후 조수석에 타고 있던 친동생 乙에게 乙 자신이 운전하였다고 경찰에 말해 달라 부탁하였고, 乙은 甲의 부탁대로 자신이 운전하다 사고를 냈다고 진술하였다. 이에 관한 설명 중 옳은 것을 모두 고른 것은? (다툼이 있으면 판례에 의함)　　　　　　　　[22 변호사]

> ㉠ 乙은 범인도피죄를 범하였으나 범인의 친족이어서 처벌되지 않는다.
> ㉡ 乙을 시켜 경찰에 허위진술을 하도록 한 甲의 행위는 타인의 행위를 이용하여 자신의 범죄를 실현하고 새로운 범인을 창출하였다는 교사범의 전형적인 불법이 실현되었다고 볼 수 없으므로 범인도피교사죄가 성립하지 않는다.
> ㉢ 甲의 부탁대로 乙이 경찰에 허위진술을 한 행위는 위계공무집행방해죄가 성립한다.
> ㉣ 만약 사법경찰관이 甲에 대하여 현장검증을 실시하여 적법하게 검증조서를 작성하였고, 이 검증조서에는 甲이 乙에게 "네가 운전하였다고 말해라."라는 진술기재부분과 범행을 재연하는 사진이 첨부되어 있는데 甲이 법정에서 검증조서에 대해서만 증거로 함에 동의하고 진술기재부분과 재연사진에 대해서는 그 성립의 진정 및 내용을 부인하였다면 검증조서에 기재된 진술기재부분과 재연사진을 제외한 검증조서의 나머지 부분에 대해서만 증거능력이 인정된다.

① ㉠, ㉢　　　　　　　　② ㉠, ㉣　　　　　　　　③ ㉠, ㉡, ㉢
④ ㉠, ㉡, ㉣　　　　　　　⑤ ㉡, ㉢, ㉣

해설

㉠ [O], ㉡ [×] 범인이 자신을 위하여 타인으로 하여금 허위의 자백을 하게 하여 범인도피죄를 범하게 하는 행위는 방어권의 남용으로 범인도피교사죄에 해당하는바, 이 경우 그 타인이 형법 제151조 제2항에 의하여 처벌을 받지 아니하는 친족 또는 동거 가족에 해당한다 하여 달리 볼 것은 아니다(대판 2006.12.7. 2005도3707).

㉢ [×] 피의자나 참고인이 아닌 자가 자발적이고 계획적으로 피의자를 가장하여 수사기관에 대하여 허위사실을 진술하였다 하여 바로 이를 위계에 의한 공무집행방해죄가 성립된다고 할 수 없다(대판 1977.2.8. 76도3685).

㉣ [O] 사법경찰관 작성의 검증조서에 기재된 '진술내용 및 범행을 재연한 부분'에 대하여 피고인이 그 성립의 진정 및 내용을 인정한 흔적을 찾아 볼 수 없고 오히려 이를 부인하고 있는 경우에는 그 증거능력을 인정할 수 없다(대판 1998.3.13. 98도159). 판례의 취지에 의할 때 검증조서에 기재된 진술기재부분과 재연사진을 제외한 검증조서의 나머지 부분은 증거능력이 인정된다.

정답 ②

038 甲은 회식 자리에서 직원 A의 옆에 앉아 술을 마시며 대화하던 중 오른손으로 갑자기 A의 엉덩이 부위를 옷 위로 쓰다듬었다. 그 자리에 있던 동료 직원 B는 수사기관에 참고인으로 출석하여 "甲이 A의 엉덩이 부위를 쓰다듬어 A가 매우 놀라며 황급히 일어나 밖으로 나가는 것을 보았다."라고 진술하였다. 결국 甲은 A를 위와 같이 강제추행하였다는 공소사실로 기소되었는데, A는 제2회 공판기일 법정에서 甲으로부터 위와 같이 강제 추행을 당하였다고 증언하였고, 동료 직원 B는 같은 공판기일 법정에 출석하였으나 증언거부사유가 없음에도 증언을 거부하였으며, 다른 동료 직원 C는 같은 공판기일 법정에서 "이 사건 다음 날 A로부터 '甲에게 추행을 당했다'는 말을 들었다."라고 증언하였다. 이에 관한 설명 중 옳은 것을 모두 고른 것은? (다툼이 있는 경우 판례에 의함)

[23 변호사]

> ㄱ. 강제추행죄에는 폭행행위 자체가 추행행위라고 인정되는 이른바 기습추행의 경우도 포함되고, 기습추행에 있어서의 폭행행위는 반드시 상대방의 의사를 억압할 정도의 것임을 요하지 않고 상대방의 의사에 반하는 유형력의 행사가 있기만 하면 그 힘의 대소강약을 불문한다.
>
> ㄴ. B가 정당하게 증언거부권을 행사한 것이 아니라고 하더라도 甲이 증언거부 상황을 초래하였다는 등의 특별한 사정이 없다면 B의 증언거부는 「형사소송법」 제314조의 '그 밖에 이에 준하는 사유로 인하여 진술할 수 없는 때'에 해당하지 않는다.
>
> ㄷ. 「형사소송법」 제297조(피고인등의 퇴정)의 규정에 따라 재판장은 증인 A가 피고인 甲의 면전에서 충분한 진술을 할 수 없다고 인정한 때에는 피고인을 퇴정하게 하고 증인신문을 진행함으로써 피고인의 직접적인 증인 대면을 제한할 수 있지만, 이러한 경우 피고인의 반대신문권까지 배제하는 것은 허용될 수 없다.
>
> ㄹ. C가 법정에서 한 증언은 원진술자인 A가 법정에 증인으로 출석하였으므로 「형사소송법」 제316조 제2항의 요건이 충족되지 않아 피고인 甲의 증거동의가 없는 이상 증거능력이 없다.

① ㄱ

② ㄱ, ㄴ

③ ㄴ, ㄷ

④ ㄱ, ㄷ, ㄹ

⑤ ㄱ, ㄴ, ㄷ, ㄹ

해설

ㄱ. [○] 강제추행죄는 상대방에 대하여 폭행 또는 협박을 가하여 항거를 곤란하게 한 뒤에 추행행위를 하는 경우뿐만 아니라 폭행행위 자체가 추행행위라고 인정되는 이른바 기습추행의 경우도 포함된다. 특히 기습추행의 경우 폭행은 반드시 상대방의 의사를 억압할 정도의 것임을 요하지 않고 상대방의 의사에 반하는 유형력의 행사가 있는 이상 그 힘의 대소강약을 불문한다(대판 2002.4.26. 2001도2417).

ㄴ. [○] 수사기관에서 진술한 참고인이 법정에서 증언을 거부하여 피고인이 반대신문을 하지 못한 경우에는 정당하게 증언거부권을 행사한 것이 아니라도, 피고인이 증인의 증언거부 상황을 초래하였다는 등의 특별한 사정이 없는 한 형사소송법 제314조의 '그 밖에 이에 준하는 사유로 인하여 진술할 수 없는 때'에 해당하지 않는다고 보아야 한다. 따라서 증인이 정당하게 증언거부권을 행사하여 증언을 거부한 경우와 마찬가지로 수사기간에서 그 증인의 진술을 기재한 서류는 증거능력이 없다.
다만 피고인이 증인의 증언거부 상황을 초래하였다는 등의 특별한 사정이 있는 경우에는 형사소송법 제314조의 적용을 배제할 이유가 없다. 이러한 경우까지 형사소송법 제314조의 '그 밖에 이에 준하는 사유로 인하여 진술할 수 없는 때'에 해당하지 않는다고 보면 사건의 실체에 대한 심증 형성은 법관의 면전에서 본래증거에 대한 반대신문이 보장된 증거조사를 통하여 이루어져야 한다는 실질적 직접심리주의와 전문법칙에 대하여 예외를 정한 형사소송법 제314조의 취지에 반하고 정의의 관념에도 맞지 않기 때문이다(대판(전) 2019.11.21. 2018도13945).

ㄷ. [○] 형사소송법 제297조의 규정에 따라 재판장은 증인이 피고인의 면전에서 충분한 진술을 할 수 없다고 인정한 때에는 피고인을 퇴정하게 하고 증인신문을 진행함으로써 피고인의 직접적인 증인 대면을 제한할 수 있지만, 이러한 경우에도 피고인의 반대신문권을 배제하는 것은 허용되지 않는다(대판 2012.2.23. 2011도15608).

ㄹ. [O] 피해자가 제1심 법정에 출석하여 증언을 한 사건에 있어서는 원진술자인 피해자가 질병, 외국거주, 소재불명 그 밖에 이에 준하는 사유로 인하여 진술할 수 없는 때에 해당되지 아니하므로 피해자의 진술을 그 내용으로 하는 증인의 증언은 전문증거로서 증거능력이 없다(대판 2011.11.24. 2011도7173).

정답 ⑤

039 甲과 乙은 길거리에서 서로 몸싸움을 하였다. 출동한 경찰관 P가 甲과 乙을 현행범으로 체포하려고 하자 ⓐ 甲이 P의 얼굴을 주먹으로 쳐 P에게 2주간의 치료를 요하는 타박상을 가하였다. 현장을 벗어난 ⓑ 甲은 혈중알콜 농도 0.1%의 상태에서 승용차를 타고 에어컨을 가동하기 위하여 시동을 걸어 놓고 잠을 자던 중 변속기를 잘못 건드려 자동차가 앞으로 약 1m 가다가 멈추었다. 이에 관한 설명 중 옳은 것은? (다툼이 있으면 판례에 의함)

[20 변호사]

① 甲의 ⓐ 행위는 공무집행방해죄와 상해죄를 구성하고, 두 죄의 관계는 실체적 경합범이다.

② 甲의 ⓑ 행위는 도로교통법상의 음주운전죄를 구성한다.

③ 乙이 나중에 "甲이 경찰관의 얼굴을 때리는 것을 보았다."라고 한 말을 친구 A가 보이스펜으로 녹음한 파일은 乙이 그 진정성립을 부인하더라도 ⓐ 행위의 목격사실을 부인하는 乙의 법정진술의 증명력을 다투기 위한 증거로 사용할 수 있다.

④ 甲과 乙이 기소되어 병합심리되었는데, 甲이 피고인신문절차에서 "乙이 먼저 나를 폭행하였다."라는 진술을 하였다면 이 진술은 乙의 폭행죄에 대하여 증거능력이 있다.

⑤ 乙이 제1심에서 폭행죄로 벌금 100만 원을 선고받고 항소하였는데, 항소심 계속 중 甲이 乙에 대한 처벌의사를 철회하였다면 항소심 법원은 乙에게 공소기각판결을 하여야 한다.

해설

① [×] 형법상 공무집행방해치상죄라는 범죄는 없다. 설문의 경우 甲은 공무집행방해죄와 상해죄의 죄책을 진다(대판 2013.9.26. 2013도643). 양 범죄는 상상적 경합범 관계에 있는 것으로 해석된다(대판 1999.9.21. 99도383 참고).

② [×] 어떤 사람이 자동차를 움직이게 할 의도 없이 다른 목적을 위하여 자동차의 원동기(모터)의 시동을 걸었는데, 실수로 기어 등 자동차의 발진에 필요한 장치를 건드려 원동기의 추진력에 의하여 자동차가 움직이거나 또는 불안전한 주차상태나 도로여건 등으로 인하여 자동차가 움직이게 된 경우는 자동차의 운전에 해당하지 아니한다(대판 2004.4.23. 2004도1109). 甲의 ⓑ 행위는 도로교통법상의 음주운전죄를 구성하지 아니한다.

③ [O] 증거능력 없는 전문증거라도 공판준비 또는 공판기일에서의 피고인 또는 피고인 아닌 자의 진술의 증명력을 다투기 위하여는 이를 증거로 할 수 있다(제318조의2 제1항). A가 보이스펜으로 녹음한 파일에 대하여 乙이 진정성립을 부인하여 증거능력이 없더라도 그 녹음파일을 乙의 법정진술의 증명력을 다투기 위한 증거로 사용할 수 있다.

④ [×] 피고인과 별개의 범죄사실로 기소되어 병합심리되고 있던 공동피고인은 피고인에 대한 관계에서는 증인의 지위에 있음에 불과하므로 선서없이 한 그 공동피고인의 법정 및 검찰진술은 피고인에 대한 공소범죄사실을 인정하는 증거로 할 수 없다(대판 1982.6.22. 82도898). 甲이 (증인의 지위에서 선서를 하고 증언하여야 함에도) 피고인신문절차에서 한 진술은 乙의 폭행죄에 대하여 증거능력이 없다. 甲과 乙은 공범이 아님을 주의하여야 한다.

⑤ [×] 반의사불벌죄에 있어서 처벌을 희망하는 의사표시의 철회는 제1심 판결선고 전까지 할 수 있다(형사소송법 제232조 제3항). 甲이 항소심에서 처벌희망의사를 철회하였더라도 항소심은 공소기각판결을 선고할 수 없다.

정답 ③

040 유흥업소를 운영하는 甲은 경찰관 乙에게 단속정보를 제공해 주는 대가로 2009.5.20. 200만 원의 뇌물을 공여하였다는 혐의로 조사를 받았다. 하지만 甲은 "돈을 가져오지 않으면 구속수사 하겠다는 乙의 협박 때문에 200만 원을 주었을 뿐이고, 乙로부터 단속정보를 제공받은 사실이 없으며, 그 대가로 준 것도 아니다."라고 강하게 부인하였다. 그 후 甲이 잠적해 버리자, 고민을 거듭하던 검사는 甲의 부인 A로부터 "구속수사를 피하기 위해 乙에게 200만 원을 주었다는 얘기를 甲으로부터 들었다."라는 진술을 확보하여 2016.5.21. 乙을 공갈죄로 기소하였다. 乙의 공판이 진행되던 2016.7.10. 검찰에 자진출석한 甲은 "乙로부터 경찰의 단속정보를 제공받는 대가로 200만 원을 제공한 것이 맞다."라고 진술하였다. 이에 관한 설명 중 옳은 것은? (다툼이 있으면 판례에 의함)

[17 변호사]

① 乙이 직무집행의 의사없이 甲을 공갈하여 200만 원을 수수한 경우, 乙에게는 공갈죄와 뇌물수수죄의 상상적 경합이 인정된다.

② 乙이 직무처리와 대가적 관계없이 甲을 공갈하여 200만 원을 甲으로부터 교부받은 경우, 甲에게는 뇌물공여죄가 성립한다.

③ 공소장변경을 통해 乙에 대한 공소사실이 공갈에서 뇌물수수로 변경될 경우, 乙에 대해 적용될 공소시효의 기간은 공갈죄를 기준으로 한다.

④ 乙에게 뇌물수수죄가 인정되고 甲에게 뇌물공여죄가 인정될 경우, 乙에 대해 공소가 제기되더라도 甲의 뇌물공여죄에 관한 공소시효가 정지되지 않는다.

⑤ "乙에게 200만 원을 뇌물로 주었다."라는 甲의 진술이 유일한 증거인 경우, "甲으로부터 그런 얘기를 들었다."라는 A의 법정증언을 보강증거로 하여 甲의 뇌물공여를 유죄로 인정할 수 있다.

해설

① [×], ② [×] 공무원이 직무집행의 의사 없이 또는 직무처리와 대가적 관계없이 타인을 공갈하여 재물을 교부하게 한 경우에는 공갈죄만이 성립하고, 이러한 경우 재물의 교부자는 공갈죄의 피해자가 될 것이고 뇌물공여죄는 성립될 수 없다(대판 1994.12.22. 94도2528). 乙은 공갈죄의 죄책을 지고, 甲은 공갈죄의 피해자일 뿐이므로 뇌물공여죄의 죄책을 지지 아니한다.

③ [×] 공소장변경절차에 의하여 공소사실이 변경됨에 따라 그 법정형에 차이가 있는 경우에는 변경된 공소사실에 대한 법정형이 공소시효기간의 기준이 된다(대판 2013.7.26. 2013도6182). 乙에 대하여 적용될 공소시효의 기간은 뇌물수수죄를 기준으로 한다.

④ [○] 대향범 관계에 있는 자 사이에서는 각자 상대방의 범행에 대하여 형법 총칙의 공범규정이 적용되지 아니하므로 형사소송법 제253조 제2항에서 말하는 '공범'에는 뇌물공여죄와 뇌물수수죄 사이와 같은 대향범 관계에 있는 자는 포함되지 않는다(대판 2015.2.12. 2012도4842). 乙에 대하여 공소가 제기되더라도 甲의 뇌물공여죄에 관한 공소시효는 정지되지 않는다.

⑤ [×] "피고인이 범행을 자인하는 것을 들었다"는 피고인 아닌 자의 진술 내용은 형사소송법 제310조의 피고인의 자백에는 포함되지 아니하나 이는 피고인의 자백의 보강증거로 될 수 없다(대판 2008.2.14. 2007도10937). A의 법정증언은 보강증거가 될 수 없으므로 甲의 뇌물공여를 유죄로 인정할 수 없다.

정답 ④

041 유흥주점의 지배인 甲은 피해자 A로부터 신용카드를 강취하고 신용카드 비밀번호를 알아냈다. 甲은 위 주점 직원 乙, 丙과 모의하면서, 자신은 주점에서 A를 붙잡아 두면서 감시하고, 乙과 丙은 위 신용카드를 이용하여 인근 편의점에 있는 현금자동지급기에서 300만 원의 예금을 인출하기로 하였다. 그에 따라 甲이 A를 감시하는 동안 乙과 丙은 위 편의점에 있는 현금자동지급기에 신용카드를 넣고 비밀번호를 입력하여 300만 원의 예금을 인출하였고, 이를 甲, 乙, 丙 각자 100만 원씩 분배하였다. 결국 甲, 乙, 丙은 특수(합동)절도죄로 공소제기 되었는데, 甲은 법정에서 범행을 부인하였으나, 甲의 공동피고인 乙과 丙은 법정에서 범행을 자백하였다. 이에 관한 설명 중 옳은 것을 모두 고른 것은? (다툼이 있는 경우 판례에 의함) [23 변호사]

ㄱ. 甲이 합동절도의 범행 공모에는 참여하였으나 현장에서 절도의 실행행위를 직접 분담하지 않았더라도, 그가 현장에서 절도 범행을 실행한 乙과 丙의 행위를 자기 의사의 수단으로 하여 합동절도의 범행을 하였다고 평가할 수 있는 정범성의 표지를 갖추고 있다면, 甲에 대하여도 합동절도의 공동정범이 성립될 수 있다.

ㄴ. 만약 위 주점 지배인 甲이 종업원 乙, 丙과 함께 단골손님 A로부터 신용카드를 갈취해 현금을 인출하기로 모의하였고, 甲의 지시를 받은 乙과 丙은 늦은 저녁 한적한 골목길에서 A로부터 신용카드를 갈취하고 비밀번호를 알아내 甲이 일러준 편의점 현금자동지급기에서 300만 원의 예금을 인출하였으며, 이를 甲, 乙, 丙 각자 100만 원씩 분배하였다면, 범죄 장소에 가지 않은 甲에게 폭력행위등처벌등에관한법률위반(공동공갈)의 공동정범은 인정될 여지가 없다.

ㄷ. 공범인 공동피고인 乙, 丙의 법정에서의 자백은 소송절차를 분리하여 증인신문하는 절차를 거치지 않았더라도 甲에 대하여 증거능력이 인정된다.

ㄹ. 만약 위 사례에서 甲이 범행을 자백하였고, 甲이 범행을 자인하는 것을 들었다는 피고인 아닌 제3자의 진술이 있다면, 이는 「형사소송법」 제310조의 피고인 자백에는 포함되지 아니하므로 甲의 자백에 대한 보강증거가 될 수 있다.

① ㄱ, ㄷ   ② ㄱ, ㄹ   ③ ㄴ, ㄹ
④ ㄱ, ㄷ, ㄹ   ⑤ ㄴ, ㄷ, ㄹ

해설

ㄱ. [○] [1] 3인 이상의 범인이 합동절도의 범행을 공모한 후 적어도 2인 이상의 범인이 범행 현장에서 시간적, 장소적으로 협동관계를 이루어 절도의 실행행위를 분담하여 절도 범행을 한 경우에는 공동정범의 일반 이론에 비추어 그 공모에는 참여하였으나 현장에서 절도의 실행행위를 직접 분담하지 아니한 다른 범인에 대하여도 그가 현장에서 절도 범행을 실행한 위 2인 이상의 범인의 행위를 자기 의사의 수단으로 하여 합동절도의 범행을 하였다고 평가할 수 있는 정범성의 표지를 갖추고 있다고 보여지는 한 그 다른 범인에 대하여 합동절도의 공동정범의 성립을 부정할 이유가 없다고 할 것이다(대판(전) 1998.5.21. 98도321).

ㄴ. [×] 여러 사람이 폭력행위등처벌에관한법률 제2조 제1항에 열거된 죄를 범하기로 공모한 다음 그 중 2인 이상이 범행장소에서 범죄를 실행한 경우에는 범행장소에 가지 아니한 자도 같은 법 제2조 제2항에 규정된 죄의 공모공동정범으로 처벌할 수 있다(대판 1996.12.10. 96도2529).

ㄷ. [○] 공동피고인의 자백은 이에 대한 피고인의 반대신문권이 보장되어 있어 증인으로 신문한 경우와 다를 바 없으므로 독립한 증거능력이 있다(대판 2007.10.11. 2007도5577).

ㄹ. [×] 피고인이 범행을 자인하는 것을 들었다는 피고인 아닌 자의 진술내용은 형사소송법 제310조의 피고인의 자백에는 포함되지 아니하나 이는 피고인의 자백의 보강증거로 될 수 없다(대판 1981.7.7. 81도1314).

정답 ①

042 공무원인 甲은 건설회사 대표 乙에게 자신이 속한 부서가 관장하는 관급공사를 수주할 수 있게 해주겠다고 약속하고, 그 대가로 乙로부터 2016.3.15. 1,000만 원을, 2016.4.1. 1,500만 원을 받았다. 그 후 甲은 乙에게 직무상 비밀인 관급공사의 예정가격을 알려주어 乙이 공사를 수주하게 되었다. 검사는 甲이 변호인의 참여를 원한다는 의사를 명백하게 표시하였음에도, 정당한 사유 없이 변호인을 참여하게 하지 아니한 채 甲을 신문하여 피의자신문조서를 작성하였고, 추가조사를 거친 후에 甲과 乙에 대해 공소제기 하였다. 이에 관한 설명 중 옳지 않은 것은? (다툼이 있으면 판례에 의함)   [17 변호사]

① 甲에 대한 임용결격사유가 밝혀져 당초의 임용행위가 무효가 되더라도, 甲은 뇌물수수죄에 규정된 공무원에 해당한다.

② 甲에게는 수뢰후부정처사죄 및 공무상비밀누설죄가 성립하고, 양 죄는 상상적 경합관계에 있다.

③ 검사는 수사단계에서 甲에 대한 증거를 미리 보전하기 위하여 필요한 경우라도 甲과 乙은 필요적 공범이므로 판사에게 乙을 증인으로 신문할 것을 청구할 수 없다.

④ 검사가 작성한 피의자신문조서는 형사소송법 제312조 제1항에 정한 '적법한 절차와 방식'에 위반된 증거일 뿐만 아니라, 형사소송법 제308조의2에서 정한 '적법한 절차에 따르지 아니하고 수집한 증거'에 해당하므로 이를 증거로 할 수 없다.

⑤ 위 사건에서 심리결과 1,500만 원에 대한 부분만 무죄로 판단되는 경우에는 판결이유에만 기재하고 주문에서 따로 무죄를 선고할 것이 아님에도 불구하고 법원이 그 판결주문에 무죄를 표시하였더라도 이러한 잘못이 판결에 영향을 미친 위법사유가 되는 것은 아니다.

해설

① [○] 법령에 기한 임명권자에 의하여 임용되어 공무에 종사하여 온 사람이 나중에 그가 임용결격자이었음이 밝혀져 당초의 임용행위가 무효라고 하더라도, 그가 임용행위라는 외관을 갖추어 실제로 공무를 수행한 이상 공무 수행의 공정과 그에 대한 사회의 신뢰 및 직무행위의 불가매수성은 여전히 보호되어야 하므로, 이러한 사람은 형법 제129조에서 규정한 공무원으로 봄이 상당하고, 그가 그 직무에 관하여 뇌물을 수수한 때에는 수뢰죄로 처벌할 수 있다(대판 2014.3.27. 2013도11357).

② [○] 甲이 공무상비밀을 누설한 것은 바로 수뢰후부정처사죄에 있어 부정한 행위이므로 (행위의 동일성이 인정되므로) 수뢰후부정처사죄와 공무상비밀누설죄는 상상적 경합범의 관계에 있다(대판 2001.2.9. 2000도1216).

③ [×] 공동피고인과 피고인이 뇌물을 주고받은 사이로 필요적 공범관계에 있다고 하더라도 검사는 수사단계에서 피고인에 대한 증거를 미리 보전하기 위하여 필요한 경우에는 판사에게 공동피고인을 증인으로 신문할 것을 청구할 수 있다(대판 1988.11.8. 86도1646).

④ [○] 피의자가 변호인의 참여를 원한다는 의사를 명백하게 표시하였음에도 수사기관이 정당한 사유 없이 변호인을 참여하게 하지 아니한 채 피의자를 신문하여 작성한 피의자신문조서는 형사소송법 제312조에 정한 '적법한 절차와 방식'에 위반된 증거일 뿐만 아니라 제308조의2에서 정한 '적법한 절차에 따르지 아니하고 수집한 증거'에 해당하므로 이를 증거로 할 수 없다(대판 2013.3.28. 2010도3359).

⑤ [○] 포괄일죄의 관계에 있는 공소사실에 대하여는 그 일부가 무죄로 판단되는 경우에도 이를 판결 주문에 따로 표시할 필요가 없으나 이를 판결 주문에 표시하였다 하더라도 판결에 영향을 미친 위법사유가 되는 것은 아니라 할 것이다(대판 1993.10.12. 93도1512).

정답 ③

043 X회사에 근무하던 甲은 대표이사 A와 갈등으로 퇴사하게 되자 재직하면서 알게 된 회사 비리를 국세청과 수사기관에 알리겠다며 각각 3차례에 걸쳐 A에게 협박 메일을 발송하였다. 이후 甲은 ○○빌딩 6층에 있는 X회사에 들어갈 생각으로 5층 베란다 테라스의 난간을 잡고 기어올라 6층 창문을 통해 자신이 사용하던 사무실로 들어갔다. 이에 관한 설명 중 옳은 것은? (다툼이 있으면 판례에 의함) [22 변호사]

① 검사가 甲의 1차 협박 범행을 먼저 기소하고 다시 2, 3차의 협박 범행을 추가로 기소하였는데 이를 병합하여 심리하는 과정에서 전후에 기소된 각각의 범행이 모두 포괄하여 하나의 협박죄를 구성하는 것으로 밝혀진 경우 법원이 석명절차나 공소장 변경절차를 거치지 아니하고 전후에 기소된 범죄사실 전부에 대하여 실체판단을 하는 것은 위법하다.

② 甲의 1차 협박 범행에 대하여 협박죄의 유죄판결이 확정된 경우 그 확정판결의 사실심판결 선고 전에 저질러진 1차 범행과 포괄일죄의 관계에 있는 2, 3차 협박 범행에 대하여 상습협박죄로 새로이 공소가 제기되었다면 법원은 면소판결을 선고하여야 한다.

③ 甲의 3차례 협박 범행에 대해 상습성이 인정되고 그 중 2차 협박 범행에 대하여 상습범으로 유죄판결이 확정된 경우 확정판결 후에 행해진 3차 협박의 범죄사실은 1차 협박의 범죄사실과 분리되어 별개의 상습협박죄가 된다.

④ 甲이 A에게 발송한 협박 메일이 A의 메일함에 도착하였으나 스팸메일로 분류되어 자동 삭제되었다 하더라도 협박죄는 위험범이므로 해악의 고지가 상대방에게 도달한 이상 협박죄의 기수가 된다.

⑤ 甲이 자신이 사용하던 사무실에 출입한 행위는 사실상 평온을 해하지 않으므로 방실침입죄가 성립하지 않는다.

해설

① [×] 검사가 수 개의 협박 범행을 먼저 기소하고 다시 별개의 협박 범행을 추가로 기소하였는데 이를 병합하여 심리하는 과정에서 전후에 기소된 각각의 범행이 모두 포괄하여 하나의 협박죄를 구성하는 것으로 밝혀진 경우 비록 협박죄의 포괄일죄로 공소장을 변경하는 절차가 없었다거나 추가로 공소장을 제출한 것이 포괄일죄를 구성하는 행위로서 기존의 공소장에 누락된 것을 추가·보충하는 취지의 것이라는 석명절차를 거치지 아니하였다 하더라도 법원은 전후에 기소된 범죄사실 전부에 대하여 실체판단을 할 수 있고 추가기소된 부분에 대하여 공소기각판결을 할 필요는 없다(대판 2007.8.23. 2007도2595). 법원이 전후에 기소된 범죄사실 전부에 대하여 실체판단을 하는 것은 위법하지 않다.

② [×] 상습범으로서 포괄적 일죄의 관계에 있는 여러 개의 범죄사실 중 일부에 대하여 유죄판결이 확정된 경우에, 그 확정판결의 사실심판결 선고 전에 저질러진 나머지 범죄에 대하여 새로이 공소가 제기되었다면 이에 대하여는 판결로써 면소의 선고를 하여야 하는 것인바, 다만 이러한 법리가 적용되기 위해서는 전의 확정판결에서 당해 피고인이 상습범으로 기소되어 처단되었을 것을 필요로 하는 것이고, 상습범 아닌 기본 구성요건의 범죄로 처단되는 데 그친 경우에는 앞서의 확정판결을 상습범의 일부에 대한 확정판결이라고 보아 그 기판력이 그 사실심판결 선고 전의 나머지 범죄에 미친다고 보아서는 아니된다(대판(전) 2004.9.16. 2001도3206). 전에 유죄의 확정판결을 받은 1차 협박 범행이 '단순'협박죄이므로(지문에는 "협박죄의 유죄판결이 확정된 경우"라고만 나오므로) 법원은 2, 3차 협박 범행에 대하여 다른 소송조건의 흠결이 없는 한 유무죄의 실체재판을 하여야 하고 면소판결을 선고할 수 없다.

③ [○] 상습범에서 상습성에 의해 저질러진 일련의 범행 사이에 그것들과 동일한 습벽에 의해 저질러진 '또 다른 범죄사실'에 대한 유죄의 확정판결이 있는 경우에는 전후 범죄사실의 일죄성은 그 확정판결에 의해 분단되어 동일성이 없는 별개의 범죄가 된다. 이는 유죄의 확정판결 전후의 범죄사실은 그것이 동일한 습벽에 의해 저질러졌다 하더라도 동시에 심리할 가능성이 없기 때문이다(대판(전) 2019. 6.20. 2018도20698). 위 판례에서 '또 다른 범죄사실'은 상습범을 말한다.
3차 협박의 범죄사실은 1차 협박의 범죄사실과 분리되어 별개의 상습협박죄가 된다.

④ [×] 사람으로 하여금 공포심을 일으키게 하기에 충분한 정도의 해악을 고지함으로써 상대방이 그 의미를 인식한 이상, 상대방이 현실적으로 공포심을 일으켰는지 여부와 관계없이 그로써 구성요건은 충족되어 협박죄의 기

수에 이른다(대판 2011.1.27. 2010도14316). 甲이 A에게 발송한 협박 메일이 A의 메일함에 도착하였으나 스팸메일로 분류되어 자동 삭제되어 A가 그 의미를 인식하지 못했으므로 협박미수죄는 성립할 수 있지만 협박죄는 성립하지 않는다.

⑤ [×] 평소 건조물에 출입이 허용된 사람이라 하더라도 주거에 들어간 행위가 거주자나 관리자의 명시적 또는 추정적 의사에 반함에도 불구하고 감행된 것이라면 주거침입죄는 성립하며, 출입문을 통한 정상적인 출입이 아닌 경우 특별한 사정이 없는 한 그 침입 방법 자체에 의하여 위와 같은 의사에 반하는 것으로 보아야 한다(대판 2007.8.23. 2007도2595). 甲은 퇴사하였으므로 X회사를 피해자와 공동으로 관리·점유하는 것으로 볼 수 없고 5층 베란다 테라스의 난간을 잡고 기어올라 6층 창문을 통해 출입하였으므로 출입문을 통하여 통상적인 방법으로 출입한 것으로 볼 수도 없다. 따라서 甲에게 방실침입죄가 성립한다(대판 2023.6.29. 2023도3351).

정답 ③

044 甲은 2021.1.20.부터 영업허가를 받지 아니하고 음식점 영업행위를 하였다. 이에 ㉠ 검사는 2021.6.21. 甲에 대해 '2021.1.20.부터 2021.5.31.까지'의 식품위생법위반죄로 공소제기하였다. 그럼에도 甲은 계속해서 무허가 영업을 하였고 이로 인해 이웃 乙과 다툼이 잦았다. 어느 날 ㉡ 乙은 도박으로 돈을 잃고 밤에 귀가하던 중 甲의 음식점 문을 뜯고 들어가 보관함에 있던 현금을 가지고 나왔다. 다음날 甲이 간밤에 도둑이 들었다면서 乙을 의심하며 큰소리로 다툼을 하자, ㉢ 뛰쳐나온 이웃주민 A, B가 있는 자리에서 乙은 "甲은 징역 살다온 전과자다."라고 수회 소리를 쳤다. 이에 관한 설명 중 옳은 것은? (다툼이 있으면 판례에 의함)　　　[22 변호사]

① ㉠의 기소로 제1심 공판절차 진행 중 甲이 2021.3.20.부터 2021.5.20.까지의 동일한 식품위생법위반죄로 2021.6.3. 벌금 100만 원의 약식명령을 발령받아 그 무렵 확정되었음이 밝혀졌다면 법원은 甲에게 공소기각의 판결을 선고해야 한다.

② ①의 약식명령이 확정되었음이 밝혀지자 검사는 범행일자를 '2021.6.4.부터 2021.10.20.까지'로 변경하는 내용의 공소장변경허가신청을 하였다면 법원은 이를 허가하여야 한다.

③ 검사가 ㉡의 범죄사실로 기소한 경우 도박죄의 법정형은 1천만원 이하의 벌금이고, 특수절도죄의 법정형은 1년 이상 10년 이하의 징역이므로 법원은 징역형과 벌금형을 병과하여 형을 선고하여야 한다.

④ ㉡과 관련하여, 乙의 특수절도죄가 형법의 누범에 해당한다면 특수절도에 대해서는 법정형의 단기와 장기 모두 2배를 가중한 범위 내에서 선고형을 정하여야 한다.

⑤ ㉢과 관련하여, 명예훼손죄 판단에 있어서 乙 발언의 전파가능성에 대한 증명은 검사의 자유로운 증명으로 충분하다.

해설

① [×] 포괄일죄의 관계에 있는 범행의 일부에 대하여 약식명령이 확정된 경우에는 그 약식명령의 발령시를 기준으로 하여 그 이전에 이루어진 범행에 대하여는 면소의 판결을 선고하여야 한다(대판 2013.6.13. 2013도4737). 벌금 100만원의 약식명령 발령일은 2021.6.3.이므로 그 전에 이루어진 공소사실(2021.1.20.부터 2021.5.31.까지의 식품위생법위반의 범죄사실)에 대하여 법원은 면소판결을 선고하여야 한다(대판 2017.4.28. 2016도21342).

② [×] 공소제기된 범죄사실과 추가로 발견된 범죄사실 사이에 그 범죄사실들과 동일성이 인정되는 또 다른 범죄사실에 대한 유죄의 확정판결이 있는 때에는 추가로 발견된 확정판결 후의 범죄사실은 공소제기된 범죄사실과 분단되어 동일성이 없는 별개의 범죄가 된다. 따라서 이때 검사는 공소장변경절차에 의하여 확정판결 후의 범죄사실을 공소사실로 추가할 수는 없고 별개의 독립된 범죄로 공소를 제기하여야 한다(대판 2017.4.28. 2016도21342). 약식명령 발령전의 범죄사실과 '2021.6.4.부터 2021.10.20.까지의 범죄사실'은 동일성이 없으므로 법원은 공소장변경허가신청을 기각하여야 한다.

③ [○] 경합을 동시에 판결할 때에 각 죄에 대하여 정한 형이 무기징역, 무기금고 외의 다른 종류의 형인 경우에는 병과한다(형법 제38조 제1항 제3호). 법원은 징역형과 벌금형을 병과하여 형을 선고하여야 한다.

④ [×] 누범 가중을 함에 있어서는 그 죄에 정한 형의 장기 2배까지 가중할 수 있는 것이고 단기에 관하여도 2배로 가중하는 것은 아니다(대판 1969.8.19. 69도1129). 특수절도에 대해서는 법정형의 장기만 2배를 가중한 범위 내에서 선고형을 정하여야 한다.

⑤ [×] 공연성은 명예훼손죄의 구성요건으로서 특정 소수에 대한 사실적시의 경우 공연성이 부정되는 유력한 사정이 될 수 있으므로 전파될 가능성에 관하여는 검사의 엄격한 증명이 필요하다(대판(전) 2020.11.19. 2020도5813). 乙 발언의 전파가능성에 대하여는 검사의 엄격한 증명이 필요하다.

정답 ③

045 甲은 주간에 A의 집에 들어가 자전거 1대를 절취(ⓐ)하여 가던 중 귀가하던 A에게 2018.9.1. 15:00에 체포되었다. 같은 날 15:30 甲을 지체 없이 인수받은 사법경찰관 P는 진술거부권을 고지하지 않고 질문하여 甲으로부터 ⓐ은 물론 며칠 전 길에 세워 둔 B의 자전거 1대를 절취(ⓑ)하였다는 사실도 자백받았다. 경찰서에 도착한 P는 甲에게 진술거부권을 고지한 후 신문하였고, 甲의 ⓐ, ⓑ에 관한 자백이 담긴 신문조서를 작성하였다. P는 검사 S에게 甲에 대한 구속영장을 신청하였고, S는 법원에 2018.9.3. 15:15 영장을 청구하였다. 만약 위 혐의사실에 관한 공판심리 중 甲에게 절도의 상습성이 인정되었다고 할 때, 이에 관한 설명 중 옳은 것 [○]과 옳지 않은 것[×]을 바르게 조합한 것은? (다툼이 있으면 판례에 의함) [19 변호사]

⊙ 甲에게는 상습절도죄 외에 주거침입죄가 별도로 성립한다.
ⓛ 甲이 ⓐ, ⓑ 이후에 범한 절도죄로 이미 유죄판결을 받고 확정되었다면, 법원은 면소판결을 하여야 한다.
ⓒ S의 구속영장청구는 현행범이 체포된 때로부터 48시간이 경과한 시점에 이루어진 것으로 법원은 이를 기각하여야 한다.
ⓔ 甲이 제1심에서 변호인의 조력을 받고 진술거부권을 고지 받은 상태에서 ⓐ, ⓑ죄에 대하여 다시 자백하는 등 인과관계가 희석되었다고 하더라도 그 법정자백은 증거능력을 부여받을 수 없다.
ⓜ 甲의 ⓐ행위가 일몰 후에 행해졌더라면 甲의 ⓐ, ⓑ행위는 포괄하여 상습야간주거침입절도죄가 성립한다.

① ⊙ [○], ⓛ [×], ⓒ [×], ⓔ [×], ⓜ [○] ② ⊙ [○], ⓛ [×], ⓒ [○], ⓔ [×], ⓜ [×]
③ ⊙ [○], ⓛ [○], ⓒ [×], ⓔ [×], ⓜ [×] ④ ⊙ [×], ⓛ [×], ⓒ [○], ⓔ [○], ⓜ [○]
⑤ ⊙ [×], ⓛ [○], ⓒ [×], ⓔ [○], ⓜ [○]

해설

⊙ [○] 형법 제332조에 규정된 상습절도죄를 범한 범인이 그 범행의 수단으로 주간에 주거침입을 한 경우 그 주간 주거침입행위는 상습절도죄와 별개로 주거침입죄를 구성한다. 또 형법 제332조에 규정된 상습절도죄를 범한 범인이 그 범행 외에 상습적인 절도의 목적으로 주간에 주거침입을 하였다가 절도에 이르지 아니하고 주거침입에 그친 경우에도 그 주간 주거침입행위는 상습절도죄와 별개로 주거침입죄를 구성한다(대판 2015.10.15. 2015도8169).

ⓛ [×] 상습범 아닌 기본 구성요건의 범죄로 처단되는 데 그친 경우에는 상습범의 일부에 대한 확정판결이라고 보아 그 기판력이 그 사실심판결 선고 전의 나머지 범죄에 미친다고 보아서는 아니된다(대판(전) 2004.9.16. 2001도3206). 甲이 ⓐ, ⓑ 이후에 범한 (상습절도죄가 아닌) (단순)절도죄로 유죄판결을 받고 확정되었으므로 그에 대하여 기판력이 ⓐ, ⓑ죄에 미치지 않아 법원은 면소판결을 선고할 수 없다.

ⓒ [×] 검사 등이 아닌 이에 의하여 현행범인이 체포된 후 불필요한 지체 없이 검사 등에게 인도된 경우 구속영장 청구기간인 48시간의 기산점은 체포시가 아니라 검사 등이 현행범인을 인도받은 때라고 할 것이다(대판 2011.12.22. 2011도12927). 설문의 경우 검사 S는 2018.9.3. 15:15에 구속영장을 청구했는데, 이는 현행범을 인도받은 때로부터 48시간이 경과한 시점에 이루어진 것이 아니므로 법원은 이를 이유로 구속영장청구를 기각할 수 없다.

ⓔ [×] (강도 현행범으로 체포된 피고인에게 진술거부권을 고지하지 아니한 채 강도범행에 대한 자백을 받고, 이를 기초로 여죄에 대한 진술과 증거물을 확보한 후 진술거부권을 고지하여 피고인의 임의자백 및 피해자의 피해사실에 대한 진술을 수집한 사안에서) 제1심 법정에서의 피고인의 자백은 진술거부권을 고지받지 않은 상태에서 이루어진 최초 자백 이후 40여 일이 지난 후에 변호인의 충분한 조력을 받으면서 공개된 법정에서 임의로 이루어진 것이고, 피해자의 진술은 법원의 적법한 소환에 따라 자발적으로 출석하여 위증의 벌을 경고받고 선서한 후 공개된 법정에서 임의로 이루어진 것이어서 예외적으로 유죄 인정의 증거로 사용할 수 있는 2차적 증거에 해당한다(대판 2009.3.12. 2008도11437). 판례의 취지상 甲이 제1심에서 변호인의 조력을 받고 진술거부권을 고지 받은 상태에서 ⓐ, ⓑ죄에 대하여 다시 자백하는 등 인과관계가 희석되었다고 한다면 그 법정자백은 증거능력이 인정된다.

ⓜ [○] 단순절도와 야간주거침입절도를 상습적으로 범한 경우에는 그 중 법정형이 중한 상습야간주거침입절도죄에 나머지 행위들을 포괄시켜 하나의 죄만이 성립된다(대판 1979.12.11. 79도2371). 甲의 ⓐ행위가 일몰 후, 즉 야간에 행해졌더라면 甲의 ⓐ, ⓑ행위는 포괄하여 상습야간주거침입절도의 일죄에 해당한다.

정답 ①

---

046 A 금융컨설팅 주식회사 대표이사 甲은 금융기관에 청탁하여 B 주식회사가 20억 원의 대출을 받을 수 있도록 알선행위를 하고 그 대가로서 컨설팅 용역계약 수수료 명목으로 1억 원을 A 주식회사의 계좌로 송금받았다. 위 1억 원 중 1,000만 원은 직원급여로 지급되었다. 검사는 甲을 특정경제범죄가중처벌등에관한법률위반(알선수재)죄로 기소하였고 제1심 법원은 甲의 유죄를 인정하고 징역 및 추징을 선고하였다. 이에 甲은 추징액이 잘못되었다고 주장하면서 추징 부분에 대하여만 항소를 제기하였다. 이에 관한 설명 중 옳지 않은 것을 모두 고른 것은? (다툼이 있으면 판례에 의함) [18 변호사]

> ㉠ 대출 알선행위의 대가로 받은 수수료에 대한 권리가 A 회사에 귀속되므로 수수료로 받은 금원의 가액을 A 회사로부터 추징하여야 한다.
> ㉡ 甲이 위 1억 원 중 개인적으로 실제 사용한 금원이 있을 경우 그 금원에 한해 그 가액을 추징할 수 있다.
> ㉢ 위 사례에서 법원이 선고하여야 할 추징 액수는 직원에게 지급된 급여를 제외한 9,000만 원이다.
> ㉣ 甲이 추징에 관한 부분만을 불복대상으로 삼아 항소를 제기하였더라도 항소심의 심리 범위는 본안에 관한 판단부분에까지 미친다.

① ㉠, ㉢   ② ㉡, ㉣   ③ ㉠, ㉡, ㉢
④ ㉠, ㉢, ㉣   ⑤ ㉡, ㉢, ㉣

해설

㉠ [×], ㉡ [×], ㉢ [×] 피고인이 주식회사의 대표이사로서 특경법 제7조(알선수재)에 해당하는 행위를 하고 당해 행위로 인한 대가로 수수료를 받았다면 수수료에 대한 권리가 회사에 귀속된다 하더라도 행위자인 피고인으로부터 수수료로 받은 금품을 몰수 또는 그 가액을 추징할 수 있고, 이는 피고인이 개인적으로 실제 사용한 금품이 없다고 하더라도 마찬가지이다(대판 2015.1.15. 2012도7571). 대출 알선행위의 대가로 받은 수수료에 대한 권리가 A 회사에 귀속되더라도 법원은 피고인 甲으로부터 그 전부인 1억원을 몰수·추징하여야 한다.

ㄹ [ㅇ] 피고사건의 재판 가운데 몰수 또는 추징에 관한 부분만을 불복대상으로 삼아 상소가 제기되었다 하더라도, 상소심으로서는 이를 적법한 상소제기로 다루어야 하는 것이지 몰수 또는 추징에 관한 부분만을 불복대상으로 삼았다는 이유로 그 상소의 제기가 부적법하다고 보아서는 아니 되고, 그 부분에 대한 상소의 효력은 그 부분과 불가분의 관계에 있는 본안에 관한 판단 부분에까지 미쳐 그 전부가 상소심으로 이심되는 것이다(대판(전) 2008.11.20. 2008도5596).

정답 ③

047 甲은 종중으로부터 명의신탁된 시가 10억 원 상당의 임야에 대하여 ⓐ 2013.7.3. 자신의 채무를 담보하기 위하여 A에게 채권최고액 2억 원의 근저당권을 임의로 설정하여 주었고, ⓑ 2018.7.4. 다시 B에게 이를 임의매도하고 대금 8억 원을 받아 소비하였다. 甲은 ⓐ, ⓑ죄의 경합범으로 기소된 후 제1심에서 전부 유죄로 인정되어 징역 2년을 선고받았다. 이에 甲만 무죄라는 취지로 항소하였다. 항소심 법원은 ⓐ죄에 대하여는 무죄를 선고하고, ⓑ죄에 대하여는 유죄로 인정하여 징역 2년을 선고하였다. 검사는 ⓐ부분에 대하여만 상고하였고 대판은 ⓐ죄도 유죄라고 판단하였다. 이에 관한 설명 중 옳은 것[ㅇ]과 옳지 않은 것[×]을 올바르게 조합한 것은? (다툼이 있으면 판례에 의함) [19 변호사]

> ㄱ ⓐ행위는 횡령죄를 구성한다.
> ㄴ ⓑ행위는 특정경제범죄가중처벌등에관한법률위반(횡령)죄를 구성한다.
> ㄷ ⓐ, ⓑ죄에는 1개의 형이 선고되어야 하므로 대판은 ⓐ, ⓑ죄 전부에 대하여 파기환송하여야 한다.
> ㄹ 환송받은 법원은 상고심 판단의 기초가 된 증거관계에 변동이 생기지 않는 한 ⓐ죄 부분을 유죄로 판단하여야 한다.
> ㅁ 환송받은 법원은 ⓐ죄 부분을 유죄로 판단하더라도 형을 선고하지 아니한다는 주문을 선고하여야 한다.

① ㄱ [ㅇ], ㄴ [ㅇ], ㄷ [ㅇ], ㄹ [ㅇ], ㅁ [ㅇ]   ② ㄱ [ㅇ], ㄴ [ㅇ], ㄷ [×], ㄹ [ㅇ], ㅁ [ㅇ]
③ ㄱ [ㅇ], ㄴ [×], ㄷ [×], ㄹ [ㅇ], ㅁ [ㅇ]   ④ ㄱ [ㅇ], ㄴ [ㅇ], ㄷ [×], ㄹ [×], ㅁ [×]
⑤ ㄱ [×], ㄴ [×], ㄷ [×], ㄹ [×], ㅁ [×]

해설

ㄱ [ㅇ], ㄴ [ㅇ] 타인의 부동산을 보관 중인 자가 그 부동산에 근저당권설정등기를 경료함으로써 일단 횡령행위가 기수에 이르렀다 하더라도 그 후 해당 부동산을 매각함으로써 기존의 근저당권과 관계없이 법익침해의 결과를 발생시켰다면, 이는 그 근저당권으로 인해 당연히 예상될 수 있는 범위를 넘어 새로운 법익침해의 위험을 추가시키거나 법익침해의 결과를 발생시킨 것이므로 불가벌적 사후행위로 볼 수 없고 별도로 횡령죄를 구성한다(대판(전) 2013.2.21. 2010도10500). 그리고 횡령으로 인한 이득액이 5억원 이상이므로 ⓑ행위는 특경법위반(횡령)죄를 구성한다(특경법 제3조 제1항 제2호).

ㄷ [×] 경합범 중 일부에 대하여 무죄, 일부에 대하여 유죄를 선고한 항소심 판결에 대하여 검사만이 무죄부분에 대하여 상고를 한 경우 피고인과 검사가 상고하지 아니한 유죄판결 부분은 상고기간이 지남으로써 확정되어 상고심에 계속된 사건은 무죄판결 부분에 대한 공소뿐이라 할 것이므로 상고심에서 이를 파기할 때에는 <u>무죄부분만을 파기할 수밖에 없다</u>(대판(전) 1992.1.21. 91도1402). 대판은 ⓐ죄에 대하여만 파기환송하여야 한다.

ㄹ [ㅇ] 상고심으로부터 사건을 환송받은 법원이 상고법원이 파기이유로 한 사실상 및 법률상의 판단에 대하여 심리하는 과정에서 새로운 증거가 제시되어 기속적 판단의 기초가 된 증거관계에 변동이 생기지 아니하는 한 그 판단에 기속된다(대판 2017.7.11. 2016도1044). 환송받은 법원은 상고심 판단의 기초가 된 증거관계에 변동이 생기지 않는 한 ⓐ죄 부분을 유죄로 판단하여야 한다.

ⓔ [○] 원래 불이익변경의 금지라고 하는 것은 피고인이 상소권행사를 주저하는 일이 없도록 상소권행사를 보장하기 위한 것으로 그 원칙을 지키기 위하여 필요한 경우에는 법률이 규정한 형기에 구애받지 아니하는 것이므로 이미 선고된 형 이외에 다시 형을 선고하는 것이 피고인에게 불리한 결과가 된다면 그러한 이유로 형을 선고하지 아니한다는 주문을 선고할 수 있다고 해석하여야 한다(대판(전) 1992.1.21. 91도1402). 제심 판결에 대하여 피고인만 항소하였으므로 항소심은 불이익변경금지의 원칙상 제심 판결의 형(징역 2년)보다 중한 형을 선고하지 못한다. 따라서 환송받은 법원은 이미 ⓑ죄에 대하여 징역 2년이 확정되어 있는 이상 ⓐ죄 부분을 유죄로 판단하더라도 형을 선고하지 아니한다는 주문을 선고하여야 한다.

정답 ②

---

048 甲은 자신의 소유 부동산에 근저당권설정등기를 해 주고 A로부터 돈을 빌렸다. 그 후 甲은 사업자금이 더 필요해지자 A에게 근저당권설정등기를 해 주기 1주일 전에 인터넷을 통하여 열람·출력한 등기사항전부증명서 하단의 열람 일시 부분을 수정 테이프로 지우고 복사한 것을 B에게 보여 주면서 "사업자금으로 한 달만 1억 원을 빌려 달라. 만일 한 달 후 돈을 갚지 못하면 내가 소유하고 있는 부동산에 근저당권을 설정해 주겠다."라고 말했다. 이에 속은 B는 해당 부동산에 충분한 담보가치가 있는 것으로 믿고 甲에게 1억 원을 빌려 주었다. 그러나 B는 변제기일까지 차용금을 변제받지 못하고 A의 선순위근저당권으로 인해 甲 소유 부동산은 담보가치가 거의 없다는 사실을 알게 되자 甲을 고소하였다. 이에 관한 설명 중 옳지 않은 것을 모두 고른 것은? (다툼이 있는 경우 판례에 의함)   [23 변호사]

> ㄱ. B에게 제시한 위 등기사항전부증명서는 복사한 문서로서 열람 일시가 지워져 있다는 점을 확인하지 못한 책임이 B에게 있으므로 甲에게 사기죄는 성립하지 않는다.
> ㄴ. 등기사항전부증명서의 열람 일시는 등기부상 권리관계의 기준 일시를 나타내는 역할을 하므로 甲에게 공문서변조 및 동행사죄가 성립한다.
> ㄷ. 만일 B가 甲을 고소한 후 차용금 1억 원을 곧바로 변제받아 甲에 대한 고소를 취소하고자 한다면 공소제기 전에는 고소사건을 담당하는 수사기관에, 공소제기 후에는 고소사건의 수소법원에 대하여 하여야 한다.
> ㄹ. 만일 제1심 재판부가 甲에게 사기죄, 공문서변조 및 동행사죄에 대해 유죄를 인정하여 징역 1년을 선고하자 甲만 항소한 경우에 항소심이 甲에 대하여 제1심이 유죄로 인정한 공문서변조 및 동행사의 범죄사실을 무죄로 인정하면서 제1심과 동일한 징역 1년을 선고하였다면 이는 「형사소송법」 제368조 소정의 불이익변경금지 원칙에 위배된다.

① ㄱ, ㄴ   ② ㄱ, ㄹ   ③ ㄴ, ㄷ
④ ㄴ, ㄹ   ⑤ ㄷ, ㄹ

해설

ㄱ. [×] 사기죄가 성립하기 위해서는 기망행위와 상대방의 착오 및 재물의 교부 또는 재산상의 이익의 공여와의 사이에 순차적인 인과관계가 있어야 하지만, 착오에 빠진 원인 중에 피기망자 측에 과실이 있는 경우에도 사기죄가 성립한다(대판 2009.6.23. 2008도1697).

ㄴ. [○] 피고인이 인터넷을 통하여 열람·출력한 등기사항전부증명서 하단의 열람 일시 부분을 수정 테이프로 지우고 복사해 두었다가 이를 타인에게 교부하여 공문서변조 및 변조공문서행사로 기소된 사안에서, 등기사항전부증명서의 열람 일시는 등기부상 권리관계의 기준 일시를 나타내는 역할을 하는 것으로서 권리관계나 사실관계의

증명에서 중요한 부분에 해당하고, 열람 일시의 기재가 있어 그 일시를 기준으로 한 부동산의 권리관계를 증명하는 등기사항전부증명서와 열람 일시의 기재가 없어 부동산의 권리관계를 증명하는 기준 시점이 표시되지 않은 등기사항전부증명서 사이에는 증명하는 사실이나 증명력에 분명한 차이가 있는 점, 법률가나 관련 분야의 전문가가 아닌 평균인 수준의 사리분별력을 갖는 일반인의 관점에서 볼 때 그 등기사항전부증명서가 조금만 주의를 기울여 살펴보기만 해도 그 열람 일시가 삭제된 것임을 쉽게 알아볼 수 있을 정도로 공문서로서의 형식과 외관을 갖추지 못했다고 보기 어려운 점을 종합하면, 피고인이 등기사항전부증명서의 열람 일시를 삭제하여 복사한 행위는 등기사항전부증명서가 나타내는 권리·사실관계와 다른 새로운 증명력을 가진 문서를 만든 것에 해당하고 그로 인하여 공공적 신용을 해할 위험성도 발생하였다는 이유로, 이와 달리 본 원심판결에 공문서변조에 관한 법리오해의 잘못이 있다고 한 사례(대판 2021.2.25. 2018도19043).

ㄷ. [○] 고소의 취소나 처벌을 희망하는 의사표시의 철회는 수사기관 또는 법원에 대한 법률행위적 소송행위이므로 공소제기 전에는 고소사건을 담당하는 수사기관에, 공소제기 후에는 고소사건의 수소법원에 대하여 이루어져야 한다(대판 2012.2.23. 2011도17264).

ㄹ. [×] 피고인만이 항소한 사건에서 제1심이 인정한 범죄사실의 일부가 제2심에서 무죄로 되었음에도 제2심이 제1심과 동일한 형을 선고하였다 하여 그것이 형사소송법 제368조의 불이익변경금지 원칙에 위배된다고 볼 수 없다(대판 1995.9.29. 95도1577).

정답 ②

049 甲은 2014.1.9. A를 상대로 ○○지방검찰청에, "2010.9.1. A로부터 건물창호공사를 도급받아 시공한 공사대금을 9,000만 원으로 정산하고 위 건물 201호를 대물변제받기로 하였으나, A가 자신에게 소유권이전등기를 해 주지 않고 다른 사람에게 매도하였으므로 처벌해 달라."라는 내용으로 고소장을 제출하였다. 그러나 수사 과정에서 사실은 공사대금이 700만 원에 불과하고 위 금원마저 모두 지급되어 둘 사이의 채권채무관계가 정산되었음이 확인되었다. 이에 검사는 2014.9.1. A에 대하여 불기소처분을 하였고, 甲을 무고죄로 기소하였다. 한편 甲이 A를 고소할 당시, 대판은 '채권담보로 부동산에 관한 대물변제예약을 체결한 채무자가 그 부동산을 처분한 경우 배임죄가 성립한다'고 보았으나, 2014.8.21. 판례를 변경하여 '배임죄가 성립하지 않는다'고 하였다. 이에 관한 설명 중 옳지 않은 것은? (다툼이 있으면 판례에 의함)   [19 변호사]

① 변경된 대판 판례에 따르면 A는 타인의 사무를 처리하는 자가 아니다.

② 판례가 변경되었다고 하더라도 특별한 사정이 없는 한 이미 성립한 甲의 무고죄에는 영향을 미치지 않는다.

③ 만약 甲이 제1심 법원에서 공소사실을 자백하여 간이공판절차로 진행된 후 甲이 항소심에서 범행을 부인하면, 간이공판절차의 효력이 상실되므로 다시 증거조사를 하여야 한다.

④ 만약 甲이 제1심 법원에서 징역 1년 6월, 집행유예 3년의 판결을 선고받아 甲만이 항소한 경우, 항소심 법원이 징역 1년의 실형을 선고하였다면, 「형사소송법」 제368조에 정해진 불이익변경금지원칙에 위배된다.

⑤ 만약 구치소에 있는 甲이 검사의 불기소처분에 대하여 재정신청을 하였으나 법원으로부터 기각결정을 받고 이에 재항고를 제기하고자 한다면, 그 재항고에 대한 법정기간의 준수 여부는 재항고장이 법원에 도달한 시점을 기준으로 판단하여야 하고, 거기에 「형사소송법」 제344조 제1항에서 정한 재소자 피고인 특칙은 준용되지 아니한다.

해설

① [O] 대물변제예약의 궁극적 목적은 차용금반환채무의 이행 확보에 있고, 채무자가 대물변제예약에 따라 부동산에 관한 소유권이전등기절차를 이행할 의무는 그 궁극적 목적을 달성하기 위해 채무자에게 요구되는 부수적 내용이어서 이를 가지고 배임죄에서 말하는 신임관계에 기초하여 채권자의 재산을 보호 또는 관리하여야 하는 '타인의 사무'에 해당한다고 볼 수는 없다. 그러므로 채권 담보를 위한 대물변제예약 사안에서 채무자가 대물로 변제하기로 한 부동산을 제3자에게 처분하였다고 하더라도 배임죄가 성립하는 것은 아니다(대판(전) 2014.8.21. 2014도3363).

② [O] 허위로 신고한 사실이 무고행위 당시 형사처분의 대상이 될 수 있었던 경우에는 국가의 형사사법권의 적정한 행사를 그르치게 할 위험과 부당하게 처벌받지 않을 개인의 법적 안정성이 침해될 위험이 이미 발생하였으므로 무고죄는 기수에 이르고, 이후 그러한 사실이 형사범죄가 되지 않는 것으로 판례가 변경되었다고 하더라도 특별한 사정이 없는 한 이미 성립한 무고죄에는 영향을 미치지 않는다(대판 2017.5.30. 2015도15398).

③ [×] 항소심에 이르러 범행을 부인하였다고 하더라도 <u>제1심법원에서 증거로 할 수 있었던 증거는 항소법원에서도 증거로 할 수 있는 것이므로</u> 제1심법원에서 이미 증거능력이 있었던 증거는 항소심에서도 증거능력이 그대로 유지되어 심판의 기초가 될 수 있고 <u>다시 증거조사를 할 필요가 없다</u>(대판 2005.3.11. 2004도8313).

④ [O] 제1심에서 징역형의 집행유예를 선고한 데 대하여 제2심이 그 징역형의 형기를 단축하여 실형을 선고하는 것도 불이익변경금지원칙에 위배된다(대판 2016.3.24. 2016도1131).

⑤ [O] 재정신청 기각결정에 대한 재항고나 그 재항고 기각결정에 대한 즉시항고로서의 재항고에 대한 법정기간의 준수 여부는 도달주의 원칙에 따라 재항고장이나 즉시항고장이 법원에 도달한 시점을 기준으로 판단하여야 하고, 거기에 재소자 피고인 특칙은 준용되지 아니한다고 해석함이 타당하다(대결(전) 2015.7.16. 2013모2347).

정답 ③

---

050 甲은 A가 빌린 돈을 갚지 않자 'A는 지난 수년간 직장 상사 모씨와 불륜관계를 유지하면서 모씨의 도움으로 승진까지 하였다'는 내용의 유인물을 작성하여 직장 게시판에 게시하였다. 그 후 甲은 A를 비롯한 직장 동료 10명과 회식을 하다가 A가 비아냥거리자 A에게 "개같은 년"이라고 말하였다. 이에 관한 설명 중 옳지 않은 것을 모두 고른 것은? (다툼이 있으면 판례에 의함) [21 변호사]

> ㉠ 만약 A의 고소가 없에도 검사가 甲을 「형법」 제307조 제1항 명예훼손과 「형법」 제311조 모욕으로 기소하였다면, 법원으로서는 명예훼손과 모욕에 대해 「형사소송법」 제327조 제2호에 따라 공소기각판결을 하여야 한다.
>
> ㉡ 만약 A가 甲을 모욕으로 고소하였다가 甲과 합의가 되어 '모욕에 대한 고소를 취소한다'는 합의서를 甲에게 작성하여 준 경우, 甲이 위 합의서를 자신의 모욕 사건에 대한 항소심이 진행되던 중에 제출하였다 하더라도, 검사가 모욕으로 공소제기하기 이전에 위와 같이 합의하였다면, 항소심 법원은 甲에 대해 공소기각판결을 선고할 수밖에 없다.
>
> ㉢ 만약 제1심 법원이 甲에 대하여 유죄를 인정하고 벌금 500만원을 선고하여 甲만 양형부당으로 항소하였다면, 항소심 법원은 500만원을 초과하여 벌금형을 선고할 수 있다.
>
> ㉣ 만약 甲이 위 유인물을 작성하여 직장 게시판에 게시하였다가 A가 불쌍하다는 생각이 들어 다른 사람들이 보기 전에 떼어 냈다면 명예훼손죄의 중지미수범으로 처벌된다.

① ㉠, ㉢   ② ㉡, ㉣   ③ ㉠, ㉡, ㉢

④ ㉠, ㉢, ㉣   ⑤ ㉠, ㉡, ㉢, ㉣

㉠ [×] 모욕죄는 친고죄이지만, 명예훼손죄는 반의사불벌죄이지 친고죄가 아니다(형법 제307조 제1항, 제311조, 제312조 제1항·제2항). 법원은 모욕죄에 대하여는 공소기각판결을 선고하여야 하지만, 명예훼손죄에 대하여는 공소기각판결을 선고할 수 없다.

㉡ [×] 형사소송법 제239조, 제237조에 의하면, 고소의 취소는 서면 또는 구술로서 검사 또는 사법경찰관에게 하여야 하도록 규정되어 있으므로 모욕죄의 고소인이 합의서를 피고인에게 작성하여준 것만으로는 고소가 적법히 취소된 것으로는 볼 수 없다(대판 1983.9.27. 83도516). 甲은 합의서를 제1심판결 선고 후인 항소심 진행 중에 제출하였으므로 이는 친고죄에 대한 고소취소로서 효력이 없어 항소심은 甲에 대해 공소기각판결을 선고할 수 없다.

㉢ [×] 피고인이 항소한 사건과 피고인을 위하여 항소한 사건에 대하여는 원심판결의 형보다 중한 형을 선고하지 못한다(형사소송법 제368조). 항소심은 500만원보다 중한 벌금형을 선고할 수 없다. 약식명령에 대한 정식재판청구와 제1심 또는 제2심 판결에 대한 항소 또는 상고와는 구별을 요한다.

㉣ [×] 甲이 위 유인물을 작성하여 직장 게시판에 게시하였다면 이미 명예훼손죄는 기수에 해당한다. 따라서 A가 불쌍하다는 생각이 들어 다른 사람들이 보기 전에 떼어 냈더라도 명예훼손죄의 중지미수범이 성립할 수 없다. 또한 명예훼손죄는 미수범 처벌규정이 존재하지도 않는다.

정답 ⑤

051 연예인 甲은 2023. 3. 9. 08:00경 고속도로에서 자동차종합보험에 가입되어 있는 자신의 승용차를 운전하여 가던 중 도로 좌측 노면 턱을 들이받는 바람에 그 충격으로 자신에게 전치 6주의 상해를, 조수석에 타고 있던 사실혼 관계인 乙에게 전치 8주의 상해를 각 입게 하였다. 甲, 乙은 사고 직후 승용차에서 내렸으나 바로 의식을 잃었고, 그 상태로 병원에 이송되었다. 乙은 의식이 깨자 甲의 연예인 활동에 지장이 생길 것을 우려하여 경찰관 P에게 자신이 위 승용차를 운전하다가 교통사고를 발생하게 하였다는 허위 사실을 진술하였다. 이에 관한 설명으로 옳은 것은? (다툼이 있는 경우 판례에 의함) [24 변호사]

① P가 운전석 근처에서 발견되어 병원으로 이송된 乙의 음주운전 여부를 수사하려 하였으나 乙의 의식이 깨지 않자 간호사 A로부터 A가 치료 목적으로 乙로부터 채취한 혈액 중 일부를 임의제출 받아 영장 없이 압수한 경우, 그 압수절차는 적법절차에 위반된다.

② 乙이 도로교통법위반(음주운전)죄 및 교통사고처리특례법위반(치상)죄로 기소되었고, 제1회 공판기일에 乙 및 乙의 변호인은 혈액감정의뢰회보에 대하여 증거부동의를 하였는데, 제3회 공판기일에 乙이 출석하지 아니한 상태에서 乙의 변호인이 이를 증거로 하는 데 동의하였다면 위 증거동의는 효력이 있다.

③ 乙이 교통사고처리특례법위반(치상)죄로 유죄확정판결을 받은 이후 甲과 헤어지게 되자, 자신이 숨겨두고 있던 위 교통사고 당시 甲이 운전하는 모습을 찍은 휴대전화 사진을 증거로 제출하면서 재심을 청구한 경우, 「형사소송법」 제420조 제5호의 '무죄를 인정할 명백한 증거가 새로 발견된 때'에 해당한다.

④ 위 승용차가 자동차종합보험에 가입되어 있어 甲을 교통사고처리특례법위반(치상)죄로 공소제기할 수 없다고 하더라도, 乙이 甲을 도피시킨 행위는 범인도피죄에 해당할 수 있다.

⑤ 乙이 P에게 허위 사실을 진술한 행위가 범인도피죄에 해당하더라도 그 범행 당시 乙은 甲과 사실혼 관계에 있었으므로 처벌되지 아니한다.

① [×] 경찰관이 간호사로부터 진료 목적으로 이미 채혈되어 있던 피고인의 혈액 중 일부를 주취운전 여부에 대한 감정을 목적으로 임의로 제출 받아 이를 압수한 경우, 그 압수절차가 피고인 또는 피고인의 가족의 동의 및 영장 없이 행하여졌다고 하더라도 이에 적법절차를 위반한 위법이 있다고 할 수 없다(대판 1999.9.3. 98도968).

② [×] 형사소송법 제318조에 규정된 증거동의의 주체는 소송주체인 검사와 피고인이고, 변호인은 피고인을 대리하여 증거동의에 관한 의견을 낼 수 있을 뿐이므로 피고인의 명시한 의사에 반하여 증거로 함에 동의할 수는 없다. 따라서 피고인이 출석한 공판기일에서 증거로 함에 부동의한다는 의견이 진술된 경우에는 그 후 피고인이 출석하지 아니한 공판기일에 변호인만이 출석하여 종전 의견을 번복하여 증거로 함에 동의하였다 하더라도 이는 특별한 사정이 없는 한 효력이 없다(대판 2013.3.28. 2013도3).

③ [×] 형사소송법 제420조 제5호에서 정한 재심사유에서 무죄 등을 인정할 '증거가 새로 발견된 때'라 함은 재심대상이 되는 확정판결의 소송절차에서 발견되지 못하였거나 또는 발견되었다 하더라도 제출할 수 없었던 증거로서 이를 새로 발견하였거나 비로소 제출할 수 있게 된 때를 말한다. 다만 재심은 당해 심급에서 또는 상소를 통한 신중한 사실심리를 거쳐 확정된 사실관계를 재심사하는 예외적인 비상구제절차이므로, 피고인이 판결확정 전 소송절차에서 제출할 수 있었던 증거까지 거기에 포함된다고 보게 되면, 판결의 확정력이 피고인이 선택한 증거 제출시기에 따라 손쉽게 부인될 수 있게 되어 형사재판의 법적 안정성을 해치고, 헌법이 대법원을 최종심으로 규정한 취지에 반하여 제4심으로서의 재심을 허용하는 결과를 초래할 수 있다. 따라서 피고인이 재심을 청구한 경우 재심대상이 되는 확정판결의 소송절차 중에 그러한 증거를 제출하지 못한 데에 과실이 있는 경우에는 그 증거는 '증거가 새로 발견된 때'에서 제외된다고 해석함이 상당하다(대결(전) 2009.7.16. 2005모472).

④ [○] 피고인이 수사기관에 적극적으로 범인임을 자처하고 허위사실을 진술함으로써 실제 범인을 도피하게 하였으므로 범인도피죄가 성립한다(대판 2000.11.24. 2000도4078), (대판 1996.6.14. 96도1016).

⑤ [×] 형법 제151조 제2항 및 제155조 제4항은 친족 또는 동거의 가족이 본인을 위하여 범인도피죄, 증거인멸죄 등을 범한 때에는 처벌하지 아니한다고 규정하고 있는바, 사실혼관계에 있는 자는 민법 소정의 친족이라 할 수 없어 위 조항에서 말하는 친족에 해당하지 않는다(대판 2003.12.12. 2003도4533).

정답 ④

052 음주운전으로 자동차운전면허가 취소된 甲은 술을 마신 상태로 도로에서 자동차를 운전하다가 단속 중인 경찰관에게 적발되어 음주측정한 결과 혈중알콜농도 0.078%로 측정되었다. 이 사건을 송치받은 검사는 甲에 대하여 벌금 200만 원의 약식명령을 청구하면서 필요한 증거서류 및 증거물을 법원에 제출하였고, 법원은 검사가 청구한 대로 벌금 200만 원의 약식명령을 발령하였다. 이에 관한 설명 중 옳지 않은 것을 모두 고른 것은? (다툼이 있으면 판례에 의함) [17 변호사]

> ㉠ 甲의 행위는 도로교통법위반(무면허운전)죄 및 도로교통법위반(음주운전)죄가 성립하고, 양 죄는 상상적 경합관계에 있다.
> ㉡ 甲이 약식명령에 대하여 불복하여 정식재판을 청구하였음에도 법원이 증거서류 및 증거물을 검사에게 반환하지 않고 보관하고 있다면 공소제기의 절차가 위법하게 된다.
> ㉢ 甲만이 약식명령에 불복하여 정식재판을 청구한 경우, 약식명령 절차와 그 심급을 같이 하므로 정식재판을 담당하는 법원은 약식명령보다 중한 벌금 300만 원을 선고할 수 있다.
> ㉣ 약식명령이 검사나 甲의 정식재판 청구 없이 그대로 확정된 경우, 약식명령은 그 고지를 검사와 피고인에 대한 재판서 송달로 하고 따로 선고하지는 않으므로 그 기판력의 시적 범위는 약식명령 송달시를 기준으로 한다.
> ㉤ 약식명령을 발부한 법관이 그 정식재판 절차의 항소심 판결에 관여한 경우, 이는 제척사유인 '법관이 사건에 관하여 전심재판 또는 그 기초되는 조사, 심리에 관여한 때'에 해당한다.

① ㉠, ㉣   ② ㉡, ㉢   ③ ㉠, ㉢, ㉤
④ ㉡, ㉣   ⑤ ㉡, ㉣, ㉤

해설

㉠ [○] 무면허인데다가 술이 취한 상태에서 오토바이를 운전하였다는 것은 1개의 운전행위라 할 것이므로 두 죄(무면허운전죄와 음주운전죄)는 상상적 경합관계에 있다(대판 1987.2.24. 86도2731).

㉡ [×] 약식명령에 대한 정식재판청구가 제기되었음에도 법원이 증거서류 및 증거물을 검사에게 반환하지 않고 보관하고 있다고 하여 그 이전에 이미 적법하게 제기된 공소제기의 절차가 위법하게 된다고 할 수도 없다(대판 2007.7.26. 2007도3906). 약식명령에 대하여 정식재판을 청구하는 경우 공소장일본주의가 적용되지 않는다는 취지의 판례이다.

㉢ [○] 약식명령에 대하여 피고인만 정식재판을 청구하더라도 형종(刑種)상향금지의 원칙은 적용되지만 불이익변경금지의 원칙(중형변경금지의 원칙)은 적용되지 않는다(제457조의2). 따라서 법원은 약식명령보다 중한 벌금 300만 원을 선고할 수 있다.

㉣ [×] 포괄일죄의 관계에 있는 범행의 일부에 대하여 약식명령이 확정된 경우에는 그 약식명령의 발령시를 기준으로 하여 그 이전에 이루어진 범행에 대하여는 면소의 판결을 선고하여야 한다(대판 2013.6.13. 2013도4737). 기판력의 시적 범위는 약식명령 송달시가 아니라 약식명령 발령시이다.

㉤ [○] 약식명령을 한 판사가 그 정식재판 절차의 항소심판결에 관여함은 '법관이 사건에 관하여 전심재판 또는 그 기초되는 조사, 심리에 관여한 때'에 해당하여 제척의 원인이 된다(대판 2011.4.28. 2011도17).

정답 ④

053 甲은 乙 소유 토지 위에 있는 X건물을 소유하고 있었는데 乙이 제기한 건물철거소송에서 패소하여 X건물이 철거되자 위 토지 위에 Y건물을 신축하였다. 乙은 Y건물 벽면에 계란 30여 개를 던져 甲이 Y건물에 남은 계란의 흔적을 지우는 데 약 50만 원의 청소비가 들게 하였다. 甲은 乙의 위와 같은 행위에 대항하여 Y건물 인근에 주차된 乙의 차량 앞에 철근콘크리트 구조물을, 뒤에 굴삭기 크러셔를 바짝 붙여 놓아 乙이 약 17시간 동안 위 차량을 운행할 수 없게 하였다. 한편, 乙은 화가 나 甲 소유의 굴삭기 크러셔에 빨간색 페인트를 이용하여 "불법 건축물 소유자는 물러가라."라는 낙서를 하였고, 이 범죄사실에 대하여 벌금 100만 원의 약식명령이 발령되었다. 이에 관한 설명 중 옳지 않은 것을 모두 고른 것은? (다툼이 있는 경우 판례에 의함) [24 변호사]

> ㄱ. 甲이 Y건물을 무단으로 신축한 행위는 乙 소유 토지의 효용 자체를 침해한 것으로 재물손괴죄에 해당한다.
> ㄴ. 乙이 Y건물 벽면에 계란 30여 개를 던진 행위는 그 건물의 효용을 해한 것으로 재물손괴죄에 해당한다.
> ㄷ. 甲이 17시간 동안 乙의 차량을 운행할 수 없게 한 행위는 차량 본래의 효용을 해한 것으로 재물손괴죄에 해당한다.
> ㄹ. 乙이 위 약식명령에 불복하여 변호인 선임 없이 정식재판을 청구한 후 연속으로 2회 불출정한 경우, 법원은 乙의 출정 없이 증거조사를 할 수 있고, 이 경우에는 「형사소송법」 제318조 제2항에 따라 乙의 증거동의가 간주된다.
> ㅁ. 乙이 위 ㄹ.항과 같이 정식재판에서 증거동의가 간주되고 증거조사가 완료된 후 벌금 100만 원이 선고되자 항소하였고, 乙이 항소심에 출석하여 증거동의를 철회 또는 취소한다는 의사표시를 한 경우, 제1심에서의 증거동의 간주는 乙의 진의와 관계없이 이루어진 것이므로 증거동의의 효력은 상실된다.

① ㄱ, ㄴ 　　　　　　② ㄱ, ㅁ 　　　　　　③ ㄱ, ㄴ, ㅁ
④ ㄴ, ㄷ, ㅁ 　　　　⑤ ㄱ, ㄴ, ㄷ, ㄹ

해설

ㄱ. [×] 재물손괴죄(형법 제366조)는 다른 사람의 재물을 손괴 또는 은닉하거나 그 밖의 방법으로 그 효용을 해한 경우에 성립하는 범죄로, 행위자에게 다른 사람의 재물을 자기 소유물처럼 그 경제적 용법에 따라 이용·처분할 의사(불법영득의사)가 없다는 점에서 절도, 강도, 사기, 공갈, 횡령 등 영득죄와 구별된다. 다른 사람의 소유물을 본래의 용법에 따라 무단으로 사용·수익하는 행위는 소유자를 배제한 채 물건의 이용가치를 영득하는 것이고, 그 때문에 소유자가 물건의 효용을 누리지 못하게 되었더라도 효용 자체가 침해된 것이 아니므로 재물손괴죄에 해당하지 않는다(대판 2022.11.30. 2022도1410).

> **사실관계** 피고인이 타인 소유 토지에 권원 없이 건물을 신축함으로써 그 토지의 효용을 해하였다는 이유로 재물손괴죄로 기소된 사안

ㄴ. [×] 해고노동자 등이 복직을 요구하는 집회를 개최하던 중 래커 스프레이를 이용하여 회사 건물 외벽과 1층 벽면 등에 낙서한 행위는 건물의 효용을 해한 것으로 볼 수 있으나, 이와 별도로 계란 30여 개를 건물에 투척한 행위는 건물의 효용을 해하는 정도의 것에 해당하지 않는다고 본 사례(대판 2007.6.28. 2007도2590).

> **비교판례** 甲 주식회사의 직원인 피고인들이 유색 페인트와 래커 스프레이를 이용하여 甲 회사 소유의 도로 바닥에 직접 문구를 기재하거나 도로 위에 놓인 현수막 천에 문구를 기재하여 페인트가 바닥으로 배어 나와 도로에 배게 하는 행위는 위 도로의 효용을 해하는 정도에 이른 것이라고 보기 어렵다(대판 2020.3.27. 2017도20455).

ㄷ. [○] 피고인이 평소 자신이 굴삭기를 주차하던 장소에 甲의 차량이 주차되어 있는 것을 발견하고 甲의 차량 앞에 철근콘크리트 구조물을, 뒤에 굴삭기 크러셔를 바짝 붙여 놓아 甲이 17~18시간 동안 차량을 운행할 수 없게 된 사안에서, 차량 앞뒤에 쉽게 제거하기 어려운 구조물 등을 붙여 놓은 행위는 차량에 대한 유형력 행사로 보기에 충분하고, 차량 자체에 물리적 훼손이나 기능적 효용의 멸실 내지 감소가 발생하지 않았더라도 甲이 위 구조물로 인해 차량을 운행할 수 없게 됨으로써 일시적으로 본래의 사용목적에 이용할 수 없게 된 이상 차량 본래의 효용을 해한 경우라고 한 사례(대판 2021.5.7. 2019도13764).

비교판례 피고인이 甲과 공모하여 甲 소유의 차량을 乙 소유 주택 대문 바로 앞부분에 주차하는 방법으로 乙이 차량을 주택 내부의 주차장에 출입시키지 못하게 함으로써 乙의 차량 운행에 관한 권리행사를 방해하였다는 내용으로 기소된 사안에서, 피고인은 乙로 하여금 주차장을 이용하지 못하게 할 의도로 甲 차량을 乙 주택 대문 앞에 주차하였으나, 주차 당시 피고인과 乙 사이에 물리적 접촉이 있거나 피고인이 乙에게 어떠한 유형력을 행사 했다고 볼만한 사정이 없는 점, 피고인의 행위로 乙에게 주택 외부에 있던 乙 차량을 주택 내부의 주차장에 출입 시키지 못하는 불편이 발생하였으나, 乙은 차량을 용법에 따라 정상적으로 사용할 수 있었던 점을 종합하면, 피고 인이 乙을 폭행하여 차량 운행에 관한 권리행사를 방해하였다고 평가하기 어렵다(대판 2021.11.25. 2018도1346).

ㄹ. [○], ㅁ. [×] 약식명령에 불복하여 정식재판을 청구한 피고인이 정식재판절차의 제1심에서 2회 불출정하여 증 거동의가 간주된 후 증거조사를 완료한 이상, 비록 피고인이 항소심에 출석하여 공소사실을 부인하면서 간주된 증거동의를 철회 또는 취소한다는 의사표시를 하더라도 그로 인하여 적법하게 부여된 증거능력이 상실되는 것이 아니다(대판 2010.7.15. 2007도5776).

정답 ③